Springer-Lehrbuch

Springer
Berlin
Heidelberg
New York
Barcelona
Budapest
Hongkong
London
Mailand
Paris
Santa Clara
Singapur
Tokio

Gustav Dieckheuer

Makro-ökonomik
Theorie und Politik

Dritte, aktualisierte Auflage

Mit 123 Abbildungen

Prof. Dr. Gustav Dieckheuer
Westfälische Wilhelms-Universität Münster
Institut für industriewirtschaftliche Forschung
Universitätsstraße 14–16
D-48143 Münster

ISBN 3-540-63849-0 Springer-Verlag Berlin Heidelberg New York
ISBN 3-540-58385-8 2. Aufl. Springer-Verlag Berlin Heidelberg New York

Die Deutsche Bibliothek – CIP-Einheitsaufnahme
Dieckheuer, Gustav: Makroökonomik: Theorie und Politik / Gustav Dieckheuer. – 3., aktualisierte Aufl. – Berlin; Heidelberg; New York; Barcelona; Budapest; Hongkong; London; Mailand; Paris; Santa Clara; Singapur; Tokio: Springer, 1998
  (Springer-Lehrbuch)
  ISBN 3-540-63849-0

Dieses Werk ist urheberrechtlich geschützt. Die dadurch begründeten Rechte, insbesondere die der Übersetzung, des Nachdrucks, des Vortrags, der Entnahme von Abbildungen und Tabellen, der Funksendung, der Mikroverfilmung oder der Vervielfältigung auf anderen Wegen und der Speicherung in Datenverarbeitungsanlagen, bleiben, auch bei nur auszugsweiser Verwertung, vorbehalten. Eine Vervielfältigung dieses Werkes oder von Teilen dieses Werkes ist auch im Einzelfall nur in den Grenzen der gesetzlichen Bestimmungen des Urheberrechtsgesetzes der Bundesrepublik Deutschland vom 9. September 1965 in der jeweils geltenden Fassung zulässig. Sie ist grundsätzlich vergütungspflichtig. Zuwiderhandlungen unterliegen den Strafbestimmungen des Urheberrechtsgesetzes.

© Springer-Verlag Berlin Heidelberg 1993, 1995, 1998
Printed in Italy

Die Wiedergabe von Gebrauchsnamen, Handelsnamen, Warenbezeichnungen usw. in diesem Werk berechtigt auch ohne besondere Kennzeichnung nicht zu der Annahme, daß solche Namen im Sinne der Warenzeichen- und Markenschutz-Gesetzgebung als frei zu betrachten wären und daher von jedermann benutzt werden dürften.

SPIN 10655792 43/2202-5 4 3 2 1 0 – Gedruckt auf säurefreiem Papier

Vorwort

Die Makroökonomik zählt sicherlich zu den interessantesten Gebieten der Volkswirtschaftslehre. Die wachsende Komplexität und die Entwicklungsdynamik der modernen international verflochtenen Volkswirtschaften, die vielen nach wie vor ungelösten globalen Probleme wie Arbeitslosigkeit und Inflation sowie die stets aktuelle Frage nach den Möglichkeiten und Grenzen der wirtschaftspolitischen Globalsteuerung sind eine ständige Herausforderung für die wissenschaftliche Analyse der volks- und weltwirtschaftlichen Zusammenhänge und Prozeßabläufe. Vor diesem Hintergrund stellt sich die Makroökonomik selbst als ein dynamischer Wissenschaftszweig dar, der offen sein muß für neue Fragen und neue Antworten. Zugleich wird damit verständlich, daß es keine fertige oder gar abschließend richtige Makroökonomik gibt, daß die Makroökonomik vielmehr immer wieder neue Perspektiven eröffnet, die von Zeit zu Zeit ein neues Lehrbuch erforderlich machen.

Hierin ist ein wichtiger Grund dafür zu sehen, daß das vorliegende Lehrbuch geschrieben wurde, obwohl es bereits eine Reihe guter Lehrbücher zur Makroökonomik gibt. Allerdings werden weder methodisch noch inhaltlich völlig neue Wege beschritten. Wie (fast) jedes Lehrbuch, so bewegt sich auch dieses auf den traditionellen und bewährten Wegen eines seit langem betriebenen Wissenschaftsgebietes. Die gebräuchlichen Methoden sowie das weithin anerkannte Standardwissen der Makroökonomik bilden gleichfalls eine feste Grundlage für das vorliegende Lehrbuch.

Dieses Lehrbuch ist darauf gerichtet
- die komplexen gesamtwirtschaftlichen und dabei sowohl die nationalen als auch die internationalen Zusammenhänge verständlich zu machen
- die aktuellen und brennenden Probleme der modernen Volkswirtschaften in einer sachorientierten Darstellung zu analysieren
- die Möglichkeiten und Grenzen wirtschaftspolitischer Strategien zur Lösung gesamtwirtschaftlicher Probleme aufzuzeigen
- die kontroversen Lehrmeinungen der Makroökonomik im Kontext einer sach- und problemorientierten Analyse zu verdeutlichen.

Das Buch wurde so konzipiert, daß es zum einen als Einführung in die Makroökonomik im Grundstudium und zum anderen als Weiterführung und Vertiefung der Makroökonomik im Rahmen des Hauptstudiums der Wirtschaftswissenschaften dienen kann. Ziel war es, den Studenten einen Begleiter für das gesamte Studium an die Hand zu geben.
- Das *erste Kapitel* enthält einen Einstieg in die Teile des volkswirtschaftlichen Rechnungswesens, die für das Verständnis der grundlegenden gesamtwirtschaftlichen Zusammenhänge erforderlich sind.

- Das *zweite, dritte und vierte Kapitel* führen schrittweise in die makroökonomische Analyse der Güter-, Geld- und Wertpapiermärkte ein und ermöglichen so die Erklärung der Güternachfrage, des Volkseinkommens, des Zinsniveaus und des Preisniveaus einer Volkswirtschaft.
- Im *fünften Kapitel* werden der Arbeitsmarkt und die gesamtwirtschaftlichen Produktionsbedingungen näher betrachtet und so die Grundlagen für eine Gesamtanalyse des Einkommens, des Zinsniveaus, des Preisniveaus und des Lohnniveaus geschaffen.
- Das *sechste Kapitel* setzt sich - auf der Grundlage der sach- und problembezogenen Analysen der vorangegangenen Kapitel - mit den kontroversen Lehrmeinungen des Keynesianismus und der Neoklassik auseinander und gibt zugleich einen Einblick in die Denkrichtungen der neuen klassischen und der neuen keynesianischen Makroökonomik.
- Auf der Grundlage der bis dahin gewonnenen Erkenntnisse beschäftigt sich das *siebte Kapitel* eingehend mit dem Problem der Arbeitslosigkeit sowie den Möglichkeiten und den Grenzen der nachfrage- und der angebotsorientierten Beschäftigungspolitik.
- Das *achte Kapitel* konzentriert sich auf die internationalen Wirtschaftsbeziehungen; in Ergänzung zu den vorangegangenen Untersuchungen geht es hier insbesondere um die Bedeutung der außenwirtschaftlichen Güter- und Finanztransaktionen für Einkommen, Zinsniveau und Preisniveau bei festen und bei flexiblen Wechselkursen; die entsprechenden Wirkungsanalysen beziehen sich einerseits auf ein relativ kleines und andererseits - mit Blick auf den internationalen Konjunkturzusammenhang - auf ein relativ großes Land.
- Während sich die Untersuchungen bis hierher weitgehend auf eine kurzfristige statische und komparativ-statische Analyse beschränkten, wird im *neunten Kapitel* zur Erklärung der Inflation sowie der Zusammenhänge zwischen Inflation und Beschäftigung eine Ausweitung zu einer mittel- und längerfristigen dynamischen Analyse vollzogen.
- Die mittel- und längerfristige dynamische Analyse ist schließlich im *zehnten Kapitel* Grundlage der Untersuchungen zu den Erscheinungsformen und immanenten Bewegungskräften der Konjunkturschwankungen.

Das vorliegende Lehrbuch ist aus den Erfahrungen entstanden, die der Autor in mehr als 15-jähriger Lehrtätigkeit im Grund- und im Hauptstudium der Volkswirtschaftslehre für Studenten der Volks- und der Betriebswirtschaftslehre gewonnen hat. Hier hat sich gezeigt, daß die formal-mathematischen Methoden zwar ein wertvolles Hilfsmittel zur Durchdringung komplexer Sachzusammenhänge sein können, daß es aber gleichwohl wichtig ist, die gesamtwirtschaftlichen Vorgänge auch ohne mathematische Stütze zu begreifen und so befähigt zu werden, wichtige Zusammenhänge verbal zu erklären. Der Autor hat sich deshalb bemüht, die Anwendung mathematischer, insbesondere algebraischer Methoden auf die Hilfsmittelfunktion und dabei auf ein notwendiges Minimum zu beschränken und statt dessen der eingehenden verbalen und grafischen Analyse den Vorzug zu geben.

Zu Dank verpflichtet bin ich meinen Mitarbeitern Markus Baumgartner, Thomas Bröcheler, Dr. Matthias Göcke, Rainer Hillebrand, Karsten Hurcks, Stefan Kooths und Monika Plum, die mir bei den Korrekturen zur ersten Fassung des Buches behilflich waren und dabei viele wertvolle Verbesserungsvorschläge gemacht haben, sowie meiner Sekretärin Helga Balzer, die die Rohfassung des Manuskripts in den PC geschrieben hat. Mein besonderer Dank gilt meinen Mitarbeitern Frank Kurney, Markus Langenfurth und Susanne Scho, die mit unendlicher Geduld und großer Sorgfalt nach meiner handschriftlichen Vorlage die Gleichungen, Tabellen und Abbildungen angefertigt sowie die meisten Formatierungsarbeiten für die endgültige Buchfassung durchgeführt haben.

Münster, im Mai 1993   Gustav Dieckheuer

Vorwort zur dritten Auflage

Seit Erscheinen der ersten Auflage im Herbst 1994 und der zweiten Auflage im Frühjahr 1995 gab es noch keine grundlegend neuen Entwicklungen in der Makroökonomik, weder in der theoretischen Fundierung noch in der wirtschaftspolitischen Anwendung, die inhaltliche Änderungen oder Erweiterungen dringend erforderlich gemacht hätten. Die Überarbeitung der zweiten Auflage konnte sich deshalb auf eine vollständige Aktualisierung des Datenmaterials im Kapitel 1, auf einige Datenänderungen in den Kapiteln 9 und 10 sowie eine Anpassung des Literaturverzeichnisses beschränken. Inhalt und Aufbau des Buches blieben davon weitgehend unberührt. Ich danke meinen Mitarbeitern Stefan Kooths, Ina Krostitz, Markus Langenfurth und Gisela Plaßmann, die mir bei der Aufbereitung von Daten und der Anfertigung neuer Tabellen und Abbildungen behilflich waren und Anregungen für Verbesserungen gegeben haben. Mein besonderer Dank gilt meinem Mitarbeiter Sven Afhüppe, der umfangreiches statistisches Datenmaterial ausgewertet und für eine Reihe von Aktualisierungen in dieser dritten Auflage vorbereitet hat.

Münster, im November 1997   Gustav Dieckheuer

Inhaltsverzeichnis

Vorwort V

Symbolverzeichnis XV

Kapitel 1: Grundlagen der Makroökonomik

1.1 Aufgaben und Problemstellungen der Makroökonomik 1
1.2 Makroökonomische Größen: Definitionen und Fakten
    1.2.1 Inlandsprodukt und Sozialprodukt 3
    1.2.2 Volkseinkommen und verfügbares Einkommen 7
    1.2.3 Private Ersparnisse und privater Finanzierungssaldo 9
    1.2.4 Staatsbudget und Staatsverschuldung 10
    1.2.5 Die Zahlungsbilanz 12
    1.2.6 Finanzierungssalden, Geldvermögen und Kreditverflechtungen 14
    1.2.7 Nominelle und reale Größen 16
1.3 Aufbau der theoretischen makroökonomischen Analyse
    1.3.1 Ex-post- und Ex-ante-Analyse 19
    1.3.2 Makroökonomische Märkte, volkswirtschaftliche Sektoren und Struktur der Ex-ante-Analyse 20

Kapitel 2: Güternachfrage und Einkommen

2.1 Problemstellung und Rahmenbedingungen 25
2.2 Private Güternachfrage und Einkommensmultiplikator
    2.2.1 Konsum und Ersparnisse 25
    2.2.2 Investitionen 27
    2.2.3 Das Gleichgewichtseinkommen 29
    2.2.4 Ungleichgewichtssituationen und Stabilität des Gleichgewichts 31
    2.2.5 Nachfrageänderungen und Einkommensmultiplikator 35
    2.2.6 Ersparnisse und Einkommen: Das Paradoxon der Sparsamkeit 41
2.3 Staat und Gütermärkte
    2.3.1 Die Budgetgleichung des Staates 44
    2.3.2 Staatsausgaben, Abgaben und Gleichgewichtseinkommen 45
    2.3.3 Ersparnisse, Investitionen und staatlicher Budgetsaldo ... 48
    2.3.4 Einkommenseffekte staatlicher Aktivitäten 50
    2.3.5 Budgetdefizite und Staatsverschuldung 55
    2.3.6 Einkommenseffekte bei unverändertem staatlichen Budgetsaldo 57
2.4 Außenwirtschaft und Gütermärkte
    2.4.1 Exporte, Importe und Außenbeitrag 59
    2.4.2 Außenbeitrag und Gleichgewichtseinkommen 62
    2.4.3 Ersparnisse, Investitionen, Staatsbudget und Außenbeitrag 64
    2.4.4 Außenwirtschaft und Einkommenseffekte 66

Kapitel 3: Zinsniveau und Einkommen

3.1 Problemstellung und Rahmenbedingungen 69
3.2 Zinsniveau und Güternachfrage
    3.2.1 Interne Verzinsung und einzelwirtschaftliche Investitionsnachfrage 70
    3.2.2 Die Zinsabhängigkeit der gesamtwirtschaftlichen Investitionsnachfrage 72
    3.2.3 Die Zinsabhängigkeit der privaten Ersparnisse 76
    3.2.4 Zinssatz und Gleichgewichtseinkommen: Die IS-Kurve 78
3.3 Der Zusammenhang zwischen dem güterwirtschaftlichen
    und dem finanzwirtschaftlichen Bereich einer Volkswirtschaft
    3.3.1 Ersparnisse, Investitionen und Geldvermögen 83
    3.3.2 Gleichgewicht auf dem Geld- und Wertpapiermarkt 87
3.4 Die volkswirtschaftliche Geldmenge
    3.4.1 Geldfunktionen und Probleme der Geldmengendefinition 90
    3.4.2 Geldmengendefinitionen der Deutschen Bundesbank 92
3.5 Die Geldnachfrage
    3.5.1 Motive der Geldnachfrage 93
    3.5.2 Transaktions- und Vorsichtskasse 94
    3.5.3 Wertaufbewahrungsmotiv und Spekulationskasse 96
    3.5.4 Risiko der Wertpapieranlage und Geldnachfrage: Der Portfolio-Ansatz 99
    3.5.5 Die aggregierte makroökonomische Geldnachfragefunktion 102
3.6 Das Geldangebot
    3.6.1 Monetäre Basis, Mindest- und Überschußreserven 106
    3.6.2 Monetäre Basis und Geldmenge 107
    3.6.3 Der Geld- und Kreditschöpfungsprozeß 110
    3.6.4 Geldpolitische Steuerungsmöglichkeiten der monetären Basis und der Geldmenge ... 114
    3.6.5 Die Zinsabhängigkeit des Geldangebots 121
3.7 Das Geldmarktgleichgewicht
    3.7.1 Geldnachfrage, Geldangebot und LM-Kurve 124
    3.7.2 Geldpolitik und LM-Kurve 127
    3.7.3 Liquiditätsneigung und LM-Kurve 129
3.8 Bestimmung von Einkommen und Zinsniveau auf dem Güter- und dem Geldmarkt
    3.8.1 Das Gleichgewicht: IS- und LM-Kurve 130
    3.8.2 Einkommens- und Zinseffekte güterwirtschaftlicher Störungen 133
    3.8.3 Einkommens- und Zinseffekte monetärer Störungen 137

Kapitel 4: Preisniveau und Einkommen

4.1 Problemstellung und Rahmenbedingungen 141
4.2 Wirkungen von Preisänderungen auf die Güternachfrage
    4.2.1 Die private Konsumgüternachfrage 142
    4.2.2 Der Außenbeitrag 145
    4.2.3 Nominelle und reale Geldmenge 146
    4.2.4 Die gesamtwirtschaftliche Nachfragefunktion 147
4.3 Gütermarktgleichgewicht und Preisniveau
    4.3.1 Preisbildung auf dem Gütermarkt - eine Einführung 151
    4.3.2 Gleichgewicht und Ungleichgewicht auf dem Gütermarkt 154
    4.3.3 Einkommens- und Preiseffekte nachfrageseitiger Veränderungen 156
    4.3.4 Einkommens- und Preiseffekte angebotsseitiger Veränderungen 160
    4.3.5 Einkommens- und Preiseffekte nachfrageseitiger und
           angebotsseitiger Veränderungen: eine algebraische Lösung 162

Kapitel 5: Löhne und Beschäftigung

5.1 Problemstellung 165

5.2 Arbeitsmarkt und Lohnbildung
- 5.2.1 Vollkommener Arbeitsmarkt und Vollbeschäftigung 165
- 5.2.2 Lohnpolitik und Determinanten der Lohnbildung 168
- 5.2.3 Analysezeiträume und Alternativen der Lohnpolitik 173
- 5.2.4 Lohnfixierung und Hysteresis 176

5.3 Preisbildung und Beschäftigung auf dem vollkommenen Gütermarkt
- 5.3.1 Die Produktionsfunktion 179
- 5.3.2 Produktion und Arbeitsinput bei Gewinnmaximierung 181
- 5.3.3 Lohnpolitik und Güterangebot 183
- 5.3.4 Wirkungen einer autonomen Veränderung der Güternachfrage 188
- 5.3.5 Wirkungen einer autonomen Lohnsatzänderung 191
- 5.3.6 Wirkungen einer Änderung der Produktionsverhältnisse 193

5.4 Güterangebot und Preisbildung auf dem unvollkommenen Gütermarkt
- 5.4.1 Marktbedingungen, Produktionsbedingungen und Unternehmensziele: Eine alternative Betrachtung 195
- 5.4.2 Die Mark-up-Hypothese 196
- 5.4.3 Veränderungen der Güternachfrage bei Nominallohnfixierung 200
- 5.4.4 Veränderungen der Güternachfrage bei Reallohnfixierung und bei Lohnanpassungen an die Arbeitsmarktlage 202
- 5.4.5 Lohnstarrheiten und Hysteresis 204

5.5 Einkommen, Beschäftigung, Zinssatz, Preisniveau und Lohnsatz: Das Totalmodell
- 5.5.1 Expansive Fiskalpolitik 206
- 5.5.2 Restriktive Geldpolitik 208

Kapitel 6: Neoklassik und Keynesianismus

6.1 Kontroverse Untersuchungsgegenstände 211

6.2 Zur Absorptionsfähigkeit nachfrageseitiger Störungen 212

6.3 Zu den Ursachen makroökonomischer Instabilitäten 217

6.4 Zur Wirksamkeit einer nachfrageorientierten Beschäftigungspolitik 221

6.5 Zur Wirksamkeit angebotsseitiger Impulse 222

6.6 Das neoklassische und das keynesianische Modell
    - ein formaler Vergleich 224

6.7 Unvollkommene Informationen im neoklassischen Modell:
    Die aggregierte Angebotskurve von Lucas 227

6.8 Preisrigiditäten und Mengenrationierung
- 6.8.1 Problemstellung 229
- 6.8.2 Ungleichgewichtssituationen 230
- 6.8.3 Mengenbeschränkungen und Spill-over-Effekte 231
- 6.8.4 Keynesianisches Gleichgewicht bei Unterbeschäftigung 235

Kapitel 7: Arbeitslosigkeit und Beschäftigungspolitik

7.1 Problemstellung 237

7.2 Ursachen der Arbeitslosigkeit
    7.2.1 Klassifikation von Arbeitslosigkeit 238
    7.2.2 Konjunkturelle Arbeitslosigkeit 241
    7.2.3 Lohnkosteninduzierte Arbeitslosigkeit 242
    7.2.4 Strukturelle Arbeitslosigkeit 243
    7.2.5 Verdeckte Arbeitslosigkeit 249

7.3 Nachfrageorientierte Wirtschaftspolitik: Fiskalpolitik
    7.3.1 Anwendungsbedingungen 250
    7.3.2 Die Finanzierung öffentlicher Budgetdefizite 251
    7.3.3 Deficit spending und Crowding-out-Effekt 253
    7.3.4 Akkommodierende Geldpolitik 259
    7.3.5 Konjunkturelle und strukturelle Budgetdefizite 260
    7.3.6 Längerfristige Konsequenzen staatlicher Budgetdefizite 261

7.4 Nachfrageorientierte Wirtschaftspolitik: Geldpolitik
    7.4.1 Wirkungsprobleme der diskretionären Geldpolitik 264
    7.4.2 Geldpolitik und Zinsstruktur 267

7.5 Zielkonflikte und Policy-Mix
    7.5.1 Geld- und Fiskalpolitik zur Erreichung
          von Vollbeschäftigung und Preisstabilität 271
    7.5.2 Das Assignment-Problem 275

7.6 Angebotsorientierte Beschäftigungspolitik
    7.6.1 Ziele und Maßnahmen 277
    7.6.2 Wirkungsbedingungen und Wirkungsprobleme 279
    7.6.3 Wirkungsanalyse 281
    7.6.4 Kaufkraftargument versus Kostenargument 285

Kapitel 8: Zahlungsbilanz und Wechselkurs

8.1 Problemstellung und Rahmenbedingungen 289

8.2 Wechselkursänderungen und Außenbeitrag
    8.2.1 Die Reaktion des Außenbeitrags auf eine Abwertung 290
    8.2.2 Der J-Kurven-Effekt 293
    8.2.3 Einkommenseffekte von Wechselkursänderungen 295

8.3 Internationale Rückwirkungen und Einkommen
    8.3.1 Ein Zwei-Länder-Modell 297
    8.3.2 Wirkungen einer autonomen Nachfrageänderung 299
    8.3.3 Wirkungen einer Wechselkursänderung 303

8.4 Kapitalverkehr, Zahlungsbilanz und Devisenmarkt
    8.4.1 Der internationale Kapitalverkehr 305
    8.4.2 Zahlungsbilanzgleichgewicht 308
    8.4.3 Devisenmarktinterventionen und Geldmenge im Festkurssystem 310

8.5 Geld- und Fiskalpolitik bei festem Wechselkurs
    8.5.1 Modelltheoretische Grundlagen 313
    8.5.2 Wirkungen einer expansiven Fiskalpolitik 314
    8.5.3 Wirkungen einer autonomen Erhöhung der Geldmenge 317

Inhaltsverzeichnis XIII

8.6 Geld- und Fiskalpolitik bei flexiblem Wechselkurs
    8.6.1 Wirkungen einer expansiven Fiskalpolitik 318
    8.6.2 Wirkungen einer autonomen Erhöhung der Geldmenge 320
    8.6.3 Zusammenfassung der Ergebnisse 322

8.7 Internationale Rückwirkungen, Zinsniveau und Einkommen
    8.7.1 Problemstellung und Modellerweiterung 322
    8.7.2 Expansive Geldpolitik bei festem und bei flexiblem Wechselkurs 324
    8.7.3 Expansive Fiskalpolitik bei festem und bei flexiblem Wechselkurs 326
    8.7.4 Geld- und Fiskalpolitik bei zinsunelastischem Kapitalverkehr 328
    8.7.5 Zusammenfassung der Ergebnisse 329

8.8 Außenwirtschaft und Preisniveau
    8.8.1 Problemstellung 330
    8.8.2 Aggregierte Güternachfrage bei festem und flexiblem Wechselkurs 331
    8.8.3 Aggregiertes Güterangebot bei außenwirtschaftlichen Einflüssen 333
    8.8.4 Expansive Fiskalpolitik bei festem Wechselkurs 335
    8.8.5 Expansive Geldpolitik bei flexiblem Wechselkurs 337
    8.8.6 Erhöhung der Geldmenge und Wechselkursfluktuation 339

Kapitel 9: Inflation und Beschäftigung

9.1 Problemstellung 341

9.2 Ursachen der Inflation
    9.2.1 Nachfrageseitige und angebotsseitige Inflationsimpulse 342
    9.2.2 Inflationäre Preisentwicklungen 344
    9.2.3 Die monetäre Alimentierung der Inflation 346
    9.2.4 Die Quantitätstheorie des Geldes 348
    9.2.5 Ein quantitätstheoretischer Ansatz der Geldpolitik 351

9.3 Inflationserwartungen
    9.3.1 Zur Bedeutung von Inflationserwartungen 353
    9.3.2 Erwartungshypothesen 354
    9.3.3 Realer Zinssatz, Ersparnisse und Investitionen 357
    9.3.4 Inflationserwartungen und Zinsbildung 359

9.4 Inflation und Arbeitslosigkeit: Die Theorie der Phillips-Kurve
    9.4.1 Einführung 361
    9.4.2 Der theoretische Ansatz der Phillips-Kurve 363
    9.4.3 Die langfristige Phillips-Kurve 365
    9.4.4 Die kurzfristige Phillips-Kurve 367
    9.4.5 Inflationserwartungen und inflationäre Anpassungsprozesse 368
    9.4.6 Rationale Erwartungen und Inflation 373
    9.4.7 Verteilungskampf und Stagflation 376
    9.4.8 Die Stabilität der Phillips-Kurve 379

9.5 Inflation, Produktion und Einkommen
    9.5.1 Phillips-Kurve und aggregiertes Güterangebot 382
    9.5.2 Inflationsrate und aggregierte Güternachfrage 383
    9.5.3 Wirkungen einer autonomen Änderung des Geldmengenwachstums 386
    9.5.4 Wirkungen einer autonomen Änderung der Güternachfrage 391

9.6 Strategien für Preisstabilität 396

Kapitel 10: Konjunkturschwankungen

10.1 Problemstellung 399

10.2 Produktionspotential und Konjunkturzyklus
    10.2.1 Bruttoinlandsprodukt und Produktionspotential 400
    10.2.2 Phasen eines Konjunkturzyklus 402
    10.2.3 Gleichgewichtswachstum 403
    10.2.4 Konjunkturstörungen und konjunkturimmanente Dynamik 404

10.3 Theoretische Grundlagen zur Erklärung von Konjunkturschwankungen
    10.3.1 Privater Konsum und Einkommenshypothesen 407
    10.3.2 "Built-in-Flexibilität" des Steuer- und Transfersystems 411
    10.3.3 Anlageinvestitionen und Akzelerator 412
    10.3.4 Neoklassische Investitionshypothese und flexibler Akzelerator ... 415
    10.3.5 Multiplikator und Akzelerator 419
    10.3.6 Lagerhaltungszyklen 424
    10.3.7 Wirkungsverzögerungen der Konjunkturpolitik 427
    10.3.8 Lohn- und Preisanpassungen 430

10.4 Wirkungszusammenhänge im Konjunkturzyklus: ein heuristischer Ansatz
    10.4.1 Nachfrage- und angebotsseitige Konjunkturgrößen 434
    10.4.2 Die Rezessionsphase 436
    10.4.3 Der untere Wendepunkt der Konjunktur 437
    10.4.4 Die Aufschwungphase 440
    10.4.5 Die Boomphase 442
    10.4.6 Oberer Wendepunkt der Konjunktur und Entspannungsphase .. 444

Literaturverzeichnis 447

Sachverzeichnis 450

Symbolverzeichnis

A	Arbeitsinput	ÜR	Überschußreserven
AB	Außenbeitrag	V	Geldvermögen
ABS	Abschreibungen	VE	Volkseinkommen
B	Bargeldumlauf	VÜ	Vermögensübertragungen
BD	Budgetdefizit des Staates	W	Wertpapierforderungen (netto)
BIP	Bruttoinlandsprodukt	W^d	Wertpapiernachfrage = Kreditangebot
BSP	Bruttosozialprodukt		
C	Private Konsumnachfrage	W^s	Wertpapierangebot = Kreditnachfrage
C_{Pr}	Privater Konsum (= C)		
C_{St}	Staatskonsum	WR	Währungsreserven
D	Güternachfrage	X	Güterangebot = Produktionsniveau
D^{ind}	Induzierte Güternachfrage	Y	Realeinkommen
D^{Pr}	Private Güternachfrage	Y_L	Einkommen aus unselbständiger Tätigkeit
DB	Devisenbilanzsaldo		
E	Bankeinlagen	Y_U	Einkommen aus selbständiger Tätigkeit und Vermögen
EX	Exportnachfrage		
F	Finanzierungssaldo	YV	Verfügbares privates Einkommen
G	Staatsausgaben	Z	Zinszahlungen des Staates
H	Heimische Absorption	ZB	Zahlungsbilanzsaldo
I	Private Investitionsnachfrage	ZG	Zentralbankgeld
I^L	Lagerinvestitionen		
I^{netto}	Nettoinvestitionen	a	Arbeitsproduktivität
I_{St}	Staatliche Investitionen	b	Marginale Investitionsquote
IM	Importnachfrage	b_i	Zinskoeffizient der Investitionsnachfrage
K	Sachkapazitäten		
KV	Kapitalverkehr	b_Y	Einkommenskoeffizient der Investitionsnachfrage (= b)
L	Geldnachfrage		
LB	Leistungsbilanzsaldo	c	Marginale Konsumquote
LQ	Lohnquote	c_i	Zinskoeffizient der Konsumnachfrage
L_S	Spekulationskasse	$c_ü$	Marginale Konsumquote der Übertragungsempfänger
L_T	Transaktionskasse		
M	Geldangebot, Geldmenge	c_Y	Einkommenskoeffizient der Konsumnachfrage (= c)
MB	Monetäre Basis		
MR	Mindestreserven	d	Zinssatz für Zentralbankkredite
N	Bruttogüternachfrage	d_K	Abschreibungssatz
ÖV	Öffentliche Verschuldung	e	Realer Wechselkurs
P	Preisniveau	e^n	Nomineller Wechselkurs
RB	Restpostenbilanz	g	Geldschöpfungsmultiplikator
S	Private Ersparnisse	g_i	Zinskoeffizient des Geldangebots
SE	Sichteinlagen	h	Marginale Absorptionsquote des Inlands
SN	Nationale Ersparnisse		
SP	Spareinlagen	h_A	Marginale Absorptionsquote des Auslands
SUB	Subventionen		
T	Steuern und Abgaben an den Staat	h_i	Zinskoeffizient der Absorption
T_{dir}	Direkte Steuern (z.B. Einkommensteuern)	h_P	Preiskoeffizient der Absorption
		h_Y	Einkommenskoeffizient der Absorption (= h)
T_{ind}	Indirekte Steuern (z.B. Mehrwertsteuern)		
		i	Durchschnittlicher nomineller Zinssatz des Inlands
TE	Termineinlagen		
TR	Transferzahlungen	i_A	Durchschnittlicher nomineller Zinssatz des Auslands
Ü	Übertragungen des Staates		

i_g	Geldmarktzinssatz	y_r	Zinskoeffizient der Güternachfrage (in bezug auf den realen Zinssatz)
i_k	Kurzfristiger nomineller Zinssatz		
i_l	Langfristiger nomineller Zinssatz	z	Interner Zinssatz
i_p	Zinssatz eines Portfolios	z_{St}	Zinsausgabenquote des Staates
i_W	Wertpapierzinssatz	z_i	Zinsstrukturparameter
k_Y	Kassenhaltungskoeffizient = Einkommenskoeffizient der Geldnachfrage	α	Produktionselastizität
		α_E	Durchschnittlicher Mindestreservesatz
k_i	Zinskoeffizient der Geldnachfrage	β	Kapitalkoeffizient, Akzelerator
m	Marginale Importquote des Inlands	β_M	Bargeldquote
m_A	Marginale Importquote des Auslands	γ	Aufschlagssatz auf die Lohnstückkosten
m_e	Wechselkurskoeffizient der Importe		
m_Y	Einkommenskoeffizient der Importe des Inlands ($= m$)	γ_v	Verteilungsparameter in der Preisfunktion
n_e	Wechselkurskoeffizient des Außenbeitrags	ε	Elastizität
		η	Neuverschuldungsquote des Staates
p_Y	Einkommenskoeffizient des Preisniveaus	κ	Kapitalproduktivität
		λ_a	Produktionskoeffizient in der Lohnfunktion
q	Steuer- und Abgabenquote		
r	Realer Zinssatz	λ_P	Preiskoeffizient in der Lohnfunktion
s	Marginale private Sparquote	λ_{SE}	Anteil der Sichteinlagen an den Bankeinlagen
s_i	Zinskoeffizient der privaten Ersparnisse		
		λ_{TE}	Anteil der Termineinlagen an den Bankeinlagen
s_Y	Einkommenskoeffizient der privaten Ersparnisse ($= s$)		
		λ_u	Beschäftigungskoeffizient in der Lohnfunktion
u	Tatsächliche Arbeitslosenquote		
u^*	Natürliche Arbeitslosenquote	λ_v	Verteilungsparameter in der Lohnfunktion
v_i	Zinskoeffizient des Kapitalverkehrs		
v_M	Umlaufgeschwindigkeit des Geldes	μ	Einkommensmultiplikator
w	Realer Lohnsatz	ν	Verschuldungsquote des Staates
w^n	Nomineller Lohnsatz	π	Inflationsrate
x_e	Wechselkurskoeffizient der Exportnachfrage	σ	Marginale nationale Sparquote
		σ_p	Risiko eines Gesamtportfolios
x_P	Preiskoeffizient des Güterangebots	σ_w	Risiko einer Wertpapieranlage
y_i	Zinskoeffizient der Güternachfrage (in bezug auf den nominellen Zinssatz)	ω^n	Veränderungsrate des Nominallohnsatzes
y_P	Preiskoeffizient der Güternachfrage		

Zusätzlich verwendete Indizes
(hoch- oder tiefgestellt)

A	Ausland	a	autonom
F	Finanzieller Sektor	d	Nachfrage (demand)
H	Private Haushalte	e	erwartet
Kr	Kreditinstitute	j	Wirtschaftssubjekt/Sektor
N	Nichtbanken	n	nominell
Pr	Private Wirtschaftssubjekte	pot	potentiell
St	Staat	s	Angebot (supply)
U	Private Unternehmungen	t	Zeitindex
Z	Zentralbank	*	natürlich

Weitere, in der Regel nur einmal verwendete Symbole werden im Text erläutert.

Kapitel 1
Grundlagen der Makroökonomik
1.1 Aufgaben und Problemstellungen der Makroökonomik

Makroökonomik ist die wissenschaftliche Analyse gesamtwirtschaftlich-globaler Phänomene. Sie umfaßt im einzelnen
- die *Beschreibung* und die *Erklärung* der nationalen und internationalen ökonomischen Zusammenhänge
- die *Beurteilung* wirtschaftspolitischer Maßnahmen zur Beeinflussung der Gesamtwirtschaft
- die *Prognose* volks- und weltwirtschaftlicher Entwicklungen.

Die gesamtwirtschaftlichen Vorgänge resultieren aus den Entscheidungen und Handlungen aller einzelnen Wirtschaftssubjekte einer Volkswirtschaft. Obwohl die einzelwirtschaftlichen bzw. die mikroökonomischen Phänomene von grundlegender Bedeutung für die gesamtwirtschaftlichen Abläufe sind, ist die *Makroökonomik* keine Totalanalyse *aller* Einzelphänomene. Sie beschränkt sich vielmehr auf die Betrachtung von Aggregaten, die aus einer Vielzahl von Mikroeinheiten mit ähnlichen Merkmalen bestehen. So ist es beispielsweise üblich, alle privaten Haushalte und alle privaten Unternehmungen jeweils als ein einheitliches makroökonomisches Aggregat zu definieren. Das Verhalten eines solchen Aggregats läßt sich als ein durchschnittliches Verhalten der zugehörigen Mikroeinheiten begreifen. Im Unterschied zur Aggregatbetrachtung in der Makroökonomik ist die Analyse individueller bzw. einzelwirtschaftlicher Entscheidungen und Handlungen Gegenstand der *Mikroökonomik*.

In der Makroökonomik werden allerdings nicht nur Aggregate im Hinblick auf Wirtschaftssubjekte, sondern auch im Hinblick auf Güter gebildet. Während die Mikroökonomik einzelne Märkte mit spezifischen Gütern betrachtet, konzentriert man sich in der Makroökonomik auf Güteraggregate, die eine Vielzahl einzelner Güter mit ähnlichen Merkmalen umfassen. Zu nennen sind hier beispielsweise die Aggregate "Konsumgüter" oder "Investitionsgüter". Die Mikroökonomik ist beispielsweise darauf ausgerichtet, die Reaktion eines einzelnen Haushalts auf eine Veränderung des Preises eines bestimmten Konsumgutes zu erklären, wogegen sich die Makroökonomik aus globaler Perspektive nur für die Reaktion des Aggregats "Private Haushalte" auf eine Veränderung des Preisniveaus für das Aggregat "Konsumgüter" beschäftigt. Gleichfalls werden in der Makroökonomik auch Aggregate für Vermögensbestände gebildet. Solche Aggregate sind beispielsweise der Sachkapitalbestand aller Unternehmungen oder der Wertpapierbestand im Portefeuille aller Nichtbanken einer Volkswirtschaft.

Um das Aggregatverhalten adäquat erklären zu können, ist häufig ein Rückgriff auf die Mikroebene und dort auf das typische Verhalten der Mikroeinheiten erforderlich. So wird beispielsweise die Investitionsnachfrage des Aggregats "Unternehmungen" auf der Grundlage der Investitionsnachfrage einer repräsentativen Unternehmung oder die Konsumgüternachfrage des Aggregats "Private Haushalte" auf der Grundlage der Konsumgüternachfrage eines repräsentativen privaten Haushalts erklärt. Dementsprechend findet eine *mikroökonomische Fundierung* makroökonomischer Phänomene statt. Das bedeutet allerdings keineswegs eine Totalanalyse aller Einzelphänomene. Trotz mikroökonomischer Fundierung bleibt der oben skizzierte Unterschied zwischen Mikro- und Makroökonomik erhalten. Methoden und Gegenstand dieser beiden Teilbereiche der Wirtschaftswissenschaften weisen somit erhebliche Unterschiede auf.

Der für die Makroökonomik typische Verzicht auf die Totalanalyse aller einzelnen Phänomene ergibt sich zwingend aus der Komplexität der modernen Volkswirtschaften. Phänomene von gesamtwirtschaftlicher Dimension, z.B. die Arbeitslosigkeit oder die Inflation, lassen sich angesichts dieser Komplexität nur noch erklären, wenn man sich auf die wichtigsten gesamtwirtschaftlichen Interdependenzen konzentriert und dabei bewußt einen Verlust an einzelwirtschaftlicher Detailgenauigkeit hinnimmt. Das gilt gleichermaßen auch für die Wirtschaftspolitik eines Landes. Eine Politik, mit der beispielsweise Arbeitslosigkeit oder Inflation bekämpft werden soll, ist nicht operational, wenn sie an den vielen, häufig stark divergierenden einzelwirtschaftlichen Interessen und Handlungen ausgerichtet wird. Globale ökonomische Probleme, die die gesamte oder zumindest einen großen Teil der Gesellschaft betreffen, machen eine übergreifende, makroökonomisch angelegte Wirtschaftspolitik erforderlich.

Mit den Phänomenen der Arbeitslosigkeit und der Inflation sind bereits zwei wichtige *Problembereiche der Makroökonomik* genannt worden. Es gehört zu den Aufgaben der Makroökonomik, die Ursachen dieser Phänomene sowie die Möglichkeiten zur Vermeidung oder Beseitigung von Arbeitslosigkeit und Inflation aufzuzeigen. Weitere wichtige Größen, auf die sich die Makroökonomik konzentriert, sind beispielsweise das Bruttosozialprodukt, das Volkseinkommen, das Zinsniveau, das Lohnniveau, der Wechselkurs, die Zahlungsbilanz, die Geldmenge und die Staatsverschuldung. Man kann sich leicht vorstellen, welche Fragen die Makroökonomik im Hinblick auf solche Größen zu beantworten hat. Hier seien nur einige exemplarisch genannt:

- Was versteht man unter dem Bruttosozialprodukt und wie wird das Bruttosozialprodukt im volkswirtschaftlichen Produktionsprozeß gebildet?
- Wie entsteht das Volkseinkommen, wie wird es verteilt und verwendet?
- Wodurch wird das Zinsniveau bestimmt und welche Wirkungen gehen von Änderungen des Zinsniveaus aus?
- Wie gestaltet sich der Lohnbildungsprozeß und welche Bedeutung haben Lohnerhöhungen für Beschäftigung und Güterpreise?
- Welche internationalen Zusammenhänge sind maßgeblich für die Wechselkursentwicklung und für die Zahlungsbilanz eines Landes?
- Wie wirken sich Wechselkursänderungen auf die Zahlungsbilanz und auf die Beschäftigung eines Landes aus?
- Wie entsteht die volkswirtschaftliche Geldmenge und welcher Zusammenhang besteht zwischen Geldmengenwachstum und Inflation?
- Welche kurz- und langfristigen Wirkungen hat die Staatsverschuldung?

Aufgabe der Makroökonomik ist es allerdings auch, die Möglichkeiten und Grenzen der wirtschaftspolitischen Beeinflußbarkeit der in diesen Fragen angesprochenen gesamtwirtschaftlichen Zusammenhänge aufzuzeigen. So muß die Makroökonomik beispielsweise Antworten auf die Frage geben, ob die Fiskal- oder die Geldpolitik geeignet ist, Arbeitslosigkeit zu bekämpfen, ohne über kurz oder lang Inflation und außenwirtschaftliche Ungleichgewichte zu erzeugen. Auf der Grundlage der Kenntnisse über die gesamtwirtschaftlichen Zusammenhänge sollte es schließlich auch möglich sein, Prognosen über die zukünftige Entwicklung wichtiger Makrogrößen wie Beschäftigung, Inflationsrate oder Wachstumsrate des Bruttosozialprodukts zu erstellen.

Aus dieser nur exemplarischen Aufzählung von Aufgaben und Problemstellungen wird deutlich, daß die Makroökonomik auf eine wissenschaftliche Durchdringung der national und international relevanten wirtschaftlichen Kernprobleme gerichtet ist und daß sie sich mit aktuellen ökonomischen Vorgängen auseinanderzusetzen hat, die letztlich den Lebensbereich eines jeden einzelnen Staatsbürgers berühren. Schon deshalb ist die Makroökonomik ein äußerst wichtiges und zugleich faszinierendes Gebiet der Wirtschaftswissenschaften.

1.2 Makroökonomische Größen: Definitionen und Fakten
1.2.1 Inlandsprodukt und Sozialprodukt

Die wichtigsten makroökonomischen Größen werden im folgenden sowohl im Rahmen einer formelmäßigen Erfassung beschrieben als auch mit Daten der Bundesrepublik Deutschland veranschaulicht.

Von zentraler Bedeutung für die Makroökonomie sind das *Bruttoinlandsprodukt* und das *Bruttosozialprodukt*:
- Das Bruttoinlandsprodukt ist der Wert der Endprodukte, die mit den im *Inland* eingesetzten Ressourcen hergestellt worden sind.
- Das Bruttosozialprodukt ist der Wert der Endprodukte, die mit den Ressourcen *im Besitz von Inländern* hergestellt worden sind.

Es ist üblich, bei den Endprodukten, die inländischen Verwendungen zugeführt wurden, zwischen Produkten für den privaten Verbrauch, für den staatlichen Konsum, für Investitionen der privaten Unternehmungen sowie für staatliche Investitionen zu unterscheiden. Der staatliche Konsum umfaßt vor allem die Löhne und Gehälter der Beschäftigten im öffentlichen Dienst sowie laufende Ausgaben im Rahmen öffentlicher Dienstleistungen. Man bezeichnet den staatlichen Konsum deshalb auch als *Eigenverbrauch des Staates*.

Das Bruttoinlandsprodukt enthält neben den Endprodukten für die inländischen Verwendungen die ins Ausland exportierten Produkte. Schließlich muß noch der Wert aller Produkte, die aus ausländischer Produktion stammen und somit keine Ressourcen sind, die im Inland verfügbar waren oder im inländischen Produktionsprozeß erzeugt wurden, subtrahiert werden. Denn nur so erhält man gemäß der obengenannten Definition den Wert der Endprodukte aus den Ressourcen im

Inland.[1] Vor diesem Hintergrund und mit Blick auf die Tabelle 1.1 läßt sich das Bruttoinlandsprodukt wie folgt schreiben:

(1.1) $\quad$ BIP = $C_{Pr} + C_{St} + I_{Pr} + I_{St} + EX_g - IM_g$

Die im Bruttoinlandsprodukt erfaßten Güter für den privaten Verbrauch (die Konsumgüter), die Investitionsgüter, die Exportgüter und die Importgüter sind jeweils mit ihren *Marktpreisen* bewertet worden. Eine Ausnahme bildet die Bewertung des Staatsverbrauchs. Da es sich hierbei größtenteils um Dienstleistungen und sonstige Güter handelt, die nicht am freien Markt verkauft werden, existieren dafür auch keine Marktpreise. Es ist deshalb üblich, den Staatsverbrauch mit den Kosten anzusetzen, die dem Staat entstanden sind - z.B. aufgrund der Löhne und Gehälter der öffentlich Bediensteten. Diese Kosten bezeichnet man, wie weiter unten näher erläutert wird, als *Faktorkosten*, so daß dem Staatsverbrauch eine Bewertung zu Faktorkosten zugrunde liegt. Trotz dieser Ausnahme wird das Bruttoinlandsprodukt gemäß Gleichung (1.1) als *Bruttoinlandsprodukt zu Marktpreisen* bezeichnet.

Tabelle 1.1: Inlands- und Sozialprodukt in Deutschland 1996 (Mrd. DM)

Entstehungsrechnung			Verwendungsrechnung		
Einkommen aus unselbständiger Arbeit im Inland	Y_L^{Inl}	1.902	Privater Verbrauch	C_{Pr}	2.045
			Staatsverbrauch	C_{St}	703
			Bruttoinvestitionen der Unternehmungen	I_{Pr}	667
Einkommen aus Unternehmertätigkeit und Vermögen im Inland	Y_U^{Inl}	794	Bruttoinvestitionen des Staates	I_{St}	83
Abschreibungen	ABS	462	Exporte	EX_g	857
Indirekte Steuern	T_{ind}	452	./. Importe	IM_g	−814
./. Subventionen	SUB	−69			
Bruttoinlandsprodukt	BIP	3.541	Bruttoinlandsprodukt	BIP	3.541
Einkommen aus unselbständiger Tätigkeit im Ausland (Saldo)	Y_L^{Ausl}	−2	Empfangene Einkommen aus dem Ausland (Faktorexporte)	EX_f	134
Einkommen aus Unternehmertätigkeit und Vermögen im Ausland (Saldo)	Y_U^{Ausl}	−26	./. Geleistete Einkommen an das Ausland (Faktorimporte)	IM_f	−162
Bruttosozialprodukt	BSP	3.513	Bruttosozialprodukt	BSP	3.513

Quelle: Statistisches Bundesamt (1997a), S. 102 ff.

Das *Bruttosozialprodukt* stellt nicht auf die Ressourcen im Inland, sondern auf die Ressourcen im Besitz von Inländern ab. Um vom Bruttoinlandsprodukt zum Bruttosozialprodukt zu gelangen, müssen somit einerseits die Einkommen, die Inländer aus dem Einsatz von eigenen Ressourcen im Ausland erzielt haben, addiert

---

[1] Die Exporte sind zwar Endprodukte des inländischen Produktionsprozesses, d.h., es sind Produkte, die zwar im Inland nicht weiter verarbeitet werden, aber durchaus Vorleistungsprodukte (Vor- und Zwischenprodukte) für den ausländischen Produktionsprozeß sein können. Wenn hier mit Blick auf das Bruttoinlandsprodukt und das Bruttosozialprodukt von Endprodukten gesprochen wird, so sind damit nur Endprodukte aus der Perspektive des inländischen Produktionsprozesses gemeint.

und andererseits die Einkommen, die Ausländer aus dem Einsatz ihrer Ressourcen im Inland erzielt haben, subtrahiert werden. Dementsprechend gilt:

(1.2) $\quad$ BSP = BIP + EX_f - IM_f

(1.2a) $\quad$ BSP = C_{Pr} + C_{St} + I_{Pr} + I_{St} + EX - IM

$\quad\quad$ mit: EX = EX_g + EX_f ; IM = IM_g + IM_f

Das Bruttosozialprodukt wird analog zum Bruttoinlandsprodukt als *Bruttosozialprodukt zu Marktpreisen* bezeichnet.

Die Differenz zwischen den gesamten Exporten und den gesamten Importen an Gütern und Dienstleistungen bildet den *Außenbeitrag* eines Landes:

(1.3) $\quad$ AB = EX - IM

Die Abbildungen 1.1a und 1.1b zeigen mit Blick auf die Gleichung (1.2a) zum einen die absolute Entwicklung des Bruttosozialprodukts und seiner Bestandteile sowie zum anderen die relativen Anteile der Bestandteile des Bruttosozialprodukts der Bundesrepublik Deutschland im Zeitraum von 1960 bis 1996.

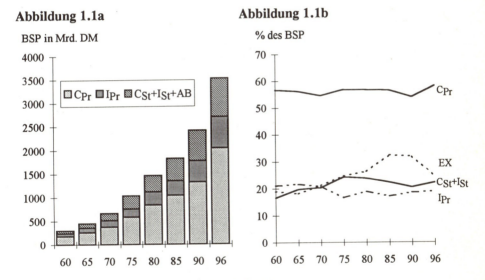

Datenquelle: Statistisches Bundesamt (1997b), S. 666 ff.

Die im Bruttoinlandsprodukt und im Bruttosozialprodukt erfaßten privaten und staatlichen Investitionen sind jeweils *Bruttoinvestitionen*, die sich aus den Netto- und den Reinvestitionen zusammensetzen. Durch die *Reinvestitionen* wird der Erhalt der bereits vorhandenen *Sachkapazitäten* bzw. des *Produktionskapitals* gesichert. Sie dienen also dem Ausgleich der im Produktionsprozeß verbrauchten Sachkapazitäten. Die *Nettoinvestitionen* umfassen zum einen die *Anlageinvestitionen*, durch die neue Sachkapazitäten entstehen, und zum anderen die *Lagerinvesti-*

tionen, durch die sich die Lagerbestände an Gütern verändern. Solche Lagerinvestitionen fallen allerdings in der Regel nur im privaten Unternehmenssektor und nicht beim Staat an. Die gesamten Bruttoinvestitionen lassen sich somit wie folgt beschreiben:

(1.4) $\quad I^{brutto} = I^{re} + I^{netto} \qquad$ mit: $I^{brutto} = I_{Pr} + I_{St}$

Löst man (1.4) nach den Nettoinvestitionen auf, so läßt sich erkennen, daß diese auch negativ sein können, nämlich dann, wenn die Bruttoinvestitionen geringer sind als die Reinvestitionen und somit nicht ausreichen, das vorhandene Produktionskapital zu erhalten:

(1.4a) $\quad I^{netto} = I^{brutto} - I^{re} \qquad$ mit: $I^{netto} \gtreqless 0$

Das Bruttoinlandsprodukt gemäß Gleichung (1.1) ist mit Blick auf die *Verwendung* in Form von Gütern definiert worden. Um diese Güter zu produzieren, müssen *Produktionsfaktoren* eingesetzt werden, denen Faktorentgelte *zufließen*. In der Makroökonomik unterscheidet man zwei Produktionsfaktoren, den *Faktor Arbeit*, dem Einkommen aus unselbständiger Tätigkeit bzw. aus Arbeit zufließt, und den *Faktor Kapital* (bzw. Sachkapital), dessen Eigentümer Einkommen aus Unternehmertätigkeit und Vermögen beziehen. Neben diesen Einkommen müssen auf der *Entstehungsseite* des Bruttoinlandsprodukts die *Abschreibungen* sowie die Differenz zwischen den *indirekten Steuern* und den *Subventionen* an Unternehmungen berücksichtigt werden. Die Abschreibungen stellen - *aus steuerlicher Sicht* - den Gegenwert der Reinvestitionen dar, die Teil der Bruttoinvestitionen sind. Die indirekten Steuern - insbesondere die Mehrwertsteuer und andere Umsatzsteuern (z.B. Mineralölsteuer, Tabaksteuer) - gehen unmittelbar in die Marktpreise der Endprodukte ein und bilden somit aufgrund der Bewertung zu Marktpreisen einen Teil des Güterwertes auf der Verwendungsseite des Bruttoinlandsprodukts. Umgekehrt verfährt man mit den Subventionen, die quasi negative indirekte Steuern darstellen und die es prinzipiell ermöglichen, die Endprodukte zu entsprechend niedrigeren Marktpreisen zu verkaufen.[2]

Mit Blick auf die *Entstehungsseite* setzt sich das Bruttoinlandsprodukt somit wie folgt zusammen:

(1.5) $\quad \text{BIP} = Y_L^{Inl} + Y_U^{Inl} + \text{ABS} + T_{ind} - \text{SUB}$

Die empfangenen Einkommen aus dem Ausland aufgrund von Faktorexporten sowie die geleisteten Einkommen an das Ausland im Rahmen von Faktorimporten lassen sich - jeweils als Saldo aus empfangenen und geleisteten Einkommen - aufgliedern in Einkommen aus unselbständiger Arbeit sowie Einkommen aus Un-

---

[2] Eine Erhöhung der indirekten Steuern oder eine Verringerung der Subventionen muß selbstverständlich nicht zwingend eine entsprechende Erhöhung der Marktpreise der Endprodukte nach sich ziehen. Es ist sehr wohl möglich, daß die Erhöhung indirekter Steuern oder die Verringerung von Subventionen wenigstens zu einem gewissen Teil durch einen Rückgang der Einkommen aus Unternehmertätigkeit und Vermögen kompensiert wird.

ternehmertätigkeit und Vermögen (siehe hierzu die Tabelle 1.1). Dementsprechend besteht der folgende Zusammenhang zwischen dem Bruttoinlandsprodukt gemäß Gleichung (1.5) und dem Bruttosozialprodukt:

(1.6) $\quad$ BSP = BIP + Y_L^{Ausl} + Y_U^{Ausl} = Y_L + Y_U + ABS + T_{ind} – SUB

$$\text{mit: } Y_L = Y_L^{Inl} + Y_L^{Ausl} \; ; \; Y_U = Y_U^{Inl} + Y_U^{Ausl}$$

1.2.2 Volkseinkommen und verfügbares Einkommen

Die *Einkommen der Inländer aus unselbständiger Arbeit* - zuvor mit Y_L bezeichnet - und die *Einkommen der Inländer aus Unternehmertätigkeit und Vermögen* - zuvor mit Y_U bezeichnet - bilden zusammen das *Volkseinkommen*:

(1.7) $\quad$ VE = Y_L + Y_U

Da hierbei nur die Faktoreinkommen erfaßt werden, die Inländer im Produktionsprozeß erzielen, und da man diese Einkommen auch als Faktorkosten der Produktion ansehen kann, wird das Volkseinkommen alternativ als *Nettosozialprodukt zu Faktorkosten* bezeichnet.

Die Abbildungen 1.2a und 1.2b zeigen die absolute Entwicklung und die Aufteilung des Volkseinkommens gemäß Gleichung (1.7) in der Bundesrepublik Deutschland im Zeitraum von 1960 bis 1996.

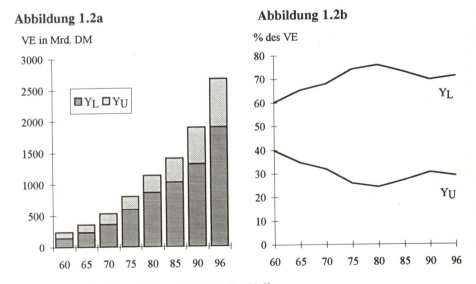

Datenquelle: Statistisches Bundesamt (1997a), S. 123 ff.

Während die Einkommen aus unselbständiger Arbeit vollständig an private Arbeitnehmerhaushalte fließen, verteilen sich die Einkommen aus Unternehmertätigkeit und Vermögen auf diese Haushalte, auf die privaten Unternehmungen sowie auf den Staat. In der Makroökonomik ist es üblich, die Arbeitnehmerhaushalte und die Unternehmerhaushalte zu einem Sektor "Private Haushalte" zusammenzufassen und zwischen den an diesen Sektor ausgeschütteten und den im Unternehmenssektor verbliebenen, also den nicht ausgeschütteten Einkommen aus Unternehmertätigkeit und Vermögen (auch *unverteilte Gewinne* genannt), zu unterscheiden. Beide Einkommen bilden zusammen den Anteil aller privaten inländischen Wirtschaftssubjekte am Volkseinkommen, im folgenden mit VE_{Pr} bezeichnet.

Die Tabelle 1.2 zeigt noch einmal - ausgehend vom Bruttosozialprodukt - die Bestimmung des Volkseinkommens und darüber hinaus die Bestimmung des Anteils der privaten Wirtschaftssubjekte am Volkseinkommen sowie des verfügbaren privaten Einkommens.

Tabelle 1.2: Volkseinkommen und verfügbares privates Einkommen in Deutschland 1996 (Mrd. DM)

Bruttosozialprodukt	BSP	3.513
./. Abschreibungen	ABS	-462
./. Indirekte Steuern	T_{ind}	-452
Subventionen	SUB	69
Volkseinkommen = Nettosozialprodukt zu Faktorkosten	VE	2.668
./. Anteil des Staates am Volkseinkommen	VE_{St}	-(-92)
Anteil der privaten Wirtschaftssubjekte am Volkseinkommen (davon private Haushalte: 2.693)	VE_{Pr}	2.760
./. Direkte Steuern, Sozialabgaben und sonstige Abgaben an den Staat	T_{dir}	-1.089
Transferzahlungen des Staates	TR	704
./. Übertragungen an das Ausland (Saldo)	$Ü_{PrA}$	-37
Verfügbares privates Einkommen (davon an private Haushalte: 2.309)	YV	2.338

Quelle: Statistisches Bundesamt (1997a), S. 102 ff.

Bemerkenswert ist der negative Anteil des Staates am Volkseinkommen (hier in Höhe von VE_{St} = -92 Mrd. DM). Verursacht wurde das durch die relativ hohen Zinszahlungen, die der Staat aufgrund seiner Verschuldung an private Wirtschaftssubjekte leisten mußte und durch die andere Einkommen des Staates aus Unternehmertätigkeit und Vermögen überkompensiert wurden. Es ist zu erwarten, daß der öffentliche Zinsendienst in den nächsten Jahren noch weiter zunehmen und deshalb VE_{St} noch weiter sinken wird.

Der weitaus größte Teil des Volkseinkommens fließt den privaten Haushalten - den Arbeitnehmerhaushalten und den Unternehmerhaushalten - zu. Der Rest, das sind die unverteilten Gewinne, ist mit 67 Mrd. DM relativ gering. Der Anteil der privaten Wirtschaftssubjekte am Volkseinkommen VE_{Pr} ist ein *Bruttoeinkommen*. Eine wichtige Bestimmungsgröße für die privaten Güterkäufe ist allerdings nicht diese Bruttogröße, sondern das *verfügbare Einkommen*. Bei der Ermittlung des verfügbaren Einkommens müssen - wie in der Tabelle 1.2 aufgezeigt - die an den Staat gezahlten Steuern, Sozialabgaben und sonstigen Abgaben (T_{dir}), die vom Staat empfangenen Transferzahlungen (TR) sowie die Nettoübertragungen aus dem laufenden Einkommen der privaten inländischen Wirtschaftssubjekte an das Ausland ($Ü_{PrA}$) berücksichtigt werden.

Das verfügbare private Einkommen läßt sich somit wie folgt schreiben:

(1.8) $\quad YV = BSP - ABS - T_{ind} + SUB - VE_{St} - T_{dir} + TR - Ü_{PrA}$

Zur Vereinfachung werden jetzt noch die Einkommensgrößen des Staates T_{ind}, T_{dir} und VE_{St} zu einer Größe T - im folgenden kurz als Abgaben an den Staat bezeichnet - sowie die Subventionen SUB und die Transferzahlungen TR des Staates zu einer Größe Ü - kurz Übertragungen des Staates genannt - zusammengefaßt, so daß gilt:[3]

(1.8a) $\quad YV = BSP - ABS - T + Ü - Ü_{PrA}$

Das verfügbare Einkommen steht zum größten Teil den privaten Haushalten - den Arbeitnehmer- und den Unternehmerhaushalten - zur Verfügung. 1996 war das ein Betrag von 2.309 Mrd. DM oder ein Anteil von 98,7 %. Der Rest bleibt in Form unverteilter verfügbarer Gewinne in den Unternehmungen.

1.2.3 Private Ersparnisse und privater Finanzierungssaldo

Zieht man vom privaten verfügbaren Einkommen den privaten Konsum ab, so erhält man die *privaten Ersparnisse*:

(1.9) $\quad S_{Pr} = YV - C_{Pr}$

Die Tabelle 1.3 zeigt, wie sich diese privaten Ersparnisse aus den Ersparnissen der privaten Haushalte und den Ersparnissen der privaten Unternehmungen zusammensetzen. Da die privaten Unternehmungen keine Konsumausgaben tätigen, stimmen ihre privaten Ersparnisse mit ihrem verfügbaren Einkommen bzw. mit den unverteilten Gewinnen überein.

Tabelle 1.3: Finanzierungssalden in Deutschland 1996 (Mrd. DM)

		Private Wirtschaftssubjekte	Private Haushalte	Private Unternehmungen
Verfügbares Einkommen	YV	2.338	2.309	29
Privater Konsum	C_{Pr}	-2.045	-2.045	-
Private Ersparnisse	S_{Pr}	293	264	29
Abschreibungen privater Unternehmungen	ABS_U	438	-	438
./. Private Bruttoinvestitionen	I_{Pr}	-667	-	-667
Empfangene oder geleistete Vermögensübertragungen privater Wirtschaftssubjekte (Saldo)	$VÜ_{Pr}$	6	-33	39
Finanzierungssaldo	F_{Pr}	70	231	-161

Quelle: Statistisches Bundesamt (1997a), S. 102 ff.

---

[3] Man beachte allerdings, daß VE_{St} - wie in der Tabelle 1.2 ausgewiesen - negativ sein kann und dementsprechend in dieser Höhe eine Zahlung des Staates an private Wirtschaftssubjekte impliziert.

Die privaten Ersparnisse bilden zusammen mit den steuerlichen Abschreibungen der privaten Unternehmungen die wichtigste Grundlage zur Finanzierung der privaten Bruttoinvestitionen. Zur Bestimmung des privaten *Finanzierungssaldos* müssen neben diesen Größen allerdings noch die Vermögensübertragungen berücksichtigt werden, die zwischen den privaten Wirtschaftssubjekten einerseits und dem Staat sowie dem Ausland andererseits stattfinden. Hierbei handelt es sich um Übertragungen aus einem bereits vorhandenen Vermögensbestand und somit nicht um Übertragungen aus dem laufenden Einkommen. Der private Finanzierungssaldo setzt sich somit - wie in der Tabelle 1.3 aufgezeigt - wie folgt zusammen:

(1.10) $F_{Pr} = S_{Pr} + ABS_U - I_{Pr} + VÜ_{Pr}$

Im Jahr 1996 haben die privaten Wirtschaftssubjekte in der Bundesrepublik Deutschland einen positiven Finanzierungssaldo bzw. einen Finanzierungsüberschuß in Höhe von 70 Mrd. DM gebildet. Wie weiter unten noch deutlich wird, ist ein Finanzierungsüberschuß mit einer *Geldvermögensbildung* verbunden. Umgekehrt macht ein Finanzierungsdefizit eine *Nettokreditaufnahme* erforderlich, durch die *Nettoverbindlichkeiten* entstehen.

Der Tabelle 1.3 läßt sich gleichfalls entnehmen, daß allein die privaten Haushalte im Jahr 1996 einen Finanzierungsüberschuß gebildet haben, bei den privaten Unternehmungen jedoch ein Finanzierungsdefizit entstanden ist. Dieses Ergebnis ist auch für andere Jahre typisch.

1.2.4 Staatsbudget und Staatsverschuldung

Zum Staat zählen in der Bundesrepublik Deutschland die *Gebietskörperschaften* (Bund, Länder, Gemeinden, kommunale Zweckverbände, öffentliche Organisationen ohne Erwerbscharakter) sowie die *Sozialversicherungshaushalte*. Letztere schließen alle öffentlichen Institutionen ein, die im Rahmen der gesetzlichen Zwangsversicherung tätig sind und somit nach gesetzlichen Vorschriften Zwangsbeiträge erheben und soziale Grundrisiken (insbesondere Krankheit, Unfall, Arbeitslosigkeit, Alter) absichern. Es ist üblich, synonym zum Begriff *"Staat"* auch den Begriff *"öffentliche Haushalte"* zu verwenden.

Die Tabelle 1.4 zeigt die Einnahmen, die Ausgaben und den Finanzierungssaldo der öffentlichen Haushalte der Bundesrepublik Deutschland im Jahr 1996. Das staatliche Budget wies in diesem Jahr - wie auch in vielen Jahren zuvor - einen negativen Finanzierungssaldo auf. Man bezeichnet einen solchen Saldo auch als *Budgetdefizit*. Allgemein läßt sich das staatliche Budget gemäß Tabelle 1.4 wie folgt schreiben:

(1.11) $F_{St} = VE_{St} + T_{ind} + T_{dir} - C_{St} - I_{St} + ABS_{St} - SUB - TR + Z_{St} - VÜ_{St}$

Aufgrund anhaltender öffentlicher Budgetdefizite hat die *Staatsverschuldung* in der Bundesrepublik Deutschland - wie auch in vielen anderen Ländern - in den vergangenen Jahren sukzessive zugenommen. Vor dem Hintergrund einer bereits bestehenden Staatsverschuldung sind Budgetdefizite mit einer *Neuverschuldung* verbunden. An dieser Stelle ist es wichtig, zwischen *Stromgrößen* und *Bestandsgrößen* zu unterscheiden. Die Einnahmen, die Ausgaben und der Finanzierungssaldo des Staates gemäß Tabelle 1.4 sind jeweils Stromgrößen, also ökonomische Größen, die sich auf einen *Zeitraum* - hier auf ein Jahr - beziehen. Die Staatsverschuldung ist demgegenüber eine Bestandsgröße, also eine ökonomische Größe, die sich auf einen *Zeitpunkt*, z.B. auf den 31.12. eines Jahres, bezieht.

Tabelle 1.4: Staatsbudget in Deutschland 1996 (Mrd. DM)

Einkommen aus Unternehmertätigkeit und Vermögen	VE_{St}	38	Staatsverbrauch	C_{St}	702
			Bruttoinvestitionen	I_{St}	83
			./. Abschreibungen	ABS_{St}	-26
Indirekte Steuern	T_{ind}	452	Subventionen	SUB	69
Direkte Steuern, Sozialabgaben und sonstige Abgaben (davon Sozialbeiträge: 704)	T_{dir}	1.089	Transferzahlungen an inländische private Wirtschaftssubjekte (davon soziale Leistungen: 664)	TR	704
			Zinsen auf öffentliche Schulden	Z_{St}	131
			Sonstige Übertragungen	$VÜ_{St}$	40
Einnahmen		1.579	Ausgaben		1.703
			Finanzierungssaldo	F_{St}	-124
			Summe		1.579

Quelle: Statistisches Bundesamt (1997a), S. 102 ff.

Die Abbildungen 1.3a und 1.3b zeigen die Entwicklung der wichtigsten Verschuldungsziffern der öffentlichen Haushalte der Bundesrepublik Deutschland im Zeitraum von 1960 bis 1996.

Abbildung 1.3a: Staatsverschuldung   **Abbildung 1.3b: Zinsendienst**

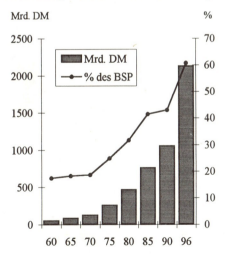
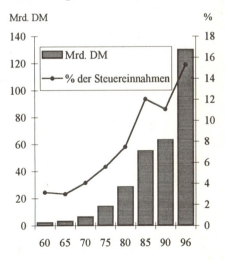

Datenquelle: Statistisches Bundesamt (1997b), S. 498 und 526, eigene Berechnungen.

Die Staatsverschuldung ist im Betrachtungszeitraum mit höheren Raten gewachsen als das Bruttosozialprodukt. Folglich hat sich der Anteil der Staatsverschuldung am Bruttosozialprodukt merklich erhöht, nämlich von ca. 17% im Jahr 1960 auf ca. 60% im Jahr 1996. Damit geht gleichzeitig eine Zunahme des Anteils der staatlichen Zinszahlungen an den gesamten Steuereinnahmen des Staates einher (von ca. 3% im Jahr 1960 auf ca. 16% im Jahr 1996[4]). Ein immer größerer Teil des öffentlichen Budgets wurde somit zwischen 1960 und 1996 durch den Zinsendienst im Rahmen der Staatsverschuldung absorbiert. Hier zeigt sich auch, daß eine zum Bruttosozialprodukt überproportional steigende Staatsverschuldung erhebliche Konsequenzen für die freie Verfügbarkeit von Staatseinnahmen hat.

1.2.5 Die Zahlungsbilanz

In der Zahlungsbilanz eines Landes werden alle Transaktionen mit dem Ausland erfaßt - jeweils bewertet in der Währung des betrachteten Landes. Man unterscheidet dabei *Leistungstransaktionen* und *Finanztransaktionen*. Leistungstransaktionen sind die Exporte und die Importe von Gütern und Dienstleistungen, die ihrerseits den *Außenbeitrag* eines Landes bilden, sowie die vom Ausland empfangenen und an das Ausland geleisteten *Übertragungen*, die ohne Gegenleistung erfolgen. Diese Leistungstransaktionen werden in der *Leistungsbilanz* eines Landes gebucht. Finanztransaktionen sind demgegenüber alle Transaktionen, bei denen *Kreditforderungen* und *Kreditverbindlichkeiten* - hier gegenüber Ausländern - entstehen. Die Finanztransaktionen der privaten Wirtschaftssubjekte sowie der öffentlichen Haushalte (ohne Zentralbank) werden in der *Kapitalverkehrsbilanz*, diejenigen der Zentralbank bzw. der Notenbank in ihrer Funktion als offizielle Währungsbehörde in der *Devisenbilanz* gebucht. Die Tabelle 1.5 gibt eine Übersicht über die Teilbilanzen der Zahlungsbilanz der Bundesrepublik Deutschland im Jahre 1996.

Der Leistungsbilanzsaldo setzt sich wie folgt zusammen:

(1.12) $LB = EX - IM - ÜL_A$

mit: $EX = EX_g + EX_f$; $IM = IM_g + IM_f$

Die Exporte EX und die Importe IM sind aus der Tabelle 1.1 übernommen worden. $ÜL_A$ bezeichnet als Nettogröße die laufenden Übertragungen der inländischen privaten Wirtschaftssubjekte an das Ausland.

Der Kapitalverkehrsbilanzsaldo KV ist positiv, wenn ein *Nettokapitalimport*, und negativ, wenn ein *Nettokapitalexport* stattfindet. Im Falle eines Nettokapitalimports - wie in der Tabelle 1.5 für 1996 ausgewiesen - sind die *Nettoauslandsfor-*

---

[4] Der Rückgang zwischen 1985 und 1990 ist zum einen auf eine Konsolidierung im Staatsbudget und zum anderen auf Zinssenkungen zurückzuführen. Aufgrund der relativ hohen staatlichen Budgetdefizite, die im Zusammenhang mit der Wiedervereinigung entstanden sind und auch weiterhin entstehen dürften, nimmt der Anteil der staatlichen Zinszahlungen an den gesamten Steuereinnahmen allerdings ab 1991 wieder zu.

derungen der inländischen privaten Wirtschaftssubjekte und/oder der öffentlichen Haushalte (ohne Zentralbank) gegenüber Ausländern gesunken bzw. die *Nettoauslandsverbindlichkeiten* gestiegen (hier um 21 Mrd. DM). Ein Nettokapitalimport bedeutet also, daß die Ausländer Nettoforderungen in Form von Krediten, Wertpapieren und sonstigen Finanzanlagen gegenüber dem Inland erworben haben. Wenn ein Ausländer z.B. einen Kredit an einen Inländer gibt oder Wertpapiere im Inland erwirbt, so kommt es in dem hier betrachteten Land zu einem Kapitalimport. Beim Kapitalexport nehmen demgegenüber z.B. Ausländer Kredite im Inland auf, oder sie verkaufen Wertpapiere an das Inland.

Tabelle 1.5: Die Zahlungsbilanz Deutschlands 1996 (Mrd. DM)

Exporte von Gütern	EX_g	857
Empfangene Einkommen aus dem Ausland (Faktorexporte)	EX_f	134
./. Importe von Gütern	IM_g	−814
./. Geleistete Einkommen an das Ausland (Faktorimporte)	IM_f	−162
Außenbeitrag (nach dem Inländerkonzept)	AB	15
./. Laufende Übertragungen von Inländern an das Ausland (Saldo)	$ÜL_A$	−56
Leistungsbilanzsaldo	LB	−41
./. Vermögensübertragungen von Inländern an das Ausland (Saldo)	$ÜV_A$	−12
Finanzierungssaldo gegenüber dem Ausland	F_A	−53
Kapitalverkehrsbilanzsaldo (Nettokapitalimport: +)	KV	21
Veränderung der Nettoauslandsforderungen der Zentralbank = Devisenbilanzsaldo	DB	34
Restposten = Saldo der statistisch nicht aufgliederbaren Transaktionen	RB	−2
Zahlungsbilanzsaldo	ZB	0

Quelle: Statistisches Bundesamt (1997a), S. 102 ff.

Die *Devisenbilanz* ist die Kapitalbilanz der Zentralbank eines Landes. Dementsprechend läßt sich ein positiver Devisenbilanzsaldo als Kapitalimport und ein negativer Devisenbilanzsaldo als Kapitalexport der Zentralbank begreifen. Der in der Tabelle 1.5 ausgewiesene negative Devisenbilanzsaldo bedeutet also, daß die Zentralbank ihre Nettoauslandsforderungen erhöht und somit einen Kapitalexport getätigt hat. Zu den Nettoauslandsforderungen einer Zentralbank gehören insbesondere (ausländische) Devisen, Kredite an ausländische Zentralbanken im Rahmen eines internationalen "Währungsbeistands" sowie Kredite an internationale Organisationen (vor allem an den Internationalen Währungsfonds).

Die gesamte Zahlungsbilanz eines Landes ist ex definitione immer ausgeglichen. Ihr Saldo muß also stets null sein:

(1.13) $ZB = 0$

Dieser Ausgleich ist zwingend, weil jeder Transaktion buchungsmäßig eine gleich große andere Transaktion gegenübersteht. Dafür seien zwei Beispiele genannt:
- Im Zuge eines Güterexports (einer Leistungstransaktion) findet gleichzeitig ein Kapitalexport (eine Finanztransaktion) statt, wenn dem Exporteur Devisen zufließen oder wenn der Exporteur einen Kredit an den ausländischen Importeur vergibt.

- Nimmt ein Inländer im Ausland im Zuge einer reinen Finanztransaktion einen Kredit auf und fließen dabei Devisen zu, die bei der Zentralbank gegen inländische Währung eingetauscht werden, so entspricht dem Kapitalimport des inländischen Kreditnehmers ein gleich großer Kapitalexport der Zentralbank.

In der Praxis erweist es sich allerdings als unmöglich, alle internationalen Transaktionen vollständig zu erfassen, so daß sich die Salden der Leistungsbilanz, der Kapitalverkehrsbilanz und der Devisenbilanz in der Regel nicht zu null addieren. Die Differenz wird dann als Restposten - hier mit RB bezeichnet - in die Zahlungsbilanz aufgenommen. Somit gilt definitionsgemäß:

(1.14) $LB + KV + DB + RB = 0$

1.2.6 Finanzierungssalden, Geldvermögen und Kreditverflechtungen

Die Finanzierungssalden der verschiedenen Sektoren einer Volkswirtschaft einschließlich Ausland zeigen unmittelbar, welche Überschüsse zur Anlage auf den Geld-, Kredit- und Wertpapiermärkten zur Verfügung stehen und welche Defizite aus dem vorhandenen Vermögen oder durch eine Kreditaufnahme finanziert werden müssen. Die Anlage von Überschüssen und die Finanzierung von Defiziten werden in der *Finanzierungsrechnung* eines Landes erfaßt. Die Finanzierungsrechnung zeigt die Veränderungen von Nettoforderungen und Nettoverbindlichkeiten der verschiedenen Sektoren und enthält somit ausschließlich *Stromgrößen*. Davon zu unterscheiden sind die Bestände an Nettoforderungen und Nettoverbindlichkeiten. Man bezeichnet die Nettoforderungen auch als (positives) *Geldvermögen*. Die Nettoverbindlichkeiten stellen dementsprechend negatives Geldvermögen dar. Diese *Bestandsgrößen* werden in der *Geldvermögensrechnung* zusammengefaßt. Die Geldvermögensrechnung macht somit die bestehenden Kreditverflechtungen zwischen den Sektoren einer Volkswirtschaft und die Finanzierungsrechnung die Veränderung dieser Kreditverflechtungen deutlich.

In den Tabellen 1.3 und 1.4 sind bereits die Finanzierungssalden der privaten Haushalte, der privaten Unternehmungen sowie des Staates ausgewiesen worden. Der Finanzierungssaldo des Auslands entspricht dem negativen Betrag von F_A (also 53 Mrd. DM) gemäß Tabelle 1.5. Im allgemeinen - so auch im Jahr 1996 - bilden die privaten Haushalte einen *Finanzierungsüberschuß*. Dieser Überschuß impliziert eine Erhöhung der Nettoforderungen (der Differenz zwischen den Forderungen und den Verbindlichkeiten) der privaten Haushalte gegenüber den anderen Sektoren der Volkswirtschaft einschließlich dem Ausland. Dadurch kommt es zu einer positiven Geldvermögensbildung. Der gesamte Unternehmenssektor weist in der Regel ein *Finanzierungsdefizit* auf. Folglich erhöhen sich hier die Nettoverbindlichkeiten, die ihrerseits eine negative Geldvermögensbildung bedeuten. In der Finanzierungs- und der Geldvermögensrechnung ist es allerdings üblich - und im Hinblick auf die theoretische makroökonomische Analyse auch sinnvoll -, den Unternehmenssektor in den *Produktionssektor* und den *Finanzsektor* aufzuspalten. Der Finanzsektor umfaßt die Banken einschließlich Zentralbank, Bausparkassen und Versicherungsunternehmen einer Volkswirtschaft. Im allgemeinen entsteht im Produktionssektor ein Finanzierungsdefizit und im Finanzsektor ein Überschuß.

Wie bereits erwähnt, weist das Staatsbudget in Deutschland ein Defizit auf. Folglich ergibt sich für diesen Sektor eine negative Veränderung des Geldvermögens. Da die Summe aus Leistungsbilanzsaldo und Nettovermögensübertragungen an das Ausland für Deutschland im Jahr 1996 negativ gewesen ist, hat der Sektor "Ausland" in diesem Jahr in gleicher Höhe einen Finanzierungsüberschuß.

Die Tabelle 1.6 zeigt die Finanzierungsrechnung und die Tabelle 1.7 die Geldvermögensrechnung in Deutschland für das Jahr 1996 bzw. zum 31.12.1996.

Tabelle 1.6: Geldvermögensbildung in Deutschland 1996 (Mrd. DM)

		Private Haushalte	Unternehmungen		Staat	Ausland
			Produktionssektor	Finanzsektor [1]		
Finanzierungssaldo	F	231	–196	36	–124	53
Veränderung der Nettoforderungen aus:						
Bargeld und Sichteinlagen	ΔB, ΔSE	34	78	-157	5	40
Termin- und Spareinlagen	ΔTE, ΔSP	55	2	-69	-3	16
Krediten und Wertpapieren [2]	ΔW	142	-276	262	-126	-3

1) Einschließlich Deutsche Bundesbank; 2) Korrigiert um statistische Differenzen, die zwischen den Finanzierungssalden gemäß den Volkswirtschaftlichen Gesamtrechnungen und der Finanzierungsrechnung auftreten.
Quelle: Statistisches Bundesamt (1997a), S. 290 ff.; eigene Berechnungen.
Anmerkung: Die Finanzierungssalden entsprechen den Daten der Volkswirtschaftlichen Gesamtrechnung des Statistischen Bundesamtes und weichen von den Daten der Finanzierungsrechnung der Deutschen Bundesbank ab.

Tabelle 1.7: Geldvermögen in Deutschland Ende 1996 (Mrd. DM)

		Private Haushalte	Unternehmungen		Staat	Ausland
			Produktionssektor	Finanzsektor		
Geldvermögen	V	4.567	-2.978	316	-1.704	-201
Nettoforderungen aus:						
Bargeld und Sichteinlagen	B, SE	441	636	-1.313	38	198
Termin- und Spareinlagen	TE, SP	1.502	234	-2.585	265	584
Krediten und Wertpapieren	W	2.624	-3.848	4.214	-2007	-983

Quelle: Deutsche Bundesbank (1997), S. 89.

Um zum einen eine möglichst einfache Übersicht zu geben und zum anderen bereits hier die in der makroökonomischen Theorie übliche Differenzierung einzuführen, werden lediglich die Nettoforderungen, die aus der Differenz zwischen den Forderungen und den Verbindlichkeiten entstehen, wiedergegeben sowie die Nettoforderungen aufgespalten in die Positionen "Bargeld und Sichteinlagen", "Termin- und Spareinlagen" sowie "Kredite und Wertpapiere".

Wie sich aus den Tabellen 1.6 und 1.7 ablesen läßt, addieren sich einerseits die Finanzierungssalden und andererseits die Geldvermögen der verschiedenen Sektoren zu null:

(1.15) $F_H + F_U + F_{St} + F_A = 0$ (1.15a) $V_H + V_U + V_{St} + V_A = 0$

Diese definitorischen Zusammenhänge gelten gleichermaßen für Veränderung und Bestand der hier differenzierten Nettoforderungen.

In den Nettoforderungen der inländischen Nichtbanken (hier der privaten Haushalte, des Produktionssektors und des Staates) aus Bargeld, Sichteinlagen, Termineinlagen und Spareinlagen ist auch die inländische *Geldmenge* enthalten. In der Bundesrepublik Deutschland wird zwischen drei verschiedenen Geldmengendefinitionen unterschieden:

- die *Geldmenge M1* setzt sich aus dem Umlauf an inländischem Bargeld und den in Inlandswährung nominierten Sichteinlagen der inländischen Nichtbanken (durch den Index N gekennzeichnet) zusammen:

(1.16) $M1 = B + SE_N$

- die *Geldmenge M2* umfaßt darüber hinaus die in Inlandswährung nominierten Termineinlagen mit einer Befristung bis zu vier Jahren im Besitz der inländischen Nichtbanken:

(1.17) $M2 = M1 + TE_N$

- die *Geldmenge M3* schließt außerdem die in Inlandswährung nominierten kurzfristigen Spareinlagen in Händen der Nichtbanken ein:

(1.18) $M3 = M2 + SP_N$

1.2.7 Nominelle und reale Größen

Alle zuvor genannten makroökonomischen Größen sind in der Währung des betrachteten Landes - hier der Bundesrepublik Deutschland - nominiert bzw. bewertet worden und stellen somit *Wertgrößen* bzw. *nominelle Größen* dar. Wie eingangs dargelegt wurde, gehören die Arbeitslosigkeit und die Inflation zu den herausragenden gesamtwirtschaftlichen Phänomenen und zu den wichtigsten wirtschaftspolitischen Problemen. Um Arbeitslosigkeit erklären zu können, muß aber die Beschäftigung des Produktionsfaktors Arbeit eingehend untersucht werden. Wie später noch zu zeigen ist, besteht ein fester Zusammenhang zwischen den *Produktionsmengen* und der Beschäftigung des Faktors Arbeit. Aus den *Produktionswerten* kann aber nicht unmittelbar auf die *Produktionsmengen* geschlossen werden. So ist es durchaus möglich, daß eine Zunahme des Wertes der Produktion ausschließlich auf eine Erhöhung von Güterpreisen zurückzuführen ist oder daß die Produktionsmengen wegen überproportionaler Preissteigerungen sogar sinken, obwohl die Produktionswerte zunehmen. Die Erfassung und Erklärung des Beschäftigungsphänomens macht somit eine strikte Unterscheidung zwischen der Mengen- und der Preiskomponente der Produktion bzw. des Sozialprodukts einer Volkswirtschaft erforderlich. Erst durch diese Unterscheidung wird es möglich, auch das Inflationsphänomen zu isolieren und zu einer Erklärung von Preisänderungen zu gelangen.

Die Makroökonomik konzentriert sich allerdings auf *Güteraggregate*, im Extremfall auf das Sozialprodukt. Da aber in einer Volkswirtschaft sehr viele höchst unterschiedliche und somit nicht-homogene Güter hergestellt werden, ist es unmöglich, Produktionsmengen eines Güteraggregats einfach durch Addition von Einzelmengen zu gewinnen. Um dennoch auf makroökonomischer Ebene mit "Mengengrößen" arbeiten zu können, werden mit Hilfe von Preisbereinigungsverfahren sogenannte *reale Größen* bestimmt, so z.B. der reale private Konsum, die realen privaten Investitionen oder das reale Bruttosozialprodukt.

Um eine reale Größe bestimmen zu können, wird ein *Preisindex* gebildet, der Aussagen über die Preisentwicklung eines Warenkorbs ermöglicht, in dem die mit der makroökonomischen Größe erfaßten Güter enthalten sind. Zur Demonstration sei das in der Tabelle 1.8 dargelegte Beispiel eines Warenkorbs betrachtet.

Tabelle 1.8: Musterwarenkorb zur Berechnung von Preisindizes

Gut	Basisjahr t=0		Berichtsjahr t=1	
	Menge	Preis je Mengeneinheit	Menge	Preis je Mengeneinheit
1	200 kg	2,00 DM	200 kg	2,15 DM
2	300 hl	6,00 DM	400 hl	6,40 DM
3	700 m	4,00 DM	550 m	4,50 DM

Der Warenkorb besteht hier aus drei inhomogenen Gütern. Für jedes Gut werden die produzierten bzw. verkauften Mengen sowie die am Markt erzielten Preise jeweils für ein Basisjahr und ein Berichtsjahr angegeben. Auf dieser Grundlage bieten sich zwei auch in der Praxis gebräuchliche Verfahren zur Bestimmung eines Preisindex an, das Verfahren nach *Laspeyres* und das Verfahren nach *Paasche*. Beim *Laspeyres-Preisindex* werden die Gütermengen des Basisjahres mit den Preisen dieses Jahres und des Berichtsjahres bewertet. Beim *Paasche-Preisindex* werden demgegenüber die Gütermengen des Berichtsjahres zugrunde gelegt. Bezogen auf das Beispiel, ergeben sich bei diesen Verfahren die folgenden Preisindizes:

(1.19) $\quad P_L^{ind} = \dfrac{2{,}15 \cdot 200 + 6{,}40 \cdot 300 + 4{,}50 \cdot 700}{2{,}00 \cdot 200 + 6{,}00 \cdot 300 + 4{,}00 \cdot 700} \, 100 = 110$ (Laspeyres)

(1.20) $\quad P_P^{ind} = \dfrac{2{,}15 \cdot 200 + 6{,}40 \cdot 400 + 4{,}50 \cdot 550}{2{,}00 \cdot 200 + 6{,}00 \cdot 400 + 4{,}00 \cdot 550} \, 100 = 109{,}3$ (Paasche)

Beim Laspeyres-Preisindex wird somit der Wert des Basisjahr-Warenkorbes im Berichtsjahr in bezug gesetzt zum Wert dieses Warenkorbes im Basisjahr. Der Paasche-Preisindex stellt demgegenüber eine Beziehung her zwischen dem Wert des Berichtsjahr-Warenkorbes im Berichtsjahr und im Basisjahr. Die so gebildete Relation wird jeweils mit 100 multipliziert. Beim Laspeyres-Index ergibt sich für das Zahlenbeispiel zwischen Berichtsjahr und Basisjahr eine Preiserhöhung für den Basisjahr-Warenkorb um 10%. Gemäß dem Paasche-Preisindex hat sich für den Berichtsjahr-Warenkorb eine Preiserhöhung um 9,3% im Vergleich zum Basisjahr ergeben. Allgemein lauten die Formeln für die beiden Preisindizes:

(1.19a) $\quad P_L^{ind} = \dfrac{\Sigma P_{j1} X_{j0}}{\Sigma P_{j0} X_{j0}} \, 100 \quad \text{(Laspeyres)}$

(1.20a) $\quad P_P^{ind} = \dfrac{\Sigma P_{j1} X_{j1}}{\Sigma P_{j0} X_{j1}} \, 100 \quad \text{(Paasche)}$

Der Index j bezeichnet die im Warenkorb enthaltenen Güter; der Index 0 steht für das Basisjahr und der Index 1 für das Berichtsjahr. Diese beiden Preisindizes geben somit die folgenden Informationen:
- Laspeyres-Preisindex: Welcher Betrag ist heute (Berichtsjahr) für den Warenkorb des Basisjahres aufzuwenden, der damals (im Basisjahr) einen Wert von 100 (z.B. DM) hatte?
- Paasche-Preisindex: Welcher Betrag ist heute (Berichtsjahr) für den aktuellen Warenkorb aufzuwenden, der im Basisjahr einen Wert von 100 (z.B. DM) gehabt hätte?

Beide Verfahren gehen von einem starren Warenkorb aus und können deshalb die Veränderungen der Mengenstrukturen sowie qualitative Veränderungen der Güter innerhalb des Warenkorbes und deren Auswirkungen auf die Preisentwicklung nicht erfassen. Die Preisindizes sind deshalb auch nur geeignet, eine recht grobe Information über die tatsächliche Preisentwicklung zu geben. Sie sind aber dennoch unerläßlich, da es bessere Verfahren bisher nicht gibt und die makroökonomische Analyse ohne einen Rückgriff auf reale Größen nicht auskommt.

Bezeichnet man das nominelle Bruttosozialprodukt mit BSP^n und den Preisindex des Bruttosozialprodukts mit P_{BSP}^{ind}, so wird das reale Bruttosozialprodukt BSP wie folgt bestimmt:

(1.21) $\quad BSP = \dfrac{BSP^n}{P_{BSP}^{ind}} \, 100$

In der Bundesrepublik Deutschland ist der Preisindex des Bruttosozialprodukts ein Paasche-Preisindex, also ein Index, bei dem sich der Warenkorb von Berichtsjahr zu Berichtsjahr verändert. Ausgehend vom Basisjahr 1960, zeigen die Abbildungen 1.4a und 1.4b die Entwicklung des nominellen und des realen Bruttosozialprodukts sowie des Preisindex für das Bruttosozialprodukt der Bundesrepublik Deutschland für einige Jahre im Zeitraum von 1960 bis 1996.

Abbildung 1.4a **Abbildung 1.4b**

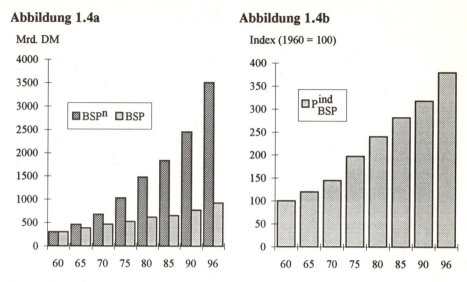

Datenquelle: Sachverständigenrat (1996), Tabelle 26* und 76*; eigene Berechnungen.

Der Preisindex des Bruttosozialprodukts ist im betrachteten Zeitraum von 100 auf etwa 379 angestiegen. Somit mußte für den betrachteten Warenkorb, der 1960, also im Basisjahr, 100 DM gekostet hätte, im Berichtsjahr 1996 ein Betrag von 379 DM aufgewendet werden.

1.3 Aufbau der theoretischen makroökonomischen Analyse
1.3.1 Ex-post- und Ex-ante-Analyse

Die makroökonomischen Größen und Zusammenhänge sind im vorangegangenen Abschnitt mit Bezug auf die verfügbaren Daten der Bundesrepublik Deutschland in einer *deskriptiven Analyse* aufgezeigt worden. Betrachtet wurde dabei ein bereits abgeschlossener Zeitraum. Man bezeichnet diese Art der Analyse deshalb auch als eine *Ex-post-Analyse*.

Davon zu unterscheiden ist die *Ex-ante-Analyse*. Diese Analyseform ist zum einen auf die *Erklärung* der ökonomischen - hier der makroökonomischen - Zusammenhänge und Phänomene und zum anderen auf die Erfassung der *Möglichkeiten und Grenzen wirtschaftspolitischer Maßnahmen* zur Lösung ökonomischer Probleme gerichtet. Dabei liefern zwar die Ergebnisse der deskriptiven Analyse bzw. der Ex-post-Analyse wichtige Hilfestellungen, aber nicht die Aufbereitung und Beschreibung des empirischen Datenmaterials, sondern die theoretische Durchdringung des Verhaltens von Wirtschaftssubjekten sowie der Vorgänge auf volkswirtschaftlichen Märkten ist das Ziel der Ex-ante-Analyse. Durch sie soll es möglich werden, die Makroökonomie vorausschauend zu begreifen. In den weiteren Kapiteln dieses Buches ist die Ex-ante-Analyse dominierend. Nur zur Unterstützung der theoretischen Erklärungsansätze wird in Ausnahmefällen auf empirische Fakten zurückgegriffen.

Da es unmöglich ist, angesichts der Komplexität moderner Volkswirtschaften alle Vorgänge vollständig und simultan zu erfassen, muß sich die Ex-ante-Analyse darauf beschränken
- nur die wichtigsten makroökonomischen Zusammenhänge zu erklären
- über spezifische Untersuchungen von Einzelaspekten allmählich zu einer möglichst umfassenden Erklärung der Makroökonomie zu gelangen.

Aufgrund dieser notwendigen Beschränkungen ist es erforderlich, *Annahmen* über die nicht explizit erfaßten makroökonomischen Größen und Zusammenhänge zu treffen. So ist es üblich
- weniger wichtige Größen, z.B. die steuerlichen Abschreibungen oder die Nettoübertragungen an das Ausland, aus den Untersuchungen gänzlich auszuklammern bzw. mit einem Wert von null anzunehmen
- Größen, die zwar im Gesamtzusammenhang bedeutend, aber (noch) nicht Gegenstand einer spezifischen Einzeluntersuchung sind, konstant zu setzen (z.B. das Preisniveau oder den Wechselkurs)
- Reaktionen einzelner makroökonomischer Größen, die in der Analyse explizit enthalten sind, auf Einflüsse von Änderungen anderer makroökonomischer Größen qua Annahme bzw. mit der sogenannten *Ceteris-paribus-Klausel* auszuschließen (z.B. die Wirkung einer geldpolitischen Maßnahme auf das Zinsniveau bei Ausschluß von Einkommens-, Preis- und Wechselkursänderungen).

Obwohl in der Makroökonomik gewisse Vereinfachungen und Beschränkungen unumgänglich sind, muß sie auf jeden Fall dem Anspruch genügen, die brennenden nationalen und internationalen makroökonomischen Phänomene erklären und dadurch eine Grundlage für die Beurteilung wirtschaftspolitischer Maßnahmeneinsätze geben zu können.

1.3.2 Makroökonomische Märkte, volkswirtschaftliche Sektoren und Struktur der Ex-ante-Analyse

In Anlehnung an die Ex-post-Analyse werden in den theoretischen Untersuchungen im weiteren Verlauf dieses Buches die folgenden gesamtwirtschaftlichen Märkte und Sektoren differenziert betrachtet:

1. Märkte
- Gütermarkt
- Finanzmärkte (Geldmarkt und Kredit- bzw. Wertpapiermarkt)
- Faktormärkte (Arbeitsmarkt und Sachkapitalmarkt)
- internationale Märkte (Ex- und Importgütermärkte sowie Kapitalmarkt)

2. Sektoren
- private Haushalte (einschließlich Unternehmenshaushalte)
- private Unternehmungen (Produktionsunternehmungen)
- öffentliche Haushalte bzw. Staat
- Ausland
- Finanzsektoren (Kreditinstitute bzw. Geschäftsbanken sowie Zentralbank)

Die Abbildung 1.5 gibt eine Übersicht über die verschiedenen Aktivitätsbereiche der Sektoren auf den einzelnen Märkten. Die Übersicht macht zugleich den strukturellen Aufbau der theoretischen Untersuchungen deutlich.

Abbildung 1.5

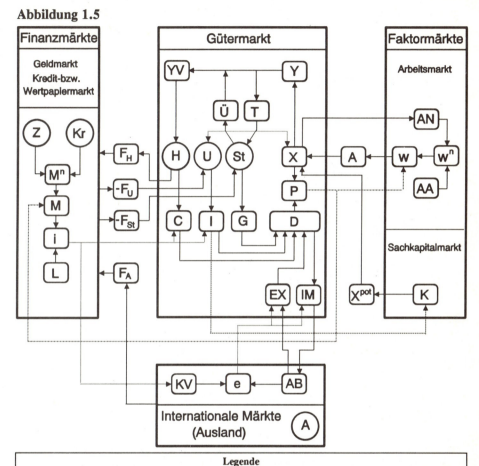

Legende

A: Arbeitsinput und Index für Ausland; AA: Arbeitsangebot; AB: Außenbeitrag; AN: Arbeitsnachfrage; C: Privater Konsum; D: Gesamte Güternachfrage; EX: Exporte; F: Finanzierungssaldo; G: Staatsausgaben; H: Private Haushalte; I: Private Investitionen; IM: Importe; K: Sachkapital; Kr: Kreditinstitute; KV: Internationaler Kapitalverkehr; L: Geldnachfrage; M: Geldangebot; P: Preisniveau; St: Staat; T: Steuern; U: Private Unternehmungen; Ü: Übertragungen; X: Produktion/Güterangebot; X^{pot}: Produktionspotential; Y: Realeinkommen; YV: Verfügbares Einkommen; Z: Zentralbank; i: Zinssatz; w: Lohnsatz; n: Index für nominell; e: Wechselkurs

Im Kernbereich der Analyse steht der gesamtwirtschaftliche Gütermarkt, auf dem zwischen der Güternachfrage D und dem Güterangebot bzw. der Produktion X zu unterscheiden ist. Auf dem Gütermarkt - aus Güternachfrage und Güterangebot - bildet sich das gesamtwirtschaftliche Preisniveau P. Bei der Güternachfrage wird zwischen dem privaten Konsum C der privaten Haushalte (H), den privaten Investitionen I des Unternehmenssektors (U), den Staatsausgaben G (den investiven und konsumtiven Ausgaben) der öffentlichen Haushalte bzw. des Staates (St) sowie der Differenz zwischen den Exporten EX und den Importen IM im Rahmen der Transaktionen mit dem Ausland (A) unterschieden. Aus der Produktion X ergibt sich das gesamtwirtschaftliche Einkommen Y. Nach Abzug aller Abgaben T, die an den Staat fließen, sowie nach Addition aller Übertragungen Ü, die der Staat an private Wirtschaftssubjekte leistet, erhält man das private verfügbare Einkommen YV. Dieses Einkommen fließt an die privaten Haushalte.

Um die Analyse einfach zu gestalten und auf das Wesentliche zu konzentrieren, werden im Bereich des Gütermarktes die folgenden Annahmen getroffen:
- Die (steuerlichen) Abschreibungen bleiben unberücksichtigt bzw. werden mit dem Wert null angesetzt.
- Die privaten Einkommen aus Unternehmertätigkeit und Vermögen werden vollständig an die privaten Haushalte (einschließlich Unternehmerhaushalte) ausgeschüttet, so daß die unverteilten Gewinne den Wert null haben.
- Die Nettoübertragungen aus den laufenden Einkommen zwischen dem In- und dem Ausland werden nicht betrachtet und dementsprechend ebenfalls mit dem Wert null angesetzt.

Die Verbindung zwischen dem Gütermarkt auf der einen Seite und den Finanzmärkten auf der anderen Seite wird über die Finanzierungssalden der volkswirtschaftlichen Sektoren (F_H, F_U, F_{St} und F_A) sowie über das Zinsniveau i hergestellt. Die privaten Haushalte bilden im allgemeinen einen Finanzierungsüberschuß, der hier den privaten Ersparnissen S entspricht. Da die privaten Unternehmungen annahmegemäß alle Gewinne ausschütten, entsteht bei ihnen in Höhe der Investitionen ein Finanzierungsdefizit, das durch eine Kreditaufnahme gedeckt werden muß.

Das Budget der öffentlichen Haushalte bzw. des Staates kann grundsätzlich einen Überschuß oder auch ein Defizit aufweisen. Wie weiter oben schon erwähnt, treten heutzutage jedoch in den meisten Ländern Budgetdefizite auf. Dieser Fall wird auch hier zugrunde gelegt, so daß in Höhe der Differenz zwischen den staatlichen Ausgaben G und Ü auf der einen und den Staatseinnahmen T auf der anderen Seite ein Finanzierungsdefizit entsteht, das ebenfalls durch eine Kreditaufnahme finanziert werden muß.

Der Finanzierungssaldo des Auslands F_A ergibt sich - wie in Tabelle 1.5 dargestellt - aus dem Außenbeitrag AB und den in der Abbildung 1.5 nicht gesondert erfaßten Übertragungen. Dieser Saldo kann positiv, negativ oder ausgeglichen sein. Hier wurde exemplarisch ein Finanzierungsüberschuß des Auslands angenommen. Demzufolge kommt es auf den Finanzmärkten zu einem Nettokapitalzufluß aus dem Ausland bzw. zu einem Nettokapitalimport.

Auf den Finanzmärkten bildet sich das Zinsniveau i, das seinerseits eine Bestimmungsgröße der privaten Investitionen I sowie der privaten Ersparnisse S - und darüber des privaten Konsums C - ist. Wie in den theoretischen Untersuchungen noch gezeigt wird, spielen für die Zinsbildung nicht nur die zuvor genannten Finanzierungssalden, sondern auch das Geldangebot M und die Geldnachfrage L eine wichtige Rolle. M bezeichnet zugleich das reale Geldangebot und die reale Geldmenge der Volkswirtschaft. Die Politik der Zentralbank eines Landes ist allerdings in aller Regel auf eine Steuerung der nominellen Geldmenge M^n gerichtet. Erst durch den Einfluß des Preisniveaus P ergibt sich dann die reale Geldmenge M.

Im Hinblick auf die Finanzierungssalden und die Finanzmärkte werden aus Gründen der Vereinfachung die folgenden Annahmen getroffen:

- Alle Vermögensübertragungen zwischen dem In- und dem Ausland, zwischen den privaten Wirtschaftssubjekten und dem Staat sowie zwischen den privaten Haushalten und den privaten Unternehmungen bleiben unberücksichtigt bzw. werden mit dem Wert null angesetzt.
- Die beiden betrachteten Finanzsektoren - Kreditinstitute bzw. Geschäftsbanken sowie Zentralbank - nehmen lediglich Finanztransaktionen und somit keine Gütertransaktionen vor.[5]

Bei der Güterproduktion X werden zwei volkswirtschaftliche Produktionsfaktoren eingesetzt: der Produktionsfaktor Arbeit A und der Produktionsfaktor Sachkapital K. Zur Bestimmung des Arbeitsinputs bzw. der Beschäftigung des Faktors Arbeit werden die Vorgänge auf dem Arbeitsmarkt genauer betrachtet. Hier stehen sich die Arbeitsnachfrage der Unternehmungen AN und das Arbeitsangebot der Arbeitnehmer AA gegenüber. Auf dem Arbeitsmarkt wird entweder durch das Zusammenspiel von Angebot und Nachfrage oder im Rahmen einer autonomen Lohnpolitik der Gewerkschaften das gesamtwirtschaftliche Lohnniveau gebildet. Wie später noch gezeigt wird, ist es erforderlich, zwischen dem Nominallohnniveau w^n und dem Reallohnniveau w zu unterscheiden. Dabei kommt der Einfluß des Güterpreisniveaus P zum Tragen.

Der Bestand an Sachkapital bestimmt - Verfügbarkeit der anderen Produktionsfaktoren (insbesondere Arbeit) vorausgesetzt - die Produktionskapazitäten bzw. das Produktionspotential X^{pot}. Dieses Potential ist seinerseits von maßgeblicher Bedeutung für das Güterangebot. Das Sachkapital entsteht aus den privaten Nettoinvestitionen, die Teil der gesamten Investitionen I sind. Die Nettoinvestitionen haben somit zwei Wirkungen:

1. Zum einen stellen sie unmittelbar Güternachfrage dar, durch die - eine entsprechende Anpassung der Produktion vorausgesetzt - Einkommen entsteht. Dementsprechend nennt man diese Wirkung den *Einkommenseffekt* der Investitionen.
2. Zum anderen erhöhen sie - wie zuvor betrachtet - die Sachkapazitäten. Diese Wirkung ist der *Kapazitätseffekt* der Investitionen.

Während sich der Einkommenseffekt in relativ kurzer Zeit entfaltet, benötigt der Kapazitätseffekt einen längeren Zeitraum, ehe er voll zum Tragen kommt. Denn

---

[5] Die Gütertransaktionen der Finanzsektoren sind implizite in den Transaktionen der privaten Unternehmungen auf dem Gütermarkt enthalten. Aus Gründen der Vereinfachung ist es allerdings sinnvoll, die rein finanziellen Transaktionen der beiden Finanzsektoren, die zu den volkswirtschaftlichen Unternehmungen zählen, gesondert zu betrachten.

im allgemeinen treten im Produktionsprozeß aus organisatorischen und technischen Gründen gewisse zeitliche Verzögerungen bei der Integration und der vollständigen Nutzung neuer Sachkapazitäten auf. In der Makroökonomik ist es deshalb üblich, in *kurzfristigen Analysen* nur den Einkommenseffekt der Investitionen zu erfassen. Erst in den *mittel- bis langfristigen Analysen* wird darüber hinaus der Kapazitätseffekt berücksichtigt.

Schließlich richten sich die theoretischen Untersuchungen noch gesondert auf die internationalen Märkte. Hier geht es vor allem darum
- die Zusammenhänge zwischen den internationalen Leistungs- und Finanztransaktionen zu verdeutlichen
- den Einfluß des Zinsniveaus i auf den Kapitalverkehr KV zu erfassen
- die Wirkungen von Wechselkursänderungen auf Exporte EX und Importe IM sowie auf den Außenbeitrag AB zu erklären
- den Wechselkurs e in einem System flexibler Wechselkurse zu bestimmen.

Wie oben schon erwähnt, entspricht der Finanzierungssaldo des Auslands F_A im hier zugrunde gelegten Modell dem negativen Außenbeitrag AB des Inlands. Tatsächlich ist dieser Finanzierungssaldo mit dem negativen Leistungsbilanzsaldo des Inlands gleichzusetzen. Da aber alle Übertragungen zwischen dem In- und dem Ausland aus den Untersuchungen ausgeklammert und deshalb mit dem Wert null angesetzt werden, stimmen der Außenbeitrag und der Leistungsbilanzsaldo (ausnahmsweise) überein.

Die Abbildung 1.5 gibt einen Eindruck von der Komplexität der makroökonomischen Zusammenhänge. In den weiteren Kapiteln dieses Buches werden diese Zusammenhänge allerdings Schritt für Schritt erschlossen. So beschränken sich die Untersuchungen im Kapitel 2 zunächst auf die Erklärung der Güternachfrage D (einschließlich ihrer Teilkomponenten) und des Einkommens Y für den Fall eines konstanten Preisniveaus, konstanten Zinsniveaus und konstanten Wechselkurses. Danach werden sukzessive die anderen makroökonomischen Teilbereiche in die Analyse eingeführt, bis schließlich das Einkommen, das Güterpreisniveau, das Zinsniveau, das Lohnniveau, die Beschäftigung und der Wechselkurs simultan erklärt werden können.[6] Nicht zuletzt bleibt die Analyse - dem üblichen methodischen Ansatz der Makroökonomik folgend - zunächst auf relativ kurze Zeiträume beschränkt, in denen im Hinblick auf die Investitionen lediglich der Einkommenseffekt von Bedeutung ist. Erst nach eingehender Erklärung der kurzfristigen Zusammenhänge wird die Analyse - vor allem mit Blick auf die zyklischen Schwankungen der Wirtschaftstätigkeit - auf mittel- und langfristige Zeiträume ausgedehnt und dabei auch der Kapazitätseffekt der Investitionen erfaßt.

---

[6] Es empfiehlt sich, in den weiteren Kapiteln des Buches immer wieder auf die Abbildung 1.5 Bezug zu nehmen und dabei nachzuhalten, auf welche Teilaspekte sich die Analyse gerade konzentriert und welche makroökonomischen Zusammenhänge bereits erfaßt worden sind.

Kapitel 2
Güternachfrage und Einkommen

2.1 Problemstellung und Rahmenbedingungen

Die theoretischen Analysen beschränken sich in diesem Kapitel auf die Erklärung der Komponenten der gesamtwirtschaftlichen Güternachfrage sowie der Einkommenseffekte, die mit Veränderungen dieser Nachfrage einhergehen. Die Güterproduktion und das Güterangebot werden demgegenüber noch nicht genauer untersucht. Um zu Beginn eine möglichst einfache Darstellung zu gewährleisten, wird angenommen, daß sich die Produktion und das Güterangebot stets vollständig an die Güternachfrage anpassen und daß sich solche Anpassungen ohne Veränderungen von Güterpreisen vollziehen. Man bezeichnet das Güterangebot in diesem Fall als *vollkommen preiselastisch*. Diese Annahme impliziert zugleich, daß Produktionskapazitäten reichlich vorhanden sind und von hierher keine Angebotsengpässe auftreten. Ebenfalls aus Gründen der Vereinfachung sei vorerst angenommen, daß bei Finanzierung und Durchführung der Gütertransaktionen keine monetären Restriktionen auftreten und daß die güterwirtschaftlichen Aktivitäten keine Wirkungen auf Zinssätze haben.

In der theoretischen Analyse ist, wie schon erläutert [1.2.7], strikt zwischen nominellen und realen Größen bzw. jeweils zwischen der Preis- und der Mengenkomponente der gesamtwirtschaftlichen Größen zu unterscheiden. Unter einer Nachfrage- oder einer Angebotsgröße ist deshalb im folgenden, soweit nichts anderes gesagt wird, grundsätzlich eine reale Größe zu verstehen. Da die Güterpreise vorerst als konstant angenommen werden, ist die Unterscheidung zwischen nominellen und realen Größen allerdings noch ohne Bedeutung.

2.2 Private Güternachfrage und Einkommensmultiplikator

2.2.1 Konsum und Ersparnisse

Der private Konsum macht in den meisten Ländern den größten Teil der gesamten Güternachfrage und demzufolge des Brutto- sowie des Nettosozialprodukts aus. In der Bundesrepublik Deutschland lag der Anteil des privaten Konsums am Bruttosozialprodukt zu Marktpreisen zwischen 1960 und 1990 durchschnittlich bei 55%, wobei lediglich eine Schwankungsbreite zwischen ca. 53% und 57% zu beobachten war [1.2.1].

Die wichtigste Grundlage des privaten Konsums bildet das verfügbare Einkommen YV der privaten Haushalte. Von grundsätzlicher gesamtwirtschaftlicher Bedeutung ist die Aufteilung dieses Einkommens auf den Konsum C und die Ersparnisse S:

$$(2.1) \quad YV = C + S$$

Prinzipiell ist es möglich, den privaten Konsum C zu erklären und die privaten Ersparnisse S aus der *Budgetgleichung* (2.1) quasi als Restgröße zu bestimmen oder aber umgekehrt zu verfahren und die Erklärung der privaten Ersparnisse in den Mittelpunkt zu stellen. Typisch für die *keynesianische Theorie*, die der Güternachfrage eine herausragende Rolle einräumt, ist die zuerst genannte Möglichkeit. Das verfügbare Einkommen ergibt sich nach dieser theoretischen Konzeption aus vielfältigen gesamtwirtschaftlichen Zusammenhängen, die zwar vom Verhalten der privaten Haushalte beeinflußt, aber nicht ausschließlich determiniert werden. Dementsprechend wird angenommen, daß ein Haushalt das verfügbare Einkommen bei seiner Konsumentscheidung als ein Datum betrachtet. Im Unterschied dazu begreift die *neoklassische Theorie* das Haushaltseinkommen als eine strategische Variable, die die privaten Haushalte mit ihrer Entscheidung über den Umfang ihres Arbeitsangebots bestimmen. Außerdem wird in dieser Theorie die Höhe der privaten Ersparnisse unmittelbar erklärt, so daß der private Konsum in der Budgetgleichung (2.1) als Restgröße zu verstehen ist.[1]

Hier soll der heutzutage dominierenden Vorgehensweise gefolgt und die keynesianische Variante der Haushaltsentscheidung zugrunde gelegt werden. Wichtigste Determinante des privaten Konsums ist hiernach das verfügbare Einkommen, und die Konsumfunktion lautet dementsprechend:

(2.2) $C = C(YV)$

Weitere Determinanten, z.B. der Zinssatz für Konsumentenkredite, Zinssätze für verschiedene Anlageformen von Ersparnissen, das Vermögen der privaten Haushalte, Einkommenserwartungen, tatsächliche und erwartete Entwicklungen der Konsumgüterpreise, bleiben vorerst unberücksichtigt.

Zur Vereinfachung wird die Konsumfunktion in linearer Form dargestellt:

(2.2a) $C = C^a + cYV$

Mit C^a bezeichnet man den *autonomen Konsum* (auch *Basiskonsum* genannt), also den Konsum, der vom verfügbaren Einkommen unabhängig ist. Der vom Einkommen abhängige Teil cYV wird *induzierter Konsum* (genauer: einkommensinduzierter Konsum) genannt. Der Koeffizient c ist die *marginale Konsumquote*; sie gibt an, wie die Konsumnachfrage bei einer Änderung des verfügbaren Einkommens reagiert:

(2.2b) $c = \dfrac{\delta C}{\delta YV} > 0$

Von der marginalen ist die *durchschnittliche Konsumquote* zu unterscheiden:

(2.2c) $\dfrac{C}{YV} = \dfrac{C^a}{YV} + c$

Bei $C^a > 0$ ist die durchschnittliche Konsumquote größer als die marginale; sie nimmt jedoch mit steigendem Einkommen ab.[2]

---

[1] Siehe hierzu: B. Felderer und S. Homburg (1991), S. 65 ff., S. 103 ff. und S. 310 ff.
[2] Man beachte allerdings, daß diese Aussage zwar generell für eine lineare Konsumfunktion gilt, aber bei anderen Funktionsformen nicht zwingend gültig ist!

Unter Beachtung der Konsumfunktion (2.2a) läßt sich jetzt aus der Budgetgleichung (2.1) auch die Sparfunktion bestimmen:

(2.3) $\quad S = -C^a + (1 - c)YV = -C^a + sYV$

Für die *marginale Sparquote* gilt:

(2.3a) $\quad s = 1 - c = \dfrac{\delta S}{\delta YV} > 0$

Die *durchschnittliche Sparquote* ist wie folgt definiert:

(2.3b) $\quad \dfrac{S}{YV} = -\dfrac{C^a}{YV} + s$

Diese Quote nimmt bei $C^a > 0$ mit steigendem Einkommen zu.

Abbildung 2.1

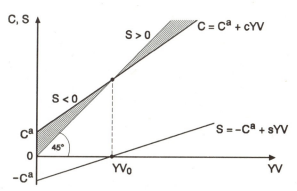

Die Abbildung 2.1 zeigt die graphische Darstellung der Konsumfunktion (2.2a) und der Sparfunktion (2.3). Bei einem Einkommen von YV_0 wird nichts gespart; das gesamte verfügbare Einkommen fließt in den Konsum.[3] Sinkt das Einkommen unter YV_0, so ergeben sich negative Ersparnisse. Gesamtwirtschaftlich findet dann ein "Entsparen" statt, z.B. durch Auflösung von Vermögen oder durch Kreditaufnahme im Ausland. Steigt das Einkommen über YV_0, so werden die Ersparnisse positiv, und mit zunehmendem verfügbaren Einkommen nehmen die Ersparnisse *relativ* zu bzw. der Konsum *relativ* ab.

2.2.2 Investitionen

Die Bruttoinvestitionen der privaten Unternehmungen machten in der Bundesrepublik Deutschland zwischen 1960 und 1990 durchschnittlich einen Anteil von etwa 19% am Bruttosozialprodukt aus [1.2.1]. Obwohl ihr Anteil somit erheblich geringer ist als derjenige des privaten Konsums, spielen sie für die gesamtwirtschaftliche Entwicklung und für den Konjunkturverlauf eine herausragende Rolle. Ähnlich wie in anderen Industrieländern, weist die private In-

---
3 Dementsprechend schneidet die Konsumlinie bei YV_0 die 45°-Linie.

vestitionsnachfrage in der Bundesrepublik beträchtliche Schwankungen auf, von denen immer wieder destabilisierende Einflüsse auf die konjunkturelle Entwicklung ausgehen. Häufig wird in der Variabilität der privaten Investitionen die wichtigste Ursache allgemeiner Konjunkturschwankungen gesehen.

Vor diesem Hintergrund wird verständlich, daß es sehr schwer, wenn nicht gar unmöglich ist, mittels empirischer Beobachtungen eine stabile Investitionsfunktion zu finden. Die privaten Investitionsentscheidungen werden nämlich von einer Vielzahl von gegenwartsbezogenen und zukunftsorientierten Einflußgrößen bestimmt, die in ihrer relativen Stärke kaum faßbar sind. Gegenwartsbezogen sind beispielsweise Determinanten wie die aktuelle Absatzlage und Kapazitätsauslastung, der Auftragseingang, der Auftragsbestand, das Zinsniveau und der Unternehmensgewinn. Die zukunftsorientierten Entscheidungsgrößen hängen nicht zuletzt mit der mehr oder weniger langen Amortisationsdauer von Investitionen zusammen. Dabei sind vor allem Erwartungen, z.B. über die Absatz-, Preis-, Gewinn- und Zinsentwicklung, von Bedeutung. Schließlich spielen bei Investitionsentscheidungen beispielsweise auch technische Neuerungen und ein allgemeiner Innovationsdruck, Markterweiterungsstrategien, allgemeine ökonomische Rahmenbedingungen (Steuersystem, Sozialsystem, politische Stabilität) sowie psychologische Faktoren (Stimmung, "Investitionsklima") eine beachtliche Rolle. Da viele dieser Bestimmungsgrößen nicht einmal quantifizierbar sind, läßt sich das Investitionsverhalten der Unternehmungen einer Volkswirtschaft bestenfalls nur sehr grob in einer makroökonomischen Investitionsfunktion abbilden. Es wird also in den weiteren Untersuchungen immer wieder nötig sein, Aussagen über mögliche Reaktionen der privaten Investoren zu machen, die in dem makroökonomischen Modell nicht endogen erfaßt sind.

Im Hinblick auf das Ziel, die Analyse zu Beginn noch so einfach wie eben möglich zu gestalten, wird zunächst eine Investitionsfunktion formuliert, die lediglich eine Abhängigkeit der realen privaten Investitionen I von der gesamten aktuellen Güternachfrage und dementsprechend vom realen Bruttosozialprodukt bzw. vom Realeinkommen Y impliziert:

(2.4) $I = I(Y)$

Zur Vereinfachung möge diese Investitionsfunktion eine lineare Form haben:

(2.4a) $I = I^a + bY$

I^a stellt die *autonomen Investitionen* dar. In diesem autonomen Teil kommen die vielfältigen Einflußfaktoren zum Tragen, die nicht direkt oder indirekt in der Einkommensgröße Y enthalten sind. Der Koeffizient b bezeichnet die *marginale Investitionsquote*:

(2.4b) $b = \dfrac{\delta I}{\delta Y} \geq 0$

Ähnlich wie beim privaten Konsum, ist die marginale Investitionsquote von der *durchschnittlichen Investitionsquote* I/Y zu unterscheiden. Da die autonomen Investitionen in der Gleichung (2.4a) wohl kaum den Wert null haben, kann man davon ausgehen, daß die durchschnittliche Investitionsquote größer als die marginale ist.

2.2.3 Das Gleichgewichtseinkommen

In einem ersten einfachen Gütermarktansatz sei angenommen, daß es weder staatliche noch außenwirtschaftliche Aktivitäten gibt. Die gesamte (reale) Güternachfrage D setzt sich also nur aus der privaten Konsum- und Investitionsgüternachfrage zusammen. Es gilt die Identität:

(2.5) $D \equiv C + I$

Geht man außerdem - wiederum vereinfachend - davon aus, daß die Gewinne der Unternehmungen vollständig ausgeschüttet werden und daß keine steuerlichen Abschreibungen erfolgen, so entspricht das verfügbare Einkommen der privaten Haushalte dem mit Y bezeichneten gesamtwirtschaftlichen Realeinkommen.[4] In der Konsumfunktion (2.2) bzw. (2.2a) kann somit statt YV einfach Y stehen.

Ein makroökonomisches Gleichgewicht liegt dann vor, wenn die Güternachfrage D und die Produktion bzw. das Güterangebot, das mit X bezeichnet wird, übereinstimmen. Da das Realeinkommen Y der realen Produktion bzw. dem realen Bruttosozialprodukt X entspricht, gilt im Gleichgewicht:

(2.6) $X = Y = D$

Unter Beachtung der zugrunde gelegten Annahmen ergibt sich - in linearer Form - aus den Gleichungen (2.2a), (2.3), (2.4a), (2.5) und (2.6) das einfache makroökonomische Modell 2.1.

Modell 2.1		
$D \equiv C + I$		Güternachfrage
$C = C^a + cY$		Privater Konsum
$I = I^a + bY$		Private Investitionen
$S = -C^a + sY$		Private Ersparnisse
$Y = D$		Gleichgewichtseinkommen

Setzt man nun die Konsum- und die Investitionsfunktion in die Identitätsgleichung der Güternachfrage ein, so folgt aus der Gleichgewichtsbedingung Y = D:

(2.7) $Y = C^a + cY + I^a + bY$

---

[4] Werden die Gewinne vollständig an die privaten Haushalte ausgeschüttet, so entspricht das Brutto- und das Nettoeinkommen der privaten Haushalte bei fehlender Staatsaktivität dem Volkseinkommen. Da indirekte Steuern und staatliche Subventionen mit dem Fehlen des Staates ebenfalls ausgeschlossen sind, ist das Volkseinkommen dem Nettosozialprodukt zu Marktpreisen gleichzusetzen. Wenn schließlich noch die Abschreibungen mit null angesetzt werden, stimmt das Nettosozialprodukt mit dem Bruttosozialprodukt überein. Das Nettosozialprodukt wird hier auch als gesamtwirtschaftliches Realeinkommen bezeichnet.

Löst man diese Gleichung nach Y auf, so erhält man das Gleichgewichtseinkommen:

(2.7a) $\quad Y = \dfrac{1}{1-c-b}(C^a + I^a)$

Wird dieses Gleichgewichtseinkommen in die Sparfunktion eingesetzt, so ergibt sich die private Ersparnis im Gleichgewicht (bei Y = D).

Aus dem einfachen Makromodell 2.1 läßt sich ein weiteres sehr wichtiges Ergebnis herleiten: *Die geplanten Ersparnisse S entsprechen im Gleichgewicht den geplanten Investitionen I.* Dieses Ergebnis ist im Rahmen des Modells leicht zu gewinnen: Die privaten Haushalte teilen ihr Einkommen Y auf den Konsum C und die Ersparnisse S auf; aus der Güternachfrage C + I bestimmt sich das Gleichgewichtseinkommen Y; demzufolge gilt im Gleichgewicht der Zusammenhang C + S = C + I oder S = I. Dahinter verbirgt sich das einfache Faktum, daß für Investitionszwecke nur der Teil der realen Güterproduktion verfügbar ist, der nicht für Konsumzwecke absorbiert wird, und daß sich die Investitionspläne der Unternehmungen und die Konsumpläne der privaten Haushalte nur dann realisieren lassen, wenn die privaten Haushalte freiwillig genau in Höhe des Teils ihres Einkommens "Konsumverzicht" üben, der den geplanten Investitionen entspricht.[5]

Mit Hilfe der Abbildung 2.2 werden die Modellzusammenhänge und die Ergebnisse auch noch graphisch verdeutlicht. Der obere Abbildungsteil enthält zum einen jeweils gesondert die Konsum- und die Investitionsfunktion und zum anderen die daraus resultierende gesamte Nachfragefunktion. Die Konsumkurve schneidet die Ordinate in Höhe des autonomen Konsums C^a, und analog dazu liegt der Schnittpunkt der Investitionskurve in Höhe der autonomen Investitionen I^a. In den Steigungen der beiden Kurven kommen die marginale Konsumquote bzw. die marginale Investitionsquote zum Ausdruck. Die gesamte Nachfragekurve und deren Steigung ergeben sich additiv aus der Konsum- und der Investitionskurve.[6]

Im unteren Abbildungsteil wurden die Sparfunktion und - nochmals - die Investitionsfunktion eingezeichnet. Ein Gütermarktgleichgewicht setzt im oberen Abbildungsteil eine Kombination von D und Y voraus, die auf der 45°-Linie liegen muß; denn hier gilt: Y = D. Das ist im Schnittpunkt A der D-Kurve mit der 45°-Linie der Fall. Im unteren Abbildungsteil ergibt sich das Gleichgewicht im Schnittpunkt B der Spar- und der Investitionskurve.

Die Gleichgewichtspunkte A und B sind selbstverständlich aufgrund der oben erläuterten modellimmanenten Zusammenhänge kompatibel. Es ergibt sich also ein Gleichgewichtseinkommen von Y_g, dem die Gleichgewichtswerte D_g, C_g, I_g und

---

[5] Allerdings ist mit Nachdruck zu betonen, daß es sich bei dieser Gleichgewichtsbetrachtung um eine makroökonomische Aggregationsebene handelt. Es ist sehr wohl möglich, daß die Plangrößen auf der Makroebene übereinstimmen, auf einer disaggregierten Mikroebene dagegen sowohl rein betragsmäßig als auch in Hinsicht auf gewünschte Güterstrukturen Plandivergenzen auftreten. Die Mikroebene wird hier allerdings nicht näher untersucht.

[6] Obwohl es sich wegen der Annahme linearer Funktionen um Geraden handelt, sei, der allgemein üblichen Terminologie folgend, hier, wie auch im folgenden, von "Kurven" gesprochen.

S_g für die gesamte Güternachfrage, den Konsum, die Investitionen und die Ersparnisse zugeordnet sind.

Abbildung 2.2

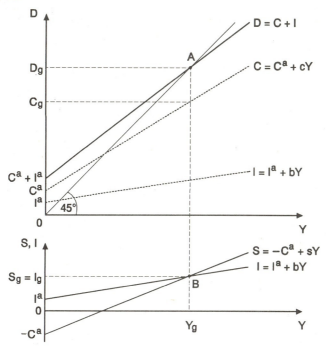

2.2.4 Ungleichgewichtssituationen und Stabilität des Gleichgewichts

Wie die vorangegangenen Untersuchungen und nicht zuletzt die Abbildung 2.2 verdeutlicht haben, stimmen die geplanten Ersparnisse und die geplanten Investitionen nur beim Gleichgewichtseinkommen überein. Bei jedem Einkommen, das hiervon abweicht, liegt also ein Ungleichgewicht vor. Es soll jetzt geprüft werden
- welche Ungleichgewichtssituationen auftreten können und wie solche Situationen zu charakterisieren sind
- ob und unter welchen Bedingungen zu erwarten ist, daß in einer Ungleichgewichtssituation Prozesse in Gang gesetzt werden, die letztlich zum Gleichgewicht führen.

Die Abbildung 2.3 zeigt zwei verschiedene Ungleichgewichtssituationen. Bei einer Produktion von X_1 bzw. einem Einkommen von Y_1 ergibt sich eine geplante Güternachfrage von D_1. Die Nachfrage übersteigt das Angebot (bzw. die Produktion) um den Betrag BC. Dieser Betrag entspricht, wie sich der Abbildung 2.2 entnehmen läßt, exakt der Differenz zwischen den geplanten Investitionen und den geplanten Ersparnissen:

$$D - X = I - S$$

Ist die Produktion bzw. das Einkommen geringer als das Gleichgewichtseinkommen, so gilt grundsätzlich: S < I. Würde die Produktion nicht verändert und bliebe auch die geplante Nachfrage auf dem Niveau von D_1, so müßte es zwangsläufig zu *ungeplanten Investitionen* und/oder zu *ungeplanten Ersparnissen* kommen. Denkbar wäre, daß zur Befriedigung der (geplanten) Konsumgüternachfrage Lagerbestände abgebaut werden und dementsprechend *ungeplante* negative Lagerinvestitionen auftreten. Es wäre aber auch möglich, daß ein Teil der Konsumgüternachfrage nicht befriedigt wird und folglich *ungeplante* positive Ersparnisse hinzunehmen sind. Allerdings ist es typisch für Marktwirtschaften, daß Plandivergenzen bei den Wirtschaftssubjekten Reaktionen auslösen. Im Interesse einer vorerst noch einfachen Analyse war eingangs bereits die Annahme getroffen worden, daß sich die Produktion immer vollständig der Nachfrage anpaßt, daß also die Angebotsseite eine totale Anpassungsflexibilität aufweist. Dementsprechend würden die Unternehmungen vor dem Hintergrund des Angebotsdefizits in Höhe von BC eine Produktionsausweitung vornehmen und dadurch die Angebotslücke - möglicherweise in mehreren Anpassungsschritten - schließen. Es käme also zu einer Anpassungsbewegung in Richtung auf das Gleichgewichtseinkommen Y_g.

Abbildung 2.3

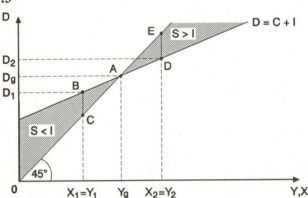

Selbstverständlich sind auch andere Anpassungsvorgänge möglich. So könnten beispielsweise die Unternehmungen angesichts des Nachfrageüberhangs Preiserhöhungen vornehmen, durch die es zu einer Verringerung der (geplanten) Güternachfrage und letztlich zur Realisierung des Gleichgewichtseinkommens bei Y_1 käme. Auf Preisanpassungen und andere Anpassungsmöglichkeiten soll hier allerdings noch nicht näher eingegangen werden. Ihr Verständnis setzt eine weiterreichende Erfassung gesamtwirtschaftlicher Zusammenhänge voraus, die erst im Laufe dieses Buches zu erarbeiten sind.

Über die bei einer Produktion von X_2 bzw. einem Einkommen von Y_2 vorliegende Ungleichgewichtssituation lassen sich ähnliche Aussagen treffen wie zuvor. Hier existiert ein Angebotsüberschuß in Höhe von ED, der zugleich Ausdruck einer (positiven) Differenz zwischen den geplanten Ersparnissen und den geplanten Investitionen ist: S > I. Bliebe es bei der Güterproduktion bzw. bei dem Güterangebot von X_2 und der geplanten Nachfrage von D_2, so käme es zwingend zu einem *ungeplanten* Lageraufbau bzw. zu *ungeplanten* positiven Lagerinvestitionen. Aufgrund der eingangs gesetzten Annahme reagieren die Unternehmungen jedoch mit einer Produktionseinschränkung, die - wahrscheinlich in mehreren Anpassungsschritten - letztlich zum Gleichgewichtseinkommen Y_g führt. Auch hier sind andere Anpassungsvorgänge denkbar, auf die allerdings noch nicht näher eingegangen werden soll. Erwähnt sei lediglich die Möglichkeit von Preissenkungen. Sie könnten eine Erhöhung der Güternachfrage bewirken und so zu einem Abbau der Angebotsüberschüsse beitragen.

In den zuvor geschilderten Beispielen sind die Anpassungsprozesse - über unmittelbare Anpassungen der Produktionsmenge oder über preisinduzierte Anpassungen der Güternachfrage - geeignet

- eine Ungleichgewichtssituation zu beseitigen, also letztlich ein Gleichgewicht herzustellen
- bei einer Abweichung von einem Gleichgewicht Vorgänge zu implizieren, die wieder zu diesem Gleichgewicht zurückführen.

Diese Ergebnisse sind aber, wie anhand der Abbildung 2.4 gezeigt werden soll, keineswegs zwingend.

Abbildung 2.4

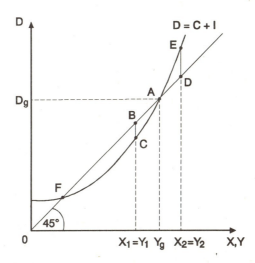

Während weiter oben lineare Funktionen zugrunde gelegt wurden, wird jetzt von einem nicht-linearen Verlauf der Kurve der gesamten Güternachfrage ausgegangen. Zunächst möge ein Gleichgewicht im Punkt A mit einem Gleichgewichtseinkommen von Y_g bestehen. Zufällig (aus unbekannten Gründen) komme es zu einer Änderung der Produktion. Sinkt die Produktion auf X_1 und verringert sich dadurch das Einkommen auf Y_1, so vermindert sich die Güternachfrage. Es tritt somit ein Angebotsüberschuß auf. Wird nun gemäß der eingangs getroffenen Annahme die Produktion der Nachfrage angepaßt, so kommt es zwingend zu einer (weiteren) Produktionseinschränkung. Dieser Anpassungsprozeß führt also nicht wieder zum ursprünglichen Gleichgewicht zurück, sondern impliziert Veränderungen der Produktion, des Einkommens und der Güternachfrage, die sich in Richtung auf ein neues Gleichgewicht im Punkt F bewegen.[7] Die hier betrachtete (zufällige) Abweichung von dem relativ einkommensgünstigen Gleichgewicht im Punkt A kann also für die Volkswirtschaft eine schwerwiegende negative Wirkung haben.

Ein anderes Bild zeigt sich bei einer Erhöhung der Produktion und des Einkommens, z.B. auf X_2 bzw. Y_2. Jetzt ergibt sich ein Nachfrageüberhang. Kommt es wiederum zu einer Anpassung der Produktion, so findet auch hier ein Prozeß statt, der vom ursprünglichen Gleichgewicht wegführt. Wenn die Nachfragekurve rechts vom Punkt A ständig oberhalb der 45°–Linie verlaufen würde, käme es jetzt nicht einmal zu einem neuen Gleichgewicht.[8] Vielmehr würden Produktion, Einkommen und Nachfrage nun permanent steigen. Es ist allerdings fraglich, ob diese instabilen Anpassungsprozesse tatsächlich über einen längeren Zeitraum stattfinden. Zwei Gründe seien genannt, die diese Fragwürdigkeit untermauern:

1. Die von den Wirtschaftssubjekten geplante Güternachfrage wäre ständig höher als das Einkommen; mit dieser Planung würden die Wirtschaftssubjekte also dauernd über "ihren Verhältnissen leben". Möglich wäre das nur mit einer fortlaufenden "Entsparnis" der Volkswirtschaft. Diese findet allerdings dort ihre Grenzen, wo früher angesammelte Vermögensbestände verbraucht sind.[9]
2. Die Volkswirtschaft dürfte schon bald an ihre Kapazitätsgrenzen stoßen, und spätestens dann wird es zu (möglicherweise drastischen) Preiserhöhungen kommen, durch die die Güternachfrage verringert und von daher ein Abbau des Nachfrageüberhangs bzw. des Angebotsdefizits bewirkt wird.

Die zweite Begründung macht zugleich deutlich, daß es zum einen von der Art der Reaktionen und Anpassungsprozesse abhängt, ob aus einer Ungleichgewichtssituation heraus ein (neues) Gleichgewicht erreicht wird, und daß sich Reaktionen und Anpassungsprozesse sehr wohl mit einer Veränderung von Situationen und Rahmenbedingungen gleichfalls ändern können.

Als wichtiges Fazit bleibt festzuhalten, daß ein makroökonomisches Gleichgewicht äußerst labil sein kann und daß die ökonomischen Bewegungsabläufe, die bei der Existenz von Ungleichgewichten auftreten, entscheidend von der spezifischen Ungleichgewichtssituation selbst und von den situationsabhängigen Reaktionen der Wirtschaftssubjekte bestimmt werden. In den weiteren Untersuchungen

---

[7] In diesem Fall ist das Gleichgewicht im Punkt A lokal instabil und im Bereich links von A stabil.

[8] Das Gleichgewicht ist in diesem Fall sowohl im Punkt A als auch im Bereich rechts von A instabil.

[9] In einer Volkswirtschaft mit außenwirtschaftlichen Beziehungen wäre es auch möglich, sich zunehmend im Ausland zu verschulden. Das aber ist ebenfalls nur eine gewisse Zeit möglich, nämlich so lange, wie Kreditwürdigkeit besteht. Hierfür sind nicht zuletzt regelmäßige Zins- und Tilgungsleistungen an das Ausland eine wichtige Voraussetzung. Da aber solche Leistungen ohne Einschränkung der Güternachfrage unmöglich sind, kann die hier geschilderte Ungleichgewichtssituation nicht auf Dauer aufrechterhalten werden.

werden allerdings vorwiegend Modelle zugrunde gelegt, die ein stabiles makroökonomisches Gleichgewicht implizieren, in denen also bei Auftreten und Existenz von Ungleichgewichten Anpassungsprozesse stattfinden, die zum Gleichgewicht zurückführen oder ein neues Gleichgewicht herstellen. Sofern in einem Modell Instabilitäten möglich sind, wird darauf besonders hingewiesen.

2.2.5 Nachfrageänderungen und Einkommensmultiplikator

In den vorangegangenen Untersuchungen ging es vor allem darum, das makroökonomische Gleichgewichtseinkommen zu bestimmen und Anpassungsvorgänge aufzuzeigen, durch die - ausgehend von einem Ungleichgewicht - ein Gleichgewicht erreicht wird. Die Bestimmung und Analyse eines *Gleichgewichtszustands* oder auch eines Ungleichgewichtszustands ist *eine statische Analyse*, wogegen die Darstellung von Anpassungsvorgängen der *dynamischen Analyse* zuzuordnen ist.

Eine für jede Volkswirtschaft wichtige Frage wurde jedoch bislang noch nicht aufgeworfen: Welche Einkommenseffekte treten auf, wenn es im Bereich der Güternachfrage zu Veränderungen kommt, z.B. zu Veränderungen der autonomen Investitionen oder der marginalen Konsumquote? Bei der Beantwortung dieser Frage treten zwei Untersuchungsaspekte auf:

- Zum einen ist das neue Gleichgewichtseinkommen und die Veränderung des Einkommens gegenüber dem ursprünglichen Gleichgewicht zu bestimmen;
- zum anderen ist zu prüfen, welche Anpassungsprozesse nach der Veränderung der Güternachfragegrößen einsetzen und wie hierdurch - falls überhaupt - ein neues Gleichgewicht erreicht wird.

Da beim ersten Aspekt zwei Gleichgewichtszustände miteinander in Beziehung zu setzen sind, spricht man in diesem Fall von einer *komparativ-statischen Analyse*. Der zweite Aspekt beinhaltet eine zeitlich differenzierte Betrachtung und stellt somit wiederum eine *dynamische Analyse* dar.

Im Rahmen des schon bekannten Modells 2.1 soll jetzt der Einkommenseffekt einer Erhöhung der autonomen Investitionen um einen Betrag von ΔI^a untersucht werden. Der autonome Konsum sowie die marginale Konsum- und die marginale Investitionsquote sind fest vorgegeben. Aus der Gleichung (2.7a) läßt sich unmittelbar die Veränderung des Gleichgewichtseinkommens bestimmen:

$$(2.8) \quad \Delta Y = \frac{1}{1 - c - b} \Delta I^a = \frac{1}{s - b} \Delta I^a$$

ΔY zeigt die absolute Veränderung des Gleichgewichtseinkommens an. Beträgt das Einkommen im Ausgangsgleichgewicht Y_0 und im neuen Gleichgewicht Y_g, so gilt:

$$(2.8a) \quad \Delta Y = Y_g - Y_0$$

Der Quotient $\frac{\Delta Y}{\Delta I^a} = \frac{1}{1 - c - b}$ ist der *Einkommensmultiplikator einer Veränderung der autonomen Investitionsnachfrage*. Dieser *Multiplikator* gibt also an, um welchen Betrag das Gleichgewichtseinkommen Y verändert wird, wenn sich die autonomen Investitionen um den Betrag ΔI^a ändern. Im allgemeinen gilt $c > 0$, $b \geq 0$ und $c + b < 1$, so daß der Multiplikator größer als 1 ist. Die Veränderung der autonomen Investitionen um eine Währungseinheit bewirkt somit eine Veränderung des Einkommens um mehr als eine Währungseinheit. Man spricht deshalb auch von einer *multiplikativen* (oder vervielfachenden) Einkommenswirkung. Der Multiplikator ist um so größer, je größer die Summe $c + b$ aus marginaler Konsumquote und marginaler Investitionsquote ist bzw. je kleiner die marginale Sparquote und je größer die marginale Investitionsquote sind. Besonders einfach ist der Multiplikator, wenn es nur autonome Investitionen, also keine induzierten Investitionen gibt und die marginale Investitionsquote deshalb den Wert null hat ($b = 0$).

In diesem Fall gilt: $\dfrac{\Delta Y}{\Delta I^a} = \dfrac{1}{1-c} = \dfrac{1}{s}$

Zu dem in (2.8) angegebenen Einkommenseffekt gelangt man selbstverständlich auch, wenn man von der Gleichgewichtsbedingung $I = S$ ausgeht. Aus dem Modell 2.1 ergibt sich hierfür:

(2.8b) $\quad I^a + bY = -C^a + sY$

Unter Beachtung von $\Delta C^a = 0$ läßt sich daraus - ausgedrückt in absoluten Veränderungen - gewinnen:

(2.8c) $\quad \Delta I^a + b\Delta Y = s\Delta Y$

Durch Auflösung nach ΔY erhält man das Ergebnis gemäß (2.8).

Abbildung 2.5

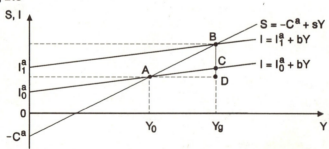

Auf der Grundlage der Gleichgewichtsbedingung $I = S$ wird der Einkommenseffekt in der Abbildung 2.5 skizziert. In der Ausgangssituation besteht ein Gleichgewicht im Punkt A bei einem Gleichgewichtseinkommen von Y_0. Durch die Erhöhung der *autonomen* Investitionen von I_0^a auf I_1^a verschiebt sich die Investitionskurve um den Betrag BC parallel nach oben. Der Schnittpunkt B der neuen Investitionskurve mit der unveränderten Sparkurve zeigt das neue Gleichgewicht bei einem Einkommen von Y_g an. Infolge der Einkommenserhöhung um ΔY (Strecke AD) sind zusätzliche Ersparnisse in Höhe von $s\Delta Y$ (Strecke BD)

induziert worden. Die Investitionen haben um den autonomen Betrag ΔI^a (Strecke BC) und um den durch den Einkommensanstieg *induzierten* Betrag $b\Delta Y$ (Strecke CD) zugenommen. Nach Erreichen des neuen Gleichgewichts muß selbstverständlich gelten: $\Delta I = \Delta S$ bzw. $\Delta I^a + b\Delta Y = s\Delta Y$.

Der zuvor aufgezeigte Multiplikatoreffekt ist in aller Regel nicht "in einem Zug" abgeschlossen. Er vollzieht sich vielmehr über einen längeren Zeitraum im Rahmen von Anpassungen an die neuen Nachfrage- und Einkommensverhältnisse. Den hier durchgeführten Untersuchungen liegt bekanntlich die schon eingangs formulierte Annahme zugrunde, daß die Güterproduktion der Nachfrage angepaßt wird. Geht man realistischerweise davon aus, daß die Produktionsanpassung den bereits sichtbaren Nachfrageänderungen folgt und nicht etwa an der zunächst noch unbekannten totalen Veränderung der Güternachfrage bei Erreichen des neuen Gleichgewichts ausgerichtet ist, so ergibt sich aus dieser Anpassung ein dynamischer Prozeß, der erst allmählich zum neuen Gleichgewicht hinführt. Dieser Prozeß wird mit Hilfe der Abbildung 2.6 verdeutlicht.

In der Ausgangssituation liegt im Punkt A ein Gleichgewicht bei einem Einkommen von Y_0 und einer Güternachfrage von D_0 vor. Infolge der Erhöhung der autonomen Investitionen um ΔI^a (von I_0^a auf I_1^a) verschiebt sich die Nachfragekurve um den Betrag AB parallel nach oben. Kommt es noch nicht unverzüglich zur Anpassung der Produktion, so entsteht ein Ungleichgewicht. Die Nachfrage übersteigt das Angebot ($D > X$). In Höhe der Differenz $D - X$ (Strecke AB) treten ungeplante Investitionen und/oder ungeplante Ersparnisse auf. Denn der Nachfragezuwachs kann - zumindest zum Teil - durch einen ungeplanten Lagerabbau (durch negative Lagerinvestitionen) gedeckt werden; oder ein Teil des geplanten Konsums wird nicht befriedigt, so daß die privaten Haushalte zu ungeplanten Ersparnissen gezwungen sind [2.2.4].

Mit einer gewissen zeitlichen Verzögerung möge nun die Produktion an die höhere Nachfrage angepaßt werden. Sie steigt somit um den Betrag ΔI^a (Strecke BC = Strecke AB). Das Einkommen nimmt hierdurch auf Y_2 zu. Da aber sowohl die Konsumnachfrage als auch die Investitionsnachfrage auf Einkommensänderungen reagieren, induziert die Einkommenserhöhung eine zusätzliche Güternachfrage. Und zwar ergibt sich dieser induzierte Nachfrageanstieg gemäß der marginalen Konsum- und der marginalen Investitionsquote:

(2.5a) $\quad \Delta D_1 = c\Delta Y_1 + b\Delta Y_1$

Da diese Quoten bekanntlich die Steigung der Nachfragekurve bestimmen, wird durch die Einkommenserhöhung um die Strecke BC zusätzliche Nachfrage in Höhe der Strecke CD induziert. Auch beim jetzt erreichten Einkommen von Y_2 ist folglich wieder ein Ungleichgewicht entstanden. Denn der zusätzlichen einkommensinduzierten Nachfrage steht noch keine ausreichend hohe zusätzliche Produktion gegenüber. Erneut kommt es also zu ungeplanten Investitionen und/oder zu ungeplanten Ersparnissen (insgesamt in Höhe des Betrags CD).

Auf den Nachfrageüberhang reagieren die Unternehmungen wieder mit einer entsprechend großen Produktionsanpassung. Hierdurch steigt das Einkommen auf Y_3. Wie schon in der vorangegangenen Anpassungsphase, so induziert der Einkommensanstieg auch jetzt zusätzliche Güternachfrage. In der Abbildung 2.6 ist das ein Betrag in Höhe der Strecke EF. Und wieder hat die einkommensinduzierte Nachfrageerhöhung ein Ungleichgewicht zur Folge. Der Betrag EF ist auch hier Ausdruck ungeplanter Investitionen und/oder ungeplanter Ersparnisse.

Abbildung 2.6

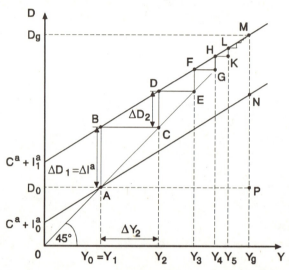

Die zuvor geschilderten Anpassungsvorgänge setzen sich ähnlich fort, so daß das Einkommen sukzessive auf Y_4, Y_5 usw. steigt. Der Abbildung 2.6 ist zu entnehmen, daß die Einkommenszuwächse im Laufe der Anpassungen immer kleiner werden. Die Erklärung hierfür liegt in den induzierten Veränderungen der Güternachfrage. Wenn nämlich die Summe aus der marginalen Konsum- und der marginalen Investitionsquote kleiner als 1 ist ($c + b < 1$), wird nur ein Teil des zusätzlichen Einkommens für zusätzliche Güternachfrage verwendet. Die einkommensinduzierte Erhöhung der Güternachfrage fällt dann also immer geringer aus als der induzierende Einkommensanstieg. Da aber die Produktion der induzierten zusätzlichen Güternachfrage angepaßt wird und das Einkommen (erneut) um diesen Anpassungsbetrag steigt, werden die Einkommenszuwächse mit jedem Anpassungsvorgang zwingend geringer. Schließlich wird ein neues Gleichgewicht - in der Abbildung 2.6 beim Einkommen von Y_g - erreicht. In dieser Situation treten dann auch keine weiteren Einkommenszuwächse und folglich auch keine weiteren einkommensinduzierten Erhöhungen der Güternachfrage auf.

Das Einkommen ist im Zuge des gesamten Anpassungsprozesses um den Betrag ΔY (Strecke AP) gestiegen. Diesem Einkommenszuwachs steht eine gleich große Erhöhung der gesamten Güternachfrage (Strecke MP) gegenüber, die sich aus der autonomen Erhöhung um den Betrag ΔI^a (Strecke MN) und der einkommensinduzierten Erhöhung der Konsum- und der Investitionsgüternachfrage um den Betrag (c + b)ΔY (Strecke NP) zusammensetzt. Hier wird noch einmal deutlich, daß der Einkommenseffekt der Erhöhung der autonomen Investitionen um so größer ist, je größer der einkommensinduzierte Zuwachs der gesamten Güternachfrage letztlich ausfällt, je größer also die in den Quoten c und b ausgedrückte Reaktion der Güternachfrage auf Einkommensänderungen ist.

Der Anpassungsprozeß und der Multiplikatoreffekt werden jetzt auch noch mit Hilfe eines Zahlenbeispiels vertieft. Dazu wird das Modell 2.1 wie folgt konkretisiert:

(a) $\quad C_t = 50 + 0{,}6 Y_t$

(b) $\quad I_t = I^a + 0{,}2 Y_t \qquad$ mit: $I_0^a = 150$ und $I_1^a = 350$

(c) $\quad \Delta Y_t = \Delta D_{t-1}$

(d) $\quad \Delta D_t = \Delta C_t + \Delta I_t$

Der Index t bezeichnet jetzt einen bestimmten Zeitraum bzw. eine bestimmte Anpassungsperiode. Es sei angenommen, daß die Produktion mit einer Verzögerung von einer Periode an die Güternachfrage angepaßt wird. Die Einkommensänderung ΔY_t in einer Periode t entspricht also der Veränderung der Güternachfrage ΔD_{t-1} in der Vorperiode.

In der Tabelle 2.1 werden das Ausgangs- und das Endgleichgewicht wiedergegeben sowie die Entwicklungen für einige Perioden des Anpassungsprozesses aufgezeigt.[10] In der Ausgangssituation beträgt das Gleichgewichtseinkommen $Y_0 = 1000$. In der Periode $t = 1$ mögen die autonomen Investitionen auf 350 steigen. Dadurch ergibt sich ein Nachfrageüberhang bzw. ein Angebotsdefizit von $D - Y = 200$.

Tabelle 2.1

t	I^a	I^{ind}	C	D	Y	D − Y	ΔD	ΔY
0	150	200,00	650,00	1000,00	1000,00	0	0	0
1	350	200,00	650,00	1200,00	1000,00	200,00	200,00	0
2	350	240,00	770,00	1360,00	1200,00	160,00	160,00	200,00
3	350	272,00	866,00	1488,00	1360,00	128,00	128,00	160,00
4	350	297,60	942,80	1590,40	1488,00	102,40	102,40	128,00
5	350	318,08	1004,24	1672,32	1590,40	81,92	81,92	102,40
⋮	⋮	⋮	⋮	⋮	⋮	⋮	⋮	⋮
n	350	400,00	1250,00	2000,00	2000,00	0	0	0

In der Periode $t = 2$ wird die Produktion angepaßt, so daß das Einkommen um 200 auf $Y_2 = 1200$ zunimmt. Dieser Einkommensanstieg induziert eine zusätzliche Investitionsnachfrage von 40 und eine zusätzliche Konsumnachfrage von 120. Die mit I^{ind} bezeichneten induzierten Investitionen steigen also von 200 auf 240. Insgesamt nimmt die Güternachfrage in der Periode $t = 2$ somit erneut zu, und zwar um einen Betrag von 160.

---

[10] Eine solche Tabelle, die den Anpassungsprozeß in einer logischen Abfolge darstellt, wird auch als *Sequenztabelle* bezeichnet.

Wiederum tritt in dieser Höhe ein Angebotsdefizit auf, das erst in der folgenden Periode t = 3 beseitigt wird. Auch in dieser Periode kommt es deshalb zu einer Einkommenssteigerung, nun um 160. Der Anpassungsprozeß setzt sich in der gleichen Weise fort, bis das neue Gleichgewicht mit Y_g = 2000 erreicht ist. Die induzierten Nachfragezuwächse und demzufolge - mit zeitlichen Verzögerungen - die Einkommenszuwächse nehmen, wie die beiden letzten Spalten zeigen, im Laufe des Prozesses allmählich ab und nähern sich zum Ende dem Wert null.

Wie weiter oben schon erläutert, nehmen die induzierten Nachfragezuwächse im Laufe des Anpassungsprozesses nur dann allmählich ab, wenn die Summe von marginaler Konsum- und Investitionsquote (das ist die Steigung der D-Kurve) kleiner als 1 ist (c + b < 1). Nur wenn diese Bedingung erfüllt ist, wird ein neues Gleichgewicht erreicht. Die Tabelle 2.2 zeigt nun einen Anpassungsprozeß, in dem diese Gleichgewichtsbedingung verletzt ist.

Tabelle 2.2

t	I^a	I^{ind}	C	D	Y	D – Y	ΔD	ΔY
0	150	200	650	1000	1000	0	0	0
1	350	200	650	1200	1000	200	200	0
2	350	240	810	1400	1200	200	200	200
3	350	280	970	1600	1400	200	200	200
4	350	320	1130	1800	1600	200	200	200
⋮	⋮	⋮	⋮	⋮	⋮	⋮	⋮	⋮

Es sei angenommen, daß die marginale Konsumquote *nach Verlassen des Ausgangsgleichgewichts* den Wert c = 0,8 annimmt, daß also die Konsumgüternachfrage während des Anpassungsprozesses wie folgt reagiert: ΔC/ΔY = 0,8. Mit einer marginalen Investitionsquote von b = 0,2 gilt somit: c + b = 1.

Das Einkommen steigt in der Periode t = 2 auch in diesem Beispiel um ΔY = 200. Da sich die marginale Konsum- und die marginale Investitionsquote zu 1 addieren, wird hierdurch zusätzliche Güternachfrage in Höhe von 200 induziert. Folglich nimmt auch das Einkommen in der Periode t = 3 wiederum um 200 zu. Und erneut steigt die Güternachfrage - einkommensinduziert - um exakt diesen Betrag. So lange sich das Ausgabenverhalten der Konsumenten und Investoren nicht ändert, läuft dieser Prozeß unvermindert weiter. Einkommen und Güternachfrage erhöhen sich in jeder Periode um 200. Ein neues Gleichgewicht wird in diesem Fall nicht wieder erreicht.[11]

Das Gleichgewichtseinkommen wird nur dann nachhaltig verändert, wenn auch die autonome Güternachfrage - in dem zuvor skizzierten Beispiel die autonome Investitionsgüternachfrage - einer nachhaltigen Veränderung unterliegt. Steigen die autonomen Investitionen nur einmalig oder nur vorübergehend, sinken sie dann

---

11 Zumindest zeitweise könnte die Summe von marginaler Konsum- und marginaler Investitionsquote auch den Wert 1 überschreiten. In diesem Fall wäre der induzierte Zuwachs der Güternachfrage größer als die induzierende Einkommenserhöhung. Die Zuwächse der Güternachfrage und des Einkommens würden also im Laufe des Anpassungsprozesses steigen.

aber wieder auf das ursprüngliche Niveau, so treten ceteris paribus nur temporär Einkommenserhöhungen auf. Letztlich geht aber das Einkommen auf das Ausgangsniveau zurück. Man spricht in diesem Zusammenhang auch von einem "*Strohfeuereffekt*" einer Nachfragesteigerung.

In der Tabelle 2.3 wird ein solcher Effekt im Rahmen des Modells, das bereits der Tabelle 2.1 zugrunde lag, dargestellt. Im Unterschied zu Tabelle 2.1 werden die autonomen Investitionen jetzt nicht dauerhaft auf 350 erhöht, sondern nach einer einmaligen Erhöhung um $\Delta I^a = 200$ wieder auf das Ausgangsniveau von 150 zurückgeführt.

Tabelle 2.3

t	I^a	I^{ind}	C	D	Y	D − Y	ΔD	ΔY
0	150	200,00	650,00	1000,00	1000,00	0	0	0
1	350	200,00	650,00	1200,00	1000,00	200,00	200,00	0
2	150	240,00	770,00	1160,00	1200,00	−40,00	−40,00	200,00
3	150	232,00	746,00	1128,00	1160,00	−32,00	−32,00	−40,00
4	150	225,60	726,80	1102,40	1128,00	−25,60	−25,60	−32,00
5	150	220,48	711,44	1081,92	1102,40	−20,48	−20,48	−25,60
⋮	⋮	⋮	⋮	⋮	⋮	⋮	⋮	⋮
n	150	200,00	650,00	1000,00	1000,00	0	0	0

Wie schon in den vorangegangenen Beispielen, so nimmt das Einkommen in der Periode t = 2 auch hier um den Betrag $\Delta Y = 200$ zu. Zwar kommt es hierdurch zu einer einkommensinduzierten Erhöhung der Investitionen und des Konsums, aber infolge der Rückführung der autonomen Investitionen auf 150 geht die Nachfrage insgesamt im Vergleich zur Nachfrage in der Vorperiode um 40 zurück. Folglich sinkt in der Periode t = 3 auch das Einkommen um diesen Betrag. Daraufhin verringert sich die einkommensinduzierte Güternachfrage um insgesamt 32, wogegen die autonome Güternachfrage unverändert bleibt. Einkommen und Güternachfrage entwickeln sich also degressiv, und zwar so lange, bis der Gleichgewichtszustand beim ursprünglichen Einkommen von $Y_0 = 1000$ erreicht ist.

An diesem Beispiel läßt sich auch erkennen, daß aus einer unstetigen Entwicklung der autonomen Investitionsausgaben, so wie sie häufig zu beobachten ist, Einkommensschwankungen bzw. Schwankungen des realen Bruttosozialprodukts resultieren. Ein "stop and go" bei den autonomen Investitionsausgaben spielt deshalb für zyklische Schwankungen der Wirtschaftskonjunktur eine erhebliche Rolle.

2.2.6 Ersparnisse und Einkommen: Das Paradoxon der Sparsamkeit

Der zuvor aufgezeigte Multiplikatoreffekt einer Veränderung der autonomen Güternachfrage kann Wirkungen implizieren, die den Planzielen von Wirtschaftssubjekten zuwiderlaufen. So wäre es beispielsweise denkbar, daß die Produktionskapazitäten von Unternehmungen der Konsumgüterbranche nicht voll ausgelastet sind und daß diese Unternehmungen versuchen, den Auslastungsgrad durch einen Kapazitätsabbau zu erhöhen. Sie werden dementsprechend ihre Nettoinvestitionen autonom verringern. Diese Verringerung führt aber über den Multiplikatoreffekt zu einem Einkommensrückgang und zu einkommensinduzierten Verminderungen der gesamten Güternachfrage, also auch der Konsumgüternachfrage. Bei einer relativ hohen marginalen Konsumquote kann das nun ohne weiteres bedeuten, daß die Absatzeinbußen der konsumgüterproduzierenden Unternehmungen größer sind als der Kapazitätsabbau. Folglich verringert sich der Auslastungsgrad. Die Investitionsentscheidungen der Unternehmungen haben also exakt das Gegenteil von dem bewirkt, was beabsichtigt war.[12]

Ein anderes vielbeachtetes Beispiel ist das *Paradoxon der Sparsamkeit*. Die privaten Haushalte planen, mehr zu sparen, und verändern dementsprechend ihr Sparverhalten. Letztlich ist aber festzustellen, daß die privaten Ersparnisse entweder nicht zugenommen haben oder sogar gesunken sind.

Es sei angenommen, daß die privaten Haushalte in der Absicht, mehr zu sparen, ihren autonomen Konsum einschränken:[13] $\Delta C^a < 0$. Aus der Gleichgewichtsbedingung $I = S$ läßt sich der Multiplikatoreffekt dieser autonomen Änderung bestimmen. Analog zur Veränderung der autonomen Investitionen (siehe Gleichung 2.8) ergibt sich im Rahmen des zugrundeliegenden Modells 2.1 die folgende Wirkung auf das Gleichgewichtseinkommen:

(2.9) $\quad \Delta Y = \dfrac{1}{s-b} \Delta C^a \qquad (\Delta Y < 0 \text{ bei } \Delta C^a < 0)$

Die Sparfunktion lautet bekanntlich: $S = -C^a + sY$. Demnach gilt für die Veränderung der Ersparnisse:

(2.10) $\quad \Delta S = -\Delta C^a + s\Delta Y$

Setzt man hierin für ΔY den Multiplikatoreffekt gemäß Gleichung (2.9) ein, so erhält man:

(2.10a) $\quad \Delta S = -\Delta C^a + \dfrac{s}{s-b} \Delta C^a = \dfrac{b}{s-b} \Delta C^a$

Bei $\Delta C^a < 0$ gehen die Ersparnisse also zurück, wenn die marginale Investitionsquote größer als null ist (bei $b > 0$). Sie bleiben unverändert, wenn die Quote den Wert null hat (bei $b = 0$). Die Erklärung ist einfach: Durch die Einschränkung des autonomen Konsums sinkt das Gleichgewichtseinkommen. Bei $b > 0$ wird hierdurch, sofern sich die autonomen Investitionen nicht verändern, eine Verringerung

---

[12] Dieser Sachverhalt wird auch als *Harrod-Paradoxon* bezeichnet. Der englische Ökonom Harrod hat die hier skizzierten, aus dem Multiplikatoreffekt resultierenden Zusammenhänge in seinen wachstumstheoretischen Ansätzen behandelt.
[13] Die Haushalte könnten selbstverständlich auch ihre marginale Sparquote s erhöhen bzw. ihre marginale Konsumquote c verringern. Während bei $\Delta C^a < 0$ geplant wird, einen bestimmten *festen* Betrag mehr zu sparen, würde die Erhöhung von s implizieren, daß die Haushalte beabsichtigen, auch bei zukünftigen Einkommenszuwächsen relativ mehr, also einen *variablen* zusätzlichen Betrag zu sparen.

der privaten Investitionsnachfrage induziert. Da aber geplante sowie tatsächliche Investitionen und Ersparnisse im Gleichgewicht übereinstimmen, impliziert diese Verringerung zugleich auch eine entsprechend große Reduktion der privaten Ersparnisse. Reagieren die privaten Investoren nicht auf den Einkommensrückgang (b = 0), so bleibt die Investitionsnachfrage unverändert, und folglich können sich auch die privaten Ersparnisse bei Erreichen des neuen Gleichgewichts nicht verändert haben. Diese Ergebnisse sind in der Abbildung 2.7 dargestellt worden.

Abbildung 2.7

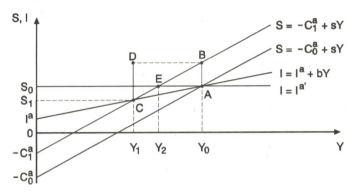

In der Ausgangssituation besteht ein Gleichgewicht im Punkt A beim Einkommen Y_0. Alternativ wurde eine einkommensabhängige (b > 0) und eine einkommensunabhängige Investitionsnachfrage (I = $I^{a'}$) berücksichtigt. Die Verringerung des autonomen Konsums drückt sich in der Parallelverschiebung der Sparkurve um den Betrag AB nach oben aus. AB ist also der Betrag, den die privaten Haushalte mehr zu sparen wünschen.

Im Falle einer positiven marginalen Investitionsquote (b > 0) ergibt sich ein neues Gleichgewicht im Punkt C. Das Gleichgewichtseinkommen ist also auf Y_1 gesunken, und demzufolge sind die privaten Ersparnisse - und gleichfalls auch die privaten Investitionen - auf S_1 zurückgegangen. Die autonome Erhöhung der privaten Ersparnisse um den Betrag AB wird hier also durch eine einkommensinduzierte Verringerung um den Betrag CD überkompensiert.

Reagieren die Investitionen nicht auf Einkommensänderungen, so fällt der negative Multiplikatoreffekt geringer aus. Bei Erreichen des neuen Gleichgewichts (Punkt E) ist das Einkommen auf Y_2 gesunken. In diesem Fall steht der autonomen Erhöhung der privaten Ersparnisse um AB eine betragsmäßig gleich große einkommensinduzierte Verringerung gegenüber. Die Ersparnisse sind also unverändert geblieben.

Aus diesen Ergebnissen könnte nun der Schluß gezogen werden, zusätzliche geplante Ersparnisse und eine dafür erforderliche Einschränkung des (geplanten) Konsums seien für eine Volkswirtschaft schädlich. Diese Schlußfolgerung ist aber nicht ohne weiteres zulässig. Man muß nämlich bedenken, daß die Ergebnisse zum Paradoxon der Sparsamkeit zuvor im Rahmen eines sehr einfachen Modells hergeleitet worden sind, in dem es weder staatliche noch außenwirtschaftliche Aktivitäten gibt und in dem Geld- und Wertpapiermärkte sowie Zinssätze noch nicht enthalten sind. Außerdem wurde angenommen, daß sich zwar einerseits das Spar- und Konsumverhalten der privaten Haushalte ändert, daß aber andererseits die Unternehmungen ihr Investitionsverhalten nicht verändern. Weicht man von dieser Annahme ab, so wäre es beispielsweise denkbar, daß der autonomen Erhöhung der privaten Ersparnisse nicht nur eine gleich große autonome Erhöhung der privaten Investitionen gegenübersteht, sondern daß die zusätzlichen Ersparnisse zugleich auch Voraussetzung der zusätzlichen Investitionen sind. Privater Konsum wird dann also durch private Investitionen ersetzt. Diese Substitution kann für eine Volkswirtschaft von großem Vorteil sein, denn schließlich sind Investitionen zur Erhaltung und zur Schaffung von Produktionskapazitäten und Arbeitsplätzen sowie zur Erlangung und zum Erhalt von Wettbewerbsfähigkeit zwingend erforderlich. Eine abschließende Beurteilung der Nachteile und der Vorteile zusätzlicher geplanter Ersparnisse ist somit erst dann möglich, wenn die notwendigen Modellerweiterungen eine umfassende Darstellung der volkswirtschaftlichen Zusammenhänge zulassen und wenn insbesondere die Bedeutung privater Ersparnisse als Voraussetzung privater Investitionen sowie die Rolle privater Investitionen im volkswirtschaftlichen Wettbewerbs- und Wachstumsprozeß eingehender analysiert worden sind.

2.3 Staat und Gütermärkte

2.3.1 Die Budgetgleichung des Staates

Das zuvor verwendete Modell 2.1, in dem lediglich die private Güternachfrage innerhalb eines Landes erfaßt worden ist, wird jetzt um staatliche Aktivitäten erweitert, die auf der Nachfrageseite des Gütermarktes unmittelbar, z.B. in Form staatlicher Güternachfrage, oder mittelbar, z.B. über den Einfluß von Steuern auf die private Güternachfrage, von Bedeutung sind.

In Anlehnung an die Abgrenzung der Volkswirtschaftlichen Gesamtrechnungen der Bundesrepublik Deutschland umfaßt der Staat im hier verstandenen Sinne die Gebietskörperschaften sowie die Sozialversicherungshaushalte. Es ist üblich, synonym zu dem hier definierten Begriff *"Staat"* auch den Begriff *"Öffentliche Haushalte"* zu verwenden. Wenngleich die *Zentralbank* bzw. die *Notenbank* eines Landes eine öffentliche bzw. staatliche Institution ist, wird sie insbesondere in der Makroökonomik nicht dem Staat bzw. den öffentlichen Haushalten zugeordnet, sondern aus Zweckmäßigkeitsgründen gesondert betrachtet. Die Zentralbank ist nämlich Träger der *Geld-* und der *Währungspolitik* eines Landes, und sie setzt hierzu spezifische Instrumente ein, die sich erheblich von denjenigen unterscheiden, denen sich der Staat bzw. die öffentlichen Haushalte (ohne Zentralbank) in Ausübung ihrer wirtschaftspolitischen Aufgaben bedienen. Die wirtschaftspolitischen Aktivitäten des Staates (in der hier zugrundeliegenden Definition) werden häufig kurz als *Fiskalpolitik* bezeichnet.

Für die weiteren Untersuchungen werden die folgenden makroökonomischen Größen des Staates gebildet:
1. Die Staatsausgaben G, die den Staatskonsum C_{St} und die staatlichen Investitionen I_{St} umfassen,
2. die Übertragungen Ü, die die Subventionen an Unternehmungen, die Transferzahlungen, insbesondere die sozialen Leistungen, an private Haushalte sowie die Zinsen auf öffentliche Schulden einschließen,
3. die Abgaben T, die alle Einnahmen des Staates aus den direkten und den indirekten Steuern, aus den Sozialversicherungsbeiträgen sowie aus den Faktoreinkommen enthalten.

Diese Größen werden in der *Budgetgleichung des Staates* zusammengefaßt:

(2.11) $F_{St} = T - G - Ü$

F_{St} ist der Finanzierungssaldo des staatlichen Budgets. Bei $F_{St} > 0$ weist das Budget einen Überschuß, bei $F_{St} < 0$ dementsprechend ein Defizit auf. Ein Budgetdefizit wird im folgenden auch mit dem Symbol BD bezeichnet: $BD = -F_{St}$. Ein Budgetdefizit impliziert eine Veränderung der Staatsverschuldung, und man bezeichnet diese Defizitfinanzierung deshalb auch als staatliche *Neuverschuldung*.

Aus der Finanzierung von Budgetdefiziten und aus der Existenz einer Staatsverschuldung ergeben sich eine Reihe ökonomischer Wirkungen, die in der zunächst folgenden Analyse jedoch noch nicht untersucht werden. Um solche Wirkungen erfassen zu können, müssen nämlich neben dem Gütermarkt auch die Geldmärkte und die Wertpapier- bzw. Kreditmärkte betrachtet und nicht zuletzt Zinssätze oder zumindest ein gesamtwirtschaftliches Zinsniveau in das Modell einbezogen werden.[14] Auf diese Modellerweiterungen wird aber im Interesse einer möglichst einfachen Darstellung makroökonomischer Zusammenhänge vorerst noch verzichtet. Den anschließenden Untersuchungen liegt also weiterhin die Annahme zugrunde, daß es keine monetären Restriktionen und keine Zinseffekte gibt. Damit sei zugleich impliziert, daß von der Finanzierung staatlicher Budgetdefizite oder von der Verwendung staatlicher Budgetüberschüsse keine Wirkungen auf den hier betrachteten Gütermarkt ausgehen.

2.3.2 Staatsausgaben, Abgaben und Gleichgewichtseinkommen

Die Budgetgröße G umfaßt die Investitionen des Staates und den Staatskonsum. Während die staatlichen Investitionen analog zu den privaten Investitionen Teil der gesamtwirtschaftlichen Güternachfrage sind, die in der Regel aus privater Produktion befriedigt werden muß, ist der Staatskonsum zugleich ein Eigenverbrauch (auch Eigennachfrage genannt) und eine Produktion (vor allem Dienstleistungsproduktion) des Staates. Trotz dieser Besonderheit wird der Staatskonsum in seiner Eigenschaft als staatliche Eigennachfrage in der makroökonomischen Theorie übli-

---

14 Die Begriffe "Wertpapiermarkt" und "Kreditmarkt" werden in diesem Buch synonym gebraucht.

cherweise der gesamten Güternachfrage zugeordnet. Diese Güternachfrage setzt sich jetzt also wie folgt zusammen:

(2.12) $D \equiv C + I + G$

Es sei angenommen, daß die öffentlichen Haushalte ihre Güternachfrage autonom festsetzen. Somit ist G nicht von endogen erklärten Modellgrößen abhängig.

Das bisher zugrunde gelegte Modell 2.1 ist darüber hinaus um den Einfluß der Einnahmen T und der Übertragungen Ü des Staates zu erweitern. Die Einnahmen T seien im folgenden kurz als *Abgaben* (der privaten Wirtschaftssubjekte) bezeichnet. Zwischen den Abgaben T und dem Bruttosozialprodukt Y besteht im allgemeinen ein enger Zusammenhang, der in der folgenden *Abgabenfunktion* erfaßt wird:

(2.13) $T = T^a + qY$

T^a ist der autonome Teil der Staatseinnahmen[15], qY ist der einkommensinduzierte Teil. Der Koeffizient q drückt die *marginale Abgabenquote* aus: $q = \Delta T / \Delta Y > 0$. Aus Gründen der Vereinfachung wurde für die Abgabenfunktion eine lineare Form gewählt. Die Übertragungen des Staates Ü werden, wie die Staatsausgaben G, als eine autonome Größe behandelt.[16]

Mit dem Einfluß des Staates ist jetzt auch zwischen dem Bruttoeinkommen Y und dem verfügbaren Einkommen YV der privaten Haushalte zu unterscheiden. Das verfügbare Einkommen YV wird wie folgt definiert:[17]

(2.14) $YV \equiv Y + Ü - T$

Unter Berücksichtigung der staatlichen Aktivitäten ergibt sich als Erweiterung des Modells 2.1 jetzt das Modell 2.2. Es sei noch einmal daran erinnert, daß diesem Modell insbesondere die folgenden *Annahmen* zugrunde liegen: Das Güterangebot paßt sich immer vollständig der Güternachfrage an; Güterpreise und Zinssätze sind konstant; die Finanzierung von Defiziten oder die Verwendung von

---

[15] Der autonome Teil T^a enthält beispielsweise Vermögenseinkommen des Staates oder Steuern, die - wie beispielsweise eine Kopfsteuer - in ihrer Bemessungsgrundlage weder direkt noch indirekt an Einkommensgrößen gebunden sind.

[16] Tatsächlich läßt sich bei den staatlichen Subventionen an private Unternehmungen sowie bei den Zinsen auf die öffentlichen Schulden kein Zusammenhang mit einer im Modell endogen erklärten Größe, z.B. mit dem gesamtwirtschaftlichen Einkommen, konstatieren. In Hinsicht auf die globale Größe "Transferzahlungen an private Haushalte" ist ebenfalls kein fester Zusammenhang mit einer endogenen Modellgröße erkennbar. Allerdings stehen die Leistungen aus der Arbeitslosenversicherung in einer engen Beziehung zur Arbeitslosigkeit, die ihrerseits eine gewisse negative Abhängigkeit von der gesamtwirtschaftlichen Güterproduktion aufweist. Auf solche Zusammenhänge wird aber erst später im Rahmen konjunkturtheoretischer Untersuchungen eingegangen.

[17] Wie schon in dem weiter oben verwendeten Modell 2.1, so wird auch hier im Interesse einer möglichst einfachen Darstellung angenommen, daß es keine Abschreibungen gibt und daß die Gewinne der privaten Unternehmungen vollständig an die privaten Haushalte ausgeschüttet werden.

Überschüssen im Staatsbudget hat keinen Einfluß auf den Gütermarkt; es bestehen keine außenwirtschaftlichen Zusammenhänge.

	Modell 2.2	
D	$\equiv$ C + I + G	Güternachfrage
C	$=$ C^a + cYV	Privater Konsum
I	$=$ I^a + bY	Private Investitionen
S	$=$ $-C^a$ + sYV	Private Ersparnisse
YV	$\equiv$ Y + Ü − T	Verfügbares Einkommen
T	$=$ T^a + qY	Abgaben an den Staat
F_{St}	$=$ T − G − Ü	Staatsbudget
Y	$=$ D	Gleichgewichtseinkommen

Setzt man in die Gleichgewichtsbedingung Y = D für D die Komponenten der Güternachfrage ein, so erhält man:

(2.15) $\quad Y = C^a + c(Y + Ü - T^a - qY) + I^a + bY + G$

Bei Auflösung nach Y ergibt sich das Gleichgewichtseinkommen:

(2.15a) $\quad Y = \dfrac{1}{1 - c(1 - q) - b} [C^a + c(Ü - T^a) + I^a + G]$

Die Abbildung 2.8 zeigt die graphische Bestimmung des Gleichgewichtseinkommens auf der Grundlage der Gleichung (2.15).

Abbildung 2.8

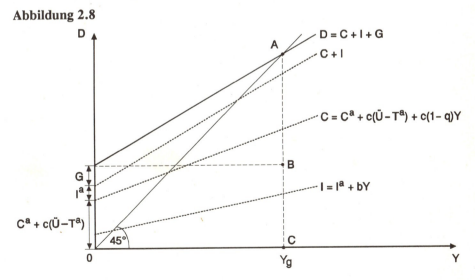

Während die Investitionsfunktion gegenüber der Analyse ohne Einfluß des Staates nicht verändert wurde, ist jetzt bei der Konsumfunktion der Unterschied zwischen dem Bruttoeinkommen Y und dem verfügbaren Einkommen YV zu beachten. Der Einfluß des Staates wirkt sich zum einen auf den Ordinatenabschnitt und zum anderen auf die Steigung der Konsumfunktion aus. Der Ordinatenabschnitt wird jetzt nicht nur von der Höhe des autonomen Konsums C^a, sondern auch von den Übertragungen Ü, den autonomen Abgaben T^a und der marginalen Konsumquote c bestimmt. Die Steigung hängt nicht mehr nur von der marginalen Konsumquote, sondern auch von der marginalen Abgabenquote q ab. Die Investitions- und die Konsumfunktion ergeben additiv die Kurve der privaten Güternachfrage C + I. Fügt man G hinzu, so erhält man die Kurve der gesamten Güternachfrage D. Das Gleichgewichtseinkommen Y_g bestimmt sich aus dem Schnittpunkt dieser Nachfragekurve mit der 45°-Linie. Beim Gleichgewichtseinkommen Y_g setzt sich die gesamte Güternachfrage aus dem autonomen Teil $C^a + c(Ü - T^a) + I^a + G$ (Strecke BC) und dem einkommensinduzierten Teil $[c(1 - q) + b]Y_g$ (Strecke AB) zusammen.

2.3.3 Ersparnisse, Investitionen und staatlicher Budgetsaldo

Aus dem Modell 2.2 läßt sich auch der Zusammenhang zwischen den geplanten privaten Ersparnissen, den geplanten privaten Investitionen und dem Saldo des Staatsbudgets herleiten. Hierzu ist wiederum von der Gleichgewichtsbedingung Y = D auszugehen:

(2.16)   Y = C + I + G

Auf jeder Seite wird der Ausdruck (T - Ü + C) subtrahiert, so daß man erhält:

(2.16a)   Y - T + Ü - C = I - (T - Ü - G)

Unter Berücksichtigung der Definition des verfügbaren Einkommens YV und des staatlichen Budgetsaldos F_{St} läßt sich diese Gleichung auch schreiben als:

(2.16b)   YV - C = I - F_{St} = I + BD   mit: BD = -F_{St}

Die Differenz YV - C entspricht den privaten Ersparnissen, so daß schließlich gilt:

(2.16c)   S = I - F_{St} = I + BD

Im Gleichgewicht entsprechen also die *geplanten* privaten Ersparnisse der Summe aus den *geplanten* privaten Investitionen und dem geplanten Budgetdefizit des Staates bzw. dem negativen Saldo des geplanten Staatsbudgets. Wenn man, wie es üblich ist, davon ausgeht, daß der Staat seine "Ansprüche" auf dem Gütermarkt immer durchsetzt, stimmen das tatsächliche und das geplante Staatsbudget überein.

Bei diesem Zusammenhang muß zwischen einem *güterwirtschaftlichen* und einem *finanzwirtschaftlichen* Aspekt unterschieden werden. Der *güterwirtschaftliche* Aspekt läßt sich sehr leicht anhand der Gleichung (2.16) erklären, aus der sich die Gleichung (2.16c) zwingend ergibt. Schreibt man nun diese Gleichung als Y - C = I + G, so wird unmittelbar ersichtlich, daß nur der Teil der Güterproduktion für private Investitionen und für den staatlichen Bedarf verfügbar ist, der nicht für private Konsumzwecke absorbiert wird. Und nur dann, wenn die Planungen der privaten Haushalte, der privaten Unternehmungen und des Staates mit dieser Restriktion kompatibel sind, kann überhaupt ein makroökonomisches Gleichgewicht bestehen.

Die Umformung der Gleichung (2.16) zu (2.16a) macht unmittelbar deutlich, daß die Differenz zwischen Abgaben und Übertragungen T – Ü in diesem Zusammenhang lediglich einen Nettotransfer von den privaten Wirtschaftssubjekten zum Staat darstellt. Während auf der einen Seite die Konsum- und Sparmöglichkeiten der privaten Wirtschaftssubjekte um diesen Betrag verringert werden, nehmen auf der anderen Seite die Ausgaben- und Sparmöglichkeiten des Staates exakt um diesen Betrag zu. Übersteigen beispielsweise die in G ausgedrückten Ausgabenwünsche des Staates den Nettotransferbetrag T – Ü und liegt somit ein Budgetdefizit vor, so entsteht aus makroökonomischer Perspektive in Höhe dieses Defizits ein Nettozugriff des Staates auf die Güterproduktion bzw. auf das Sozialprodukt. Soll ein Gleichgewicht erreicht werden, so müssen die privaten Wirtschaftssubjekte in dieser Höhe - und selbstverständlich zusätzlich in Höhe der privaten Investitionen - freiwillig auf Konsum "verzichten" und dementsprechend freiwillig sparen.

Der *finanzwirtschaftliche Aspekt* kommt in der Gleichung (2.16c) zum Ausdruck. Da es in dem hier verwendeten Modell annahmegemäß (zunächst) noch keine außenwirtschaftlichen Beziehungen gibt, müssen die Mittel zur Finanzierung der privaten Investitionen und zur Finanzierung eines staatlichen Budgetdefizits aus inländischen privaten Ersparnissen aufgebracht werden. Wäre das staatliche Budget ausgeglichen, so stünden die gesamten privaten Ersparnisse zur Finanzierung der privaten Investitionen zur Verfügung; und würde ein Budgetüberschuß vorliegen, so könnten die privaten Investoren sogar noch zusätzlich auf staatliche Finanzierungsmittel zurückgreifen. In Hinsicht auf diesen Finanzierungsaspekt liegt ein makroökonomisches Gleichgewicht nur dann vor, wenn das geplante Angebot an Finanzierungsmitteln bzw. an Krediten (aus privaten Ersparnissen und eventuell aus staatlichen Ersparnissen im Falle eines Bugetüberschusses) der geplanten Nachfrage nach solchen Mitteln bzw. Krediten (für private Investitionen und eventuell zur Deckung eines staatlichen Budgetdefizits) übereinstimmen. Aus makroökonomischer Perspektive spielt es dabei übrigens keine Rolle, ob Finanzmittel bzw. Kredite aus Ersparnissen direkt oder auf einem indirekten Weg, über Banken oder andere Kapitalsammelstellen[18], in die Hände privater Investoren und (im Fall eines Budgetdefizits) des Staates gelangen. Die hier angesprochenen Besonderheiten der Kreditnachfrage und des Kreditangebots werden allerdings erst weiter unten im Rahmen der Geld- und Wertpapiermarktanalysen eingehender untersucht. Für die reine Gütermarktanalyse genügt es zunächst, davon auszugehen, daß der finanzielle Transfer von Ersparnissen zu den Investoren und zum Staat problemlos stattfindet.

---

18 Zu den Kapitalsammelstellen zählen beispielsweise Bausparkassen und Versicherungsunternehmungen, die einerseits private Ersparnisse absorbieren und andererseits auf dieser Grundlage Kredite an private Investoren und an öffentliche Haushalte vergeben.

Der zuvor aufgezeigte Zusammenhang zwischen den geplanten privaten Ersparnissen, den geplanten privaten Investitionen und dem staatlichen Budgetsaldo gibt Anlaß zu der Frage, wie ein steigendes staatliches Budgetdefizit ($\Delta F_{St} < 0$) sowohl in Hinsicht auf den güterwirtschaftlichen als auch in Hinsicht auf den finanzwirtschaftlichen Aspekt realisiert werden kann. Aus der Gleichung (2.16c) ist abzulesen, daß das steigende Budgetdefizit eine Zunahme der privaten Ersparnisse und/oder eine Verringerung der privaten Investitionen erforderlich macht. Im Falle einer Verringerung der privaten Investitionen spricht man auch von einem *Crowding-out-Effekt* bzw. von einem *Verdrängungseffekt* eines staatlichen Budgetdefizits. Eine Zunahme der privaten Ersparnisse ist, wie die Gleichung (2.16b) zeigt, möglich, wenn das verfügbare Einkommen steigt und/oder wenn der private Konsum zurückgeht. Bei der zuletzt genannten Möglichkeit käme es also auch zu einem Verdrängungseffekt, jetzt allerdings in Hinsicht auf den privaten Konsum. Der Crowding-out- bzw. der Verdrängungseffekt läßt sich nur dann vermeiden, wenn das verfügbare Einkommen so weit steigt, daß hieraus zusätzliche private Ersparnisse gebildet werden, die zur Deckung des zusätzlichen staatlichen Budgetdefizits ausreichen. Die Beantwortung der zuvor gestellten Frage setzt also voraus, daß die Einkommenseffekte von Staatsaktivitäten bekannt sind, insbesondere solcher Aktivitäten, die ein (zusätzliches) Budgetdefizit implizieren. Solche Einkommenseffekte sollen nun näher untersucht werden.

2.3.4 Einkommenseffekte staatlicher Aktivitäten

Aus der Gleichung (2.15a) lassen sich unmittelbar die Wirkungen einer Veränderung der Staatsausgaben G, der staatlichen Übertragungen Ü und der autonomen Abgaben T^a auf das Gleichgewichtseinkommen gewinnen:

(2.17) $\Delta Y = \mu \Delta G > 0$ $\qquad \dfrac{\Delta Y}{\Delta G} = \mu > 0$

(2.17a) $\Delta Y = c\mu \Delta Ü > 0$ $\qquad \dfrac{\Delta Y}{\Delta Ü} = c\mu > 0$

(2.17b) $\Delta Y = -c\mu \Delta T^a < 0$ $\qquad \dfrac{\Delta Y}{\Delta T^a} = -c\mu < 0$

mit: $\mu = \dfrac{1}{1 - c(1 - q) - b} > 0$

μ ist der Einkommensmultiplikator einer Veränderung der staatlichen Investitionsausgaben oder des Staatskonsums. Ein Blick auf die Gleichung (2.15a) zeigt, daß dieser Multiplikator übereinstimmt mit dem Einkommensmultiplikator einer Veränderung der autonomen privaten Investitionsausgaben I^a oder des autonomen privaten Konsums C^a.

Für die Veränderung der staatlichen Übertragungen ergibt sich ein Einkommensmultiplikator von $c\mu$. Ist die marginale Konsumquote c kleiner als 1, so ist dieser Einkommensmultiplikator also geringer als derjenige einer Veränderung der staatlichen Investitionen oder des Staatskonsums. Dieser Unterschied läßt sich leicht erklären: Werden beispielsweise die staatlichen Investitionsausgaben erhöht ($\Delta G > 0$), so steigt die gesamtwirtschaftliche Güternachfrage unmittelbar um diesen Betrag. Zugleich bildet dieser Betrag den Anfangsimpuls für den Multiplikatoreffekt, der im Zuge von Anpassungsprozessen schließlich zum neuen Gleichgewichtseinkommen führt. Eine Erhöhung der Übertragungsausgaben ist demgegenüber nicht unmittelbar nachfragewirksam, sondern wirkt sich nur mittelbar über eine Zunahme des verfügbaren Einkommens auf die private Konsumgüternachfrage aus. Da aber nur gemäß der marginalen Konsumquote ein Teil des zusätzlichen verfügbaren Einkommens für eine Erhöhung des privaten Konsums verwendet wird, ergibt sich unmittelbar auch nur ein Nachfrageimpuls von $c\Delta\ddot{U}$. Dieser Anfangsimpuls für den Multiplikatoreffekt ist also geringer als im Fall einer Erhöhung der staatlichen Investitionen.

Der Einkommensmultiplikator einer Veränderung der autonomen Abgaben, z.B. der Veränderung einer Kopfsteuer, ist negativ ($-c\mu$). Absolut gesehen stimmt er mit dem Einkommensmultiplikator einer Veränderung der Übertragungen überein. Auch hier gilt, daß eine Veränderung der autonomen Abgaben nur mittelbar über das verfügbare Einkommen auf die Güternachfrage wirkt und deshalb nur ein Impuls von $c\Delta T^a$ den Multiplikatoreffekt auslöst.

Das wichtigste abgaben- bzw. steuerpolitische Instrument des Staates ist im allgemeinen nicht die autonome Komponente der Abgaben T^a, sondern die marginale Abgabenquote q. Wird diese Quote um Δq von q_0 auf q_1 verändert, so ergibt sich die folgende Wirkung auf das Gleichgewichtseinkommen:[19]

$$(2.17c) \quad \Delta Y = -\frac{cY_0}{1 - c(1 - q_1) - b} \Delta q < 0$$

Im Nenner des Multiplikatorausdrucks steht jetzt die neue marginale Abgabenquote q_1. Die absolute Veränderung der Abgaben hängt selbstverständlich von der Höhe des Einkommens in der Ausgangssituation ab, so daß die Veränderung der marginalen Abgabenquote mit dem Gleichgewichtseinkommen Y_0 in dieser Situation zu gewichten ist. Ähnlich wie bei den autonomen Abgaben wirkt die Änderung der Quote mittelbar über das verfügbare Einkommen auf die Güternachfrage. Dementsprechend ist beim Anfangsimpuls, der den Multiplikatoreffekt auslöst, die marginale Konsumquote c zu berücksichtigen. Der Impuls hat also den Wert $-cY_0\Delta q$.

Mit Hilfe konkreter Zahlenbeispiele werden jetzt die Multiplikatoreffekte für den Fall einer autonomen Erhöhung der staatlichen Investitionsausgaben oder des Staatskonsums sowie für den Fall einer autonomen Erhöhung der staatlichen Über-

---

[19] Gleichung (2.15a) läßt sich wie folgt schreiben: $vY = Y^a$ mit $v = 1 - c(1 - q) - b$. Y^a steht für die autonomen Größen in der eckigen Klammer. Da Y^a unverändert bleibt, gilt:
$v_0\Delta Y + Y_0\Delta v + \Delta v\Delta Y = 0$ oder $\Delta Y = -\frac{1}{v_1}Y_0\Delta v$ mit $v_1 = 1 - c(1 - q_1) - b$ und $\Delta v = c\Delta q$.

tragungen verdeutlicht. Die folgenden Größen sind fest vorgegeben: $C^a = 25$; $I^a = 100$; $T^a = 50$; $c = 0{,}75$; $b = 0{,}05$; $q = 0{,}4$. Im Ausgangsgleichgewicht seien außerdem gegeben: $G = 300$ und $Ü = 150$. Das Gleichgewichtseinkommen beträgt in der Ausgangssituation $Y = 1000$. Das staatliche Budget ist in dieser Situation ausgeglichen. Es sei angenommen, daß die Güterproduktion X mit einer zeitlichen Verzögerung von einer Periode an Veränderungen der Nachfrage D angepaßt wird, so daß unter Berücksichtigung von $Y = X$ gilt: $\Delta Y_t = \Delta D_{t-1}$.

Tabelle 2.4

t	C	I	G	Y	D − Y	T − Ü	YV	F_{St}
0	550,00	150,00	300	1000	0	300	700	0
1	550,00	150,00	400	1000	100,00	300	700	−100
2	595,00	155,00	400	1100	50,00	340	760	−60
3	617,50	157,50	400	1150	25,00	360	790	−40
4	628,75	158,75	400	1175	12,50	370	805	−30
⋮	⋮	⋮	⋮	⋮	⋮	⋮	⋮	⋮
n	640,00	160,00	400	1200	0	380	820	−20

Die Tabelle 2.4 zeigt das Gleichgewicht in der Ausgangssituation, das Gleichgewicht in der Endsituation sowie die ersten vier Perioden des Anpassungsprozesses für den Fall einer Erhöhung der staatlichen Investitionsausgaben um $\Delta G = 100$. Da die Produktion annahmegemäß nicht unmittelbar angepaßt wird, hat die (geplante) Erhöhung der staatlichen Investitionen noch keinen Einkommenseffekt zur Folge. Auf dem Gütermarkt entsteht ein Ungleichgewicht in Höhe von $D - Y = 100$. Setzt der Staat, womit üblicherweise zu rechnen ist, seine zusätzlichen "Ansprüche" durch, so müssen dem Ungleichgewicht auf dem Gütermarkt zwingend ungeplante negative private Investitionen und/oder ungeplante positive private Ersparnisse gegenüberstehen. So ist es beispielsweise möglich, daß die zusätzliche staatliche Investitionsnachfrage zunächst durch einen ungeplanten Lagerabbau befriedigt wird und daß es somit zu ungeplanten negativen Lagerinvestitionen kommt. Da das Einkommen in $t = 1$ noch nicht steigt, nehmen auch die Staatseinnahmen noch nicht zu, so daß in Höhe der zusätzlichen Staatsausgaben ein Budgetdefizit entsteht ($F_{St} = -100$).

In der Periode $t = 2$ wird nun annahmegemäß die Produktion an den Nachfragezuwachs der Vorperiode angepaßt. Das Einkommen steigt also auf 1100. Der Einkommensanstieg bewirkt eine Erhöhung der privaten Investitionen um $\Delta I = 5$ sowie eine Erhöhung der Abgaben um $\Delta T = 40$. Das verfügbare Einkommen nimmt folglich nur um $\Delta YV = 60$ zu, und entsprechend der marginalen Konsumquote erhöht sich daraufhin der private Konsum um $\Delta C = 45$. Da es jetzt zu einer einkommensinduzierten Erhöhung der Staatseinnahmen um 40 gekommen ist, weist das Staatsbudget in $t = 2$ ein Defizit in Höhe von 60 ($F_{St} = -60$) auf.

Der zuvor geschilderte Prozeß läuft analog in den Folgeperioden weiter. Die Einkommenszuwächse und demzufolge auch die Zuwächse der privaten Investitionen und des privaten Konsums werden allerdings von Periode zu Periode geringer, so daß schließlich ein neues Gleichgewicht beim Einkommen von $Y = 1200$ erreicht wird. Für die Verlangsamung des Anpassungsprozesses sind die folgenden Gründe maßgebend: Erstens induzieren die Produktions-, Nachfrage- und Einkommenszuwächse gemäß der marginalen Investitionsquote nur relativ geringe Zuwächse der privaten Investitionen; zweitens ist gemäß der marginalen Abgabenquote ein (erheblicher) Teil des zusätzlichen Bruttoeinkommens in Form von Abgaben an den Staat abzuführen, so daß die Zuwächse des verfügbaren Einkommens in jeder Periode geringer sind als die Zuwächse des Bruttoeinkommens; drittens wird gemäß der marginalen Konsumquote jeweils nur ein gewisser Teil des zusätzlichen verfügbaren Einkommens für zusätzlichen privaten Konsum verwendet. Aus diesen Gründen ergibt sich im vorliegenden Beispiel für den Nenner im Multiplikatorausdruck: $1 - c(1 - q) - b < 1$. Dies ist zugleich die Bedingung dafür, daß überhaupt ein neues Gleichgewicht erreicht wird. In der Realität ist diese Gleichgewichtsbedingung im allgemeinen erfüllt.

Eine Erhöhung des Staatskonsums hat zwar gemäß Gleichung (2.17) die gleiche Wirkung auf das Gleichgewichtseinkommen, weist aber im Rahmen des Anpassungsprozesses eine Besonderheit auf. Der Staatskonsum stellt bekanntlich einen Eigenverbrauch bzw. eine Eigennachfrage des Staates dar und ist zugleich Ausdruck der staatlichen Produktion von Dienstleistungen. Eine Zunahme des Staatskonsums um $\Delta G = 100$ führt deshalb *unmittelbar* zu einer Erhöhung des Sozialprodukts bzw. des gesamtwirtschaftlichen Einkommens um eben diesen Betrag: $\Delta Y = 100$. In der Tabelle 2.4 würde sich somit für diesen Fall in der Periode $t = 1$ der Anpassungsvorgang ergeben, der dort erst in der Periode $t = 2$ auftritt. Die Zeile für die Periode $t = 1$ wäre also zu streichen. In den weiteren Perioden würde der Anpassungsprozeß allerdings mit demjenigen übereinstimmen, der im Falle einer Erhöhung der staatlichen Investitionsausgaben abläuft.

Tabelle 2.5

t	C	I	G	Y	D − Y	T − Ü	YV	F_{St}
0	550,00	150,00	300	1000,00	0	300,0	700,00	0
1	625,00	150,00	300	1000,00	75,00	200,0	800,00	−100,0
2	658,75	153,75	300	1075,00	37,50	230,0	845,00	−70,0
3	675,63	155,62	300	1112,50	18,75	245,0	867,50	−55,0
4	684,06	156,56	300	1131,25	9,37	252,5	878,75	−47,5
⋮	⋮	⋮	⋮	⋮	⋮	⋮	⋮	⋮
n	692,50	157,50	300	1150,00	0	260,0	890,00	−40,0

Die Tabelle 2.5 zeigt das Ausgangsgleichgewicht, das Endgleichgewicht sowie einen Teil des Anpassungsprozesses bei einer Erhöhung der staatlichen Übertragungen um $\Delta Ü = 100$. Aufgrund der Erhöhung der staatlichen Übertragungen nimmt das private verfügbare Einkommen in der Periode $t = 1$ um $\Delta YV = 100$ zu. Gemäß der marginalen Konsumquote erhöht sich daraufhin die private Konsumnachfrage um $\Delta C = 75$. Da die Produktion annahmegemäß noch nicht an die Nachfrageerhöhung angepaßt wird, entsteht auf dem Gütermarkt ein Ungleichgewicht in Höhe von $D - Y = 75$. Dementsprechend kommt es zu ungeplanten Investitionen und/oder zu ungeplanten Ersparnissen. So ist es beispielsweise möglich, daß ungeplante negative Lagerinvestitionen in dieser Höhe auftreten oder daß die privaten Haushalte ihre zusätzlichen Konsumwünsche noch nicht realisieren können und deshalb ungeplante Ersparnisse in Höhe von 75 hinzunehmen sind. Da das Bruttoeinkommen noch nicht zunimmt, weist das Staatsbudget in der Periode t = 1 ein Defizit in Höhe der zusätzlichen Übertragungen auf (F_{St} = − 100).

In der Periode t = 2 wird nun die Produktion an die Nachfrageerhöhung der Vorperiode angepaßt. Das Bruttoeinkommen steigt somit um ΔY = 75. Hieraus resultiert ein Zuwachs der privaten Investitionsnachfrage um ΔI = 3,75 und eine Zunahme der Abgaben bzw. der Staatseinnahmen um ΔT = 30. Das verfügbare Einkommen nimmt nochmals zu, steigt aber wegen der zusätzlichen Abgabenbelastung nur um ΔYV = 45. Daraus ergibt sich gemäß der marginalen Konsumquote eine weitere Erhöhung des privaten Konsums um ΔC = 33,75. Das staatliche Budgetdefizit geht infolge der zusätzlichen Staatseinnahmen auf 70 (F_{St} = − 70) zurück.

Aus den oben bereits geschilderten Gründen nehmen die Einkommenszuwächse auch hier im weiteren Verlauf des Anpassungsprozesses allmählich ab. Da die Gleichgewichtsbedingung 1 − c (1 − q) − b < 1 erfüllt ist, wird schließlich bei Y = 1150 ein neues Gleichgewicht erreicht. Ein Vergleich mit der Tabelle 2.4 zeigt, daß das staatliche Bugetdefizit im neuen Gleichgewicht mit 40 (F_{St} = − 40) erheblich größer ist. Dies ist unmittelbar die Folge des geringeren Einkommenseffektes und der damit verbundenen geringeren Zunahme der Staatseinnahmen.

Mit Blick auf die Gleichungen (2.17) und (2.17a) sowie auf die in den Tabellen 2.4 und 2.5 aufgezeigten Wirkungen liegt der Schluß nahe, daß eine Erhöhung der staatlichen Investitionsausgaben oder des Staatskonsums grundsätzlich einen größeren Einkommenseffekt hat als eine Erhöhung der staatlichen Übertragungen. Obwohl die marginale Konsumquote c aus gesamtwirtschaftlicher Sicht in der Regel kleiner als 1 ist, kann diese Schlußfolgerung falsch sein. Es ist nämlich davon auszugehen, daß die Empfänger staatlicher Transferleistungen einen größeren Teil ihres zusätzlichen verfügbaren Einkommens für zusätzlichen Konsum verwenden als der Durchschnitt der privaten Haushalte. Deshalb wäre es erforderlich, zwischen der durchschnittlichen marginalen Konsumquote c und der marginalen Konsumquote der Leistungsempfänger, z.B. $c_ü$, zu unterscheiden. Im Extremfall - bei besonders einkommensschwachen Haushalten - dürfte die marginale Konsumquote der Empfänger staatlicher Übertragungen sogar den Wert 1 haben: $c_ü$ = 1. In diesem Fall würde die private Konsumnachfrage mit der Erhöhung der staatlichen Übertragungen um $\Delta Ü$ unmittelbar um exakt diesen Betrag zunehmen. Der Anfangsimpuls, der den Multiplikatoreffekt auslöst, wäre also bei $\Delta Ü = \Delta G$ genauso groß wie bei einer Erhöhung der staatlichen Investitionen oder des Staatskonsums. Die Wirkungen auf das Gleichgewichtseinkommen wären dann also gleich.

Mit Nachdruck sei auch hier darauf hingewiesen, daß die zuvor aufgezeigten Wirkungen auf das Gleichgewichtseinkommen nur dann nachhaltig sind, wenn der Impuls, der den Multiplikatoreffekt auslöst, nicht wieder rückgängig gemacht wird. Würde der Staat seine Investitionsausgaben oder die Übertragungen beispielsweise nur einmalig erhöhen, anschließend jedoch wieder auf das Ausgangsniveau zurückführen, so käme es nur zu einem vorübergehenden Anstieg des gesamtwirtschaftlichen Einkommens. Letztlich würde dann wieder ein Gleichgewicht beim ursprünglichen Einkommen erreicht. Als Resultat ergibt sich also nur ein *"Strohfeuereffekt"*.

2.3.5 Budgetdefizite und Staatsverschuldung

Werden die Staatsausgaben erhöht oder die Abgaben gesenkt, so entstehen im Staatsbudget in der Regel Defizite, die üblicherweise durch Kreditaufnahme gedeckt werden müssen. Folglich sind Budgetdefizite unmittelbar für die Entstehung und/oder die Vergrößerung der Staatsverschuldung verantwortlich. Kommt ausschließlich eine Kreditfinanzierung in Frage, so gilt:[20]

(2.18) $\Delta \ddot{O}V_t = BD_t$

Die öffentliche Verschuldung ÖV verändert sich innerhalb einer Periode t (eines Haushaltsjahres) um den Betrag des öffentlichen Budgetdefizits BD_t in dieser Periode. Dieses Budgetdefizit entspricht dem negativen Finanzierungssaldo ($-F_{St}$).

Die Tabellen 2.4 und 2.5 machen deutlich, daß bei der dort angenommenen Reaktionsverzögerung von Produktion und Einkommen in den ersten Anpassungsperioden relativ hohe Budgetdefizite auftreten. Dementsprechend nimmt auch die Staatsverschuldung in diesen Perioden relativ stark zu. Im Gefolge einer Erhöhung der staatlichen Investitionsausgaben würde beispielsweise die Staatsverschuldung am Ende der Periode $t = 1$ den Wert $\ddot{O}V_1 = 100$ haben; sie würde auf $\ddot{O}V_2 = 160$ am Ende der Periode $t = 2$, auf $\ddot{O}V_3 = 200$ am Ende der Periode $t = 3$, auf $\ddot{O}V_4 = 230$ am Ende der Periode $t = 4$ usw. zunehmen. Selbst nach Erreichen des neuen Gleichgewichtseinkommens von $Y_n = 1200$ bleibt ein Budgetdefizit in Höhe von $F_{St} = -20$ bestehen. Demzufolge nimmt die Staatsverschuldung auch jetzt noch von Periode zu Periode zu, und zwar ceteris paribus in jeder Periode $t = n$, $t = n + 1$, $t = n + 2$ usw. um den Betrag $\Delta \ddot{O}V_t = 20$.

Vor diesem Hintergrund stellt sich eine wichtige Frage: Welche Bedingungen müssen erfüllt sein, damit das Staatsbudget bei Erreichen des neuen Gleichgewichtseinkommens (wieder) ausgeglichen ist und somit keine zusätzliche Staatsverschuldung entsteht? Zur Beantwortung dieser Frage ist von der staatlichen Budgetgleichung (2.11) auszugehen.

Unter Berücksichtigung der Abgabenfunktion (2.13) ergibt sich in Veränderungsgrößen:

(2.19) $\Delta F_{St} = \Delta T^a - \Delta G - \Delta \ddot{U} + (q + \Delta q)\Delta Y + Y_0 \Delta q$

---

[20] Veränderungen der Staatsverschuldung, die aus Bewertungsänderungen (z.B. auf Kursänderungen der im Umlauf befindlichen Staatspapiere) resultieren, werden hier nicht berücksichtigt.

Exemplarisch sei eine Erhöhung der staatlichen Investitionsausgaben untersucht. Setzt man im Fall von $\Delta G > 0$ in (2.19) die Einkommensänderung ΔY gemäß Gleichung (2.17) ein, so erhält man:

$$(2.19a) \quad \Delta F_{St} = \frac{q(1-c) - (1-c-b)}{1 - c(1-q) - b} \Delta G$$

Mit Blick auf den Zähler des Quotienten auf der rechten Seite der Gleichung läßt sich hieraus unmittelbar die Bedingung dafür ableiten, daß das Staatsbudget unverändert bleibt ($\Delta F_{St} = 0$) oder daß es sogar zum Budgetüberschuß ($\Delta F_{St} > 0$) kommt:

$$(2.19b) \quad \frac{\Delta F_{St}}{\Delta G} \geq 0, \quad \text{wenn } q \geq \frac{1-c-b}{1-c} \quad \text{bzw. } q \geq 1 - \frac{b}{1-c}$$

Legt man das Beispiel der Tabelle 2.6 zugrunde, so müßte die marginale Abgabenquote mindestens 80% betragen, um ein Budgetdefizit zu vermeiden.[21] Hätte die marginale Investitionsquote einen Wert von null ($b = 0$), so wäre sogar eine marginale Steuerquote von 100% erforderlich. In der Realität dürfte sich die hier hergeleitete Bedingung für den Ausschluß von Budgetdefiziten wohl kaum erfüllen lassen. Sehr hohe marginale Abgabenquoten - z.B. von 80% und mehr - würden die Leistungsbereitschaft und die Leistungsfähigkeit einer Volkswirtschaft in ruinöser Weise untergraben und über kurz oder lang zu einem vollständigen Erliegen privater Investitionstätigkeit führen. Wenngleich die marginale Investitionsquote b in makroökonomischen Modellen üblicherweise als eine konstante Größe behandelt wird, ist nämlich zu bedenken, daß diese Quote realistischerweise um so geringer sein wird, je höher die vom Staat festgesetzte Abgabenbelastung ist.[22]

Abbildung 2.9

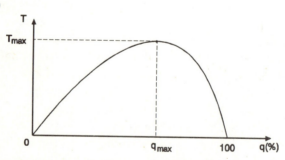

Solche Wirkungen liegen auch der sogenannten *Laffer-Kurve* zugrunde, mit der versucht wurde, den Zusammenhang zwischen der Abgabenquote (oder auch nur der Steuerquote) und den Staatseinnahmen (bzw. nur den Steuereinnahmen) zu

---

21 Dem Beispiel liegen zugrunde: $c = 0{,}75$ und $b = 0{,}05$.
22 Bei einer ständigen Erhöhung der marginalen Abgabenquote q dürfte schließlich ein Grenzwert erreicht werden, bei dem sich private Investitionen nicht mehr lohnen und die marginale Investitionsquote somit den Wert $b = 0$ annimmt. In diesem Fall müßte aber die marginale Abgabenquote auf $q = 1$ angehoben werden, um die Bedingung für den Ausschluß von Budgetdefiziten zu erfüllen. Eine so hohe Quote ist aber absurd.

veranschaulichen.[23] Die Laffer-Kurve ist Ausdruck der simplen Erkenntnis, daß sich die Staatseinnahmen durch Erhöhungen der Abgabenquote nur bis zu einem gewissen Maximalwert steigern lassen, daß aber beim Überschreiten eines bestimmten Grenzwerts eine weitere Zunahme der Abgabenquote eine drastische Verringerung des Sozialprodukts und der Staatseinnahmen mit sich bringt, bis schließlich bei einer Quote von 100% die Volkswirtschaft zusammenbricht und die Staatseinnahmen auf null sinken.[24] Vor diesem Hintergrund ist es interessant, der Frage nachzugehen, ob der Staat nicht grundsätzlich eine Politik des ausgeglichenen Staatsbudgets betreiben sollte. Hierauf konzentriert sich der folgende Abschnitt.

2.3.6 Einkommenseffekte bei unverändertem staatlichen Bugetsaldo

Soll verhindert werden, daß im Rahmen staatlicher Aktivitäten zusätzliche Budgetdefizite bzw. Änderungen des Budgetsaldos auftreten, so ist es erforderlich, daß der Staat seine ausgaben- und seine einnahmenpolitischen Instrumente gleichzeitig einsetzt. Hier stellt sich die Frage, ob und gegebenenfalls in welcher Höhe dann noch Einkommenseffekte erzielt werden.

Es sei angenommen, daß der Budgetausgleich über eine Anpassung der autonomen Abgaben T^a erfolgt, so daß gemäß der Budgetgleichung (2.11) unter Beachtung der Abgabenfunktion (2.13) gilt (bei $\Delta q = 0$):

(2.11a) $\Delta T^a = \Delta G + \Delta Ü - q\Delta Y$

Zur Bestimmung des Einkommenseffektes wird auf die Gleichung (2.15) zurückgegriffen. Bleiben der autonome private Konsum und die autonomen privaten Investitionen konstant ($\Delta C^a = 0$ und $\Delta I^a = 0$), so stellt sich diese Gleichung in Veränderungsgrößen wie folgt dar:

(2.15b) $\Delta Y = c(\Delta Y + \Delta Ü - \Delta T^a - q\Delta Y) + b\Delta Y + \Delta G$

Hierin wird nun die Bedingung (2.11a) für ein ausgeglichenes Budget eingesetzt:

(2.15c) $\Delta Y = c(\Delta Y + \Delta Ü - \Delta G - \Delta Ü + q\Delta Y - q\Delta Y) + b\Delta Y + \Delta G$

Auf der rechten Seite lassen sich $\Delta Ü$ und $q\Delta Y$ kürzen, so daß gilt:

(2.15d) $\Delta Y = c(\Delta Y - \Delta G) + b\Delta Y + \Delta G$

---

23 Die Kurve ist nach Arthur Laffer, einem amerikanischen Professor für Ökonomie, benannt. Zur Darstellung und Beurteilung der Laffer-Kurve siehe z.B.: **L.H. Meyer** (1981).
24 Sicher ist nur die Erkenntnis, daß der Staat bei einer Abgabenquote von 0 % und bei einer Abgabenquote von 100% keine Einnahmen erzielen kann. Im übrigen sind für eine bestimmte Volkswirtschaft weder der Verlauf der Laffer-Kurve noch die Abgabenquote bekannt, die ein Maximum an Staatseinnahmen impliziert. Empirisch ließe sich die Laffer-Kurve nur bestimmen, wenn man über einen langen Zeitraum unterschiedliche Abgabenquoten "ausprobieren" würde. Was den oberen Bereich der Abgabenquoten angeht, so sei allerdings vor einem solchen Experiment eindringlich gewarnt.

Aus der Auflösung nach ΔY erhält man die Veränderung des Gleichgewichtseinkommens:

$$(2.15e) \quad \Delta Y = \frac{1-c}{1-c-b} \Delta G$$

Hier wird deutlich, daß die Veränderung der Staatsausgaben G einen positiven Einkommenseffekt hat. Ist die marginale Investitionsquote b größer als null, so ist der entsprechende Einkommensmultiplikator größer als 1: $\Delta Y/\Delta G > 1$. Ein Grenzfall liegt dann vor, wenn diese Quote null ist (b = 0). Der Einkommensmultiplikator einer Erhöhung staatlicher Investitionsausgaben oder des Staatskonsums unter der Bedingung eines stets ausgeglichenen Budgets hat dann den Wert 1:

$$(2.15f) \quad \Delta Y = \frac{1-c}{1-c} \Delta G = \Delta G$$

Dieses Ergebnis ist als *Haavelmo-Theorem* bekannt.[25]

Das Haavelmo-Theorem läßt sich leicht erklären: Steigen die Staatsausgaben um ΔG, so werden die Güternachfrage und - eventuell mit einer gewissen zeitlichen Verzögerung - die Produktion und das Einkommen unmittelbar um diesen Betrag erhöht. Daraufhin käme es also zu einer Zunahme des verfügbaren Einkommens um ΔG. Da aber gleichzeitig die Abgabenbelastung um ΔG steigt, wird die Zunahme des verfügbaren Einkommens von hierher exakt kompensiert. Somit können auch keine weiteren Wirkungen auf Güternachfrage, Produktion und Einkommen auftreten. Ein (einkommensvervielfachender) Multiplikatoreffekt findet also nicht statt.

Etwas anders stellt sich die Situation dar, wenn die marginale Investitionsquote b größer als null ist. Jetzt ergibt sich infolge der durch ΔG unmittelbar bewirkten Einkommenserhöhung auch noch eine (einkommensinduzierte) Zunahme der privaten Investitionen. Das Bruttoeinkommen Y steigt also um einen größeren Betrag als ΔG, und folglich nimmt das verfügbare Einkommen trotz der zusätzlichen Abgabenbelastung zu. Demzufolge steigt der private Konsum. Aufgrund der einkommensinduzierten Erhöhungen der privaten Investitionen und des privaten Konsums findet hier also ein (einkommensvervielfachender) Multiplikatorprozeß statt.

Die Gleichung (2.15c) läßt unmittelbar erkennen, daß die Veränderung der Übertragungen, die im Staatsbudget durch eine entsprechend große Änderung der Staatseinnahmen kompensiert wird, keinen Einkommenseffekt hat. Das private verfügbare Einkommen ändert sich nämlich nicht, so daß es auch nicht zu einer Veränderung der Güternachfrage kommt.

Die zuvor aufgezeigten Ergebnisse müssen selbstverständlich vor dem Hintergrund der Annahmen und der Struktur des zugrundeliegenden Modells gesehen werden. Im Rahmen von Modellerweiterungen, z.B. durch Berücksichtigung au-

---

[25] Das Theorem ist auf den norwegischen Nobelpreisträger für Wirtschaftswissenschaften Trygve Haavelmo zurückzuführen. **T. Haavelmo** (1945), S. 311 ff.

ßenwirtschaftlicher Einflüsse oder durch das Einbeziehen variabler Zinssätze und variabler Güterpreise, kann sich sehr wohl ein Korrekturbedarf ergeben. Auf zwei Aspekte sei allerdings schon hier verwiesen. Zum einen ist die Möglichkeit in Betracht zu ziehen, daß die marginalen Konsumquoten der Haushalte, die mit den zusätzlichen Abgaben belastet werden, und der Haushalte, die zusätzliche staatliche Übertragungen erhalten, verschieden sind. Wie oben schon erläutert, ist zu erwarten, daß die marginale Konsumquote der Empfänger staatlicher Transferleistungen höher ist als die marginale Konsumquote des Durchschnitts derjenigen, die aus ihrem Bruttoeinkommen Abgaben bzw. Steuern an den Staat zu leisten haben. In diesem Fall würde eine mit höheren Steuern finanzierte Zunahme der Übertragungen einen positiven Einkommenseffekt implizieren.

Zum anderen ist zu erwägen, daß sich die Erhöhung von Abgaben auch unmittelbar negativ auf die private Investitionsnachfrage auswirken kann, z.B. aufgrund einer Verringerung der Nettogewinne. In diesem Fall sind Konstellationen denkbar, in denen aus zusätzlichen steuerfinanzierten Übertragungen ein negativer Einkommenseffekt resultiert oder in denen der Einkommensmultiplikator einer steuerfinanzierten Erhöhung der staatlichen Investitionen oder des Staatskonsums kleiner als 1 und möglicherweise nicht einmal viel größer als null ist.

Auf jeden Fall sind gegenüber der mit dem Haavelmo-Theorem verbundenen Vorstellung, der Staat könne auch auf der Grundlage eines ausgeglichenen Budgets beachtliche Einkommenseffekte erzielen, Vorbehalte angebracht.

2.4 Außenwirtschaft und Gütermärkte
2.4.1 Exporte, Importe und Außenbeitrag

Das Modell wird jetzt um die güterwirtschaftlichen Beziehungen mit dem Ausland, also um die Exporte und die Importe von Gütern (von Waren und Dienstleistungen) erweitert. Die Exporte, im folgenden mit EX bezeichnet, sind die Nachfrage des Auslands auf dem inländischen Gütermarkt. Zusammen mit der Nachfrage der inländischen Wirtschaftssubjekte - der privaten Konsumenten, der privaten Investoren und des Staates - ergibt sich somit im Inland die folgende "Bruttogüternachfrage":

(2.21) $N \equiv C + I + G + EX$

Zur Befriedigung dieser Nachfrage werden allerdings in der Regel nicht nur inländische Ressourcen eingesetzt, sondern es werden auch Güter aus dem Ausland importiert, die entweder unmittelbar für den Endverbrauch bestimmt sind oder die als Vorleistungsgüter in den inländischen Produktionsprozeß einfließen und somit erst nach Weiterverarbeitung für den Endverbrauch zur Verfügung stehen. Da es in der makroökonomischen Theorie nicht zuletzt darum geht, den Einsatz von inländischen Ressourcen und dementsprechend die spezifische inländische Produktion sowie das im Inland erzielte Einkommen zu erklären, ist es erforderlich, die Bruttonachfrage N um die Güterimporte zu korrigieren:

(2.22) $D \equiv N - IM^{real} \equiv C + I + G + EX - IM^{real}$

D ist die gesamte Nachfrage nach inländischen Gütern. Sie entspricht im Gleichgewicht betragsmäßig der inländischen Produktion X. Aus dieser Produktion resultiert wiederum das inländische Einkommen Y, das somit das "Entgelt" für den Ressourceneinsatz bei der Produktion der inländischen Güter darstellt. Dementsprechend gilt die schon bekannte Gleichgewichtsbedingung:

(2.23) $X = Y = D$

Die Größen D, N, C, I, G und EX in der Gleichung (2.22) sind jeweils *reale Größen* auf der Basis des inländischen Güterpreisniveaus P. Eine Besonderheit besteht in Hinsicht auf die Importe. Hier muß zwischen den *realen Importen* und den sogenannten *mengenmäßigen Importen* unterschieden werden. Das wird deutlich, wenn der *Importwert* bzw. der Nominalwert der Importe betrachtet wird. Bezeichnet man mit P_A das in ausländischer Währung nominierte Preisniveau der Importgüter und mit e^n den nominellen *Wechselkurs* - definiert als inländischer Preis einer Einheit der ausländischen Währung (z.B. DM je US-Dollar) -, so lautet das in die inländische Währung umgerechnete Importgüterpreisniveau $e^n P_A$. Der in Inlandswährung ausgedrückte Nominalwert der Importe (der Importwert) läßt sich somit wie folgt schreiben:

(2.24) $IM^n = e^n P_A IM$

Man bezeichnet IM als die *mengenmäßigen Importe*. Die *realen Importe* erhält man demgegenüber, indem man den Importwert durch das inländische Güterpreisniveau P dividiert.

(2.24a) $IM^{real} = \dfrac{IM^n}{P} = \dfrac{e^n P_A IM}{P}$

Das Verhältnis zwischen dem in Inlandswährung nominierten Importgüterpreisniveau und dem inländischen Preisniveau ist der *reale Wechselkurs*:

(2.24b) $e = \dfrac{e^n P_A}{P}$

Der reale Wechselkurs e muß also vom oben definierten *nominellen Wechselkurs* e^n unterschieden werden. Die Differenz zwischen den Ex- und Importen bildet den *Außenbeitrag*:

(2.25) $AB = EX - \dfrac{e^n P_A}{P} IM$

Aus empirischen Beobachtungen ist bekannt, daß der internationale Güterverkehr eine relativ starke Konjunkturreagibilität aufweist. Für die Exporte eines Landes spielen demnach die Nachfrage-, Produktions- und Einkommenssituation im Ausland eine wichtige Rolle. Diese ausländischen Größen werden allerdings vorerst noch nicht explizit in die Untersuchungen aufgenommen. Hier sind die

Exporte EX somit eine autonome Größe, also eine Größe, die nicht von anderen im Modell endogen erklärten Größen abhängig ist.

Erfahrungsgemäß weisen die Importe eines Landes eine starke Abhängigkeit von der gesamtwirtschaftlichen Nachfrage-, Produktions- und Einkommenssituation in diesem Land selbst auf. Vor diesem Hintergrund ist es üblich, als eine wichtige Determinante - wahrscheinlich sogar als wichtigste Determinante - der Importe eines Landes das gesamtwirtschaftliche Realeinkommen zu verwenden. Diese Abhängigkeit erklärt sich damit, daß Importe einerseits in Form von Endprodukten Teil der ebenfalls einkommensabhängigen privaten Nachfrage nach Konsum- und nach Investitionsgütern sind und andererseits als Vorleistungsgüter in den Produktionsprozeß einfließen. Aus der Produktion resultiert aber letztlich das gesamtwirtschaftliche reale Einkommen. Geht man auch hier aus Gründen der Vereinfachung wieder von linearen Zusammenhängen aus, so läßt sich für die Importe die folgende Funktion bilden:

(2.26) $IM = IM^a + mY$

IM^a ist Ausdruck der autonomen Importe, also der Importe, die vom Einkommen unabhängig sind. Der Koeffizient m ist die *marginale Importquote*:

(2.26a) $m = \dfrac{\delta IM}{\delta Y} > 0.$

Wie empirische Beobachtungen vermuten lassen, gibt es noch eine Reihe anderer Determinanten der Importe und der Exporte. Zu nennen sind insbesondere
- die Preise der Importgüter relativ zu den Preisen vergleichbarer inländischer Produkte bzw. zu den Preisen der *importkonkurrierenden Güter* (jeweils in inländischer Währung)
- analog dazu die Preise der Exportgüter relativ zu den Preisen vergleichbarer ausländischer Produkte bzw. zu den Preisen der *exportkonkurrierenden Güter* (jeweils in ausländischer Währung)
- produktspezifische Eigenschaften der Import- oder der Exportgüter jeweils im Vergleich zu den import- oder den exportkonkurrierenden Gütern, durch die *sachliche Präferenzen* entstehen bzw. bestehen
- spezifische Lieferanten-Kunden-Beziehungen, die *persönliche Präferenzen* für Import- bzw. für Exportgüter (wiederum jeweils im Vergleich mit den import- bzw. den exportkonkurrierenden Produkten) implizieren.

Die Abhängigkeit von den relativen Preisen der Import- oder der Exportgüter schließt eine Abhängigkeit vom nominellen Wechselkurs e^n ein. Denn wird beispielsweise die inländische Währung abgewertet (aufgewertet), so werden die Importgüter für das Inland teurer (billiger) und die Exportgüter für das Ausland billiger (teurer), sofern sich die in Auslandswährung nominierten Preise der Importgüter bzw. die in Inlandswährung nominierten Preise der Exportgüter nicht verändern. Die Relation der Preise bzw. der relative Preis von ausländischen zu inländischen Gütern gemäß Gleichung (2.24b) kommt im *realen Wechselkurs* e zum Ausdruck: $e = e^n P_A / P$. P ist hierin als das inländische Preisniveau für die Exportgüter sowie für die *importkonkurrierenden* Produkte und P_A analog dazu als das ausländische Preisniveau für die Importgüter sowie für die *exportkonkurrierenden* ausländischen Produkte zu begreifen.

Wie schon in den vorangegangenen Untersuchungen, so soll das Modell jedoch auch jetzt noch so einfach wie eben möglich gestaltet werden. In Hinsicht auf die zweifellos wichtigen Preisrelationen sei analog zu früheren Annahmen davon ausgegangen, daß die Preise der Import- und der Exportgüter sowie der nominelle Wechselkurs konstant sind und daß darüber hinaus der reale Wechselkurs den Wert 1 hat: $e = 1$. In diesem Fall stimmen die realen und die mengenmäßigen Importe überein, so daß sich der Außenbeitrag wie folgt schreiben läßt:

(2.25a) $AB = EX - IM$

Außerdem wird angenommen, daß das Inland im Verhältnis zum Ausland sehr klein ist und daß Veränderungen der inländischen Importnachfrage keine (nennenswerten) Wirkungen auf das ausländische Einkommen haben. Folglich treten für das Inland auch *keine Rückwirkungen* auf.[26] Abgesehen von der Berücksichtigung der güterwirtschaftlichen Beziehungen mit dem Ausland sind die anderen, zuvor zugrunde gelegten Annahmen weiterhin gültig. Hierzu zählen insbesondere die vollständige Anpassung der Produktion an Nachfrageänderungen (ohne Preisreaktionen) sowie die Konstanz von Zinssätzen.

2.4.2 Außenbeitrag und Gleichgewichtseinkommen

Da hier nur ein relativ kleines Land betrachtet wird, sind die Exporte dieses Landes eine autonome Größe. Unter Berücksichtigung der Identität (2.22), der Gleichung (2.25a) für den Außenbeitrag und der Importfunktion (2.26) ergibt sich somit das Modell 2.3 als Erweiterung des Modells 2.2.

Modell 2.3		
D	$\equiv C + I + G + EX - IM$	Güternachfrage
C	$= C^a + cYV$	Privater Konsum
I	$= I^a + bY$	Private Investitionen
IM	$= IM^a + mY$	Importe
S	$= -C^a + sYV$	Private Ersparnisse
YV	$= Y + Ü - T$	Verfügbares Einkommen
T	$= T^a + qY$	Abgaben an den Staat
F_{St}	$= T - G - Ü$	Staatsbudget
AB	$= EX - IM$	Außenbeitrag
Y	$= D$	Gütermarktgleichgewicht

---

26 Internationale Rückwirkungen werden erst später im Rahmen spezifischer außenwirtschaftlicher Analysen näher untersucht [Kap. 8].

Aus der Gleichgewichtsbedingung Y = D ergibt sich jetzt:

(2.27) $Y = C^a + c(Y + Ü - T^a - qY) + I^a + bY + G + EX - IM^a - mY$

Diese Gleichung nach Y aufgelöst, ergibt das Gleichgewichtseinkommen:

(2.27a) $Y = \dfrac{1}{1 - c(1 - q) - b + m} [C^a + c(Ü - T^a) + I^a + G + EX - IM^a]$

Es ist üblich, die inländische Nachfrage C + I + G zur sogenannten *heimischen Absorption* zusammenzufassen. Für diese Absorption, die mit H bezeichnet sei, ergibt sich aus dem Modell der folgende Zusammenhang:

(2.28) $H = C^a + c(Ü - T^a) + I^a + G + [c(1 - q) + b] Y = H^a + hY$

H^a umfaßt alle autonomen Größen der inländischen Nachfrage und stellt deshalb die *autonome heimische Absorption* dar. Der Koeffizient h ist die *heimische (marginale) Absorptionsquote*:

(2.28a) $h = c(1 - q) + b = \dfrac{\delta H}{\delta Y} > 0$

Wird an die Stelle von C + I + G die heimische Absorption H gemäß Gleichung (2.28) gesetzt, so vereinfacht sich die Gleichung (2.27a) für das Gleichgewichtseinkommen wie folgt:

(2.27b) $Y = \dfrac{1}{1 - h + m} (H^a + EX - IM^a)$

In der Abbildung 2.10 wird die Bestimmung des Gleichgewichtseinkommens auf graphischem Wege verdeutlicht. H gibt die heimische Absorption gemäß Gleichung (2.28) an. Addiert man die autonomen Exporte EX hinzu, so gelangt man zur "Bruttonachfrage" N gemäß Gleichung (2.21). Wenn hiervon die ebenfalls eingezeichneten Importe IM abgezogen werden, erhält man die gesamtwirtschaftliche Nachfrage D. Der vertikale Abstand zwischen der Kurve der gesamtwirtschaftlichen Nachfrage D und der Kurve für die heimische Absorption H entspricht dem Außenbeitrag AB. In dem in der Abbildung 2.10 dargestellten Beispiel ist der Außenbeitrag beim Einkommen Y_0 (im Schnittpunkt F) null. Im Einkommensbereich $Y < Y_0$ ist der Außenbeitrag positiv, im Einkommensbereich $Y > Y_0$ ist der Außenbeitrag negativ.

Im Hinblick auf die gesamtwirtschaftliche Nachfrage ergibt sich in der Abbildung 2.10 ein Gleichgewicht im Punkt A beim Einkommen von Y_g. Bei diesem Einkommen entspricht die heimische Absorption der Strecke CE. Die Exporte kommen in der Strecke BC und die Importe in der Strecke DE bzw. in der Strecke BA zum Ausdruck (DE = BA). Folglich wird der Außenbeitrag durch die Strecke AC angezeigt. Hier liegt also ein positiver Außenbeitrag vor.

Abbildung 2.10

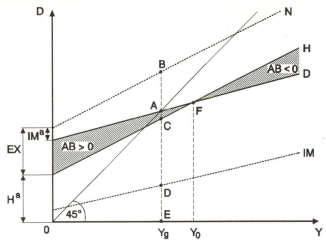

Aus der Abbildung 2.10 läßt sich leicht erkennen, daß bei einer größeren autonomen heimischen Absorption H^a Gleichgewichtseinkommen möglich sind, bei denen der Außenbeitrag null ist oder bei denen sich ein negativer Außenbeitrag ergibt.

2.4.3 Ersparnisse, Investitionen, Staatsbudget und Außenbeitrag

Im Gleichgewicht besteht ein enger Zusammenhang zwischen den geplanten privaten Ersparnissen, den geplanten privaten Investitionen, dem Saldo des Staatsbudgets und dem Außenbeitrag, der seinerseits Ausdruck der geplanten Nachfrage von In- und Ausländern jeweils nach Gütern der anderen Länder ist. Dieser Zusammenhang läßt sich auf der Grundlage der Gleichgewichtsbedingung $Y = D$ aus dem Modell 2.3 herleiten:

(2.29) $Y = C + I + G + EX - IM$

Wird in dieser Gleichung auf der linken und der rechten Seite jeweils der Ausdruck $Ü - T - C$ hinzugefügt, so ergibt sich:

(2.29a) $Y + Ü - T - C = I + G + Ü - T + EX - IM$

Da bekanntlich gilt: $YV = Y + Ü - T$, $S = YV - C$, $F_{St} = T - G - Ü$ und $AB = EX - IM$, läßt sich diese Gleichung wie folgt schreiben:

(2.29b) $S = I - F_{St} + AB$

Die geplanten privaten Ersparnisse entsprechen somit im Gleichgewicht der Summe aus den geplanten privaten Investitionen, dem negativen staatlichen Budgetsaldo (dem Budgetdefizit) und dem Außenbeitrag. Nur wenn die Gleichung

(2.29b) erfüllt ist, liegt ein Gleichgewicht vor. Dementsprechend ist diese Gleichung als eine Gleichgewichtsbedingung zu begreifen.

Analog zu dem schon früher gefundenen Zusammenhang S = I für eine Volkswirtschaft ohne Staat und ohne Außenwirtschaft sowie zu S = I − F_{St} für eine Volkswirtschaft ohne Außenwirtschaft kommt in der Gleichgewichtsbeziehung (2.29b) ein *güterwirtschaftlicher* und ein *finanzwirtschaftlicher* Aspekt zum Ausdruck. Da die güter- und finanzwirtschaftlichen Verbindungen der Größen S, I und F_{St} bereits erläutert worden sind, sollen die beiden Aspekte jetzt vor allem in Hinsicht auf die außenwirtschaftlichen Beziehungen erklärt werden.

Der *güterwirtschaftliche Aspekt* läßt sich unmittelbar anhand der Gleichung (2.29) aufzeigen. Diese Gleichung kann wie folgt umgeformt werden:

(2.29c) Y − C − I − G = EX − IM

Unter Berücksichtigung der Definition für die geplante heimische Absorption H = C + I + G läßt sich schreiben:

(2.29d) Y − H = AB

Will man ein Gleichgewicht realisieren, so steht nur der Teil der (realen) Güterproduktion für einen Exportüberschuß (für einen positiven Außenbeitrag) zur Verfügung, der nicht durch die heimische (geplante) Nachfrage absorbiert wird. Oder: Übersteigt die geplante heimische Absorption die geplante Güterproduktion, so muß die Angebotslücke zur Herstellung eines Gleichgewichts durch entsprechend große Importüberschüsse (durch einen negativen Außenbeitrag) geschlossen werden. Besonders wichtig ist in diesem Zusammenhang die Betonung des Gleichgewichts. Denn selbstverständlich ist es möglich, mit dirigistischen wirtschaftspolitischen Maßnahmen Exportüberschüsse zu erzwingen oder Importüberschüsse zu verringern, indem die Befriedigung eines Teils der geplanten inländischen Nachfrage verhindert wird.

Der *finanzwirtschaftliche Aspekt* läßt sich mit Hilfe der Gleichung (2.29b) verdeutlichen. Betrachtet sei zunächst ein positiver Außenbeitrag bzw. ein Exportüberschuß des Inlands. Für das Ausland besteht dann ein entsprechend großer Importüberschuß, der zugleich einen Nettodevisenbedarf des Auslands impliziert. Das Ausland kann diesen Bedarf nur durch eine Kreditaufnahme im Exportüberschußland, also im Inland decken.[27] Diese Kredite können nur aus den Ersparnissen des Inlands stammen. Im Gleichgewicht steht aber hierfür nur der Teil der geplanten privaten Ersparnisse zur Verfügung, der nicht für die Finanzierung der privaten Investitionen und des staatlichen Budgetdefizits absorbiert wird. Bezeichnet man den Ausdruck S − I + F_{St} als die *nationalen Ersparnisse* (des Inlands), so läßt sich der gerade skizzierte finanzwirtschaftliche Zusammenhang auch wie folgt formulieren: *Ein Exportüberschuß bzw. ein positiver Außenbeitrag ist nur dann mit*

---

27 Hier ist zu beachten, daß das Ausland den Rest der Welt darstellt und daß es für den Rest der Welt logischerweise nur eine Möglichkeit gibt, einen Nettodevisenbedarf zu decken, nämlich durch eine Kreditaufnahme in dem hier betrachteten Inland.

einem Gleichgewicht vereinbar, wenn dem mit dem Exportüberschuß verbundenen Kreditbedarf des Auslands gleich große freiwillige nationale Ersparnisse (die mit SN bezeichnet seien) *gegenüberstehen:*

(2.29e) $SN = S - I + F_{St} = AB$

Die finanzwirtschaftlichen Konsequenzen eines Importüberschusses (des Inlands) liegen jetzt auf der Hand. In diesem Fall besteht nämlich für das Inland ein Nettodevisenbedarf, den es durch eine Kreditaufnahme im Ausland decken muß. Die nationalen Ersparnisse des Inlands sind nun also negativ. Dieses Ergebnis läßt sich auch wie folgt interpretieren: *Weil die eigenen freiwilligen Ersparnisse des Inlands nicht ausreichen, die Kreditnachfrage der privaten Investoren und des Staates zu befriedigen, ist das Inland gezwungen, auf ausländische Kredite zurückzugreifen.* Diese Kredite resultieren ihrerseits aus ausländischen Ersparnissen.

2.4.4 Außenwirtschaft und Einkommenseffekte

Aus der Gleichung (2.27a) oder (2.27b) läßt sich unmittelbar die Wirkung einer Veränderung autonomer Größen auf das Gleichgewichtseinkommen bestimmen:

(2.30) $\Delta Y = \dfrac{1}{1 - h + m} (\Delta H^a + \Delta EX - \Delta IM^a)$

Für jede der drei autonomen Nachfrageänderungen ergibt sich somit - absolut betrachtet - der gleiche Einkommensmultiplikator.[28] Der Multiplikator ist um so größer, je größer die marginale heimische Absorptionsquote h und je kleiner die marginale Importquote m ist. Die marginale heimische Absorptionsquote ist gemäß Gleichung (2.28a) ihrerseits um so größer, je größer die marginale private Konsumquote c, je größer die marginale Investitionsquote b und je kleiner die marginale Abgabenquote q ist.

Die Reaktion des Außenbeitrags hängt entscheidend von der Art der autonomen Nachfrageänderung ab. Aufgrund der Gleichungen (2.25) und (2.26) gilt:

(2.31) $\Delta AB = \Delta EX - \Delta IM^a - m\Delta Y$

Hierin ist für ΔY die Einkommensänderung unter Berücksichtigung des Multiplikatoreffektes gemäß Gleichung (2.30) einzusetzen. Man erhält dann:

(2.31a) $\Delta AB = \dfrac{1}{1 - h + m} [(1 - h)(\Delta EX - \Delta IM^a) - m\Delta H^a]$

Werden die autonomen Exporte erhöht oder die autonomen Importe verringert, so ergibt sich gemäß Gleichung (2.31) zum einen ein *direkter positiver Effekt* und

---

[28] Es ist allerdings zu beachten, daß bei einer Veränderung der staatlichen Übertragungen oder der staatlichen Abgaben zusätzlich die marginale Konsumquote c in den Zähler des Multiplikators eingeht.

zum anderen ein *indirekter, einkommensinduzierter negativer Effekt* auf den Außenbeitrag. Der einkommensinduzierte Effekt resultiert daraus, daß bei $\Delta EX > 0$ oder $\Delta IM^a < 0$ das Gleichgewichtseinkommen gemäß Gleichung (2.30) zunimmt und hierdurch eine Erhöhung der einkommensabhängigen Importe bewirkt wird.

Wie die Lösungsgleichung (2.31a) zeigt, ist der positive Effekt jedoch dominierend, wenn die marginale heimische Absorptionsquote h kleiner als 1 ist. Hat die marginale Absorptionsquote h jedoch den Wert 1, so bleibt der Außenbeitrag trotz einer Veränderung der autonomen Exporte oder der autonomen Importe letztlich (nach Erreichen des neuen Gleichgewichts) unverändert. In diesem Fall ergibt sich aufgrund des Multiplikatoreffekts eine so große Einkommensänderung, daß der indirekte, einkommensinduzierte negative Effekt den direkten positiven Effekt exakt kompensiert. Eine marginale heimische Absorptionsquote h = 1 bedeutet nämlich, daß die Inländer zusätzliche Nachfrage in Höhe der zusätzlichen inländischen Güterproduktion befriedigen möchten und daß deshalb ein zusätzlicher Nettogütertransfer ins Ausland unmöglich ist.[29]

Wird die autonome heimische Absorption erhöht ($\Delta H^a > 0$), so kommt gemäß Gleichung (2.31) nur der *indirekte einkommensinduzierte Effekt* zum Tragen. Folglich ergibt sich von hierher eine negative Wirkung auf den Außenbeitrag, sofern die marginale Importquote m nicht den Wert null hat.

Die Wirkungen einer Erhöhung der autonomen Exporte und - alternativ - einer Erhöhung der autonomen heimischen Absorption werden jetzt noch mit Hilfe eines Zahlenbeispiels verdeutlicht. Dem Beispiel liegen die folgenden Daten zugrunde: Marginale Konsumquote c = 0,8; marginale Investitionsquote b = 0,14; marginale Abgabenquote q = 0,3; marginale Importquote m = 0,2; autonome Importe IM^a = 25. In der Ausgangssituation sind außerdem gegeben: Autonome heimische Absorption H^a = 900 und (autonome) Exporte EX = 625. Aus diesen Daten ergibt sich eine marginale heimische Absorptionsquote von h = 0,7.

Die Tabelle 2.6 zeigt bei t = 0 das Ausgangsgleichgewicht. Im ersten Fall werden die autonomen Exporte um 100, im zweiten Fall wird die autonome Absorption um 100 erhöht. Es sei - wie schon früher - angenommen, daß die Produktion mit einer zeitlichen Verzögerung von einer Periode an Nachfrageänderungen angepaßt wird. In der Periode t = 1 ergibt sich infolge der *Erhöhung der Exporte* eine Differenz zwischen Nachfrage und Angebot in Höhe von 100. Sofern die zusätzliche ausländische Nachfrage dieser Periode voll befriedigt wird, verbessert sich der Außenbeitrag um diesen Betrag. Die Befriedigung der ausländischen Nachfrage ist in dieser Periode jedoch nur auf Kosten inländischer Nachfrage möglich. Es muß zu ungeplanten Lagerinvestitionen und/oder zu ungeplanten privaten Ersparnissen kommen.

---

[29] Selbstverständlich können in diesem Zusammenhang die Exporte zunehmen. Allerdings steigen dann auch die Importe um den gleichen Betrag. In der Realität ist die marginale Absorptionsquote h jedoch in der Regel kleiner als 1. Festzuhalten bleibt aber dennoch das Ergebnis, daß die Wirkungen von autonomen Änderungen der Exporte und/oder der Importe auf den Außenbeitrag um so größer sind, je kleiner die marginale heimische Absorptionsquote ist.

Tabelle 2.6

t	$\Delta EX = 100$						$\Delta H^a = 100$		
	H	EX	IM	Y	D – Y	AB	H	EX	AB
0	3000,0	625	625	3000	0	0	3000,0	625	0
1	3000,0	725	625	3000	100,0	100	3100,0	625	0
2	3070,0	725	645	3100	50,0	80	3170,0	625	–20
3	3105,0	725	655	3150	25,0	70	3205,0	625	–30
4	3122,5	725	660	3175	12,5	65	3222,5	625	–35
⋮	⋮	⋮	⋮	⋮	⋮	⋮	⋮	⋮	⋮
n	3140,0	725	665	3200	0	60	3240,0	625	–40

In der Periode t = 2 wird die Produktion an die vorangegangene Erhöhung der Nachfrage angepaßt. Das Einkommen steigt dementsprechend um 100. Infolge dieser Einkommenserhöhung nimmt die heimische Absorption bei der vorgegebenen marginalen Absorptionsquote von h = 0,7 um 70 zu. Da die marginale Importquote den Wert m = 0,2 hat, steigen außerdem die Importe um 20. Folglich ergibt sich eine zusätzliche Nachfrage nach inländischen Produkten in Höhe von 50. Um diesen Betrag übersteigt die Nachfrage das Angebot.

Wird die ausländische Nachfrage voll befriedigt und werden die Importe vollständig realisiert, so liegt jetzt ein positiver Außenbeitrag von 80 vor. Dem Nachfrageüberschuß in Höhe von 50 müssen also wiederum ungeplante negative Lagerinvestitionen und/oder ungeplante private Ersparnisse gegenüberstehen. Dieser Prozeß setzt sich fort, bis schließlich ein neues Gleichgewicht bei einem Einkommen von Y = 3200 und einem Außenbeitrag von AB = 60 erreicht wird. Die Exportsteigerung hat gleichzeitig eine einkommensinduzierte Zunahme der heimischen Absorption um $\Delta H = 140$ und der Importe um $\Delta IM = 40$ bewirkt.

Für den Fall einer *Erhöhung der autonomen heimischen Absorption* ergeben sich für die Importe IM, für das Einkommen Y und für die Differenz zwischen Nachfrage und Produktion (D – Y) die gleichen Entwicklungen wie zuvor. Unterschiedliche Veränderungen treten bei der heimischen Absorption H, den Exporten EX und insbesondere beim Außenbeitrag AB auf. In der Periode t = 1 bleiben neben den Exporten auch die Importe noch unverändert, so daß der Außenbeitrag keine Änderung erfährt. Da das Einkommen in der Periode t = 2 um 100 zunimmt, steigen die Importe wegen der marginalen Importquote von m = 0,2 in dieser Periode um 20. Da die Exporte konstant sind, verschlechtert sich der Außenbeitrag auf AB = –20. In den Folgeperioden nimmt das Einkommen noch weiter zu, und dementsprechend kommt es auch zu einem weiteren einkommensinduzierten Anstieg der Importe. Daraus resultiert bei weiterhin konstanten Exporten eine zunehmende Verschlechterung des Außenbeitrags. Im neuen Gleichgewicht sind die Importe auf IM = 665 gestiegen, so daß sich bei Exporten von EX = 625 ein negativer Außenbeitrag von AB = –40 ergibt.

Kapitel 3
Zinsniveau und Einkommen
3.1 Problemstellung und Rahmenbedingungen

Die vorangegangenen Untersuchungen waren darauf beschränkt, zunächst einmal einige fundamentale Zusammenhänge im Bereich der Güternachfrage aufzuzeigen und die Rolle der Güternachfrage bei der Bestimmung des Sozialprodukts bzw. des gesamtwirtschaftlichen Realeinkommens zu verdeutlichen. Zwar wurde in einigen Analyseabschnitten, so insbesondere bei der Erklärung der Beziehungen zwischen Ersparnissen, Investitionen, staatlichem Budgetsaldo und Außenbeitrag, darauf hingewiesen, daß güterwirtschaftliche Transaktionen in einer engen Beziehung zu finanzwirtschaftlichen Transaktionen stehen, aber auf einen genauen Einblick in den finanzwirtschaftlichen Bereich wurde aus Gründen der Vereinfachung noch verzichtet. Mit Blick auf diese Beschränkung waren zu Beginn der Untersuchungen zwei wichtige Annahmen getroffen worden:
- Es gibt keine monetären Restriktionen.
- Das Zinsniveau ist konstant.

Die beiden Annahmen implizieren konkret, daß Angebot und Nachfrage auf den volkswirtschaftlichen Geld- und Wertpapiermärkten jederzeit problemlos zum Ausgleich kommen, ohne daß Veränderungen von Zinssätzen erforderlich sind.

Für die weiteren Untersuchungen werden diese Annahmen aufgehoben. Das macht es erforderlich, neben den güterwirtschaftlichen Transaktionen (der Güternachfrage) im folgenden auch die Transaktionen auf den Geld- und Wertpapiermärkten genauer zu betrachten. Ziel ist es, die Zinsbildung auf diesen Märkten zu erklären und die Zusammenhänge zwischen dem volkswirtschaftlichen Zinsniveau, der Güternachfrage und dem gesamtwirtschaftlichen Einkommen aufzudecken. Im einzelnen werden dabei
- die Zinsabhängigkeit der privaten Investitionen und Ersparnisse erklärt
- die Determinanten der Nachfrage und des Angebots sowohl auf dem Geldmarkt als auch auf dem Wertpapiermarkt analysiert
- die Zins- und Einkommensbildung aus der Interaktion der güter- und finanzwirtschaftlichen Transaktionen bestimmt.

Im Interesse einer zunächst noch möglichst einfachen Darstellung wird - wie bisher - angenommen, daß
- sich das Güterangebot immer vollständig an Veränderungen der Güternachfrage anpaßt
- das in- und auch das ausländische Preisniveau konstant sind
- der (nominelle) Wechselkurs konstant ist.

Wegen der Annahme konstanter Preise ist die Unterscheidung zwischen nominellen und realen Größen der Nachfrage und des Angebots auf den untersuchten Märkten noch ohne Bedeutung. Dennoch sind die Nachfrage- und Angebotsgrößen jeweils als reale Größen zu verstehen, sofern nicht ausdrücklich auf nominelle Größen hingewiesen wird.

3.2 Zinsniveau und Güternachfrage

3.2.1 Interne Verzinsung und einzelwirtschaftliche Investitionsnachfrage

Private Unternehmungen finanzieren ihre (güterwirtschaftlichen) Investitionen
- aus steuerlichen Abschreibungen
- mit nicht ausgeschütteten Gewinnen
- aus einer Zuführung von Eigenkapital, z.B. durch Aktienemissionen
- mit Hilfe von Fremdmitteln durch Kreditaufnahme oder Wertpapieremissionen.

Die Beschaffung von Fremdmitteln verursacht unmittelbar Kosten in Form der laufenden Zinszahlungen. Werden eigene Mittel eingesetzt (aus Abschreibungen und nicht ausgeschütteten Gewinnen) oder wird das Eigenkapital aufgestockt, so entstehen sogenannte *Opportunitätskosten*. In diesem Fall verzichtet der Investor nämlich auf Einnahmen, die er bei einer alternativen Verwendung dieser Mittel erzielen könnte, z.B. bei einer zinsbringenden Anlage am Wertpapiermarkt. Bei der Ermittlung der Rentabilität von Investitionen sind deshalb die Kreditzinssätze, die für die Fremdmittel gültig sind, sowie die Zinssätze der alternativen Wertpapiermarktanlagen zu berücksichtigen.

Diese Überlegungen bilden die Grundlage eines einfachen Verfahrens, mit dem die Zinsabhängigkeit der privaten Investitionsnachfrage dargestellt werden kann.[1] Hierbei wird zunächst eine einzelne Unternehmung bzw. ein einzelner Investor betrachtet. Aus Gründen der Vereinfachung sei angenommen, daß die Unternehmung Kredite zu einem Zinssatz von i aufnehmen und daß sie Eigenmittel am Wertpapiermarkt zu dem gleichen Zinssatz anlegen kann.

Die Anschaffungsausgaben eines bestimmten Investitionsobjektes mögen AI betragen. Die Unternehmung erwartet, daß sie mit dieser Investition jährliche Einnahmenüberschüsse von EI_1 im ersten, EI_2 im zweiten Jahr usw. bis zu EI_n im letzten Jahr der Nutzung erzielen kann. EI_t sind somit die *erwarteten Einnahmenüberschüsse* im Jahr t bzw. in einer Periode t. Diese Überschüsse ergeben sich aus der Differenz zwischen den erwarteten Einnahmen und den erwarteten Kosten, die jeweils dem Investitionsobjekt zugerechnet werden müssen. Zu beachten ist allerdings, daß die Zinskosten für aufgenommene Kredite sowie die steuerlichen Abschreibungen nicht in die erwarteten Kosten einfließen. Die Zinskosten müssen somit noch aus den Einnahmenüberschüssen bestritten werden; die Abschreibungsbeträge stehen als "Einnahmenüberschüsse" für alternative Verwendungen zur Verfügung.

Unter Berücksichtigung der Anschaffungsausgaben und der erwarteten Einnahmenüberschüsse wird nun der *interne Zinssatz* des Investitionsobjektes bestimmt. Der interne Zinssatz, der hier mit z bezeichnet wird, ist der Zinssatz, bei dem die auf den Anschaffungszeitpunkt abgezinsten Einnahmenüberschüsse den Anschaffungsausgaben entsprechen:[2]

---

[1] Weitere Ansätze zur Erklärung der Investitionsnachfrage werden erst später behandelt [10.2].
[2] Die Einnahmenüberschüsse mögen jeweils am Ende eines Jahres bzw. einer Periode t anfallen.

$$(3.1) \quad AI = \frac{EI_1}{(1+z)^1} + \frac{EI_2}{(1+z)^2} + \frac{EI_3}{(1+z)^3} + \ldots + \frac{EI_n}{(1+z)^n} = \sum_{t=1}^{n} \frac{EI_t}{(1+z)^t}$$

Der interne Zinssatz wird auch als *Grenzleistungsfähigkeit einer Investition* oder als *Grenzleistungsfähigkeit des Kapitals* bezeichnet. Die Unternehmung bzw. der Investor entscheidet sich nach diesem Verfahren für die Durchführung der Investition, wenn der interne Zinssatz des Objekts größer ist als der Kreditzinssatz, zu dem er die für die Investition erforderlichen Fremdmittel aufnehmen kann, und/oder als der Zinssatz, zu dem er Eigenmittel am Wertpapiermarkt anlegen kann. Indifferenz gegenüber der Investition oder den alternativen Anlagen besteht, wenn die beiden Zinssätze übereinstimmen. *Das Vorteilhaftigkeitskriterium für die Investition lautet also: $z > i$!*

Die gesamte Investitionsnachfrage einer Unternehmung entspricht nach diesem Verfahren der Summe der Anschaffungsausgaben für die einzelnen Investitionsobjekte, die das Vorteilhaftigkeitskriterium erfüllen. Zur graphischen Bestimmung der gesamten Investitionsnachfrage werden die einzelnen Investitionsobjekte gemäß ihrer internen Verzinsung geordnet, so daß sich unmittelbar ablesen läßt, welches Investitionsvolumen bei verschiedenen Kredit- und Wertpapierzinssätzen geplant würde. Die Abbildung 3.1 gibt dafür ein Beispiel.

Abbildung 3.1

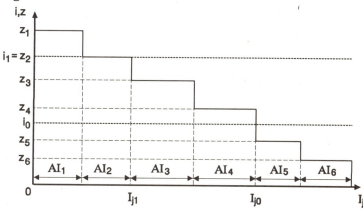

Das erste Investitionsobjekt mit Anschaffungsausgaben in Höhe von AI_1 besitzt einen internen Zinssatz von z_1, das zweite mit Anschaffungsausgaben von AI_2 einen internen Zinssatz von z_2 usw. Die geringste interne Verzinsung aller Investitionsobjekte, über die die betrachtete Unternehmung zu entscheiden hat, beträgt z_6. Bei einem Zinssatz von i_0 ergibt sich somit eine Investitionsnachfrage von I_{j0}. Die Investitionsplanung der Unternehmung würde dann also auf die Durchführung der Investitionsobjekte mit den internen Zinssätzen z_1 bis z_4 hinauslaufen. Läge der Zinssatz demgegenüber bei i_1, so wäre nur noch das erste Investitionsobjekt mit einem internen Zinssatz von z_1 eindeutig vorteilhaft. Bestenfalls könnte darüber hinaus das Investitionsobjekt mit $z_2 = i_1$ in Frage kommen, so daß die Unternehmung dann Investitionen in Höhe von I_{j1} planen würde.

3.2.2 Die Zinsabhängigkeit der gesamtwirtschaftlichen Investitionsnachfrage

Auf der Grundlage der zuvor skizzierten mikroökonomischen Investitionsplanung läßt sich durch Aggregation die gesamtwirtschaftliche Investitionsnachfrage bestimmen. Bereits die Abbildung 3.1 macht deutlich, daß die Investitionsnachfrage bei Anwendung des Verfahrens des internen Zinssatzes steigt, wenn der Zinssatz sinkt - und umgekehrt. Da es bei den Investitionsentscheidungen sämtlicher Unternehmungen einer Volkswirtschaft im allgemeinen um eine sehr große Anzahl von Investitionsobjekten geht, läßt sich der Zusammenhang zwischen dem Zinssatz und der aggregierten Investitionsnachfrage näherungsweise durch eine stetige Investitionsfunktion ausdrücken.[3] Die Abbildung 3.2 zeigt einen möglichen Verlauf einer solchen Investitionsfunktion. Bei einem Zinssatz von i_0 ergibt sich eine gesamtwirtschaftliche Investitionsnachfrage von I_0. Steigt der Zinssatz auf i_1, so verringert sich die Investitionsnachfrage auf I_1.

Es ist üblich, die Reaktion der Investitionsnachfrage auf Zinsänderungen durch die Zinselastizität auszudrücken. Die *Zinselastizität der Investitionsnachfrage* ist wie folgt definiert:

$$(3.2) \quad \varepsilon(I,i) = \frac{\delta I/I}{\delta i/i} = \frac{\delta I}{\delta i} \frac{i}{I} \leq 0$$

Diese Elastizität zeigt an, um wieviel Prozent die Investitionsnachfrage verändert wird, wenn sich der Zinssatz um ein Prozent verändert.[4] Wie weiter unten noch zu erklären ist, kann die Zinselastizität nicht nur, wie im hier betrachteten Beispiel, negativ sein, sondern auch einen Wert von null haben. Je flacher die Investitionskurve in der Abbildung 3.2 verläuft, desto größer ist - ausgehend von einem bestimmten Zinssatz - die Zinselastizität der Investitionsnachfrage.

Abbildung 3.2

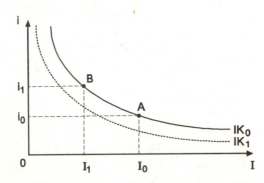

---

[3] Man muß sich dabei vorstellen, daß sämtliche Investitionsobjekte, über die alle Unternehmungen einer Volkswirtschaft in einer bestimmten Periode zu entscheiden haben, nach dem Kriterium der internen Verzinsung geordnet sind.

[4] $\delta I/I$ ist die *relative Veränderung* der Investitionsnachfrage und $\delta i/i$ ist die *relative Veränderung* des Zinssatzes. Die Elastizität beschreibt also die relative Veränderung der Investitionsnachfrage in bezug auf eine bestimmte relative Veränderung des Zinssatzes.

Die hier dargestellte Investitionsfunktion impliziert bestimmte Erwartungen aller Unternehmungen einer Volkswirtschaft über die zukünftigen Einnahmenüberschüsse, die sich mit den zur Entscheidung stehenden Investitionsobjekten erzielen lassen. Veränderungen dieser Erwartungen haben gemäß Gleichung (3.1) in der Regel einen Einfluß auf die interne Verzinsung der Investitionsobjekte und folglich auf die geplanten Investitionen der einzelnen Unternehmungen. Dementsprechend wirken sich Erwartungsänderungen auch auf die gesamtwirtschaftliche Investitionsfunktion bzw. auf die Lage der in Abbildung 3.2 dargestellten Investitionskurve aus. Die Erwartungen über die Einnahmenüberschüsse werden ihrerseits von vielen Einflüssen geprägt, so insbesondere von

- der erwarteten Absatzentwicklung
- der erwarteten Entwicklung der Produktpreise
- der erwarteten Entwicklung der Lohnkosten
- der erwarteten Entwicklung der sonstigen Produktionskosten
  (aus Vorleistungen, Steuern usw.).

Werden die zukünftigen Absatzchancen pessimistischer eingeschätzt, so verringert sich gemäß Gleichung (3.1) die interne Verzinsung eines Investitionsobjektes. Erwartet eine Unternehmung einerseits eine größere Zunahme der Lohnkosten und/oder der sonstigen Produktionskosten (z.B. aufgrund von Steuererhöhungen), sieht sie aber andererseits keine Möglichkeit, die eigenen Produktpreise und die Absatzmengen so weit anzuheben, daß die Kostensteigerungen durch eine adäquate Erlössteigerung aufgefangen werden können, so kommt es ebenfalls zu geringeren internen Zinssätzen der Investitionsobjekte. Die Investitionskurve verschiebt sich bei einer Verringerung der internen Zinssätze nach links, in der Abbildung 3.2 z.B. von IK_0 nach IK_1.

Die Bildung von Erwartungen über die zukünftige Absatz-, Preis- und Kostenentwicklung beruht im wesentlichen auf aktuellen Beobachtungen, auf früheren Erfahrungen und auf Stimmungen. So wird die erwartete Absatzentwicklung zweifellos von der aktuellen Absatzlage des Investors sowie von der allgemeinen nationalen und internationalen Konjunktursituation mitbestimmt. In dieser Hinsicht ist die oben schon eingeführte Abhängigkeit der privaten Investitionsnachfrage vom gesamtwirtschaftlichen Realeinkommen Y auch weiterhin von Bedeutung.

Für die erwartete Kostenentwicklung dürften beispielsweise aktuelle Lohnforderungen, Diskussionen über Steuererhöhungen oder auch faktische Preisveränderungen auf den internationalen Märkten für Vorleistungsgüter, z.B. für Rohstoffe, eine wichtige Rolle spielen. Für die Stimmungslage können neben den ökonomisch faßbaren auch vielfältige nichtökonomische Gründe maßgebend sein. Zu nennen sind hier beispielsweise politische Unsicherheiten (z.B. bei internationalen politischen Krisen) oder psychologische Faktoren (z.B. eine zunehmende Risikoscheu). Kennzeichnend für den psychologischen Aspekt ist auch der oft zitierte Ausspruch "die Stimmung ist schlechter als die Lage".

Auf einige weitere Aspekte, die für die Zinsreagibilität der privaten Investitionsnachfrage $\delta I/\delta i$ besonders wichtig sind, sei ebenfalls noch hingewiesen. Sie beziehen sich zum einen auf die *Konjunkturlage*, die *Kapazitätsauslastung* und das *Investitionsklima* sowie zum anderen auf das Phänomen des *Attentismus*[5].

Sind die vorhandenen Produktionskapazitäten einer Unternehmung nicht ausgelastet und wird erwartet, daß diese Unterauslastung in absehbarer Zukunft erhalten bleibt, so ist es sehr wohl möglich, daß die Unternehmung auf alle Investitionen, die eine Kapazitätserweiterung mit sich bringen würden und eventuell auch auf Reinvestitionen oder zumindest einen Teil der Reinvestitionen verzichtet. Die Grenzleistungsfähigkeit solcher Investitionen wäre in diesem Fall äußerst gering oder sogar null. Selbst wenn es zu einer Verringerung des Zinssatzes käme, würde die Unternehmung im Extremfall keine zusätzlichen Investitionen vornehmen. Sofern nicht ausgeschüttete Gewinne und Liquidität aus den steuerlichen Abschreibungen verfügbar wären, würden sie deshalb trotz der Verringerung des Zinssatzes am Wertpapiermarkt angelegt.

Auch gesamtwirtschaftlich sind Situationen denkbar, in denen der Auslastungsgrad der Produktionskapazitäten aller oder fast aller Unternehmungen der Volkswirtschaft aufgrund einer schlechten allgemeinen Konjunkturlage höchst unbefriedigend ist. Das "*Investitionsklima*" kann in einer solchen Situation so schlecht sein, daß bei allen Unternehmungen keine oder nur eine äußerst geringe Neigung besteht, bei Zinssenkungen zusätzliche Investitionen zu tätigen. In diesem Fall ist die Zinsreagibilität der gesamtwirtschaftlichen Investitionsnachfrage (im *Zinssenkungsbereich*) gleich null oder annähernd null.[6] Andererseits ist zu befürchten, daß eine *Zinserhöhung* in der gleichen Situation eine weitere Verschlechterung des Investitionsklimas und so eine besonders starke Einschränkung der Investitionen bewirken würde. Im Zinserhöhungsbereich wäre die Zinsreagibilität folglich recht groß.

Aus den gleichen Gründen ist es auch möglich, daß die gesamtwirtschaftliche Investitionsnachfrage nicht oder nur sehr geringfügig zunimmt, wenn das gesamtwirtschaftliche Realeinkommen steigt. Ist der Auslastungsgrad der Kapazitäten in der gesamten Volkswirtschaft relativ gering und ist das Investitionsklima allgemein sehr schlecht, so genügt eine leichte konjunkturelle Verbesserung häufig noch nicht, um die Unternehmungen zu zusätzlichen Investitionen zu veranlassen. Die marginale Investitionsquote $\delta I/\delta Y$ ist in diesem Fall sehr klein oder im Extremfall sogar gleich null.

Umgekehrt zu dem zuvor betrachteten schlechten Konjunktur- und Investitionsklima sind Situationen möglich, in denen die allgemeine Konjunkturlage und die Kapazitätsauslastung relativ gut sind und die zukünftigen Renditechancen güterwirtschaftlicher Investitionen äußerst optimistisch bewertet werden. Vor diesem Hintergrund ist es durchaus möglich, daß Zinssteigerungen - sofern sie sich in einem gewissen Rahmen halten - keine oder keine nennenswerte Verringerung der

---

5 Attentismus bedeutet "abwartende Haltung".
6 Zwischen der Zinsreagibilität $\delta I/\delta i$ und der Zinselastizität $\varepsilon(I,i)$ besteht gemäß Gleichung (3.2) der folgende Zusammenhang: $\frac{\delta I}{\delta i} = \varepsilon(I,i)\frac{I}{i}$. Bei $\frac{\delta I}{\delta i} = 0$ gilt auch $\varepsilon(I,i) = 0$.

Investitionsnachfrage bewirken. Die Zinsreagibilität ist in diesem Fall auch im Zinserhöhungsbereich - zumindest im Bereich moderater Zinserhöhungen - sehr gering oder im Grenzfall sogar gleich null.

Während sich in dem oben skizzierten Beispiel erst einmal das Investitionsklima verbessern muß, ehe mit Zinssenkungen nennenswerte zusätzliche Investitionen angeregt werden können, ist der *Attentismus* "nur" mit einer zeitlichen Verschiebung von Investitionsvorhaben verbunden. Sinkt der Zinssatz und wird erwartet, daß weitere Zinssenkungen folgen werden, so ist es ökonomisch rational, eine Kreditaufnahme hinauszuzögern oder vorhandene Liquidität zu dem noch relativ hohen Zinssatz zumindest vorübergehend am Wertpapiermarkt anzulegen.[7] Investitionsvorhaben werden dann so lange verzögert, bis der vermeintliche Tiefpunkt in der Zinsentwicklung erreicht ist. Wenn die hier skizzierte Erwartungshaltung und Verhaltensweise in der gesamten Volkswirtschaft anzutreffen sind, haben beginnende Zinssenkungen zur Folge, daß die Investitionsnachfrage zunächst nicht oder nur geringfügig steigt oder daß diese Nachfrage im Extremfall sogar vorübergehend sinkt. Dementsprechend verändert sich auch für eine gewisse Zeit die Zinsreagibilität der Investitionsnachfrage. Schließt man den Extremfall aus, so wird diese Reagibilität (im Zinssenkungsbereich) unter Umständen bis auf null zurückgehen, ehe sie wieder - zeitweise erheblich - zunimmt, wenn man sich dem erwarteten Zinstief nähert.

Die zuvor diskutierten Beispiele machen deutlich, daß es aufgrund der vielfältigen Erwartungseinflüsse kaum möglich ist, eine allgemein gültige, stetige Funktion für die gesamtwirtschaftliche Investitionsnachfrage zu finden. Wie schon früher gesagt, weisen private Investitionen ein hohes Maß an (konjunktureller) Instabilität auf. Investoren reagieren sehr sensibel auf Änderungen im ökonomischen und politischen Umfeld. Die Erfassung solcher Reaktionen setzt eine pragmatische Einschätzung der jeweils spezifischen Situation und der in dieser Situation vermutlich wirksamen Einflüsse voraus. Möglich ist das bestenfalls nur auf der Basis langjähriger detaillierter Beobachtungen des Investitionsverhaltens.

Wenn also auch in den folgenden makroökonomischen Analysen eine bestimmte formale Investitionsfunktion zugrunde gelegt wird, sollten die zuvor angesprochenen Aspekte auf keinen Fall vergessen werden. Im Einzelfall ist jeweils zu hinterfragen, welche der nicht formal erfaßten Einflüsse im Rahmen von Einkommens- und von Zinsänderungen außerdem noch auftreten und wie sie sich auf die gesamtwirtschaftliche Investitionsnachfrage auswirken können.

Im Hinblick auf eine möglichst einfache Analyse wird auch im folgenden wieder eine lineare Investitionsfunktion verwendet:

(3.3) $\quad I = I^a + b_Y Y - b_i i \qquad \text{mit: } b_Y = \frac{\delta I}{\delta Y} \geq 0, \quad -b_i = \frac{\delta I}{\delta i} \leq 0$

---

[7] Wenn der Wertpapiermarktzinssatz noch weiter sinkt, steigt gleichzeitig der Kurs der Wertpapiermarktanlagen, so daß also bei einem Verkauf dieser Anlagen zum Zeitpunkt des Erreichens des "Zinstiefs" Kursgewinne gemacht werden.

Der Koeffizient b_Y wird auch weiterhin als *marginale Investitionsquote* bezeichnet. Die Größe b_i ist der *Zinskoeffizient*, der die *Zinsreagibilität der Investitionsnachfrage* ausdrückt. Beide Koeffizienten können im Extremfall den Wert null haben. Für die Zinselastizität der Investitionsnachfrage gilt jetzt:

(3.3a) $\varepsilon(I,i) = -b_i \dfrac{i}{I} \leq 0$

3.2.3 Die Zinsabhängigkeit der privaten Ersparnisse

Der private Konsum und die privaten Ersparnisse wurden in den vorangegangenen Untersuchungen lediglich in Abhängigkeit vom verfügbaren Einkommen erklärt. Das verfügbare Einkommen bildet auch zweifellos den wichtigsten Rahmen für Konsum und Ersparnisse. Offen blieb allerdings die Frage, warum private Haushalte überhaupt sparen und wodurch der Teil des verfügbaren Einkommens, der gespart wird, determiniert ist. Bei den Sparmotiven läßt sich beispielsweise zwischen dem *Zwecksparen*, dem *Vorsorgesparen* und dem *Angstsparen* unterscheiden. Das Zwecksparen ist darauf gerichtet, in der Zukunft bestimmte größere Konsumwünsche zu ermöglichen (z.B. Reisen). Beim Vorsorgesparen geht es um eine gezielte, längerfristig angelegte Risikovermögensbildung, die gewährleisten soll, auch im Alter oder bei Berufsunfähigkeit ein bestimmtes Konsumniveau beibehalten zu können. Das Angstsparen dient vor allem dazu, kurzfristig drohenden Einnahmenausfällen, die z.B. bei Arbeitslosigkeit auftreten könnten, vorzubeugen; im Unterschied zum Vorsorgesparen ist das Angstsparen eine typische Erscheinung einer unsicheren oder rezessiven Konjunktursituation.

Für die Höhe der Ersparnisse, die solchen Motiven entspringen, sind nicht zuletzt auch Erwartungen über zukünftige Entwicklungen von Bedeutung. Im Unterschied zu den privaten Investitionen weisen aber die privaten Ersparnisse und der private Konsum trotz solcher Einflüsse eine relativ stabile Beziehung zum verfügbaren Einkommen oder zum Sozialprodukt auf. Die durchschnittlichen und die marginalen Konsum- und Sparquoten sind im Zeitablauf zwar nicht konstant, verändern sich aber nur in relativ engen Bandbreiten. Es wird hier deshalb auch darauf verzichtet, die sicherlich vielfältigen Gründe, die für Veränderungen dieser Quoten maßgebend sein können, zu durchleuchten. Wie schon bei den privaten Investitionen, so soll allerdings auch in Hinsicht auf die privaten Ersparnisse und somit auch auf den privaten Konsum auf die Bedeutung von Zinssätzen bzw. eines gesamtwirtschaftlichen Zinssatzes eingegangen werden.

Zunächst sei ein einzelner privater Haushalt betrachtet. Der Haushalt hat grundsätzlich die Möglichkeit, in der Gegenwart zu sparen und damit auf Gegenwartskonsum zu verzichten, um in Zukunft mehr konsumieren zu können, oder er hat alternativ die Möglichkeit, durch eine Kreditaufnahme einen Gegenwartskonsum zu realisieren, der über dem verfügbaren Einkommen liegt, und später, wenn Zinsen und Tilgungen anfallen, entsprechend auf Konsum - also auf Zukunftskonsum - zu verzichten. Steigt der Zinssatz für Sparanlagen, so nehmen die *Opportunitätskosten* des Gegenwartskonsums zu, steigt der Zinssatz für *Konsumentenkredite*, so erhöhen sich die unmittelbaren Kreditkosten für den Gegenwartskonsum. Bei einem Zinsanstieg ist deshalb zu erwarten, daß der Haushalt den Gegenwartskonsum zugunsten seines zukünftigen Konsums verringert und dementsprechend aus einem bestimmten verfügbaren Einkommen einen größeren Betrag spart oder die Kreditnachfrage verringert. Zwischen dem Konsum und den Zinssätzen für Sparanlagen und für Konsumentenkredite besteht demnach ein negativer Zusammenhang.

Der gesamtwirtschaftliche private Konsum ist in aller Regel immer geringer als das gesamtwirtschaftliche verfügbare Einkommen. Aus volkswirtschaftlicher Sicht wird also immer gespart. Wenn allerdings die Konsumentenkredite all der Haushalte zunehmen, die sich gegenwärtig zugunsten von Gegenwartskonsum verschulden, sinken bei gleichem verfügbaren Einkommen der gesamten Volkswirtschaft die gesamtwirtschaftlichen privaten Ersparnisse - und umgekehrt. Der aus der einzelwirtschaftlichen Betrachtung gewonnene Zusammenhang läßt sich also ohne weiteres auf die makroökonomische Ebene übertragen: Im Hinblick auf Kreditkosten und Opportunitätskosten ist davon auszugehen, daß bei einer Zinssenkung die volkswirtschaftliche Neigung zum Gegenwartskonsum zunimmt und dementsprechend die volkswirtschaftliche Sparneigung abnimmt - und umgekehrt. Das verfügbare Einkommen bleibt selbstverständlich die weitaus wichtigste Determinante des privaten Konsums und der privaten Ersparnisse. Die bisher verwendeten (linearen) Konsum- und Sparfunktionen sind also wie folgt zu ergänzen:

(3.4) $\quad C = C^a + c_Y YV - c_i i \quad$ mit: $c_Y = \dfrac{\delta C}{\delta YV} > 0 \; ; \; -c_i = \dfrac{\delta C}{\delta i} \leq 0$

(3.5) $\quad S = YV - C = -C^a + s_Y YV + s_i i$

$\quad$ mit: $s_Y = (1 - c_Y) = \dfrac{\delta S}{\delta YV} > 0 \; ; \; s_i = c_i = \dfrac{\delta S}{\delta i} \geq 0$

Die marginale Konsumquote c_Y und die marginale Sparquote s_Y sind in aller Regel positiv. Demgegenüber ist es sehr wohl möglich, daß Konsum und Ersparnisse zumindest zeitweise nicht oder nicht nennenswert auf Zinsänderungen reagieren. Der Zinskoeffizient der Konsumnachfrage c_i und dementsprechend der Zinskoeffizient der Ersparnisse s_i sind in diesem Fall null oder annähernd null. So ist es beispielsweise denkbar, daß der Zinssatz i in einer schlechten Konjunkturlage sinkt, die Haushalte ihre Ersparnisbildung aber dennoch aufrechterhalten, weil sie angesichts dieser Lage mit Einkommensausfällen rechnen und dem durch "Angstsparen" vorbeugen möchten. Umgekehrt können Zinssteigerungen mit einer wirtschaftlichen Aufschwungphase einhergehen, in der die Erfüllung von Konsumwünschen, die in vorangegangenen Konjunkturphasen zurückgestellt worden sind, Vorrang vor Kredit- und Opportunitätskostenüberlegungen hat. Ähnlich wie bei der privaten Investitionsnachfrage, spielen spezifische Konjunktursituationen für die Reaktionen des Konsums und der Ersparnisse auf Zinsänderungen sicherlich eine wichtige Rolle. Einen festen, zeit- und situationsunabhängigen Zusammenhang zwischen Konsum bzw. Ersparnissen und Zinssatz gibt es demnach nicht.

3.2.4 Zinssatz und Gleichgewichtseinkommen: Die IS-Kurve

Über die Zinsabhängigkeit der Investitions- und der Konsumgüternachfrage haben Zinsänderungen auch Einflüsse auf das gesamtwirtschaftliche Gleichgewichtseinkommen. Diese Einflüsse bzw. die Zusammenhänge zwischen Zinssatz und Gleichgewichtseinkommen werden jetzt untersucht. Im Interesse einer möglichst einfachen Darstellung sei angenommen, daß es auf dem Wertpapiermarkt, also für Investitionskredite, für Konsumentenkredite sowie für zinsbringende Anlagen der privaten Unternehmungen und der privaten Haushalte, einen einheitlichen Zinssatz i gibt. Zunächst bleiben, ebenfalls zur Vereinfachung, der Staat und die Außenwirtschaft unberücksichtigt. Grundlegend ist somit das weiter oben verwendete Modell 2.1, das hier lediglich um die Zinseinflüsse zu erweitern ist. Demnach ergibt sich das neue Modell 3.1.

Modell 3.1:
$D \equiv C + I$ Güternachfrage
$C = C^a + c_Y Y - c_i i$ Privater Konsum
$I = I^a + b_Y Y - b_i i$ Private Investitionen
$S = -C^a + s_Y Y + s_i i$ Private Ersparnisse
$Y = D$ Gleichgewicht

Das Gleichgewichtseinkommen kann bekanntlich bestimmt werden, indem man in die Gleichgewichtsbedingung $Y = D$ für die Größe D die Konsum- und die Investitionsnachfrage einsetzt oder indem die Gleichgewichtsbedingung $I = S$ zugrunde gelegt wird. Man erhält dann aus dem Modell 3.1:

$$(3.6) \quad Y = \frac{1}{1 - c_Y - b_Y} [C^a + I^a - (c_i + b_i)i] = \frac{1}{s_Y - b_Y} [C^a + I^a - (s_i + b_i)i]$$

mit: $c_Y > 0$; $b_Y > 0$; $s_Y > 0$; $c_i \geq 0$; $b_i \geq 0$; $s_i \geq 0$

$s_Y > b_Y$ (Stabilitätsbedingung)

Mit Bezug sowohl auf die Gleichgewichtsbedingung $Y = D$ als auch auf die Gleichgewichtsbedingung $I = S$ werden das Gleichgewichtseinkommen und die Reaktionen des Gleichgewichtseinkommens auf Zinsänderungen in der Abbildung 3.3 graphisch bestimmt. Im Abbildungsteil a) ist die gesamte Güternachfrage $C + I$ und im Abbildungsteil b) sind die Investitionsnachfrage I und die Ersparnisse S jeweils für zwei verschiedene Zinssätze (i_0 und i_1) dargestellt worden. In der Ausgangssituation sei ein Zinssatz von i_0 gegeben. Das Gleichgewichtseinkommen in Höhe von Y_0 ergibt sich im Abbildungsteil a) aus dem Schnittpunkt A der Güternachfragekurve $C(i_0) + I(i_0)$ mit der 45-Grad-Linie und analog dazu im Abbildungsteil b) aus dem Schnittpunkt A' der Investitionskurve $I(i_0)$ mit der Sparkurve $S(i_0)$.

Der Zinssatz möge auf i_1 steigen. Hierdurch kommt es bei einem Zinskoeffizienten $b_i > 0$ zu einer Verringerung der Investitionsnachfrage und außerdem bei einem Zinskoeffizienten $c_i > 0$ bzw. $s_i > 0$ zu einer Verringerung der Konsumgüternachfrage bzw. zu einer Erhöhung der Ersparnisse. Die Güternachfragekurve im Abbildungsteil a) verschiebt sich deshalb nach unten - hier nach $C(i_1) + I(i_1)$. Analog dazu kommt es im Abbildungsteil b) zu einer Verschiebung der Investitionskurve nach $I(i_1)$ sowie der Sparkurve nach $S(i_1)$. Aus den neuen Schnittpunkten B und B' ergibt sich jeweils das neue Gleichgewichtseinkommen Y_1. Der Zinsanstieg hat über die negative Wirkung auf Investitionen und Konsum somit eine Verringerung des Gleichgewichtseinkommens zur Folge.

Abbildung 3.3

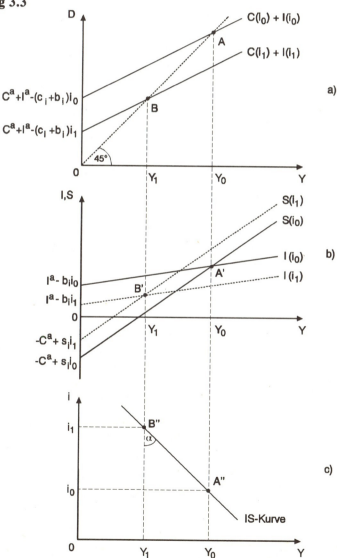

Im Abbildungsteil c) ist der Zusammenhang zwischen dem Zinssatz i und dem Gleichgewichtseinkommen Y dargestellt worden. Hier läßt sich die Reaktion des Gleichgewichtseinkommens auf eine Zinsänderung unmittelbar ablesen. Man bezeichnet die graphische Darstellung dieses Zusammenhangs als *IS-Kurve. Die IS-Kurve ist in diesem Beispiel Ausdruck aller Einkommens-Zins-Kombinationen, die der Gleichgewichtsbedingung Y = D oder analog dazu I = S genügen.* Da die Gleichung (3.6) aus den Gleichgewichtsbedingungen Y = D bzw. I = S gewonnen wurde, ist diese Gleichung der algebraische Ausdruck der IS-Kurve.

Gemäß Gleichung (3.6) reagiert das Gleichgewichtseinkommen wie folgt auf eine Zinsänderung:

$$(3.6a) \quad \frac{\Delta Y}{\Delta i} = -\frac{c_i + b_i}{1 - c_Y - b_Y} = -\frac{s_i + b_i}{s_Y - b_Y} \leq 0$$

Diese Reaktion wird in der Steigung α der IS-Kurve erfaßt. Bei gegebenen marginalen Konsum-, Spar- und Investitionsquoten verläuft die IS-Kurve um so steiler, je geringer die Zinskoeffizienten b_i und c_i bzw. s_i sind. Bei $b_i = 0$ und $c_i = 0$ verläuft die IS-Kurve parallel zur Zinsachse bzw. zur Ordinate.[8] In diesem Spezialfall würde eine Zinsänderung keinen Einfluß auf die Güternachfrage im Abbildungsteil a) sowie auf die Investitions- und die Sparkurve im Abbildungsteil b) und somit auf das Gleichgewichtseinkommen haben.

Neben der in (3.6a) erfaßten Steigung ist noch die Lage der IS-Kurve von Bedeutung. Jede Änderung einer autonomen Güternachfragegröße bzw. einer Größe im Bereich der Güternachfrage, die nicht vom Einkommen und/oder vom Zinssatz abhängig ist, bewirkt eine Verschiebung der IS-Kurve. Gemäß Gleichung (3.6) ergibt sich bei jedem beliebigen fest vorgegebenen Zinssatz die folgende Reaktion des Gleichgewichtseinkommens auf Veränderungen des autonomen Konsums oder der autonomen Investitionen:

$$(3.6b) \quad \frac{\Delta Y}{\Delta C^a} = \frac{\Delta Y}{\Delta I^a} = \frac{1}{s_Y - b_Y} > 0 \qquad \text{bei: } \Delta i = 0$$

Der Quotient $1/(s_Y - b_Y)$ ist der schon bekannte Multiplikator für den Fall eines konstanten Zinssatzes. In der Abbildung 3.4 ist die IS-Kurve zwar analog zur Darstellung in der Abbildung 3.3, aber jetzt für zwei verschiedene Werte der autonomen Investitionen - für I_0^a und I_1^a - wiedergegeben worden.

Nehmen die autonomen Investitionen von I_0^a auf I_1^a zu, so verschiebt sich die IS-Kurve beim Zinssatz i_0 um die Strecke A''E nach rechts - hier von IS_0 nach IS_1. Die gleiche Verschiebung würde auch beim Zinssatz i_1 auftreten.

---

[8] Eine IS-Kurve, die parallel zur Y-Achse verläuft, wäre nur bei unendlich großen Reaktionen der Einkommen auf Zinsänderungen möglich. Solche Reaktionen sind allerdings völlig unrealistisch. Demgegenüber ist es - wie weiter oben erläutert - in der Realität sehr wohl möglich, daß Zinsänderungen in bestimmten Situationen keine Veränderungen der privaten Investitionen und des privaten Konsums bzw. der privaten Ersparnisse bewirken und deshalb auch ohne Einfluß auf das Gleichgewichtseinkommen sind.

Vor dem Hintergrund der Reaktion des Gleichgewichtseinkommens auf eine Zinsänderung gemäß Gleichung (3.6a) oder auf eine Veränderung einer autonomen Größe bei konstantem Zinssatz gemäß Gleichung (3.6b) muß zwischen einer *Bewegung auf der IS-Kurve* und einer *Verschiebung der IS-Kurve* unterschieden werden: eine Zinsänderung kommt ceteris paribus in einer Bewegung auf der IS-Kurve zum Ausdruck - z.B. vom Punkt A'' zum Punkt B'' bei einem Zinsanstieg von i_0 auf i_1; die Änderung einer autonomen Größe impliziert demgegenüber ceteris paribus eine Verschiebung der IS-Kurve - z.B. um die Strecke B''F bei einer Erhöhung der autonomen Investitionen auf I_1^a und einem konstanten Zinssatz von i_1.

Abbildung 3.4

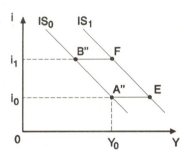

Werden zusätzlich der Staat und die Außenwirtschaft berücksichtigt, so ist das weiter oben verwendete Modell 2.3 unter Einschluß der Zinseinflüsse zum Modell 3.2 zu erweitern.

Modell 3.2:

D	$\equiv$ C + I + G + EX - IM	Güternachfrage
C	= $C^a + c_Y YV - c_i i$	Privater Konsum
I	= $I^a + b_Y Y - b_i i$	Private Investitionen
IM	= $IM^a + mY$	Importe
S	= $-C^a + s_Y YV + s_i i$	Private Ersparnisse
YV	= $Y + Ü - T$	Verfügbares Einkommen
T	= $T^a + qY$	Abgaben
F_{St}	= T - G - Ü	Staatsbudget
AB	= EX - IM	Außenbeitrag
Y	= D	Gleichgewicht

Der Zusammenhang zwischen dem Gleichgewichtseinkommen Y und dem Zinssatz i läßt sich auch hier aus der Gleichgewichtsbedingung Y = D gewinnen. Damit ist bekanntlich die Gleichgewichtsbedingung $S = I - F_{St} + AB$ kompatibel, so daß es selbstverständlich möglich ist, alternativ von dieser Gleichgewichtsbedingung auszugehen. Jetzt ergibt sich der folgende Zusammenhang:

(3.7) $\quad Y = \dfrac{1}{1-c_Y(1-q)-b_Y+m} [C^a+I^a+G+EX-IM^a+c_Y(Ü-T^a)-(c_i+b_i)i]$

Da ein Budgetüberschuß positive staatliche Ersparnisse und ein Budgetdefizit dementsprechend negative staatliche Ersparnisse ausdrückt und außerdem ein positiver Außenbeitrag als negative nationale Ersparnisse des Auslands - und umgekehrt - zu interpretieren ist, kann die graphische Darstellung dieses Zusammenhangs analog zur Gleichung (3.6) weiterhin als *IS-Kurve* bezeichnet werden. Die durch die IS-Kurve beschriebene Gleichgewichtssituation wird deshalb im folgenden auch nur kurz "*IS-Gleichgewicht*" genannt. Für die Reaktion des Gleichgewichtseinkommens auf Zinsänderungen gilt nun also:

$$(3.7a) \quad \frac{\Delta Y}{\Delta i} = -\frac{c_i + b_i}{1 - c_Y(1-q) - b_Y + m} = -\frac{s_i + b_i}{1 - c_Y(1-q) - b_Y + m} \leq 0$$

Um den algebraischen Ausdruck (3.7) zu vereinfachen, bietet es sich an, die Komponenten der Güternachfrage D aus dem Modell 3.2 wie folgt zusammenzufassen:

$$(3.8) \quad D = H^a + h_Y Y - h_i i + AB^a - mY$$

mit: $H^a = C^a + I^a + G + c_Y(\ddot{U} - T^a)$; $AB^a = EX - IM^a$;

$h_Y = c_Y(1-q) + b_Y > 0$; $h_i = c_i + b_i = s_i + b_i \geq 0$

H^a bezeichnet die autonome heimische Absorption; h_Y ist die *marginale Absorptionsquote*; h_i ist schließlich der *Zinskoeffizient* der heimischen Absorption, der die Zinsreagibilität wiedergibt. Der Zinskoeffizient ist gleich null, wenn sowohl die Zinsreagibilität der privaten Investitionen als auch die Zinsreagibilität der privaten Ersparnisse gleich null ist. Für die *Zinselastizität der heimischen Absorption gilt*:

$$(3.9) \quad \varepsilon(H,i) = \frac{\delta H}{\delta i} \frac{i}{H} \leq 0$$

Unter Beachtung der Gleichgewichtsbedingung Y = D folgt aus der Gleichung (3.8) das Gleichgewichtseinkommen sowie der algebraische Ausdruck der *IS-Kurve*:

$$(3.8a) \quad Y = \frac{1}{1 - h_Y + m} (H^a + AB^a - h_i i)$$

Im folgenden wird die gesamtwirtschaftliche Güternachfrage vorwiegend mit der Gleichung (3.8) bzw. das IS-Gleichgewicht mit der Gleichung (3.8a) beschrieben. Im Gleichgewicht (Y = D) besteht gemäß Gleichung (3.8) der folgende Zusammenhang:

$$(3.8b) \quad (1 - h_Y)Y + h_i i - H^a = AB^a - mY$$

Der Ausdruck auf der linken Seite ist die nationale Ersparnis des hier betrachteten Landes. Im IS-Gleichgewicht entspricht diese Ersparnis somit dem Außenbeitrag.

3.3 Der Zusammenhang zwischen dem güterwirtschaftlichen und dem finanzwirtschaftlichen Bereich einer Volkswirtschaft

3.3.1 Ersparnisse, Investitionen und Geldvermögen

In den weiteren Untersuchungen geht es darum, die Bestimmung des Zinssatzes (genauer des durchschnittlichen gesamtwirtschaftlichen Zinssatzes) zu erklären und dabei die Zusammenhänge zwischen dem güterwirtschaftlichen und dem finanzwirtschaftlichen Bereich einer Volkswirtschaft aufzuzeigen. Der finanzwirtschaftliche Bereich wird in der Makroökonomik im allgemeinen in zwei volkswirtschaftliche Märkte aufgegliedert, in den Geldmarkt und in den Kreditmarkt bzw. den Wertpapiermarkt[9]. Angebots- und Nachfrageobjekte auf dem Geldmarkt sind liquiditätsnahe Finanztitel, die zinslos oder nur mit einem relativ niedrigen Zinssatz ausgestattet sind. Der hochaggregierte makroökonomische Wertpapiermarkt umfaßt somit alle anderen, nicht liquiditätsnahen Finanztitel, denen in der Regel ein relativ hoher Zinssatz zugeordnet ist. Aus Gründen der Vereinfachung wird allerdings vorerst angenommen, daß die liquiditätsnahen Geldmarkttitel zinslos sind. Der schon zuvor eingeführte durchschnittliche volkswirtschaftliche Zinssatz i ist deshalb ausschließlich als Wertpapierzinssatz zu verstehen.

Angebot und Nachfrage auf dem Wertpapiermarkt stehen - wie noch zu zeigen ist - in einer engen Beziehung sowohl zu den Ersparnissen und den Investitionen im güterwirtschaftlichen Bereich als auch zum Angebot und zur Nachfrage auf dem Geldmarkt. Um die Determinanten der Zinsbildung adäquat zu erfassen, genügt es deshalb nicht, nur vordergründig das Wertpapierangebot und die Wertpapiernachfrage zu betrachten. *Der Zinssatz ist das Ergebnis des Zusammenwirkens von Güter-, Geld- und Wertpapiermarktvorgängen.* Ziel der nun folgenden Untersuchungen muß es also sein, dieses Zusammenwirken genauer zu durchleuchten.

Von grundlegender Bedeutung sind die Entscheidungen der privaten Haushalte, der privaten Unternehmungen, der öffentlichen Haushalte und des Auslands über die Verwendung von Ersparnissen sowie über die Deckung des Kreditbedarfs. Zunächst werden die privaten Haushalte betrachtet. Sie planen, ihr Geldvermögen V_H wie folgt aufzuteilen:

(3.10) $V_H = B_H + E_H + W_H$

B_H ist der Bestand an Bargeld; E_H bezeichnet die Einlagen bei Banken bzw. bei Kreditinstituten in Form von Sicht-, Termin- und Spareinlagen; W_H sind die Nettoforderungen aus Wertpapieren.[10] Diese Nettoforderungen stellen zugleich das Nettokreditangebot der privaten Haushalte dar. In der Realität gilt im allgemeinen: $W_H > 0$. Hier - wie auch im folgenden - sind alle Vermögensgrößen als geplante bzw. gewünschte Größen zu verstehen.

---

9 Man beachte, daß die Begriffe "Kreditmarkt" und "Wertpapiermarkt" hier wie im folgenden synonym gebraucht werden.
10 Nettoforderungen sind die Differenz zwischen Forderungen und Verbindlichkeiten aus Wertpapieren bzw. aus Krediten.

Die privaten Ersparnisse implizieren eine gleich große Veränderung des Geldvermögens:[11]

(3.11) $S = \Delta V_H = \Delta B_H + \Delta E_H + \Delta W_H$

Die privaten Haushalte verwenden ihre Ersparnisse zur Veränderung ihrer Bestände an Bargeld, Bankeinlagen und Wertpapierforderungen. Die Gleichung (3.11) ist somit als eine *Budgetgleichung der privaten Haushalte* zu verstehen.

Vor dem Hintergrund der Gleichungen (3.10) und (3.11) ist es wichtig, zwischen *Bestandsgrößen* und *Stromgrößen* zu unterscheiden. Die Gleichung (3.10) enthält Bestandsgrößen, die sich auf einen bestimmten Zeitpunkt beziehen. Demgegenüber sind die Ersparnisse und die damit verbundenen Veränderungen des Geldvermögens bzw. der Einzelkomponenten des Geldvermögens Stromgrößen, die in einem Zeitraum definiert sind. Man beachte in diesem Zusammenhang auch, daß Ersparnisse eine Stromgröße sind und streng von der Bestandsgröße "Sparguthaben" bzw. "Spareinlagen" unterschieden werden müssen. Hinzuweisen ist auch auf eine begriffliche Besonderheit: Der geplante bzw. gewünschte Bestand an Bargeld, an Bankeinlagen und an Nettowertpapierforderungen wird als Bargeldnachfrage bzw. als Nachfrage nach Bankeinlagen bzw. als Wertpapiernachfrage bezeichnet. Die Wertpapiernachfrage ist, wie oben schon erwähnt, dem Kreditangebot gleichzusetzen. Bargeld und Bankeinlagen werden hier den liquiditätsnahen Geldmarkttiteln zugerechnet, so daß die Bargeldnachfrage und die Nachfrage nach Bankeinlagen zusammen die *Geldnachfrage* - hier der privaten Haushalte - bilden.

Analog zur Identität (3.10) beträgt das Geldvermögen der privaten Unternehmungen:

(3.10a) $V_U = B_U + E_U + W_U$

B_U und E_U bezeichnen die Nachfrage nach Bargeld sowie nach Bankeinlagen und bilden somit zusammen die Geldnachfrage der Unternehmungen. W_U steht für die Nettoforderungen aus Wertpapieren. In aller Regel sind diese Nettoforderungen jedoch negativ: $W_U < 0$. Tatsächlich besitzen die Unternehmungen also Nettoverbindlichkeiten aus Wertpapieren, die auch als *Nettokreditnachfrage* bezeichnet werden können. Überdies übersteigen diese Nettoverbindlichkeiten im allgemeinen die Bestände an Bargeld und Bankeinlagen, so daß auch das gesamte Geldvermögen der privaten Unternehmungen negativ ist: $V_U < 0$.

Vereinfachend wird angenommen, daß die Unternehmungen ihre Gewinne vollständig an die privaten Haushalte ausschütten. Somit gibt es keine Unternehmensersparnisse. Finanzwirtschaftlich sind dann nur die Investitionen I und deren Finanzierung zu beachten. Es gilt dann:[12]

(3.11a) $I = -\Delta V_U = -(\Delta B_U + \Delta E_U + \Delta W_U)$

---

[11] Veränderungen des Geldvermögens, die aus Kursänderungen von Wertpapieren resultieren können, bleiben unberücksichtigt.

[12] Auch hier sei auf die Erfassung von Wertänderungen des Vermögens, die aus Kursänderungen resultieren, verzichtet.

Die Investitionen müssen somit aus einer Verringerung von Beständen an Bargeld und Bankeinlagen ($\Delta B_U + \Delta E_U < 0$) und/oder aus zusätzlichen Krediten ($\Delta W_U < 0$) finanziert werden. Die Gleichung (3.11a) ist dementsprechend als *Budgetgleichung der privaten Unternehmungen* zu verstehen.

Die öffentlichen Haushalte (ohne Zentralbank) halten in der Regel nur sehr geringe Bargeldbestände und Einlagen bei privaten Geschäftsbanken.[13] Sowohl aus Gründen der Vereinfachung als auch aus modelltheoretischen Erwägungen kann deshalb darauf verzichtet werden, Bargeld und Bankeinlagen der öffentlichen Haushalte gesondert zu betrachten. Diese Positionen sind dann in den Nettoforderungen des Staates aus Wertpapieren enthalten. Das Geldvermögen der öffentlichen Haushalte entspricht somit diesen Nettoforderungen:

(3.10b) $V_{St} = W_{St}$

Es ist sehr wohl möglich, daß die öffentlichen Haushalte ein positives Geldvermögen besitzen. Angesichts einer häufig schon lang anhaltenden Verschuldungspolitik haben die öffentlichen Haushalte der meisten Länder heutzutage jedoch ein negatives Geldvermögen, das der Staatsverschuldung entspricht. Die Größe W_{St} ist dann also negativ und stellt demnach Nettoverbindlichkeiten des Staates aus Wertpapieren bzw. eine Nettokreditnachfrage des Staates dar.

Die Veränderung des staatlichen Geldvermögens resultiert aus dem schon weiter oben erklärten Saldo des Staatsbudgets F_{St}:

(3.11b) $F_{St} = \Delta V_{St} = \Delta W_{St}$

Im Falle eines Budgetdefizits mit $F_{St} < 0$ besteht also die Notwendigkeit einer zusätzlichen Kreditaufnahme des Staates: $\Delta W_{St} < 0$. In diesem Fall nimmt die Staatsverschuldung zu.

Auch das Ausland hält im allgemeinen Bargeld in Form von Devisen in der Währung des hier betrachteten Inlands sowie Bankeinlagen bei Kreditinstituten im Inland. Das inländische Bargeld und die inländischen Bankeinlagen im Besitz von Ausländern zählen allerdings nicht zur inländischen Geldmenge. Ähnlich wie bei den öffentlichen Haushalten ist es deshalb aus Gründen der Vereinfachung und wegen einer modelltheoretischen Zweckmäßigkeit sinnvoll, diese Positionen nicht getrennt zu erfassen, sondern in die Nettoforderungen des Auslands aus Wertpapieren einzubeziehen. Das Geldvermögen des Auslands entspricht folglich den Nettowertpapierforderungen des Auslands gegenüber dem Inland:

(3.10 c) $V_A = W_A$

Diese Größe kann in der Realität positiv, negativ oder gleich null sein. Im Geldvermögen des Auslands kommt zugleich die *Auslandsposition* des Inlands zum Ausdruck: *Ist das ausländische Geldvermögen positiv, so ist diese Auslandspositi-*

---

[13] Als "Hausbank" der öffentlichen Haushalte bzw. des Staates fungiert häufig die Zentralbank. In Deutschland unterhalten der Bund und die Länder Einlagenkonten bei der Deutschen Bundesbank, wogegen Gemeinden und Sozialversicherungen ihre Einlagen bei privaten Geschäftsbanken bzw. Kreditinstituten halten.

on negativ - und umgekehrt. Eine negative Auslandsposition impliziert Nettoverbindlichkeiten, eine positive Auslandsposition Nettoforderungen des Inlands gegenüber dem Ausland.

Eine Veränderung des ausländischen Geldvermögens resultiert unmittelbar aus dem Außenbeitrag:

(3.11c) $AB = -\Delta V_A = -\Delta W_A$

Im Falle eines positiven Außenbeitrags kommt es also zu einer Verringerung des ausländischen Geldvermögens - und umgekehrt. Sinkt das ausländische Geldvermögen, so bedeutet das eine Verringerung der Nettoforderungen des Auslands bzw. eine Erhöhung der Nettoverbindlichkeiten des Auslands (hier jeweils aus Wertpapieren) gegenüber dem Inland.

Zur Vereinfachung werden die zuvor betrachteten Sektoren zum *nicht-finanziellen Sektor bzw. den Nichtbanken* zusammengefaßt. Aus den Gleichungen (3.10), (3.10a) und (3.10b) und (3.10c) ergibt sich das geplante bzw. gewünschte Geldvermögen V_N dieses Sektors.

(3.10d) $V_N = B_H + B_U + E_H + E_U + W_H + W_U + W_{St} + W_A = L + W_N$

L bezeichnet die Geldnachfrage und W_N die Nettowertpapierforderungen des gesamten nicht-finanziellen Sektors. In der Realität ist die Größe W_N allerdings in aller Regel negativ, so daß dieser Sektor Nettoverbindlichkeiten aus Wertpapieren besitzt, die der Nettokreditnachfrage des Sektors entspricht.

Unter Beachtung der Gleichungen (3.11), (3.11a) und (3.11b) und (3.11c) gilt für die Veränderung des hier betrachteten Geldvermögens:

(3.11d) $S - I + F_{St} - AB = \Delta V_N = \Delta L + \Delta W_N$

Auf die Bedeutung dieser Gleichung wird weiter unten noch näher eingegangen.

Den Forderungen der privaten Haushalte und der privaten Unternehmungen aus Bargeld und aus Bankeinlagen stehen entsprechende Verbindlichkeiten des *finanziellen Sektors* der Volkswirtschaft gegenüber. In der Makroökonomik ist es üblich, den finanziellen Sektor aufzuteilen in die *Geschäftsbanken* bzw. die *Kreditinstitute* und in die *Zentralbank*.[14] Um die Analyse so einfach wie eben möglich zu gestalten, wird angenommen, daß sich diese Wirtschaftssubjekte ausschließlich auf finanzwirtschaftliche Aktivitäten beschränken und dementsprechend weder sparen noch investieren.[15] Folglich ist auch annahmegemäß ausgeschlossen, daß die finanziellen Sektoren Geldvermögen bilden.

Die Budgetgleichung der Geschäftsbanken bzw. der Kreditinstitute lautet:

(3.10e) $B_{Kr} + E_{KrZ} + W_{Kr} = E^s$

---

14 Zu den finanziellen Sektoren zählen auch die Bausparkassen und die Versicherungsunternehmungen, die hier jedoch vereinfachend den Geschäftsbanken zugeordnet werden.

15 Tatsächlich ist es für die finanziellen Sektoren erforderlich, zur Durchführung ihrer Dienstleistungsproduktion auch zu investieren. Außerdem schütten diese Sektoren in der Regel ihren Gewinn nicht vollständig aus, so daß bei ihnen Ersparnisse anfallen.

B_{Kr} ist der Bargeldbestand der Kreditinstitute. E_{KrZ} bezeichnet die Einlagen der Kreditinstitute bei der Zentralbank. W_{Kr} sind die Nettowertpapierforderungen. In der Realität sind diese Forderungen positiv, da die Geschäftstätigkeit der Kreditinstitute primär bei der Kreditvergabe liegt. Es handelt sich hier also um ein Nettokreditangebot. E^s steht schließlich für die Verbindlichkeiten der Kreditinstitute aus Einlagen; diese Verbindlichkeiten sind als Angebot an Einlagen bzw. als Geldangebot der Kreditinstitute zu bezeichnen.

Die Budgetgleichung der Zentralbank läßt sich wie folgt schreiben:

(3.10f) $\quad W_Z = B_Z^s + E_{KrZ}$

W_Z sind die Nettowertpapierforderungen der Zentralbank. Diese Position ist in der Realität immer positiv, so daß es sich hier um ein Nettokreditangebot der Zentralbank handelt. B_Z^s stellt die Nettoverbindlichkeiten der Zentralbank aus dem gesamten *Bargeldumlauf* dar; man kann hier auch von dem Bargeldangebot der Zentralbank sprechen. E_{KrZ} sind die Verbindlichkeiten der Zentralbank aus den Einlagen der Kreditinstitute.

Die Budgetgleichungen der beiden finanziellen Sektoren lassen sich zur *Budgetgleichung des gesamten finanziellen Sektors* zusammenfassen:

(3.12) $\quad W_F = B_Z^s - B_{Kr} + E^s \quad$ mit: $W_F = W_{Kr} + W_Z$

Die Differenz $B_Z^s - B_{Kr}$ ist das Bargeldangebot B^s des finanziellen Sektors. Zusammen mit dem Angebot an Einlagen E^s ergibt sich das *Geldangebot* M des finanziellen Sektors:

(3.13) $\quad M = B^s + E^s = W_F$

Ausgedrückt in Veränderungsgrößen läßt sich (3.12) jetzt auch schreiben als:

(3.12a) $\quad \Delta W_F = \Delta B^s + \Delta E^s = \Delta M$

Die Gleichungen (3.13) und (3.12a) zeigen, daß das Geldangebot M den geplanten Nettowertpapierforderungen bzw. dem Nettokreditangebot W_F des finanziellen Sektors entspricht und daß die Veränderung des Geldangebots ΔM mit der Veränderung des Nettokreditangebots ΔW_F übereinstimmt.

3.3.2 Gleichgewicht auf dem Geld- und Wertpapiermarkt

Aus der Gütermarktanalyse ist bereits bekannt, daß ein makroökonomisches Gleichgewicht nur dann vorliegt, wenn die folgende Bedingung erfüllt ist:

(3.14) $\quad S = I - F_{St} + AB$

oder alternativ

(3.14a) $\quad S - I + F_{St} - AB = 0$

Die geplanten privaten Ersparnisse müssen also der Summe aus den geplanten privaten Investitionen, dem (geplanten) staatlichen Budgetdefizit und dem (geplanten) Außenbeitrag entsprechen. Die Erfüllung dieser Bedingung ist für ein makroöko-

nomisches Gleichgewicht zwar notwendig, aber nicht hinreichend. Nachdem nun auch der Geld- und der Wertpapiermarkt in die Analyse einbezogen worden sind, müssen zwei weitere Gleichgewichtsbedingungen erfüllt sein:
- das Gleichgewicht auf dem Geldmarkt
- das Gleichgewicht auf dem Wertpapiermarkt.

Auf dem Geldmarkt liegt ein Gleichgewicht vor, wenn die gesamtwirtschaftliche *Geldnachfrage* L und das gesamtwirtschaftliche *Geldangebot* M übereinstimmen:

(3.15) $L = M$

Auf dem Wertpapiermarkt besteht dann ein Gleichgewicht, wenn die Summe der Nettowertpapierforderungen aller Sektoren - also der nicht-finanziellen und der finanziellen Sektoren - gleich null ist:

(3.16) $W_N + W_F = 0$

In der Realität gilt in aller Regel: $W_N < 0$ und $W_F > 0$. Dementsprechend kommt in dieser Gleichgewichtsbedingung zum Ausdruck, daß das Nettowertpapierangebot der Nichtbanken der Nettowertpapiernachfrage des finanziellen Sektors entspricht. Da hier ein einheitlicher Wertpapier- und Kreditmarkt zugrunde gelegt wird, stimmt das Nettowertpapierangebot mit der Nettokreditnachfrage sowie die Nettowertpapiernachfrage mit dem Nettokreditangebot überein. Bezeichnet man mit W_N^s das Nettowertpapierangebot bzw. die Nettokreditnachfrage der Nichtbanken und mit W_F^d die Nettowertpapiernachfrage bzw. das Nettokreditangebot des finanziellen Sektors, so läßt sich die Gleichgewichtsbedingung (3.16) auch wie folgt schreiben:

(3.16a) $W_N^s = W_F^d$ \qquad mit: $W_N^s = -W_N$ und $W_F^d = W_F$

Die Nettokreditnachfrage entspricht somit den Nettowertpapierverbindlichkeiten bzw. den negativen Nettowertpapierforderungen.

Aus den Zusammenhängen zwischen dem güterwirtschaftlichen und dem finanzwirtschaftlichen Bereich folgt allerdings eine wichtige Implikation: *Sind zwei der drei zuvor genannten Gleichgewichtsbedingungen erfüllt, so ist simultan auch die dritte Gleichgewichtsbedingung erfüllt.* Um diese Implikation zu beweisen, wird zunächst auf das finanzwirtschaftliche Äquivalent der privaten Ersparnisse, der privaten Investitionen, des staatlichen Budgetsaldos und des Außenbeitrags gemäß Gleichung (3.11d) zurückgegriffen. Wird diese Gleichung bei Beachtung der Gleichung (3.12a) des finanziellen Sektors um $\Delta W_F - \Delta M = 0$ erweitert, so ergibt sich:

(3.17) $S - I + F_{St} - AB = \Delta L - \Delta M + \Delta W_N + \Delta W_F$

Ist die Gleichgewichtsbedingung (3.14) bzw. (3.14a) erfüllt, so folgt hieraus:

(3.17a) $\Delta L - \Delta M = -(\Delta W_N + \Delta W_F)$

Auf Bestandsgrößen bezogen, läßt sich diese Gleichung auch schreiben als:

(3.17b) $L - L_0 - (M - M_0) = -(W_N - W_{N0}) - (W_F - W_{F0})$

L, W_N und W_F sind die Geldnachfrage und die Nachfrage nach Nettowertpapierforderungen bzw. die gewünschten *Bestände* an Geld und Nettowertpapierforderungen *am Ende einer bestimmten Periode*. L_0, W_{N0} und W_{F0} bezeichnen die entsprechenden Größen *zu Beginn dieser Periode* oder am Ende der Vorperiode. $L - L_0$ und $W_N - W_{N0}$ stellen also die absoluten Veränderungen in der betrachteten Periode dar.[16] Die Gleichung (3.17b) läßt sich auch wie folgt schreiben:

(3.17c) $L - M - (L_0 - M_0) = -(W_N + W_F) + (W_{N0} + W_{F0})$

Waren der Geldmarkt und der Wertpapiermarkt in der Ausgangssituation bzw. zu Beginn der Periode im Gleichgewicht ($L_0 = M_0$ und $W_{N0} + W_{F0} = 0$), so vereinfacht sich die Gleichung (3.17c) zu:

(3.17d) $L - M = -(W_N + W_F)$

Die Gleichungen (3.17) bis (3.17d) enthalten das folgende Ergebnis: *Besteht ein güterwirtschaftliches bzw. ein IS-Gleichgewicht ($S - I + F_{St} - AB = 0$) und ist der Geldmarkt im Gleichgewicht ($L = M$), so liegt zwingend auch auf dem Wertpapiermarkt ein Gleichgewicht vor ($W_N + W_F = 0$).*

Damit sind die Aussagen kompatibel, daß ein Gleichgewicht auf dem Geld- *und* dem Wertpapiermarkt ein güterwirtschaftliches IS-Gleichgewicht impliziert oder daß bei Existenz eines IS-Gleichgewichts *und* eines Gleichgewichts auf dem Wertpapiermarkt zwingend auch ein Geldmarktgleichgewicht vorliegt. Hierin kommt das *Gesetz von Walras* zum Ausdruck, das ganz allgemein besagt: *Sind bei einer Anzahl von n Märkten n - 1 Märkte im Gleichgewicht, so liegt aufgrund der logischen Zusammenhänge zwischen den Märkten auch ein Gleichgewicht auf dem letzten Markt vor.* Angewandt auf den hier betrachteten Fall mit den drei volkswirtschaftlichen Märkten, dem Gütermarkt, dem Geldmarkt und dem Wertpapiermarkt, ergibt sich also die schon oben genannte Implikation, daß der dritte Markt zwingend im Gleichgewicht ist, wenn sich der erste und der zweite Markt im Gleichgewicht befinden.

Diese Implikation hat eine wichtige Konsequenz für die makroökonomische Gleichgewichtsanalyse: *Wenn nämlich das IS-Gleichgewicht im güterwirtschaftlichen Bereich sichergestellt ist, genügt es, im finanzwirtschaftlichen Bereich nur eines der beiden Gleichgewichte explizit zu betrachten, entweder das Geldmarkt- oder das Wertpapiermarktgleichgewicht.* In der makroökonomischen Theorie ist es üblich, den Geldmarkt und das Geldmarktgleichgewicht explizit in die Analyse einzubeziehen. Der Wertpapiermarkt und das Wertpapiermarktgleichgewicht werden dann über die zuvor erläuterten Zusammenhänge implizite erfaßt. Diesem Vorgehen wird auch hier gefolgt. Dementsprechend muß sich die weitere Analyse auf eine Erklärung der Geldnachfrage L und des Geldangebotes M richten.

---

16 L, L_0, W_N und W_{N0} sind Bestandsgrößen; ΔL und ΔW_N sind demgegenüber Stromgrößen.

Es sei jetzt noch kurz verdeutlicht, welche Ungleichgewichtssituationen auftreten können. Hierzu wird die Gleichung (3.17) mit Blick auf die Gleichung (3.16a) wie folgt geschrieben:

(3.17e) $S - I + F_{St} - AB = \Delta L - \Delta M + \Delta W_F^d - \Delta W_N^s$

ΔW_N^s ist das zusätzliche Nettowertpapierangebot bzw. die zusätzliche Nettokreditnachfrage der Nichtbanken und ΔW_F^d ist die zusätzliche Nettowertpapiernachfrage bzw. das zusätzliche Nettokreditangebot des Finanzsektors.

Aus der Gleichung (3.17e) folgt zwingend, daß bei einem güterwirtschaftlichen Ungleichgewicht ($S - I + F_{St} - AB \neq 0$) simultan auch ein Ungleichgewicht auf dem Geldmarkt und/oder dem Wertpapiermarkt vorliegt. Übersteigen z.B. die geplanten Ersparnisse S den geplanten Kreditbedarf der Unternehmungen, des Staates und des Auslands, so ist es möglich, daß die zusätzliche Geldnachfrage größer als das zusätzliche Geldangebot ($\Delta L > \Delta M$) und/oder das zusätzliche Nettokreditangebot größer als die zusätzliche Nettokreditnachfrage ($\Delta W_F^d > \Delta W_N^s$) ist.

Besteht ein IS-Gleichgewicht ($S - I + F_{St} - AB = 0$) im güterwirtschaftlichen Bereich, so impliziert ein Ungleichgewicht auf dem Geldmarkt gemäß Gleichung (3.17e) zwingend ein Ungleichgewicht auf dem Wertpapiermarkt. In diesem Fall reichen die geplanten privaten Ersparnisse zwar *betragsmäßig* aus, um den geplanten Kreditbedarf der privaten Unternehmungen, des Staates und des Auslands zu decken, aber im finanzwirtschaftlichen Bereich stimmen die *Nachfrage- und Angebotsstruktur* nicht überein. So ist es z.B. möglich, daß die privaten Haushalte relativ hohe zusätzliche Geldbestände zu halten wünschen und deshalb die Geldnachfrage das Geldangebot übersteigt ($\Delta L > \Delta M$). Damit ist zugleich impliziert, daß das zusätzliche Nettokreditangebot nicht ausreicht, um die zusätzliche Nettokreditnachfrage voll zu befriedigen ($\Delta W_F^d < \Delta W_N^s$).

3.4 Die volkswirtschaftliche Geldmenge
3.4.1 Geldfunktionen und Probleme der Geldmengendefinition

Bevor nach den Determinanten der Geldnachfrage und des Geldangebots gesucht wird, muß geklärt werden, was unter "Geld" zu verstehen ist. Geld erfüllt in den modernen Volkswirtschaften in erster Linie die Funktion einer *Recheneinheit* und die Funktion eines *Zahlungsmittels*. In seiner Eigenschaft als Recheneinheit ist Geld ein Wertmaßstab, der es ermöglicht, für Waren, Dienstleistungen und Finanztitel absolute bzw. in Geldeinheiten ausgedrückte Preise zu benennen. In seiner Eigenschaft als Zahlungsmittel ist Geld ein Tauschobjekt, mit dem sich Käufe und Verkäufe auf allen volkswirtschaftlichen Märkten auf einfache Weise vornehmen lassen. Als Recheneinheit und als Zahlungsmittel ist Geld allerdings auf Dauer nur dann funktionsfähig, wenn sein Wert im Zeitablauf relativ stabil ist. Nur dann ist nämlich gewährleistet, daß das Rechnen in einheitlichen Geldeinheiten auch in Hinsicht auf zeitliche Vergleiche von Transaktionswerten sinnvoll ist und daß Geld als Tauschobjekt allgemein akzeptiert wird. Die Wertstabilität ist auch Voraussetzung für eine dritte Funktion, die Geld heutzutage im allgemeinen besitzt, nämlich für die Funktion als *Wertaufbewahrungsmittel*.

Die zuvor genannten Funktionen lassen allerdings noch keine eindeutige Abgrenzung der Finanzaktiva zu, die Geld darstellen bzw. dem Geld oder der Geldmenge zuzurechnen sind. Weiter oben war Geld ohne nähere Erklärung als ein Begriff für den Teil des Geldvermögens verwendet worden, der zum einen unmittelbar Liquidität und zum anderen liquiditätsnahe Finanzaktiva umfaßt. Der Rest des Geldvermögens wurde als Wertpapier- oder Kreditforderungen bezeichnet. Die Begriffe "Liquidität" und "Liquiditätsnähe" deuten schon darauf hin, daß der Zahlungsmittelfunktion ein besonderer Stellenwert eingeräumt wird und zum Geld offenbar diejenigen Finanzaktiva gezählt werden, die unmittelbar als Zahlungsmittel dienen oder die sich relativ schnell in solche Zahlungsmittel umwandeln lassen. Tatsächlich spielen diese Kriterien bei der Geldmengendefinition bzw. der Abgrenzung von Geld und Finanzaktiva, die dem Geld zugerechnet werden, die wichtigste Rolle.

Es ist unumstritten, daß Bargeld und Sichteinlagen bei Geschäftsbanken die Zahlungsmittelfunktion unmittelbar erfüllen und deshalb eindeutig Geld bzw. Komponenten der Geldmenge sind. Darüber, welche weiteren Finanztitel unmittelbar als Zahlungsmittel fungieren oder schnell und problemlos in Zahlungsmittel umtauschbar sind, gehen die Meinungen allerdings auseinander. Sollen zwar kurzfristig fällige Termineinlagen bei Geschäftsbanken in die Geldmenge einbezogen werden, aber kurzfristig fällige Wertpapierforderungen nicht? Erfüllen Spareinlagen, über die man kurzfristig verfügen kann, nicht genauso gut die Zahlungsmittelfunktion wie Sichteinlagen? Oder werden Spareinlagen grundsätzlich nur mit dem Ziel der Wertaufbewahrung und der Vermögensanlage gehalten, selbst wenn sie kurzfristig abrufbar sind? Solche Fragen lassen erkennen, daß die Grenze zwischen Finanztiteln, die unmittelbar oder durch schnelle und leichte Transformation die Zahlungsmittelfunktion erfüllen können, und den anderen Finanztiteln fließend und eine exakte Abgrenzung des Geldes bzw. der Geldmenge deshalb kaum möglich ist. So wird auch verständlich, daß es die "richtige" Geldmengendefinition nicht gibt und in der Geldtheorie viele konkurrierende Definitionen zu finden sind.

Es reicht allerdings nicht aus, das Geld bzw. die Geldmenge nur mit Blick auf die Zahlungsmittelfunktion zu definieren. Da die makroökonomische Theorie die Aufgabe hat, die Wirkungen der Geldpolitik bzw. der Politik einer Zentralbank zu erklären, ist es zweckmäßig, außerdem geldpolitische Kriterien zu berücksichtigen. Zwei Aspekte sind dabei von Bedeutung: Erstens sollte zwischen den geldpolitischen Instrumenten und der Geldmenge eine möglichst enge Beziehung bestehen, so daß die Geldmenge und deren Veränderungen vor allem Ausdruck bestimmter Aktivitäten der Zentralbank sind; zweitens sollte zwischen der Geldmenge und wichtigen gesamtwirtschaftlichen Größen, wie Preisniveau und Sozialprodukt, ein möglichst enger Zusammenhang gegeben sein, so daß durch eine Steuerung der Geldmenge ein Beitrag zur Erreichung wirtschaftspolitischer Ziele - wie Preisstabilität und hohe Beschäftigung - geleistet werden kann.

Selbstverständlich wird es mit der Forderung, neben dem Kriterium der Zahlungsmittelfunktion auch noch diese geldpolitischen Kriterien zu beachten, nicht leichter, die "richtige" Geldmengendefinition zu finden. Obwohl schon seit langem sowohl auf rein theoretischer als auch auf empirischer Grundlage Diskussionen um die richtige Definition geführt werden, gibt es bis heute keine singuläre, in Theorie und Politik allgemein anerkannte Definition des Geldes bzw. der Geldmenge. Hier ist jedoch nicht der Platz, auf solche Diskussionen näher einzugehen sowie die Vorzüge und die Nachteile einzelner Definitionen aufzuzeigen. Im folgenden werden lediglich Geldmengendefinitionen verwendet, die in der Bundesrepublik Deutschland seitens der Deutschen Bundesbank gebräuchlich sind [1.2.6]. Diese Definitionen orientieren sich an den zuvor genannten Kriterien der Zahlungsmittelfunktion und der geldpolitischen Zweckmäßigkeit, und sie sind von daher für eine Anwendung in der makroökonomischen Theorie und Politik geeignet. Außerdem finden sich diese Definitionen in ähnlicher Form auch in anderen Ländern, so daß eine gewisse internationale Vergleichbarkeit möglich ist. Daß auch diese Definitionen immer wieder auf Kritik stoßen, dürfte vor dem Hintergrund der zuvor aufgezeigten Definitionsprobleme kaum überraschen.[17]

3.4.2 Geldmengendefinitionen der Deutschen Bundesbank

Den engsten Bezug zur Zahlungsmittelfunktion besitzt die mit M1 bezeichnete Geldmenge:

(3.18) $M1 = B + SE_N$

B ist das Bargeld in Händen der Nichtbanken, auch *Bargeldumlauf* genannt. SE_N bezeichnet die *Sichteinlagen inländischer Nichtbanken* bei inländischen Geschäftsbanken. Bei den Sichteinlagen handelt es sich um Bankeinlagen, die täglich fällig sind oder die eine vereinbarte Laufzeit bzw. Kündigungsfrist von weniger als einem Monat besitzen. Hervorzuheben ist, daß das Bargeld in Händen von Ausländern wegen statistischer Erfassungsprobleme in B enthalten ist.[18]

Der unmittelbar erkennbare Bezug zur reinen Zahlungsmittelfunktion wird mit der Geldmengendefinition M2 bereits verlassen:

(3.19) $M2 = B + SE_N + TE_N$

---

17 Man beachte, daß hier von mehreren Definitionen die Rede ist, daß sich also auch die Deutsche Bundesbank keineswegs auf eine einzige Geldmengendefinition beschränkt.

18 Es sei darauf hingewiesen, daß das Bargeld im Besitz von Geschäftsbanken sowie die Einlagen von Geschäftsbanken und Nichtbanken bei der Zentralbank - hier bei der Deutschen Bundesbank - nicht zur Geldmenge gerechnet werden. Wie später noch deutlich gemacht wird, erfüllen das Bargeld und die Zentralbankeinlagen der Geschäftsbanken unmittelbar instrumentale Funktionen der Geldpolitik, über die die Zentralbank die Geldmengensteuerung vornimmt. Sie stehen deshalb auf Güter- und Finanzmärkten auch nicht unmittelbar als Tauschobjekt in Hinsicht auf die Zahlungsmittelfunktion zur Verfügung. Bei den Zentralbankeinlagen von Nichtbanken handelt es sich im wesentlichen um Einlagen von öffentlichen Haushalten. Man geht im allgemeinen - so auch die Deutsche Bundesbank - davon aus, daß über diese Einlagen nur im Rahmen der wirtschaftspolitischen Verantwortlichkeiten der öffentlichen Haushalte verfügt wird.

Über die in M1 enthaltenen Komponenten hinaus werden in M2 die Termineinlagen TE_N der inländischen Nichtbanken bei inländischen Geschäftsbanken mit einer vereinbarten Laufzeit bzw. Kündigungsfrist von bis zu vier Jahren berücksichtigt. Diese Einlagen lassen sich zwar nicht unmittelbar für Zahlungszwecke verwenden, können aber - so die übliche Auffassung - relativ rasch mobilisiert bzw. in Zahlungsmittel umgetauscht werden. Man geht also davon aus, daß solche Termineinlagen in erster Linie eine Zahlungsmittelfunktion erfüllen und nicht etwa die Funktion einer längeren oder dauerhaften Vermögensanlage.

Die wichtigste Orientierungsgröße der Geldpolitik der Deutschen Bundesbank ist seit 1988 die noch weiter gefaßte Geldmengendefinition M3:

(3.20) $M3 = B + SE_N + TE_N + SP_N$

M3 enthält über M2 hinaus zusätzlich noch die Spareinlagen mit gesetzlicher Kündigungsfrist SP_N der inländischen Nichtbanken bei inländischen Geschäftsbanken. Solche Spareinlagen besitzen eine hohe Liquiditätsnähe, die für die Erfüllung der Zahlungsmittelfunktion sprechen würde. Lange Zeit wiesen Spareinlagen mit gesetzlicher Kündigungsfrist jedoch eine relativ geringe Umschlagshäufigkeit auf, woraus zu schließen war, daß sie trotz niedriger Verzinsung vielfach mit der Absicht einer längerfristigen Vermögensanlage gehalten wurden. Bei den privaten Haushalten ist in jüngster Zeit allerdings eine beachtliche Zunahme der Zinsreagibilität zu beobachten, durch die die Neigung steigt, zum Zwecke der Vermögensanlage auch auf Finanztitel mit höherer Verzinsung zurückzugreifen und Spareinlagen mit gesetzlicher Kündigungsfrist vor allem als - zumindest potentielles - Zahlungsmittel zu begreifen.

Die Bargeldkomponente B in den Geldmengen M1 bis M3 ist ein Teil des *Zentralbankgeldes*, weil Bargeld Verbindlichkeiten der Zentralbank darstellt. Demgegenüber sind die Bankeinlagen im Rahmen der Geldmengendefinitionen *Geschäftsbankengeld*; denn die Sichteinlagen, die Termineinlagen und die Spareinlagen sind Verbindlichkeiten der Geschäftsbanken. Das *gesamte Zentralbankgeld* umfaßt neben dem Bargeld B bzw. dem Bargeldumlauf die weiter oben schon erwähnten Einlagen der Geschäftsbanken und der Nichtbanken bei der Zentralbank sowie die Bargeldbestände der Geschäftsbanken. Auch bei diesen weiteren Komponenten handelt es sich um Verbindlichkeiten der Zentralbank.[19]

3.5 Die Geldnachfrage

3.5.1 Motive der Geldnachfrage

Unter der Geldnachfrage wird in der makroökonomischen Theorie und Politik nur die Nachfrage der inländischen Nichtbanken nach Bargeld und nach Geschäftsbankengeld verstanden. Die Nachfrage der Geschäftsbanken nach Bargeld und

---

[19] Von dem hier definierten Zentralbankgeld ist die *Zentralbankgeldmenge* zu unterscheiden, die von 1975 bis 1987 Orientierungsgröße der Geldpolitik der Deutschen Bundesbank war, ehe an ihre Stelle 1988 die Geldmenge M3 trat.

Zentralbankeinlagen (nach Zentralbankgeld) sowie der Nichtbanken nach Zentralbankeinlagen gehört nicht zur gesamtwirtschaftlichen Geldnachfrage. Gleichfalls ist auch die Nachfrage des Auslands nach inländischem Geld (in der Regel Geschäftsbankengeld) aus dieser Geldnachfrage ausgeschlossen.[20]

Inländische Nichtbanken (vor allem die privaten Haushalte und die privaten Unternehmungen) fragen Geld für unmittelbare Zahlungs- bzw. *Transaktionszwecke* sowie zum *Zweck der Wertaufbewahrung*, insbesondere zum Zweck einer zeitlich begrenzten Vermögensanlage nach. Beim Bargeld und bei den Sichteinlagen ist sicherlich das Transaktionsmotiv dominierend, wogegen bei Termineinlagen und bei Spareinlagen (mit gesetzlicher Kündigungsfrist) das Wertaufbewahrungsmotiv bzw. das Motiv einer zeitlich befristeten Vermögensanlage eine erhebliche Bedeutung haben dürfte. Je nachdem, ob nun die Geldmengendefinition M1 oder die Geldmengendefinitionen M2 und M3 zugrunde gelegt werden, haben deshalb auch bestimmte Determinanten einen mehr oder weniger starken Einfluß auf die Geldnachfrage: Bei M1 dominiert eine Determinante, in der das Transaktionsmotiv erfaßt ist, bei M2 und M3 gewinnen darüber hinaus die Determinanten an Einfluß, in denen das Wertaufbewahrungsmotiv zum Ausdruck kommt.

In der makroökonomischen Theorie ist es üblich, nur eine einheitliche Geldnachfragefunktion zu verwenden und dementsprechend auch nur eine Geldmengendefinition zugrunde zu legen. Diesem Vorgehen folgend, sind die weiteren Untersuchungen zunächst darauf gerichtet, letztlich zu einer einheitlichen Geldnachfragefunktion zu gelangen. Die Geldnachfrage wird mit dem oben bereits eingeführten Symbol L bezeichnet. Hierbei handelt es sich um eine reale Größe. Da allerdings das gesamtwirtschaftliche Preisniveau zunächst noch als eine konstante Größe angenommen wird, spielt die Unterscheidung zwischen der nominellen und der realen Geldnachfrage jetzt noch keine Rolle.

Bevor eine einheitliche Geldnachfragefunktion formuliert wird, werden zunächst mit Blick auf die Motive der Geldhaltung Einzelaspekte der Geldnachfrage betrachtet und auf diese Weise die verschiedenen Determinanten der Geldnachfrage begründet.

3.5.2 Transaktions- und Vorsichtskasse

Es ist üblich, das Transaktionsmotiv mit Hilfe des (realen) gesamtwirtschaftlichen Einkommens bzw. des Sozialprodukts Y zu erfassen. Das *Transaktionsvolumen* als Summe aller Transaktionen, für die Geld benötigt wird, ist zwar größer als das Sozialprodukt, aber es ist anzunehmen, daß zwischen beiden Größen eine relativ enge Beziehung besteht.[21]

---

20 Man beachte allerdings, daß das inländische Bargeld in Händen von Ausländern aus statistischen Gründen in den Geldmengen M1, M2 und M3 enthalten ist. Es ist aber größenmäßig relativ unbedeutend.
21 Im Transaktionsvolumen sind beispielsweise auch alle intersektoralen Transaktionen mit Vor- und Zwischenprodukten enthalten, die bei der Bestimmung des Sozialprodukts durch Saldierung herausfallen.

Die Geldnachfrage für die *Transaktionskasse* - mit L_T bezeichnet - wird somit wie folgt erklärt:

(3.21) $\quad L_T = L_T(Y) \quad$ mit: $\dfrac{\delta L_T}{\delta Y} > 0$

In der makroökonomischen Theorie geht man häufig davon aus, daß dieser Zusammenhang linear ist:

(3.21a) $\quad L_T = k_Y Y$

Die Größe k_Y ist der *Kassenhaltungskoeffizient*: $k_Y = \dfrac{\delta L_T}{\delta Y} > 0$.

In Verbindung mit dem Transaktionsmotiv spielt auch die sogenannte *Vorsichtskasse* eine Rolle. Wirtschaftssubjekte halten einen Teil ihres Geldvermögens in Form von Geld, um dem Risiko unvorhersehbarer Transaktionen vorzubeugen. In aller Regel wird es sich dabei um eine Nachfrage nach Termineinlagen und nach Spareinlagen (mit gesetzlicher Kündigungsfrist) handeln, also um Anlagen, die einerseits einen gewissen Zinsertrag abwerfen, andererseits aber auch schnell mobilisierbar sind. Aus makroökonomischer Sicht ist es allerdings kaum möglich, das Risiko nicht vorhersehbarer Transaktionen zu erfassen und Determinanten der Vorsichtskasse zu quantifizieren. Dem üblichen Vorgehen folgend, bietet es sich deshalb an, die Nachfrage nach Vorsichtskasse mit der Nachfrage nach Transaktionskasse zusammenzufassen. Wird das Transaktionsrisiko, z.B. bei sich verschlechternder Konjunkturlage, von vielen oder allen Wirtschaftssubjekten höher eingeschätzt, so drückt sich das in einer Zunahme des Kassenhaltungskoeffizienten k_Y aus.

Es ist fraglich, ob es genügt, die Nachfrage nach Transaktions- und Vorsichtskasse lediglich in Abhängigkeit vom Einkommen (bzw. vom Transaktionsvolumen) zu erklären. Der Teil des Geldvermögens, der in Transaktions- und Vorsichtskasse gehalten wird, steht für Anlagen in anderen Finanztiteln nicht zur Verfügung; solche Finanztitel haben aber in der Regel eine höhere Verzinsung als Bankeinlagen. Das Halten von Transaktions- und Vorsichtskasse verursacht also *Opportunitätskosten* in Form eines Verlustes an Zinseinkommen. Von daher ist zumindest die Möglichkeit in Betracht zu ziehen, daß die Nachfrage nach Transaktions- und Vorsichtskasse auch vom Zinssatz bzw. von Zinssätzen alternativer Anlagemöglichkeiten abhängig ist. Wenn dieser Zinssatz bzw. diese Zinssätze steigen, werden die Wirtschaftssubjekte wahrscheinlich bemüht sein, ihre Transaktions- und Vorsichtskasse zu verringern. Unter Berücksichtigung dieses Zinseinflusses gilt für die Nachfrage nach Transaktions- und Vorsichtskasse der folgende Zusammenhang:

(3.21b) $\quad L_T = L_T(Y,i) \quad\quad$ mit: $\dfrac{\delta L_T}{\delta Y} > 0 \,;\, \dfrac{\delta L_T}{\delta i} < 0$

3.5.3 Wertaufbewahrungsmotiv und Spekulationskasse

Betrachtet wird jetzt der Teil der Geldnachfrage, der nicht als Transaktionskasse und als Vorsichtskasse dient. Die Wirtschaftssubjekte könnten anstelle von Geld, das sie nicht für Transaktions- und Vorsichtszwecke benötigen, andere Finanztitel halten, die sogar einen höheren Zinsertrag abwerfen. Der Zweck der Wertaufbewahrung ließe sich damit gleichfalls erfüllen. Wenn die Wirtschaftssubjekte dennoch die Geldhaltung vorziehen, so hat das vor allem folgende Gründe:
1. Es wird erwartet, daß der Preis bzw. der Kurs der alternativen Finanzanlagen in absehbarer Zeit sinkt und demzufolge der effektive Zinssatz bzw. die Rendite dieser Anlagen steigt. Um den Zeitpunkt abzuwarten, zu dem man diese alternativen Anlagen zu einem möglichst günstigen Kurs erwerben kann, weicht man vorübergehend auf Geldanlagen aus, die sich relativ schnell mobilisieren lassen. Ein Teil des Geldvermögens wird also in liquiditätsnahen Anlageformen quasi "geparkt".
2. Der höhere Zinssatz der alternativen Finanzanlagen (in Form von Wertpapier- bzw. Kreditforderungen) bietet keine ausreichende Kompensation für das (im Vergleich zur Geldanlage) höhere Risiko, das mit solchen Anlagen verbunden sein kann.

Insbesondere aus der ersten Begründung folgt eine Geldnachfrage, die in der makroökonomischen Theorie als *Nachfrage nach Spekulationskasse* bezeichnet wird. Wirtschaftssubjekte halten Geld, so die entsprechende Hypothese, um zum "richtigen" Zeitpunkt Wertpapiere kaufen zu können. Sie verfolgen mit dieser Geldnachfrage somit einen *spekulativen Zweck*. Allerdings steht dabei auch ein Transaktionsmotiv im Hintergrund, denn die Spekulation impliziert die Planung, irgendwann in der Zukunft eine finanzwirtschaftliche Transaktion vorzunehmen. Es ist anzunehmen, daß die Spekulationskasse zum größten Teil in Form von Termineinlagen mit relativ kurzen Laufzeiten gehalten wird. Selbstverständlich ist es nicht ausgeschlossen, daß im Interesse einer sehr schnellen Mobilisierungsmöglichkeit auch Sichteinlagen als Spekulationskasse dienen.

Die Nachfrage nach Spekulationskasse ist gemäß der oben genannten Begründung von der erwarteten Zins- bzw. Kursentwicklung auf dem Wertpapiermarkt abhängig. Wird ein Zinsanstieg bzw. eine Kurssenkung erwartet, so ist die spekulative Geldnachfrage relativ hoch - und umgekehrt.[22] Es ist allerdings möglich -

---

[22] Bei einem festverzinslichen Wertpapier ist zwischen dem *Nominalzinssatz*, dem *Kurs* bzw. Preis und dem *effektiven Zinssatz* zu unterscheiden. Der effektive Zinssatz entspricht dem *Marktzinssatz* i. Er ist zugleich Ausdruck der *Rendite* des Wertpapiers. Bei Emission ist ein Wertpapier mit einem Nominalzinssatz ausgestattet, der mit n bezeichnet sei. Zwischen dem Marktzinssatz und dem aktuellen Kurs bzw. dem aktuellen Preis eines Wertpapiers besteht ein umgekehrtes Verhältnis. Bezeichnet man mit P_W den aktuellen Kurs, so gilt für ein Wertpapier mit unendlicher Laufzeit, das zu einem Kurs von 100 emittiert worden ist, die folgende Beziehung:

$$i = \frac{100n}{P_W} \text{ oder } P_W = \frac{100n}{i}$$

Stimmen n und i überein, so entspricht der aktuelle Kurs dem Ausgabekurs von 100. Wenn der Marktzinssatz i steigt, sinkt - da der Nominalzinssatz fixiert ist - der aktuelle Kurs P_W.

und auch üblich - die Spekulationskasse (mit L_S bezeichnet) in Abhängigkeit vom aktuellen Marktzinssatz i für Wertpapiere darzustellen:

(3.22) $\quad L_S = L_S(i) \qquad$ mit: $\dfrac{\delta L_S}{\delta i} < 0$

Dem negativen Zusammenhang zwischen der Spekulationskasse und dem Marktzinssatz liegt die Hypothese zugrunde, daß um so mehr Wirtschaftssubjekte einen Zinsanstieg bzw. eine Kurssenkung erwarten, je geringer der aktuelle Marktzinssatz ist - und umgekehrt. Dementsprechend ist die Nachfrage nach Spekulationskasse relativ hoch, wenn der Marktzinssatz niedrig ist - und umgekehrt.

Zur Verdeutlichung dieser Zusammenhänge sei einmal ein Zinsanstieg und alternativ eine Zinssenkung betrachtet.

1. Wenn der Marktzinssatz sukzessive steigt, so wird nach der oben skizzierten Hypothese auch sukzessive Spekulationskasse durch Wertpapiere substituiert. Je weiter sich der Marktzinssatz erhöht, desto größer wird nämlich die Wahrscheinlichkeit, daß es alsbald zu einer Zinsumkehr kommt und die Wertpapierkurse wieder steigen. Es ist also günstig, diesen "richtigen" Zeitpunkt zu Wertpapierkäufen zu nutzen, und zwar sowohl für die Wirtschaftssubjekte, die eine längerfristige und zugleich zinsgünstige Wertpapieranlage planen, als auch für diejenigen, die schon möglichst bald - also dann, wenn die Wertpapierkurse wieder gestiegen sind - Kursgewinne realisieren möchten. Im Zinssteigerungsprozeß geht also die *Liquiditätsneigung* sukzessive zurück.

2. Wenn der Marktzinssatz sinkt, so steigen auch die Kurse der im Umlauf befindlichen Wertpapiere. Und je weiter der Marktzinssatz sinkt, desto eher ist mit einer baldigen Zinsumkehr zu rechnen. Dementsprechend nimmt im Zinssenkungsprozeß auch sukzessive die Neigung zu, sich von Wertpapieren zu trennen und Kursgewinne zu realisieren. Zugleich geht die Neigung zurück, sich neu am Wertpapiermarkt zu engagieren. Folglich ist eine zunehmende *Liquiditätsneigung* zu beobachten.

Aus dieser Erklärung ergeben sich auch gewisse Konsequenzen für die Zinsreagibilität bzw. für die *Zinselastizität der Geldnachfrage*, die - wie später noch zu zeigen ist - eine große Bedeutung für die Wirksamkeit der Geldpolitik haben kann. Hier geht es zunächst nur um die Zinsreagibilität und die Zinselastizität der Nachfrage nach Spekulationskasse. Die Zinsreagibilität $\delta L_S/\delta i$ gibt die Reaktion dieser Geldnachfrage auf eine Zinsänderung an. Die Zinselastizität zeigt demgegenüber, *um wieviel Prozent diese Geldnachfrage verändert wird, wenn sich der Marktzinssatz i um ein Prozent verändert:*

(3.23) $\quad \varepsilon(L_S, i) = \dfrac{\delta L_S/L_S}{\delta i/i} = \dfrac{\delta L_S}{\delta i} \dfrac{i}{L_S}$

Es ist zu vermuten, daß die Zinsreagibilität sowie die Zinselastizität - absolut gesehen - jeweils um so größer sind, je geringer der Zinssatz ist. Je weiter der Zinssatz sinkt, desto mehr Wirtschaftssubjekte erwarten, daß es alsbald wieder zu einem Zinsanstieg bzw. zu einer Kurssenkung kommt. Der Zinssatz kann schließlich sogar ein "Niedrigstniveau" erreichen, bei dem jeder davon ausgeht, daß eine weitere Verringerung ausgeschlossen ist. Entsprechende Erwartungen basieren auf Erfahrungen, wobei sicherlich das historisch niedrigste Zinsniveau eine wichtige Rolle spielt. Bei Erreichen dieses Niveaus ist es schließlich nicht sinnvoll, überhaupt noch Wertpapiere zu kaufen. Denn wenn die Erwartungen zutreffen, wäre ein solcher Kauf schon bald mit Kursverlusten und einem Verzicht auf höhere Zinseinnahmen verbunden. Bei einem Zinssatz, der allgemein als "Niedrigstniveau" eingestuft wird, dürfte deshalb die Liquiditätsneigung extrem hoch sein; die Zinsreagibilität sowie die Zinselastizität sind folglich bei diesem Zinssatz ebenfalls extrem hoch, im Grenzfall sogar unendlich groß.

Umgekehrt ist es denkbar, daß sich bei einem relativ hohen Marktzinssatz allgemein die Erwartung durchsetzt, nun müsse es alsbald zu einer Zinssenkung bzw. einer Kurssteigerung kommen. Um sich den höchstmöglichen Zinssatz oder die höchstmöglichen Kursgewinne zu sichern, werden die Wirtschaftssubjekte zu diesem Zeitpunkt keine Spekulationskasse mehr halten, sondern sich statt dessen am Wertpapiermarkt engagieren. Die Liquiditätsneigung ist dann also extrem gering; die Zinselastizität nähert sich dem Wert null oder ist sogar gleich null, weil bei einem weiteren Zinsanstieg, der wider Erwarten eintritt, keine Spekulationskasse mehr für Wertpapierkäufe zur Verfügung steht; und bei einer Zinssenkung halten sich die Wirtschaftssubjekte mit Wertpapierverkäufen bzw. dem Wiederaufbau von Spekulationskasse zunächst noch zurück, weil sie darin nur den Beginn eines Zinssenkungsprozesses vermuten. Vor dem hier skizzierten Hintergrund ergibt sich der in der Abbildung 3.5 dargestellte Verlauf der Nachfrage nach Spekulationskasse.

Abbildung 3.5

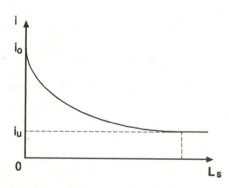

Bei Zinssätzen von $i \leq i_u$ besteht eine vollkommene Liquiditätsneigung. Die Zinsreagibilität sowie die Zinselastizität sind betragsmäßig unendlich groß: $\varepsilon(L_S,i) = -\infty$. Die Nachfrage nach Spekulationskasse ist dementsprechend vollkommen zinselastisch. Bei Zinssätzen von $i \geq i_0$ sind alle Bestände an Spekulationskasse für Wertpapierkäufe verwendet worden. Die Zinsreagibilität ist hier gleich null: $\delta L_S/\delta i = 0$. Im Bereich zwischen i_u und i_0 gilt: $-\infty < \delta L_S/\delta i < 0$ und $-\infty < \varepsilon(L_S,i) < 0$.

3.5.4 Risiko der Wertpapieranlage und Geldnachfrage: Der Portfolio-Ansatz

Bei der zuvor betrachteten Spekulationskasse handelt es sich um Geld, das für eine spätere Transaktion am Wertpapiermarkt vorgesehen ist. Es gibt aber noch einen anderen Grund für eine Geldnachfrage: die Wertaufbewahrung, für die der Risikoaspekt ebenfalls eine Rolle spielt. Auf zwei Möglichkeiten sei besonders hingewiesen:

1. Es ist denkbar, daß Wirtschaftssubjekte zu einem späteren Zeitpunkt Geld für Transaktionszwecke am Gütermarkt benötigen und die heute bereits verfügbare Liquidität zwischenzeitlich so anzulegen wünschen, daß ein möglichst hoher Zinsertrag erzielt wird. Das kann einerseits in Form von risikolosen, exakt terminierbaren Termin- und Spareinlagen oder andererseits in Form von Wertpapieren erfolgen, die zwar eine längere Laufzeit haben, aber zum gewünschten Zeitpunkt zu dem dann herrschenden Marktkurs verkauft werden können. Dieser Kurs ist aber im Anlagezeitpunkt in der Regel nicht bekannt, so daß die Wertpapieranlage im Unterschied zur Anlage in Termin- und Spareinlagen mit einem Ertragsrisiko verbunden ist.
2. Es ist denkbar, daß Wirtschaftssubjekte Geld - wiederum insbesondere Termin- und Spareinlagen - im Rahmen einer Portfolio-Diversifikation mit dem Ziel einer durchaus längerfristigen Vermögensanlage halten. Vor allem private Haushalte neigen dazu, sogar festverzinslichen Wertpapieren subjektiv ein gewisses Risiko beizumessen, obwohl es bei einer Anlage bis zur Endfälligkeit objektiv kein Risiko geben mag. Das kann auf Informationsmängel zurückzuführen sein oder auf Unsicherheiten darüber, ob eine Festlegung auf längere Laufzeiten überhaupt opportun ist.

In beiden Fällen ist die subjektive Einschätzung des Risikos der Wertpapieranlage von maßgeblicher Bedeutung für die Entscheidung, ob und gegebenenfalls mit welchem Betrag die Anlage in Termin- und Spareinlagen der Anlage in Wertpapieren vorgezogen wird. Die Entscheidung über die Struktur des Portefeuilles bzw. über die *Portfolio-Struktur* hängt allerdings nicht nur von diesem Risiko ab, sondern auch von

- der erwarteten Verzinsung der Wertpapieranlage
- der im allgemeinen sicheren Verzinsung der Termin- und Spareinlagen.

Mit solchen Entscheidungssituationen beschäftigt sich die Portfolio-Theorie. Bezogen auf die zuvor skizzierte Entscheidung zwischen Geld (insbesondere Termin- und Spareinlagen) auf der einen und Wertpapieren auf der anderen Seite wird der Portfolio-Ansatz mit Hilfe eines einfachen Beispiels verdeutlicht.

Der Anlagezeitraum sei auf ein Jahr terminiert. V ist der Gesamtbetrag, der einem Wirtschaftssubjekt für eine Anlage zur Verfügung steht. Der Teil dieses Betrags, der in Wertpapieren angelegt wird, sei mit αV bezeichnet. Folglich ist $(1 - \alpha)V$ der Teil, der in Form von Geld angelegt wird. Für die einjährigen Termin- und Spareinlagen möge sich ein sicherer Zinssatz von $i_g = 4\%$ erzielen lassen. Der Nominalzinssatz der Wertpapiere, die eine längere Laufzeit haben, betrage zum Zeitpunkt der Anlageentscheidung 10%. Die Wertpapiere können zu diesem Zeitpunkt zum Kurs von 100 gekauft werden, so daß Nominal- und Marktzinssatz jetzt übereinstimmen. An- und Verkaufskosten mögen nicht anfallen oder seien bereits im Nominalzinssatz erfaßt.

Das Risiko der Wertpapieranlage resultiert daraus, daß nicht sicher ist, zu welchem Kurs die Wertpapiere am Ende des Anlagezeitraums, hier also nach einem Jahr, wieder verkauft werden können. Je länger die Laufzeit der Papiere ist, desto größer sind die Kursveränderungen, wenn sich der Marktzinssatz verändert. Wie weiter oben schon erläutert, besteht zwischen dem Kurs P_W und dem Marktzinssatz i bei einem "ewigen" Wertpapier die Beziehung: $P_W = 100 \, n/i$. Der Nominalzinssatz (hier 10%) des Wertpapiers wird mit n bezeichnet.

Das Wirtschaftssubjekt erwarte mit einer Wahrscheinlichkeit von 50%, daß sich der gegenwärtige Marktzinssatz von 10% nicht verändert. Mit der Restwahrscheinlichkeit von 50% erwarte es allerdings, daß der Marktzinssatz steigt und dadurch der Kurs der Wertpapiere, die sich bereits im Umlauf befinden, auf 92 sinkt. In diesem Fall würde sich ein Kursverlust von 8% ergeben; die Wertpapieranlage würde somit nur eine Rendite von 2% bringen, also weniger als die sichere Anlage in Termin- und Spareinlagen.

Die erwartete Rendite der Wertpapieranlage, mit i_W bezeichnet, ergibt sich, indem die beiden Renditemöglichkeiten von 10% beim Verkaufskurs von 100 und von lediglich 2% beim Verkaufskurs von 92 mit den Eintrittswahrscheinlichkeiten gewichtet werden: $i_W = 0,5 \cdot 10\% + 0,5 \cdot 2\% = 6\%$. Dieser erwarteten Rendite ist das Risiko der Wertpapieranlage gegenüberzustellen. Es ist üblich, hierfür die Standardabweichung σ_W zu verwenden. Im vorliegenden einfachen Beispiel beträgt sie 4% und entspricht damit jeweils der Abweichung der beiden erwarteten Renditemöglichkeiten von 10% bzw. 2% von der erwarteten Rendite $i_W = 6\%$.

Von der erwarteten Rendite und dem erwarteten Risiko der Wertpapieranlage sind die erwartete Rendite und das erwartete Risiko des Portefeuilles zu unterscheiden. Denn bei einer *Portfolio-Diversifikation* zwischen Geld und Wertpapieren kommen Rendite und Risiko der Wertpapiere nur zu einem gewissen Teil zum Tragen. Für die erwartete Rendite i_P und das erwartete Risiko σ_P des Portefeuilles gilt:

(3.24) $i_P = \alpha i_W + (1 - \alpha) \, i_g$

(3.24a) $\sigma_P = \alpha \sigma_W$

Die Bestimmung der optimalen Portfolio-Struktur wird mit Hilfe der Abbildung 3.6 verdeutlicht. Im Quadranten II ist die Gleichung (3.24) dargestellt worden. Bei einem Wertpapieranteil von null ($\alpha = 0$) ergibt sich die sichere Rendite von $i_P = i_g$ (= 4%); bei $\alpha = 1$ beträgt die erwartete Rendite $i_P = i_W$ (= 6%). Der Quadrant I zeigt mit der Linie AB den Zusammenhang zwischen der erwarteten Rendite und dem erwarteten Risiko des Portefeuilles: Bei $\alpha = 0$ besteht kein Risiko ($\sigma_P = 0$) und bei $\alpha = 1$ entspricht das erwartete Risiko des gesamten Portefeuilles dem erwarteten Risiko der Wertpapieranlage σ_w. Im obigen Beispiel wurde dafür ein Wert von 4% berechnet ($\sigma_{w0} = 4\%$).

Abbildung 3.6

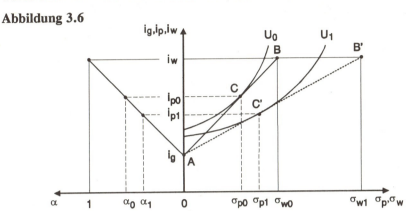

Man bezeichnet die Linie AB als *Ertrags-Risiko-Linie*. Sie läßt sich gewinnen, indem α aus (3.24a) bestimmt und in (3.24) eingesetzt wird:

$$(3.24b) \quad i_P = i_g + (i_w - i_g) \frac{\sigma_P}{\sigma_w}$$

Besitzt das Wirtschaftssubjekt eine *vollkommene Risikoaversion*, so wird es keine Wertpapiere halten und deshalb den Punkt A realisieren. Bei *vollkommener Risikobereitschaft* legt das Wirtschaftssubjekt den Gesamtbetrag V in Wertpapieren an und realisiert somit den Punkt B. Bevorzugt das Wirtschaftssubjekt jedoch eine *"Risikostreuung"*, so wird es eine gewisse Portfolio-Diversifikation vornehmen und auf der Ertrags-Risiko-Linie einen Punkt zwischen A und B wählen.

In der Portfolio-Theorie ist es üblich, dieses Entscheidungsproblem mit Hilfe einer *Risikopräferenzfunktion* zu lösen. Diese Funktion gibt Aufschluß über den Nutzen, den ein Wirtschaftssubjekt allen möglichen Portfolio-Strukturen unter Beachtung von erwarteter Rendite und erwartetem Risiko beimißt. Aus der Risikopräferenzfunktion lassen sich Indifferenzkurven ableiten, die zeigen, welche Kombinationen aus Rendite und Risiko den gleichen subjektiven Nutzen bringen.

Zwei dieser Indifferenzkurven sind in der Abbildung 3.6 mit U_0 und U_1 eingezeichnet worden. Die Kurve U_0 drückt ein höheres Nutzenniveau als U_1 aus; denn bei einem bestimmten Risiko (z.B. bei σ_{P0}) ist der Nutzen um so größer, je höher die Rendite i_P ist - oder bei einer bestimmten Rendite (z.B. bei i_{P0}) ist der Nutzen um so größer, je geringer das Risiko ist. In der Steigung der Indifferenzkurven kommt zum Ausdruck, daß bei einer Zunahme des Risikos nur dann ein bestimmtes Nutzenniveau aufrechterhalten werden kann, wenn die erwartete Rendite überproportional zur Risikoerhöhung steigt.

Auf der zunächst betrachteten Ertrags-Risiko-Linie AB wird in Hinsicht auf eine *Nutzenmaximierung* der Tangentialpunkt C an der Indifferenzkurve U_0 gewählt.

Diese Entscheidung impliziert ein erwartetes Risiko von σ_{P0} und eine erwartete Rendite von i_{P0}. Zugleich ist damit die Anteilsquote α_0 der Wertpapieranlage bzw. die Anteilsquote $(1 - \alpha_0)$ der Geldanlage bestimmt. Die Geldnachfrage des Wirtschaftssubjekts beträgt somit:

(3.24c) $L_j = (1 - \alpha_0) V_j$.

Steigt das erwartete Risiko auf σ_{w1}, ohne daß sich die erwartete Rendite i_w verändert, so dreht sich die Ertrags-Risiko-Linie nach AB'. Auf dieser Linie wird der Punkt C' realisiert, der gemäß U_1 den maximal möglichen Nutzen impliziert. Der Risikoanstieg ist auf jeden Fall mit einer Nutzeneinbuße verbunden. Es ist zu erwarten, daß der Wertpapieranteil im Portefeuille nun verringert wird. In dem in der Abbildung 3.6 skizzierten Beispiel sinkt die Anteilsquote auf α_1. Der Risikozuwachs hat somit - wie im allgemeinen zu erwarten - eine Zunahme der Geldnachfrage zur Folge.

Diese portfolio-theoretischen Überlegungen führen zur folgenden individuellen Geldnachfragefunktion:

(3.24d) $L_j = L_j(i_g, i_w, \sigma_w, V_j)$ mit: $\frac{\delta L_j}{\delta i_g} > 0;\ \frac{\delta L_j}{\delta i_w} < 0;\ \frac{\delta L_j}{\delta \sigma_w} > 0;\ \frac{\delta L_j}{\delta V_j} > 0$

Neben den Zinssätzen und dem Wertpapierrisiko ist - wie auch die Gleichung (3.24c) zeigt - der gesamte Vermögensbetrag, der zur Disposition steht, Determinante der Geldnachfrage. Dieser Vermögensbetrag entspricht dem *Geldvermögen*.

3.5.5 Die aggregierte makroökonomische Geldnachfragefunktion

Die zuvor durchgeführten Einzeluntersuchungen zu den Motiven und Determinanten der Geldnachfrage bilden jetzt die Grundlage für die Formulierung einer aggregierten gesamtwirtschaftlichen Geldnachfragefunktion. Noch einmal ist darauf hinzuweisen, daß vorab geklärt sein muß, welche Geldmengendefinition verwendet wird; denn die einzelnen Determinanten der Geldnachfrage haben je nach Geldmengendefinition ein anderes Gewicht.

Beschränkt man sich auf die Geldmengendefinition M1, also auf Bargeld und Sichteinlagen, so stehen die kurzfristigen Transaktionen im Vordergrund. Die entsprechende makroökonomische Geldnachfrage hängt dann im wesentlichen vom Transaktionsvolumen bzw. vom Einkommen Y ab. Darüber hinaus ist in Hinsicht auf die Opportunitätskosten eine gewisse Zinsabhängigkeit zu vermuten. Determinante ist hierbei der durchschnittliche Zinssatz i der übrigen Finanztitel, die in diesem Fall auch alle Termin- und Spareinlagen einschließen. Das Spekulationsmotiv und das Motiv einer Vermögensanlage im Rahmen der Portfolio-Diversifikation spielen für diese Geldnachfrage in der Regel keine nennenswerte Rolle. Auch das Vorsichtsmotiv dürfte hier nur eine geringe Bedeutung haben.

Legt man eine Geldmengendefinition zugrunde, die neben Bargeld und Sichteinlagen auch Termineinlagen sowie Spareinlagen mit kurz- und mittelfristigen Laufzeiten umfaßt, so gewinnen die zuletzt genannten Motive der Geldnachfrage an Gewicht. Die Termin- und Spareinlagen dienen als Vorsichtskasse für unvorhersehbare Transaktionen, als vorübergehende Wertaufbewahrung mit dem Ziel späterer Transaktionen an Wertpapier- oder Gütermärkten sowie als längerfristige Wertaufbewahrung im Rahmen einer gewissen Portfolio-Diversifikation. Insbesondere in der vorübergehenden Wertaufbewahrung zum Zwecke späterer Wertpapierkäufe zeigt sich das Spekulationsmotiv der Geldnachfrage. Neben dem Transaktionsvolumen bzw. dem Einkommen Y dürften für die Geldnachfrage gemäß dieser Geldmengendefinition der Zinssatz i_g der kurz- und mittelfristigen Termin- und Spareinlagen, der Zinssatz i der übrigen Finanztitel (der Wertpapier- bzw. Kreditforderungen) das Risiko der Wertpapieranlagen σ_w sowie das Geldvermögen V der inländischen privaten Wirtschaftssubjekte von Bedeutung sein. Dementsprechend müßte die Geldnachfragefunktion im Hinblick auf die am weitesten gefaßte Geldmengendefinition M3 lauten:

(3.25) $L = L(Y, i_g, i, \sigma_w, V)$

$$\text{mit: } \frac{\delta L}{\delta Y} > 0; \frac{\delta L}{\delta i_g} > 0; \frac{\delta L}{\delta i} < 0; \frac{\delta L}{\delta \sigma_w} > 0; \frac{\delta L}{\delta V} > 0$$

Wie später noch deutlich wird, ist die Stärke der Zinsabhängigkeit der Geldnachfrage für die Einkommenseffekte der Geldpolitik und auch der Fiskalpolitik sehr wichtig. Sowohl in theoretischen als auch in empirischen Untersuchungen hat deshalb die Zinsabhängigkeit der Geldnachfrage einen besonders hohen Stellenwert. Ein allgemein anerkanntes Ergebnis haben diese Untersuchungen jedoch bis heute nicht gebracht. Nach wie vor gehen die Meinungen über die Zinsreagibilität der Geldnachfrage auseinander. In den auf der *neoklassischen Theorie* aufbauenden Ansätzen überwiegt die Auffassung, daß der Zinseinfluß nur sehr gering und eventuell sogar zu vernachlässigen ist. Geld erfüllt in diesen Ansätzen allerdings in der Regel nur die Funktion eines unmittelbaren Zahlungsmittels, so daß man sich auch von vornherein auf die enge Geldmengendefinition M1 beschränkt. Die Geldnachfrage ist demnach nur eine Nachfrage nach Transaktionskasse. In den neoklassischen Ansätzen geht man darüber hinaus häufig von der These aus, daß die Wirtschaftssubjekte das Ziel haben, die Opportunitätskosten der Geldhaltung grundsätzlich so gering wie möglich zu halten und auch bei einem niedrigen Zinssatz der alternativen Finanztitel keine oder zumindest keine nennenswerten Geldbestände halten, die nicht unbedingt für kurzfristige Transaktionen benötigt werden. Die "neoklassische Geldnachfragefunktion" läßt sich vor diesem Hintergrund als ein einfacher Zusammenhang zwischen dem Realeinkommen Y und dem "überwiegend als konstant angenommenen" Kassenhaltungskoeffizienten k_Y formulieren:

(3.25a) $L_{Neoklassik} = k_Y Y$ mit: $k_Y > 0$

In der *keynesianischen Theorie* wird im allgemeinen die Auffassung vertreten, daß Zinssätze sehr wohl einen maßgeblichen Einfluß auf die Geldnachfrage haben. Geld wird in dieser Theorie nicht nur als ein unmittelbares Zahlungsmittel, sondern auch als Mittel zur Wertaufbewahrung im Rahmen des Spekulationsmotivs und der Portfolio-Diversifikation gesehen. Das impliziert allerdings zugleich eine weiter gefaßte Geldmengendefinition, die zumindest kurzfristige Termin- und Spareinlagen einschließt. Die "keynesianische Geldnachfragefunktion" stimmt deshalb im wesentlichen mit der Funktion (3.25) überein. In den herkömmlichen keynesianischen Ansätzen - insbesondere in den Lehrbuchdarstellungen - wird allerdings häufig, nicht zuletzt aus Gründen der Vereinfachung, auf eine Berücksichtigung des Geldmarktzinssatzes i_g, der Risikogröße σ_w und der Vermögensgröße V verzichtet. Die Geldnachfragefunktion lautet dann:

(3.25b) $\quad L_{Keynes} = L(Y, i) \qquad\qquad \text{mit: } \frac{\delta L}{\delta Y} > 0; \frac{\delta L}{\delta i} < 0$

Im folgenden werden grundsätzlich alle Möglichkeiten der Zinsabhängigkeit der Geldnachfrage in Betracht gezogen.[23] Es wird aufgezeigt, welche Bedeutung die Höhe der Zinselastizität der Geldnachfrage im Rahmen der makroökonomischen Zusammenhänge hat und welche spezifischen Ergebnisse in Extremfällen eintreten, also dann, wenn die Geldnachfrage zinsunelastisch oder vollkommen zinselastisch ist. Dementsprechend liegt den weiteren Untersuchungen eine Geldnachfragefunktion analog zu (3.25b) zugrunde.

In der Abbildung 3.7 ist auf der Basis dieser Geldnachfragefunktion eine Möglichkeit für den Zusammenhang zwischen der Geldnachfrage L und dem Wertpapier- bzw. Kreditzinssatz i dargestellt worden. Bei der Erklärung der Nachfrage nach Spekulationskasse wurde bereits ausführlich erläutert, daß die Zinsreagibilität bei einem niedrigen Zinsniveau vermutlich größer ist als bei einem hohen Zinsniveau. Denn bei einem niedrigen Zinssatz besteht ein hohes Kursrisiko, so daß sich die Wirtschaftssubjekte bei Wertpapierkäufen zurückhalten und statt dessen lieber Geld halten. Bei einem hohen Zinsniveau sind demgegenüber Kursgewinne zu erwarten, so daß die Wirtschaftssubjekte Geld, das sie nicht für güterwirtschaftliche

---

[23] Aus der großen Zahl empirischer Untersuchungen zur Geldnachfrage, in denen die Geldmengendefinition M1 zugrunde gelegt wird, läßt sich der Schluß ziehen, daß zwar eine gewisse Abhängigkeit von einem Zinssatz für kurzfristige Finanztitel, insbesondere für Termineinlagen, besteht, aber die Zinselastizität - absolut gesehen - relativ gering ist. Die Deutsche Bundesbank gelangt beispielsweise zu einer Zinselastizität von etwa – 0,2. In einer Reihe von US-amerikanischen Untersuchungen liegt die Zinselastizität sogar noch niedriger. Empirische Untersuchungen, die von der Geldmengendefinition M2 oder M3 ausgehen, weisen im allgemeinen eine gewisse positive Abhängigkeit der Geldnachfrage vom "Eigenzins", d.h. vom kurzfristigen Geldmarktzinssatz für Termineinlagen und eine negative Abhängigkeit von einem längerfristigen Wertpapierzinssatz auf. Die Zinselastizität in bezug auf den Wertpapierzinssatz ist - absolut gesehen - im allgemeinen größer als die auf den Geldmarktzinssatz bezogene Zinselastizität der Geldnachfrage gemäß der engeren Definition M1. Die Deutsche Bundesbank hat beispielsweise eine Zinselastizität bis zu – 0,4 festgestellt. Zu ähnlichen Ergebnissen gelangen auch mehrere US-amerikanische Untersuchungen.

Transaktionen benötigen, für Wertpapierkäufe mobilisieren. Sobald diese frei verfügbaren Geldbestände erschöpft sind, ist eine weitere Verringerung der Geldnachfrage im Zuge eines Zinsanstiegs nicht mehr möglich, und folglich wird die Geldnachfrage zinsunelastisch. Diese Zusammenhänge kommen im Verlauf der Geldnachfragefunktion zum Ausdruck.

Abbildung 3.7

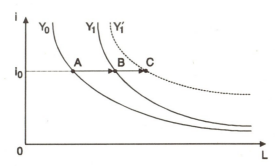

Wenn das Einkommen Y zunimmt, wird mehr Geld für Transaktionszwecke benötigt. Demzufolge nimmt die Geldnachfrage bei jedem Zinssatz um einen bestimmten Betrag zu; die Geldnachfragefunktion ist dementsprechend nach rechts zu drehen, z.B. von Y_0 nach Y_1. Bei einem Zinssatz von i_0 würde die Geldnachfrage in diesem Fall um die Strecke AB zunehmen.

In den vorangegangenen Einzeluntersuchungen ist mehrmals betont worden, daß Risikoaspekte eine große Bedeutung für die Geldnachfrage haben. Hervorgehoben wurden dabei das Risiko unvorhersehbarer Transaktionen am Gütermarkt sowie das Risiko von Kursverlusten am Wertpapiermarkt. Kommt es zu Veränderungen in der Einschätzung solcher Risiken, so hat dieses Auswirkungen auf die Geldnachfrage und dementsprechend auf die Lage der Geldnachfragefunktion in der Abbildung 3.7. Schätzen die Wirtschaftssubjekte beispielsweise das Kursrisiko auf dem Wertpapiermarkt höher ein, weil eine starke Zunahme der staatlichen Budgetdefizite und der staatlichen Kreditaufnahme erwartet wird, so ist mit einer Erhöhung der Geldnachfrage zu rechnen. Denn für die Wirtschaftssubjekte ist es jetzt sinnvoll, sich einerseits mit Wertpapierkäufen zurückzuhalten und andererseits Wertpapiere zu verkaufen, solange der Kurs noch relativ hoch ist. Bei jedem Zinssatz nimmt die Geldnachfrage somit zu, z.B. bei i_0 um den Betrag BC. Es ist zu vermuten, daß die zuvor aufgezeigte Reaktion um so stärker ausfällt, je niedriger das Zinsniveau in der Ausgangssituation ist. Denn bei niedrigem Zinssatz bewirkt eine Zinssteigerung um einen Prozentpunkt einen höheren Kursverlust als im Hochzinsbereich[24]; außerdem wird im allgemeinen die Möglichkeit kräftiger Zinssteigerungen um so größer eingeschätzt, je geringer das Zinsniveau in der Aus-

---

[24] Bei einem "ewigen" Wertpapier gilt die Beziehung $P_W = 100n/i$. Nimmt bei einem Nominalzinssatz von n = 6% der Marktzinssatz i von 6% auf 7% zu, so sinkt der Kurs P_W von 100 auf 85,7. Beträgt der Nominalzinssatz demgegenüber 10% und steigt der Marktzinssatz von 10% auf 11%, so geht der Kurs von 100 auf 90,9 zurück. Der Kursverlust beträgt also im ersten Fall 14,3% und im zweiten Fall "nur" 9,1%.

gangssituation ist. Aufgrund solcher Reaktionen nimmt die Zinselastizität der Geldnachfrage im unteren Zinsbereich zu. In der Abbildung 3.7 wird die Geldnachfragefunktion beispielsweise von Y_1 nach Y_1' gedreht.

3.6 Das Geldangebot

3.6.1 Monetäre Basis, Mindest- und Überschußreserven

Für das Geldangebot des finanziellen Sektors, das auch als gesamtwirtschaftliches Geldangebot zu bezeichnen ist, sind drei monetäre Größen von Bedeutung:
- die *monetäre Basis* (mit MB bezeichnet)
- das Mindestreservesoll bzw. die *Mindestreserven* (mit MR bezeichnet)
- die *Überschußreserven* der Kreditinstitute (mit ÜR bezeichnet).

Die monetäre Basis setzt sich aus dem schon bekannten Bargeldumlauf bzw. dem Bargeld in Händen der Nichtbanken B, dem Bargeld im Besitz der Kreditinstitute B_{Kr} sowie den Einlagen der Kreditinstitute bei der Zentralbank E_{KrZ} zusammen:

(3.26) $\quad MB \equiv B + B_{Kr} + E_{KrZ}$

Die monetäre Basis ist ihrerseits ein Teil des *Zentralbankgeldes*. Wie schon erwähnt, gehören zum Zentralbankgeld außerdem noch die Einlagen der Nichtbanken bei der Zentralbank. Diese Einlagen sind für das gesamtwirtschaftliche Geldangebot jedoch von relativ geringer Bedeutung, so daß auf ihre Erfassung hier wie im folgenden verzichtet werden soll.

Die Kreditinstitute sind im allgemeinen verpflichtet, einen Teil ihrer Verbindlichkeiten aus den Einlagen von Nichtbanken in Form von Zentralbankgeld zu halten. Das so gebundene Zentralbankgeld stellt das *Mindestreservesoll* bzw. die *Mindestreserven* der Kreditinstitute dar. Das Mindestreservesoll (auch kurz Reservesoll genannt) berechnet sich aus den *Mindestreservesätzen*, die von der Zentralbank festgesetzt werden, und den *reservepflichtigen Einlagen*. Die Zentralbank legt ebenfalls fest, welche Einlagen bei Kreditinstituten zu den reservepflichtigen Einlagen gehören. Es ist üblich, die Sichteinlagen, die in der Regel täglich fällig sind, sowie die Termin- und die Spareinlagen mit einer bestimmten kurz- bis mittelfristigen Laufzeit oder Kündigungsfrist mindestreservepflichtig zu machen. In der Regel gelten für die verschiedenen Einlagenformen unterschiedliche Reservesätze, wobei der Reservesatz für die kurzfristig fälligen Sichteinlagen am höchsten und derjenige für die Spareinlagen üblicherweise am niedrigsten ist. Die Verpflichtung zur Haltung von Mindestreserven wurde früher häufig mit der Notwendigkeit einer offiziell verordneten Liquiditätssicherung begründet. Heutzutage ist dieser Aspekt jedoch angesichts vielfältiger anderer Möglichkeiten der Liquiditätssicherung seitens der Kreditinstitute ohne Bedeutung. Statt dessen spielt die Festsetzung der Mindestreserveverpflichtungen eine gewisse Rolle im Rahmen des geldpolitischen Instrumentariums. Darauf wird später noch näher eingegangen.

Um eine konsistente und zugleich möglichst einfache Analyse zu ermöglichen, werden hier in Anlehnung an die weiter oben eingeführte Geldmengendefinition M3 die Sichteinlagen (mit SE bezeichnet), die Termineinlagen mit einer Befristung bis zu vier Jahren (mit TE bezeichnet) und die Spareinlagen mit gesetzlicher Kündigungsfrist (mit SP bezeichnet) jeweils der inländischen Nichtbanken zu den reservepflichtigen Einlagen gezählt:

(3.27) $\quad MR \equiv \alpha_{SE} \, SE + \alpha_{TE} \, TE + \alpha_{SP} \, SP$

Mit α_{SE}, α_{TE} und α_{SP} werden die einlagenspezifischen Mindestresevesätze bezeichnet, wobei in der Regel gilt: $\alpha_{SE} > \alpha_{TE} > \alpha_{SP}$. Unter Verwendung des durchschnittlichen Mindestreservesatzes α_E kann das Mindestreservesoll auch auf die gesamten Einlagen E der inländischen Nichtbanken bei den inländischen Kreditinstituten bezogen werden:

(3.27a) $\quad MR \equiv \alpha_E E \qquad\qquad$ mit: $E = SE + TE + SP$

Schließlich sind noch die Überschußreserven zu definieren. Sie sind der Teil des Zentralbankgeldes im Besitz der Kreditinstitute, der nicht durch Mindestreserveverpflichtungen gebunden ist. Da das gesamte Zentralbankgeld der Kreditinstitute mit $B_{Kr} + E_{KrZ}$ erfaßt ist, gilt also:[25]

(3.28) $\quad \ddot{U}R = B_{Kr} + E_{KrZ} - MR$

Diese Gleichung impliziert zugleich, daß das Zentralbankgeld in Händen der Kreditinstitute $B_{Kr} + E_{KrZ}$ für das Halten von Mindestreserven und von Überschußreserven verwendet wird.

3.6.2 Monetäre Basis und Geldmenge

Zwischen der monetären Basis und der gesamtwirtschaftlichen Geldmenge besteht ein enger Zusammenhang. Das gilt für jede der drei zuvor erläuterten Geldmengendefinitionen, also für M1, M2 und M3. Im folgenden wird dieser Zusammenhang ausführlich für die Geldmenge M3 und anschließend auch kurz für die Geldmengen M1 und M2 verdeutlicht.

Aus der Gleichung (3.28) ist ersichtlich, daß sich der Bestand an Bargeld B_{Kr} und die Zentralbankeinlagen E_{KrZ} der Kreditinstitute auf die Mindestreserven MR und die Überschußreserven ÜR aufteilen:

---

[25] Die deutschen Kreditinstitute halten in der Regel nur relativ geringe Überschußreserven. Das ist vor allem auf die Möglichkeit zurückzuführen, Liquiditätsengpässe durch Rückgriff auf sogenannte *sekundäre Liquiditätsreserven* schließen zu können. Sekundäre Liquiditätsreserven sind Aktiva, die die Kreditinstitute jederzeit bei der Zentralbank in Zentralbankgeld umwandeln, sowie das Kreditpotential, das die Kreditinstitute bei der Zentralbank ausschöpfen können. Darüber hinaus ist ein weitgehender Verzicht auf Überschußreserven möglich, weil die Zentralbank die Bargeldbestände der Kreditinstitute, die als Transaktionskasse benötigt werden, auf das Mindestreservesoll anrechnet. Überschußreserven dienen deshalb in der Bundesrepublik im wesentlichen nur als Vorsichtskasse im Rahmen der Erfüllung der Mindestreserveverpflichtungen.

(3.28a) $B_{Kr} + E_{KrZ} = MR + ÜR$

Setzt man diesen Ausdruck in die Definitionsgleichung (3.26) für die monetäre Basis ein, so erhält man:

(3.26a) $MB \equiv B + MR + ÜR$

Die monetäre Basis entspricht somit der Summe aus dem Bargeldumlauf, den Mindestreserven und den Überschußreserven. B, MR und ÜR bezeichnen gewissermaßen die *Verwendung* des Zentralbankgeldes, das mit der monetären Basis zur Verfügung steht. Wie weiter oben schon erwähnt, halten die Kreditinstitute allerdings nur sehr geringe Bestände an Überschußreserven, so daß es aus Gründen der Vereinfachung sinnvoll ist, diese Bestände mit null anzusetzen. Für die Verwendung der monetären Basis gilt somit:

(3.26b) $MB = B + MR$

Die Geldmenge M3 setzt sich bekanntlich aus dem Bargeldumlauf und den Bankeinlagen E in Händen der inländischen Nichtbanken zusammen:

(3.29) $M3 \equiv B + E$

Das Bargeld und dementsprechend auch die Bankeinlagen machen einen gewissen Teil der gesamten Geldmenge aus:

(3.29a) $B = \beta_M M3$

(3.29b) $E = (1 - \beta_M) M3$

Der Anteil β_M ist die *Bargeldquote*. Sie wird von den Wirtschaftssubjekten nach bestimmten Kriterien, z.B. aufgrund des Bargeldbedarfs für Transaktionen, festgelegt. Mit der Bargeldquote wird gleichzeitig die *Einlagenquote* $(1 - \beta_M)$ fixiert.

Die Verwendung der monetären Basis gemäß Gleichung (3.26b) läßt sich unter Berücksichtigung der Bargeldhaltung gemäß Gleichung (3.29a) und des Mindestreservesolls gemäß Gleichung (3.27a) wie folgt konkretisieren:

(3.26c) $MB = \beta_M M3 + \alpha_E E$

Für die Bankeinlagen E läßt sich der Ausdruck (3.29b) einsetzen:

(3.26d) $MB = [\beta_M + \alpha_E(1 - \beta_M)] M3$

Durch Auflösung nach M3 erhält man den folgenden Zusammenhang zwischen der Geldmenge und der monetären Basis:

(3.30) $M3 = \dfrac{1}{\beta_M + \alpha_E(1 - \beta_M)} MB$

Der Quotient auf der rechten Seite dieser Gleichung ist der *Geldschöpfungsmultiplikator*. Er zeigt an, wie sich eine Veränderung der monetären Basis auf die Geldmenge M3 auswirkt:

$$(3.30a) \quad g_3 = \frac{\Delta M3}{\Delta MB} = \frac{1}{\beta_M + \alpha_E(1 - \beta_M)}$$

Der Geldschöpfungsmultiplikator g_3 ist um so größer, je kleiner die Bargeldquote β_M und je kleiner (der durchschnittliche) Mindestreservesatz α_E sind. Da die Bargeldhaltung nur einen relativ kleinen Teil der gesamten Geldmenge M3 ausmacht und auch der durchschnittliche Mindestreservesatz in der Regel erheblich kleiner als 1 ist, hat der Geldschöpfungsmultiplikator einen Wert, der im allgemeinen deutlich über 1 liegt. Die Geldmenge M3 ist deshalb auch erheblich größer als die monetäre Basis.

Der Geldschöpfungsmultiplikator läßt sich noch präzisieren, wenn die Aufteilung der gesamten Bankeinlagen E auf die Sicht-, Termin- und Spareinlagen betrachtet wird:

(3.31) $\quad E = SE + TE + SP$

(3.31a) $\quad SE = \lambda_{SE} E$

(3.31b) $\quad TE = \lambda_{TE} E$

(3.31c) $\quad SP = (1 - \lambda_{SE} - \lambda_{TE}) E$

Unter Beachtung des Anteils der Bankeinlagen an der Geldmenge M3 gemäß Gleichung (3.29b) folgt jetzt für das Mindestreservesoll nach Gleichung (3.27):

(3.27b) $\quad MR = (1 - \beta_M)[\alpha_{SE}\lambda_{SE} + \alpha_{TE}\lambda_{TE} + \alpha_{SP}(1 - \lambda_{SE} - \lambda_{TE})]M3$

Der Ausdruck in der eckigen Klammer entspricht dem oben schon verwendeten durchschnittlichen Mindestreservesatz α_E:

(3.32) $\quad \alpha_E = \alpha_{SE}\lambda_{SE} + \alpha_{TE}\lambda_{TE} + \alpha_{SP}(1 - \lambda_{SE} - \lambda_{TE})$

Der durchschnittliche Mindestreservesatz ergibt sich somit aus einer Gewichtung der einlagenspezifischen Mindestreservesätze mit den Anteilen der entsprechenden Einlagenarten an den gesamten Bankeinlagen. Der Ausdruck (3.32) müßte nun, sofern eine differenzierte Betrachtung erwünscht ist, in die Geldmengengleichung (3.30) eingesetzt werden.

Um den Zusammenhang zwischen der monetären Basis und der Geldmenge nach den beiden anderen Definitionen zu bestimmen, muß ebenfalls auf die differenzierte Betrachtung der Einlagenformen zurückgegriffen werden:

(3.33) $\quad M1 \equiv B + SE \equiv M3 - TE - SP$

(3.34) $\quad M2 \equiv B + SE + TE \equiv M3 - SP$

Unter Beachtung der Gleichung (3.29b) für den Anteil der gesamten Bankeinlagen an der Geldmenge M3 sowie der Gleichungen (3.31b) und (3.31c) für die Aufteilung der Termin- und Spareinlagen lassen sich diese beiden Gleichungen auch schreiben als:

(3.33a) M1 = [$\beta_M + \lambda_{SE}(1 - \beta_M)$]M3

(3.34a) M2 = [$\beta_M + (\lambda_{SE} + \lambda_{TE})(1 - \beta_M)$]M3

Setzt man für M3 den Zusammenhang gemäß Gleichung (3.30) ein, so folgt:

(3.33b) M1 = g_3[$\beta_M + \lambda_{SE}(1 - \beta_M)$]MB

(3.34b) M2 = g_3[$\beta_M + (\lambda_{SE} + \lambda_{TE})(1 - \beta_M)$]MB

Für die Geldmenge M1 ergibt sich somit ein Geldschöpfungsmultiplikator von:

(3.35) $g_1 = g_3[\beta_M + \lambda_{SE}(1 - \beta_M)] > 0$

In bezug auf die Geldmenge M2 lautet der Geldschöpfungsmultiplikator:

(3.35a) $g_2 = g_3[\beta_M + (\lambda_{SE} + \lambda_{TE})(1 - \beta_M)] > 0$

Im allgemeinen (bei $\lambda_{TE} > 0$ und $\lambda_{SE} > 0$) bestehen die folgenden Größenverhältnisse:

(3.35b) $g_3 > g_2 > g_1$

Bei einer Veränderung der monetären Basis verändert sich die Geldmenge M3 ceteris paribus (bei fixierter Bargeldquote und bei fixierten Einlagenquoten) um einen größeren Betrag als die Geldmenge M2 und die Geldmenge M2 um einen größeren Betrag als die Geldmenge M1.

3.6.3 Der Geld- und Kreditschöpfungsprozeß

Aus der Gleichung (3.30) läßt sich, sofern die Bargeldquote β_M und der durchschnittliche Mindestreservesatz α_E bekannt sind, die Veränderung der Geldmenge M3 als Folge einer Veränderung der monetären Basis MB bestimmen. Damit wird aber noch nicht deutlich, über welche Vorgänge die Geldschöpfung im einzelnen stattfindet. Diese sollen jetzt aufgezeigt werden.

Einige Kreditinstitute mögen aus ihren Beständen Wertpapiere mit einem Betrag von insgesamt 100 (z.B. Mio. DM) an die Zentralbanken verkaufen. Mit diesem Verkauf gelangen die Kreditinstitute in den Besitz von Zentralbankgeld. Sie beabsichtigen, auf dieser Grundlage zusätzliche Kredite an die Nichtbanken zu vergeben. In der Bilanz der Kreditinstitute und in der Bilanz der Zentralbank finden im Zuge der Wertpapiertransaktion folgende Veränderungen statt:

Kreditinstitute		Zentralbank	
ΔZG_{Kr} +100		ΔW^d_Z +100	ΔZG_{Kr} +100
ΔW^d_{Kr} −100			

ZG_{Kr} ist das Zentralbankgeld in Händen der Kreditinstitute, das sich aus dem Bargeld B_{Kr} und den Zentralbankeinlagen E_{KrZ} zusammensetzt. W^d_{Kr} sind die Wertpapier- bzw. Kreditforderungen der Kreditinstitute und W_Z^d dementsprechend die Wertpapier- bzw. Kreditforderungen der Zentralbank.

Da sich die Mindestreserveverpflichtungen (noch) nicht verändert haben, stellt das zusätzliche Zentralbankgeld der Kreditinstitute Überschußreserven dar. Die Kreditinstitute verwenden diese Überschußreserven zur Vergabe von Krediten an Nichtbanken. Dabei entstehen also zusätzliche Wertpapier- bzw. Kreditforderungen gegenüber den Nichtbanken in Höhe von 100. In der Bilanz der Kreditinstitute und in den Bilanzen der Nichtbanken mögen in diesem Zusammenhang die folgenden Änderungen eintreten:

Kreditinstitute				Nichtbanken			
ΔZG_{Kr}	-25	ΔE	$+75$	ΔB	$+25$	ΔW_N^S	$+100$
ΔW_{Kr}^d	$+100$			ΔE	$+75$		

Den zusätzlichen Kreditforderungen ΔW_{Kr}^d der Kreditinstitute stehen in gleicher Höhe zusätzliche Kreditverbindlichkeiten ΔW_N^S der Nichtbanken gegenüber. Durch diese Erhöhung der Verbindlichkeiten kommt es bei den Nichtbanken zwingend zu Veränderungen in anderen Geldvermögenspositionen. Es sei angenommen, daß die Kredittransaktionen bei den Nichtbanken zu einer Erhöhung der Bargeldbestände um $\Delta B = 25$ und zu einer Erhöhung der Bankeinlagen um $\Delta E = 75$ führen. Aus makroökonomischer Perspektive ist es unerheblich, ob die Kreditnehmer selbst ihr Bargeld und ihre Bankeinlagen aufstocken oder ob das durch andere Wirtschaftssubjekte im Nichtbankenbereich geschieht. Werden die Kredite beispielsweise zur Durchführung von Güterkäufen verwendet, so ist damit zu rechnen, daß sich das Geldvermögen der Kreditnehmer in Höhe der zusätzlichen Kreditverbindlichkeiten verringert und daß sich folglich das Geldvermögen anderer Wirtschaftssubjekte um diesen Betrag erhöht. Diese anderen Wirtschaftssubjekte teilen dann ihr zusätzliches Geldvermögen beispielsweise auf Bargeld und Bankeinlagen auf, im vorliegenden Beispiel mit einem Anteil von 25% auf Bargeld. Für die *Bargeldquote* wird hier somit ein Wert von $\beta_M = 0{,}25$ angenommen.

Infolge der zusätzlichen Bargeldhaltung der Nichtbanken haben sich die Bestände an Zentralbankgeld bei den Kreditinstituten um 25 verringert. In dieser Höhe ist also Zentralbankgeld von den Kreditinstituten in den Nichtbankenbereich geflossen. Die Verringerung der Überschußreserven fällt allerdings noch höher aus. Da die Verpflichtungen aus den zusätzlichen Bankeinlagen (in Höhe von $\Delta E = 75$) mindestreservepflichtig sind, wird ein zusätzlicher Betrag des Zentralbankgeldes gebunden, der nun nicht mehr in Form von Überschußreserven frei verfügbar ist. Es sei angenommen, daß der (durchschnittliche) Mindestreservesatz den Wert $\alpha_E = 0{,}2$ (20%) hat. Dementsprechend steigt das Mindestreservesoll der Kreditinstitute um $\Delta MR = \alpha_E \Delta E = 15$. Die anfangs verfügbaren Überschußreserven haben sich somit um den Betrag $\Delta B + \Delta MR = 40$ (Mio. DM) auf nunmehr ÜR = 60 verringert.

Wenn die Kreditinstitute nicht an einer zinslosen Haltung von Überschußreserven interessiert sind, werden sie den frei verfügbaren Betrag für eine weitere Kreditvergabe nutzen wollen. Es sei angenommen, daß bei den Nichtbanken die Bereitschaft besteht, noch weitere Kredite aufzunehmen. In den Bilanzen der Kreditinstitute und der Nichtbanken mögen jetzt die folgenden Änderungen eintreten:

Kreditinstitute			Nichtbanken			
ΔZG_{Kr}	−15	ΔE +45	ΔB	+15	ΔW_N^s	+60
ΔW_{Kr}^d	+60		ΔE	+45		

Die Kreditverbindlichkeiten der Nichtbanken nehmen um $\Delta W_N^s = 60$ zu. Geht man wieder von einer Bargeldquote $\beta_M = 0{,}25$ aus, so steht dieser Zunahme der Verbindlichkeiten eine Erhöhung der Bargeldbestände der Nichtbanken um $\Delta B = 15$ und eine Erhöhung der Bankeinlagen um $\Delta E = 45$ gegenüber. Die Kreditinstitute haben also erneut Zentralbankgeld an die Nichtbanken verloren, nun in Höhe von $\Delta ZG_{Kr} = -15$.

Bei einem Mindestreservesatz von $\alpha_E = 0{,}2$ steigt das Mindestreservesoll um $\Delta MR = \alpha_E \Delta E = 9$. Die Überschußreserven sind erneut gesunken, und zwar um den Betrag $\Delta B + \Delta MR = 24$. Folglich stehen den Kreditinstituten jetzt nur noch Überschußreserven in Höhe von ÜR = 36 zur Verfügung. Sofern seitens der Nichtbanken eine entsprechende Kreditnachfrage vorliegt, wird dieser Betrag wiederum für eine Kreditschöpfung verwendet. Die zuvor geschilderten Prozesse wiederholen sich gleichermaßen. Da die Überschußreserven im Laufe des *Kreditschöpfungsprozesses* "verbraucht" werden, nehmen die zusätzlichen Kreditbeträge sukzessive ab.

Der gerade skizzierte *Kredit- und Geldschöpfungsprozeß* wird jetzt noch mit Hilfe der Tabelle 3.1 verdeutlicht. Das vorliegende Beispiel macht deutlich, daß der Kreditschöpfungsprozeß gleichzeitig mit einem Geldschöpfungsprozeß einhergeht. Da den zusätzlichen Kreditverbindlichkeiten der Nichtbanken zusätzliche Forderungen in Form von Bargeld und in Form von Bankeinlagen gegenüberstehen, nimmt die Geldmenge, die das Bargeld und die Bankeinlagen umfaßt, folglich um den gleichen Betrag zu.

Wie zuvor schon deutlich geworden ist, vollzieht sich die Kredit- und Geldschöpfung in einem Anpassungsprozeß, in dem die Kreditinstitute ihre Überschußreserven allmählich abbauen. Sie vergeben so lange Kredite, bis die Überschußreserven verbraucht sind. Analog zu dem oben skizzierten Beispiel wurde der Kredit- und Geldschöpfungsprozeß in der Tabelle 3.1 in Phasen zerlegt. Der gesamte Prozeß kann allerdings durchaus in einer relativ kurzen Zeit abgeschlossen sein, nämlich dann, wenn seitens der Nichtbanken eine ausreichend hohe Kreditnachfrage besteht und wenn die Kreditinstitute vorhandene Überschußreserven schnell in ein zusätzliches Kreditangebot umsetzen. Die Tabelle 3.1 macht noch einmal deutlich, daß die Überschußreserven im Laufe des Kredit- und Geldschöpfungsprozesses sukzessive sinken und damit gleichzeitig die Bargeldbestände in Händen der Nichtbanken und die Mindestreserven zunehmen. Indem die Nichtbanken ihre Bargeldbestände erhöhen, verlieren die Kreditinstitute in gleichem Umfang Zentralbankgeld.

Tabelle 3.1

Phase	ÜR	ΔZG_{Kr}	Kreditschöpfung	Geldschöpfung		
			ΔW^d_{Kr}	Verwendung der Überschußreserven		
				ΔMR	ΔB	ΔE
1	100,00	100,00	-	-	-	-
2	60,00	-25,00	100,00	15,00	25,00	75,00
3	36,00	-15,00	60,00	9,00	15,00	45,00
4	21,60	-9,00	36,00	5,40	9,00	27,00
5	12,96	-5,40	21,60	3,24	5,40	16,20
⋮	⋮	⋮	⋮	⋮	⋮	⋮
n	0,00	0,00	0,00	0,00	0,00	0,00
Summe		37,50	250,00	37,50	62,50	187,50
				ΔMB		
					ΔM	

Im Rahmen des gesamten Prozesses hat eine Kreditschöpfung in Höhe von $\Delta W^d_{Kr} = 250$ stattgefunden. Die Bargeldbestände der Nichtbanken haben um 62,5 und die Bankeinlagen der Nichtbanken um 187,5 zugenommen. Somit ist es auch zu einer Geldschöpfung in Höhe von $\Delta M = \Delta B + \Delta E = 250$ gekommen. Wegen der Erhöhung der Bankeinlagen sind die Mindestreserven insgesamt um $\Delta MR = 37,5$ gestiegen. Da die Kreditinstitute schließlich keine Überschußreserven mehr besitzen, hat sich der Bestand der Kreditinstitute an Zentralbankgeld letztlich um den Betrag der zusätzlichen Mindestreserven verändert. Es sei noch einmal daran erinnert, daß die Kreditinstitute ihren Bestand an Zentralbankgeld zu Beginn des gesamten Prozesses dadurch erhöht haben, daß sie Wertpapiere an die Zentralbank verkauft haben. Dieser Vorgang impliziert allerdings keine Kreditschöpfung, da lediglich bereits vorhandene Kreditforderungen innerhalb des finanziellen Sektors transferiert werden. Zusätzliche Kreditforderungen des finanziellen Sektors und dementsprechend zusätzliche Kreditverbindlichkeiten des Nichtbankenbereichs entstehen erst im Rahmen des zuvor aufgezeigten Kredit- und Geldschöpfungsprozesses.

Die gesamte Kredit- und die gesamte Geldschöpfung lassen sich aus der Gleichung (3.30) bestimmen. Die monetäre Basis wurde im vorliegenden Beispiel um $\Delta MB = 100$ erhöht, so daß sich für einen (durchschnittlichen) Mindestreservesatz $\alpha_E = 0,2$ und eine Bargeldquote $\beta_M = 0,25$ ergibt:

$$(3.30b) \quad \Delta M = \Delta W^d_{Kr} = \frac{1}{\beta_M + \alpha_E(1 - \beta_M)} \Delta MB = 250.$$

Im zuvor diskutierten Beispiel wurde der Kredit- und Geldschöpfungsprozeß durch eine Veränderung der monetären Basis ausgelöst. Aus der Gleichung (3.30b) läßt sich aber ablesen, daß es zu einer Veränderung der Geldmenge und dementsprechend zu einer Veränderung der Kreditforderungen des finanziellen Sektors auch dann kommt, wenn sich der Geldschöpfungsmultiplikator verändert. Wenn beispielsweise der Mindestreservesatz α_E und/oder die Bargeldquote β_M sinken, erhöht sich der Geldschöpfungsmultiplikator. Die Geldmenge nimmt dann bei gegebener monetärer Basis zu. Im Falle einer Verringerung des Reservesatzes wird für die Kreditinstitute Zentralbankgeld frei verfügbar, das vorher durch Mindestreserveverpflichtungen gebunden war. Im Falle einer Verringerung der Bargeldquote fließt den Kreditinstituten Zentralbankgeld aus dem Nichtbankenbereich zu. Somit gelangen die Kreditinstitute in beiden Fällen in den Besitz von Überschußreserven, durch die analog zu dem oben skizzierten Beispiel der Kredit- und Geldschöpfungsprozeß ausgelöst wird.

3.6.4 Geldpolitische Steuerungsmöglichkeiten der monetären Basis und der Geldmenge

Die Wirkungsmöglichkeiten der Geldpolitik hängen ganz wesentlich davon ab, ob und inwieweit die Zentralbank eines Landes in der Lage ist, die Geldmenge autonom zu bestimmen. Wie zuvor deutlich geworden ist, sind für die Geldmenge zwei Größen von Bedeutung: die *monetäre Basis* und der *Geldschöpfungsmultiplikator*. Es ist also zu prüfen, wie die Zentralbank Einfluß auf diese beiden Größen nehmen kann und ob dieser Einfluß für eine möglichst exakte Steuerung der Geldmenge ausreicht.

Um die möglichen Einflüsse auf die monetäre Basis erfassen zu können, muß ihre Entstehung genauer betrachtet werden. Dazu ist auf die Bilanz der Zentralbank zurückzugreifen, die hier durch Zusammenfassung bestimmter Bilanzpositionen vereinfacht worden ist:

Bilanz der Zentralbank

Wertpapier- bzw. Kreditforderungen gegen Kreditinstitute	W_{ZKr}	Bargeldumlauf (Bargeld in Händen der Nichtbanken)	B
Wertpapier- bzw. Kreditforderungen gegen öffentliche Haushalte	W_{ZSt}	Bargeld in Händen der Kreditinstitute	B_{Kr}
		Einlagen der Kreditinstitute	E_{KrZ}
Währungsreserven (Wertpapier- bzw. Kreditforderungen gegen das Ausland)	WR		
Sonstige Positionen	SO		
Monetäre Basis	MB	Monetäre Basis	MB

Die Passivseite zeigt die schon aus der Gleichung (3.26) bekannte *Verwendung* der monetären Basis. Auf der Aktivseite wird demgegenüber die *Entstehung* der monetären Basis sichtbar. Sieht man von den sonstigen Positionen ab, die hier wie im folgenden vernachlässigt werden können, so sind in Hinsicht auf die Entstehung der monetären Basis drei Positionen hervorzuheben:

■ die Kredite der Zentralbank an die Kreditinstitute (W_{ZKr})

- die Nettokredite der Zentralbank an die öffentlichen Haushalte (W_{ZSt})
- die Währungsreserven (WR).

Die Währungsreserven umfassen neben den bewerteten Goldbeständen insbesondere die (in Inlandswährung nominierten) Devisenbestände sowie die Forderungen der Zentralbank gegenüber supranationalen Organisationen (z.B. gegenüber dem Internationalen Währungsfonds). Maßgeblich für Veränderungen der Währungsreserven und dadurch bedingte Veränderungen der monetären Basis sind zum einen das Wechselkurssystem (feste oder flexible Wechselkurse) und zum anderen die internationalen Güter- und Kapitaltransaktionen der Nichtbanken sowie der Kreditinstitute. Die entsprechenden internationalen Zusammenhänge werden allerdings erst später analysiert [Kap. 8], so daß jetzt noch - aus Gründen der Vereinfachung - darauf verzichtet sei, die Bilanzposition "Währungsreserven" und deren Bedeutung für die monetäre Basis eingehender zu betrachten. Vorerst sei angenommen, daß diese Position unverändert bleibt. Es wird sich allerdings später zeigen, daß die Möglichkeiten der Zentralbank, die monetäre Basis und die Geldmenge autonom zu steuern, von hierher erheblich beeinträchtigt sein können.

Zur Beeinflussung der beiden anderen Positionen setzt die Zentralbank insbesondere die folgenden geldpolitischen Instrumente ein:
- die *Refinanzierungspolitik*
- die *Offenmarktpolitik*
- die *Politik der Kreditplafondierung und die Einlagenpolitik*
- die *Mindestreservepolitik*.

Auf diese Politiken wird jetzt näher eingegangen.

a) Die Refinanzierungspolitik

Im Rahmen der *Refinanzierungspolitik* gewährt die Zentralbank den Geschäftsbanken Kredite, indem sie bestimmte Wertpapiere - auch *zentralbankfähige Wertpapiere* genannt -, die sich im Besitz der Geschäftsbanken befinden, ankauft oder beleiht. Zu differenzieren ist dabei zwischen der *Diskontpolitik*, bei der die Zentralbank bestimmte Wechsel ankauft oder verkauft, und der *Lombardpolitik*, bei der Kredite gegen zeitweise Verpfändung von bestimmten Wertpapieren gewährt werden. Dementsprechend kann man auch zwischen dem *Rediskontkredit* und dem *Lombardkredit* unterscheiden.

Die Zentralbank hat drei Möglichkeiten, die Kreditvergabe im Rahmen der Refinanzierungspolitik - sowohl bei der Diskont- als auch bei der Lombardpolitik - zu beeinflussen:
- Festsetzung der qualitativen Merkmale der zentralbankfähigen Wertpapiere (*qualitative Refinanzierungspolitik*)
- Festsetzung der Höchstgrenzen der Kreditvergabe (*quantitative Refinanzierungspolitik*)
- Festsetzung des Zinssatzes, den die Kreditinstitute für den Zentralbankkredit entrichten müssen (*Zinspolitik*).

Der Zinssatz im Rahmen der Diskontpolitik ist der *Diskontsatz* und der Zinssatz im Rahmen der Lombardpolitik ist der *Lombardsatz*.

Beabsichtigt die Zentralbank, im Rahmen einer *restriktiven Geldpolitik* die monetäre Basis zu verringern, so kann sie die qualitativen Anforderungen an die Wertpapiere höher setzen und/oder die sogenannten *Kontingente* im Rahmen der quantitativen Refinanzierungspolitik einschränken und/oder den Zinssatz anheben und damit die Refinanzierungskosten für die Kreditinstitute erhöhen. Umgekehrt ist zu verfahren, wenn eine *expansive Geldpolitik* betrieben wird und dabei die monetäre Basis ausgeweitet werden soll.

Die qualitative Refinanzierungspolitik wirkt selbstverständlich dann restriktiv, wenn das zentralbankfähige Wertpapiermaterial im Besitz von Kreditinstituten, das andernfalls für die Inanspruchnahme von Zentralbankkrediten verwendet worden wäre, deutlich eingeschränkt wird. Ähnlich zeigt die quantitative Refinanzierungspolitik nur dann restriktive Wirkungen auf die monetäre Basis, wenn der von den Kreditinstituten beanspruchte Kreditrahmen enger wird. Problematischer ist die Wirksamkeit der qualitativen und quantitativen Refinanzierungspolitik im Rahmen einer expansiv orientierten Geldpolitik. Denn mit einer Lockerung der qualitativen Anforderungen an die Wertpapiere und durch eine Heraufsetzung der Kontingente ist keineswegs eine Gewähr gegeben, daß die Kreditinstitute die neu eröffneten Kreditmöglichkeiten auch tatsächlich in Anspruch nehmen. Sie werden das nur dann tun, wenn sie in der Lage sind, zu den von ihnen gewünschten Konditionen zusätzliche Kredite an die Nichtbanken zu vergeben, wenn also zu diesen Konditionen zusätzliche Kreditnachfrage seitens der Nichtbanken vorliegt.

Auch im Rahmen der Zinspolitik ist es nicht von vornherein sicher, ob die beabsichtigte restriktive oder expansive Wirkung auf die monetäre Basis auch tatsächlich eintritt. Wird der Zinssatz mit einer restriktiven Zielsetzung erhöht, so werden die Kreditinstitute ihre Kreditaufnahme bei der Zentralbank nicht verringern, wenn sie ihre höheren Refinanzierungskosten überwälzen, wenn sie also den Zinssatz für die von ihnen vergebenen Kredite entsprechend erhöhen können. Das aber hängt im wesentlichen von der *Zinselastizität der Kreditnachfrage* seitens der Nichtbanken ab. Ist diese sehr gering oder im Extremfall sogar gleich null, so hat eine Überwälzung der Refinanzierungskosten keine oder keine nennenswerte Einschränkung der Kredite an Nichtbanken zur Folge. Die restriktiv ausgerichtete Zinspolitik der Zentralbank bliebe in diesem Fall ohne Wirkung auf die monetäre Basis. Es ist allerdings möglich, daß die Erhöhung des Diskontsatzes und/oder des Lombardsatzes - wie zuvor angedeutet - dazu führt, daß die Kreditinstitute ihren Kreditzinssatz ebenfalls anheben und daß es so zu einem Anstieg des Zinssatzes auf dem volkswirtschaftlichen Wertpapiermarkt kommt.

Senkt die Zentralbank ihren Kreditzinssatz (den Diskontsatz und/oder den Lombardsatz), so läßt sich die beabsichtigte expansive Wirkung nur dann erzielen, wenn die Kreditinstitute bei diesen neuen Bedingungen die Möglichkeit für zusätzliche Kredite an die Nichtbanken sehen. Zwei Einschränkungen sind hier von Bedeutung:

- Sind die allgemeine wirtschaftliche Lage und das Investitionsklima schlecht, so nimmt die Kreditnachfrage der Nichtbanken möglicherweise selbst dann nicht oder nicht nennenswert zu, wenn der Kreditzinssatz sinkt. Die Zinselastizität der Kreditnachfrage ist in diesem Fall sehr gering oder sogar gleich null.
- In Erwartung einer unsicheren wirtschaftlichen Entwicklung schätzen die Kreditinstitute das Risiko zusätzlicher Kredite an den Nichtbankenbereich so hoch ein, daß sie selbst nicht zur Kreditexpansion bereit sind, obwohl zusätzliche Kreditnachfrage besteht.

Vor diesem Hintergrund ist es nicht einmal ausgeschlossen, daß die Kreditinstitute ihre Kreditaufnahme bei der Zentralbank verringern, obwohl die Zentralbank eine expansiv orientierte Politik betreibt.

Zusammenfassend ist also festzuhalten, daß die Zentralbank im Rahmen ihrer Refinanzierungspolitik zwar über einige Instrumente verfügt, mit denen sie die monetäre Basis beeinflußt bzw. zu beeinflussen versucht, daß aber das Verhalten der Nichtbanken und der Kreditinstitute von maßgeblicher Bedeutung für den Erfolg dieser Politik sein kann.

b) Die Offenmarktpolitik

Im Rahmen der Offenmarktpolitik kauft oder verkauft die Zentralbank Wertpapiere am Wertpapiermarkt, am sogenannten "offenen" Markt. Grundsätzlich sind dabei Transaktionen mit Nichtbanken und mit Kreditinstituten möglich. Häufig beschränken sich die Zentralbanken allerdings darauf, ihre Offenmarktgeschäfte mit Kreditinstituten abzuwickeln. Eine besondere und in jüngster Zeit sehr beliebte Form der Offenmarktpolitik stellen die *Wertpapierpensionsgeschäfte* dar. Im Rahmen dieser Geschäfte, die in der Regel nur mit Kreditinstituten getätigt werden, kauft die Zentralbank Wertpapiere mit der Maßgabe eines Rückkaufs durch den Verkäufer zu einem schon vorher fixierten Termin. Die Zentralbank nimmt also Wertpapiere für eine gewisse Zeit quasi "in Pension".

Mit einem Ankauf von Wertpapieren beabsichtigt die Zentralbank, die monetäre Basis zu erhöhen und gleichzeitig eine Zinsreduktion auf dem betroffenen Wertpapiermarkt zu erreichen. Der Wertpapierankauf ist deshalb eine *expansive Offenmarktpolitik*. Umgekehrt verfolgt die Zentralbank mit einem Verkauf von Wertpapieren das Ziel, eine Verringerung der monetären Basis und eine Zinssteigerung auf dem betroffenen Markt zu bewirken. Sie betreibt dann eine *restriktive Offenmarktpolitik*. Da die Zentralbank den Kurs bzw. den Zinssatz der Wertpapiere nicht autonom fixieren kann, ist sie gezwungen, ihre Offenmarktgeschäfte zu den sogenannten "*Marktsätzen*" durchzuführen. Es ist jedoch zu berücksichtigen, daß die Zentralbank - und genau das ist ihre Absicht - diese Sätze durch ihre Käufe oder Verkäufe selbst beeinflußt.

Durch Offenmarktgeschäfte können sowohl die Bilanzposition "Kreditforderungen gegenüber Kreditinstituten" als auch die Bilanzposition "Kreditforderungen gegenüber öffentlichen Haushalten" berührt werden. Übernimmt die Zentralbank von den Kreditinstituten Wertpapiere - beispielsweise im Rahmen von Wertpapierpensionsgeschäften - bei gleichzeitiger Rücknahmeverpflichtung seitens der Kreditinstitute, so stellt dieser Vorgang eine Kreditvergabe an die Kreditinstitute dar, obwohl es sich dabei durchaus um Wertpapiere öffentlicher Schuldner handeln kann. Kauft oder verkauft die Zentralbank demgegenüber Wertpapiere öffentlicher Schuldner am offenen Markt, ohne daß damit Rückkaufverpflichtungen verbunden sind, so verändern sich die Wertpapier- bzw. die Kreditforderungen der Zentralbank gegenüber den öffentlichen Haushalten. Wenn die Zentralbank allerdings Wertpapiere *unmittelbar* von öffentlichen Haushalten übernimmt, handelt es sich nicht um ein Offenmarktgeschäft, sondern um eine *direkte Kreditvergabe* an öffentliche Haushalte.

Ähnlich wie die Zinspolitik im Rahmen der Refinanzierungspolitik, bietet auch die Offenmarktpolitik keine Gewähr dafür, daß die von der Zentralbank beabsichtigte Veränderung der monetären Basis tatsächlich erreicht wird. Bei Offenmarktgeschäften mit Kreditinstituten - die zumindest in der deutschen Offenmarktpolitik dominierend sind - hängt der Erfolg nicht zuletzt vom Verhalten der Kreditinstitute selbst und vom Verhalten der Nichtbanken ab. Trotz relativ günstiger Konditionen ist es durchaus möglich, daß die Kreditinstitute nicht bereit sind, zusätzliches Zentralbankgeld gegen Abgabe von Wertpapieren an die Zentralbank in ihr Portefeuille aufzunehmen. Vor dem Hintergrund einer schlechten Wirtschaftslage kann es nämlich eine Situation geben, in der es trotz Zinssenkungen an zusätzlicher Kreditnachfrage der Nichtbanken mangelt oder in der die Kreditinstitute das Risiko zusätzlicher Kreditvergabe an Nichtbanken so hoch einschätzen, daß sie die in ihrem Besitz befindlichen Wertpapiere sicherer (öffentlicher) Schuldner auf jeden Fall präferieren.

Auch der umgekehrte Fall ist denkbar. Benötigen die Kreditinstitute viel Zentralbankgeld, weil das Kreditgeschäft mit Nichtbanken angesichts einer guten Wirtschaftsentwicklung expandiert, so sind sie trotz marktgerechter Konditionen häufig nicht bereit, im Rahmen von Offenmarktgeschäften Wertpapiere von der Zentralbank zu kaufen und damit Zentralbankgeld abzugeben. Im Interesse einer Steigerung des "Geschäftsvolumens" wird jetzt die Kreditvergabe an die Nichtbanken präferiert.

Mit Blick auf die Refinanzierungs- und auf die Offenmarktpolitik ist des weiteren zu erwägen, daß es seitens der Kreditinstitute zu kompensierenden Transaktionen kommen kann. So ist es beispielsweise möglich, daß die Kreditinstitute im Rahmen von Offenmarktgeschäften Wertpapiere an die Zentralbank abgeben und das zufließende Zentralbankgeld gleichzeitig zur Rückzahlung von Refinanzierungskrediten verwenden. Die monetäre Basis wird in diesem Fall nicht verändert, obwohl es Absicht der Zentralbank gewesen sein mag, eine expansive Offenmarktpolitik zu betreiben. Hier wird auch deutlich, daß die Zentralbank gezwungen ist, den Instrumenteneinsatz im Rahmen der Refinanzierungs- und der Offenmarktpolitik aufeinander abzustimmen. Eine restriktive Geldpolitik macht es im allgemeinen erforderlich, daß gleichzeitig der Diskont- und der Lombardsatz sowie beispielsweise der "Pensionspreis" im Rahmen von Wertpapierpensionsgeschäften erhöht werden.

Auch unter Berücksichtigung der Offenmarktpolitik bleibt das schon für die Refinanzierungspolitik gezogene Fazit gültig: *Die Veränderung der monetären Basis hängt nicht nur vom autonomen Instrumenteneinsatz der Zentralbank ab, sondern auch vom Verhalten der Kreditinstitute und der Nichtbanken, einem Verhalten, das seinerseits von Rentabilitäts-, Risiko- und Liquiditätserwägungen bestimmt wird.*

Die autonome Steuerung der monetären Basis läßt sich für die Zentralbank allerdings bei restriktiver Politik besser erreichen als bei expansiver Politik. Im Rahmen der restriktiven Politik hat sie beispielsweise die Möglichkeit, die Kreditinstitute durch entsprechende Kontingentierungen zur Einschränkung der Refinanzierungskredite zu zwingen sowie durch einen Verzicht auf Wertpapierkäufe auch die Beschaffung von Zentralbankgeld über Offenmarktgeschäfte zu kontingentieren. Umgekehrt gibt es dagegen keine Möglichkeit, die Kreditinstitute zu zwingen, zusätzliche Refinanzierungskredite aufzunehmen oder Wertpapiere an die Zentralbank zu verkaufen. Mit einem expansiven geldpolitischen Kurs kann die Zentralbank deshalb lediglich die Voraussetzungen für eine Erhöhung der monetären Basis und der Geldmenge schaffen - oder bildlich gesprochen: sie kann die Pferde zwar zur Tränke führen, aber saufen müssen sie selbst.[26]

c) Kreditplafondierung und Einlagenpolitik

Die Nettokredite der Zentralbank an die öffentlichen Haushalte ergeben sich als Saldo aus Kassenkrediten und Wertpapierforderungen auf der Aktivseite und Zentralbankeinlagen der öffentlichen Haushalte auf der Passivseite. Die Wertpapierforderungen sind das Ergebnis von Geschäften im Rahmen der zuvor erörterten Offenmarktpolitik. Darüber hinaus können solche Forderungen allerdings auch im Rahmen einer *direkten Kreditvergabe* an öffentliche Haushalte entstehen.

Von erheblicher Bedeutung für die Autonomie der Geldpolitik ist nun die Frage, ob öffentlichen Haushalten die Möglichkeit eingeräumt wird, beliebig auf solche direkten Kredite (auf der Basis von Wertpapieren) oder auf Kassenkredite zurückzugreifen. Ist das der Fall, so haben die öffentlichen Haushalte unmittelbar Einfluß auf die monetäre Basis und darüber auf die Geldmenge. Um diesen Einfluß zu begrenzen und eine zu große Beeinträchtigung der autonomen Zentralbankpolitik zu unterbinden, sind in einigen Ländern, so auch in Deutschland, Höchstgrenzen für Zentralbankkredite an öffentliche Haushalte gesetzlich festgesetzt worden. Darüber hinaus hat die Zentralbank häufig noch die Möglichkeit, den Umfang solcher Zentralbankkredite im Rahmen einer sogenannten *Kreditplafondierung* nach geldpolitischen Erwägungen autonom festzusetzen.

Vergleichbare Steuerungsmöglichkeiten werden den Zentralbanken in einigen Ländern auch in Hinsicht auf die Zentralbankeinlagen der öffentlichen Haushalte

---

[26] Ein Ausspruch, der vom früheren Bundeswirtschaftsminister **Karl Schiller** stammen soll.

eingeräumt. Im Rahmen der *Einlagenpolitik* können sie festlegen, welcher Teil der Bankeinlagen der öffentlichen Haushalte bei der Zentralbank und welcher Teil bei den Kreditinstituten zu halten ist. Will eine Zentralbank beispielsweise bei hohen Zuflüssen aus Steuereinnahmen (zu einem Steuertermin) verhindern, daß dem Geldkreislauf Zentralbankgeld entzogen wird und die monetäre Basis deshalb sinkt, so muß sie die öffentlichen Haushalte verpflichten, ihre Bankeinlagen ausschließlich bei den Kreditinstituten zu halten. Möchte sie demgegenüber eine Verringerung der monetären Basis bewirken, so wird sie ausschließlich Zentralbankeinlagen zulassen.

Ob und inwieweit der Spielraum der Zentralbank zur autonomen Steuerung der monetären Basis durch Aktivitäten öffentlicher Haushalte eingeschränkt werden kann, hängt also davon ab, welche Entscheidungsbefugnisse der Zentralbank im Rahmen der Kreditplafondierung und der Einlagenpolitik eingeräumt werden.

d) Mindestreservepolitik und Geldschöpfungsmultiplikator

Wie schon weiter oben erwähnt, hat die Zentralbank die Möglichkeit, zum einen die Art der mindestreservepflichtigen Verbindlichkeiten der Kreditinstitute und zum anderen die Reservesätze festzulegen. Es ist allerdings üblich, im Rahmen der Mindestreservepolitik nur das Instrument der Reservesätze flexibel einzusetzen. Die Untersuchungen zur Geldschöpfung haben gezeigt, daß Änderungen der Reservesätze den Geldschöpfungsmultiplikator verändern. Die monetäre Basis bleibt dabei ceteris paribus unverändert.

Verfolgt die Zentralbank eine expansive Politik, so wird sie die Reservesätze senken und dadurch die Entstehung von Überschußreserven bewirken. Es ist aber keineswegs sicher, daß die Kreditinstitute diese Überschußreserven auch tatsächlich für eine Geld- und Kreditschöpfung nutzen. Es ist möglich, daß sie statt dessen Refinanzierungskredite tilgen oder im Rahmen von Offenmarktgeschäften Wertpapiere kaufen. In diesem Fall sinkt die monetäre Basis; der von der Zentralbank erhoffte positive Geldmengeneffekt bleibt dann aus.

Bei restriktiver Geldpolitik werden die Reservesätze erhöht. Den Kreditinstituten wird so frei verfügbare Liquidität entzogen. Sofern die entsprechenden Möglichkeiten gegeben sind, können die Kreditinstitute den Liquiditätsentzug jedoch durch Aufnahme von Refinanzierungskrediten oder durch einen Verkauf von Wertpapieren an die Zentralbank kompensieren. Die Absicht der Zentralbank, die Geldmenge zu verringern, kann somit von hierher konterkariert werden.

Es wird also deutlich, daß die Wirksamkeit der Mindestreservepolitik maßgeblich vom Verhalten der Kreditinstitute abhängen kann. Dieses Verhalten orientiert sich - wie schon mehrmals aufgezeigt - nicht zuletzt am Kreditnachfrageverhalten der Nichtbanken bzw. an der Zinselastizität dieser Nachfrage sowie an der Einschätzung des Risikos der Kreditvergabe an Nichtbanken. In Hinsicht auf den Geldschöpfungsmultiplikator ist darüber hinaus zu berücksichtigen, daß auch die Bargeldquote und dementsprechend das Verhalten der Nichtbanken einen maßgeblichen Einfluß hat.

In einer *Gesamtbeurteilung* ist festzustellen, daß die Zentralbank über ihre politischen Instrumente zwar durchaus einen bedeutsamen Einfluß auf die monetäre Basis sowie den Geldschöpfungsmultiplikator und darüber auch auf das Geldangebot besitzt, daß aber auch das Verhalten von Kreditinstituten und Nichtbanken eine gewichtige Rolle spielen kann. In besonderen Fällen, vor allem im Zuge einer expansiv angelegten Geldpolitik, ist es sogar möglich, daß die Zentralbank die beabsichtigten Veränderungen der monetären Basis und der Geldmenge überhaupt nicht erreicht, weil das Verhalten von Kreditinstituten und Nichtbanken konterkarierend wirkt.

3.6.5 Die Zinsabhängigkeit des Geldangebots

In den vorangegangenen Untersuchungen ist deutlich geworden, daß die Geldschöpfung der Kreditinstitute im Rahmen einer Kreditschöpfung stattfindet und daß die für die Geld- und Kreditschöpfung wichtigen Größen, die monetäre Basis und der Geldschöpfungsmultiplikator, einerseits durch die Zentralbankpolitik und andererseits durch das Verhalten von Kreditinstituten und Nichtbanken bestimmt werden. Das Kreditangebot der Kreditinstitute, das mit W_{Kr}^d bezeichnet sei, läßt sich vor diesem Hintergrund in Abhängigkeit vom Zinssatz i auf dem Wertpapiermarkt, vom durchschnittlichen Mindestreservesatz α_E und von einem Zinssatz d für Zentralbankkredite beschreiben:[27]

$$(3.36) \quad W_{Kr}^d = W_{Kr}^d(i, \alpha_E, d) \quad \text{mit: } \frac{\delta W_{Kr}^d}{\delta i} \geq 0 \; ; \; \frac{\delta W_{Kr}^d}{\delta \alpha_E} \leq 0 \; ; \; \frac{\delta W_{Kr}^d}{\delta d} \leq 0$$

Der Zinssatz d drückt - vereinfachend - gleichzeitig den Diskontsatz und den Lombardsatz im Rahmen der Refinanzierungspolitik sowie den von der Zentralbank geforderten Zinssatz im Rahmen der Offenmarktpolitik, z.B. für Wertpapierpensionsgeschäfte, aus. Im allgemeinen wird erwartet, daß das Kreditangebot ceteris paribus zunimmt, wenn der Kreditmarktzinssatz i steigt und sich dementsprechend die Rentabilität der Kreditvergabe an Nichtbanken erhöht. Demgegenüber ist davon auszugehen, daß das Kreditangebot zurückgeht, wenn
- der Mindestreservesatz erhöht und dadurch den Kreditinstituten frei verfügbare Liquidität entzogen wird
- der Zinssatz für Zentralbankkredite d erhöht wird und sich dadurch die Refinanzierung der Kreditinstitute verteuert.

Darüber hinaus spielen - wie weiter oben aufgezeigt - weitere Faktoren eine Rolle:
- die Bargeldquote der Nichtbanken
- die Einschätzung des Risikos der Kreditvergabe seitens der Kreditinstitute
- die qualitativen Anforderungen sowie die Kontingentierungen der Zentralbank im Rahmen der Refinanzierungs- und der Offenmarktpolitik.

---

27 W_{Kr}^d ist die Nettowertpapiernachfrage der Kreditinstitute, die dem Nettokreditangebot - hier nur kurz Kreditangebot genannt - dieses Sektors entspricht.

Der Einfluß der Bargeldquote läßt sich hilfsweise über den Kreditzinssatz i erfassen, weil davon auszugehen ist, daß die Bargeldquote sinkt, wenn der Zinssatz am Wertpapiermarkt steigt und dadurch die Opportunitätskosten der Bargeldhaltung zunehmen. Die anderen Faktoren sollen aus Gründen der Vereinfachung in der Kreditangebotsfunktion (3.36) nicht explizit erfaßt werden.

Das gesamte Kreditangebot des finanziellen Sektors setzt sich aus dem Angebot der Kreditinstitute gemäß Gleichung (3.36) und darüber hinaus dem autonomen Angebot der Zentralbank an die Nichtbanken zusammen. Das Kreditangebot der Zentralbank - mit W_Z^d bezeichnet - resultiert insbesondere aus Offenmarktgeschäften mit Nichtbanken sowie aus der Kreditvergabe an öffentliche Haushalte. Das gesamte Kreditangebot (Nettokreditangebot) des finanziellen Sektors lautet somit:

(3.37) $\quad W_F^d = W_{Kr}^d + W_Z^d = M$

Dieses Kreditangebot entspricht dem mit M bezeichneten Geldangebot des finanziellen Sektors.[28]

Wie die Gleichung (3.36) zeigt, ist das Kreditangebot und darüber zugleich das Geldangebot nur dann bestimmt, wenn der Kreditzinssatz i bekannt ist. Dieser Zinssatz bildet sich aber aus dem Kreditangebot des finanziellen Sektors und der Kreditnachfrage der Nichtbanken. Der Kreditzinssatz ist zweifellos eine wichtige Determinante der Kreditnachfrage, die mit W_N^s bezeichnet sei.[29] Mit Blick auf die Verwendung der Kredite, z.B. für private Investitionen, für privaten Konsum und für die Finanzierung öffentlicher Budgetdefizite, sind darüber hinaus noch andere Determinanten wie beispielsweise das Sozialprodukt von Bedeutung. Da an dieser Stelle jedoch keine güterwirtschaftlichen Größen betrachtet werden, sei darauf verzichtet, solche Determinanten explizit zu erfassen. Die Kreditnachfragefunktion läßt sich dann vereinfachend schreiben als:

(3.38) $\quad W_N^s = W_N^s(i) \qquad \text{mit: } \frac{\delta W_N^s}{\delta i} \leq 0$

Zwischen dem Kreditzinssatz und der Kreditnachfrage dürfte in der Regel ein negativer Zusammenhang bestehen.

Die Abbildung 3.8 zeigt die Zusammenhänge zwischen Kreditangebot, Kreditnachfrage und Geldangebot. KN ist die Kreditnachfragekurve; KA und GA sind die Kredit- und Geldangebotskurven. In der Ausgangssituation möge ein Kreditmarktgleichgewicht beim Zinssatz i_0 bestehen. Das Geldangebot beträgt hier M_0. Es entspricht gemäß Gleichung (3.37) dem Kreditangebot. Betreibt die Zentralbank eine restriktive Geldpolitik und erhöht sie dabei beispielsweise den Zinssatz d für Zentralbankkredite sowie den durchschnittlichen Mindestreservesatz α_E, so verschieben sich sowohl die Kreditangebotskurve als auch die Geldangebotskurve

---

[28] In diesem Zusammenhang ist auf die Gleichung (3.13) zu verweisen. Wie schon weiter oben, so wird jedoch auch hier angenommen, daß der finanzielle Sektor keine güterwirtschaftlichen Investitionen tätigt und keine Ersparnisse bildet.

[29] W_N^s ist das Nettowertpapierangebot der Nichtbanken, das der Nettokreditnachfrage - hier nur kurz Kreditnachfrage genannt - dieses Sektors entspricht.

jeweils nach innen (von KA_0 nach KA_1 bzw. von GA_0 nach GA_1). Der Zinssatz auf dem Wertpapiermarkt steigt dadurch auf i_1. Das Geldangebot sinkt auf M_1.

Abbildung 3.8

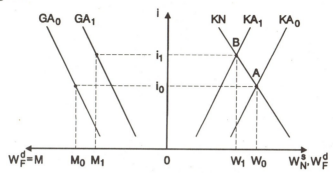

Eine ähnliche Wirkung würde sich auch ergeben, wenn die Kreditinstitute das Risiko der Kreditvergabe an Nichtbanken höher einschätzen und deshalb ihre Kreditforderungen reduzieren oder wenn die Zentralbank die Rediskontkontingente einschränken und dadurch die Kreditinstitute zur Verringerung ihrer Refinanzierungskredite zwingen würde oder wenn die Zentralbank ihre Kredite an öffentliche Haushalte verringern würde. In der Abbildung 3.8 läßt sich auch leicht nachvollziehen, daß es bei einer autonomen Zunahme der Kreditnachfrage zu einem Anstieg des Zinssatzes käme und daß sich hierdurch das Geldangebot erhöhen würde.

Die Abbildung 3.9 zeigt eine Situation, in der das Kreditangebot zinsunelastisch ist. Nimmt, ausgehend von einem Gleichgewicht im Punkt A, die Kreditnachfrage der Nichtbanken zu, so wird in diesem Beispiel zwar der Zinssatz erhöht, aber das Kredit- und das Geldangebot bleiben unverändert. Dafür können beispielsweise die folgenden Gründe maßgebend sein:
- Die Kreditinstitute schätzen das Risiko einer zusätzlichen Kreditvergabe - z.B. angesichts einer rezessiven Wirtschaftsentwicklung - so hoch ein, daß sie trotz eines Zinsanstiegs nicht zur Kreditschöpfung bereit sind.
- Die Zentralbank ist in der Lage, die monetäre Basis und den Geldschöpfungsmultiplikator exakt zu kontrollieren bzw. zu steuern, und sie setzt ihre geldpolitischen Instrumente so ein, daß die Kreditinstitute nicht zu einem zusätzlichen Kredit- und Geldangebot fähig sind.

In beiden Fällen ergibt sich ein zinsunelastisches Geldangebot. Allerdings besteht zwischen den beiden Fällen ein wichtiger Unterschied: Im ersten Fall liegt die Ursache für die fehlende Kreditschöpfung im Verhalten der Kreditinstitute, so daß die Zentralbank die Kreditinstitute auch mit einem expansiven Einsatz ihrer Instrumente vermutlich nicht dazu bewegen kann, das Kreditangebot auszuweiten. Im zweiten Fall liegt die Ursache in der vollständigen Kontrolle des Geldangebots seitens der Zentralbank. Mit Hilfe einer expansiven Politik könnte sie deshalb erreichen, daß die Kreditinstitute ihr Kredit- und Geldangebot ausweiten.

Abbildung 3.9

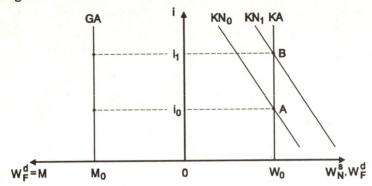

Aus den gesamten Untersuchungen zum Geldangebot läßt sich - vor allem mit Blick auf die Kreditangebotsfunktion (3.36) - die folgende Geldangebotsfunktion formulieren:

(3.39) $M = M(i, \alpha_E, d)$ mit: $\frac{\delta M}{\delta i} \geq 0; \frac{\delta M}{\delta \alpha_E} \leq 0; \frac{\delta M}{\delta d} \leq 0$

Als Determinanten werden also explizit der Kreditzinssatz i, der Mindestreservesatz α_E und der Zinssatz für Zentralbankkredite d erfaßt. Darüber hinaus sind allerdings auch noch - implizit - die übrigen, weiter oben genannten Determinanten (z.B. das Risiko der Kreditvergabe) von Bedeutung. Nicht zuletzt ist zu beachten, daß die Zentralbank über ihre Kreditvergabe an die Nichtbanken W_Z^d einen unmittelbaren Einfluß auf das Geldangebot hat.

3.7 Das Geldmarktgleichgewicht

3.7.1 Geldnachfrage, Geldangebot und LM-Kurve

Ein Gleichgewicht auf dem Geldmarkt setzt die Übereinstimmung von Geldnachfrage und Geldangebot voraus. Die Geldnachfrage möge gemäß Gleichung (3.25b) vom Einkommen Y und vom Zinssatz i abhängig sein.[30] Das Geldangebot werde von der Zentralbank autonom bestimmt oder in Abhängigkeit vom Zinssatz i gebildet. Im Geldmarktgleichgewicht gilt somit:

(3.40) $L(Y, i) = M(i)$ mit: $\frac{\delta L}{\delta Y} > 0; \frac{\delta L}{\delta i} \leq 0; \frac{\delta M}{\delta i} \geq 0$

Diese Bedingung macht deutlich, daß das Einkommen Y und der Zinssatz i zur Erfüllung des Geldmarktgleichgewichts in einer festen Beziehung zueinander stehen müssen. Das soll mit Hilfe der Abbildung 3.10 gezeigt werden.

---

[30] In den jetzt folgenden Untersuchungen werden der kurzfristige Zinssatz i_g für Termin- und Spareinlagen, das Risiko σ_w der Wertpapieranlagen sowie das Geldvermögen V aus Gründen der Vereinfachung nicht explizit berücksichtigt. Erst später werden sie wieder in die Analyse einbezogen [Kap. 7].

Im linken Quadranten wurde die Geldnachfragefunktion analog zur Darstellung in der Abbildung 3.7 für vier verschiedene Werte des Einkommens eingezeichnet. Das Geldangebot ist - so sei zunächst angenommen - mit M_0 durch die Zentralbank fest vorgegeben.[31] Bei einem Einkommen von Y_0 besteht ein Geldmarktgleichgewicht im Punkt A bei einem Zinssatz von i_0. Erhöht sich das Einkommen auf Y_1, so verschiebt sich die Geldnachfragekurve von L_{Y_0} nach L_{Y_1}. Um auch jetzt ein Geldmarktgleichgewicht zu ermöglichen, muß der Zinssatz auf i_1 steigen. Im Zuge der Einkommenserhöhung wird zusätzliche Transaktionskasse benötigt, die wegen des konstanten Geldangebots eine Verringerung der zinsabhängigen Kassenhaltung, insbesondere der Spekulationskasse erforderlich macht. Folglich muß der Zinssatz steigen. Erhöht sich das Einkommen noch weiter auf Y_2 und auf Y_3, so sind zur Erhaltung des Geldmarktgleichgewichts weitere Zinssteigerungen, jetzt auf i_2 und i_3 nötig.

Der aufgezeigte, im Geldmarktgleichgewicht gültige Zusammenhang zwischen dem Einkommen und dem Zinssatz wird in den rechten Teil der Abbildung 3.10 übertragen. Man bezeichnet die so entstehende Kurve als *LM-Kurve*. *Die LM-Kurve setzt sich aus allen Kombinationen von Einkommen Y und Zinssatz i zusammen, die mit einem Gleichgewicht auf dem Geldmarkt verbunden sind.*

Abbildung 3.10

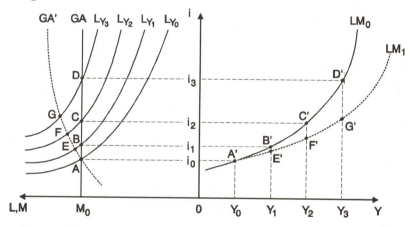

Wie weiter oben schon erläutert wurde, ist zu erwarten, daß die Zinsreagibilität bzw. die Zinselastizität der Geldnachfrage um so geringer ist, je höher das Zinsniveau ist - und umgekehrt. Denn bekanntlich bedeutet ein hohes Zinsniveau, daß die Opportunitätskosten der Geldhaltung relativ hoch und die Risiken von Kursverlusten am Wertpapiermarkt relativ gering sind. Je höher das Zinsniveau ist, desto mehr Wirtschaftssubjekte werden deshalb ihre Kassenbestände auf den Betrag beschränken, den sie für Transaktionszwecke unbedingt benötigen. Ist das Zinsniveau bereits sehr hoch, so steht folglich nur noch ein relativ geringer Betrag an

---

[31] Das Geldangebot ist in diesem Fall vom Zinssatz i unabhängig. In der Geldangebotsfunktion (3.39) gilt demgemäß: $\delta M/\delta i = 0$.

Liquidität zur Verfügung, der nicht für Transaktionszwecke gebunden ist und somit bei einer Zinserhöhung für eine Verwendung als Transaktionskasse mobilisiert werden kann. Die hier erläuterte und in der Abbildung 3.10 im Verlauf der Geldnachfragefunktion erfaßte Zinselastizität fließt auch in den Verlauf der LM-Kurve ein. Im Bereich relativ niedriger Einkommen und niedriger Zinssätze verläuft die LM-Kurve vergleichsweise flach, im Bereich höherer Einkommen und hoher Zinssätze verläuft sie verhältnismäßig steil. Für den Fall, daß trotz weiterer Zinssteigerungen keine zusätzliche Liquidität für Transaktionszwecke zur Verfügung steht, verläuft sie schließlich sogar parallel zur Zinsachse.[32]

Ist das Geldangebot gemäß Gleichung (3.39) *zinselastisch* und nicht ausschließlich, wie zuvor angenommen, von der Zentralbank autonom fixiert, so ergibt sich beispielsweise der in der Abbildung 3.10 mit GA' bezeichnete Verlauf der Geldangebotsfunktion. Steigt der Zinssatz, so findet in diesem Fall eine Geldschöpfung statt. Die zusätzliche Transaktionskasse, die im Rahmen von Einkommenserhöhungen benötigt wird, muß jetzt also nicht nur durch eine zinsinduzierte Verringerung der Liquiditätsneigung auf der Nachfrageseite, sondern kann auch durch die zinsinduzierte Erhöhung des Geldangebots bereitgestellt werden. Infolgedessen macht die Mobilisierung eines bestimmten zusätzlichen Betrags für die Transaktionskasse bei gleichen Bedingungen auf seiten der Geldnachfrage nur einen geringeren Zinsanstieg als im oben diskutierten Fall eines autonomen Geldangebots erforderlich. Die LM-Kurve verläuft hier bei jedem Einkommen bzw. jedem Zinssatz flacher als dort. Aus der in der Abbildung 3.10 eingezeichneten Nachfrage- und Angebotskonstellation ergibt sich dann die Kurve LM_1.

Die Geldangebotsanalyse hat allerdings deutlich gemacht, daß eine zinsinduzierte Ausweitung des Geldangebots seitens der Kreditinstitute nur in einem gewissen Rahmen möglich sein wird. Denn die Zentralbank kann z.B. mit Hilfe der Kontingentierung von Refinanzierungskrediten und durch Verweigerung eines weiteren Ankaufs von Wertpapieren im Rahmen von Offenmarktgeschäften im allgemeinen bewirken, daß die Kredit- und Geldschöpfungsmöglichkeiten der Kreditinstitute nach oben begrenzt werden. Demzufolge dürfte die LM-Kurve auch in dem jetzt untersuchten Fall um so steiler verlaufen, je höher das Zinsniveau ist.

Zur algebraischen Bestimmung der LM-Kurve sei vereinfacht von einer linearen Geldnachfragefunktion und einer linearen Geldangebotsfunktion ausgegangen. Im Geldmarktgleichgewicht mit L = M möge dementsprechend gelten:

(3.40a) $\quad k_Y Y - k_i i = M^a + g_i i \qquad$ mit: $k_Y > 0$; $k_i \geq 0$; $g_i \geq 0$

k_Y ist der Kassenhaltungskoeffizient in Hinsicht auf das Einkommen Y. k_i drückt als Zinskoeffizient die Zinsabhängigkeit der Geldnachfrage aus. Auf der Angebotsseite wird zwischen einem von der Zentralbank autonom fixierten Teil M^a und

---

[32] In diesem Fall gibt es keine Bestände an Spekulationskasse mehr, und auch eine weitere zinsinduzierte Verringerung der Transaktions- und Vorsichtskasse ist nicht mehr möglich. Man spricht hier vom *klassischen Bereich* der LM-Kurve, weil die Zinselastizität der Geldnachfrage in diesem Bereich gleich null ist.

einem zinsinduzierten Teil $g_i i$ des Geldangebots unterschieden. g_i ist also der Zinskoeffizient des Geldangebots. Der Kassenhaltungskoeffizient und die beiden Zinskoeffizienten mögen konstant sein. Löst man (3.40a) nach dem Zinssatz i auf, so erhält man die LM-Kurve:

(3.41) $\quad i = \dfrac{1}{g_i + k_i} (k_Y Y - M^a)$

Die LM-Kurve hat also die Steigung:

(3.41a) $\quad \dfrac{\Delta i}{\Delta Y} = \dfrac{k_Y}{g_i + k_i} \quad$ mit: $k_Y > 0 \,;\, 0 \leq k_i \leq \infty \,;\, g_i \geq 0$

Je größer die Zinskoeffizienten sind, desto flacher verläuft die LM-Kurve.[33] Im Extremfall einer unendlich großen Zinsreagibilität der Geldnachfrage und/oder des Geldangebots verläuft die LM-Kurve parallel zur Einkommensachse. Bei $k_i = 0$ und $g_i = 0$ würde sich für die LM-Kurve ergeben:

(3.41b) $\quad Y = \dfrac{M^a}{k_Y}$

Die LM-Kurve verläuft in diesem Fall parallel zur Zinsachse.

3.7.2 Geldpolitik und LM-Kurve

Wie die weiter oben durchgeführten Untersuchungen zur Geldschöpfung gezeigt haben, ist es keineswegs sicher, daß eine expansive oder eine restriktive Geldpolitik eine Veränderung der Geldmenge bewirkt. Aus einem geldpolitischen Instrumenteneinsatz darf deshalb auch nicht von vornherein auf eine Geldmengenänderung geschlossen werden. Im folgenden sei allerdings davon ausgegangen, daß es der Zentralbank möglich ist, die Geldmenge entsprechend ihren Zielvorstellungen autonom zu steuern. Zinsinduzierte Änderungen des Geldangebots finden dementsprechend nicht statt ($g_i = 0$).

Analog zur Abbildung 3.10 werden im linken Teil der Abbildung 3.11 die Geldnachfrage und das Geldangebot gegenübergestellt. Die Zentralbank möge in der Ausgangssituation eine Geldmenge von M_0 zur Verfügung stellen. Für dieses Geldangebot sei das Gleichgewicht auf dem Geldmarkt durch die LM-Kurve LM_0 beschrieben. Bei einem Einkommen von Y_0 wäre die Geldnachfragefunktion L_{Y_0} gültig, so daß ein Geldmarktgleichgewicht im Punkt A beim Zinssatz i_0 besteht. Steigt das Geldangebot nun auf M_1, verändert sich jedoch das Einkommen Y_0 nicht, so ist zur Erhaltung des Geldmarktgleichgewichts eine Zinssenkung auf i_1 erforderlich. Bei unverändertem Einkommen bleibt die Geldnachfragefunktion L_{Y_0} weiterhin gültig, so daß ein Geldmarktgleichgewicht im Punkt B realisiert wird.

---

[33] In den Zinskoeffizienten kommen auch die Zinselastizitäten zum Ausdruck. Es gilt z.B.: $\varepsilon(L,i) = \dfrac{\delta L}{\delta i} \dfrac{i}{L} = -k_i \dfrac{i}{L}$. In den beiden Extremfällen $k_i = \infty$ und $k_i = 0$ ist auch die Zinselastizität der Geldnachfrage unendlich groß bzw. gleich null.

Die Erhöhung des Geldangebots führt dennoch zur Verschiebung der LM-Kurve nach rechts.

Da es sich bei i um den Zinssatz auf dem Wertpapiermarkt handelt, ist allerdings zu fragen, wieso die Ausweitung des Geldangebots gerade auf diesem Markt eine Zinssenkung bewirkt. Zur Erklärung ist zu bedenken, daß der Erhöhung des Geldangebots eine gleich große zusätzliche Nachfrage des finanziellen Sektors nach Wertpapieren gegenübersteht. Mit dem Geldangebot nimmt also auch die Wertpapiernachfrage zu. Sind die sonstigen Nachfrage- und Angebotsbedingungen auf dem Wertpapiermarkt unverändert, was insbesondere bei einem gegebenen Einkommen Y_0 der Fall ist, so ergibt sich folglich auf diesem Markt eine Überschußnachfrage, die eine Zinssenkung hervorruft bzw. nur durch eine Zinssenkung beseitigt werden kann. Der Überschußnachfrage des finanziellen Sektors nach Wertpapieren entspricht zunächst ein gleich großes Überschußangebot an Geld. Aufgrund der Zinssenkung sind die Nichtbanken allerdings bereit, Wertpapiere an den finanziellen Sektor abzugeben und dafür die Geldbestände aufzustocken. Durch die Zinssenkung kommt es also gleichzeitig zu einem Abbau der Überschußnachfrage auf dem Wertpapiermarkt und zu einem Abbau des Überschußangebots auf dem Geldmarkt.

Abbildung 3.11

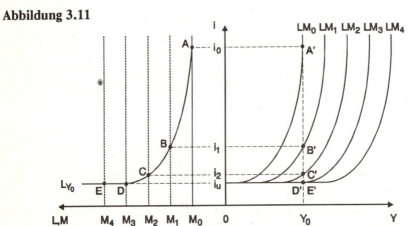

Nimmt das Geldangebot über M_1 hinaus noch weiter auf M_2 und auf M_3 zu, so finden die gleichen Vorgänge wie zuvor statt. Das Zinsniveau sinkt bei unverändertem Einkommen Y_0 auf i_2 bzw. auf i_u. Die LM-Kurve verschiebt sich nach LM_2 bzw. LM_3. Die Zinssenkungen fallen allerdings relativ zur Geldangebotsausweitung immer geringer aus. Dieses Ergebnis beruht auf der Zinselastizität, die der Geldnachfragefunktion in der Abbildung 3.11 zugrunde liegt. Wie weiter oben schon ausführlich erläutert wurde, kann man davon ausgehen, daß die Zinselastizität um so größer ist, je geringer der Zinssatz ist. Dementsprechend erhöhen die Nichtbanken ihre Geldnachfrage und gleichzeitig ihr Wertpapierangebot überproportional zur Zinssenkung. Da nämlich das Risiko, daß das Zinsniveau alsbald wieder steigen und die Wertpapierkurse alsbald wieder sinken könnten, um so höher eingeschätzt wird, je geringer das Zinsniveau bereits ist, verstärkt sich bei niedrigen Zinssätzen die Bereitschaft der Nichtbanken, schon bei geringen Kursgewinnen bzw. Zinssenkungen bestimmte Beträge an Wertpapieren an den finanziellen Sektor abzugeben und statt dessen Geldbestände aufzubauen. Die Zinssenkung, die zur Herstellung des Geldmarktgleichgewichts - und gleichzeitig auch des Wertpapiermarktgleichgewichts - erforderlich ist, wird also im unteren Zinsbereich immer geringer.

Es sei angenommen, daß die Zinselastizität der Geldnachfrage beim Zinssatz i_u schließlich sogar unendlich groß wird ($k_i = \infty$). Die Nichtbanken sind jetzt bereit, die zusätzliche Geldmenge in ihr Portefeuille aufzunehmen und dafür Wertpapiere an den finanziellen Sektor abzugeben, ohne daß es dazu einer weiteren (nennenswerten) Zinssenkung bedarf. In dieser Situation wird nämlich erwartet, daß der Zinssatz schon bald wieder steigen und die Wertpapierkurse schon bald wieder sinken werden. Daher ist es für die Nichtbanken vorteilhaft, sich von Wertpapierbeständen zu trennen und statt dessen Spekulationskasse zu halten. Der Zinssatz i_u stellt quasi eine Zinsuntergrenze dar. Die durch die Zentralbank autonom herbeigeführte Erhöhung der Geldmenge (z.B. von M_3 auf M_4) hat jetzt - *beim Einkommen von Y_0* - keine Zinssenkung zur Folge. Diese Situation wird als *Liquiditätsfalle* bezeichnet. *Hier kommt also zum Ausdruck, daß die Nichtbanken die zusätzliche Liquidität freiwillig absorbieren, ohne daß es dazu einer Zinssenkung bzw. einer Kurssteigerung am Wertpapiermarkt bedarf.*[34] Die Liquiditätsfalle hat, wie später noch zu zeigen ist, wichtige Konsequenzen für die Einkommenseffekte der Geldpolitik.

3.7.3 Liquiditätsneigung und LM-Kurve

Das Gleichgewicht auf dem Geldmarkt kann nicht nur - wie zuvor untersucht - von der Angebotsseite her, sondern auch von der Nachfrageseite her gestört werden. Nachfrageseitige Störungen finden statt, wenn die Wirtschaftssubjekte beispielsweise ihre Transaktionskasse effizienter verwenden und dementsprechend den Kassenhaltungskoeffizienten verringern oder ihre Liquiditätspräferenz in Hinsicht auf Vorsichts- und Spekulationskasse verändern. Hier soll kurz verdeutlicht werden, wie sich eine Veränderung der Liquiditätspräferenz im Rahmen der Nachfrage nach Spekulationskasse auf die LM-Kurve auswirkt. Solche Präferenzänderungen treten insbesondere dann auf, wenn sich die Erwartungen über das Risiko von Wertpapieranlagen verändern. So könnten z.B. zunehmende öffentliche Budgetdefizite die Wirtschaftssubjekte veranlassen, ihre Erwartungen über die zukünftige Zinsentwicklung am Wertpapiermarkt "nach oben" zu korrigieren. Die Liqui-

---

34 Man bedenke auch, daß die Kreditinstitute keine Veranlassung sehen, ihre Kreditzinsen zu senken, zumal sie ja zu dem herrschenden Zinsniveau im Umlauf befindliche Wertpapiere von den Nichtbanken erwerben könnten. Es ist allerdings zu vermuten, daß die Kreditinstitute in dieser Situation ihrerseits die Liquiditätshaltung der Kreditschöpfung vorziehen. In diesem Fall kann die Zentralbank die Geldmenge nur dadurch erhöhen, daß sie im Rahmen von Offenmarktgeschäften unmittelbar Wertpapiere von den Nichtbanken kauft.

ditätspräferenz nimmt dann zu. In der Abbildung 3.12 ist dieser Fall dargestellt worden.

Abbildung 3.12

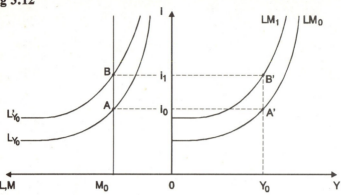

In der Ausgangssituation wird die Geldnachfragefunktion durch L_{Y_0} und das Geldmarktgleichgewicht durch die LM-Kurve LM_0 beschrieben. Bei einem Geldangebot von M_0 und dem vorgegebenen Einkommen Y_0 ist der Geldmarkt beim Zinssatz i_0 im Gleichgewicht. Aufgrund der zuvor genannten Erwartungsänderungen möge sich die Geldnachfragefunktion nach L'_{Y_0} verschieben. Die Zinsuntergrenze wird nach oben verlagert, weil die Wirtschaftssubjekte vor dem Hintergrund steigender öffentlicher Budgetdefizite erwarten, daß niedrige Zinssätze, so wie sie in der Vergangenheit beobachtet worden sind, in Zukunft unmöglich sind. Im oberen Zinsbereich wird der Zinssatz, bei dem keine Spekulationskasse mehr gehalten wird, ebenfalls nach oben verschoben. Es wird deutlich, daß die hier zugrunde gelegte Änderung der Liquiditätspräferenz bei unverändertem Geldangebot und vorgegebenem Einkommen einen Zinsanstieg bewirkt. Denn die Präferenzänderung bedeutet, daß die Nachfrage nach Wertpapieren sinkt und dadurch ein Überschußangebot auf dem Wertpapiermarkt auftritt. Dieses Überschußangebot kann aber nur durch einen Zinsanstieg abgebaut werden. Die LM-Kurve verschiebt sich deshalb nach oben - hier von LM_0 nach LM_1.

3.8 Bestimmung von Einkommen und Zinsniveau auf dem Güter- und dem Geldmarkt

3.8.1 Das Gleichgewicht: IS- und LM-Kurve

Um das Einkommen und den Zinssatz zu bestimmen, die gleichzeitig ein Güter- und ein Geldmarktgleichgewicht implizieren, werden jetzt das güterwirtschaftliche Modell und das Geldmarktmodell zusammengeführt. Zur Vereinfachung sei wiederum von linearen Modellzusammenhängen ausgegangen. Auf der Grundlage des Modells 3.2 wurde oben bereits die IS-Kurve hergeleitet [Gl. (3.8) und (3.8a)]:

(3.42) $Y = \dfrac{1}{1 - h_Y + m} (H^a + AB^a - h_i i)$ mit: $h_Y > 0$; $m > 0$; $h_i \geq 0$

Es sei angenommen, daß das Geldangebot von der Zentralbank autonom fixiert wird ($g_i = 0$) und deshalb vom Zinssatz unabhängig ist. Analog zur Gleichung (3.41) gilt dann für die LM-Kurve:

(3.43) $i = \dfrac{1}{k_i} (k_Y Y - M)$ mit: $k_Y > 0$; $k_i \geq 0$

Setzt man die Gleichung (3.43) in die Gleichung (3.42) ein, so erhält man das Gleichgewichtseinkommen, also das Einkommen, das aus dem IS- und dem LM-Gleichgewicht resultiert:

(3.44) $Y = \dfrac{1}{1 - h_Y + m + k_Y \frac{h_i}{k_i}} (H^a + AB^a + \dfrac{h_i}{k_i} M)$

Der Gleichgewichtszinssatz kann aus der Gleichung (3.43) bestimmt werden, indem dort das Gleichgewichtseinkommen gemäß Gleichung (3.44) eingesetzt wird.

Wie weiter oben schon ausführlich erläutert wurde, können die Zinskoeffizienten h_i auf dem Gütermarkt und k_i auf dem Geldmarkt im Extremfall den Wert null haben. Außerdem ist in einer anderen Extremsituation eine vollkommen zinselastische Geldnachfrage möglich, die einen unendlich großen Zinskoeffizienten k_i impliziert. Bezeichnet man Zinskoeffizienten außerhalb dieser Extremsituationen ($h_i > 0$; $0 < k_i < \infty$) als den Normalfall, so lassen sich vier IS-LM-Konstellationen unterscheiden, die in der Abbildung 3.13 dargestellt worden sind.

Abbildung 3.13

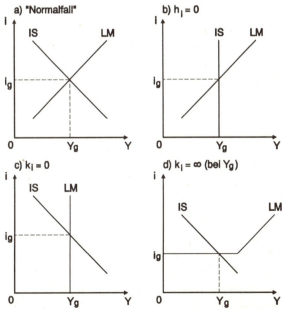

Ist die Güternachfrage zinsunelastisch, so verläuft die IS-Kurve im relevanten Einkommens-Zinsbereich parallel zur Zinsachse. Im Falle einer zinsunelastischen Geldnachfrage, wie sie der neoklassischen Version zugrunde liegt, verläuft die LM-Kurve parallel zur Ordinate. Befindet man sich im Bereich der Liquiditätsfalle, ist also die Geldnachfrage vollkommen zinselastisch, so verläuft die LM-Kurve im relevanten Einkommens-Zinsbereich parallel zur Y-Achse.

Auf der Grundlage des Normalfalls wird jetzt geprüft, welche Anpassungsvorgänge ausgelöst werden, wenn ein makroökonomisches Ungleichgewicht vorliegt. Die Abbildung 3.14 zeigt mit der Einkommens-Zinssatz-Kombination im Punkt B eine Situation, in der weder ein IS- noch ein LM-Gleichgewicht vorliegt. Das Ungleichgewicht läßt sich beispielsweise wie folgt erklären: Auf dem Gütermarkt sind die geplanten Ersparnisse größer als die geplanten Investitionen. In dieser Situation kommt es zu ungeplanten Lagerinvestitionen. Sind die Güterpreise, wie hier angenommen, stabil, so werden die Unternehmungen darauf mit einer Einschränkung ihrer Produktion reagieren. Demzufolge sinkt das Einkommen, und dadurch werden die geplanten Ersparnisse verringert. Würde der Zinssatz bei i_0 unverändert bleiben, so käme es zu einer Verringerung des Einkommens auf Y_1.

Auf dem Geldmarkt ist das Geldangebot größer als die Geldnachfrage. Wie schon erläutert [3.7.2], impliziert dieses Ungleichgewicht zugleich, daß die Wertpapiernachfrage bzw. das Kreditangebot des finanziellen Sektors das Wertpapierangebot bzw. die Kreditnachfrage der Nichtbanken übersteigt. Folglich kommt es hier zu einer Zinssenkung. Falls sich das Einkommen von Y_0 nicht ändern würde, müßte der Zinssatz auf i_1 sinken.

Abbildung 3.14

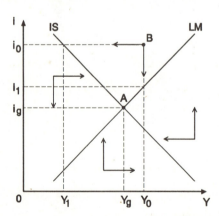

Durch die Zinssenkung nimmt allerdings die zinsinduzierte Güternachfrage, insbesondere die zinsinduzierte Investitionsnachfrage zu, so daß der oben beschriebene kontraktive Prozeß der Einkommensanpassung von hierher gebremst wird. Da infolge der Zunahme der Investitionsnachfrage auch das Wertpapierangebot der Nichtbanken steigt und die Abschwächung der Einkommensverringerung den Rückgang der Geldnachfrage abbremst, kommt es darüber hinaus zu einer Dämpfung der Zinssenkung.

Die Anpassungsprozesse auf dem Gütermarkt und auf dem Geldmarkt - sowie implizit auf dem Wertpapiermarkt - führen vor diesem Hintergrund schließlich zu einem Gleichgewicht beim Einkommen Y_g und beim Zinssatz i_g. Dabei ist es allerdings durchaus möglich, daß sich der Zinssatz und das Einkommen nicht stetig an ihre neuen Gleichgewichtswerte anpassen, sondern daß sich die Anpassungsprozesse in Form von (abnehmenden) Schwankungen um die Gleichgewichtswerte vollziehen.

Ähnliche Anpassungsvorgänge finden statt, wenn auf dem Güter- und dem Geldmarkt andere Ungleichgewichtssituationen gegeben sind. In der Abbildung 3.14 sind entsprechende Einkommens- und Zinsreaktionen mit den Pfeilen angedeutet worden. Alle Ungleichgewichtssituationen rechts von der IS-Kurve lösen kontraktive Einkommensprozesse aus, und alle Ungleichgewichtssituationen oberhalb der LM-Kurve leiten Zinssenkungsprozesse ein. Dazu umgekehrte Einkommens- und Zinsänderungen treten links von der IS-Kurve sowie unterhalb der LM-Kurve auf.

Das Modell 3.3 gibt noch einmal eine Übersicht über die Zusammenhänge auf dem Güter- und dem Geldmarkt, die hier wie im folgenden zugrunde liegen.

Modell 3.3

D	$\equiv H + AB$	Güternachfrage
H	$= H^a + h_Y Y - h_i i$	Heimische Absorption
AB	$= AB^a - mY$	Außenbeitrag
F_{St}	$= T - G - Ü$	Staatsbudget
T	$= T^a + qY$	Abgaben
L	$= k_Y Y - k_i i$	Geldnachfrage
Y	$= D$	Gütermarktgleichgewicht
M	$= L$	Geldmarktgleichgewicht

Nachrichtlich:

H^a	$= C^a + I^a + G + c(Ü - T^a)$	Autonome Absorption
h_Y	$= c_Y(1 - q) + b_Y > 0$	Marginale Absorptionsquote
h_i	$= c_i + b_i \geq 0$	Zinskoeffizient der Absorption
AB^a	$= EX - IM^a$	Autonomer Außenbeitrag

3.8.2 Einkommens- und Zinseffekte güterwirtschaftlicher Störungen

Zunächst wird untersucht, welche Wirkungen eine Veränderung der autonomen Güternachfrage auf das Einkommen und auf den Zinssatz hat. Dabei kann es sich um eine Veränderung der autonomen heimischen Absorption oder des autonomen Außenbeitrags handeln. Wie sich der Gleichung (3.42) entnehmen läßt, können solche Veränderungen durch autonome Nachfrageänderungen im Bereich des privaten Konsums, der privaten Investitionen, der Staatsausgaben, der Exporte und der Importe verursacht werden.

Aus den Gleichungen (3.42) und (3.43) ergeben sich die folgenden Einkommens- und Zinseffekte:

$$(3.45) \quad \Delta Y = \frac{k_i}{k_i(1 - h_Y + m) + k_Y h_i} (\Delta H^a + \Delta AB^a)$$

$$(3.45a) \quad \Delta i = \frac{k_Y}{k_i(1 - h_Y + m) + k_Y h_i} (\Delta H^a + \Delta AB^a)$$

Der Quotient in der Gleichung (3.45) ist der *Einkommensmultiplikator* einer Veränderung der autonomen heimischen Absorption oder einer Veränderung des autonomen Außenbeitrags jeweils unter Berücksichtigung von Zinseffekten:

$$(3.45b) \quad \mu_D = \frac{k_i}{k_i(1 - h_Y + m) + k_Y h_i} = \frac{1}{1 - h_Y + m + k_Y \frac{h_i}{k_i}} \geq 0$$

Dieser Multiplikator ist um so größer
- je größer die marginale Absorptionsquote h_Y
- je kleiner die marginale Importquote m
- je kleiner der Kassenhaltungskoeffizient k_Y
- je kleiner der Zinskoeffizient der Güternachfrage h_i
- je größer der Zinskoeffizient der Geldnachfrage k_i

ist.

Die Abbildung 3.15 zeigt die Einkommens- und Zinseffekte für den Fall, daß die Koeffizienten des Modells im "Normalbereich" liegen. Es sei angenommen, daß entweder die autonome heimische Absorption oder der autonome Außenbeitrag zunehmen. Hierdurch verschiebt sich die IS-Kurve nach rechts (nach IS_1).

Abbildung 3.15

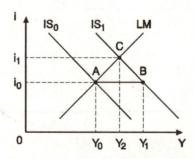

Bliebe das Zinsniveau unverändert, so würde das Einkommen auf Y_1 steigen. Der entsprechende Einkommenseffekt ergäbe sich aus der schon bekannten güterwirtschaftlichen Multiplikatorwirkung, die sich unmittelbar aus der Gleichung (3.42) ableiten läßt:

$$(3.46) \quad \Delta Y_1 = \frac{1}{1 - h_Y + m} (\Delta H^a + \Delta AB^a) \qquad \text{für: } \Delta i = 0$$

Im hier betrachteten Fall kommt es jedoch zu einer Zinssteigerung, die ihrerseits dämpfend auf die Güternachfrage wirkt. Dem *direkten positiven Einkommenseffekt* der autonomen Nachfrageerhöhung gemäß Gleichung (3.46) ist deshalb ein *zinsinduzierter negativer Einkommenseffekt* entgegengerichtet, der sich ebenfalls aus der Gleichung (3.42) bestimmen läßt:

$$(3.46a) \quad \Delta Y_2 = - \frac{h_i}{1 - h_Y + m} \Delta i$$

Aus beiden Effekten resultiert in der Abbildung 3.15 insgesamt eine Einkommenserhöhung auf Y_2. Der direkte Effekt ist also stärker als der zinsinduzierte Effekt. Gleichzeitig hat sich das Zinsniveau auf i_1 erhöht. Mit Bezug auf den direkten und den zinsinduzierten Einkommenseffekt muß zwischen der *Verschiebung der IS-Kurve* und einer *Bewegung auf der IS-Kurve* unterschieden werden: *Der direkte Effekt ΔY_1 kommt in der Verschiebung um die Strecke AB, der zinsinduzierte Effekt ΔY_2 in einer Bewegung von B nach C zum Ausdruck.*

In der Realität vollzieht sich der Übergang zum neuen Gleichgewicht (Punkt C) bzw. die Anpassung an dieses neue Gleichgewicht in aller Regel allerdings nicht in der strengen zeitlichen Folge von direktem und induziertem Effekt. Vielmehr ist zu erwarten, daß Einkommens- und Zinsanpassungen simultan auftreten und aus den Interdependenzen von Einkommens- und Zinseffekten schließlich das neue Gleichgewicht resultiert. Dabei sind viele verschiedene Anpassungswege möglich, die sehr wohl implizieren können, daß der Zinssatz und/oder das Einkommen zeitweise über ihre neuen Gleichgewichtswerte i_1 und Y_2 hinaus ansteigen. Um den Verlauf der Anpassungsprozesse darstellen zu können, müßten Reaktionen und Reaktionsgeschwindigkeiten auf dem Güter- und dem Geldmarkt exakt erfaßt werden.[35] Auf eine solche dynamische Modellspezifikation sei hier verzichtet. Die Untersuchungen beschränken sich also auf die komparativ-statische Betrachtung.

Zu klären bleibt allerdings, wieso der Zinssatz steigt. Wegen der Zunahme der Güternachfrage nimmt auch die Nachfrage nach Transaktionskasse zu. Die Nichtbanken versuchen folglich, Wertpapiere zu verkaufen, um so in den Besitz von Geld zu kommen. Da die Zentralbank jedoch die Geldmenge konstant zu halten wünscht und ihr die autonome Geldmengenfixierung annahmegemäß möglich ist, hält der finanzielle Sektor seine Wertpapiernachfrage konstant. Somit entsteht ein Überschußangebot an Wertpapieren. Demzufolge steigt der Zinssatz. Mit dem steigenden Zinssatz nimmt aber für Wirtschaftssubjekte im Nichtbankenbereich der Anreiz zu, ihre Spekulationskasse zugunsten von Wertpapieranlagen zu verringern. Hierdurch wird einerseits die Überschußnachfrage nach Transaktionskasse und andererseits das Überschußangebot an Wertpapieren abgebaut. Der Zinssatz muß soweit steigen, daß der Abbau von Spekulationskasse gerade ausreicht, um die letztlich im neuen Gleichgewicht zusätzlich auftretende Nachfrage nach Transaktionskasse zu befriedigen. Damit ist aufgrund der Zusammenhänge zwischen den

---

[35] Erfahrungsgemäß reagieren Nachfrage und Angebot auf dem Geldmarkt schneller als auf dem Gütermarkt, so daß auch Zinsänderungen schneller stattfinden als Einkommensänderungen.

Geldmarkt- und Wertpapiermarkttransaktionen auch das Überschußangebot auf dem Wertpapiermarkt beseitigt.

Je geringer die Zinselastizität der Nachfrage nach Spekulationskasse ist, desto stärker muß allerdings der Zinsanstieg sein, der zur Herstellung des Gleichgewichts erforderlich ist. Denn eine geringe Zinselastizität bedeutet, daß Wirtschaftssubjekte im Nichtbankenbereich auf einen bestimmten Betrag an Spekulationskasse zugunsten der Wertpapieranlage nur bei einem relativ hohen Zinsanreiz verzichten.

Mit Blick auf die Gleichung (3.45) sind drei Extremfälle zu unterscheiden:
- Ist die Geldnachfrage zinsunelastisch ($k_i = 0$), so hat der Multiplikator einen Wert von null; es ergibt sich folglich kein Einkommenseffekt.
- Ist die Güternachfrage zinsunelastisch ($h_i = 0$), so haben Zinsänderungen keinen Einfluß auf die Güternachfrage, so daß lediglich ein direkter Einkommenseffekt der autonomen Nachfrageerhöhung auftritt. In diesem Fall ergibt sich ein Einkommenseffekt gemäß Gleichung (3.46).
- Ist die Geldnachfrage vollkommen zinselastisch ($k_i = \infty$), so treten keine Zinsänderungen auf. Folglich bleibt ein zinsinduzierter Einkommenseffekt aus. Auch hier ergibt sich somit nur der direkte Einkommenseffekt gemäß Gleichung (3.46).

Im weiteren sollen nur die beiden ersten Extremfälle näher betrachtet werden. Vor dem Hintergrund autonomer Nachfrageerhöhungen können sie durchaus realistisch sein. Der dritte Extremfall ist insbesondere im Zusammenhang mit einer expansiven Geldpolitik von Bedeutung, auf die erst weiter unten näher eingegangen wird.

Abbildung 3.16

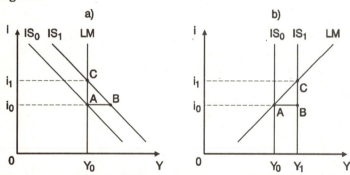

Die Abbildung 3.16 zeigt die Wirkungen einer autonomen Nachfrageerhöhung für die beiden ersten Extremfälle. Ist die Geldnachfrage zinsunelastisch (Abbildungsteil a), so wird der direkte Einkommenseffekt gemäß Gleichung (3.46) vollständig kompensiert durch den zinsinduzierten Einkommenseffekt gemäß Gleichung (3.46a). Das sei kurz erklärt. Wie schon im oben diskutierten Normalfall, so versuchen die Nichtbanken auch hier, in den Besitz von Transaktionskasse zu kommen, indem sie Wertpapiere anbieten. Da die Zentralbank jedoch eine autonome Geldmengensteuerung betreibt und das Geldangebot konstant hält, entstehen zwingend eine Überschußnachfrage nach Geld und gleichzeitig ein Überschußangebot an Wertpapieren. Es kommt deshalb zu einem Zinsanstieg. Im Unterschied zum Normalfall hat dieser Zinsanstieg jedoch keine Freisetzung von Liquidität zugunsten von Wertpapieranlagen zur Folge. Es gibt nämlich, so wie es die neoklassische Theorie annimmt, entweder überhaupt keine zinsreagible Kassenhaltung, oder die Wirtschaftssubjekte sind trotz der Zinssteigerungen nicht bereit, ihren Liquiditätsstatus zugunsten zusätzlicher Wertpapiere einzuschränken. Der Zinssatz muß in diesem Fall also so weit steigen, daß die Nachfrage nach Transaktionskasse auf das Ausgangsniveau sinkt und damit gleichzeitig auch das Überschußangebot an Wertpapieren verschwindet. Damit ist aber eine Erhöhung des Einkommens über das Ausgangsniveau hinaus bei unverändertem Kassenhaltungskoeffizienten unmöglich.

Ist die Güternachfrage zinsunelastisch (Abbildungsteil b), so findet zwar auch eine Zinserhöhung statt, aber diese hat keinen Einfluß auf die Güternachfrage. Ein zinsinduzierter Einkommenseffekt tritt nicht auf, so daß sich der direkte Einkommenseffekt (Strecke AB) voll entfalten kann. Die Zinserhöhung ist analog zum Normalfall zu erklären. Sie ergibt sich auch hier aus dem Tatbestand, daß zunächst eine Überschußnachfrage nach Transaktionskasse und gleichzeitig ein Überschußangebot an Wertpapieren entsteht. Durch die Zinserhöhung werden Wirtschaftssubjekte veranlaßt, ihre Liquidität zugunsten von zusätzlichen Wertpapieranlagen zu reduzieren. Der Zinssatz muß also so weit steigen, daß der zinsinduzierte Abbau von Liquidität gerade ausreicht, um die zusätzliche Nachfrage nach Transaktionskasse zu befriedigen.

3.8.3 Einkommens- und Zinseffekte monetärer Störungen

Im folgenden werden die Einkommens- und die Zinseffekte einer autonomen Erhöhung der Geldmenge untersucht. Für den Einkommenseffekt läßt sich kurz schreiben:

(3.47) $\Delta Y = \mu_M \Delta M$

μ_M ist der Einkommensmultiplikator der Geldmengenänderung. Er kann direkt aus der Gleichung (3.44) bestimmt werden:

(3.47a) $\mu_M = \dfrac{h_i}{k_i(1 - h_Y + m) + k_Y h_i} = \dfrac{\dfrac{h_i}{k_i}}{1 - h_Y + m + k_Y \dfrac{h_i}{k_i}} \geq 0$

Dieser Multiplikator ist um so größer
- je größer die marginale Absorptionsquote h_Y
- je kleiner die marginale Importquote m
- je größer der Zinskoeffizient der Güternachfrage h_i
- je kleiner der Kassenhaltungskoeffizient k_Y
- je kleiner der Zinskoeffizient der Geldnachfrage k_i

ist.

In der Abbildung 3.17 sind die Effekte für "normale" Zinskoeffizienten auf dem Güter- und Geldmarkt dargestellt worden. Infolge der Geldmengenerhöhung verschiebt sich die LM-Kurve nach unten (nach LM_1).

Der *Zinseffekt* läßt sich in *zwei Teileffekte* zerlegen, in einen *direkten Zinseffekt der Geldmengenerhöhung* und in einen *einkommensinduzierten Zinseffekt*. Beide Teileffekte lassen sich aus der Gleichung (3.43) ableiten:

(3.48) $\quad \Delta i_1 = -\dfrac{1}{k_i} \Delta M$

(3.48a) $\quad \Delta i_2 = \dfrac{k_Y}{k_i} \Delta Y$

Der direkte Zinseffekt gemäß (3.48) kommt in der Verschiebung der LM-Kurve um die Strecke AB zum Ausdruck. Die entsprechende Zinssenkung würde eintreten, wenn das Einkommen unverändert bliebe. Da das Zinsniveau im hier dargestellten Fall letztlich - bei Erreichen des neuen Gleichgewichts im Punkt C - sinkt, kommt es infolge der zinsreagiblen Güternachfrage zu einem positiven Einkommenseffekt. Der Einkommensanstieg wirkt aber, isoliert betrachtet, zinssteigernd, so daß folglich der direkten Zinssenkung eine einkommensinduzierte Zinssteigerung entgegengerichtet ist. Diese Zinssteigerung kommt in einer Bewegung auf der LM-Kurve von B nach C zum Ausdruck. Da allerdings der direkte Zinseffekt dominierend ist, ergibt sich letztlich ein neues Gleichgewicht bei dem niedrigeren Zinssatz i_1. Für den gesamten Zinseffekt folgt aus den Gleichungen (3.42) und (3.43):

(3.44b) $\quad \Delta i = -\dfrac{1 - h_Y + m}{k_i(1 - h_Y + m) + k_Y h_i} \Delta M < 0$

Abbildung 3.17

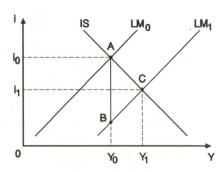

Ähnlich wie bei den Einkommens- und Zinseffekten der autonomen Nachfrageänderungen, so ist auch hier nicht damit zu rechnen, daß der direkte und der einkommensinduzierte Zinseffekt zeitlich aufeinander folgen. Vielmehr ist zu erwarten, daß in den Anpassungsprozessen, die schließlich zum neuen Gleichgewicht führen, simultan Zins- und Einkommenseffekte auftreten. Auf eine Erfassung solcher Prozesse sei jedoch wiederum verzichtet. Die Analyse besteht also auch weiterhin im wesentlichen aus einer komparativ-statischen Betrachtung von Gleichgewichtszuständen. Um den Zinseffekt und den Einkommenseffekt der expansiven Geldpolitik erklären zu können, ist es allerdings erforderlich, einige Wirkungszusammenhänge herauszuarbeiten.

Wie weiter oben schon erläutert wurde, ist die Erhöhung des Geldangebots mit einer Zunahme der Wertpapiernachfrage seitens des finanziellen Sektors verbunden. Es kommt somit zunächst zu einem Überschußangebot auf dem Geldmarkt und gleichzeitig zu einer Überschußnachfrage auf dem Wertpapiermarkt. Demzufolge sinkt der Zinssatz. Wirtschaftssubjekte im Nichtbankenbereich sind wegen der Zinssenkung bereit, aus ihrem Portefeuille Wertpapiere abzugeben und statt dessen zusätzlich Geld bzw. Liquidität aufzunehmen. Die Zinssenkung bewirkt außerdem eine Erhöhung der Güternachfrage. Über die bekannten Multiplikatoreffekte ergeben sich hieraus positive Wirkungen auf das Einkommen. Der Einkommensanstieg impliziert aber seinerseits eine Zunahme der Nachfrage nach Transaktionskasse und dementsprechend ein zusätzliches Wertpapierangebot der Nichtbanken. Von hierher wird der anfangs eingeleiteten Zinssenkung entgegengewirkt. Letztlich muß der Zinssatz so weit sinken, daß das Überschußangebot an Geld zum einen durch die erhöhte Nachfrage nach Transaktionskasse und zum anderen durch die Zunahme der zinsabhängigen Nachfrage nach Geld (insbesondere nach Spekulationskasse) absorbiert wird. Damit ist zugleich auch die Überschußnachfrage des finanziellen Sektors nach Wertpapieren beseitigt.

Vor diesem Hintergrund ist es verständlich, daß die Zinssenkung im Zuge der expansiven Geldpolitik um so größer ausfallen muß, je unelastischer die zinsabhängige Geldnachfrage auf Zinssenkungen reagiert und je geringer die Einkommensreaktion und die damit verbundene Reaktion der Nachfrage nach Transaktionskasse im Rahmen einer Zinssenkung sind. Ist die Zinselastizität der Geldnachfrage (absolut gesehen) relativ niedrig, so sind die Nichtbanken nur bei verhältnismäßig großen Zinsanreizen bereit, ihre Geldbestände gegen Hingabe von Wertpapieren aufzustocken. Ist außerdem die Zinselastizität der Güternachfrage (absolut gesehen) relativ gering, so nimmt auch der Bedarf an Transaktionskasse nur relativ geringfügig zu.

Zwei Extremfälle sind für die Geldpolitik von besonderer Bedeutung:
- Ist die Güternachfrage zinsunelastisch ($h_i = 0$), so bleiben Zinssenkungen ohne Wirkungen auf die Güternachfrage; folglich treten auch keine Einkommensänderungen auf.
- Ist die Geldnachfrage vollkommen zinselastisch ($k_i = \infty$), so hat eine Geldmengenerhöhung keinen Zinseffekt; zinsinduzierte Nachfrageänderungen sind deshalb unmöglich, und somit gibt es auch keinen Einkommenseffekt.

Diese Fälle sind in der Abbildung 3.18 dargestellt worden. Reagiert die Güternachfrage nicht auf Zinsänderungen (Abbildungsteil a), so hat die expansive Geldpolitik nur einen Zinseffekt, nämlich den oben erläuterten direkten Zinseffekt gemäß Gleichung (3.48). Die Nichtbanken geben Wertpapiere an den finanziellen Sektor ab und stocken dafür ihre zinsabhängige Geldnachfrage, insbesondere ihre Spekulationskasse auf.

Abbildung 3.18

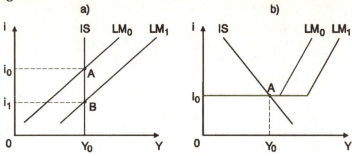

Ist die Geldnachfrage im relevanten Einkommensbereich unendlich zinselastisch, so existiert die schon bekannte *Liquiditätsfalle*. Die Nichtbanken sind in dieser Situation bereit, Wertpapiere gegen Liquidität zu tauschen, ohne daß es hierzu (nennenswerter) Zinssenkungen bedarf. Sie rechnen damit, daß der Zinssatz das "Niedrigstniveau" bereits erreicht hat und alsbald wieder steigen wird. Es scheint ihnen deshalb günstig zu sein, einerseits Wertpapiere zu dem noch herrschenden relativ hohen Kurs abzustoßen und andererseits Spekulationskasse zu halten, um später bei Eintreten der erwarteten Zinssteigerung Wertpapiere zu einem relativ niedrigen Kurs kaufen zu können. Die Liquiditätsfalle macht also auch den direkten Zinseffekt der expansiven Geldpolitik unmöglich.

An dieser Stelle sei noch einmal darauf hingewiesen, daß eine expansive Geldpolitik unter gewissen Bedingungen auch durch das Verhalten der Kreditinstitute konterkariert werden kann. Wenn diese im Rahmen von Offenmarktgeschäften Wertpapiere an die Zentralbank abgeben, das zufließende Zentralbankgeld aber freiwillig als Überschußreserven halten oder zur Tilgung von Refinanzierungskrediten verwenden, so ist es möglich, daß das Geldangebot des finanziellen Sektors nicht zunimmt. Die LM-Kurve verschiebt sich dann nicht, und es kommt weder zu Zins- noch zu Einkommenseffekten. Diese Möglichkeit bedeutet allerdings, daß die Zentralbank - entgegen der weiter oben zugrunde gelegten Annahme - nicht zur autonomen Geldmengensteuerung in der Lage ist.

Monetäre Störungen können selbstverständlich auch von der Nachfrageseite ausgehen. Hervorzuheben ist eine autonome Änderung des Kassenhaltungskoeffizienten k_Y oder eine grundlegende Änderung der Liquiditätsneigung z.B. im Rahmen der Nachfrage nach Vorsichts- oder Spekulationskasse. Nimmt beispielsweise das erwartete Risiko der Wertpapierhaltung zu, so ist mit einer Erhöhung der Liquiditätsneigung, insbesondere der Nachfrage nach Spekulationskasse, zu rechnen. Die LM-Kurve wird hierdurch nach oben verlagert, so daß der Zinssatz am Wertpapiermarkt steigt und deshalb bei zinselastischer Güternachfrage das Einkommen verringert wird. In diesem Fall ergibt sich somit ein *Selbsterfüllungseffekt:* Weil ein höheres Kursrisiko in Form eines Sinkens der Wertpapierkurse erwartet wurde, kommt es am Wertpapiermarkt infolge der erwartungsinduzierten Reaktion tatsächlich zu einer Kurssenkung.

Kapitel 4
Preisniveau und Einkommen
4.1 Problemstellung und Rahmenbedingungen

Die Gütermarktanalyse beschränkte sich zuvor auf die Betrachtung der Nachfrageseite. Dabei wurden die Determinanten der Güternachfrage, die Rolle der Güternachfrage bei der Bestimmung des gesamtwirtschaftlichen Einkommens und des Zinsniveaus sowie die Wechselwirkungen zwischen der Güternachfrage einerseits und den finanzwirtschaftlichen Vorgängen auf den Geld- und Wertpapiermärkten andererseits aufgezeigt. Die explizite Erfassung der Anbieterseite des Gütermarktes war nicht erforderlich, weil zwei wichtige Annahmen getroffen wurden:

- Das Güterangebot paßt sich immer vollständig an die Güternachfrage an.
- Das gesamtwirtschaftliche Preisniveau ist konstant.

Diese Annahmen werden jetzt aufgehoben. Die folgenden Untersuchungen sind darauf gerichtet, die Anbieterseite des Gütermarktes eingehender zu betrachten und dabei das Güterangebot und die gesamtwirtschaftliche Preisbildung zu erklären. Darüber hinaus werden die Wirkungszusammenhänge zwischen dem so erweiterten Gütermarkt und den Geld- und Wertpapiermärkten erneut analysiert. Dabei ist vor allem deutlich zu machen, wie sich Preisänderungen auf die Güternachfrage, die Geldnachfrage sowie das Geldangebot auswirken und wie autonome Änderungen der Güternachfrage, des Güterangebots und des Geldangebots die Preisbildung beeinflussen.

Da das Preisniveau nun zu einer variablen Größe wird, ist es erforderlich, exakt zwischen nominellen und realen Größen zu unterscheiden. Die weiteren Analysen beschäftigen sich allerdings vorwiegend mit realen Größen. Diese werden deshalb nicht gesondert gekennzeichnet. Demgegenüber wird auf nominelle Größen jeweils ausdrücklich hingewiesen. Im Interesse einer möglichst einfachen Darstellung wird - wie bisher - angenommen, daß

- das ausländische Preisniveau konstant ist
- der nominelle Wechselkurs konstant ist
- keine internationalen Rückwirkungen auftreten.

Die Untersuchungen in diesem Kapitel beschränken sich darauf, einige grundlegende Zusammenhänge zwischen dem gesamtwirtschaftlichen Preisniveau, dem Güterangebot und der Güternachfrage aufzuzeigen. Erst im darauffolgenden Kapitel werden weitere ökonomische Determinanten eingehend analysiert, die für das Güterangebot und dadurch auch für die Preisbildung am Gütermarkt von maßgeblicher Bedeutung sind. Hervorzuheben sind die Produktionsbedingungen, die den Einsatz der beiden Produktionsfaktoren "Arbeit" und "Sachkapital" bestimmen, die Produktionskosten, bei denen die Lohnstückkosten ein besonderes Gewicht haben, sowie die Lohnbildung am Arbeitsmarkt, die ihrerseits einen wesentlichen Einfluß auf die Lohnstückkosten hat.

4.2 Wirkungen von Preisänderungen auf die Güternachfrage
4.2.1 Die private Konsumgüternachfrage

Veränderungen des gesamtwirtschaftlichen Preisniveaus können den *realen* privaten Konsum über drei Wirkungskanäle beeinflussen, nämlich über
- Änderungen des *realen Geldvermögens* der privaten Haushalte
- Änderungen des realen *verfügbaren Einkommens*
- Änderungen der *Einkommensverteilung*.

a) Realer Vermögenseffekt und Realkasseneffekt

Zunächst sei die Determinante "reales Geldvermögen" betrachtet. Indem die privaten Haushalte ihre realen Ersparnisse planen, treffen sie gleichzeitig eine Entscheidung über eine Veränderung ihres geplanten realen Geldvermögens. Wie schon im Kapitel 3 in der Gleichung (3.11) dargelegt, gilt bei konstantem Preisniveau:

$$(4.1) \quad \Delta V_H \big|_S = S$$

Bei variablem Preisniveau ist aber zu beachten, daß auch Preisänderungen Veränderungen des realen Geldvermögens nach sich ziehen. Besitzen die privaten Haushalte zu einem bestimmten Zeitpunkt ein *nominelles Geldvermögen* von V_{H0}^n, so ergibt sich zu diesem Zeitpunkt bei einem Ausgangspreisniveau von P_0 ein *reales Geldvermögen* von:

$$(4.2) \quad V_{H0} = \frac{V_{H0}^n}{P_0}$$

Die *preisinduzierte* Veränderung des realen Geldvermögens beträgt somit näherungsweise:

$$(4.2a) \quad \Delta V_H \big|_{\Delta P} = -\frac{V_{H0}^n}{P_0^2} \Delta P$$

Verfolgen die privaten Haushalte das Ziel, zu jedem Zeitpunkt einen bestimmten realen Geldvermögensbestand zu realisieren, so müssen sie diese preisinduzierte Änderung des realen Geldvermögens bei der Planung ihrer realen Ersparnisse berücksichtigen: Steigt das Preisniveau, so sind sie gezwungen, ihre realen Ersparnisse zu erhöhen, um den preisinduzierten Vermögensverlust auszugleichen; sinkt das Preisniveau, so genügen geringere reale Ersparnisse, um am Ende der Spareriode ein bestimmtes reales Geldvermögen zu besitzen. Vor diesem Hintergrund hängen die geplanten realen Ersparnisse der privaten Haushalte auch vom gesamtwirtschaftlichen Preisniveau ab. Da der reale private Konsum C der Differenz zwischen dem realen verfügbaren Einkommen YV und den realen Ersparnissen S entspricht, hat eine Preiserhöhung demnach ceteris paribus eine Verringerung des privaten Konsums zur Folge - und analog dazu im inversen Fall.

Ob die hier skizzierte, in der Konsumtheorie durchaus übliche Hypothese tatsächlich tragfähig ist und - falls ja - ob das reale Vermögen bzw. das Preisniveau einen nennenswerten Einfluß hat, läßt sich nur in empirischen Untersuchungen überprüfen. Darauf muß hier jedoch verzichtet werden. Die empirische Konsumforschung hat bisher kein allgemein gültiges Ergebnis gebracht.

In der makroökonomischen Theorie hat der zuvor erläuterte reale Vermögenseffekt in einer eingeschränkten Form als *Realkasseneffekt* eine gewisse Bedeutung erlangt. Beim Realkasseneffekt wird nicht das gesamte Geldvermögen der privaten Haushalte, sondern nur die Geld- bzw. Kassenhaltung als Teil dieses Vermögens betrachtet. Ausgehend von einem bestimmten nominellen Kassenbestand, verringert sich die reale Kassenhaltung, wenn das Preisniveau steigt. Da so auch die vorhandene reale Transaktionskasse sinkt, kommt es unmittelbar zu einer Beeinträchtigung der realen Transaktionsmöglichkeiten. Darauf reagieren die privaten Haushalte, so die Hypothese, mit einer Einschränkung ihrer realen Konsumgüternachfrage. Dieser Realkasseneffekt wird später im Rahmen der wirtschaftspolitischen Wirkungsanalysen als *Pigou-Effekt* noch eine wichtige Rolle spielen.

b) Reales verfügbares Einkommen

Preisinduzierte Veränderungen des realen verfügbaren Einkommens können insbesondere durch Änderungen der realen Steuern bzw. Abgaben an den Staat sowie der realen Übertragungen des Staates auftreten. *Bemessungsgrundlage* im Steuersystem sind in der Regel nominelle Größen, z.B. das nominelle Bruttoeinkommen der privaten Haushalte. Bei proportionaler Besteuerung, so wie sie in den vorangegangenen Untersuchungen vereinfachend angenommen worden ist, haben Preisänderungen ceteris paribus keinen Einfluß auf die realen Steuern bzw. die realen Abgaben. Denn die nominelle Bemessungsgrundlage (z.B. das nominelle Bruttoeinkommen) und die nominellen Steuern ändern sich dann proportional zueinander.

Häufig, so auch in der Bundesrepublik Deutschland, ist das Steuersystem jedoch *progressiv* angelegt. In diesem Fall nimmt die nominelle Steuerbelastung überproportional zur nominellen Bemessungsgrundlage zu. Das bedeutet aber, daß die realen Steuern bzw. Abgaben steigen, wenn die reale Bemessungsgrundlage zwar konstant ist, die nominelle Bemessungsgrundlage aber infolge einer Preissteigerung zunimmt.[1] Über diesen *Progressionseffekt* haben Preissteigerungen also ceteris paribus eine Verringerung des realen verfügbaren Einkommens zur Folge.

Wie schon erwähnt, kann eine solche preisinduzierte Wirkung auch über die staatlichen Übertragungen (Subventionen und Transferzahlungen) eintreten. Fixiert

---

[1] Hierzu sei ein einfaches Beispiel betrachtet. In der Ausgangsperiode $t = 0$ beträgt das Realeinkommen $Y_0 = 1000$ und das Preisniveau $P_0 = 1$. Somit hat das Nominaleinkommen einen Wert von $Y_0^n = 1000$. Bei diesem Einkommen gelte ein Steuersatz von $q_0 = 0,2$. Die nominelle Steuerbelastung ergibt sich somit als $T_0^n = 200$. Wegen $P_0 = 1$ entspricht dieser Betrag zugleich den realen Steuern: $T_0 = 200$. Das Preisniveau möge nun in der Periode $t = 1$ auf $P_1 = 1,2$ steigen. Bei unverändertem Realeinkommen $Y_1 = 1000$ nimmt das Nominaleinkommen auf $Y_1^n = 1200$ zu. Aufgrund der progressiven Besteuerung möge bei diesem Einkommen der höhere Steuersatz $q_1 = 0,225$ gelten. Folglich erhöhen sich die nominellen Steuern auf $T_1^n = 270$. Die realen Steuern betragen jetzt: $T_1 = T_1^n/P_1 = 270/1,2 = 225$. Das reale verfügbare Einkommen $YV = Y - T$ ist um 25 gesunken.

der Staat nämlich, wie es üblich ist, die nominellen Übertragungen und nimmt er entsprechende Anpassungen an die Preisentwicklung nicht oder erst mit längeren zeitlichen Verzögerungen vor, so sinken die realen Übertragungen und folglich das reale verfügbare Einkommen, wenn das Preisniveau steigt.

Es ist zu erwarten, daß eine preisinduzierte Verringerung des realen verfügbaren Einkommens eine Abnahme des realen privaten Konsums bewirkt. Andererseits ist aber zu bedenken, daß der Staat aufgrund der zuvor aufgezeigten Effekte Nutznießer der Preiserhöhungen ist: Seine realen Steuereinnahmen steigen wegen des Progressionseffektes, und seine realen Übertragungsausgaben sinken. Ob also die reale gesamtwirtschaftliche Güternachfrage bzw. die reale heimische Absorption durch die Preiserhöhung (oder auch durch eine Preissenkung) beeinflußt wird, hängt somit nicht zuletzt davon ab, wie der Staat seine realen *"windfall profits"* verwendet und welche Wirkungen von dieser Verwendung ausgehen. Es ist sehr wohl möglich, daß die positiven Nachfrageeffekte aus dieser Verwendung die negativen Nachfrageeffekte aus der preisinduzierten Verringerung des privaten Konsums vollständig kompensieren oder sogar überkompensieren. Theoretisch ist ein eindeutiges Ergebnis deshalb nicht ableitbar.

c) Einkommensverteilung

Preisänderungen können schließlich noch eine Veränderung der Verteilung der realen Einkommen bewirken. So ist es beispielsweise möglich, daß die nominellen Löhne und Gehälter (die nominellen Einkommen aus unselbständiger Tätigkeit) nicht oder erst mit einer gewissen zeitlichen Verzögerung an die Preisentwicklung angepaßt werden. Eine Preiserhöhung impliziert dann eine Verringerung der realen Löhne und Gehälter, wogegen bei konstantem gesamtwirtschaftlichen Realeinkommen die realen Einkommen aus selbständiger Tätigkeit und Vermögen entsprechend zunehmen. Haben die Lohn- und Gehaltsempfänger eine größere marginale Konsumquote als die Unternehmerhaushalte, so kann es demnach zu einer preisinduzierten Verringerung des privaten Konsums kommen.

Eine ähnliche Wirkung ist denkbar, wenn sich - wie es allgemein der Fall ist - die nominellen Zinseinkommen von Gläubigern nicht proportional zur Preissteigerung erhöhen. Die Gläubiger erleiden dann einen realen Einkommensverlust, wogegen die Schuldner entsprechend einen realen Einkommensgewinn realisieren. Hier sind dann unterschiedliche marginale Konsumquoten der Gläubiger und der Schuldner von Bedeutung.

Es ist allerdings auch möglich, daß die Unternehmungen in den beiden hier skizzierten Fällen in den Genuß preisinduzierter "windfall profits" kommen, die sie nicht ausschütten, sondern statt dessen für zusätzliche Investitionen verwenden. Die negative Wirkung einer Preiserhöhung auf den privaten Konsum kann von hierher kompensiert - eventuell sogar überkompensiert - werden.

d) Preisniveau und heimische Absorption

Faßt man die zuvor erläuterten Einflußmöglichkeiten zusammen, so ist im theoretischen Modell zumindest zu erwägen, daß ein negativer Zusammenhang zwischen der realen privaten Konsumgüternachfrage und dem gesamtwirtschaftlichen Preisniveau bestehen kann. Da es in den weiteren Untersuchungen jedoch vor allem darum geht, die Reaktion der gesamtwirtschaftlichen Güternachfrage auf Preisänderungen zu erfassen, müssen auch die zuvor genannten kompensatorischen Wirkungen, z.B. aus der Verwendung der preisinduzierten "windfall profits" des Staates oder der Unternehmungen, berücksichtigt werden. Deshalb wird im folgenden unmittelbar eine Abhängigkeit der realen heimischen Absorption - also der gesamten realen Güternachfrage von Inländern - vom Preisniveau formuliert. Zur Vereinfachung gelte - analog zur Gleichung (3.8) - ein linearer Zusammenhang:

(4.3) $H = H^a + h_Y Y - h_i i + h_P \dfrac{V_0^n}{P}$

mit: $H^a = C^a + I^a + G + c(\ddot{U} - T^a)$

$h_Y = c_Y(1 - q) + b_Y > 0 \; ; \; h_i = c_i + b_i \geq 0 \; ; \; h_P \geq 0$

Mit Hilfe der Größe V_0^n/P werden die Determinanten erfaßt, die direkt auf Preisänderungen reagieren, z.B. das Vermögen der privaten Haushalte. Die Nominalgröße V_0^n bezieht sich in den weiteren Analysen jeweils auf die Ausgangssituation und ist deshalb für den Analysezeitraum fest vorgegeben. Demgegenüber ist die reale Größe V_0^n/P wegen möglicher Preisänderungen eine variable Größe. Es sei angenommen, daß der Koeffizient h_P positiv oder im Extremfall null ist. Eine Preiserhöhung induziert somit direkt eine Verringerung der realen heimischen Absorption, oder sie hat im Extremfall keinen Einfluß.[2]

4.2.2 Der Außenbeitrag

Der reale Außenbeitrag eines Landes ist wie folgt definiert [Gl. (2.25)]:

(4.4) $AB = EX - eIM$ \qquad mit: $e = \dfrac{e^n P_A}{P}$

P ist das inländische und P_A das ausländische Preisniveau; e^n ist der nominelle und e der reale Wechselkurs.

Sowohl die realen Exporte EX als auch die mengenmäßigen Importe IM hängen im allgemeinen vom realen Wechselkurs ab: Steigt e, so werden die Güter aus ausländischer Produktion relativ zu den Gütern aus inländischer Produktion teurer; dadurch wird es im Inland vorteilhaft, ausländische Güter durch inländische Güter zu substituieren, und für das Ausland ist es günstiger, heimische Güter durch importierte Güter zu ersetzen. Bei einer Erhöhung von e, die gleichbedeutend mit einer *realen Abwertung* der inländischen Währung ist, ist folglich mit einer Zunahme der realen Exporte und einer Verringerung der mengenmäßigen Importe des Inlands zu rechnen.

---

[2] Wie später noch deutlich wird, können Preisänderungen auch einen Einfluß auf Y und i haben und sich somit *indirekt* auf H auswirken. Im Hinblick auf die Determinante V_0^n/P wird deshalb im folgenden von einer *direkten* Preisabhängigkeit der Güternachfrage bzw. der Absorption gesprochen.

Dieser "*Mengeneffekt*" bewirkt ceteris paribus eine Verbesserung des realen Außenbeitrags. Dem steht allerdings ein "*Preiseffekt*" entgegen, der gemäß Gleichung (4.4) aus dem direkten Einfluß von e resultiert: Steigt e, so werden die importierten Güter teurer; dementsprechend nehmen die *realen Importe* eIM ceteris paribus zu. Dieser "Preiseffekt" impliziert also eine Verschlechterung des realen Außenbeitrags. Der Nettoeffekt aus den beiden Einflüssen kann positiv, null oder negativ sein [8.2.1]. Er hängt insbesondere von den Elastizitäten der realen Exporte und der mengenmäßigen Importe in bezug auf den realen Wechselkurs ab.[3]

In der makroökonomischen Theorie geht man im allgemeinen davon aus, daß diese Elastizitäten - absolut gesehen - relativ groß sind und der Mengeneffekt deshalb den Preiseffekt überkompensiert. Eine Erhöhung des realen Wechselkurses bewirkt dann eine Verbesserung des realen Außenbeitrags. Diese Annahme wird auch im folgenden zugrunde gelegt, so daß sich der Außenbeitrag (in linearer Form) wie folgt erklären läßt:

(4.5) $\quad AB = AB^a - m_Y Y + n_e e \quad$ mit: $m_Y = \dfrac{\delta IM}{\delta Y} > 0 \,;\, n_e = \dfrac{\delta AB}{\delta e} > 0$

$$AB^a = EX^a - IM^a$$

Der Koeffizient m_Y ist die schon bekannte marginale Importquote in bezug auf das Realeinkommen.

Der Einfluß des inländischen Preisniveaus P auf den Außenbeitrag ist mit Blick auf die Definition des realen Wechselkurses evident. Bei konstantem nominellen Wechselkurs w und konstantem ausländischen Preisniveau P_A impliziert ein Anstieg des inländischen Preisniveaus eine reale Aufwertung bzw. eine Verringerung des realen Wechselkurses - und umgekehrt.[4]

4.2.3 Nominelle und reale Geldmenge

Zu den wichtigsten Zielen der Geldpolitik zählt im allgemeinen die Preisstabilität. Bei dieser Zielsetzung muß die Zentralbank eines Landes dafür sorgen, daß Preiserhöhungen nicht durch entsprechende Erhöhungen der Geldmenge "*alimentiert*" werden. Die Zentralbank betreibt deshalb eine *Politik der nominellen Geldmengensteuerung*. Sie setzt ihre Instrumente so ein, daß nach Möglichkeit ein bestimmtes nominelles Geldangebot bzw. eine bestimmte nominelle Geldmenge rea-

---

[3] Diese Elastizitäten sind wie folgt definiert:
$\varepsilon(EX, e) = \dfrac{\delta EX}{\delta e} \dfrac{e}{EX} > 0, \varepsilon(IM, e) = \dfrac{\delta IM}{\delta e} \dfrac{e}{IM} < 0$

[4] Würde man die Annahme einer Konstanz von w und P_A aufheben, so müßte man sich allerdings fragen, wie sich eine Veränderung von P auf diese beiden Größen auswirkt. Nach der *Kaufkraftparitätentheorie* käme es - freier internationaler Handel und freie Preisbildung vorausgesetzt - bei fixiertem nominellen Wechselkurs zu einer entsprechenden Anpassung des ausländischen Preisniveaus und bei flexiblem Wechselkurs zu einer entsprechenden Anpassung des nominellen Wechselkurses; der reale Wechselkurs bliebe dann gemäß der internationalen Kaufkraftparität unverändert. Demzufolge hätte eine Veränderung des inländischen Preisniveaus auch keinen Einfluß auf den realen Außenbeitrag.

lisiert wird. Ist es der Zentralbank möglich, die nominelle Geldmenge - mit M^n bezeichnet - autonom exakt zu steuern, so ist das reale Geldangebot bzw. die reale Geldmenge - mit M bezeichnet - eine variable Größe:

(4.6) $\quad M = \dfrac{M^n}{P}$

Eine Preiserhöhung hat somit eine Verringerung des realen Geldangebots zur Folge - und umgekehrt. Dementsprechend übt eine Preisänderung mit Blick auf das Geldmarktgleichgewicht L = M einen direkten Einfluß auf die Lage der LM-Kurve aus.

Dieser Einfluß und der Einfluß von Preisänderungen auf die Lage der IS-Kurve, der aus den oben erläuterten Preisabhängigkeiten der realen heimischen Absorption und des realen Außenbeitrags resultiert, werden jetzt gemeinsam betrachtet und zur Gesamtwirkung auf die reale Güternachfrage zusammengefügt.

4.2.4 Die gesamtwirtschaftliche Nachfragefunktion

Die Zusammenhänge auf dem Güter- und auf dem Geldmarkt werden durch das Modell 4.1 beschrieben.

Modell 4.1

$D \equiv H + AB$ — Güternachfrage

$H = H^a + h_Y Y - h_i i + h_P \dfrac{V_0^n}{P}$ — Heimische Absorption

$AB = AB^a - m_Y Y + n_e \dfrac{e^n P_A}{P}$ — Außenbeitrag

$L = k_Y Y - k_i i$ — Geldnachfrage

$Y = D$ — Gütermarktgleichgewicht

$L = \dfrac{M^n}{P}$ — Geldmarktgleichgewicht

mit: $h_Y > 0;\ h_i \geq 0;\ h_P \geq 0;\ m_Y > 0;\ n_e \geq 0;\ k_Y > 0;\ k_i \geq 0$

Das Preisniveau wird zunächst noch als eine vorgegebene Größe betrachtet. Gleichfalls sei - wie in den vorangegangenen Untersuchungen - vorerst angenommen, daß sich die Produktion an die Güternachfrage anpaßt und deshalb gilt: Y = D. Aus dieser Gleichgewichtsbedingung resultiert bekanntlich die IS-Kurve:

(4.7) $\quad Y = \dfrac{1}{1 - h_Y + m_Y} [H^a + AB^a - h_i i + (h_P V_0^n + n_e e^n P_A)\dfrac{1}{P}]$

Aus der Gleichgewichtsbedingung für den Geldmarkt ergibt sich die LM-Kurve:

(4.8) $\quad i = \dfrac{1}{k_i}(k_Y Y - \dfrac{M^n}{P})$

Setzt man die Gleichung (4.8) in die Gleichung (4.7) ein und löst nach Y auf, so erhält man die *gesamtwirtschaftliche Nachfragekurve* bzw. die sogenannte *aggregierte Nachfragekurve*:

$$(4.9) \quad Y = \frac{1}{1 - h_Y + m_Y + k_Y \frac{h_i}{k_i}} [H^a + AB^a + (h_P V_0^n + n_e e^n P_A + \frac{h_i}{k_i} M^n) \frac{1}{P}]$$

Die aggregierte Nachfragekurve beschreibt somit alle Kombinationen des gesamtwirtschaftlichen Realeinkommens Y und des gesamtwirtschaftlichen Preisniveaus P, die simultan ein IS-Gleichgewicht und ein LM-Gleichgewicht gewährleisten.

Die aggregierte Nachfragekurve wird mit Hilfe der Abbildung 4.1 nun auch auf graphischem Wege hergeleitet. In der Ausgangssituation sei das Preisniveau P_0 gegeben. Bei diesem Preisniveau ist gemäß Gleichung (4.7) die IS-Kurve IS_0 und gemäß Gleichung (4.8) die LM-Kurve LM_0 gültig. Im Punkt A existiert simultan ein IS- und ein LM-Gleichgewicht. Das zugehörige reale Gleichgewichtseinkommen beträgt somit Y_0.

Abbildung 4.1

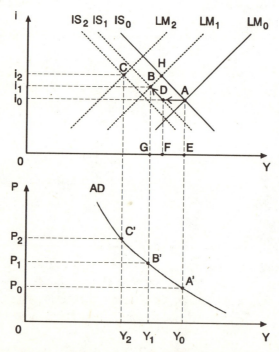

Das Preisniveau möge nun auf P_1 steigen. Hierdurch wird die IS-Kurve nach links - hier nach IS_1 - und die LM-Kurve nach oben - hier nach LM_1 - verschoben. Die Verschiebung der IS-Kurve resultiert aus der preisinduzierten Verringerung der realen heimischen Absorption und des Außenbeitrags. Die LM-Kurve verschiebt sich, weil das reale Geldangebot und dementsprechend die reale Wertpapiernachfrage des finanziellen Sektors sinken und von daher ceteris paribus ein

Zinsanstieg bewirkt wird. Im Punkt B ergibt sich letztlich ein neues IS- und LM-Gleichgewicht. Dementsprechend hat sich das reale Gleichgewichtseinkommen auf Y_1 verringert. Steigt das Preisniveau noch weiter, z.B. auf P_2, so kommt es erneut zu Verschiebungen der IS- und der LM-Kurve, jetzt nach IS_2 und LM_2. Das reale Gleichgewichtseinkommen sinkt nun auf Y_2. Analog dazu lassen sich noch weitere Kombinationen von Preisniveau und Realeinkommen finden, die alle zusammen die aggregierte Nachfragekurve AD ergeben.

Die Wirkung der Preisänderung auf die Gleichgewichtsgüternachfrage bzw. auf das reale Gleichgewichtseinkommen setzt sich, wie zuvor deutlich geworden ist, aus einem *direkten Einfluß* und einem *indirekten, zinsinduzierten Einfluß* auf die Güternachfrage zusammen. Der direkte Einfluß resultiert u.a. aus dem oben skizzierten Realvermögenseffekt (oder aus dem Realkasseneffekt) auf den privaten Konsum und aus der Reaktion des Außenbeitrags auf eine preisinduzierte Veränderung des realen Wechselkurses. Vor allem in Hinsicht auf den Realkasseneffekt ist dieser direkte Einfluß als *Pigou-Effekt* bekannt geworden. Der zinsinduzierte Einfluß wird demgegenüber als *Keynes-Effekt* bezeichnet.

In der Abbildung 4.1 hat die Preiserhöhung von P_0 auf P_1 (oder die Preissenkung von P_1 auf P_0) einen Pigou-Effekt zur Folge, der eine Einkommensänderung um die Strecke AD = EF impliziert. Zusätzlich ergibt sich ein Keynes-Effekt, durch den sich das Einkommen um die Strecke FG verändert. Der Keynes-Effekt läßt sich hier in einer Bewegung auf der IS-Kurve von D nach B nachvollziehen.[5]

In der Steigung der aggregierten Nachfragekurve kommt die Preiselastizität der gesamtwirtschaftlichen Güternachfrage zum Ausdruck. Sie ist wie folgt definiert:

$$(4.10) \quad \varepsilon(Y, P) = \frac{\delta Y}{\delta P} \frac{P}{Y} \leq 0$$

Diese Preiselastizität zeigt an, um wieviel Prozent die reale Güternachfrage, die aus dem IS- und dem LM-Gleichgewicht resultiert, verändert wird, wenn sich das gesamtwirtschaftliche Preisniveau um ein Prozent verändert. Die Preiselastizität wird, wie der Gleichung (4.9) zu entnehmen ist, insbesondere durch die Koeffizienten h_P, n_e, h_i und k_i bestimmt. Bei $h_P = 0$, $n_e = 0$ und $h_i = 0$ oder $h_P = 0$, $n_e = 0$ und $k_i = \infty$ hat die Preiselastizität der Güternachfrage den Wert null. In allen anderen Fällen ist sie negativ, jedoch absolut um so geringer, je kleiner die Koeffizienten h_P, n_e sowie h_i sind und je größer der Koeffizient k_i ist. Die aggregierte Nachfragekurve AD verläuft um so steiler, je geringer (absolut gesehen) die Preiselastizität der Güternachfrage ist; im Falle einer Preiselastizität von null verläuft sie parallel zur Ordinate bzw. zur P-Achse.

In der Abbildung 4.2 wird die aggregierte Nachfragekurve für den Extremfall einer vollkommen zinselastischen Geldnachfrage ($k_i = \infty$) hergeleitet. Für die Koeffizienten h_P und n_e gilt: $h_P > 0$, $n_e > 0$. Die Ausgangssituation sei durch ein

---

[5] Keynes ging allerdings davon aus, daß Preisänderungen keinen *direkten* Einfluß auf die reale Güternachfrage haben und daß somit kein Pigou-Effekt auftritt. Der Keynes-Effekt käme in diesem Fall in einer Bewegung auf der IS-Kurve von A nach H zum Ausdruck.

Preisniveau von P_0 gekennzeichnet. Ein IS- und LM-Gleichgewicht werde im Punkt A realisiert, also im *Keynesschen Bereich* der LM-Kurve. Das Gleichgewichtseinkommen beträgt Y_0.

Das Preisniveau möge nun auf P_1 sinken. Durch den direkten Einfluß auf die Güternachfrage verschiebt sich die IS-Kurve nach IS_1. Die LM-Kurve wird demgegenüber im hier relevanten Einkommensbereich nicht berührt. Lediglich außerhalb dieses Bereichs, also bei höheren Einkommen, würde sich eine Wirkung auf die LM-Kurve ergeben. Aufgrund der *Liquiditätsfalle*, die hier im relevanten Bereich existiert, hat die preisinduzierte Zunahme des realen Geldangebots keine Zinssenkung zur Folge. Somit kommt auch der *Keynes-Effekt* nicht zum Tragen. Über den direkten Preiseinfluß auf die Güternachfrage ergibt sich jetzt lediglich der *Pigou-Effekt*. Das gilt auch für eine weitere Preissenkung auf P_2 - sowie analog für Preiserhöhungen von P_2 auf P_1 oder P_0. Die aggregierte Nachfragekurve verläuft jetzt relativ steil. Die Preiselastizität der Güternachfrage ist dementsprechend (absolut gesehen) relativ gering.

Abbildung 4.2

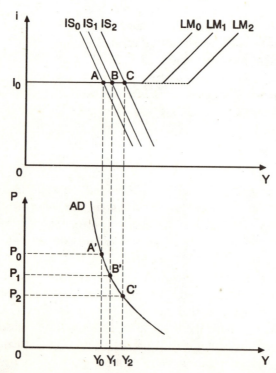

Käme es - im Fall von $h_P = 0$ und $n_e = 0$ - nicht zu einem direkten Preiseinfluß auf die Güternachfrage, bliebe also der Pigou-Effekt aus, so würde die aggregierte Nachfragekurve parallel zur P-Achse verlaufen. Grundsätzlich ergibt sich ein solcher Verlauf, wenn weder der Keynes-Effekt noch der Pigou-Effekt wirksam ist. Der Keynes-Effekt bleibt auch aus, wenn die Güternachfrage zinsunelastisch ist

($h_i = 0$). In diesem Fall sind nämlich preisinduzierte Zinsänderungen ohne Bedeutung für die Güternachfrage.

4.3 Gütermarktgleichgewicht und Preisniveau

4.3.1 Preisbildung auf dem Gütermarkt - eine Einführung

Um die Preisbildung auf dem gesamtwirtschaftlichen Gütermarkt erklären zu können, muß neben der Nachfrageseite, die in der zuvor hergeleiteten aggregierten Nachfragefunktion erfaßt ist, auch die Angebotsseite analysiert werden. Auf der Angebotsseite sind zwei grundlegend verschiedene Rahmenbedingungen möglich, die ihrerseits eine bestimmte Preis- und Produktionspolitik der Unternehmungen implizieren:

1. In einem ersten Ansatz wird davon ausgegangen, daß auf allen Teilgütermärkten der Volkswirtschaft *vollständige Konkurrenz* herrscht und daß dementsprechend auch in gesamtwirtschaftlicher Sicht ein *vollkommener aggregierter Gütermarkt* gegeben ist. Kennzeichen der vollständigen Konkurrenz bzw. des vollkommenen Marktes sind sehr viele Anbieter und Nachfrager, eine vollständige Markttransparenz aller Marktteilnehmer sowie das Fehlen von Präferenzen, insbesondere von sachlichen und persönlichen Präferenzen. Die Güterpreise werden bei diesen Bedingungen auf allen Teilgütermärkten und dementsprechend auch auf dem aggregierten Gütermarkt aus dem Zusammenspiel von Angebot und Nachfrage bestimmt. Die Unternehmungen verhalten sich als *Mengenanpasser*, d.h., sie richten ihre Produktion und dementsprechend ihr Güterangebot an den Marktpreisen aus. Der aggregierte Gütermarkt ist somit durch eine *freie Preisbildung* gekennzeichnet. Diese Rahmenbedingungen sind typisch für die *neoklassische Theorie*, so daß im folgenden auch vom *neoklassischen Ansatz* gesprochen wird.

Im neoklassischen Ansatz wird die Angebotsseite des Gütermarktes in einer *aggregierten Angebotsfunktion* erfaßt, die das Güterangebot der Unternehmungen in Abhängigkeit vom gesamtwirtschaftlichen Preisniveau erklärt:

(4.11) $X = X(P)$ mit: $\frac{\delta X}{\delta P} \geq 0$

2. In einem zweiten Ansatz, der in der *keynesianischen Theorie* vorherrschend ist, geht man davon aus, daß auf den meisten oder zumindest auf vielen Gütermärkten einer Volkswirtschaft *Unvollkommenheiten* bestehen, die auf monopolistische oder oligopolistische Marktformen, auf Präferenzen der Nachfrager (sachliche, räumliche, persönliche Präferenzen) und/oder auf unvollkommene Informationen über Marktgegebenheiten zurückzuführen sind.[6] Auf solchen unvollkommenen Märkten betreiben die Unternehmungen eine bewußte Preispolitik, d.h., sie verhalten sich als *Preisfixierer*. Selbstverständlich berücksichtigen

---
6 Zur Definition vollkommener und unvollkommener Märkte siehe z.B.: **J. Schumann** (1992), S. 211 ff.

sie bei ihrer Preispolitik die Absatz- und die Kostensituation. Dennoch sind hier - anders als im neoklassischen Ansatz - nicht unmittelbar die Güterpreise das Ergebnis der Marktprozesse, sondern die Absatzmengen. Da unvollkommene Teilgütermärkte in diesem zweiten Ansatz dominierend sind oder zumindest ein erhebliches Gewicht haben, ist auch der aggregierte Gütermarkt unvollkommen. Das gesamtwirtschaftliche Preisniveau wird dementsprechend vom Aggregat "Unternehmungen" unter Beachtung der gesamtwirtschaftlichen Kosten- und Absatzsituation fixiert.

In diesem *keynesianischen Ansatz* läßt sich die Anbieterseite demnach mit Hilfe einer gesamtwirtschaftlichen Preisfunktion beschreiben, in der das Preisniveau in Abhängigkeit von der nachfrageseitig determinierten Absatz- bzw. Produktionsmenge erklärt wird:

$$(4.12) \quad P = P(X) \qquad \text{mit:} \frac{\delta P}{\delta X} \geq 0$$

Da sowohl in der Angebotsfunktion (4.11) als auch in der gesamtwirtschaftlichen Preisfunktion (4.12) ein Zusammenhang zwischen dem Preisniveau P und der Produktion X hergestellt wird, soll auch die Preisfunktion - dem üblichen Vorgehen entsprechend - im folgenden als *aggregierte Angebotsfunktion* bezeichnet werden.

In der Realität dürfte es sowohl vollkommene als auch unvollkommene Teilgütermärkte geben. Der aggregierte Gütermarkt einer Volkswirtschaft erfüllt deshalb wohl kaum alle Kriterien eines vollkommenen Marktes. Wenngleich zu vermuten ist, daß der keynesianische Ansatz aus makroökonomischer Perspektive eine größere Realitätsnähe besitzt, ist es angesichts der Möglichkeit einiger vollkommener Teilmärkte sinnvoll, in den nachfolgenden rein theoretischen Untersuchungen beide Ansätze als Alternativen eingehender zu betrachten. Die Berücksichtigung des neoklassischen Ansatzes ist nicht zuletzt auch deshalb erforderlich, weil nur durch ihn deutlich gemacht werden kann, welche Marktprozesse und welche Marktergebnisse eintreten würden, wenn - beispielsweise infolge einer entsprechenden Wettbewerbspolitik - die Bedingungen eines vollkommenen Marktes erfüllt wären. In diesem Sinne besitzt der neoklassische Ansatz eine normative Aussagekraft.

Bevor die aggregierte Angebotsfunktion (bzw. die gesamtwirtschaftliche Preisfunktion) in einer detaillierten Analyse hergeleitet wird, geht es zunächst darum, einige grundlegende Eigenschaften dieser Funktion zu skizzieren und zu zeigen, welche Einkommens- und Preiseffekte bei verschiedenen Formen des aggregierten Angebots bzw. der autonomen Preisfixierung auftreten, wenn es zu Änderungen auf der Nachfrage- und der Angebotsseite des Gütermarktes kommt.

Die Abbildung 4.3 zeigt drei verschiedene Verläufe der Angebotskurve, die jeweils eine andere Preiselastizität des Güterangebots zum Ausdruck bringen. Die Preiselastizität des gesamtwirtschaftlichen Güterangebots ist wie folgt definiert:

$$(4.13) \quad \varepsilon(X, P) = \frac{\delta X}{\delta P} \frac{P}{X} \geq 0$$

Die mit AS_0 bezeichnete Kurve beschreibt ein vollkommen preiselastisches Güterangebot ($\varepsilon(X, P) = \infty$). Eine Erhöhung des Güterangebots ist hier ohne eine Preiserhöhung möglich. Steigt die Güternachfrage, so wird das Güterangebot vollständig an diese höhere Nachfrage angepaßt, so daß Preiserhöhungen zur Herstellung bzw. Wiederherstellung des Gütermarktgleichgewichts nicht erforderlich sind. Verschiebt sich beispielsweise die aggregierte Nachfragekurve von AD_0 nach AD_1, so wird die Produktion um den Betrag der zusätzlichen Nachfrage in Höhe der Strecke AB ausgeweitet. Das Preisniveau bleibt mit P_0 unverändert.

In AS_1 kommt ein zwar preiselastisches, nicht jedoch vollkommen preiselastisches Güterangebot zum Ausdruck. Hier gilt für die Preiselastizität der folgende Wertebereich: $0 < \varepsilon(X, P) < \infty$. Die Unternehmungen weiten ihr Güterangebot nur dann aus, wenn die Güterpreise steigen bzw. wenn sie in der Lage sind, ihre Güterpreise anzuheben. Ein Anstieg der Güternachfrage bewirkt jetzt also zwingend eine Erhöhung des gesamtwirtschaftlichen Preisniveaus (hier auf P_1).

Abbildung 4.3

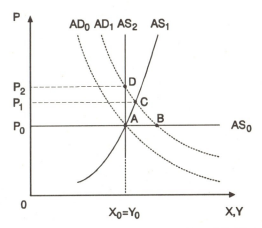

Die mit AS_2 bezeichnete Angebotskurve beschreibt schließlich ein preisunelastisches Güterangebot ($\varepsilon(Y, P) = 0$). In diesem Fall dehnen die Unternehmungen ihre Produktion und ihr Güterangebot auch bei Preiserhöhungen nicht aus. Eine Zunahme der Nachfrage führt deshalb nicht zu *Mengeneffekten*, sondern nur zu *Preiseffekten*. Das Preisniveau steigt hier auf P_2.

Um das Einkommen und das Preisniveau im Gütermarktgleichgewicht bestimmen zu können, ist es erforderlich, das weiter oben verwendete Modell 4.1, in dem das IS-Gleichgewicht und das LM-Gleichgewicht sowie, aus dem IS- und LM-Gleichgewicht abgeleitet, die aggregierte Güternachfrage erklärt werden, um die Funktion des aggregierten Güterangebots zu erweitern. Dementsprechend liegt den zunächst folgenden Untersuchungen das Modell 4.2 zugrunde.

Die Funktionen für die IS-Kurve und die LM-Kurve wurden in einer allgemeinen Form geschrieben. Zu ihrer Konkretisierung im Rahmen linearer Modellzusammenhänge ist auf die weiter oben hergeleiteten Gleichungen (4.7) und (4.8) zu verweisen. Im Vergleich zu den bisher verwendeten Modellen enthält das Modell

4.2 drei wichtige Unterschiede:
- das gesamtwirtschaftliche Preisniveau ist eine variable Größe
- das Güterangebot kann grundsätzlich vollkommen preiselastisch, preisunelastisch oder normal preiselastisch sein
- die Nachfrage determiniert nicht a priori das Angebot.

Modell 4.2

$Y = Y(i, P)$ mit: $\dfrac{\delta Y}{\delta i} \leq 0$; $\dfrac{\delta Y}{\delta P} \leq 0$ IS-Kurve

$i = i(Y; \dfrac{M^n}{P})$ mit: $\dfrac{\delta i}{\delta Y} > 0$; $\dfrac{\delta i}{\delta \dfrac{M^n}{P}} \leq 0$ LM-Kurve

$X = X(P)$ mit: $\dfrac{\delta X}{\delta P} \geq 0$ Aggregierte Angebotskurve

$X = Y$ Gütermarktgleichgewicht

4.3.2 Gleichgewicht und Ungleichgewicht auf dem Gütermarkt

Bevor die Einkommens- und Preiseffekte analysiert werden, die von Änderungen auf der Nachfrageseite des Gütermarktes ausgehen, wird untersucht, welche Anpassungsprozesse zu erwarten sind, wenn Störungen des Gütermarktgleichgewichts auftreten bzw. wenn Abweichungen vom Gütermarktgleichgewicht vorliegen.

Die Abbildung 4.4 zeigt beim Preisniveau P_0 eine Situation, in der das Güterangebot die Güternachfrage um den Betrag BC übersteigt. Zur Herstellung des Gleichgewichts ist eine Verringerung des Preisniveaus erforderlich. Die Anpassungsprozesse, durch die es zu der entsprechenden Preissenkung kommt, werden im neoklassischen Ansatz des vollkommenen Gütermarktes und im keynesianischen Ansatz der autonomen Preispolitik unterschiedlich erklärt.

Im *neoklassischen Ansatz* sind die Unternehmungen bekanntlich Mengenanpasser. Sie betreiben keine autonome Preispolitik. Der Preis wird - quasi wie von *"unsichtbarer Hand"* - auf dem Markt gebildet. In der ökonomischen Theorie ist verständlicherweise immer wieder versucht worden, eine Erklärung für diesen Marktmechanismus zu finden. Weit verbreitet sowohl in der mikroökonomischen als auch in der makroökonomischen Theorie vollkommener Märkte ist das *Auktionator-Modell von Walras*: Demnach ruft ein Auktionator einen Preis aus und sammelt die bei diesem Preis abgegebenen Kauf- und Verkaufsgebote; übersteigt die Nachfrage das Angebot, so ruft er einen höheren Preis aus - und umgekehrt; das geschieht so lange, bis der Markt geräumt ist, bis also Nachfrage und Angebot übereinstimmen. Ausgehend von der in der Abbildung 4.4 beim Preis P_0 vorhandenen Ungleichgewichtssituation, wird der Auktionator also so lange einen geringeren Preis ausrufen, bis das Gleichgewicht im Punkt A realisiert ist. Das Erreichen eines Gleichgewichts setzt allerdings voraus, daß Preissenkungen im Falle eines Angebotsüberschusses auch tatsächlich eine Verringerung der Nachfragelücke nach sich ziehen. Besteht umgekehrt ein Nachfrageüberhang, so müssen die vom Auktionator jeweils ausgerufenen höheren Preise auch tatsächlich zu einer Verringerung der Angebotslücke führen.

Abbildung 4.4

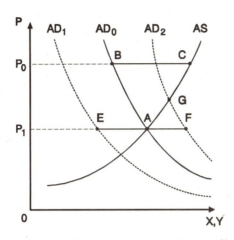

Die zwar für einen kleinen Versteigerungsmarkt zutreffende, aber für einen komplexen gesamtwirtschaftlichen Markt höchst unbefriedigende Erklärung der Preisbildung mittels eines Auktionators ist vor allem von Anhängern der keynesianischen Theorie immer wieder heftig kritisiert worden. Der oben skizzierte *keynesianische Ansatz* einer autonomen Preispolitik der Unternehmungen ist als eine Konsequenz dieser Kritik zu begreifen. Unter der Voraussetzung, daß das Güterangebot preiselastisch ist, sind die Unternehmungen nach diesem Ansatz bemüht, einen Angebotsüberschuß durch autonome Preissenkungen abzubauen. Umgekehrt reagieren sie auf einen Nachfrageüberhang mit autonomen Preiserhöhungen. Das Gütermarktgleichgewicht läßt sich allerdings auch hier nur dann erreichen, wenn eine Nachfragelücke durch Preissenkungen und eine Angebotslücke durch Preiserhöhungen tatsächlich verringert werden kann.

Im keynesianischen Ansatz findet sich häufig die Annahme, daß das gesamtwirtschaftliche Preisniveau - als Ergebnis der autonomen Preispolitik der Unternehmungen - "nach unten" keine oder nur eine relativ geringe Flexibilität aufweist. In anderer Richtung, also "nach oben" wird das Preisniveau demgegenüber als flexibel betrachtet. Diese *Inflexibilitätshypothese* wird u.a. damit erklärt, daß

- die Unternehmungen bemüht sind, einen ruinösen Preiswettbewerb zu vermeiden
- die Lohnstückkosten "nach unten" nicht flexibel sind und deshalb Preissenkungen mit unerwünschten Gewinneinbußen verbunden wären oder die Unternehmungen sogar in die Verlustzone führen würden
- die Unternehmungen davon ausgehen, daß die Güternachfrage nicht oder nur wenig preiselastisch ist und Preissenkungen deshalb keine oder keine nennenswerte Verbesserung der Absatzsituation bewirken

- bis zum fertigen Endprodukt viele Produktionsstufen zu durchlaufen sind und Preissenkungen auf den entsprechenden Vor- und Zwischenproduktstufen nur sehr schwer und mit relativ langen zeitlichen Verzögerungen durchsetzbar sind.

Zur Erläuterung dieser Hypothese sei wiederum auf die Abbildung 4.4 Bezug genommen. In der Ausgangssituation möge ein Gütermarktgleichgewicht im Punkt A beim Preisniveau P_1 bestehen. Infolge einer Verringerung der autonomen Güternachfrage werde die aggregierte Nachfragekurve nach AD_1 verschoben. Somit entsteht eine Nachfragelücke in Höhe der Strecke AE. Ist das Preisniveau nach unten nicht flexibel, so reagieren die Unternehmungen jetzt allerdings nicht, wie nach der oben skizzierten Anpassungshypothese zu erwarten wäre, mit Preissenkungen, sondern halten das Preisniveau bei P_1 aufrecht. Wird die Produktion der Nachfrage nicht angepaßt, so kommt es bei diesem Preisniveau zwingend zu ungeplanten positiven Lagerinvestitionen. Es ist allerdings zu erwarten, daß die Unternehmungen ihre Produktion bei anhaltender Nachfragelücke einschränken und möglicherweise vollständig an die geringere Nachfrage anpassen.

Bei Betrachtung des umgekehrten Falls möge die Güternachfrage - ausgehend von einem Gleichgewicht im Punkt A - zunehmen, so daß sich die aggregierte Nachfragekurve nach AD_2 verschiebt. Folglich ergibt sich hier eine Angebotslücke in Höhe der Strecke AF. Da das Preisniveau nach oben flexibel ist, findet nun der weiter oben skizzierte Anpassungsprozeß statt, der über Preiserhöhungen schließlich zu einem neuen Gleichgewicht im Punkt G führt.

In den folgenden Untersuchungen wird überwiegend angenommen, daß auf dem Gütermarkt ein stabiles Gleichgewicht in dem Sinne besteht, daß ein Angebotsüberschuß bzw. ein Nachfragedefizit durch eine Preissenkung sowie ein Nachfrageüberschuß bzw. ein Angebotsdefizit durch eine Preiserhöhung abgebaut werden. In einigen besonderen Untersuchungen wird allerdings auch auf die keynesianische Inflexibilitätshypothese Bezug genommen.

4.3.3 Einkommens- und Preiseffekte nachfrageseitiger Veränderungen

Nachfrageseitige Störungen können durch Veränderungen der autonomen Güternachfrage oder durch autonome Änderungen im Bereich des Geldangebots und der Geldnachfrage ausgelöst werden. Zunächst sei eine autonome Erhöhung der Güternachfrage betrachtet. Diese könnte beispielsweise auf eine Zunahme des autonomen privaten Konsums, der autonomen privaten Investitionen, der autonomen Staatsausgaben oder des autonomen Außenbeitrags zurückzuführen sein. Die Ursache spielt allerdings für die hier durchgeführte Wirkungsanalyse keine Rolle. Auf spezifische Ursachen, z.B. auf Veränderungen der Staatsausgaben, und die damit verbundenen speziellen Wirkungsaspekte wird erst in späteren Untersuchungen näher eingegangen.

In der Abbildung 4.5 besteht in den Punkten A und A' ein Ausgangsgleichgewicht. Aufgrund der autonomen Nachfrageerhöhung möge sich die IS-Kurve nach IS_1 verschieben. Wenn das Zinsniveau konstant bliebe (bei i_0) und auch das Preisniveau (P_0) nicht verändert würde, hätte die zusätzliche Güternachfrage eine Erhö-

hung des Gleichgewichtseinkommens Y um die Strecke AE zur Folge. Der entsprechende Multiplikatoreffekt ist im Kapitel 2 ausführlich beschrieben worden. [2.2.5; 2.3.4; 2.4.4] Da die Erhöhung der Güternachfrage jedoch mit einer Zunahme der Nachfrage nach Transaktionskasse verbunden ist, ergibt sich unter zwei Bedingungen ein Zinsanstieg:
- Die Geldnachfrage ist nicht vollkommen zinselastisch.
- Die zusätzliche Nachfrage nach Transaktionskasse wird nicht oder zumindest nicht vollständig durch eine autonome Erhöhung des Geldangebots befriedigt.

Es sei angenommen, daß beide Bedingungen erfüllt sind.

Wie schon ausführlich erläutert wurde, fällt der Zinsanstieg um so höher aus, je geringer die Zinselastizität der Geldnachfrage ist. Wäre die Geldnachfrage zinsunelastisch, so würde der Zinssatz sogar so weit steigen, daß es bei zinselastischer Güternachfrage zu einer vollständigen zinsinduzierten Kompensation der Erhöhung der autonomen Güternachfrage käme. In diesem Fall hätte die autonome Nachfrageerhöhung keine Wirkung auf das Gleichgewichtseinkommen. Die in der Ausgangssituation gültige aggregierte Nachfragekurve AD_0 (im unteren Teil der Abbildung 4.5) würde dementsprechend nicht beeinflußt. Somit käme es auch nicht zu einer Preisänderung. Die Wirkung der Zunahme der autonomen Güternachfrage würde sich dann in der Zinssteigerung erschöpfen.

Hier sei allerdings angenommen, daß die Geldnachfrage eine gewisse Zinselastizität aufweist. Bei unverändertem Preisniveau P_0 würde sich dann ein neues IS- und LM-Gleichgewicht im Punkt B ergeben. Dementsprechend ist die aggregierte Nachfragekurve beim Preisniveau P_0 um die Strecke A'B' nach AD_1 zu verschieben. Auf dem Gütermarkt ergibt sich jetzt allerdings ein Ungleichgewicht. Die Güternachfrage übersteigt das Güterangebot um die Strecke A'B'. Die weiteren Wirkungen hängen entscheidend von der Preiselastizität des aggregierten Güterangebots ab. Drei Möglichkeiten werden in Betracht gezogen:

a) Ist das *Güterangebot* gemäß der aggregierten Angebotskurve AS_0 *vollkommen preiselastisch*, so wird die Produktion vollständig an die höhere Güternachfrage angepaßt und das Angebotsdefizit ohne eine Preiserhöhung beseitigt. Die autonome Erhöhung der Güternachfrage bewirkt in diesem Fall eine Zunahme der Produktion und des Einkommens auf X_1 bzw. Y_1. Das Zinsniveau ist auf i_1 gestiegen.

b) Ist das *Güterangebot* demgegenüber *preiselastisch* - jedoch nicht vollkommen preiselastisch - , so löst der Nachfrageüberschuß bekanntlich Preiserhöhungen aus. Ob dadurch allerdings weitere Wirkungen induziert werden, hängt von der Preiselastizität der Güternachfrage ab. Wäre die Güternachfrage preisunelastisch, so hätten die Preiserhöhungen keine Rückwirkungen auf die Güternachfrage. In diesem Fall käme es nur zu einer Anpassung auf der Angebotsseite, die sich in einem relativ starken Anstieg des Preisniveaus äußern würde.

In der Abbildung 4.5 wurde allerdings eine preiselastische Güternachfrage zugrunde gelegt, die sich in der negativen Steigung der aggregierten Nachfragekurve zeigt. Preiserhöhungen implizieren somit eine Verringerung der Güternachfrage.

Diese läßt sich in einer Bewegung auf der aggregierten Nachfragekurve AD_1 von B' in Richtung auf C' nachvollziehen. Entscheidend für die preisinduzierte Einschränkung der Güternachfrage sind die bereits bekannten direkten Preiswirkungen und die indirekten, zinsinduzierten Wirkungen auf die Güternachfrage. Preiserhöhungen können beispielsweise über den Realkasseneffekt die private Konsumgüternachfrage dämpfen und über eine Veränderung des realen Wechselkurses den Außenbeitrag verschlechtern. Aus diesen Einflüssen ergibt sich eine *Verschiebung der IS-Kurve* nach links. Preiserhöhungen verringern außerdem - ein konstantes nominelles Geldangebot vorausgesetzt - die reale Geldmenge und bewirken darüber Zinssteigerungen; dementsprechend verschiebt sich die LM-Kurve nach oben. Ein Zinsanstieg hat aber einen Rückgang der zinsabhängigen Güternachfrage (insbesondere der privaten Investitionen) zur Folge. Diese Wirkung drückt sich in der negativen Steigung der IS-Kurve aus und bedeutet insofern eine *Bewegung auf der IS-Kurve*.

Abbildung 4.5

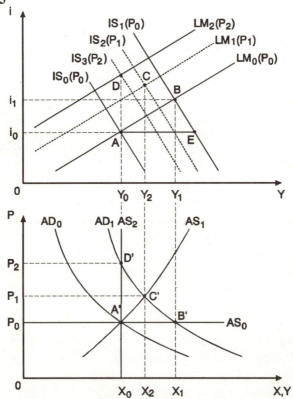

In der Abbildung 4.5 wird davon ausgegangen, daß sich letztlich eine Preiserhöhung auf P_1 ergibt. Dementsprechend ist die IS-Kurve zurück nach IS_2 und die LM-Kurve nach LM_1 zu verschieben. Ein neues IS- und LM-Gleichgewicht wird somit im Punkt C erreicht. Damit ist ein neues güterwirtschaftliches Gleichgewicht im Punkt C' verbunden. Die autonome Erhöhung der Güternachfrage hat somit eine Zunahme der Produktion und des Einkommens auf X_2 bzw. Y_2 bewirkt. Ob das Zinsniveau über i_1 hinaus ansteigt, das Niveau i_1 beibehält oder unter dieses Niveau sinkt, läßt sich auf theoretischer Basis nicht eindeutig feststellen. Die Zinsänderung hängt von den *relativen Wirkungen der Preissteigerung im Bereich der Güternachfrage sowie auf dem Geldmarkt* ab. Diese Wirkungen kommen in der Verschiebung der IS-Kurve einerseits und der LM-Kurve andererseits zum Ausdruck.

c) Schließlich sei mit der aggregierten Angebotskurve AS_2 auch noch ein *preisunelastisches Güterangebot* betrachtet. Eine Ausweitung der Produktion ist jetzt ausgeschlossen. Statt dessen finden so starke Preissteigerungen statt, daß die autonome Erhöhung der Güternachfrage vollständig durch die preisinduzierte Reduktion der Güternachfrage kompensiert wird. In der Abbildung 4.5 läßt sich dieser Vorgang durch eine Bewegung auf der aggregierten Nachfragekurve AD_1 von B' nach D' nachvollziehen. Die IS-Kurve verschiebt sich dementsprechend noch weiter nach links, und die LM-Kurve verschiebt sich noch weiter nach oben. Ein neues Gleichgewicht ergibt sich dann in den Punkten D und D'. Das Preisniveau ist auf P_2 gestiegen. Produktion und Einkommen sind mit X_0 bzw. Y_0 jedoch unverändert geblieben.

Wird die autonome Geldmenge erhöht, so kommt es in Hinsicht auf das Einkommen und auf das Preisniveau zu ähnlichen Wirkungsabläufen wie im Fall einer autonomen Erhöhung der Güternachfrage. Voraussetzung ist allerdings, daß die Geldmengenerhöhung eine Zinssenkung bewirkt und daß die Zinssenkung eine Zunahme der Güternachfrage nach sich zieht. Nur dann ergibt sich eine geldmengeninduzierte Verschiebung der aggregierten Nachfragekurve. Diese Verschiebung ist aber die Bedingung für Produktions- und/oder Preiseffekte. Die hier geforderte Wirkung der Geldmengenerhöhung auf die Güternachfrage kann bekanntlich nur dann eintreten, wenn
- die Geldnachfrage nicht vollkommen zinselastisch ist
- die Güternachfrage zinselastisch ist.

Die Wirkungen der Geldmengenerhöhung sind in der Abbildung 4.6 analog zur Abbildung 4.5 dargestellt worden. Ausgehend vom Gleichgewicht im Punkt A, verschiebt sich die LM-Kurve nach LM_1. Ist das Preisniveau wegen eines vollkommen preiselastischen Güterangebots (AS_0) konstant, so ergibt sich ein neues Gleichgewicht in den Punkten B und B' beim Einkommen Y_1 und beim Zinssatz i_1. Ist das Güterangebot gemäß AS_1 preiselastisch - aber nicht vollkommen preiselastisch -, so steigt das Preisniveau auf P_1. Folglich verschiebt sich die LM-Kurve - ausgehend von LM_1 - nach oben (LM_2) und die IS-Kurve nach links (IS_1). Dem neuen Gleichgewicht in den Punkten C und C' entspricht jetzt ein Einkommen von Y_2. Schließlich steigt das Preisniveau auf P_2, wenn das Güterangebot gemäß AS_2 preisunelastisch ist. Die LM-Kurve und die IS-Kurve verschieben sich somit noch weiter nach oben bzw. nach links - hier nach LM_3 bzw. nach IS_2.

Ob das Zinsniveau im Vergleich zu i_1 infolge der Preiserhöhungen steigt, konstant bleibt oder sogar noch weiter sinkt, hängt wiederum von den relativen Wirkungen der Preiserhöhungen im Bereich der Güternachfrage und des Geldmarktes ab. Im Vergleich zur Ausgangssituation mit i_0 ergibt sich allerdings eine Zinssenkung. In dieser Zinssenkung liegt dann auch der wichtigste Unterschied zu dem oben dargelegten Fall einer autonomen Erhöhung der Güternachfrage.

Abbildung 4.6

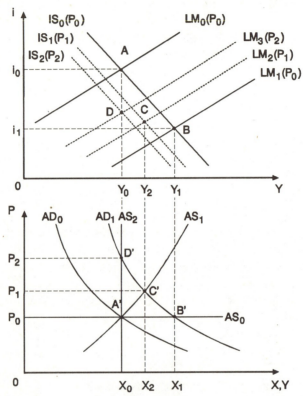

4.3.4 Einkommens- und Preiseffekte angebotsseitiger Veränderungen

Im folgenden wird untersucht, welche Einkommens- und Preiseffekte aus einer autonomen Erhöhung des Güterangebots resultieren. Eine solche Erhöhung kann beispielsweise auf eine Veränderung der Produktionsverhältnisse, z.B. infolge technischen Fortschritts, auf eine Veränderung der Ausstattung mit Produktionsfaktoren, z.B. infolge einer Erhöhung der Sachkapazitäten, oder auf Veränderungen der Produktionskosten, z.B. infolge einer Lohnsenkung, zurückzuführen sein. Die genaue Ursache spielt allerdings in der hier noch allgemein gehaltenen Analyse keine Rolle.

In der Abbildung 4.7 beschreiben die Punkte A und A' das Ausgangsgleichgewicht. Es sei angenommen, daß die *Güternachfrage preiselastisch* ist und dementsprechend die aggregierte Nachfragekurve AD_0 maßgeblich ist. Analog dazu mögen in der Ausgangssituation die IS-Kurve IS_0 und die LM-Kurve LM_0 gültig sein.

Die aggregierte Angebotskurve werde infolge der autonomen Angebotserhöhung von AS_0 nach AS_1 verschoben. Beim Ausgangspreisniveau P_0 nimmt das Güterangebot somit um die Strecke AB zu. In dieser Höhe entsteht ein Angebotsüberschuß, durch den eine Preissenkung ausgelöst wird. Diese hat zwei Effekte: Zum einen kommt es zu einer preisinduzierten Verringerung des Güterangebots und folglich zu einer Dämpfung der autonomen Angebotserhöhung; diese Wirkung läßt sich in einer Bewegung auf der Angebotskurve von B in Richtung auf C nachvollziehen. Zum anderen ergibt sich - eine entsprechende Preiselastizität vorausgesetzt - eine preisinduzierte Erhöhung der Güternachfrage, die eine Bewegung auf der aggregierten Nachfragekurve von A in Richtung auf C impliziert. Die preisinduzierte Erhöhung der Güternachfrage resultiert aus den bekannten Wirkungszusammenhängen: Einerseits findet, z.B. über den Realkasseneffekt, eine direkte Zunahme der Güternachfrage statt; andererseits erhöht sich die reale Geldmenge, so daß das Zinsniveau sinkt und dadurch die zinsabhängige Güternachfrage steigt. Diese Wirkungen drücken sich im oberen Teil der Abbildung 4.7 in einer Verschiebung der IS-Kurve nach rechts und in einer Verschiebung der LM-Kurve nach unten aus. Schließlich ergibt sich ein neues Gleichgewicht in den Punkten C und C'. Das Preisniveau ist auf P_1 gesunken. Dementsprechend ist die IS-Kurve nach IS_1 und die LM-Kurve nach LM_1 verschoben worden. Produktion und Einkommen haben sich somit auf X_1 bzw. Y_1 erhöht. Das Zinsniveau hat sich auf i_1 verringert.

Abbildung 4.7

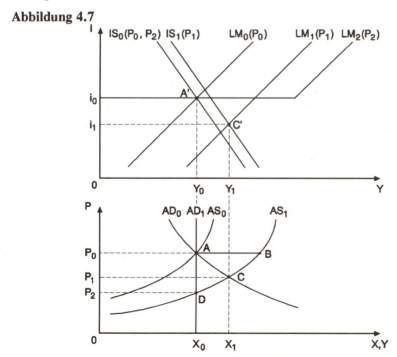

In Ausnahmefällen kann es vorkommen, daß die *Güternachfrage preisunelastisch* ist. In diesem Fall haben Preisänderungen weder einen direkten Einfluß (z.B. über den Realkasseneffekt) noch einen indirekten Einfluß (über die Veränderung der realen Geldmenge sowie des Zinsniveaus) auf die Güternachfrage. Im Modell 4.1 gelten dann die folgenden Koeffizientenwerte: $h_P = 0$, $n_e = 0$, $k_i = \infty$. Diese Möglichkeit ist in der Abbildung 4.7 mit der aggregierten Nachfragekurve AD_1 dargestellt worden. Der Angebotsüberschuß, der anfangs in Höhe der Strecke AB entsteht, löst auch jetzt Preissenkungen aus. Da die Güternachfrage nicht reagiert, muß das Preisniveau zur Wiederherstellung des Gütermarktgleichgewichts so weit sinken, daß die autonome Erhöhung des Güterangebots exakt durch die preisinduzierte Verringerung kompensiert wird. Auf der aggregierten Angebotskurve AS_1 findet also eine Bewegung vom Punkt B zum Punkt D statt. Das Preisniveau sinkt auf P_2. Da die Preissenkung keinen direkten Einfluß auf die Güternachfrage hat, verändert sich die Lage der IS-Kurve im oberen Teil der Abbildung nicht. IS_0 bleibt also weiterhin gültig. Auf dem Geldmarkt möge die bekannte Liquiditätsfalle vorliegen. Beim Zinsniveau i_0 verläuft die LM-Kurve deshalb im relevanten Einkommensbereich parallel zur Abszisse. Die Preissenkung hat zwar eine Erhöhung der realen Geldmenge zur Folge, sie bewirkt aber jetzt keine Zinssenkung und deshalb auch keine zinsinduzierte Erhöhung der Güternachfrage. Die Preissenkung beeinflußt die Lage der LM-Kurve in einem Einkommensbereich, der hier nicht relevant ist. Sie verändert sich beispielsweise nach LM_2. Da es nicht zu preisinduzierten Veränderungen der Güternachfrage kommt, haben sich auch die Produktion und das Einkommen nicht verändern können.

Die Wirkungen der autonomen Angebotserhöhung auf das Einkommen und das Preisniveau hängen schließlich auch von der Preiselastizität des Güterangebots ab. Je geringer diese Preiselastizität ist, desto größer ist bei einer vorgegebenen Preiselastizität der Güternachfrage sowohl der Einkommenseffekt als auch der Preiseffekt. Eine geringe Preiselastizität des Angebots bedeutet nämlich, daß
- dem anfangs eingetretenen Angebotsüberschuß nur ein relativ geringer preisinduzierter Rückgang des Güterangebots gegenübersteht und von daher eine relativ große Produktions- und Einkommensausweitung erhalten bleibt
- der Angebotsüberschuß vorwiegend durch eine preisinduzierte Erhöhung der Güternachfrage beseitigt werden muß und deshalb eine relativ hohe Preissenkung erforderlich ist.

Ein positiver Einkommenseffekt ist allerdings nur dann möglich, wenn die Güternachfrage preiselastisch ist. Bei preisunelastischer Güternachfrage würde sich nur eine sehr starke Preissenkung ergeben.[7]

4.3.5 Einkommens- und Preiseffekte nachfrageseitiger und angebotsseitiger Veränderungen: eine algebraische Lösung

Um die Bedeutung der Zins- und Preiselastizitäten für die zuvor untersuchten Einkommens- und Preiseffekte noch etwas genauer zu erfassen, werden diese Ef-

---

[7] Die Stabilität des Systems macht es erforderlich, daß zumindest das Güterangebot oder die Güternachfrage preiselastisch ist. Andernfalls wäre die Wiederherstellung des Gütermarktgleichgewichts unmöglich.

fekte jetzt auch noch algebraisch hergeleitet. Dazu wird das weiter oben formulierte Modell 4.2 in einer relativ einfachen linearisierten Form zugrunde gelegt:

Modell 4.3

$Y = Y^a - y_i i + y_P \dfrac{1}{P}$ mit: $y_i \geq 0$; $y_P \geq 0$ IS-Kurve

$\dfrac{M^n}{P} = k_Y Y - k_i i$ mit: $k_Y > 0$; $k_i \geq 0$ LM-Kurve

$X = X^a + x_P P$ mit: $x_P \geq 0$ Güterangebot

$Y = X$ Gütermarktgleichgewicht

Ausgehend von einem Gleichgewicht, wird auf der Nachfrageseite zum einen eine autonome Veränderung der Güternachfrage ΔY^a und zum anderen eine autonome Veränderung des Geldangebots ΔM^n betrachtet. Auf der Angebotsseite möge es zu einer Veränderung des autonomen Güterangebots in Höhe von ΔX^a kommen.

Ausgedrückt in Veränderungsgrößen, lassen sich die Gleichungen der IS-Kurve und der LM-Kurve *näherungsweise* wie folgt schreiben:

(4.14) $\Delta Y = \Delta Y^a - y_i \Delta i - y_P \dfrac{1}{P_0^2} \Delta P$

(4.15) $\dfrac{1}{P_0} \Delta M^n - \dfrac{M_0^n}{P_0^2} \Delta P = k_Y \Delta Y - k_i \Delta i$

P_0 bezeichnet das Preisniveau und M_0^n die Geldmenge jeweils im Ausgangsgleichgewicht. Zur Vereinfachung sei angenommen, daß das Ausgangspreisniveau P_0 den Wert 1 hat. Die nominelle Geldmenge M_0^n stimmt dann in der Ausgangssituation mit der realen Geldmenge M_0 überein. Aus der Gleichung (4.15) folgt dann:

(4.15a) $\Delta M^n = k_Y \Delta Y - k_i \Delta i + M_0 \Delta P$

Bei Beachtung der Gleichgewichtsbedingung $\Delta Y = \Delta X$ ergibt sich aus der Güterangebotsfunktion:

(4.16) $\Delta Y = \Delta X^a + x_P \Delta P$

Aus diesen Gleichungen ergeben sich die folgenden Einkommens- und Preiseffekte:

(4.18) $\Delta Y = \dfrac{1}{\eta} [x_P \dfrac{k_i}{y_i} \Delta Y^a + x_P \Delta M^n + (M_0 + y_P \dfrac{k_i}{y_i}) \Delta X^a]$

(4.19) $\Delta P = \dfrac{1}{\eta} [\dfrac{k_i}{y_i} \Delta Y^a + \Delta M^n - (k_Y + \dfrac{k_i}{y_i}) \Delta X^a]$

mit: $\eta = M_0 + x_P k_Y + \dfrac{k_i}{y_i}(x_P + y_P)$

Es wird deutlich, daß die in den Koeffizienten erfaßten Zins- und Preisreaktionen von maßgeblicher Bedeutung für die Einkommens- und Preiseffekte sind.[8] Wie schon weiter oben dargelegt, treten unter bestimmten Bedingungen keine Einkommenseffekte auf. Gemäß Gleichung (4.18) lauten diese Bedingungen:

- $\Delta Y/\Delta Y^a = 0$, wenn $x_P = 0$ oder $k_i = 0$
- $\Delta Y/\Delta M^n = 0$, wenn $x_P = 0$ oder $y_i = 0$ oder $k_i = \infty$
- $\Delta Y/\Delta X^a = 0$, wenn $x_P = \infty$ oder ($y_P = 0$; $y_i = 0$) oder ($y_P = 0$; $k_i = \infty$)

Bei allen anderen Koeffizientenwerten ergibt sich jeweils ein positiver Einkommenseffekt. Ein relativ großer Einkommenseffekt wird erreicht, wenn für die Koeffizientenwerte gilt:[9]

- bei $\Delta Y^a > 0$, wenn x_P und k_i relativ groß sowie y_P, y_i und k_Y relativ klein sind
- bei $\Delta M^n > 0$, wenn x_P und y_i relativ groß sowie y_P, k_i und k_Y relativ klein sind
- bei $\Delta X^a > 0$, wenn y_P und k_i relativ groß sowie x_P und k_Y relativ klein sind.

Preiseffekte treten nicht auf, wenn gemäß Gleichung (4.19) die folgenden Bedingungen gegeben sind:

- $\Delta P/\Delta Y^a = 0$, wenn $x_P = \infty$ oder $k_i = 0$
- $\Delta P/\Delta M^n = 0$, wenn $x_P = \infty$ oder $y_i = 0$ oder $k_i = \infty$
- $\Delta P/\Delta X^a = 0$, wenn $x_P = \infty$

Bei allen anderen Koeffizientenwerten bewirken die autonome Erhöhung der Güternachfrage und die autonome Erhöhung der Geldmenge jeweils einen Preisanstieg sowie die autonome Erhöhung des Güterangebots eine Preissenkung.

Der *Preisanstieg* fällt relativ hoch aus, wenn für die einzelnen Koeffizienten gilt:

- bei $\Delta Y^a > 0$, wenn k_i relativ groß sowie y_P, y_i, x_P und k_Y relativ klein sind
- bei $\Delta M^n > 0$, wenn y_i relativ groß sowie y_P, k_i, x_P und k_Y relativ klein sind.

Bei der Angebotsausweitung ergibt sich demgegenüber eine relativ starke *Preissenkung*, wenn:

- k_i und k_Y relativ groß sowie y_P und x_P relativ klein sind.

---

[8] Hat ein Koeffizient den Wert null oder den Wert unendlich, so besitzt auch die entsprechende Elastizität den Wert null oder unendlich.
[9] Die Stabilität des Systems macht es erforderlich, daß die folgenden Koeffizientenkombinationen ausgeschlossen sind: ($k_i = 0$; $y_i = 0$); ($x_P = 0$; $y_P = 0$; $y_i = 0$); ($x_P = 0$; $y_P = 0$; $k_i = \infty$).

Kapitel 5
Löhne und Beschäftigung

5.1 Problemstellung

In den vorangegangenen Untersuchungen wurde mit der aggregierten Angebotsfunktion nur vordergründig der Zusammenhang zwischen dem Preisniveau und dem Güterangebot erfaßt sowie aus der Simultanbetrachtung von Nachfrage und Angebot auf dem gesamtwirtschaftlichen Gütermarkt das Gleichgewichtseinkommen bestimmt. Damit blieben aber wichtige Fragen noch unbeantwortet:

- Auf welche ökonomischen Vorgänge ist der Zusammenhang zwischen Preisniveau und Güterangebot zurückzuführen?
- Wie hoch ist die Beschäftigung des Faktors Arbeit, die mit dem Gleichgewichtseinkommen auf dem Gütermarkt verbunden ist? Ergibt sich dabei Arbeitslosigkeit und, falls ja, welche Arbeitslosenquote liegt dann vor?
- In welchem Maße sind die Sachkapazitäten einer Volkswirtschaft ausgelastet, wenn ein Gleichgewicht auf dem Gütermarkt besteht?
- Wie werden die Beschäftigung des Faktors Arbeit und die Kapazitätsauslastung durch autonome Änderungen auf der Nachfrage- und auf der Angebotsseite des Gütermarktes beeinflußt?

Die jetzt folgenden Analysen werden sich insbesondere mit diesen Fragen beschäftigen. Im einzelnen müssen dabei

- die Lohnbildung sowie die Nachfrage- und Angebotsbedingungen auf dem Arbeitsmarkt
- die technischen Produktionszusammenhänge sowie die daraus abzuleitende Verwendung der Produktionsfaktoren Arbeit und Kapital
- die Produktionskosten, insbesondere die Kosten des Faktors Arbeit
- die Produktions- bzw. Absatzziele der Unternehmungen

eingehend betrachtet werden. Es wird sich zeigen, daß diese Aspekte eng miteinander verflochten sind und ökonomische Interdependenzen beinhalten, die eine maßgebliche Bedeutung für die Beschäftigung des Faktors Arbeit haben und aus denen letztlich die bereits eingeführte aggregierte Angebotsfunktion resultiert.

5.2 Arbeitsmarkt und Lohnbildung

5.2.1 Vollkommener Arbeitsmarkt und Vollbeschäftigung

Aus den vorangegangenen Untersuchungen ist bereits ein wichtiges Charakteristikum der neoklassischen Theorie bekannt: Der vollkommene Gütermarkt, auf dem der Preismechanismus den Ausgleich von Angebot und Nachfrage und somit die *Markträumung* gewährleistet. In der orthodoxen Richtung der neoklassischen Theorie geht man noch einen Schritt weiter: Auch der Arbeitsmarkt ist vollkommen; der Preismechanismus - genauer der Lohnmechanismus - sorgt auch auf diesem Markt dafür, daß es zum Ausgleich von Angebot und Nachfrage kommt.

Wenn der Preismechanismus die Markträumung auf dem Gütermarkt und der

Lohnmechanismus die Markträumung auf dem Arbeitsmarkt bewirken, so ist als logische Konsequenz auch die *Vollbeschäftigung* realisiert. Vor diesem Hintergrund stellt die Vollbeschäftigung zwingend einen Zustand dar
- in dem jeder Arbeitnehmer, der zu dem am Markt herrschenden Lohnsatz bereit ist, Arbeit anzubieten, auch tatsächlich Arbeit findet
- in dem jede Unternehmung die gewünschte Produktionsmenge auch tatsächlich absetzen und die gewünschte Auslastung der Sachkapazitäten erreichen kann.

Die empirischen Fakten machen allerdings deutlich, daß dieser Zustand in der Realität eher eine Ausnahmesituation darstellt, daß also vielmehr Arbeitslosigkeit und Unterauslastung von Sachkapazitäten als übliche Phänomene zu beobachten sind. Insofern ist der neoklassische Ansatz der vollkommenen Märkte nur als ein *idealtypisches Modell* mit *normativer Aussagekraft* zu begreifen. Dieser Ansatz zeigt, welche Ergebnisse sich erzielen ließen, wenn der Güter- und der Arbeitsmarkt vollkommen sowie der Preis- und der Lohnmechanismus vollständig wirksam wären. Unter diesem Blickwinkel erfüllt der neoklassische Ansatz sehr wohl eine wichtige Funktion: Er dient als normatives Referenzmodell für Modelle mit unvollkommenen Märkten und er gibt wertvolle Hinweise auf Marktergebnisse, die wahrscheinlich eintreten würden, wenn man sich - z.B. durch eine konsequente Wettbewerbspolitik - in Richtung auf eine vollkommene, freie Marktwirtschaft bewegen würde. Auch der vollkommene Arbeitsmarkt soll deshalb im folgenden etwas genauer betrachtet werden.

Im (orthodoxen) neoklassischen Ansatz geht man davon aus, daß das Arbeitsangebot das Ergebnis einer freien Entscheidung der Arbeitnehmer ist und daß diese Entscheidung auf individuellen Nutzenmaximierungen beruht. In einer subjektiven Nutzenabwägung, so die theoretische Vorstellung, legen die Wirtschaftssubjekte das optimale Verhältnis von Freizeit und Arbeitszeit fest. Der Nutzen der Arbeitszeit resultiert dabei aus dem durch Arbeit erzielbaren Einkommen, das seinerseits dem Produkt aus dem Lohnsatz und der geleisteten Arbeitszeit entspricht. Der Lohnsatz wird somit zu einer wichtigen Determinante des Arbeitsangebots bzw. der gewünschten Arbeitszeit.

Zu fragen ist hier allerdings, ob sich die Wirtschaftssubjekte bei ihrer Entscheidung am nominellen oder am realen Lohnsatz und dementsprechend am nominellen oder am realen Einkommen orientieren. In der neoklassischen Theorie nimmt man an, daß sich alle Wirtschaftssubjekte ökonomisch rational verhalten und daß für ihr Arbeitsangebot deshalb allein das Realeinkommen bzw. der reale Lohnsatz maßgebend ist. In diesem Fall sind die Wirtschaftssubjekte *frei von Geldillusion*.[1]

Vor diesem Hintergrund wird die Hypothese formuliert, daß das Arbeitsangebot mit zunehmendem Reallohnsatz steigt. Freizeit wird demnach zugunsten zusätzlicher Arbeitszeit substituiert, weil der Anstieg des Reallohnsatzes den Grenznutzen

---

[1] Wirtschaftssubjekte unterliegen der *Geldillusion*, wenn sie aus einer Erhöhung des Nominaleinkommens auf eine entsprechende Erhöhung des Realeinkommens schließen und ihre Entscheidungen (z.B. über Konsum und Ersparnis, Arbeitszeit und Freizeit) am Nominaleinkommen ausrichten.

der Arbeit erhöht und somit die Opportunitätskosten der Freizeit steigen. Neben diesem *Substitutionseffekt*, der eindeutig den aufgezeigten positiven Zusammenhang zwischen Reallohnsatz und Arbeitszeit impliziert, ist allerdings noch ein *Einkommenseffekt* zu berücksichtigen. Ein Wirtschaftssubjekt erzielt nämlich bei steigendem Reallohnsatz sehr wohl auch dann ein höheres Realeinkommen, wenn es seine Arbeitszeit konstant hält. Dieser Einkommenseffekt könnte das Wirtschaftssubjekt sogar veranlassen, seine Arbeitszeit zu verringern. So lange nämlich die Arbeitszeit unterproportional zur Reallohnsteigerung verringert wird, ergibt sich immer noch ein höheres Realeinkommen; und mit dem höheren Einkommen kann der Nutzen der Freizeit zunehmen.

Die neoklassische Hypothese gilt somit nur dann, wenn die Erhöhung des Arbeitsangebots aufgrund des Substitutionseffektes größer ist als die mögliche Verringerung des Arbeitsangebots aufgrund des Einkommenseffektes. Für das Arbeitsangebot A^s läßt sich dann die folgende Funktion formulieren:

(5.1) $A^s = A^s(w)$ mit: $\frac{\delta A^s}{\delta w} > 0$ und $w = \frac{w^n}{P}$

Zur Bestimmung des Arbeitsmarktgleichgewichts muß diesem Arbeitsangebot die Arbeitsnachfrage gegenübergestellt werden. Die Arbeitsnachfrage wird jedoch erst weiter unten im Rahmen produktionstheoretischer Zusammenhänge erklärt. Hier sei zunächst nur festgestellt, daß auch die Arbeitsnachfrage im neoklassischen Ansatz vom realen Lohnsatz abhängig ist und daß verständlicherweise ein negativer Zusammenhang zwischen der Arbeitsnachfrage A^d und dem Reallohnsatz w besteht:

(5.2) $A^d = A^d(w)$ mit: $\frac{\delta A^d}{\delta w} < 0$

Abbildung 5.1

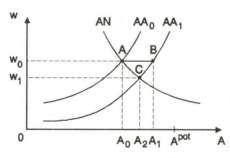

Die Abbildung 5.1 zeigt die Angebots- und die Nachfrageseite des Arbeitsmarktes. AA ist die Arbeitsangebotskurve gemäß Gleichung (5.1), und AN ist die Arbeitsnachfragekurve gemäß Gleichung (5.2). Ein Gleichgewicht liegt hier im Punkt A bei einem Reallohnsatz von w_0 vor. Arbeitsnachfrage und Arbeitsangebot betragen A_0, wobei man A üblicherweise in Beschäftigtenstunden ausdrückt. Es ist allerdings ohne weiteres möglich, auf der Grundlage einer normalen Arbeitszeit (z.B. 38 Stunden/Woche) eine Umrechnung in die Anzahl der Beschäftigten vorzunehmen.

Der Lohnmechanismus gewährleistet auf dem hier betrachteten vollkommenen Arbeitsmarkt die Vollbeschäftigung des Faktors Arbeit. Das heißt aber nicht, daß das gesamte *Arbeitspotential* einer Volkswirtschaft im Produktionsprozeß genutzt wird. Da Arbeitslosigkeit in den offiziellen Statistiken als Differenz zwischen dem *Arbeitspotential* und dem *faktischen Arbeitseinsatz* definiert wird, kann im statistischen Sinne durchaus Arbeitslosigkeit bestehen.[2] Vor dem Hintergrund des hier zugrundeliegenden neoklassischen Ansatzes handelt es sich dann allerdings um *freiwillige Arbeitslosigkeit*.

Bezeichnet man mit A^{pot} das Arbeitspotential, so liegt in der Abbildung 5.1 eine freiwillige Arbeitslosigkeit in Höhe von $A^{pot} - A_0$ vor. Eine Verringerung dieser freiwilligen Arbeitslosigkeit ist nur möglich, wenn die Arbeitsnachfrage seitens der Unternehmungen zunimmt und dadurch gleichzeitig über den Marktmechanismus der Reallohnsatz steigt.

Ausgehend vom Gleichgewicht im Punkt A, möge das Arbeitsangebot zunehmen, z.B. aufgrund einer Erhöhung des Arbeitspotentials oder einer Präferenzänderung zu Lasten der Freizeit. Die Arbeitsangebotskurve möge sich dadurch nach AA_1 verschieben. Bei dem zunächst noch unveränderten Reallohnsatz w_0 ergibt sich jetzt eine *unfreiwillige Arbeitslosigkeit* von $A_1 - A_0$. Nur eine solche unfreiwillige Arbeitslosigkeit übt einen Druck auf den Reallohnsatz aus. Dieser sinkt über die marktmäßigen Anpassungen schließlich auf w_1, wobei beispielsweise Anpassungsvorgänge gemäß dem bereits bekannten *Auktionator-Modell* von Walras als Erklärung dienen könnten. Infolge der Reallohnsenkung nimmt die Arbeitsnachfrage zu, während gleichzeitig das Arbeitsangebot wieder um einen bestimmten Betrag sinkt. Die unfreiwillige Arbeitslosigkeit wird dadurch beseitigt.

5.2.2 Lohnpolitik und Determinanten der Lohnbildung

Die neoklassische Annahme eines vollkommenen makroökonomischen Arbeitsmarktes ist mit den Realitäten in den meisten modernen Volkswirtschaften nicht vereinbar. In gewissen Segmenten dieses Arbeitsmarktes mag zwar eine freie Lohnbildung aus Nachfrage und Angebot nach rein marktmäßigen Kriterien anzutreffen sein, aber auf den meisten Teilarbeitsmärkten werden Lohnsätze auf bilateraler Basis zwischen zwei relativ mächtigen Gruppen, den Gewerkschaften auf der einen und den Unternehmensverbänden auf der anderen Seite, ausgehandelt und tarifvertraglich fixiert. Es ist deshalb zu erklären, welche Kriterien bei dieser Lohnbildung maßgeblich sind.

Um die Leitlinien der gewerkschaftlichen Lohnpolitik zu verdeutlichen, bietet es sich an, die volkswirtschaftliche Einkommensverteilung näher zu betrachten. Bezeichnet man mit Y_L das reale Einkommen aus unselbständiger Tätigkeit (kurz Arbeitseinkommen genannt) und mit Y - wie bisher - das gesamtwirtschaftliche

---

[2] In den offiziellen Arbeitsmarktstatistiken wird die Arbeitslosenquote $u = (A^{pot} - A)/A^{pot}$ ausgewiesen. A^{pot} ist das Arbeitspotential und A der tatsächliche Arbeitseinsatz (gemessen in der Anzahl der Beschäftigten oder in Beschäftigtenstunden).

Realeinkommen, so lautet die *gesamtwirtschaftliche Lohnquote:*[3]

(5.3) $\quad LQ = \dfrac{Y_L}{Y}$

Das Arbeitseinkommen läßt sich auch wie folgt schreiben:

(5.4) $\quad Y_L = \dfrac{w^n}{P} A = wA$

A ist bekanntlich der Arbeitsinput (gemessen in Beschäftigtenstunden), und $w = w^n/P$ ist der Reallohnsatz.

In der Lohnquote ist implizite auch die Arbeitsproduktivität a enthalten, die wie folgt definiert ist:

(5.5) $\quad a = \dfrac{X}{A} = \dfrac{Y}{A}$

Das Realeinkommen Y entspricht der realen Güterproduktion X.

Unter Berücksichtigung der Gleichungen (5.4) und (5.5) ergibt sich der folgende Ausdruck für die Lohnquote:

(5.3a) $\quad LQ = \dfrac{w^n}{aP} = \dfrac{w}{a}$

Dieser Ausdruck macht deutlich, daß sich der nominelle Lohnsatz proportional zum Produkt von Arbeitsproduktivität und Preisniveau bzw. der reale Lohnsatz proportional zur Arbeitsproduktivität verändern muß, wenn eine bestimmte Lohnquote aufrechterhalten werden soll.

Die hier aufgezeigten rein definitorischen Zusammenhänge geben zwar gewisse Hinweise auf lohnpolitische Orientierungsgrößen, nämlich auf das Preisniveau, die Arbeitsproduktivität und die Lohnquote, sie lassen aber die Frage offen, welche Lohnpolitik betrieben wird und welche Lohnsätze am Arbeitsmarkt faktisch durchgesetzt werden können.

Im allgemeinen ist es üblich, in Lohnverhandlungen Nominallohnsätze festzulegen und diese tarifvertraglich zu vereinbaren. Aus makroökonomischer Perspektive bedeutet das die Festlegung des durchschnittlichen volkswirtschaftlichen Nominallohnsatzes. Mit Blick auf die Gleichung (5.3a) wird sich die Nominallohnforderung der Gewerkschaften an der *gewünschten Lohnquote,* an der *erwarteten*

---

3 Bei der Einkommensgröße im Nenner der Lohnquote handelt es sich genau genommen um das reale Volkseinkommen. Zur Vereinfachung wird hier allerdings auf das reale Sozialprodukt bzw. auf das gesamtwirtschaftliche Realeinkommen Y Bezug genommen, das auch schon in den vorangegangenen Untersuchungen zugrunde gelegt worden ist. Von der gesamtwirtschaftlichen Lohnquote ist die *bereinigte Lohnquote* zu unterscheiden, auf die man bei einer vergleichenden Betrachtung der Lohnquotenentwicklung im Zeitablauf zurückgreifen muß. Die bereinigte Quote berücksichtigt die Änderungen der *Erwerbsstruktur.* Hierzu wird zunächst die *Arbeitnehmerquote* definiert: AQ = B/E. B ist die Anzahl der Arbeitnehmer und E die Anzahl aller Erwerbstätigen. Um die Änderungen dieser Quote zu erfassen, bildet man die Meßzahl $q = AQ_t/AQ_o$. Die Indizes bezeichnen die Arbeitnehmerquote in einer Basisperiode 0 und in der Berichtsperiode t. Die bereinigte Lohnquote lautet dann: $LQ_b = LQ/q$. Erhöht sich beispielsweise die Arbeitnehmerquote, steigt also q, so verringert sich ceteris paribus die bereinigte Lohnquote.

Arbeitsproduktivität sowie am *erwarteten Preisniveau* orientieren. Eine Orientierung an den erwarteten Größen ist erforderlich, weil Lohnforderungen sowie die Fixierung eines Nominallohnsatzes in aller Regel auf eine zukünftige Tarifperiode bezogen sind.

Erfahrungen zeigen, daß Gewerkschaften bei ihren Lohnforderungen auch die *Arbeitsmarktlage* berücksichtigen und daß diese Lage insbesondere bei der *Durchsetzung* von Lohnforderungen eine große Rolle spielt. Eine schlechte Arbeitsmarktlage mit relativ hoher Arbeitslosigkeit dürfte nämlich bei den Gewerkschaften die Bereitschaft erhöhen, im Interesse einer Verbesserung der Beschäftigungssituation gewisse Einbußen bei der Lohnquote hinzunehmen, wogegen eine gute Arbeitsmarktlage häufig zum Anlaß genommen wird, über höhere Lohnforderungen eine Verbesserung der Lohnquote zu erreichen. In Hinsicht auf die Durchsetzbarkeit von Lohnforderungen ist zu bedenken, daß eine relativ hohe Arbeitslosigkeit zugleich Ausdruck einer schlechten Konjunktursituation und dementsprechend einer geringen Auslastung der vorhandenen Sachkapazitäten sein kann - und umgekehrt. In diesem Fall ist damit zu rechnen, daß mit steigender Arbeitslosigkeit auch der Widerstand der Unternehmungen zunimmt, bestimmte Lohnforderungen zu akzeptieren. In einer schlechten Konjunktursituation sind die Unternehmungen häufig bereit, auch längere Streiks hinzunehmen, um bestimmte Lohnforderungen zu verhindern. Umgekehrt fördert eine gute Konjunktur- bzw. Absatzsituation die Bereitschaft der Unternehmungen, auch auf relativ hohe Lohnforderungen einzugehen; man erwartet nämlich, daß sich steigende Lohnkosten in dieser Situation beispielsweise durch Preiserhöhungen ausgleichen lassen.

Die zuvor aufgezeigten lohnpolitischen Determinanten werden jetzt in einer einfachen linearen Lohnfunktion zusammengefaßt, mit der die *Veränderungsrate des Nominallohnsatzes* - mit ω^n bezeichnet - erklärt wird:

(5.6) $\quad \omega^n = \lambda_v + \lambda_P \pi^e + \lambda_a \hat{a}^e + \lambda_u(u^* - u)$

mit: $\omega^n = \dfrac{w^n - w^n_{-1}}{w^n_{-1}}$; $\pi^e = \dfrac{P^e - P_{-1}}{P_{-1}}$; $\hat{a}^e = \dfrac{a^e - a_{-1}}{a_{-1}}$

$\lambda_v \geq 0$; $0 \leq \lambda_P = \dfrac{\delta \omega^n}{\delta \pi^e} \leq 1$; $0 \leq \lambda_a = \dfrac{\delta \omega^n}{\delta \hat{a}^e} \leq 1$; $\lambda_u = \dfrac{\delta \omega^n}{\delta(u^* - u)} \geq 0$

Der Index -1 bezeichnet jeweils den Vorperiodenwert einer Größe. π^e ist die *erwartete Preissteigerungsrate* bzw. die *erwartete Inflationsrate*, wobei P^e das erwartete Preisniveau und P_{-1} das tatsächliche Preisniveau in der Vorperiode bezeichnen. Analog dazu ist die erwartete Veränderungsrate der Arbeitsproduktivität $\hat{a}^e$ definiert. u ist die tatsächliche *Arbeitslosenquote*, u^* bezeichnet die sogenannte "*natürliche Arbeitslosenquote*". Die Arbeitslosenquote u ist wie folgt definiert:

(5.7) $\quad u = \dfrac{A^{pot} - A}{A^{pot}}$

A ist der Arbeitsinput im Produktionsprozeß; A^{pot} bezeichnet das Arbeitspotential. Die Arbeit wird, wie schon erwähnt, üblicherweise in Beschäftigtenstunden gemessen, so daß A die tatsächlich geleisteten Beschäftigtenstunden und A^{pot} das Potential an Beschäftigtenstunden sind.

Analog zu den oben genannten Orientierungsgrößen der Lohnpolitik sind in der Lohnfunktion (5.6) vier Determinanten erfaßt worden:

a) Die Größe λ_v drückt eine autonome *verteilungsorientierte Lohnpolitik* aus, die unabhängig von der Preis- und Produktivitätsentwicklung sowie von der Arbeitsmarktlage auf eine Verbesserung der Lohnquote gerichtet ist.

b) Der Ausdruck $\lambda_P \pi^e$ zeigt die Ausrichtung an der erwarteten Inflationsrate. Hierbei geht es um eine gewisse *Reallohnsicherung*. Um eine vollständige Reallohnsicherung zu erreichen, muß die tatsächliche Inflationsrate richtig antizipiert und eine Zuwachsrate des Nominallohnsatzes durchgesetzt werden, die der Inflationsrate entspricht. Es gilt dann: $\lambda_P = 1$.

c) Die Größe $\lambda_a \hat{a}^e$ zeigt den Einfluß der erwarteten Produktivitätsentwicklung. Hierin kommt die *produktivitätsorientierte Lohnpolitik* zum Ausdruck. Soll gemäß Gleichung (5.3) bei konstantem Lohnsatz eine bestimmte Lohnquote gesichert werden, so muß der Koeffizient λ_a den Wert 1 haben und die Produktivitätsentwicklung richtig antizipiert werden.

d) Die Größe $\lambda_u(u^* - u)$ erfaßt schließlich den Einfluß der *Arbeitsmarktlage*. Die Differenz $u^* - u$ zwischen der natürlichen und der tatsächlichen Arbeitslosenquote kann null, positiv oder negativ sein. Ist die Differenz null, so ist die Arbeitsmarktlage für die Lohnpolitik neutral; ist die Differenz positiv, ist also die tatsächliche Arbeitslosenquote geringer als die natürliche, so gibt die Arbeitsmarktlage Anlaß, relativ hohe Lohnzuwächse zu fordern und durchzusetzen, um so nach Möglichkeit eine Erhöhung der Lohnquote zu erreichen; ist die Differenz negativ, übersteigt also die tatsächliche die natürliche Arbeitslosenquote, so erzwingt die schlechte Arbeitsmarktlage eine gewisse Lohnzurückhaltung bzw. einen gewissen Lohnverzicht, was zugleich bedeutet, daß eine Verringerung der Lohnquote hingenommen wird. In der Lohnfunktion (5.6) ist die Arbeitsmarktgröße somit neben der autonomen Verteilungsgröße λ_v auch Ausdruck einer verteilungsorientierten Lohnpolitik.

Der Parameter λ_v sowie die Koeffizienten λ_P, λ_a und λ_u können in den Wertebereichen liegen, die unterhalb der Gleichung (5.6) angegeben worden sind, und somit im Extremfall auch null sein. Ein Wert von null zeigt dann jeweils an, daß die Gewerkschaften auf eine entsprechende Lohnpolitik verzichten oder eine solche Politik nicht durchsetzbar ist. In der Realität lassen sich allerdings häufig positive Parameter- bzw. Koeffizientenwerte beobachten. Freilich muß das nicht immer bedeuten, daß beispielsweise eine vollständige Reallohnsicherung durchgesetzt wird und der Koeffizient λ_P den Wert 1 hat. In den theoretischen Analysen ist es somit erforderlich, die verschiedenen Möglichkeiten in Betracht zu ziehen.

Im Rahmen der an der Arbeitsmarktlage ausgerichteten Lohnpolitik spielt die *natürliche Arbeitslosenquote* u^* eine maßgebliche Rolle. Weiter unten wird sich zeigen, daß bei dieser Arbeitslosenquote von der Lohnpolitik keine zusätzlichen inflationären Impulse ausgehen. Dementsprechend könnte man die natürliche Arbeitslosenquote auch als eine *inflationsneutrale Quote* bezeichnen. Entscheidend ist aber die Frage, warum sich die Lohnpolitik an einer "natürlichen Arbeitslosenquote" orientiert und wie diese Quote ermittelt wird.

Auf diese Frage eine exakte Antwort zu finden, erweist sich allerdings als äußerst schwierig. Eindeutige empirische Daten zur natürlichen Arbeitslosenquote gibt es nämlich nicht. Es ist aber aus vielen Erfahrungen bekannt, daß

- sich Gewerkschaften an bestimmte Arbeitsmarktsituationen "gewöhnen" und selbst dann nicht - bzw. nicht mehr - bereit sind, Einbußen bei der Verteilungsposition der beschäftigten Arbeitnehmer hinzunehmen, wenn die Arbeitslosenquote relativ hoch ist
- die Absatz- und Gewinnsituation der Unternehmungen trotz einer relativ hohen Arbeitslosigkeit durchaus günstig sein kann und die Unternehmungen deshalb bereit sind, höheren Lohnforderungen nachzugeben
- die Unternehmungen trotz einer relativ hohen Arbeitslosigkeit nicht in der Lage sind, zur Besetzung offener Stellen ausreichend qualifizierte Arbeitskräfte zu finden, und von daher relativ hohe Lohnzuwächse von denjenigen erzielt werden, die sich als qualifizierte Arbeitskräfte in einem Beschäftigungsverhältnis befinden
- Arbeitslose zu den herrschenden Lohn- und Arbeitskonditionen sowie bei der bestehenden sozialen Absicherung nicht bereit sind, ein Beschäftigungsverhältnis einzugehen, und deshalb zwar einerseits auf dem Arbeitsmarkt in lohn- und beschäftigungspolitischer Hinsicht keine Bedeutung haben bzw. ohne Einfluß sind, andererseits aber in der offiziellen Arbeitslosenquote erfaßt werden.

Bei welcher Arbeitslosenquote ein zusätzlicher Lohndruck entsteht oder eine zurückhaltende Lohnpolitik beginnt, hängt demnach von einigen grundlegenden, *"natürlichen" Arbeitsmarktbedingungen* ab. Diese Bedingungen determinieren dann auch die *natürliche Arbeitslosenquote*. Im Rahmen der Analyse der Formen und Ursachen der Arbeitslosigkeit wird später nochmals auf die Definition und die Erklärung der natürlichen Arbeitslosenquote eingegangen. Vorerst genügt es, die natürliche Arbeitslosenquote als eine wichtige lohnpolitische Orientierungsgröße zu begreifen, die trotz der schwierigen empirischen Erfaßbarkeit eine erhebliche theoretische und praktische Relevanz besitzt.

In den weiteren Untersuchungen werden Veränderungen der Arbeitsproduktivität nicht erklärt. Sie bleiben deshalb in der Lohnfunktion unberücksichtigt. Außerdem wird vorerst angenommen, daß die Gewerkschaften keine autonome verteilungsorientierte Lohnpolitik betreiben, so daß auch die entsprechende Einflußgröße in der Lohnfunktion entfällt. Vor diesem Hintergrund läßt sich aus der Gleichung (5.6) bei Berücksichtigung der Definition der Veränderungsrate des Nominallohnsatzes und durch Auflösung nach dem Nominallohnsatz w^n die folgende Lohnfunktion herleiten:

$$(5.8) \quad w^n = [1 + \lambda_P \pi^e + \lambda_u(u^* - u)]w^n_{-1}$$

5.2.3 Analysezeiträume und Alternativen der Lohnpolitik

Da die Tarifparteien Lohnsätze im allgemeinen für einen mehr oder weniger langen Zeitraum, z.B. für ein Jahr oder auch für mehrere Jahre, vereinbaren und in Tarifverträgen festlegen, spielt die Länge des betrachteten Analysezeitraums für die konkrete Ausgestaltung sowie für die Wirkungen der Lohnpolitik eine wichtige Rolle. In dieser Hinsicht werden in den weiteren theoretischen Analysen vier verschiedene Möglichkeiten alternativ in Erwägung gezogen:

1. Betrachtet wird ein relativ *kurzer Analysezeitraum*, in dem der Nominallohnsatz tarifvertraglich festgelegt worden ist (z.B. auf dem Niveau w_0^n). Innerhalb dieses Zeitraums sind Anpassungen gemäß der Lohnfunktion (5.8) auch dann ausgeschlossen, wenn sich das Güterpreisniveau und/oder die Arbeitsmarktlage verändern. Der reale Lohnsatz paßt sich bei Preisänderungen jedoch gemäß des definitorischen Zusammenhangs $w = w_0^n/P$ an. Dieser Fall wird als *Politik der Nominallohnfixierung* bezeichnet.

2. Es wird wiederum ein relativ *kurzer Analysezeitraum* zugrunde gelegt. Jedoch ist nun tarifvertraglich vereinbart worden, daß eine automatische Anpassung des Nominallohnsatzes an die Preisentwicklung erfolgt, und zwar so, daß der Reallohnsatz unverändert bleibt (z.B. auf dem Niveau w_0). Für den Nominallohnsatz gilt somit: $w^n = w_0 P$. Darüber hinausgehende Lohnanpassungen, z.B. an die Arbeitsmarktlage, sind ausgeschlossen. In diesem Fall handelt es sich um eine *Politik der Reallohnfixierung*. Im Hinblick auf die praktische Durchführung ist es beispielsweise möglich, den Nominallohnsatz monatlich oder vierteljährlich proportional an die statistisch ermittelte Veränderungsrate eines bestimmten Preisniveaus, z.B. des Preisindex für die Lebenshaltung aller privaten Haushalte, anzupassen.[4]

3. Die Analyse umfaßt einen *längeren Zeitraum*, in dem wiederholt neue Tarifverträge abgeschlossen werden. Dabei möge jeweils eine an der Arbeitsmarktlage ausgerichtete Anpassung des Nominallohnsatzes erfolgen. Um die Wirkungen dieser Politik isoliert darlegen zu können, sei allerdings angenommen, daß es keine Nominallohnanpassungen im Hinblick auf eine Reallohnsicherung gibt. In der Lohnfunktion (5.8) gilt dementsprechend: $\lambda_u > 0$ und $\lambda_P = 0$. Hier handelt es sich somit um eine *Politik der Lohnanpassung an die Arbeitsmarktlage*.

4. In einem *längerfristigen Analysezeitraum* wird eine Lohnpolitik betrachtet, die gemäß Lohnfunktion (5.8) gleichzeitig an der *Reallohnsicherung* und an der *Arbeitsmarktlage* ausgerichtet ist.

Die Untersuchungen beschränken sich allerdings vorerst auf die drei zuerst genannten Möglichkeiten. Erst später im Rahmen der längerfristigen Inflationsanalyse wird auf die vierte lohnpolitische Alternative zurückgegriffen.

Bevor der Einfluß der verschiedenen Lohnpolitiken auf das Güterangebot und auf die Preisbildung am Gütermarkt näher untersucht wird, ist es sinnvoll, die dynamischen Eigenschaften der Politik der Lohnanpassung an die Arbeitsmarktlage

---

[4] Ein bekanntes Beispiel für die vierteljährliche Nominallohnanpassung ist die *Scala Mobile*, die in den siebziger Jahren zeitweise in Italien praktiziert worden ist.

etwas genauer zu betrachten. Dazu wird im oberen Teil der Abbildung 5.2 der Zusammenhang zwischen der Arbeitslosenquote u und dem Nominallohnsatz w^n gemäß der Lohnfunktion (5.8) dargestellt. Wie schon erwähnt, bleibt die Politik der Reallohnsicherung aus Gründen der Vereinfachung jetzt ausgeschlossen, so daß die Lohnfunktion lautet:

(5.8a) $\quad w^n = [1 + \lambda_u(u^* - u)]w^n_{-1}$

Diese Lohnfunktion wird in der Abbildung 5.2 mit LK bezeichnet. Die Gleichung (5.8a) macht unmittelbar deutlich, daß der in der Vorperiode gültige Nominallohnsatz die Lage der Lohnkurve bestimmt. Für den Nominallohnsatz w^n_0 ist die Lohnkurve LK_0 maßgebend. Analog dazu basieren die Lohnkurven LK_1 und LK_2 auf den Lohnsätzen w^n_1 und w^n_2. Eine Veränderung der Arbeitslosenquote bedeutet innerhalb der betrachteten Periode eine Bewegung auf einer Lohnkurve, wogegen eine Veränderung des Nominallohnsatzes mit einer Verzögerung von einer Periode eine Verschiebung der Lohnkurve impliziert. Man kann deshalb eine Lohnkurve, die sich auf eine bestimmte Periode bezieht (z.B. LK_0) als *kurzfristige Lohnkurve* bezeichnen.

Abbildung 5.2

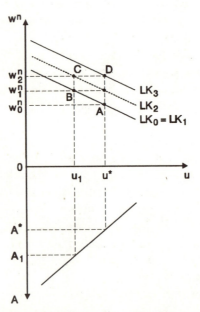

Der untere Teil der Abbildung 5.2 zeigt den definitorischen Zusammenhang zwischen der Arbeitslosenquote und den Beschäftigtenstunden bzw. dem Arbeitsinput. Dabei ist auf die Definition der tatsächlichen Arbeitlosenquote gemäß Gleichung (5.7) zurückzugreifen. Durch Auflösung dieser Gleichung nach A erhält man:

(5.7a) $\quad A = (1 - u)A^{pot}$

Zu beachten ist auch noch der Zusammenhang zwischen der natürlichen Arbeitslosenquote und den Beschäftigtenstunden. Analog zur Definition der tatsächlichen Arbeitslosenquote gemäß (5.7) gilt:

(5.7b) $\quad u^* = \dfrac{A^{pot} - A^*}{A^{pot}}$

A^* sei als "natürlicher Arbeitsinput" bezeichnet; er drückt die geleisteten Beschäftigtenstunden bei Realisierung der natürlichen Arbeitslosenquote u^* aus. Aus den Gleichungen (5.7) und (5.7a) folgt:

(5.7c) $\quad u^* - u = \dfrac{A - A^*}{A^{pot}}$

Wenn die tatsächliche der natürlichen Arbeitslosenquote entspricht, stimmen auch der tatsächliche und der natürliche Arbeitsinput überein.

Es sei angenommen, daß in der Ausgangssituation bei einem Nominallohnsatz von w_0^n die natürliche Arbeitslosenquote und dementsprechend der natürliche Arbeitsinput realisiert werden (Punkt A auf der Lohnkurve LK_0). Aufgrund nicht näher bekannter Einflüsse möge sich die Arbeitslosenquote auf u_1 verringern. Dementsprechend erhöht sich der Arbeitsinput auf A_1. Nach Auslaufen der tarifvertraglichen Bindungen nehmen die Gewerkschaften diese Verbesserung der Arbeitsmarktlage zum Anlaß, für die kommende Tarifperiode (hier mit $t = 1$ bezeichnet) höhere Lohnforderungen zu stellen. Es sei angenommen, daß sich dabei der höhere Nominallohnsatz w_1^n durchsetzen läßt. Die neue Situation führt in der Periode $t = 1$ zum Punkt B auf der zunächst noch gültigen Lohnkurve $LK_1 = LK_0$.

Die neue Situation in der Periode $t = 1$ stellt jedoch nur ein *temporäres Gleichgewicht* dar. Wie aus der weiter oben erläuterten Lohnfunktion (5.6) bekannt ist, richten die Gewerkschaften die *Veränderungsrate* des Nominallohnsatzes an der Arbeitsmarktlage aus. In der hier zugrunde gelegten Lohnfunktion (5.8a) drückt sich das in dem Einfluß des Nominallohnsatzes der Vorperiode aus. Dementsprechend fordern die Gewerkschaften für die nächste Tarifperiode $t = 2$ erneut Lohnerhöhungen, wenn die Arbeitsmarktlage in der Phase der Tarifverhandlungen noch immer besser ist als in der Ausgangssituation bei u^*. Wäre weiterhin die Arbeitslosenquote u_1 gültig, so würde dann beispielsweise der Nominallohnsatz w_2^n durchgesetzt. Dementsprechend ergibt sich eine strukturelle Änderung des Zusammenhangs zwischen der Arbeitslosenquote und dem Nominallohnsatz, die durch die Verschiebung der Lohnkurve nach LK_2 zum Ausdruck kommt. Die neue Situation wird somit durch den Punkt C auf dieser Lohnkurve beschrieben. Die Erhöhung des Nominallohnsatzes auf w_2^n hat allerdings gemäß der Lohnfunktion (5.8a) zur Folge, daß sich die Lohnkurve in der darauffolgenden Periode $t = 3$ erneut nach oben verschiebt, hier nach LK_3.

Die hier aufgezeigte Lohnpolitik würde sich mit ähnlichen Wirkungen auch in den folgenden Tarifperioden wiederholen, wenn die tatsächliche Arbeitslosenquote weiterhin geringer wäre als in der Ausgangssituation, also geringer als die natürliche Arbeitslosenquote. Die Lohnfunktionen (5.6) und (5.8a) machen deutlich, daß ceteris paribus erst dann keine weiteren zusätzlichen Lohnforderungen erhoben und durchgesetzt werden, wenn die tatsächliche wieder mit der natürlichen Arbeitslosenquote übereinstimmt. Käme es beispielsweise bereits in der Periode t = 3 zu dieser Übereinstimmung, so würde beim Nominallohnsatz w_2^n der Punkt D auf der Lohnkurve LK_3 realisiert.

Aus dieser Analyse ergibt sich ein wichtiges Fazit: *Wird eine Politik der Lohnanpassung an die Arbeitsmarktlage betrieben, so besteht nur dann ein Gleichgewicht bei einem konstanten Nominallohnsatz, wenn die tatsächliche der natürlichen Arbeitslosenquote entspricht.* Damit ist eine weitere Schlußfolgerung verknüpft: *Die Lohnanpassung an die Arbeitsmarktlage führt implizite dazu, daß das Arbeitsangebot in einer langfristigen Gleichgewichtssituation, in der der Nominallohnsatz konstant ist, dem "natürlichen" Niveau A^* entspricht.*[5]

Vor diesem Hintergrund ist es in einer mittelfristigen Analyse, die einen Zeitraum umfaßt, in dem wiederholt neue Tarifverträge geschlossen werden, erforderlich, eingehend die Prozesse zu untersuchen, die aus Lohnanpassungen an die Arbeitsmarktlage resultieren, und dabei zu prüfen, ob nach einer Gleichgewichtsstörung schließlich wieder ein neues Gleichgewicht bei der natürlichen Arbeitslosenquote erreicht wird.

5.2.4 Lohnfixierung und Hysteresis

Auf dem Arbeitsmarkt einer Volkswirtschaft lassen sich häufig zwei Phänomene beobachten, die für die Beschäftigungslage und für die Beschäftigungspolitik von großer Bedeutung sind:
- das Phänomen eines "nach unten" starren Nominallohnsatzes
- das Phänomen der Remanenz exogener Störeinflüsse.

Beide Phänomene sind in Hinsicht auf ihre Determinanten unabhängig voneinander und können auch prinzipiell unabhängig voneinander auftreten. Es ist allerdings sehr wohl möglich, daß sie gleichzeitig wirksam werden. Diese Möglichkeit wird bei der Darstellung der beiden Phänomene in der Abbildung 5.3 in Betracht gezogen.

Zunächst sei das Phänomen eines nach unten nicht flexiblen Nominallohnsatzes betrachtet. Analog zur Abbildung 5.2 bezeichnet LK die Lohnkurve gemäß der Lohnfunktion (5.8a). In der Ausgangssituation sei ein Gleichgewicht bei der natürlichen Arbeitslosenquote u_0^* und beim Nominallohnsatz w_0^n (Punkt A auf der Lohnkurve LK_0) gegeben. Durch exogene Einflüsse möge sich die tatsächliche Arbeitslosenquote erhöhen, z.B. auf u_1. Würde eine Politik der Lohnanpassung an die Arbeitsmarktlage betrieben, so wäre mit Blick auf die Lohnfunktion (5.8a) zu erwarten, daß es in der nächsten Tarifperiode zu einer Senkung des Nominallohn-

---

[5] In späteren Untersuchungen [Kap.9] wird sich zeigen, daß diese Schlußfolgerung ähnlich auch für die vierte der oben genannten lohnpolitischen Alternativen zu ziehen ist: Wird eine Lohnpolitik betrieben, die gleichzeitig auf Reallohnfixierung und Anpassung an die Arbeitsmarktlage gerichtet ist, so entspricht das langfristige Arbeitsangebot in einer Gleichgewichtsituation, in der der *Reallohnsatz* konstant ist, dem natürlichen Niveau A^*.

satzes käme. In der Realität läßt sich aber meistens beobachten, daß zwar einerseits eine Verbesserung der Arbeitsmarktlage zum Anlaß genommen wird, Lohnerhöhungen durchzusetzen, daß aber andererseits eine Verschlechterung der Arbeitsmarktlage keineswegs Lohnsenkungen zur Folge hat. Diese einseitige Inflexibilität des Nominallohnsatzes drückt sich in der Abbildung 5.3 dadurch aus, daß die Lohnkurve LK_0, die die Lohnanpassung an die Arbeitsmarktlage beschreibt, im Punkt A eine Knickstelle aufweist und durch B parallel zur Abzisse verläuft, sowie darin, daß LK_0 nicht nach unten verschoben wird.

Abbildung 5.3

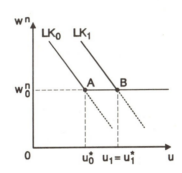

Die *Lohninflexibilität "nach unten"* beruht im wesentlichen auf
- der mangelnden Bereitschaft der Beschäftigten, im Interesse von Arbeitslosen Lohneinbußen hinzunehmen
- der Neigung der Unternehmungen, Lohnsenkungen im Interesse eines guten Betriebsklimas zu vermeiden
- der Erwartung der Gewerkschaften, daß sich die Einkommensverteilung bei einer Lohnsenkung trotz der Absatzeinbußen merklich zugunsten der Einkommen aus Unternehmertätigkeit und Vermögen verändern könnte
- der sozialen "Abfederung" von Arbeitslosigkeit durch relativ hohe staatlich fixierte Unterstützungen
- der weitverbreiteten Vorstellung, für Beschäftigungsprobleme sei die staatliche Beschäftigungspolitik und nicht die Lohnpolitik zuständig.

Um das *Phänomen der Remanenz des exogenen Störeinflusses* zu verdeutlichen, werden durch Aufhebung der Störung wieder die Bedingungen hergestellt, die in der Ausgangssituation bei der Arbeitslosenquote von u_0^* bestanden haben. Aufgrund des Remanenz-Phänomens findet der Arbeitsmarkt aber nicht zum Ausgangsgleichgewicht im Punkt A zurück. Im Extremfall ist es sogar möglich, daß sich die Arbeitslosenquote, die infolge der vorübergehenden Störung eingetreten ist, nicht mehr verringert. Obwohl die Störung beseitigt ist, bleibt die Wirkung der Störung auf die Arbeitslosenquote erhalten. Das Remanenz-Phänomen liegt aber in abgeschwächter Form auch dann vor, wenn sich die Arbeitslosenquote zwar wieder etwas verringert, aber ihren Ausgangswert nicht wieder erreicht. Die vollständige oder die abgeschwächte Remanenz eines Störimpulses wird auch als *Hysteresis* oder als *Hysteresis-Phänomen* bezeichnet.

In der hier betrachteten Hysteresis drückt sich eine Strukturänderung der Lohnpolitik aus. Sie hat zur Folge, daß sich die Lohnpolitik nicht mehr an der niedrigeren natürlichen Arbeitslosenquote in der Ausgangssituation, sondern an einer inzwischen nach oben angepaßten natürlichen Arbeitslosenquote orientiert. In der Abbildung 5.3 impliziert diese Strukturänderung für den Fall einer vollständigen Remanenz eine Verschiebung der Lohnkurve von LK_0 nach LK_1. Bei abgeschwächter Remanenz würde die Rechtsverschiebung entsprechend geringer ausfallen. Das neue Gleichgewicht, das durch den Punkt B gekennzeichnet ist, ist also mit der höheren natürlichen Arbeitslosenquote $u_1 = u_1^*$ verbunden.

Für das *Hysteresis-Phänomen* lassen sich zwei wichtige Gründe anführen:
- das *Insider-Outsider-Phänomen*
- das Phänomen des *Qualifikationsverlustes* durch Arbeitslosigkeit.

Das *Insider-Outsider-Phänomen* beruht auf der relativen Marktmacht der Insider bzw. der Beschäftigten im Vergleich zu den Outsidern bzw. den Arbeitslosen. Die Outsider sind zwar grundsätzlich an einer Lohnzurückhaltung interessiert, damit so ein Beitrag zur Verbesserung der Beschäftigungssituation geleistet wird, ihnen fehlt aber die Macht, auf die Lohnverhandlungen adäquat Einfluß zu nehmen. Demgegenüber sind die Insider in der Lage, sowohl als Beschäftigte innerhalb der Unternehmungen als auch als Mitglieder auf die Gewerkschaften direkt Druck auszuüben, um so ein relativ hohes eigenes Arbeitseinkommen durchzusetzen. Die Belange der Arbeitslosen, also der Outsider, spielen dabei in aller Regel keine bzw. keine große Rolle.

Das *Phänomen des Qualifikationsverlustes* resultiert aus einer länger anhaltenden Arbeitslosigkeit. Nach allen Erfahrungen führt diese zu einem objektiven Qualifikationsverlust und darüber hinaus zu einer subjektiven Geringschätzung der Leistungsfähigkeit durch potentielle Arbeitgeber. Arbeitslose, insbesondere Langzeitarbeitslose, stoßen deshalb bei der Suche nach einem neuen Arbeitsplatz häufig auf große Vorbehalte. Selbst wenn Unternehmungen zusätzliche Arbeitsplätze zu besetzen wünschen, greifen sie lieber auf Arbeitskräfte zurück, die zu einem Wechsel aus einem bestehenden Beschäftigungsverhältnis bereit sind. Solche Arbeitskräfte lassen sich jedoch in der Regel nur zu relativ hohen Löhnen gewinnen.

Aus *beiden Phänomenen* ergibt sich die mit dem Hysteresis-Effekt erfaßte Konsequenz, daß Verbesserungen der Beschäftigungssituation - und zwar weitgehend unabhängig vom Niveau der bestehenden Arbeitslosigkeit - relativ starke Lohnerhöhungen auslösen können. Daraus folgt unmittelbar, daß der in der Lohnfunktion (5.6) bzw. (5.8a) erfaßte Zusammenhang zwischen dem Nominallohnsatz und der Arbeitsmarktlage *nicht stabil* ist. Erhöht sich die Arbeitslosigkeit und hält diese eine gewisse Zeit an, so tritt ein "Gewöhnungseffekt" ein, der schließlich vor dem Hintergrund des Insider-Outsider-Phänomens und des Phänomens des Qualifikationsverlustes durch Langzeitarbeitslosigkeit eine *Zunahme der natürlichen Arbeitslosenquote* impliziert. Dieser Effekt ist zuvor in der Abbildung 5.3 durch die Erhöhung der natürlichen Arbeitslosenquote u_0^* in der Ausgangssituation auf u_1^* nach Beseitigung des ursprünglichen Störimpulses erfaßt worden.

5.3 Preisbildung und Beschäftigung auf dem vollkommenen Gütermarkt

5.3.1 Die Produktionsfunktion

Neben den zuvor dargestellten Bedingungen auf der Angebotsseite des Arbeitsmarktes sind im wesentlichen die volkswirtschaftlichen Produktionsverhältnisse sowie die Produktions- bzw. Absatzziele der Unternehmungen maßgeblich für das aggregierte Güterangebot. Diese Teilaspekte werden jetzt im Rahmen von zwei verschiedenen Ansätzen untersucht, zunächst in einem neoklassischen Ansatz mit *substitutionalen Produktionsmöglichkeiten* sowie einem *vollkommenen Gütermarkt*, anschließend in einem keynesianischen Ansatz mit *Limitationalitäten im Bereich der Produktion* sowie einem *unvollkommenen Gütermarkt*.

Die Produktionsverhältnisse bzw. die technischen Produktionsbedingungen einer Volkswirtschaft werden in einer *aggregierten Produktionsfunktion* erfaßt. Diese makroökonomische Produktionsfunktion beschreibt den Zusammenhang zwischen der gesamtwirtschaftlichen Güterproduktion und den zu dieser Produktion eingesetzten Produktionsfaktoren:[6]

(5.9) $\quad X = X(K, A)$

K bezeichnet den in der Volkswirtschaft vorhandenen Kapitalbestand bzw. den Bestand an *Sachkapital* oder *Sachkapazitäten*. Es handelt sich um eine reale Bestandsgröße. A ist der faktische Arbeitseinsatz, der im allgemeinen in Beschäftigtenstunden gemessen wird.

Die makroökonomische Einkommens- und Beschäftigungstheorie bedient sich einer Annahme, die in den vorangegangenen Gütermarktuntersuchungen wegen der Beschränkung auf die Nachfrageseite noch keine Rolle spielte: *Der Kapitalbestand K ist für den Analysezeitraum fest vorgegeben*. Diese Annahme impliziert mit Blick auf die Nachfrageseite des Gütermarktes eine wichtige Konsequenz. Die privaten und öffentlichen Investitionen enthalten in der Regel auch Nettoinvestitionen, die definitionsgemäß zur Ausweitung der Sachkapazitäten führen. Das ist der *Kapazitätseffekt* der Investitionen. Die Annahme eines konstanten Kapitalbestandes bedeutet also, daß dieser Kapazitätseffekt nicht zum Tragen kommt. Die Vernachlässigung des Kapazitätseffektes wird damit begründet, daß der Analysezeitraum, in dem die Einkommens- und Beschäftigungseffekte untersucht werden, relativ kurz ist und daß der mit Nettoinvestitionen verbundene Aufbau neuer Sachkapazitäten eine längere Zeit in Anspruch nimmt, ehe die "Produktionsreife" eintritt. Der Kapazitätseffekt hat deshalb innerhalb des relativ kurzen Analysezeitraums keine oder noch keine nennenswerten Wirkungen auf Produktion und Güterangebot. Innerhalb des betrachteten Analysezeitraums ist somit gemäß Produktionsfunktion (5.9) nur die Arbeit ein *variabler Produktionsfaktor*.

In den neoklassischen Ansätzen eines vollkommenen Gütermarktes wird grundsätzlich eine *substitutionale Produktionsfunktion* zugrunde gelegt. Die Produktions-

---

[6] Die Eigenschaften und verschiedenen Formen von Produktionsfunktionen werden hier nicht erörtert. Siehe hierzu z.B.: **R. Linde** (1988), S. 276 ff.

faktoren Kapital und Arbeit können bei substitutionalen Produktionsverhältnissen in jedem beliebigen Verhältnis zueinander eingesetzt werden; sie sind gegeneinander substituierbar. Das Faktoreinsatzverhältnis K/A - auch als *Kapitalintensität* bezeichnet - läßt sich demnach frei variieren.

Die neoklassische Produktionsfunktion ist noch durch eine weitere wichtige Eigenschaft gekennzeichnet: *Bei konstantem Kapitaleinsatz nimmt das Grenzprodukt der Arbeit stetig ab.* Demnach wird die *zusätzliche* Produktionsmenge bzw. reale Produktion, die sich mit einer *zusätzlichen* Arbeitseinheit herstellen läßt, mit zunehmendem Arbeitseinsatz geringer. Diese sinkende *Grenzproduktivität* des Faktors Arbeit ist aus makroökonomischer Sicht vor allem darauf zurückzuführen, daß im Produktionsprozeß zuerst die am besten qualifizierten Arbeitskräfte beschäftigt werden. Bei steigendem Bedarf sind die Unternehmungen allerdings gezwungen, auch auf weniger qualifizierte Arbeitskräfte zurückzugreifen, die eine geringere Produktivität besitzen.

Die Abbildung 5.4 macht diese Zusammenhänge deutlich. Bei einer Erhöhung des Arbeitseinsatzes von A_0 auf A_1 (Strecke AB) nimmt die Produktion um die Strecke BC auf X_1 zu. Wird der Arbeitseinsatz nun nochmals um den gleichen Betrag auf A_2 erhöht (Strecke CD = Strecke AB), so steigt die Produktion nur noch um die Strecke DE auf X_2. Analog dazu ist der Produktionszuwachs jeweils noch geringer, wenn der Arbeitseinsatz um den jeweils gleichen Betrag zunimmt.

Abbildung 5.4

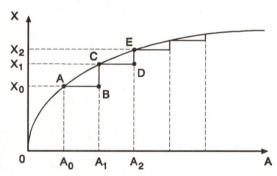

Zu beachten ist, daß die hier dargestellte *Produktionskurve* eine *normale Auslastung* der vorhandenen Sachkapazitäten impliziert. Von einer normalen Auslastung spricht man dann, wenn das Sachkapital im Rahmen der üblichen bzw. normalen Fertigungs- oder Arbeitszeiten eingesetzt wird und dabei noch ein gewisser Flexibilitätsspielraum für Produktionsanpassungen gegeben ist.

Während eine abnehmende Grenzproduktivität des Faktors Arbeit aus makroökonomischer Perspektive durchaus realistisch zu sein scheint, ist es fraglich, ob die für die neoklassische Produktionsfunktion typische Möglichkeit einer vollständigen Substituierbarkeit zwischen den Faktoren Kapital und Arbeit der Realität entspricht. In einem längerfristigen Zeitrahmen ist diese Möglichkeit nicht von der Hand zu weisen, aber in den relativ kurzen Analysezeiträumen der makroökonomischen Einkommens- und Beschäftigungstheorie ist eher mit engen Grenzen einer

Variabilität des Faktoreinsatzverhältnisses zu rechnen. Eine extreme Alternative zur vollständigen Substituierbarkeit wäre die strenge *Limitationalität*, bei der das Faktoreinsatzverhältnis bzw. die Kapitalintensität fixiert ist. Dementsprechend müßten die volkswirtschaftlichen Produktionsverhältnisse durch eine *limitationale Produktionsfunktion* beschrieben werden. Auf solche Produktionsbedingungen wird allerdings erst weiter unten näher eingegangen. Zunächst sei angenommen, daß sich die Produktionsverhältnisse durch eine substitutionale Produktionsfunktion erklären lassen.

5.3.2 Produktion und Arbeitsinput bei Gewinnmaximierung

Die Produktionsfunktion (5.9) und die entsprechende Produktionskurve in der Abbildung 5.4 zeigen die *Produktionsmöglichkeiten* des Unternehmenssektors bei normaler Auslastung der vorhandenen Sachkapazitäten und variablem Einsatz des Faktors Arbeit. Die von den Unternehmungen gewünschte bzw. geplante Produktion läßt sich daraus noch nicht unmittelbar ablesen. Um die geplante Produktion und damit auch das Güterangebot bestimmen zu können, muß neben den technischen Produktionsmöglichkeiten auch bekannt sein, welches Ziel die Unternehmungen mit ihrer Produktions- bzw. Angebotspolitik verfolgen. Eine für die neoklassische Theorie typische Zielsetzung ist die *Gewinnmaximierung*. Dieses Ziel wird zunächst auch hier zugrunde gelegt.

Das Realeinkommen der Unternehmungen einer Volkswirtschaft - kurz der reale Gewinn genannt - sei mit Y_U bezeichnet. In der Planungsphase entspricht dieses Einkommen der Differenz zwischen dem realen Sozialprodukt bzw. dem gesamtwirtschaftlichen Realeinkommen, das aus der geplanten Produktion X entsteht, und dem Einkommen Y_L, das dem Faktor Arbeit aus dem Produktionsprozeß zufließt:

(5.10) $\quad Y_U = X - Y_L$

Das reale Einkommen Y_L für den Faktor Arbeit ergibt sich gemäß der schon oben eingeführten Gleichung (5.4):

(5.4) $\quad Y_L = \dfrac{w^n}{P} A = wA$

Y_L entspricht ex definitione dem Produkt aus dem realen Lohnsatz w und dem faktischen Arbeitsinput A.

Der nominelle Lohnsatz und das Preisniveau P sind im Rahmen der Produktionsplanung fest vorgegebene Größen. Das Preisniveau wird bekanntlich auf dem hier zugrunde gelegten vollkommenen Gütermarkt frei gebildet. Der Lohnsatz ist - wie schon oben erläutert - eine auf dem Arbeitsmarkt, z.B. durch Tarifverträge, gebildete Größe.

Die Gleichung (5.4) wird nun in die Gleichung (5.10) eingesetzt, so daß sich ergibt:

(5.10a) $\quad Y_U = X - wA$

Unter Berücksichtigung der Produktionsfunktion (5.9) kann hieraus das Gewinnmaximum bestimmt werden:

(5.11) $\quad \dfrac{\delta Y_U}{\delta A} = \dfrac{\delta X}{\delta A} - w = 0$

Da die Grenzproduktivität des Faktors Arbeit mit zunehmendem Arbeitseinsatz sinkt, ist auch die Bedingung zweiter Ordnung für das Gewinnmaximum erfüllt:

(5.11a) $\quad \dfrac{\delta^2 Y_U}{\delta A^2} = \dfrac{\delta^2 X}{\delta A^2} < 0$

Gemäß Gleichung (5.11) gilt also: *Das Gewinnmaximum wird mit der Produktionshöhe und dem Arbeitseinsatz realisiert, bei dem die Grenzproduktivität des Faktors Arbeit dem realen Lohnsatz entspricht.* Die Bedingung für das Gewinnmaximum lautet:

(5.11b) $\quad \dfrac{\delta X}{\delta A} = w$

Mit Hilfe der Abbildung 5.5 wird die gewinnmaximale Produktion und der entsprechende gewinnmaximale Arbeitseinsatz für zwei verschiedene Reallohnsätze w_0 und w_1 auch graphisch bestimmt.

Abbildung 5.5

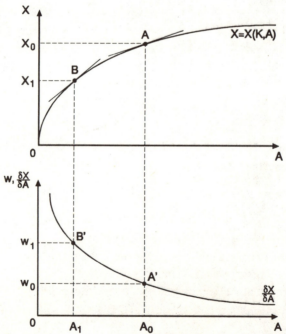

Im oberen Abbildungsteil wurde die schon aus der Abbildung 5.4 bekannte Produktionskurve dargestellt. Der untere Abbildungsteil zeigt die aus dieser Produktionskurve abgeleitete Grenzproduktivitätskurve. Bei einem realen Lohnsatz von

w_0 ist die Bedingung (5.11b) im Punkt A' erfüllt. Die Unternehmungen wünschen hier Arbeit in Höhe von A_0 einzusetzen. Aus der Produktionskurve läßt sich für diesen Arbeitseinsatz die geplante Produktion bzw. das Güterangebot in Höhe von X_0 ablesen. Die Steigung der Produktionskurve im Punkt A entspricht nämlich der Grenzproduktivität des Faktors Arbeit in Höhe des Reallohnsatzes w_0. Steigt der reale Lohnsatz auf w_1, so ist für das Gewinnmaximum eine entsprechend höhere Grenzproduktivität der Arbeit erforderlich. Diese wird aber nur bei einem geringeren Arbeitsinput A_1 ermöglicht, so daß die geplante Produktion auf X_1 sinkt. Hier wird deutlich, daß die Grenzproduktivitätskurve zugleich die Arbeitsnachfragekurve der Unternehmungen ist.

Die algebraische und die graphische Bestimmung des Gewinnmaximums machen deutlich, daß - sofern die Unternehmungen dieses Ziel verfolgen - die Produktionsmöglichkeiten, die aus der Produktionsfunktion resultieren, und der reale Lohnsatz die maßgeblichen Determinanten des aggregierten Güterangebots sind. Liegen die Sachkapazitäten K und die Produktionsfunktion fest - so wie es in der kurzfristigen makroökonomischen Einkommens- und Beschäftigungstheorie der Fall ist -, so hängt das Güterangebot allein vom realen Lohnsatz bzw. vom realen durchschnittlichen Lohnniveau der Volkswirtschaft ab.

5.3.3 Lohnpolitik und Güterangebot

Der Zusammenhang zwischen dem Preisniveau und dem Güterangebot wird jetzt alternativ für
- eine Politik der Reallohnfixierung
- eine Politik der Nominallohnfixierung
- eine Politik der Anpassung des Nominallohnsatzes an die Arbeitsmarktlage

aufgezeigt.

Die Darstellungen in der Abbildung 5.6 beschränken sich zunächst auf die *Reallohn- und die Nominallohnfixierung*. Der Quadrant IV zeigt die Produktionskurve und der Quadrant III die Grenzproduktivitätskurve gemäß Abbildung 5.5. Im Quadranten II wird mit LP_0, LP_1 und LP_2 der Zusammenhang zwischen dem nominellen Lohnsatz w^n und dem realen Lohnsatz w für drei verschiedene Preisniveaus (P_0, P_1 und P_2) dargestellt, wobei bekanntlich gilt: $w^n = Pw$. Je höher das Preisniveau ist, desto steiler verläuft die LP-Kurve.

Ist der Reallohnsatz mit w_0 vorgegeben, so ergibt sich beim Preisniveau P_0 ein Nominallohnsatz von w_0^n. Sinkt das Preisniveau auf P_1, so nimmt der Nominallohnsatz proportional auf w_1^n ab; steigt das Preisniveau auf P_2, so erhöht sich der Nominallohnsatz dazu proportional auf w_2^n. Wäre demgegenüber der Nominallohnsatz bei w_0^n fixiert, so würde sich bei P_0 ein Reallohnsatz von w_0, bei P_1 ein Reallohnsatz von w_1 und schließlich bei P_2 ein Reallohnsatz von w_2 ergeben.

Zunächst wird die *Reallohnfixierung* betrachtet. Der reale Lohnsatz sei mit w_0 fest vorgegeben. *Unabhängig von der Höhe des Preisniveaus* wird dann bei *Gewinnmaximierung* Arbeit im Umfang von A_0 eingesetzt und damit eine Produktion von X_0 ermöglicht. X_0 ist zugleich die geplante Produktion und das Güterangebot.

Bei der Fixierung des Reallohnsatzes (auf w_0) ergibt sich somit die aggregierte Angebotskurve AS_0. Preisänderungen drücken sich jetzt lediglich in Veränderungen des Nominallohnsatzes aus; je geringer das Preisniveau ist, desto geringer ist auch der Nominallohnsatz. Hier ergibt sich also das folgende wichtige Ergebnis: *Verfolgen die Unternehmungen das Ziel der Gewinnmaximierung und wird eine strikte Politik der Reallohnfixierung betrieben, so ist das aggregierte Güterangebot preisunelastisch.*

Alternativ wird nun die *Nominallohnfixierung* zugrunde gelegt. Der nominelle Lohnsatz sei mit w_0^n fest vorgegeben. Jetzt ist der Reallohnsatz eine variable, vom Preisniveau abhängige Größe. Je höher das Preisniveau, desto geringer ist der Reallohnsatz. Beim Preisniveau P_0 möge der reale Lohnsatz w_0 gelten. Bei Gewinnmaximierung setzen die Unternehmungen dann Arbeit im Umfang von A_0 ein. Dementsprechend wird eine Produktion von X_0 ermöglicht, die zugleich das Güterangebot beim Preisniveau P_0 (Punkt A) darstellt. Sinkt das Preisniveau auf P_1, so erhöht sich der Reallohnsatz auf w_1. Um weiterhin den Gewinn zu maximieren, muß das Grenzprodukt der Arbeit entsprechend steigen. Das aber macht eine Verringerung des Arbeitseinsatzes auf A_1 erforderlich. Produktion und Güterangebot gehen somit auf X_1 zurück.

Abbildung 5.6

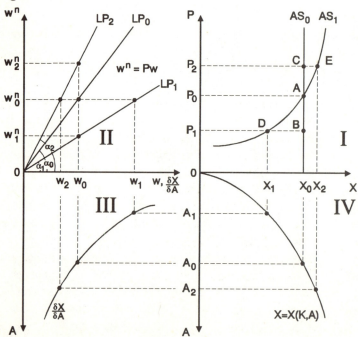

Bei einem Preisanstieg auf P_2 sinkt der Reallohnsatz auf w_2. Die Unternehmungen können deshalb den Einsatz des Faktors Arbeit erhöhen und so eine Produktion von X_2 ermöglichen. Dem Preisniveau P_2 ist also ein Güterangebot von X_2 zugeordnet. Bei den hier zugrunde gelegten Produktions- und Grenzproduktivitätskurven ergibt sich bei Nominallohnfixierung die aggregierte Angebotskurve AS_1. In ihr kommt ein weiteres wichtiges Ergebnis zum Ausdruck: *Verfolgen die Unternehmungen das Ziel der Gewinnmaximierung und wird eine Politik der Nominallohnfixierung betrieben, so ist das gesamtwirtschaftliche Güterangebot preiselastisch.*[7]

In der Abbildung 5.7 wird schließlich noch die aggregierte Angebotskurve für den Fall einer *Anpassung des Nominallohnsatzes an die Arbeitsmarktlage* hergeleitet. In der Ausgangssituation möge ein Gleichgewicht bestehen. Diese Situation sei durch die Punkte A und A' gekennzeichnet. Bei Lohnanpassungen an die Arbeitsmarktlage ist bekanntlich nur dann eine stabile Situation mit einem konstanten Lohnsatz möglich, wenn die tatsächliche und die natürliche Arbeitslosenquote übereinstimmen [5.2.3]. Dementsprechend wird davon ausgegangen, daß im Ausgangsgleichgewicht die natürliche Arbeitslosenquote besteht, bei dem folglich ein Arbeitsinput auf dem natürlichen Niveau von A^* realisiert wird. Gemäß der Produktionskurve ist diesem Arbeitsinput ein "natürlicher" Output von X^* zugeordnet.

Auf dem Gütermarkt komme es zu einem Preisanstieg auf P_1. Die Lohn-Preis-Kurve im Quadranten II dreht sich deshalb nach LP_1. Der Nominallohnsatz möge zunächst noch auf dem Ausgangsniveau w_0^n erhalten bleiben. Da also der Nominallohnsatz zunächst noch fixiert ist, treten die aus der Abbildung 5.6 bereits bekannten Reaktionen ein: Der Reallohnsatz sinkt, die Arbeitsnachfrage und das Güterangebot nehmen zu. Zunächst besteht also, wie in der aggregierten Angebotskurve AS_0 zum Ausdruck kommt, ein preiselastisches Güterangebot.

Die Verbesserung der Arbeitsmarktlage induziert jetzt aber - mit einer zeitlichen Verzögerung von einer Tarifperiode - eine Anpassung des Nominallohnsatzes nach oben. Es sei einmal angenommen, daß die aufgetretene Differenz zwischen der tatsächlichen Arbeitsnachfrage A_1 und dem natürlichen Niveau des Arbeitsinputs A^* zu einer Erhöhung des Nominallohnsatzes auf w_1^n führt. Bleibt das Preisniveau mit P_1 jetzt unverändert, so erhöht sich gleichzeitig auch der Reallohnsatz (hier auf w_2). Folglich nehmen die Arbeitsnachfrage und das Güterangebot ab (auf A_2 bzw. X_2). Dieser Anpassungsvorgang drückt sich in einer Verschiebung der aggregierten Angebotskurve von AS_0 nach AS_1 aus. Die neue Angebotskurve ist gültig für den neuen Nominallohnsatz w_1^n. Da der Nominallohnsatz bei der hier betrachteten Lohnanpassungspolitik jedoch nur für eine gewisse Zeit fixiert ist, handelt es sich bei AS_0 und AS_1 um aggregierte Angebotskurven, die nur *temporär* Gültigkeit haben. Man bezeichnet sie deshalb auch als *kurzfristige Angebotskurven*.

Da die tatsächliche Arbeitsnachfrage A_2 immer noch größer ist als der natürliche Arbeitsinput A^*, wird der Nominallohnsatz über w_1^n hinaus noch weiter nach

---

[7] Die Preisreagibilität des Güterangebots hängt jetzt entscheidend von der Produktionsfunktion und dementsprechend von der Grenzproduktivität des Faktors Arbeit ab. Die in der Abbildung 5.6 dargestellte Produktivitäts- und Grenzproduktivitätssituation impliziert eine aggregierte Angebotskurve, bei der die Preisreagibilität mit steigender Produktionsmenge sinkt. Man beachte aber, daß es sich hier um ein spezielles Beispiel handelt. Es sind andere Produktionsfunktionen mit sinkenden Grenzproduktivitäten des Faktors Arbeit möglich, die auch andere Verläufe der aggregierten Angebotskurve und andere Preisreagibilitäten implizieren.

oben angepaßt. Dementsprechend verschiebt sich auch die aggregierte Angebotskurve über AS_1 hinaus noch weiter nach links. Die Anpassungsvorgänge halten so lange an, bis die Arbeitsnachfrage dem natürlichen Niveau A^* entspricht. Erst in dieser Situation wird wieder ein anhaltendes Gleichgewicht erreicht. Ist das Preisniveau bei P_1 nach wie vor unverändert, so ist die neue Gleichgewichtssituation durch die Punkte D und D' gekennzeichnet. Der Nominallohnsatz ist also schließlich auf gestiegen. Der Reallohnsatz ist demgegenüber wieder auf dem Ausgangsniveau w_0 angelangt. Da der Arbeitsinput nun wieder auf dem natürlichen Niveau A^* liegt, hat sich letztlich auch das Güterangebot im Vergleich zur Ausgangssituation nicht verändert. Es beträgt X^*. Hier wird ein wichtiges Ergebnis deutlich: *Wird der Nominallohnsatz an die Arbeitsmarktlage angepaßt, so weist das Güterangebot zwar in einem kurz- und mittelfristigen Zeitrahmen, in dem die Lohnanpassungen noch nicht abgeschlossen sind, eine gewisse Preiselastizität auf, aber längerfristig, nämlich nach Abschluß der Lohnanpassungen, ist das Güterangebot preisunelastisch.*

Abbildung 5.7

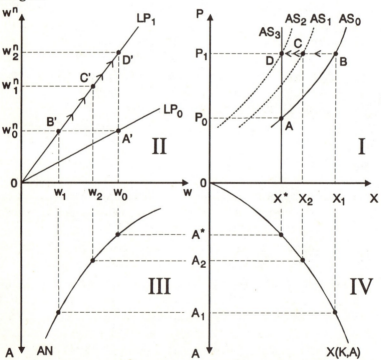

Diese Lohnpolitik impliziert also eine langfristige aggregierte Angebotskurve, die parallel zur P-Achse verläuft. Sie ist in der Abbildung 5.7 mit AS_3 bezeichnet worden. *Im Rahmen der Lohnanpassung an die Arbeitsmarktlage ist also zwischen einem kurzfristigen Güterangebot gemäß der Angebotskurve AS_0, einem mittelfristigen Güterangebot im Laufe der Anpassungsprozesse (z.B. gemäß AS_1) und einem langfristigen Güterangebot gemäß AS_3 zu unterscheiden.* Wieviel Zeit die

Prozesse des Übergangs vom kurzfristigen zum langfristigen Güterangebot in Anspruch nehmen, hängt von der Geschwindigkeit und der Intensität ab, mit der die Anpassung des Nominallohnsatzes an die Arbeitsmarktlage erfolgt.

Vergleicht man das aggregierte Güterangebot in den zuvor untersuchten drei Fällen der Lohnpolitik, so ist folgendes zu konstatieren:
- *bei Nominallohnfixierung ist das Güterangebot preiselastisch*
- *bei (kurzfristiger) Reallohnfixierung ist das Güterangebot auch kurzfristig preisunelastisch*
- *bei Anpassungen des Nominallohnsatzes an die Arbeitsmarktlage ist das Güterangebot vorübergehend preiselastisch, aber letztlich - wie im Fall der Reallohnfixierung - preisunelastisch.*

Selbstverständlich sind in der Realität auch andere als die zuvor diskutierten extremen Formen der Lohnpolitik möglich. Zu denken ist dabei z.B. an eine Politik, die zwar auf Reallohnsicherung gerichtet ist, aber dennoch keine vollständige bzw. absolute Reallohnsicherung durchzusetzen vermag. Ein Preisanstieg am Gütermarkt hat dann zwar eine Anhebung des Nominallohnsatzes zur Folge, aber diese reicht nicht aus, eine gewisse Reduktion des Reallohnsatzes zu verhindern. Somit nehmen die Arbeitsnachfrage und das Güterangebot der Unternehmungen zu, wenn das Preisniveau steigt. Das Güterangebot ist in diesem Fall preiselastisch. Diese Preiselastizität ist selbstverständlich geringer als bei Nominallohnfixierung. Daraus ergibt sich eine allgemeine Schlußfolgerung: *die Preiselastizität des Güterangebots ist um so größer, je unvollständiger die Reallohnsicherung und dementsprechend die Anpassung des Nominallohnsatzes an die Preisentwicklung ist.*

Für Arbeitnehmer und Gewerkschaften stellt sich allerdings die Frage, ob sie sich mit einer unvollständigen Reallohnsicherung abfinden sollen, um dadurch eine Grundlage für Beschäftigungszuwächse zu schaffen. Dabei ist zwischen einer *individuellen und einer gesamtwirtschaftlichen Sichtweise* zu unterscheiden. Sinkt der Reallohnsatz, so erleidet ein einzelner Arbeitnehmer einen Realeinkommensverlust, falls er seine Arbeitszeit nicht erhöht. Demgegenüber kann die Summe der Realeinkommen aller beschäftigten Arbeitnehmer einer Volkswirtschaft steigen, obwohl der durchschnittliche Reallohnsatz sinkt. Denn wenn aufgrund der Reallohnsenkung Beschäftigung und Produktion zunehmen, steigt auch das gesamtwirtschaftliche Realeinkommen. Entscheidend ist jetzt, wie das zusätzliche Realeinkommen verteilt wird. Grundsätzlich ist nicht ausgeschlossen, daß zwar ein gewisser Teil an die Unternehmungen fließt, der Arbeitnehmeranteil aber ausreicht, auch auf der Arbeitnehmerseite einen gesamtwirtschaftlichen Realeinkommenszuwachs zu erreichen. Ob dieses Ergebnis eintritt, ist freilich nicht sicher.

Bei Arbeitnehmern und Gewerkschaften ist jedoch erfahrungsgemäß die individuelle Sichtweise dominierend. Dementsprechend wird in der Regel versucht, eine vollständige Reallohnsicherung durchzusetzen. Das ist freilich häufig nur mit gewissen zeitlichen Verzögerungen im Rahmen neuer Tarifverhandlungen bzw. neuer Tarifverträge möglich, so daß es durchaus sinnvoll ist, in einer kurzfristigen Analyse - wie oben geschehen - den Fall der Nominallohnfixierung in Betracht zu ziehen. Die mittel- und längerfristig angelegte Reallohnsicherungspolitik läßt sich damit erklären, daß

- die *Gewerkschaften* im Hinblick auf ihre Mitgliederzahlen mit höchster Priorität die Interessen der einzelnen Arbeitnehmer verfolgen und bei ihnen somit die *individuelle* gegenüber der gesamtwirtschaftlichen *Sichtweise* zwingend dominierend ist
- die *Insider* (das sind die beschäftigten Arbeitnehmer) im allgemeinen nicht bereit sind, zugunsten der *Outsider* (das sind die Arbeitslosen) Realeinkommensverluste hinzunehmen
- das *soziale Sicherungssystem* häufig dazu führt, daß es für die Outsider keinen besonderen Anreiz gibt, ihre Interessen gegenüber den Insidern mit Nachdruck zu vertreten und auf Reallohnsenkungen hinzuwirken.

Vor diesem Hintergrund ist es verständlich, daß in der *neoklassischen Theorie*, die sich vor allem mit mittel- und längerfristigen Analysezeiträumen beschäftigt, die Politik der vollständigen Reallohnsicherung maßgebend ist. Die Politik der Nominallohnfixierung ist demgegenüber ein typisches Element der *keynesianischen Theorie*, die sich meistens auf eine kurzfristige Analyse beschränkt.

5.3.4 Wirkungen einer autonomen Veränderung der Güternachfrage

Im folgenden sei angenommen, daß für den Analysezeitraum entweder eine absolute Reallohn- oder eine absolute Nominallohnfixierung erfolgt. Vor diesem Hintergrund wird im Rahmen des neoklassischen Ansatzes eines vollkommenen Gütermarktes untersucht, welche Einkommens- und Beschäftigungssituation aus einem bestimmten Gütermarktgleichgewicht resultiert und welche Preis-, Einkommens- und Beschäftigungseffekte eintreten, wenn es zu autonomen Veränderungen auf der Nachfrageseite des Gütermarktes kommt. Auf der Angebotsseite mögen demgegenüber keine autonomen Veränderungen, z.B. im Bereich der Produktionsverhältnisse oder der Lohnpolitik, stattfinden.

In der Abbildung 5.8 liegt im Punkt A ein *Gütermarktgleichgewicht* vor. X_0 ist zugleich der Betrag der Güternachfrage, des Güterangebots und der Produktion. Darüber hinaus wird hierdurch auch das Realeinkommen der Volkswirtschaft determiniert, denn es gilt: $Y = X$. Auf dem Arbeitsmarkt besteht bei dem Nominallohnsatz von w_0^n und dem Reallohnsatz von w_0 eine Arbeitsnachfrage von A_0. Diese Arbeitsnachfrage bedeutet allerdings keineswegs, daß eine volle Beschäftigung des Faktors Arbeit gewährleistet ist. Liegt beispielsweise das Arbeitspotential bei A^{pot}, so kommt in der Differenz $A^{pot} - A_0$ Arbeitslosigkeit zum Ausdruck. Hierbei kann es sich gänzlich oder zu einem gewissen Teil um *unfreiwillige Arbeitslosigkeit* handeln. In diesem Fall realisieren die Unternehmungen bei dem für sie vorgegebenen Reallohnsatz w_0 zwar den von ihnen gewünschten Arbeitsinput, aber eine gewisse Anzahl von Arbeitskräften, die beim Reallohnsatz w_0 zu arbeiten wünscht, ist arbeitslos.

Um eine Arbeitsnachfrage in Höhe des Arbeitspotentials zu erreichen, müßte der Reallohnsatz auf w_1 und der Nominallohnsatz auf w_1^n sinken. Aufgrund der Reallohnfixierung und der darin ausgedrückten Unvollkommenheit des Arbeitsmarktes ist der Lohnmechanismus allerdings ausgeschaltet. Eine marktmäßige Verringerung des Reallohnsatzes findet deshalb nicht statt. Nur auf einem *vollkommenen Arbeitsmarkt* mit freier Lohnbildung würde sich - zumindest innerhalb eines gewissen Anpassungszeitraums - ein Arbeitsmarktgleichgewicht einstellen, bei dem für alle, die zu dem marktmäßig gefundenen Reallohnsatz zu arbeiten wünschen, auch ein Arbeitsplatz zur Verfügung steht. Dieses Ergebnis wurde bereits weiter oben im Rahmen der Arbeitsmarktanalyse eingehend beschrieben. Das Gleichgewicht auf einem vollkommenen Arbeitsmarkt besagt allerdings nicht, daß das volkswirtschaftliche Arbeitspotential vollständig ausgeschöpft wird; es bedeutet bekanntlich nur, daß es zu dem herrschenden Reallohnsatz keine unfreiwillige Arbeitslosigkeit gibt.

Abbildung 5.8

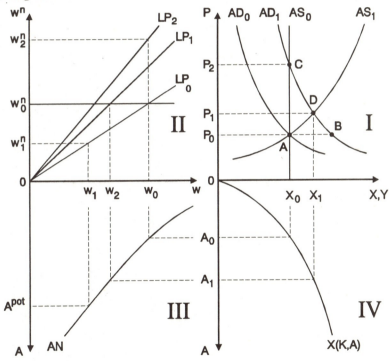

Infolge einer autonomen Erhöhung der Güternachfrage oder einer autonomen Erhöhung der Geldmenge möge sich die aggregierte Nachfragekurve von AD_0 nach AD_1 verschieben. Beim Ausgangspreisniveau von P_0 tritt dadurch auf dem Gütermarkt ein *Nachfrageüberschuß* bzw. ein *Angebotsdefizit* in Höhe der Strecke AB auf. Die Unternehmungen sind allerdings bei dem herrschenden Reallohnsatz w_0 mit Blick auf ihr Gewinnmaximierungsziel nicht bereit, die Produktion auszuweiten. Folglich löst das Gütermarktungleichgewicht Preissteigerungen aus. Der Preismechanismus, der so in Gang gesetzt wird, läßt sich beispielsweise mit Hilfe des weiter oben schon erläuterten *Auktionator-Modells* von *Walras* erklären. Für die hier durchgeführte Gleichgewichtsanalyse spielt es allerdings letztlich keine Rolle, wie sich die Preisanpassungsprozesse im einzelnen vollziehen. Wichtig ist nur, daß dabei auch tatsächlich eine Bewegung in Richtung auf ein neues Gütermarktgleichgewicht stattfindet. Hier sei auf jeden Fall angenommen, daß das System in diesem Sinne stabil ist und deshalb durch den Preismechanismus schließlich ein neues Gütermarktgleichgewicht erreicht wird.

Die im Zuge der Anpassungsprozesse auftretenden Wirkungen hängen nun entscheidend von der Art der Lohnpolitik ab. Zuerst sei die absolute *Nominallohnfixierung* auf dem Niveau w_0^n betrachtet. Wegen der Preiserhöhung sinkt hierbei zwingend der Reallohnsatz, denn es gilt: $w = w_0^n/P$. Da die Unternehmungen das Ziel der Gewinnmaximierung verfolgen, werden sie ihre Arbeitsnachfrage erhöhen, um so die Produktion auszuweiten. Der geringeren Grenzproduktivität der zusätzlich Beschäftigten steht nämlich der geringere Reallohnsatz gegenüber. Das neue Gütermarktgleichgewicht wird in diesem Fall im Punkt D erreicht. Das Preisniveau ist auf P_1 gestiegen; Produktion, Güterangebot, Güternachfrage und Realeinkommen haben sich auf X_1 erhöht; der Reallohnsatz ist auf w_2 gesunken. Der Produktionsausweitung und der realen Lohnsenkung entsprechend, ist der Arbeitsinput auf A_1 erhöht worden. Der autonome Nachfrageimpuls hat also letztlich zwar eine Preissteigerung, aber auch eine Erhöhung des Einkommens und der Beschäftigung bewirkt. Die unfreiwillige Arbeitslosigkeit wurde zumindest verringert.

Im Fall einer *absoluten Reallohnfixierung* auf dem Niveau w_0 sind demgegenüber Einkommens- und Beschäftigungseffekte unmöglich. Wenn die Unternehmungen ihren Gewinn zu maximieren wünschen, sehen sie in dem Auftreten des Nachfrageüberschusses keinen Anlaß, mehr Arbeit nachzufragen und die Produktion auszuweiten. Sie halten ihr Güterangebot mit X_0 aufrecht. Folglich ist eine relativ hohe Preissteigerung erforderlich, um das Gütermarktgleichgewicht wiederherzustellen. Es wird im Punkt C bei einem Preisniveau von P_2 erreicht. Diese Preissteigerung hat zur Folge, daß der Nominallohnsatz auf w_2^n erhöht wird; denn nur dadurch kann der Reallohnsatz auf seinem Ausgangsniveau w_0 gehalten werden. Die Wirkung des autonomen Nachfrageimpulses erschöpft sich jetzt also in einer - jeweils relativ großen - Zunahme des Preisniveaus und des Nominallohnsatzes.

Im Fall einer *Anpassung des Nominallohnsatzes an die Arbeitsmarktlage* würden Einkommen und Beschäftigung zwar kurz- und mittelfristig zunehmen, aber längerfristig (nach Abschluß aller Anpassungsvorgänge) könnten - wie im Fall der Reallohnfixierung - Einkommen und Beschäftigung durch die autonome Erhöhung der Güternachfrage nicht gesteigert werden. *Sowohl im Ausgangsgleichgewicht als auch im neuen Gütermarktgleichgewicht, das sich schließlich aufgrund der Anpassungen ergibt, entspricht das Güterangebot dem "natürlichen" Produktionsniveau, dem der "natürliche" Arbeitsinput sowie die natürliche Arbeitslosenquote zugeordnet ist.*

5.3.5 Wirkungen einer autonomen Lohnsatzänderung

Die folgenden Untersuchungen machen deutlich, welche Einkommens- und Beschäftigungseffekte auftreten, wenn entweder der Nominallohnsatz oder der Reallohnsatz autonom verändert werden. Autonome nachfrageseitige Veränderungen sollen nicht auftreten.

Abbildung 5.9

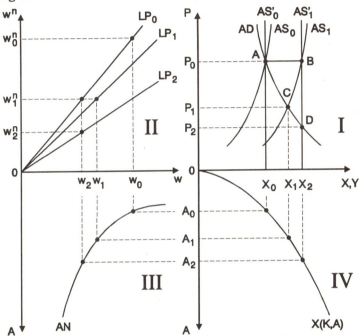

Die Abbildung 5.9 zeigt im Punkt A ein Gütermarktgleichgewicht. Der Nominallohnsatz beträgt hier w_0^n, der Reallohnsatz w_0. Diesem Reallohnsatz ist ein Arbeitsinput von A_0 zugeordnet. Dementsprechend wird eine Produktion von X_0 realisiert. Güterangebot, Güternachfrage und Einkommen haben jeweils den gleichen Wert, der der Produktion X_0 entspricht.

Im Rahmen einer Politik der *Nominallohnfixierung* werde der Nominallohnsatz auf w_1^n gesenkt. Beim Ausgangspreisniveau P_0 impliziert dies zugleich eine Verringerung des Reallohnsatzes auf w_2. Im Hinblick auf ihr Gewinnmaximierungsziel wünschen die Unternehmungen bei diesem Reallohnsatz Arbeit in Höhe von A_2 einzusetzen und damit eine Produktion von X_2 zu realisieren. Das Güterangebot - also die *gewünschte* Produktion - steigt demnach bei dem zunächst noch unveränderten Preisniveau P_0 um die Strecke AB. Die aggregierte Angebotskurve verschiebt sich dementsprechend von AS_0 nach AS_1.

Die Nominallohnsenkung führt somit zunächst zu einem Angebotsüberschuß. Folglich wird ein Prozeß von Preissenkungen in Gang gesetzt, der Reaktionen sowohl auf der Angebots- als auch auf der Nachfrageseite des Gütermarktes auslöst. Die Reaktionen auf der Angebotsseite ergeben sich aus der preisinduzierten Erhöhung des Reallohnsatzes. Da nämlich der Nominallohnsatz jetzt auf dem Niveau w_1^n fixiert ist, kommt es - ausgehend von w_2 - zu einem Wiederanstieg des realen Lohnsatzes. Die Unternehmungen sehen sich deshalb zu einer Revision ihrer Produktionspläne veranlaßt. Sie schränken ihr Güterangebot dementsprechend ein. Dieser Vorgang läßt sich in einer Bewegung auf der aggregierten Angebotskurve AS_1 vom Punkt B in Richtung auf den Punkt C nachvollziehen.[8]

Auf der Nachfrageseite haben die Preissenkungen Erhöhungen der Güternachfrage zur Folge. Diese preisinduzierten Reaktionen sind in einer Bewegung auf der aggregierten Nachfragekurve vom Punkt A in Richtung auf den Punkt C nachvollziehbar.[9] Beide Reaktionen - auf der Angebots- und auf der Nachfrageseite - implizieren eine Verringerung des Angebotsüberschusses. Unter der Voraussetzung, daß das System stabil ist und der Preismechanismus tatsächlich geeignet ist, das anfangs entstandene Ungleichgewicht abzubauen, wird schließlich im Punkt C ein neues Gütermarktgleichgewicht erreicht. Das Preisniveau ist dann auf P_1 gesunken, und der Reallohnsatz ist - ausgehend von w_2 - auf w_1 gestiegen. In diesem neuen Gleichgewicht wird Arbeit in Höhe von A_1 eingesetzt und damit X_1 produziert. *Die autonome Verringerung des Nominallohnsatzes hat somit schließlich eine Preissenkung, einen Einkommensanstieg und eine Verbesserung der Beschäftigungssituation bewirkt.*

Alternativ werde nun im Rahmen einer Politik der *Reallohnfixierung* der Reallohnsatz auf w_2 gesenkt. Diese Senkung entspricht genau dem Anfangsimpuls, der bei der zuvor untersuchten autonomen Verringerung des Nominallohnsatzes aufgetreten ist. Folglich erhöht sich das Güterangebot beim Ausgangspreisniveau P_0 um den gleichen Betrag wie zuvor, nämlich um die Strecke AB. Zu beachten ist jetzt allerdings, daß das Güterangebot wegen der Reallohnfixierung preisunelastisch ist. In der Ausgangssituation gilt somit die aggregierte Angebotskurve AS'_0. Diese wird nun nach AS'_1 - um die Strecke AB - nach rechts verschoben.

Auch hier entsteht zunächst ein Angebotsüberschuß, durch den ein Preissenkungsprozeß ausgelöst wird. Die Preissenkungen haben aber im Unterschied zu dem oben untersuchten Fall der autonomen Nominallohnsenkung nur Mengenreaktionen auf der Nachfrageseite des Gütermarktes zur Folge. Eine preiselastische Güternachfrage vorausgesetzt, lassen sich diese Reaktionen in einer Bewegung auf der aggregierten Nachfragekurve vom Punkt A in Richtung auf den Punkt D nachvollziehen.

Das Güterangebot bleibt demgegenüber von den Preissenkungen unberührt. Da der Reallohnsatz auf dem niedrigeren Niveau w_2 fixiert ist, haben die Unterneh-

---

[8] Man beachte, daß die autonome Veränderung des Nominallohnsatzes eine Verschiebung der aggregierten Angebotskurve mit sich bringt, daß aber eine preisinduzierte Veränderung des Reallohnsatzes eine Bewegung auf der aggregierten Angebotskurve bedeutet.

[9] Die hier zugrunde gelegte preisinduzierte Erhöhung der Güternachfrage ist an gewisse Voraussetzungen geknüpft: Die Preissenkung muß beispielsweise über eine Erhöhung der realen Geldmenge eine Zinssenkung induzieren, die ihrerseits zu einem Anstieg der zinsinduzierten Güternachfrage führt; außerdem ist zu erwägen, daß eine Preissenkung den Außenbeitrag erhöht und/oder über den *Realkasseneffekt* zu einem Anstieg der privaten Konsumgüternachfrage führt.

mungen keine Veranlassung, ihre Produktionspläne erneut zu ändern. Sie halten an dem auf X_2 erhöhten Güterangebot fest. Um jetzt ein neues Gütermarktgleichgewicht zu erreichen, muß das Preisniveau jedoch relativ stark fallen. Denn nur so wird die zusätzliche Güternachfrage induziert, die ausreicht, den anfangs entstandenen Angebotsüberschuß vollständig abzubauen. Schließlich ergibt sich beim Preisniveau von P_2 ein neues Gütermarktgleichgewicht im Punkt D. Infolge der Preissenkung ist der Nominallohnsatz auf w_2^n gesunken.

Ein Vergleich mit den Preis-, Einkommens- und Beschäftigungseffekten der autonomen Verringerung des Nominallohnsatzes macht deutlich, daß die Wirkungen der Reallohnsenkung bei gleichem Anfangsimpuls stärker ausfallen. Es ist allerdings zu beachten, daß nur die Anfangsimpulse gleich groß waren, daß sich aber aufgrund der verschiedenen Anpassungsvorgänge im neuen Gütermarktgleichgewicht unterschiedliche Werte sowohl für den Reallohnsatz als auch für den Nominallohnsatz ergeben.

Schließlich ist auch zu bedenken, daß das Gütermarktgleichgewicht in den beiden diskutierten Fällen nicht zwingend mit einer vollen Beschäftigung des Faktors Arbeit verbunden ist. Da eine Politik der Nominallohn- oder der Reallohnfixierung betrieben wird, ist der Arbeitsmarkt unvollkommen. Unfreiwillige Arbeitslosigkeit wird somit nicht über einen Lohnmechanismus abgebaut. Allerdings machen die vorangegangenen Untersuchungen deutlich, daß sich mit der Lohnsenkung ceteris paribus eine Verringerung der unfreiwilligen Arbeitslosigkeit erreichen läßt. Dieser positive Beschäftigungseffekt ist selbstverständlich um so größer, je stärker die Reallohnsenkung ausfällt.

5.3.6 Wirkungen einer Änderung der Produktionsverhältnisse

Vor dem Hintergrund der drei alternativen lohnpolitischen Strategien soll jetzt untersucht werden (Abbildung 5.10), wie sich eine Änderung der Produktionsverhältnisse auf das Güterangebot auswirkt. Es sei angenommen, daß es infolge technischen Fortschritts oder infolge einer Zunahme der Sachkapazitäten zu einer Ausweitung der Produktionsmöglichkeiten sowie zu einer Erhöhung der Grenzproduktivität des Faktors Arbeit kommt. Dadurch ergibt sich im Quadranten IV eine Drehung der Produktionskurve nach außen sowie im Quadranten III eine Verschiebung der Grenzproduktivitäts- bzw. Arbeitsnachfragekurve nach AN_1.

In der Ausgangssituation möge auf dem Gütermarkt ein Gleichgewicht im Punkt A vorliegen. Der Nominallohnsatz beträgt w_0^n. Bei der für das Ausgangspreisniveau P_0 gültigen Lohn-Preis-Kurve LP_0 ergibt sich dann ein Reallohnsatz von w_0. Diesem Reallohnsatz ist ein Arbeitsinput von A^* und ein Güterangebot von X_0 zugeordnet.

Zunächst sei angenommen, daß eine *Politik der Reallohnfixierung* betrieben wird. In der Ausgangssituation gilt dann die aggregierte Angebotskurve AS_0. Da sich die Grenzproduktivität des Faktors Arbeit erhöht, nimmt die Arbeitsnachfrage bei dem unveränderten Reallohnsatz auf A_1 zu. Das Güterangebot steigt mit Blick auf die neue Produktionskurve auf X_1. Dementsprechend verschiebt sich die aggregierte Angebotskurve nach AS_1. Der so auftretende Angebotsüberschuß löst eine Preissenkung aus, die schließlich zu einem neuen Gütermarktgleichgewicht im Punkt B führt. Das Preisniveau ist dann auf P_1 gesunken. Aus der zugehörigen Lohn-Preis-Kurve LP_1 läßt sich ablesen, daß sich der Nominallohnsatz auf w_1^n verringert hat.

Abbildung 5.10

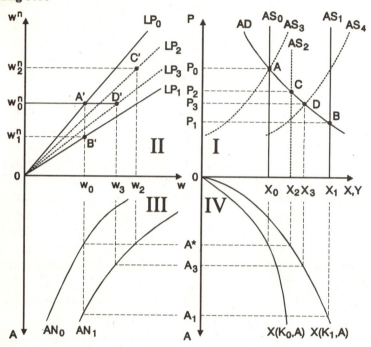

Wird eine *Politik der Anpassung des Nominallohnsatzes an die Arbeitsmarktlage* betrieben, so ist ein längerfristiges Gleichgewicht bekanntlich nur bei dem natürlichen Arbeitsinput A^* möglich. Bei diesem Arbeitsinput ergibt sich aber aufgrund der neuen Produktionskurve ein Güterangebot von X_2. Folglich verschiebt sich die langfristige aggregierte Angebotskurve bei dieser Lohnanpassungspolitik nach AS_2. Ein neues Gütermarktgleichgewicht stellt sich jetzt im Punkt C beim Preisniveau P_2 ein. Der Reallohnsatz ist genau um den Betrag gestiegen, um den sich die Grenzproduktivität des Faktors Arbeit beim Arbeitsinput A^* erhöht hat. Da es im Zuge der Änderung der Produktionsverhältnisse zeitweise zu einer Verbesserung der Arbeitsmarktlage gekommen ist, wurde auch der Nominallohnsatz über das Ausgangsniveau hinaus erhöht. Mit Blick auf das neue Preisniveau P_2 und den neuen Reallohnsatz w_2 hat sich so ein Nominallohnsatz von w_2^n ergeben.

Schließlich sei noch die *Politik der Nominallohnfixierung* betrachtet. Bei dieser Politik gilt in der Ausgangssituation die aggregierte Angebotskurve AS_3. Die aggregierte Angebotskurve verschiebt sich jetzt nach AS_4. Auf dem Gütermarkt kommt es somit zu einem neuen Gleichgewicht im Punkt D. Das Preisniveau hat sich auf P_3 verringert, und bei dem unveränderten Nominallohnsatz ist der Reallohnsatz auf w_3 gestiegen. Da aber die Grenzproduktivität des Faktors Arbeit relativ zum Anstieg des Reallohnsatzes stärker zugenommen hat, ist die Arbeitsnachfrage auf A_3 gestiegen. Mit Blick auf die neue Produktivitätskurve ergibt sich dementsprechend ein neues Güterangebot in Höhe von X_3.

Ein Vergleich mit den zuvor diskutierten lohnpolitischen Strategien zeigt, daß die Politik der Nominallohnfixierung einen Reallohnsatz impliziert, der einerseits höher ist als bei Reallohnfixierung ($w_3 > w_0$), andererseits aber niedriger ist als im Fall der Lohnanpassungen an die Arbeitsmarktlage ($w_3 < w_2$). Folglich nimmt das Güterangebot im Rahmen einer Politik der Nominallohnfixierung
- um einen geringeren Betrag zu als bei Reallohnfixierung ($X_3 < X_1$)
- um einen größeren Betrag zu als im Fall der Lohnanpassungen an die Arbeitsmarktlage ($X_3 > X_2$).

Ein Vergleich der Ergebnisse macht deutlich, daß der Beschäftigungseffekt des technischen Fortschritts oder der Zunahme der Sachkapazitäten dann am größten ist, wenn eine Politik der Reallohnfixierung betrieben wird, und dann am geringsten ist, wenn auf eine Verbesserung der Arbeitsmarktlage mit Erhöhungen des Nominallohnsatzes reagiert wird. Die hier aufgezeigten Wirkungen setzen allerdings voraus, daß auf dem Gütermarkt Preisflexibilität existiert, daß also die Ausweitung der Produktionsmöglichkeiten zu Preissenkungen führt. Weiterhin ist zu beachten, daß die Politik der Reallohnfixierung in dem hier untersuchten Beispiel eine Verringerung des Nominallohnsatzes erforderlich macht. Nominallohnsenkungen lassen sich aber nach allen Erfahrungen nur sehr schwer, eventuell sogar überhaupt nicht durchsetzen. *Fehlt es jedoch an der nötigen Preisflexibilität auf dem Gütermarkt und an der nötigen Lohnflexibilität auf dem Arbeitsmarkt, so kommt es auf jeden Fall zu einer Beeinträchtigung der zuvor aufgezeigten Produktions- und Beschäftigungseffekte. Zwar verbessern sich die Produktionsmöglichkeiten, diese Verbesserung wird aber aufgrund der Inflexibilitäten nicht adäquat ausgeschöpft.* Da sich Preis- und Lohninflexibilitäten in der Realität immer wieder beobachten lassen, stellen sie ein wichtiges Phänomen in den jetzt folgenden Untersuchungen dar.

5.4 Güterangebot und Preisbildung auf dem unvollkommenen Gütermarkt

5.4.1 Marktbedingungen, Produktionsbedingungen und Unternehmensziele: Eine alternative Betrachtung

Der zuvor analysierte neoklassische Ansatz des aggregierten Güterangebots basiert auf Marktbedingungen, Produktionsbedingungen und Unternehmenszielen, deren empirische Relevanz für relativ kurze Analysezeiträume, so wie sie in der makroökonomischen Einkommens- und Beschäftigungstheorie üblich sind, nicht unumstritten ist. Es sei noch einmal daran erinnert, daß in Hinsicht auf die
- *Marktbedingungen* vollkommene Gütermärkte und dementsprechend ein *vollkommener aggregierter Gütermarkt*

- *Produktionsbedingungen* ein jederzeit frei variierbarer Arbeitseinsatz bei normaler Auslastung der Sachkapazitäten
- *Unternehmensziele* die kurzfristige *Gewinnmaximierung*

angenommen werden.

Weiter oben wurden schon Gründe dafür genannt, daß auf einer Reihe von Gütermärkten einer Volkswirtschaft zumindest innerhalb kürzerer und mittlerer Zeiträume Unvollkommenheiten bestehen und daß es vor diesem Hintergrund nicht realistisch ist, den Unternehmenssektor einer Volkswirtschaft insgesamt als Mengenanpasser zu behandeln. Unvollkommene Märkte sind u.a. dadurch gekennzeichnet, daß Unternehmungen einen gewissen Spielraum für eine *autonome Preispolitik* haben. Sie verhalten sich dann als *Preisfixierer*.[10] Es ist zu vermuten, daß die autonome Preispolitik bzw. die Preisfixierung ebenfalls auf einem gewissen Optimierungskalkül beruht, bei dem es um die Erreichung bestimmter Unternehmensziele geht. Dabei kann sehr wohl die kurzfristige Gewinnmaximierung eine maßgebliche Rolle spielen.[11] Es ist aber auch durchaus möglich, daß Unternehmungen bei ihrer Preispolitik - zumindest zeitweise - noch andere Ziele verfolgen (z.B. die Sicherung oder Erreichung gewisser Marktanteile, die Erhaltung bestimmter Beziehungen zu Lieferanten von Vor- und Zwischenprodukten sowie zu Kunden, die Vermeidung eines ruinösen Wettbewerbs), die im Verhältnis zum Ziel der Gewinnmaximierung vorrangig oder wenigstens gleichrangig sind.

Zur Erklärung der autonomen Preispolitik und der Preisfixierung wird im folgenden die *Mark-up-Hypothese* eingeführt, bei der die Preisbildung im Rahmen einer Aufschlagskalkulation erfolgt. Der Ansatz der Mark-up-Preisbildung läßt allerdings offen, welches Ziel oder welche Ziele die Unternehmungen im einzelnen verfolgen und ob sie mit ihrer autonomen Preispolitik bzw. Preisfixierung zugleich ihren optimalen Produktionsplan realisieren. Grundsätzlich können sich hinter der Mark-up-Preisbildung unterschiedliche Zielsetzungen und Optimierungsstrategien verbergen. Im Unterschied zum weiter oben erläuterten neoklassischen Ansatz fehlt dem Mark-up-Ansatz also die Konkretisierung des Unternehmensziels bzw. der Optimierungsstrategie.

5.4.2 Die Mark-up-Hypothese

Basis der Mark-up-Hypothese ist der schon in der Gleichung (5.10) enthaltene Einkommensverteilungsaspekt:

(5.12) $\quad P \cdot X = Y_U^n + Y_L^n$

---

[10] Der Begriff "Preisfixierer" darf nicht so verstanden werden, daß die Unternehmungen unabhängig von den Marktbedingungen Güterpreise bzw. einen Güterpreis festlegen. Vielmehr ist hier gemeint, daß die Unternehmungen in der Lage sind, ihre Güterpreise bzw. ihren Güterpreis autonom festzulegen.

[11] In diesem Zusammenhang ist auf die aus der Mikroökonomik bekannten Ansätze der Monopolmärkte, der Märkte mit monopolistischer Konkurrenz und der Oligopolmärkte bei heterogener Konkurrenz zu verweisen. Siehe hierzu: **J. Schumann** (1992), S. 279 ff.

Das nominelle Sozialprodukt (Nettosozialprodukt) P·X verteilt sich auf die nominellen Unternehmenseinkommen Y_U^n, kurz Nominalgewinne genannt, und auf die nominellen Arbeitnehmereinkommen Y_L^n, kurz nominelle Lohnsumme genannt. Dividiert man durch die reale Produktion bzw. das Realeinkommen X, so zeigt sich, daß das Preisniveau P der Summe aus dem *nominellen* Stückgewinn und den *nominellen* Stückkosten entspricht:

(5.12a) $\quad P = \dfrac{Y_U^n}{X} + \dfrac{Y_L^n}{X}$

Die *Lohnstückkosten* können auch wie folgt geschrieben werden:

(5.13) $\quad \dfrac{Y_L^n}{X} = \dfrac{w^n A}{X} = \dfrac{w^n}{a}$

Die Lohnsumme Y_L^n ist mit dem Produkt aus dem nominellen Lohnsatz w^n und dem Arbeitseinsatz A identisch. Die *Arbeitsproduktivität* a ist, wie bereits gezeigt, das Verhältnis von realer Produktion X und Arbeitseinsatz:

(5.13a) $\quad a = \dfrac{X}{A}$

Nach der Mark-up-Hypothese wird das Preisniveau seitens der Unternehmungen einer Volkswirtschaft durch einen Aufschlag auf die Lohnstückkosten bestimmt:

(5.14) $\quad P = (1 + \gamma) \dfrac{w^n}{a}$

Je größer der Aufschlagssatz γ ist, desto größer ist der Stückgewinn der Unternehmungen. Da die Arbeitsproduktivität a durch die Produktionsverhältnisse determiniert ist und der Nominallohnsatz w^n auf dem Arbeitsmarkt, z.B. im Rahmen von Tarifverträgen, gebildet wird, ist der Aufschlagssatz γ bei der Mark-up-Preisbildung der einzige autonome preispolitische Parameter der Unternehmungen.

Die Preisfunktion gemäß Gleichung (5.14) ist besonders einfach, wenn der Aufschlagssatz, der Nominallohnsatz und die Arbeitsproduktivität von der Produktionshöhe jeweils unabhängig sind. Für fest vorgegebene Werte dieser Größen ergibt sich dann die in der Abbildung 5.11 mit AS_0 bezeichnete Preiskurve, die - der allgemein üblichen Terminologie folgend - auch hier als aggregierte Angebotskurve bezeichnet werden soll. Diese aggregierte Angebotskurve drückt bekanntlich ein vollkommen preiselastisches Güterangebot aus. Das Preisniveau ändert sich in diesem Fall gemäß Gleichung (5.14) nur dann, wenn die Lohnstückkosten und/oder der Aufschlagssatz autonom verändert werden, nicht jedoch dann, wenn es zu Veränderungen der Produktionsmenge bzw. der Güternachfrage kommt.

Es ist allerdings zu vermuten, daß die Unternehmungen in ihrer Preispolitik neben den Lohnstückkosten auch die Absatz- und Produktionssituation berücksichtigen und sich bei der Festsetzung des Aufschlagssatzes bzw. des Stückgewinns an dieser Situation orientieren. In diesem Zusammenhang dürfte die *Auslastung der vorhandenen Sachkapazitäten* eine wichtige Rolle spielen. Ist die Absatzlage unbefriedigend und sind die Sachkapazitäten dementsprechend unterdurchschnittlich ausgelastet, so werden die Unternehmungen bemüht sein, ihre Absatzsituation durch möglichst geringe Preise zu verbessern. Sie sind dann bereit, einen relativ geringen Aufschlagssatz und dementsprechend einen relativ geringen Stückgewinn zu akzeptieren. Sind die Kapazitäten demgegenüber sehr gut ausgelastet, so werden die Unternehmungen wahrscheinlich versuchen, die günstige Lage für eine Erhöhung ihrer Stückgewinne auszunutzen und ihren Aufschlagssatz entsprechend hoch anzusetzen.

Dementsprechend kann der *Aufschlagssatz* in Abhängigkeit von der *Kapazitätsauslastung* erklärt werden:

(5.15) $\quad \gamma = \gamma(\frac{X}{X^{pot}}) \qquad\qquad \text{mit:} \quad \frac{\delta \gamma}{\delta(\frac{X}{X^{pot}})} \geq 0$

X ist die effektive Produktion; X^{pot} bezeichnet das *Produktionspotential*, das ist die Produktion, die bei *normaler Auslastung der vorhandenen Sachkapazitäten* möglich ist. X/X^{pot} ist somit der *Auslastungsgrad des Sachkapitals*. Bei einem Auslastungsgrad von 1 sind die Sachkapazitäten normal ausgelastet. Da der *Kapazitätseffekt der Investitionen*, wie weiter oben schon erläutert, vernachlässigt wird, ist das Produktionspotential fest vorgegeben. Die einzige variable Determinante des Auslastungsgrades ist dann die effektive Produktion X.

Abbildung 5.11

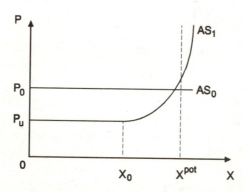

Der Verlauf der aggregierten Angebotskurve, der sich bei einer Abhängigkeit des Aufschlagssatzes von der Kapazitätsauslastung ergibt, macht allerdings noch eine differenziertere Betrachtung erforderlich. Die Abbildung 5.11 zeigt mit AS_1 ein *Beispiel* für den Verlauf einer solchen Angebotskurve. Die Kurve AS_1 impliziert eine variable Preisreagibilität des Güterangebots. Sinkt die tatsächliche Produktion unter X_0, so bleibt das Preisniveau bei P_u konstant. Einige Gründe für diese Preisuntergrenze wurden weiter oben mit Hinweis auf die keynesianische Inflexibilitätshypothese bereits genannt [4.3.2]. Im Hinblick auf die Mark-up-Hypothese sind zwei Gründe hervorzuheben:
- Die Lohnstückkosten nehmen bei einer Verschlechterung der Absatzlage kurzfristig zu, weil einerseits die Arbeitsproduktivität sinkt und andererseits der Nominallohnsatz fixiert ist.

- Der Stückgewinn kann bei sinkender Produktionsmenge sehr niedrig, null oder sogar negativ werden, so daß die Unternehmungen keine Möglichkeit zu weiteren Preissenkungen sehen.

Die Verringerung der Arbeitsproduktivität tritt gemäß Gleichung (5.13a) dann ein, wenn zwar die Produktion X sinkt, aber der Beschäftigtenstand zumindest kurzfristig gleich bleibt oder nur unterproportional zur Produktionseinschränkung abgebaut wird. Das kann beispielsweise in gewissen institutionellen Rahmenbedingungen oder in der Personalpolitik der Unternehmungen begründet sein:

- Aufgrund eines gesetzlichen Kündigungsschutzes sind Entlassungen kurzfristig nicht oder nur in einem sehr begrenzten Umfang möglich.
- Entlassungen sind häufig nur mit relativ hohen Abfindungskosten, z.B. im Rahmen eines Sozialplans, möglich, so daß es für die Unternehmungen kostengünstiger sein kann, den Beschäftigtenstand trotz eines geringeren Bedarfs an Arbeitskräften aufrechtzuerhalten, wenn sie erwarten, daß sich die Absatzlage alsbald wieder verbessern wird.
- Der Faktor Arbeit ist für Unternehmungen in der Regel wertvolles *Humankapital*, in das seitens der Unternehmungen investiert worden ist und das sich nur mit relativ hohen Wiederbeschaffungskosten reaktivieren läßt. Vor diesem Hintergrund verhalten sich die Unternehmungen bei Erwartung einer baldigen Verbesserung der Absatzlage sehr wohl rational, wenn sie zumindest einen großen Teil ihrer Arbeitskräfte trotz des geringeren Bedarfs weiterbeschäftigen.

Der Zusammenhang zwischen dem Stückgewinn auf der einen und dem Preisniveau sowie den Lohnstückkosten auf der anderen Seite läßt sich aus den Gleichungen (5.12a) und (5.13) ablesen:

$$(5.12b) \quad \frac{Y_U^n}{X} = P - \frac{w^n}{a}$$

Der Stückgewinn sinkt somit, wenn beispielsweise das Preisniveau bei P_u konstant ist und gleichzeitig die Lohnstückkosten - wie zuvor aufgezeigt - bei einem Rückgang der Produktion zunehmen. Es ist sogar möglich, daß der Stückgewinn kurzfristig null oder negativ wird, weil einerseits das Preisniveau bereits stark reduziert worden ist und andererseits die Lohnstückkosten wegen weiter sinkender Arbeitsproduktivität noch ansteigen.[12] In dieser Situation können die Unternehmungen den von ihnen gewünschten Aufschlagssatz häufig nicht realisieren. Analog zur Entwicklung des Stückgewinns kann er kurzfristig sogar null oder negativ werden. Vor diesem Hintergrund ist es verständlich, daß die Unternehmungen bei weiteren Produktionseinbußen nicht zu (weiteren) Preissenkungen bereit sind.

Erhöht sich demgegenüber die Produktion über einen bestimmten Betrag - hier z.B. X_0 - hinaus, so ist zu erwarten, daß die Unternehmungen die bessere Absatzsituation nutzen, um ihren Stückgewinn (wieder) zu erhöhen. Der Aufschlagssatz

---

[12] Es ist auch zu berücksichtigen, daß die hier nicht erfaßten fixen Kosten je Stück bei sinkender Produktion zunehmen.

wird dann sukzessive steigen. Somit nimmt die Reaktion des Preisniveaus auf den Anstieg der Produktion bzw. der Kapazitätsauslastung allmählich zu, und dementsprechend geht die Preisreagibilität des Güterangebots allmählich zurück. Wenn die Kapazitätsgrenze erreicht wird oder zumindest dann, wenn es zu einer gewissen Überauslastung der Sachkapazitäten kommt - wenn also das Produktionspotential X^{pot} überschritten ist -, dürfte das Güterangebot schließlich sogar preisunelastisch werden. Die aggregierte Angebotskurve verläuft in diesem Fall parallel zur Preisachse.

Vergleicht man die aggregierte Angebotskurve bei Nominallohnfixierung im neoklassischen Ansatz des vollkommenen Gütermarktes (Abbildung 5.7) mit der aggregierten Angebotskurve, die zuvor auf der Grundlage der Mark-up-Hypothese abgeleitet wurde (Abbildung 5.11), so offenbart sich eine bemerkenswerte Ähnlichkeit. Trotzdem darf nicht vergessen werden, daß die beiden Angebotskurven auf sehr unterschiedlichen Bedingungen und Annahmen beruhen. Im neoklassischen Ansatz ist es die preisinduzierte Veränderung des realen Lohnsatzes, die die Unternehmungen in Hinsicht auf ihr Gewinnmaximierungsziel veranlaßt, das Güterangebot bei einem steigenden *Marktpreis* zu erhöhen und bei einem sinkenden *Marktpreis* zu verringern. Die Unternehmungen verhalten sich dort ausschließlich als *Mengenanpasser*. Im Ansatz der Mark-up-Hypothese sind es die Änderungen der Kapazitätsauslastung, die die Unternehmungen veranlassen, das Preisniveau *autonom* zu erhöhen, wenn sich die Absatzlage verbessert, und *möglicherweise* das Preisniveau *autonom* zu senken, wenn sich die Absatzlage verschlechtert. Die Unternehmungen betreiben in diesem Fall eine *autonome Preispolitik*.

5.4.3 Veränderungen der Güternachfrage bei Nominallohnfixierung

Auf der Grundlage der Mark-up-Preisbildung wird nun untersucht, wie sich eine autonome Veränderung der Güternachfrage auf das Preisniveau und auf das Einkommen einer Volkswirtschaft auswirkt, wenn eine Politik der Nominallohnfixierung betrieben wird.

Zunächst sei davon ausgegangen, daß sich die autonome Güternachfrage erhöht. In der Abbildung 5.12 möge sich dadurch die aggregierte Nachfragekurve nach AD_1 verschieben. Beim Ausgangspreisniveau P_0 tritt folglich ein Nachfrageüberschuß in Höhe der Strecke AB auf. Das veranlaßt die Unternehmungen einerseits zu einer Produktionsausweitung, andererseits - wegen der steigenden Kapazitätsauslastung - aber auch zu einer Anhebung ihrer Güterpreise. Diese Reaktionen lassen sich in einer Bewegung auf der aggregierten Angebotskurve AS vom Punkt A in Richtung auf den Punkt C nachvollziehen. Wie der Verlauf der aggregierten Nachfragekurve anzeigt, ist die Güternachfrage preiselastisch. Die autonome Preiserhöhung hat also zur Folge, daß die Güternachfrage wieder zurückgeht. Es findet somit eine preisinduzierte Verringerung von Güternachfrage statt. Dieser Vorgang kommt in einer Bewegung auf der aggregierten Nachfragekurve vom Punkt B in Richtung auf den Punkt C zum Ausdruck.

Die Reaktionen auf der Angebotsseite und auf der Nachfrageseite deuten darauf hin, daß die Überschußnachfrage bzw. das Angebotsdefizit allmählich abgebaut wird. Wie sich allerdings die Anpassungsprozesse bzw. die Preis- und Mengenanpassungen im einzelnen vollziehen, läßt sich nicht mit Bestimmtheit sagen. Es genügt allerdings festzustellen, daß schließlich ein neues Gütermarktgleichgewicht im Punkt C erreicht wird, sofern das hier zugrundeliegende System stabil ist.[13] Das Preisniveau ist auf P_1 gestiegen. Die Güternachfrage hat sich infolge der autonomen Zunahme sowie der preisinduzierten Verringerung schließlich auf X_1 erhöht. Daraus ergibt sich zwingend eine entsprechende Erhöhung der Produktion und des Realeinkommens.

Abbildung 5.12

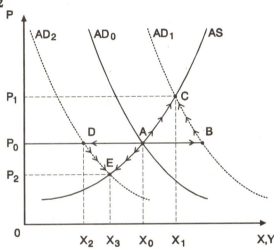

Alternativ wird nun eine autonome Verringerung der Güternachfrage zugrunde gelegt. Die aggregierte Nachfragekurve verschiebt sich dadurch nach AD_2. Beim Ausgangspreisniveau P_0 möge ein Nachfragedefizit bzw. ein Angebotsüberschuß in Höhe der Strecke AD eintreten. Sicher ist, daß die Unternehmungen darauf mit einer Produktionseinschränkung reagieren. Ob es allerdings wegen der Verschlechterung der Kapazitätsauslastung auch zu einer Preissenkung kommt, läßt sich nicht eindeutig sagen. Wie weiter oben schon erläutert wurde, ist sehr wohl eine Preisstarrheit nach unten möglich. Bei einer solchen Preisstarrheit käme es zu einer effektiven Verringerung der Güternachfrage auf X_2. Entsprechend würden auch die Güterproduktion und das Einkommen sinken.

Denkbar ist allerdings auch, daß die Unternehmungen eine gewisse Preissenkung vornehmen. Eine preiselastische Güternachfrage vorausgesetzt, würde dadurch dem autonomen Rückgang der Güternachfrage entgegengewirkt. Produktion und Einkommen würden in diesem Fall beispielsweise "nur" auf X_3 sinken.

Der durch die Nachfragesenkung verursachte Produktionsrückgang hat auf jeden Fall eine geringere Kapazitätsauslastung zur Folge. Ob und gegebenenfalls in

---

[13] Man kann davon ausgehen, daß das System stabil ist, wenn sich ein Nachfrageüberschuß bei einer Preiserhöhung verringert und ein Angebotsüberschuß bei einer Preissenkung kleiner wird.

welchem Umfang allerdings dabei auch die *offene Arbeitslosigkeit* zunimmt, hängt von den oben schon erwähnten institutionellen Bedingungen ab. Es ist durchaus möglich, daß Entlassungen zumindest kurzfristig unzulässig sind oder daß die Unternehmungen in Hinsicht auf die Kosten des Humankapitals freiwillig auf Entlassungen verzichten. Sofern der geringere Bedarf an Arbeitskräften nicht oder nicht vollständig zu offener Arbeitslosigkeit führt, ergibt sich aber auf jeden Fall (zusätzliche) *verdeckte Arbeitslosigkeit* in Form einer nicht (mehr) effizienten Nutzung des Faktors Arbeit.

5.4.4 Veränderungen der Güternachfrage bei Reallohnfixierung und bei Lohnanpassungen an die Arbeitsmarktlage

Auch jetzt wird angenommen, daß sich - ausgehend von einem Gütermarktgleichgewicht - die autonome Güternachfrage erhöht. Zunächst wird die *Reallohnfixierung* betrachtet. Löst man die Mark-up-Preisgleichung (5.14) nach dem Nominallohnsatz auf, so ergibt sich:

(5.14a) $\quad w^n = \dfrac{a}{1 + \gamma} P$

Bei Division durch P erhält man hieraus:

(5.14b) $\quad \dfrac{w^n}{P} = \dfrac{a}{1 + \gamma} = w_0$

Da der Reallohnsatz w^n/P fixiert ist (z.B. bei w_0), muß in einem *Gleichgewichtszustand, in dem der Nominallohnsatz und das Preisniveau konstant sind*, zwingend auch der Quotient $a/(1 + \gamma)$ konstant sein. Wenn die Arbeitsproduktivität a - wie hier angenommen - konstant ist, kann die genannte Bedingung nur erfüllt sein, wenn der Aufschlagsatz γ ebenfalls konstant ist. Das aber ist bei sich ändernder Güternachfrage nur dann der Fall, wenn
- der Aufschlagssatz von der Kapazitätsauslastung und dementsprechend von der Güternachfrage und der Produktion unabhängig ist oder wenn
- der Aufschlagssatz zwar gemäß Gleichung (5.14) und (5.15) von der Kapazitätsauslastung abhängig ist, diese Auslastung aber unverändert bleibt.

Der erste Fall impliziert, daß die Unternehmungen das Preisniveau nicht erhöhen, wenn die Güternachfrage und damit die Kapazitätsauslastung steigt. Folglich sind zur Erhaltung des Reallohnsatzes w_0 auch keine Anpassungen des Nominallohnsatzes erforderlich. Veränderungen der Lohnstückkosten treten somit nicht auf, so daß die Unternehmungen von hierher keine Veranlassung zu Preiserhöhungen haben. Das Güterangebot ist vor diesem Hintergrund *vollkommen preiselastisch*.[14] Produktion und Einkommen nehmen deshalb um den Betrag der autonomen Erhöhung der Güternachfrage zu.

Der zweite Fall ergibt sich, wenn das Preisniveau gerade so weit steigt, daß die

---

14 In der Abbildung 5.11 wird dieser Fall durch die aggregierte Angebotsfunktion AS_0 beschrieben.

autonome Erhöhung der Güternachfrage von hierher exakt kompensiert wird. Ein solcher Preisanstieg ist aber nur möglich, wenn das Güterangebot *preisunelastisch* ist. In diesem Fall hat die Politik der Reallohnfixierung bei der Mark-up-Preisbildung die gleichen Konsequenzen wie bei freier Preisbildung auf dem vollkommenen Gütermarkt [5.3.4]. Produktion und Einkommen nehmen jetzt nicht zu.

Die hier aufgezeigten Ergebnisse sind in der Abbildung 5.13 dargestellt worden. In der Ausgangssituation besteht ein Gleichgewicht im Punkt A. Aufgrund der autonomen Erhöhung der Güternachfrage möge sich die aggregierte Nachfragekurve nach AD_1 verschieben. Reagieren die Unternehmungen gemäß dem ersten Fall, so gilt die aggregierte Angebotskurve AS_0; da keine Preiserhöhungen stattfinden, ergibt sich das neue Gleichgewicht im Punkt B. Produktion und Einkommen sind auf X_1 gestiegen.

Abbildung 5.13

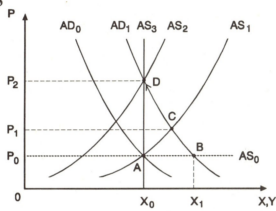

Reagieren die Unternehmungen dagegen gemäß dem zweiten Fall mit Preiserhöhungen, so gilt z.B. die (kurzfristige) aggregierte Angebotskurve AS_1. Im Punkt C ergibt sich ein temporäres Gleichgewicht. Das Preisniveau steigt kurzfristig auf P_1. Dieser Preisanstieg hat aber wegen der Politik der Reallohnfixierung zur Folge, daß der Nominallohnsatz ebenfalls kurzfristig proportional zur Preissteigerung angepaßt wird. Dadurch ergibt sich eine Erhöhung der Lohnstückkosten, die gemäß Mark-up-Hypothese einen weiteren Preisanstieg bewirkt. Weitere Lohn- und Preissteigerungen sind erst dann ausgeschlossen, wenn die Produktion wieder auf den Ausgangswert zurückgefallen und die oben genannte Gleichgewichtsbedingung erfüllt ist. Die kurzfristige Angebotskurve verschiebt sich dementsprechend nach AS_2, so daß im Punkt D beim Preisniveau P_2 ein neues Gleichgewicht erreicht wird. Die Gleichgewichtssituationen in den Punkten A und D implizieren die aggregierte Angebotskurve AS_3, in der sich das preisunelastische Güterangebot ausdrückt. Hierbei handelt es sich also um eine langfristige Angebotskurve, die sich nach Abschluß aller kurzfristigen Anpassungsprozesse ergibt.

Schließlich wird auch noch die *Politik der Lohnanpassung an die Arbeitsmarktlage* betrachtet. Sie hat bei der Mark-up-Preisbildung die gleichen Konsequenzen wie bei der freien Preisbildung auf dem vollkommenen Gütermarkt [5.3.4]. Die autonome Erhöhung der Güternachfrage bewirkt nur kurzfristig eine Zunahme von Produktion, Einkommen und Beschäftigung, nämlich nur in den Perioden, in denen wegen der tarifvertraglichen Bindungen noch Verzögerungen bei der Lohnanpassung auftreten. Längerfristig ergibt sich, wie aus früheren Untersuchungen bekannt ist [5.2.3], ein Gleichgewicht bei der natürlichen Arbeitslosenquote bzw. beim natürlichen Arbeitsinput. Vorausgesetzt, daß in der Ausgangssituation ein Gleichgewicht bei dieser natürlichen Arbeitslosenquote bestand, kann also langfristig kein Beschäftigungseffekt auftreten. Da außerdem die Arbeitsproduktivität annahmegemäß konstant ist, lassen sich Produktion und Einkommen durch die autonome Nachfrageerhöhung langfristig nicht steigern. Das langfristige Güterangebot ist somit bei der hier betrachteten Lohnpolitik auch im Fall der Mark-up-Preisbildung *preisunelastisch*.

5.4.5 Lohnstarrheiten und Hysteresis

Wie schon weiter oben im Rahmen der lohnpolitischen Analysen aufgezeigt wurde, verschärfen die Phänomene der Lohnstarrheiten sowie der Hysteresis das Problem der Arbeitslosigkeit, wenn es vorübergehend zu Nachfrage- und Produktionsausfällen kommt. Die beiden Phänomene werden jetzt noch einmal im Rahmen des Modells der Mark-up-Preisbildung verdeutlicht.

Die Abbildung 5.14 zeigt im Punkt A ein Gütermarktgleichgewicht. Die aggregierte Nachfragekurve möge sich infolge einer Verringerung der autonomen Güternachfrage von AD_0 nach AD_1 verschieben. Ist der Nominallohnsatz auf dem Ausgangsniveau fixiert, besteht also eine Lohnstarrheit nach unten, so ist die in der Ausgangssituation gültige aggregierte Angebotskurve AS_0 weiterhin maßgebend. Ein Gütermarktgleichgewicht stellt sich dann im Punkt B ein. Die Produktion ist auf X_1 und das Preisniveau auf P_1 gesunken.

Würde statt dessen eine Politik der Reallohnfixierung betrieben und wäre der Nominallohnsatz nach unten flexibel, so käme es im Zuge einer Preissenkung auch zu einer Verringerung des Nominallohnsatzes. In diesem Fall hätte die aggregierte Angebotskurve AS' Gültigkeit. Das Gütermarktgleichgewicht käme dann im Punkt C zustande. Der autonome Nachfragerückgang würde jetzt vollständig durch einen preisinduzierten Anstieg der Güternachfrage aufgefangen, so daß es nicht zu einer Beeinträchtigung von Produktion und Beschäftigung käme. Die Lohnstarrheit nach unten ist somit ein wichtiger Grund dafür, daß der autonome Nachfragerückgang zu Produktions- und Beschäftigungseinbußen führt.

Allerdings wären diese Einbußen noch gravierender, wenn es - aus welchen Gründen auch immer - eine totale Preisstarrheit nach unten gäbe. In diesem Fall bliebe das Preisniveau auf dem Niveau P_0 fixiert. Das neue Gütermarktgleichgewicht träte im Punkt F ein, so daß die Produktion noch unter das Niveau von X_1 absinken würde. Im folgenden sei allerdings nur der Fall der Lohnstarrheit nach unten weiter betrachtet.

Die Güternachfrage möge sich so weit erholen, daß die aggregierte Nachfragekurve wieder in die Ausgangslage AD_0 zurückverschoben wird. Mit Blick auf das

Phänomen der Hysteresis sei allerdings angenommen, daß sich die Lohnpolitik nun nicht mehr an der Beschäftigungssituation in der Ausgangslage (bei einer Produktion von X_0) orientiert, sondern daß eine "Gewöhnung" an ein niedrigeres Beschäftigungsniveau eingetreten ist. Die durch die Erholung der Güternachfrage eingetretene Verbesserung der Beschäftigungslage wird deshalb unmittelbar zu einer Erhöhung des Nominallohnsatzes ausgenutzt. Infolgedessen verschiebt sich die aggregierte Angebotskurve beispielsweise von AS_0 nach AS_1. Im Punkt D ergibt sich jetzt ein *temporäres Gütermarktgleichgewicht*. Die Erhöhung der Güternachfrage auf das ursprüngliche Niveau führt jetzt also nicht dazu, daß der ursprüngliche Gleichgewichtszustand im Punkt A wiederhergestellt wird, sondern daß das Preisniveau auf P_2 steigt und die Produktion nur auf X_2 erhöht wird.

Abbildung 5.14

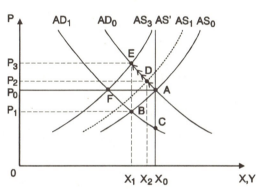

Ist die natürliche Arbeitslosenquote im Rahmen der Lohnpolitik insoweit nach unten angepaßt worden, daß nun das geringere Produktionsniveau X_1 der "natürlichen Produktion" entspricht, so finden - ausgehend von dem temporären Gleichgewicht im Punkt D - im Zuge einer Lohnanpassung an die Arbeitsmarktlage noch weitere Erhöhungen des Nominallohnsatzes statt. Dadurch wird die aggregierte Angebotskurve über AS_1 hinaus noch weiter nach oben verlagert. Bekanntlich kommen die hier auftretenden Lohn- und Preisanpassungen erst dann zum Stillstand, wenn die tatsächliche und die natürliche Arbeitslosenquote übereinstimmen, wenn also im vorliegenden Beispiel die tatsächliche Produktionshöhe der neuen natürlichen Produktionshöhe X_1 entspricht. Ein anhaltendes Gütermarktgleichgewicht liegt dann im Punkt E vor. Das Preisniveau ist schließlich auf P_3 gestiegen. Die Verhaltensänderung im Rahmen der Lohnpolitik sowie die Lohnanpassungen an die Arbeitsmarktlage bewirken also, daß die Produktions-, Einkommens- und Beschäftigungseinbußen, die durch den vorübergehenden Nachfrageausfall verursacht worden sind, letzten Endes nicht mehr rückgängig gemacht werden. Die Wiederherstellung der ursprünglichen Nachfragesituation hat letztlich nur eine Lohnerhöhung und eine Erhöhung des Preisniveaus über das Ausgangsniveau P_0 hinaus zur Folge. Nur dann, wenn es nicht zu der lohnpolitischen Strukturänderung gekommen wäre, würde auch die ursprüngliche Produktions-, Einkommens- und Beschäftigungssituation - verbunden mit dem ursprünglichen Preisniveau P_0 - wiederhergestellt.

5.5 Einkommen, Beschäftigung, Zinssatz, Preisniveau und Lohnsatz: Das Totalmodell

Die Zusammenhänge auf dem Gütermarkt, dem Geldmarkt und dem Arbeitsmarkt sowie die Beziehungen zwischen diesen Märkten werden jetzt noch in einer Gesamtdarstellung simultan betrachtet. Dabei geht es nicht um eine Erweiterung der bisherigen Analyseschritte, sondern um eine Zusammenfassung der zuvor gewonnenen Erkenntnisse. Auf weitreichende Erklärungen der verschiedenen Modellbestandteile sowie der Vorgänge auf den einzelnen Märkten kann deshalb an dieser Stelle verzichtet werden. Exemplarisch wird zum einen eine expansive Fiskalpolitik, z.B. eine autonome Erhöhung der Staatsausgaben, und zum anderen eine restriktive Geldpolitik untersucht.

5.5.1 Expansive Fiskalpolitik

Die Abbildung 5.15 zeigt für die Ausgangssituation ein IS- und LM-Gleichgewicht im Punkt A, ein Gütermarktgleichgewicht im Punkt F sowie eine bestimmte Beschäftigungssituation im Punkt L auf dem Arbeitsmarkt. In dieser Situation möge Arbeitslosigkeit bestehen. Geht man davon aus, daß die Arbeitslosen - oder wenigstens ein großer Teil von ihnen - bereit wäre, bei dem herrschenden Reallohnsatz eine Beschäftigung aufzunehmen, so ist die Situation auf dem Arbeitsmarkt - zumindest aus der Sicht der Arbeitslosen - durch ein Ungleichgewicht gekennzeichnet. Vor diesem Hintergrund erfolgt die expansive Fiskalpolitik mit dem Ziel, Arbeitslosigkeit abzubauen.

Durch die Staatsausgabenerhöhung verschiebt sich die IS-Kurve nach rechts (nach IS_1). Bliebe das Zinsniveau konstant, so würde die aggregierte Güternachfrage im Zuge der bekannten Multiplikatoreffekte [Kap.2] um den Betrag AB auf Y_1 zunehmen. Bei zinselastischer, aber nicht vollkommen zinselastischer Geldnachfrage kommt es jedoch zu Zinssteigerungen, durch die private Güternachfrage verdrängt wird. Die aggregierte Güternachfrage steigt deshalb nur auf Y_2. In Höhe der Differenz $Y_1 - Y_2$ ist somit ein zinsinduzierter Crowding-out-Effekt aufgetreten. An dieser Stelle ist daran zu denken, daß die Geldnachfrage auch zinsunelastisch sein könnte. In diesem Fall würde das Zinsniveau soweit steigen, daß private Nachfrage in Höhe der zusätzlichen staatlichen Nachfrage verdrängt und deshalb die aggregierte Güternachfrage letztlich nicht erhöht würde.

Im dargestellten Beispiel verschiebt sich die aggregierte Nachfragekurve beim Preisniveau P_0 um den Betrag $FG = Y_2 - Y_0$ nach rechts (hier nach AD_1). Bliebe das Preisniveau unverändert, so käme es zu einer Produktions- und Einkommenssteigerung auf X_2. Dieses Ergebnis träte aber bekanntlich nur dann ein, wenn das Güterangebot vollkommen preiselastisch wäre. Ohne Preissteigerung käme es somit zu einem neuen Gütermarktgleichgewicht im Punkt G und zu einem neuen IS- und LM-Gleichgewicht im Punkt C.

Es sei nun aber angenommen, daß das Güterangebot entweder preiselastisch (jedoch nicht vollkommen preiselastisch) *oder* preisunelastisch ist. Im ersten Fall

gelte die aggregierte Angebotskurve AS_0, im zweiten Fall die Angebotskurve AS_1. Zur Erklärung dieser Angebotskurven sei daran erinnert, daß
- der erste Fall nur möglich ist, wenn der Nominallohnsatz fixiert ist
- der zweite Fall dann zutrifft, wenn eine kurzfristige Reallohnfixierung erfolgt.

Abbildung 5.15

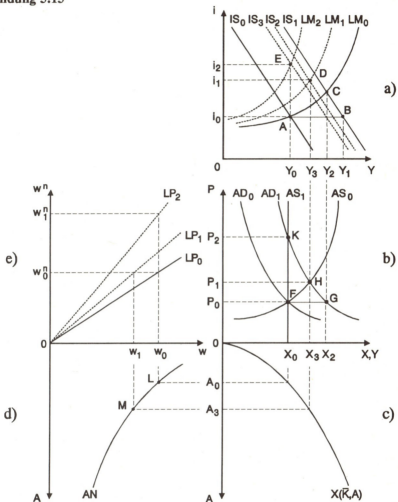

An dieser Stelle ist auch noch daran zu denken, daß es über kurz oder lang zu Anpassungen des Nominallohnsatzes an die Arbeitsmarktlage kommen könnte. In diesem dritten Fall wäre AS_0 bestenfalls eine kurzfristige Angebotskurve. Diese würde im weiteren Zeitablauf jedoch sukzessive nach oben verschoben. Bekanntlich wäre dann das Güterangebot beim "natürlichen Produktionsniveau" langfristig ebenfalls preisunelastisch.

a) Bei *Nominallohnfixierung* ergibt sich das Gütermarktgleichgewicht im Punkt H bei P_1 und X_3. Infolge der Preissteigerung hat sich die LP-Kurve im Abbildungsteil e) nach LP_1 gedreht. Wegen des mit w_0^n fixierten Nominallohnsatzes impliziert die Preissteigerung eine Verringerung des Reallohnsatzes auf w_1. Dadurch nimmt die Arbeitsnachfrage auf A_3 zu. Das neue IS- und LM-Gleichgewicht stellt sich im Punkt D ein. Dabei ist zu beachten, daß der Preisanstieg zum einen die reale Geldmenge verringert und zum anderen aufgrund der Beeinträchtigung des Außenbeitrags sowie aufgrund des Realkasseneffektes bzw. des realen Vermögenseffektes Güternachfrage verdrängt. Die LM-Kurve hat sich somit nach oben (nach LM_1) und die IS-Kurve - im Vergleich zu IS_1 - nach links (nach IS_2) verschoben. Das Zinsniveau ist auf i_1 gestiegen. Die expansive Fiskalpolitik hat zwar durch den Zinsanstieg private Güternachfrage verdrängt und eine Preiserhöhung bewirkt, aber dennoch einen Beitrag zur Verbesserung der Beschäftigungslage geleistet. Dieses Ergebnis ist typisch für die *keynesianische Theorie*.

b) Bei *Reallohnfixierung* wird in relativ kurzer Zeit oder bei *Lohnanpassung an die Arbeitsmarktlage* wird im Laufe einer mehr oder weniger langen Anpassungsphase ein neues Gütermarktgleichgewicht im Punkt K erreicht. Das Preisniveau steigt jetzt auf P_2. Produktion und Einkommen nehmen - zumindest längerfristig - nicht zu. Die LP-Kurve im Abbildungsteil e) dreht sich infolge der Preissteigerung nach LP_2. Da der Reallohnsatz konstant ist, wird der Nominallohnsatz somit auf w_1^n angehoben. Das geschieht bei Reallohnfixierung in relativ kurzer Zeit, bei Lohnanpassung an die Arbeitsmarktlage dagegen in einem etwas längeren Anpassungsprozeß. Das neue IS- und LM-Gleichgewicht ergibt sich jetzt im Punkt E. Wegen des stärkeren Preisauftriebs ist die LM-Kurve noch weiter nach oben (nach LM_2) und die IS-Kurve noch weiter nach links (nach IS_3) verschoben worden. Die Wirkung der expansiven Fiskalpolitik erschöpft sich nun also in einem relativ starken Preisanstieg auf P_2, in einer Anhebung des Nominallohnsatzes auf w_1^n sowie in einer Zinserhöhung auf i_2. Das Ziel einer Verringerung der Arbeitslosigkeit wurde nicht erreicht. Dieses Ergebnis ist typisch für die *neoklassische Theorie*.

5.5.2 Restriktive Geldpolitik

Grundlage ist jetzt die Abbildung 5.16, die für die Ausgangssituation im Punkt A ein IS- und LM-Gleichgewicht sowie im Punkt F ein Gütermarktgleichgewicht beschreibt. Ob sich der Arbeitsmarkt im Punkt L aus der Sicht der Arbeitnehmer im Gleichgewicht befindet, sei dahingestellt.

Die Zentralbank möge das Ziel verfolgen, das Preisniveau zu verringern, um so beispielsweise die internationale Wettbewerbsfähigkeit der Volkswirtschaft zu stärken. Es sei angenommen, daß sie durch den Einsatz ihrer geldpolitischen Instrumente eine Verringerung der Geldmenge herbeiführt. An dieser Stelle muß man sich allerdings bewußt machen, daß ein Instrumenteneinsatz in restriktiver Richtung, z.B. eine Erhöhung des Diskontsatzes, keineswegs in jedem Fall auch eine Geldmengenreduktion nach sich zieht [3.6.5].

Hier verschiebt sich die LM-Kurve allerdings der Annahme gemäß in Richtung auf eine Zinssteigerung nach LM_1. Bliebe das Einkommen mit Y_0 unverändert, so würde der Zinssatz um die Strecke AB steigen. Die Wirkung der Geldpolitik würde sich in diesem Zinsanstieg erschöpfen, wenn die Güternachfrage zinsunelastisch wäre. Diese Möglichkeit ist dann in Betracht zu ziehen, wenn die Ausgangssituation durch einen konjunkturellen Boom und ein sehr optimistisches Investitionsklima gekennzeichnet ist. Die Zentralbank könnte ihr Ziel in diesem Fall nicht erreichen. Hier sei allerdings eine zinselastische Güternachfrage angenommen. Dementsprechend würde sich bei konstantem Preisniveau ein neues IS- und LM-Gleichgewicht im Punkt C einstellen. Die aggregierte Güternachfrage sinkt somit ceteris paribus auf Y_1, und die aggregierte Nachfragekurve wird analog dazu nach AD_1 verschoben.

Abbildung 5.16

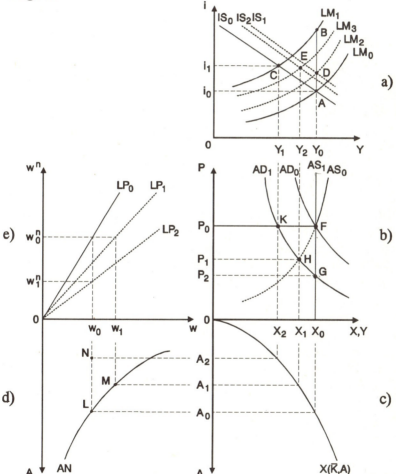

Auf dem Gütermarkt ist jetzt wiederum die Reaktion der Unternehmungen in ihrer Preis- und Produktionspolitik von grundlegender Bedeutung:
a) Bei *Reallohnfixierung* oder längerfristig bei *Lohnanpassungen an die Arbeitsmarktlage* ist das Güterangebot preisunelastisch (Angebotskurve AS_1), so daß

sich kurz- bzw. längerfristig ein neues Gütermarktgleichgewicht im Punkt G ergibt. Das Preisniveau ist auf P_2 gesunken, wogegen Produktion und Arbeitsinput gleich geblieben sind. Die LP-Kurve hat sich wegen der Preissenkung nach LP_2 gedreht, so daß der Nominallohnsatz auf w_1^n herabgesetzt worden ist. Das neue IS- und LM-Gleichgewicht stellt sich in diesem Fall im Punkt D ein. Die LM-Kurve wurde wegen der preisinduzierten Erhöhung der realen Geldmenge - im Vergleich zu LM_1 - wieder nach unten (LM_2) und die IS-Kurve wurde, z.B. wegen der preisinduzierten Verbesserung des Außenbeitrags, nach rechts verschoben (IS_1). Die Zentralbank hat in dem hier betrachteten Fall ihr Ziel erreicht. Sofern die Anpassung des Nominallohnsatzes mit Verzögerungen erfolgt ist, könnte es zwar zwischenzeitlich zu Produktions- und Beschäftigungseinbußen gekommen sein, aber diese werden letztlich wieder durch die preisinduzierte Erhöhung der Güternachfrage (z.B. der Exporte) aufgefangen. Dieser Fall läßt sich der *neoklassischen Theorie* zuordnen.

b) Bei *Nominallohnfixierung* ergibt sich ein neues Gütermarktgleichgewicht im Punkt H auf der Angebotskurve AS_0. Das Preisniveau sinkt jetzt nur auf P_1, so daß sich die LP-Kurve nach LP_1 dreht. Die Produktion geht somit auf X_1 und der Arbeitsinput auf A_1 zurück. Die Beschäftigungseinbußen sind auf den starren Nominallohnsatz w_0^n zurückzuführen. Die Preissenkung hat nämlich in diesem Fall eine Erhöhung des Reallohnsatzes zur Folge (auf w_1). Wegen der geringeren Preissenkung fallen auch die Verschiebungen der LM- und der IS-Kurve schwächer aus als zuvor (nach LM_3 und IS_2). Das neue IS- und LM-Gleichgewicht stellt sich im Punkt E ein. Die Zentralbank hat jetzt zwar im Hinblick auf die Preissenkung einen gewissen Erfolg gehabt, aber zugleich einen negativen Produktions-, Beschäftigungs- und Einkommenseffekt erzeugt. Dieses ist ein Ergebnis der *keynesianischen Theorie*.

c) In der *keynesianischen Theorie* wird allerdings noch ein anderer Fall als realistisch eingestuft: nicht nur der *Nominallohnsatz*, sondern auch das *Preisniveau* ist *nach unten inflexibel*. Die Angebotskurve AS_0 weist jetzt im Punkt F eine Knickstelle auf. Vor dem Hintergrund eines unvollkommenen Gütermarktes und eines unvollkommenen Arbeitsmarktes kommt es trotz der Produktions- und Beschäftigungseinbußen weder zu Preis- noch zu Lohnsenkungen. Das neue Gütermarktgleichgewicht ergibt sich im Punkt K. Die Arbeitsnachfrage verringert sich gemäß der Produktionsfunktion auf A_2. Da der Reallohnsatz wegen der Nominallohn- und Preiskonstanz bei w_0 fixiert bleibt, wird die Arbeitsnachfragekurve AN und damit das Gewinnmaximum verlassen; auf dem Arbeitsmarkt ist jetzt der Nachfragepunkt N gültig. Ein neues IS- und LM-Gleichgewicht stellt sich im Punkt C ein. Da das Preisniveau konstant geblieben ist, haben sich die LM-Kurve (im Vergleich zu LM_1) und die IS-Kurve nicht verschoben. Produktion, Beschäftigung und Einkommen gehen folglich relativ stark zurück (auf X_2 und A_2). Die Zentralbank hat somit ihr Ziel nicht erreicht. Sie hat lediglich unerwünschte Beschäftigungseinbußen herbeigeführt.

Kapitel 6
Neoklassik und Keynesianismus

6.1 Kontroverse Untersuchungsgegenstände

Die vorangegangenen Untersuchungen waren darauf gerichtet, zum einen die aggregierte Nachfragefunktion sowie die aggregierte Angebotsfunktion einer Volkswirtschaft auf der Grundlage unterschiedlicher ökonomischer Rahmenbedingungen und Verhaltensweisen der Wirtschaftsakteure herzuleiten und zum anderen die Wirkungen nachfrage- und angebotsseitiger Störungen für die verschiedenen Möglichkeiten der aggregierten Nachfrage- und Angebotsfunktionen aufzuzeigen. Zwar wurde bereits erwähnt, daß bestimmte Modelleigenschaften, z.B. der vollkommene Gütermarkt, typisch für die neoklassische Theorie und andere Modelleigenschaften, z.B. die Lohn- und Preisstarrheit bzw. der unvollkommene Arbeits- und Gütermarkt, typisch für die keynesianische Theorie sind, aber es wurde vorwiegend darauf geachtet, die Analysen soweit wie möglich nach problemorientierten und nicht nach theorie- bzw. ideengeschichtlichen Kriterien zu gestalten.

Es ist aber nicht zu verkennen, daß die makroökonomische Theorie und Politik spätestens seit Beginn der 30er Jahre das Ergebnis heftiger Kontroversen zwischen zwei theoretischen Schulen ist, der neoklassischen auf der einen und der keynesianischen auf der anderen Seite. Obwohl man häufig genug den Eindruck haben konnte, es würde nur um die Vormachtstellung einer bestimmten Ideologie gekämpft, war auf beiden Seiten der Drang nach objektiver wissenschaftlicher Erkenntnis der makroökonomischen Zusammenhänge sowie der richtigen Strategien zur Bewältigung der brennenden volkswirtschaftlichen Probleme zweifellos vorherrschend. Bei spezifischen Problemlösungen ist es dabei immer wieder zu Annäherungen der beiden theoretischen Denkrichtungen gekommen, die sich in einer partiellen Theorie- oder Politik-Synthese niedergeschlagen haben. Die Entwicklung der makroökonomischen Theorie und Politik vollzieht sich aber noch immer auf den getrennten Wegen der Neoklassik und des Keynesianismus, und eine Einigung auf eine gemeinsame umfassende makroökonomische Synthese ist derzeit nicht in Sicht.

Vor diesem Hintergrund ist es nicht verwunderlich, daß die Makroökonomik auch in Lehrbüchern sehr häufig im Spannungsfeld zwischen Neoklassik und Keynesianismus oder einseitig mit Betonung entweder der neoklassischen oder der keynesianischen Sichtweise dargestellt wird. Da das (makro-)ökonomische Denken nach wie vor von beiden theoretischen Schulen beeinflußt wird, ist es wichtig, auch hier noch etwas genauer auf die Neoklassik und auf den Keynesianismus einzugehen. Im folgenden werden deshalb die makroökonomischen Modelle sowie die Analyseergebnisse, die in den vorangegangenen Untersuchungen vorwiegend problemorientiert entwickelt worden sind, noch einmal mit Blick auf die beiden Theorierichtungen betrachtet. Die Darstellungen konzentrieren sich allerdings gezielt auf *extreme Positionen* der beiden Schulen. Es wird darauf verzichtet, die Entwicklungslinien der beiden Denkrichtungen im einzelnen zu verdeutlichen und dabei auch die Synthesen in bestimmten Problemfeldern herauszuarbeiten.

Kontroverse Auffassungen bestehen in Hinsicht auf die Beantwortung von vier wichtigen Fragen:

- Welche Fähigkeiten besitzt das makroökonomische System einer Volkswirtschaft, nachfrageseitige Störungen zu absorbieren?
- Welches sind die Ursachen anhaltender makroökonomischer Instabilitäten, insbesondere von Preissteigerungen und Arbeitslosigkeit?
- Wie groß ist die Wirksamkeit der nachfrageorientierten Wirtschaftspolitik (der Geld- und Fiskalpolitik) zur Bewältigung von Beschäftigungsproblemen?
- Lassen sich Beschäftigungsprobleme mit angebotsseitigen Impulsen lösen?

Im folgenden geht es darum, die Antworten auf diese Fragen zu verdeutlichen, die im Rahmen der neoklassischen und der keynesianischen Theorie - jeweils mit Blick auf extreme Positionen - gegeben werden.

6.2 Zur Absorptionsfähigkeit nachfrageseitiger Störungen

Um eine Antwort auf die Frage nach der Absorptionsfähigkeit von nachfrageseitigen Störungen zu finden, müssen die aggregierten Nachfrage- und Angebotskurven in den beiden theoretischen Konzeptionen näher betrachtet werden. Als nachfrageseitige Störung sei eine Verringerung der Güternachfrage auf ein anhaltend niedriges Niveau untersucht.

Der Gütermarkt der *neoklassischen Theorie* ist durch drei wichtige Merkmale gekennzeichnet:

- Das aggregierte Güterangebot ist - zumindest auf mittlere und längere Sicht - preisunelastisch.
- Die aggregierte Güternachfrage ist preiselastisch.
- Der Gütermarkt ist vollkommen in dem Sinne, daß Preisflexibilität besteht und eine freie Preisbildung erfolgt.

Wie weiter oben schon ausführlich dargelegt wurde, gibt es drei alternative Erklärungen für ein preisunelastisches Güterangebot:

- ein vollkommener Arbeitsmarkt, auf dem sich der Reallohnsatz frei aus dem Arbeitsangebot und der Arbeitsnachfrage bildet
- eine Lohnpolitik der tarifvertraglichen Reallohnfixierung
- eine Lohnpolitik der Anpassung des Nominallohnsatzes an die Arbeitsmarktlage.

Im ersten Fall handelt es sich um das klassische Vollbeschäftigungsmodell, das hier jedoch nicht weiter betrachtet werden soll. In der modernen Version der neoklassischen Theorie geht man im allgemeinen davon aus, daß Tarifparteien maßgeblich Einfluß auf die Lohnbildung nehmen, daß der Arbeitsmarkt durch sozialpolitische Aktivitäten des Staates (z.B. durch Arbeitslosenunterstützung, Kündigungsschutz) beeinflußt wird und daß es vor diesem Hintergrund sehr wohl anhaltende Arbeitslosigkeit geben kann. Dabei handelt es sich allerdings, so die neoklassische Theorie, um *natürliche Arbeitslosigkeit*. Bekanntlich spielt in diesem Zusammenhang die Anpassung des Nominallohnsatzes an die Arbeitsmarktlage eine entscheidende Rolle: Jede Abweichung der tatsächlichen von der natürlichen Arbeitslosenquote induziert Lohnanpassungen, durch die letztlich eine Arbeitsmarktsituation auf dem Niveau des natürlichen Arbeitsinputs und dementsprechend bei Realisierung der natürlichen Arbeitslosenquote erzwungen wird. In der neoklassischen Theorie ist die Lohnpolitik jedoch nicht nur durch die Lohnanpassung an die Arbeitsmarktlage, sondern auch durch eine strikte Reallohnorientierung gekennzeichnet. Wie erst weiter unten [Kap. 9] gezeigt werden kann, hat die reallohnorientierte Lohnpolitik in Ergänzung zur Lohnanpassung an die Arbeitsmarktlage eine große Bedeutung, wenn in einer Volkswirtschaft inflationäre Entwicklungen bzw. anhaltende Preissteigerungen stattfinden. Es ist also festzuhalten, daß das preisunelastische Güterangebot in der neoklassischen Theorie gleichzeitig auf die Existenz beider lohnpolitischer Phänomene zurückzuführen ist.

Abbildung 6.1

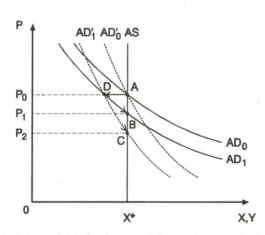

Anhand der Abbildung 6.1 läßt sich nun leicht zeigen, daß die hier aufgezeigten Elemente der neoklassischen Theorie eine extrem hohe Absorptionsfähigkeit nachfrageseitiger Störungen implizieren. In der Ausgangssituation existiert ein Gütermarktgleichgewicht im Punkt A. Bei der in der neoklassischen Theorie gültigen aggregierten Angebotskurve AS liegt die Produktion auf dem natürlichen Niveau X^*. Dieses Produktionsniveau entspricht der Güternachfrage und dem Realeinkommen der Volkswirtschaft. Die aggregierte Nachfragekurve möge sich nun von AD_0 nach AD_1 verschieben. Beim Preisniveau P_0 existiert daraufhin ein Angebotsüberschuß in Höhe der Strecke AD. Auf dem vollkommenen Gütermarkt kommt es dadurch - wie weiter oben exemplarisch mit Hilfe des Auktionator-Modells von Walras bereits beschrieben - zu Preissenkungen. Da die Güternachfrage preiselastisch ist, stehen der autonomen Verringerung der Güternachfrage preisinduzierte Erhöhungen gegenüber. Der Anpassungsprozeß führt schließlich zu einem neuen Gütermarktgleichgewicht im Punkt B. Das Preisniveau ist auf P_1 gesunken, wogegen sich Produktion, Beschäftigung und Einkommen nicht verändert haben. Der Preismechanismus hat also dafür gesorgt, daß die autonome Nachfragestörung vollständig kompensiert worden ist.

Das Ausmaß der Preissenkung hängt von der Preiselastizität der Güternachfrage ab. Alternativ wurde in der Abbildung 6.1 eine aggregierte Nachfragekurve AD' eingezeichnet, die eine geringere Preiselastizität aufweist. Auch diese Kurve möge beim Ausgangspreisniveau P_0 um die Strecke AD nach links verschoben werden. Um nun ein Gütermarktgleichgewicht wiederherzustellen, bedarf es allerdings einer größeren Preissenkung, nämlich auf P_2.

Die Höhe der Preiselastizität der Güternachfrage ist im neoklassischen Ansatz theoretisch nicht eindeutig bestimmt. Man geht allerdings davon aus, daß die Güternachfrage eine relativ hohe Preiselastizität aufweist und die preisinduzierte Kompensation eines autonomen Nachfrageausfalls mit einer relativ geringen Preissenkung möglich ist. Exakte Aussagen darüber sind aber nur mit Hilfe empirischer Untersuchungen möglich. Allerdings mißt man dem Ausmaß der Preisveränderungen (im Preissenkungsbereich) in der neoklassischen Theorie keine allzu große Bedeutung bei. Ausschlaggebend ist allein die Prämisse, daß überhaupt eine nennenswerte Preiselastizität der Güternachfrage besteht.

Die Analyse macht deutlich, daß das preisunelastische Güterangebot und die Preisflexibilität am Gütermarkt eine entscheidende Rolle spielen. Dem seitens der Keynesianer immer wieder geäußerten Vorwurf, beide Bedingungen seien zumindest auf kurze und mittlere Sicht nicht erfüllt, begegnen die Neoklassiker mit folgenden Argumenten:

1. Es ist durchaus möglich, daß Lohnanpassungen an die Preisentwicklung und an die Arbeitsmarktlage sehr kurzfristig noch nicht stattfinden und daß das aggregierte Güterangebot deshalb eine gewisse positive Preiselastizität besitzt. Zum einen verlaufen die Anpassungsprozesse aber relativ schnell, zumal Tarifverträge in der Regel nur relativ kurze und darüber hinaus branchenspezifische Laufzeiten haben; zum anderen lassen sich die Wirtschaftssubjekte bei ihren Entscheidungen maßgeblich von *rationalen Erwartungen* leiten, so daß die zu erwartenden Wirkungen von Störeinflüssen antizipiert und bereits hierdurch entsprechende Anpassungsvorgänge ausgelöst werden.[1] Im hier diskutierten Beispiel würden Preissenkungen kurzfristig allein schon aufgrund entsprechender Erwartungen eintreten.

2. Es läßt sich nicht leugnen, daß die Preisflexibilität durch Unvollkommenheiten auf dem Gütermarkt eingeschränkt ist. Die Ursache dafür liegt aber nicht in einem grundsätzlichen Versagen der Marktwirtschaft, sondern in einer funktionswidrigen Gestaltung der Marktbedingungen, z.B. aufgrund einer falschen Wettbewerbspolitik oder durch staatliche Preis- und Mengenregulierungen. Die neoklassische Theorie ist aber nicht primär daran interessiert, die Marktergebnisse bei solchen Bedingungen, sondern die Ergebnisse bei Existenz marktwirtschaftlicher Bedingungen aufzuzeigen, also zu verdeutlichen, welche Ergebnisse eintreten würden, wenn die volle Funktionsfähigkeit der Märkte (bzw. des gesamtwirtschaftlichen Marktes) gewährleistet wäre. Das neoklassische Modell beinhaltet somit gleichzeitig eine ordnungspolitische Maßgabe.

---

[1] Auf die Bildung und die Bedeutung rationaler Erwartungen wird später [Kap. 9] noch genauer eingegangen.

Die *keynesianische Theorie* stellt in ihrer *extremen Ausprägung* einen totalen Kontrast dar. Der Gütermarkt weist hiernach folgende Merkmale auf:
- Aufgrund von Unvollkommenheiten am Gütermarkt ist das Preisniveau "nach unten" nicht flexibel, d.h., das aggregierte Güterangebot ist im Preissenkungsbereich vollkommen preiselastisch.
- Die aggregierte Güternachfrage weist in einer Situation der Konjunkturschwäche nur eine relativ geringe, im Extremfall sogar keine Preiselastizität auf.

Weiter oben sind bereits einige Gründe für das nach unten nicht flexible Preisniveau genannt worden. Zu erinnern sei beispielsweise an die fehlende Flexibilität des Nominallohnsatzes "nach unten" sowie auf Preisstarrheiten aufgrund oligopolistischer Marktstrukturen.

Daß die aggregierte Güternachfrage auf Preissenkungen - sollten sie denn stattfinden - nur geringfügig oder überhaupt nicht reagiert, ergibt sich daraus, daß in der keynesianischen Theorie einerseits keine Abhängigkeit der privaten und öffentlichen Konsumgüternachfrage, der privaten und öffentlichen Investitionsgüternachfrage sowie des Außenbeitrags von Preisänderungen gesehen wird und zum anderen die Zinselastizität der Geldnachfrage in einer Situation der Konjunkturschwäche als sehr hoch, im Extremfall sogar unendlich groß eingeschätzt wird. Preissenkungen haben deshalb, so die keynesianische Theorie, keinen direkten Einfluß auf die Güternachfrage und nur einen sehr geringen oder überhaupt keinen Einfluß auf das Zinsniveau, so daß es von hierher auch nicht zu einem nennenswerten zinsinduzierten Einfluß auf die Güternachfrage kommen kann.

Abbildung 6.2

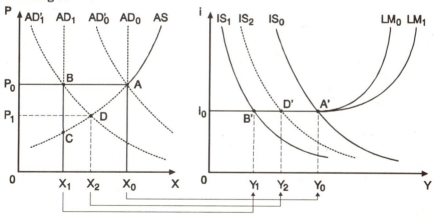

Die für die keynesianische Theorie relevanten Zusammenhänge werden mit der Abbildung 6.2 verdeutlicht. Die Ausgangssituation sei durch die Punkte A bzw. A' beschrieben. Aufgrund einer autonomen Verringerung der Güternachfrage möge sich die IS-Kurve von IS_0 nach IS_1 verschieben. Mit Bezug auf den Extremfall sei angenommen, daß das Zinsniveau nach unten nicht flexibel ist, daß also die Zinselastizität der Geldnachfrage in dem hier relevanten Bereich unendlich groß ist. Es sei außerdem angenommen, daß die aggregierte Güternachfrage im Rahmen der hier beschriebenen nachfrageseitigen Störung preisunelastisch ist, so daß in der

Ausgangssituation die aggregierte Nachfragekurve AD_0 gilt. Diese wird durch den Nachfrageausfall nach AD_1 verschoben.

Wenn das Preisniveau trotz des Nachfrageausfalls - wegen der angenommenen Preisstarrheit nach unten - nicht sinkt, ergibt sich ein neues "Gleichgewicht" in den Punkten B und B'. Produktion und Einkommen sind somit auf $X_1 = Y_1$ gesunken. Die autonome Nachfrageverringerung hat also zu einer erheblichen Beeinträchtigung von Produktion, Einkommen und Beschäftigung geführt.

Doch selbst wenn das aggregierte Güterangebot eine gewisse Preiselastizität aufweisen würde (z.B. gemäß des gestrichelten Teils der AS-Kurve) und dementsprechend das Preisniveau sinken würde, käme es nicht zu einer preisinduzierten Reaktion der Güternachfrage. Denn die Güternachfrage weist annahmegemäß keine direkte Preisabhängigkeit auf, und die vollkommene Zinselastizität der Geldnachfrage schließt preisinduzierte Zinssenkungen und dementsprechend zinsinduzierte Erhöhungen der Güternachfrage aus. Auf dem Geldmarkt existiert im hier zugrundeliegenden Beispiel die bekannte keynesianische *Liquiditätsfalle*. Aufgrund einer Preissenkung nimmt zwar die reale Geldmenge zu, aber die zusätzliche reale Geldmenge wird von den Wirtschaftssubjekten vollständig im Portefeuille absorbiert, ohne daß es dazu Zinssenkungen bedarf. Dieser Vorgang drückt sich in einer Drehung der LM-Kurve von LM_0 nach LM_1 aus. Die Drehung findet also in einem Einkommensbereich statt, der hier nicht relevant ist. Auf dem Gütermarkt würde dann beispielsweise ein neues Gleichgewicht im Punkt C eintreten. Das Preisniveau wäre zwar gesunken, aber Produktion, Einkommen und Beschäftigung hätten sich ebenso stark verringert wie im Fall ohne Preissenkung.

Schon frühzeitig wurde kritisiert, daß die keynesianische Theorie von der Annahme ausgeht, daß die Güternachfrage keine direkte Preisabhängigkeit aufweist. So vertrat beispielsweise *Pigou* die Auffassung, daß die private Konsumgüternachfrage unter anderem vom realen Geldvermögen der Wirtschaftssubjekte abhängig ist und daß Preissenkungen über eine Zunahme des realen Geldvermögens eine Erhöhung der privaten Konsumgüternachfrage bewirken. Dieser reale Vermögenseffekt bzw. dieser *Realkasseneffekt* ist weiter oben bereits beschrieben worden [4.2.1]. Infolge dieses Effektes hat eine Preissenkung in der Abbildung 6.2 eine Verschiebung der IS-Kurve nach rechts zur Folge. So ergibt sich beispielsweise die neue IS-Kurve IS_2. Analog dazu weist die aggregierte Nachfragekurve jetzt eine gewisse Preiselastizität auf. Sie wird mit AD_0' bezeichnet. Der autonome Nachfragerückgang kommt in der Verschiebung dieser Kurve nach AD_1' zum Ausdruck.

Ein preiselastisches Güterangebot vorausgesetzt, stellt sich nun ein neues Gleichgewicht in den Punkten D und D' ein. Das Preisniveau ist auf P_1 gesunken. Infolge der preisinduzierten Erhöhung der Güternachfrage, die sich auf der aggregierten Nachfragekurve in einer Bewegung von B in Richtung auf D nachvollziehen läßt, sind Produktion und Einkommen jetzt nur auf $X_2 = Y_2$ gesunken. Die negative Wirkung des Nachfrageausfalls ist also durch den Vermögens- bzw. Realkasseneffekt gedämpft worden. Dieser dämpfende Effekt wird auch als *Pigou-*

Effekt bezeichnet. Obwohl der Pigou-Effekt in modernen Versionen der keynesianischen Theorie durchaus Berücksichtigung findet, messen ihm Keynesianer im allgemeinen keine allzu große praktische Bedeutung bei. In der Tat lassen empirische Untersuchungen auch den Schluß zu, daß der Vermögens- bzw. Realkasseneffekt für die private Konsumgüternachfrage nur eine relativ geringe Rolle spielt.

Die Gegenüberstellung der beiden theoretischen Konzeptionen hat also gezeigt, daß die negativen Wirkungen eines autonomen Nachfrageausfalls im Rahmen der neoklassischen Theorie durch den Preismechanismus vollständig kompensiert werden, wogegen sie im Rahmen der extremen Variante der keynesianischen Theorie entweder wegen der fehlenden Preisflexibilität nach unten oder wegen der fehlenden Preisreagibilität der Güternachfrage vollständig erhalten bleiben. Demnach impliziert die neoklassische Theorie eine vollständige Absorptionsfähigkeit nachfrageseitiger Störimpulse, während für die extreme keynesianische Position eine vollständige Absorptionsunfähigkeit oder zumindest eine stark eingeschränkte Absorptionsfähigkeit zu konstatieren ist.

6.3 Zu den Ursachen makroökonomischer Instabilitäten

In der *neoklassischen Theorie* werden das Einkommen und die Beschäftigung zumindest mittel- und längerfristig ausschließlich durch die Bedingungen auf der Angebotsseite determiniert. Wie bereits dargelegt, wird im Gütermarktgleichgewicht das "natürliche" Produktionsniveau realisiert, das mit der natürlichen Arbeitslosenquote vereinbar ist. Dementsprechend sind die *Beschäftigungsprobleme* - auf mittlere und längere Sicht - nur das Ergebnis "unpassender" Angebotsbedingungen und nicht etwa das Ergebnis einer zu geringen Güternachfrage.

Nach Auffassung der Neoklassiker liegen die Hauptgründe der Beschäftigungsprobleme in Unvollkommenheiten auf dem Arbeitsmarkt. Gewerkschaftsmacht, staatliche Regulierungen im Rahmen des Sozialsystems oder Mängel an fachlicher Qualifikation sowie räumlicher Mobilität haben demnach einen zu hohen Reallohnsatz und eine zu hohe natürliche Arbeitslosenquote zur Folge. Nachfrageseitigen Störungen räumt man demgegenüber bestenfalls einen kurzfristigen Einfluß auf die Beschäftigungssituation ein, nämlich nur während der Zeit, in der sich im Angebotsbereich Prozesse der Anpassung an neue Situationen vollziehen. Die so auftretenden kurzfristigen Beschäftigungsprobleme sollten aber nach Meinung der Neoklassiker als ein natürliches Ergebnis marktwirtschaftlicher Friktionsvorgänge begriffen werden und keinen Anlaß zu einer *nachfrageorientierten Beschäftigungspolitik* geben. Eine solche Politik, so die Neoklassik, würde die marktwirtschaftlichen Anpassungsprozesse stören und nur noch weitere nachfrageseitige Störungen auslösen. Im neoklassischen Kontext muß Beschäftigungspolitik zwingend *angebotsorientierte Politik* sein.

Ein zweites wirtschaftspolitisches Problem stellt die Verletzung des Ziels der *Preisstabilität* dar. Nach der neoklassischen Theorie liegt die Ursache für diese Verletzung vorwiegend - wenn nicht sogar ausschließlich - in einer nicht adäquaten Geldmengenentwicklung. Dieses Ergebnis folgt zwingend aus einer zentralen Hypothese der neoklassischen Theorie: *Die Geldnachfrage ist vollkommen zinsunelastisch oder zumindest annähernd zinsunelastisch.*

Abbildung 6.3

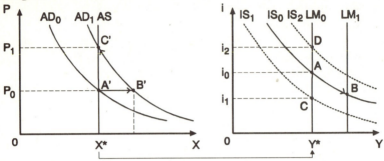

Die in diesem Zusammenhang wichtigen Aspekte lassen sich mit Hilfe der Abbildung 6.3 verdeutlichen. Bei zinsunelastischer Geldnachfrage verläuft die LM-Kurve parallel zur Zinsachse. In der Ausgangssituation sei LM_0 gültig. Es besteht ein Gleichgewicht in den Punkten A und A'. Steigt die nominelle Geldmenge, so verschiebt sich die LM-Kurve beispielsweise nach LM_1. Damit ist gleichzeitig eine Verschiebung der aggregierten Nachfragekurve von AD_0 nach AD_1 verbunden. Kurzfristig kommt es nämlich - bei zunächst noch unverändertem Preisniveau - zu einer Zinssenkung und einer dadurch induzierten Nachfragesteigerung. Auf dem Gütermarkt tritt somit ein Nachfrageüberhang auf.

Wie bereits bekannt ist, findet auf dem neoklassischen Gütermarkt relativ schnell eine Preisanpassung statt, durch die das Ungleichgewicht allmählich beseitigt wird. Im einzelnen sind dabei die folgenden Vorgänge zu beachten: Aufgrund der Preissteigerung sinkt die reale Geldmenge; dementsprechend verschiebt sich die LM-Kurve wieder in Richtung auf ihre Ausgangslage; das Zinsniveau steigt wieder an, so daß von hierher eine Dämpfung der Güternachfrage eintritt.

Auf dem Gütermarkt stellt sich schließlich ein neues Gleichgewicht im Punkt C' ein. Das Preisniveau ist also auf P_1 gestiegen. Die IS-Kurve verschiebt sich infolge der Preiserhöhung nach links; in diesem Zusammenhang ist auf den Realkasseneffekt bzw. den realen Vermögenseffekt sowie auf die Möglichkeit einer preisinduzierten Verringerung des Außenbeitrags zu verweisen. Das neue IS- und LM-Gleichgewicht im Punkt C impliziert einen Zinssatz von i_1.

Wenn statt der Geldmenge die autonome Güternachfrage (z.B. die private Investitionsnachfrage oder die staatliche Nachfrage) zunimmt, verschiebt sich die IS-Kurve z.B. von IS_0 nach IS_2. Bleibt die Geldmenge unverändert, gilt also weiterhin die Kurve LM_0, so steigt das Zinsniveau so weit, daß die autonome Erhöhung der Güternachfrage vollständig durch eine zinsinduzierte Verringerung kompensiert wird. Die aggregierte Güternachfragekurve bleibt folglich von dieser nachfrageseitigen Störung unberührt. Es gilt weiterhin die Nachfragekurve AD_0. Im i/Y-Diagramm ergibt sich ein neues Gleichgewicht im Punkt D. Der Zinssatz ist auf i_2 gestiegen. Die autonome Erhöhung der Güternachfrage hat also keinen Einfluß auf das Preisniveau.

Die Analyse macht also sehr deutlich, daß - gegebene Angebotsbedingungen vorausgesetzt - Preissteigerungen nur dann stattfinden, wenn auch die Geldmenge zunimmt. Dieser Sachverhalt wird mit der *Quantitätstheorie des Geldes* erklärt, die ein wichtiger Bestandteil des gesamten neoklassischen Theoriegebäudes ist. Die Quantitätstheorie baut auf der Gleichgewichtsbedingung des Geldmarktes auf:

(6.1) $\quad \dfrac{M^n}{P} = k_Y Y^* \quad$ bzw. $\quad P = \dfrac{M^n}{k_Y Y^*}$

M^n/P ist das reale Geldangebot; k_Y bezeichnet den konstanten Kassenhaltungskoeffizienten, und Y^* ist das fest vorgegebene Realeinkommen, das der natürlichen Produktion X^* entspricht.[2] In der neoklassischen Theorie geht man davon aus, daß Geld nur zu Transaktionszwecken gehalten wird, daß also $k_Y Y^*$ die vom Realeinkommen abhängige reale Kassenhaltung wiedergibt. Da die Geldnachfrage $k_Y Y^*$ fest vorgegeben bzw. konstant ist, verändert sich das Preisniveau proportional zur Geldmengenänderung.

Im Vergleich zur neoklassischen Theorie kommt die *keynesianische Theorie* zu völlig anderen Ergebnissen: *Veränderungen der autonomen Güternachfrage können sowohl für Beschäftigungsprobleme als auch für Verletzungen des Ziels der Preisstabilität verantwortlich sein.* Das sei mit Hilfe der Abbildung 6.4 gezeigt.

Abbildung 6.4

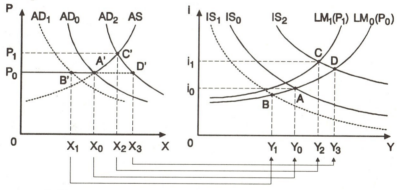

Von entscheidender Bedeutung für die Wirkungszusammenhänge im Rahmen der keynesianischen Theorie sind zum einen die Zinselastizität der Geldnachfrage und zum anderen die Preiselastizität des Güterangebots. In dieser Hinsicht sind zwei Hypothesen maßgeblich:

1. Die Zinselastizität der Geldnachfrage ist im allgemeinen relativ hoch; in Zeiten der Konjunkturschwäche kann die Geldnachfrage sogar vollkommen zinselastisch sein, so daß dann das bereits bekannte Phänomen der Liquiditätsfalle auftritt.
2. Das Güterangebot ist angesichts tarifvertraglich fixierter Nominallohnsätze im allgemeinen preiselastisch. Für die Höhe dieser Preiselastizität spielt allerdings der Auslastungsgrad der Sachkapazitäten eine wichtige Rolle: Bei hoher Ausla-

---

2 In der klassischen Theorie des vollkommenen Arbeitsmarktes ist Y^* das Vollbeschäftigungseinkommen.

stung ist die Preiselastizität relativ gering; in Zeiten einer Konjunkturschwäche mit geringer Auslastung der Sachkapazitäten ist die Preiselastizität relativ hoch. Außerdem geht man in der keynesianischen Theorie davon aus, daß das bereits bekannte Phänomen der Preisstarrheit nach unten bestehen kann.

Diese Hypothesen kommen in der Abbildung 6.4 zum einen in dem relativ flachen Verlauf der LM-Kurve und zum anderen im Verlauf der aggregierten Angebotskurve AS zum Ausdruck, die im Bereich links vom Punkt A' eine Preisstarrheit nach unten impliziert und im Bereich rechts vom Punkt A' eine relativ geringe Preiselastizität des Güterangebots beinhaltet.

In der Ausgangssituation möge ein Gleichgewicht in den Punkten A und A' bestehen. Kommt es zu einer Verringerung der autonomen Güternachfrage, so verschiebt sich die IS-Kurve beispielsweise nach IS_1. Da die Zinselastizität der Geldnachfrage relativ hoch ist, sinkt der Zinssatz nur geringfügig; deshalb kann der autonome Nachfragerückgang nicht durch einen zinsinduzierten Anstieg kompensiert werden. Die aggregierte Nachfragekurve verschiebt sich folglich nach AD_1. Wie schon oben in der Abbildung 6.2 dargelegt, hat diese nachfrageseitige Störung einen relativ starken Rückgang von Produktion, Einkommen und Beschäftigung zur Folge. Hier wird also deutlich, daß Störungen im Bereich der Güternachfrage eine maßgebliche Ursache von Beschäftigungsproblemen sein können.

Nimmt die autonome Güternachfrage zu, so verschiebt sich die IS-Kurve beispielsweise nach IS_2. Wäre das Güterangebot vollkommen preiselastisch und bliebe das Preisniveau dementsprechend mit P_0 unverändert, so würde sich ein neues Gleichgewicht in den Punkten D und D' einstellen. Produktion und Einkommen würden dann auf Y_3 zunehmen.

Wie oben erwähnt, geht man in der keynesianischen Theorie aber davon aus, daß das Güterangebot im Bereich einer steigenden Produktion und einer zunehmenden Kapazitätsauslastung nicht vollkommen preiselastisch ist. Folglich hat die autonome Nachfrageerhöhung auch im Rahmen der keynesianischen Theorie einen Preisanstieg zur Folge. Der Preisanstieg impliziert eine Verringerung der realen Geldmenge, so daß sich die LM-Kurve in Richtung auf ein höheres Zinsniveau verschiebt bzw. dreht. Da eine direkte Reaktion der Güternachfrage auf Preisänderungen in dem hier betrachteten keynesianischen Ansatz ausgeschlossen ist, verschiebt sich die IS-Kurve nicht. Es kommt also zu einem preisinduzierten Zinsanstieg, der seinerseits die Güternachfrage dämpft. In der Abbildung 6.4 ergibt sich ein neues Gleichgewicht in den Punkten C und C'. Die autonome Nachfrageerhöhung hat also letztlich einen Preisanstieg auf P_1 zur Folge. Dieser Preisanstieg fällt selbstverständlich um so höher aus, je geringer die Preiselastizität des Güterangebots in dem betrachteten Produktions- bzw. Einkommensbereich ist. *Die Analyse macht also deutlich, daß eine Erhöhung der autonomen Güternachfrage im Rahmen der keynesianischen Theorie - im Unterschied zur neoklassischen Theorie - sehr wohl die Ursache von Preissteigerungen sein kann.*

Demgegenüber ist in der keynesianischen Theorie durchaus die Möglichkeit gegeben, daß eine Zunahme der Geldmenge nur einen relativ geringen Preiseffekt nach sich zieht. Wenn nämlich, wie üblicherweise angenommen, die Zinselastizität der Geldnachfrage relativ groß ist, bewirkt der Geldmengenanstieg nur eine relativ geringe Zinssenkung und demzufolge auch nur eine relativ geringe zinsinduzierte Zunahme der Güternachfrage. Wäre die Geldnachfrage sogar vollkommen zinselastisch, läge also die für die keynesianische Theorie typische *Liquiditätsfalle* vor, so käme es überhaupt nicht zu einer Zinssenkung und damit auch nicht zu einer Erhöhung der Güternachfrage. Das Preisniveau erhöht sich dementsprechend nur relativ geringfügig oder überhaupt nicht. Vor diesem Hintergrund wird auch verständlich, daß die Quantitätstheorie des Geldes in der extremen Variante der keynesianischen Theorie, der eine sehr hohe Zinselastizität der Geldnachfrage zugrunde liegt, keinen Platz hat.

6.4 Zur Wirksamkeit einer nachfrageorientierten Beschäftigungspolitik

Die Frage nach der Wirksamkeit nachfrageorientierter wirtschaftspolitischer Maßnahmen bei der Lösung von Beschäftigungsproblemen läßt sich vor dem Hintergrund der zuvor durchgeführten Analysen leicht beantworten:

1. Im Rahmen der *neoklassischen Theorie* besteht grundsätzlich eine Tendenz hin zu einem Gütermarktgleichgewicht bei der natürlichen Arbeitslosenquote. Kurzfristig kann die tatsächliche Arbeitslosenquote zwar höher sein als die natürliche, aber die Marktkräfte sorgen rasch für eine Angleichung, ohne daß es dazu wirtschaftspolitischer Eingriffe bedarf. Solche Eingriffe sind vielmehr nur mit unerwünschten zusätzlichen Störungen der Marktprozesse verbunden. Die natürliche Arbeitslosenquote mag sehr wohl eine Arbeitslosigkeit implizieren, die dem Vollbeschäftigungsziel zuwider läuft, die Ursachen hierfür liegen aber ausschließlich auf der Angebotsseite, insbesondere in Unvollkommenheiten auf dem Arbeitsmarkt. Eine Anregung der Güternachfrage löst dieses Problem nicht. Vielmehr führt eine Erhöhung der Geldmenge mit dem Ziel einer Zinssenkung und einer zinsinduzierten Zunahme der Güternachfrage zu einer Verletzung des Ziels der Preisstabilität.
2. In der *keynesianischen Theorie* geht man bekanntlich davon aus, daß
    - Lohn- und Preisstarrheiten nach unten bestehen, durch die Marktprozesse, die eine Angleichung der tatsächlichen an die natürliche Arbeitslosenquote bewirken könnten, verhindert werden
    - die Zinselastizität der Geldnachfrage sowie die Preiselastizität des Güterangebots vor allem in Zeiten einer Konjunkturschwäche sehr hoch sind.

In den modernen Versionen der keynesianischen Theorie wird durchaus eingeräumt, daß es in Volkswirtschaften eine natürliche Arbeitslosenquote gibt, die im wesentlichen auf bestimmte Angebotsbedingungen, insbesondere auf bestimmte Bedingungen am Arbeitsmarkt zurückzuführen ist. Im Unterschied zur neoklassischen Theorie sehen die Keynesianer jedoch keinen Marktmechanismus, der eine Angleichung der tatsächlichen an die natürliche Arbeitslosenquote erzwingt. Von daher kann die tatsächliche Arbeitslosenquote anhaltend über der natürlichen Arbeitslosenquote liegen. Dieses Beschäftigungsproblem ist aber, so die Keynesianer, aufgrund der Elastizitätsbedingungen am Geldmarkt und im Güterangebotsbereich durch eine Anregung der Güternachfrage lösbar. Wie sich der Abbildung 6.4 entnehmen läßt, erweisen sich Maßnahmen, die eine autonome Erhöhung der Güternachfrage bewirken und die sich in einer Verschiebung der IS-Kurve nach rechts ausdrücken, als wirksam. Sofern das Güterangebot nicht vollkommen preiselastisch ist, sind solche Maßnahmen zwar mit einem gewissen Preisanstieg verbunden, aber dieser Preisanstieg ist, so die Keynesianer, im Interesse einer Erhöhung der Beschäftigung hinzunehmen. Vor dem Hintergrund einer Konjunkturschwäche wird dem Preiseffekt jedoch keine allzu große Bedeutung beigemessen. Zur Anregung der Güternachfrage empfehlen die Keynesianer insbesondere fiskalpolitische Maßnahmen in Form einer Erhöhung von Staatsausgaben und/oder einer Verringerung von Steuern. Demgegenüber wird die Wirksamkeit einer expansiven Geldpolitik wegen der relativ hohen Zinselastizität der Geldnachfrage - im Extremfall wegen der Existenz der Liquiditätsfalle - äußerst skeptisch beurteilt. Im Rahmen der keynesianischen Theorie ist die Geldpolitik in Zeiten der Konjunkturschwäche sogar weitgehend wirkungslos.

6.5 Zur Wirksamkeit angebotsseitiger Impulse

Aus den vorangegangenen Untersuchungen läßt sich auch eine Antwort auf die Frage finden, ob angebotsseitige Impulse geeignet sind, zur Lösung von Beschäftigungsproblemen beizutragen. Unter angebotsseitigen Impulsen sind beispielsweise zu verstehen:
- Ausweitung der Produktionsmöglichkeiten durch eine Erhöhung der Sachkapazitäten oder durch technischen Fortschritt
- Verringerung des Reallohnsatzes durch eine Politik der Lohnzurückhaltung
- Verringerung der natürlichen Arbeitslosigkeit und Erhöhung der Lohnflexibilität durch Abbau staatlicher Regulierungen auf dem Arbeitsmarkt.

Nach der *neoklassischen Theorie* führt jede dieser Maßnahmen eindeutig zu einer Erhöhung der Produktion und des Einkommens. Zur Erreichung positiver Beschäftigungsimpulse ist es allerdings erforderlich, die angebotsseitigen Maßnahmen auch auf die Verringerung der natürlichen Arbeitslosigkeit zu richten. Die positiven Effekte treten auf, weil das neoklassische Modell bekanntlich
- eine vollkommene Flexibilität des Güterpreisniveaus
- eine relativ hohe Preiselastizität der Güternachfrage
- ein preisunelastisches Güterangebot oder zumindest eine relativ geringe Preiselastizität des Güterangebots

impliziert.

Wie zuvor schon erläutert geht das *keynesianische Modell* demgegenüber von völlig anderen Bedingungen auf dem Gütermarkt aus:
- Die Preisflexibilität auf dem Gütermarkt ist stark eingeschränkt;

- die Preiselastizität der aggregierten Güternachfrage ist - insbesondere wegen der hohen Zinselastizität der Geldnachfrage - relativ gering;
- die Preiselastizität des Güterangebots ist - vor allem vor dem Hintergrund tarifvertraglicher Nominallohnfixierung und einer autonomen Preisbildung im Rahmen der Mark-up-Hypothese - relativ hoch.

Die Konsequenzen dieser unterschiedlichen Bedingungen werden in der Abbildung 6.5 sichtbar. Im *neoklassischen Modell* gilt beispielsweise die aggregierte Nachfragekurve AD_0. Der flache Verlauf impliziert eine relativ hohe Preiselastizität der Güternachfrage. Die aggregierte Angebotskurve verläuft bekanntlich parallel zur Preisachse und drückt dementsprechend ein preisunelastisches Güterangebot aus. In der Ausgangssituation möge die Angebotskurve AS_0 gelten, so daß im Punkt A ein Gütermarktgleichgewicht vorliegt. Infolge der angebotsseitigen Impulse verschiebt sich die aggregierte Angebotskurve im neoklassischen Modell z.B. nach AS_1. Dadurch tritt ein Angebotsüberschuß in Höhe der Strecke AB auf. Wie weiter oben schon ausführlich dargestellt, löst dieser Angebotsüberschuß eine Preissenkung aus, durch die schließlich ein neues Gütermarktgleichgewicht im Punkt C erreicht wird. Durch die Preissenkung ist somit Güternachfrage in Höhe des zusätzlichen Güterangebots induziert worden. Hier wird eine wichtige Hypothese der neoklassischen Theorie deutlich: *Das Angebot schafft sich die Nachfrage selbst.* Man bezeichnet diesen Wirkungsaspekt als das *Saysche Theorem*.

Abbildung 6.5

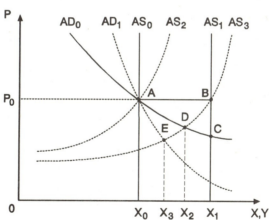

Mit Blick auf die *keynesianische Theorie* möge in der Ausgangssituation die aggregierte Angebotskurve AS_2 gültig sein. Sie impliziert insbesondere im Bereich einer geringen Produktionshöhe und dementsprechend im Bereich einer niedrigen Kapazitätsauslastung eine relativ hohe Preiselastizität des Güterangebots. Auf der Nachfrageseite werden alternativ die aggregierten Nachfragekurven AD_0 und AD_1 zugrunde gelegt. Die Nachfragekurve AD_1 verläuft relativ steil und weist somit auf eine relativ geringe Preiselastizität der Güternachfrage hin. Sie entspricht eher den keynesianischen Vorstellungen als die Nachfragekurve AD_0.

Infolge der angebotsseitigen Impulse möge das Güterangebot beim Ausgangspreisniveau P_0 ebenfalls um die Strecke AB erhöht werden. Die aggregierte Angebotskurve möge sich dadurch nach AS_3 verschieben. Auch diese Angebotskurve impliziert im Bereich einer geringen Kapazitätsauslastung eine relativ hohe Preiselastizität des Güterangebots. Wäre das Preisniveau - gemäß einer extremen keynesianischen Hypothese - nach unten nicht flexibel, so bliebe die Angebotsausweitung ohne Wirkung auf die Produktion und das Einkommen. Sofern die Erhöhung der Angebotsmöglichkeiten mit einer Zunahme der Arbeitsproduktivität verbunden wäre, würde sich sogar ein negativer Beschäftigungseffekt ergeben.

Wäre das Preisniveau demgegenüber nach unten flexibel, so würde sich ein neues Gütermarktgleichgewicht im Punkt D oder im Punkt E einstellen. Die relativ hohe Preiselastizität des Güterangebots führt also auf jeden Fall dazu, daß Produktion und Einkommen um einen geringeren Betrag steigen als im Rahmen des neoklassischen Modells. Dementsprechend fällt auch der Beschäftigungseffekt, sofern er überhaupt eintritt, geringer aus. Ist die Preiselastizität der Güternachfrage relativ gering und gilt dementprechend die aggregierte Nachfragekurve AD_1, so ergibt sich mit einem Anstieg auf X_3 auch nur ein relativ geringer Produktions- und Einkommenseffekt. Auch hier ist wieder zu erwägen, daß der Beschäftigungseffekt sogar negativ sein kann, wenn die Ausweitung der Angebotsmöglichkeiten mit einer Erhöhung der Arbeitsproduktivität verbunden ist.

Aus der Analyse lassen sich also die folgenden wichtigen Schlußfolgerungen ableiten:

- *Nach der neoklassischen Theorie sind angebotsseitige Impulse maßgeblich für eine preisinduzierte Anregung der Güternachfrage sowie, damit verbunden, für positive Produktions-, Einkommens- und Beschäftigungseffekte.*
- *Nach der keynesianischen Theorie haben angebotsseitige Impulse nur relativ geringe positive Wirkungen - oder im Extremfall der Preisstarrheit überhaupt keine Wirkungen - auf Güternachfrage, Produktion und Einkommen sowie möglicherweise sogar negative Wirkungen auf die Beschäftigung; maßgebliche Produktions-, Einkommens- und Beschäftigungseffekte lassen sich nur erreichen, wenn die angebotsseitigen Impulse durch expansiv orientierte nachfrageseitige Maßnahmen ergänzt werden.*

An der zuletzt getroffenen Schlußfolgerung läßt sich allerdings erkennen, daß auch die Angebotsseite in der keynesianischen Theorie durchaus von Bedeutung ist. Wie sich anhand der Abbildung 6.5 leicht nachvollziehen läßt, kann eine Produktions- und Einkommensausweitung auf X_1 im keynesianischen Ansatz nicht allein mit einer autonomen Erhöhung der Güternachfrage erreicht werden, wenn die aggregierte Angebotskurve AS_2 gilt. In diesem Fall sind zur Erreichung von X_1 neben den nachfrageorientierten Maßnahmen zwingend auch angebotsseitige Impulse erforderlich.

6.6 Das neoklassische und das keynesianische Modell - ein formaler Vergleich

Die zuvor aufgezeigten Unterschiede zwischen der neoklassischen und der keynesianischen Theorie werden jetzt auch noch durch eine vergleichende Modellbetrachtung verdeutlicht. Im Interesse einer möglichst kurzen Darstellung werden die Modelle jedoch auf die wesentlichen Elemente beschränkt.

Das traditionelle *neoklassische Modell* läßt sich wie folgt darstellen:

Neoklassisches Modell		
(a1)	$Y = X$	Einkommen
(a2)	$X = X(A, K)$	Produktion
(a3)	$A = A^*$	Arbeitsinput
(a4)	$P = \dfrac{M^n}{k_Y Y}$	Preisniveau
(a5)	$I(Y, i) = S(Y, i)$	Zinsniveau

Gemäß Gleichung (a1) wird das Realeinkommen Y ausschließlich durch das Güterangebot bzw. die Güterproduktion X determiniert. Die Güternachfrage spielt keine Rolle. Die Produktion X ergibt sich gemäß der substitutionalen Produktionsfunktion (a2). Das Sachkapital ist mit K fest vorgegeben. Im Gleichgewicht hat der Arbeitsinput gemäß Gleichung (a3) das natürliche Niveau A^*, womit zugleich die natürliche Arbeitslosenquote impliziert ist. Dieser Arbeitsinput gewährleistet außerdem die Maximierung der Unternehmensgewinne. Denn bei der natürlichen Arbeitslosenquote wird der Reallohnsatz realisiert, bei dem die gewinnmaximierende Arbeitsnachfrage exakt dem natürlichen Arbeitsinput A^* entspricht. Das Preisniveau wird gemäß Gleichung (a4) mit Hilfe des quantitätstheoretischen Ansatzes erklärt. Da die Geldnachfrage bei konstantem Kassenhaltungskoeffizienten k_Y und dem auf dem natürlichen Niveau fest vorgegebenen Realeinkommen Y^* konstant ist, resultieren Preisänderungen ausschließlich aus Veränderungen der nominellen Geldmenge M^n. Das Zinsniveau i wird ausschließlich aus dem IS-Gleichgewicht erklärt. Die Investitionen I sowie die Ersparnisse S hängen zwar auch vom Einkommen ab, dieses Einkommen ist aber auf dem natürlichen Niveau Y^* fixiert.[3] Die Gleichung (a5) reicht also aus, das Zinsniveau zu bestimmen.

Das *keynesianische Modell* läßt sich in einer einfachen Darstellung wie folgt beschreiben:

Keynesianisches Modell		
(b1)	$X = Y$	Produktion (Einkommen)
(b2)	$I(Y, i) = S(Y, i)$	Zinsniveau und Güternachfrage
(b3)	$\dfrac{M^n}{P} = L(Y, i)$	
(b4)	$P = P(X, \bar{w}^n)$	Preisniveau
(b5)	$A = A(X, K)$	Arbeitsinput

---

3 $S(Y, i)$ ist die Summe der privaten und öffentlichen Ersparnisse eines Landes sowie der "Ersparnisse" des Auslands, die einem negativen Außenbeitrag entsprechen, denn es gilt ja bekanntlich: $I = S + F_{St} - AB$.

Die Höhe der Produktion wird gemäß Gleichung (b1) durch die Güternachfrage determiniert, die ihrerseits dem Realeinkommen der Volkswirtschaft entspricht. Die Bestimmung des Zinsniveaus und der Güternachfrage erfolgt *simultan* aus dem IS- und dem LM-Gleichgewicht. Hierzu sind also die beiden Gleichungen (b2) und (b3) gleichzeitig erforderlich. Die Gleichung (b2) beschreibt das IS-Gleichgewicht.[4] Die Gleichung (b3) zeigt das Geldmarktgleichgewicht; L(Y,i) erklärt die vom Einkommen und vom Zinsniveau abhängige Geldnachfrage. Das Preisniveau P wird gemäß Gleichung (b4) mit Hilfe der Mark-up-Hypothese erklärt. Bei vorgegebenen Sachkapazitäten K und dementsprechend bei vorgegebenem Produktionspotential hängt das Preisniveau zum einen von der tatsächlichen Produktionshöhe X und zum anderen von dem fixierten Nominallohnsatz $\overline{w}^n$ ab. Der tatsächliche Arbeitsinput A ergibt sich schließlich aus der Produktionsfunktion (b5). Da das Sachkapital fest vorgegeben ist, wird der Arbeitsinput ausschließlich durch die Produktionshöhe bestimmt. Dabei ist allerdings zu beachten, daß die Produktion gemäß Gleichung (b1) durch die Nachfrage determiniert ist.

Ein Vergleich der beiden Modelle macht folgendes deutlich:
- *Das gesamtwirtschaftliche Realeinkommen Y ist im neoklassischen Modell ausschließlich angebotsseitig, im keynesianischen Modell demgegenüber nachfrageseitig determiniert.*
- *Die Beschäftigung des Faktors Arbeit ist im neoklassischen Ansatz (zumindest mittel- und längerfristig) auf dem natürlichen Niveau fixiert; im keynesianischen Ansatz ergibt sie sich demgegenüber letztlich aus der Höhe der Güternachfrage.*
- *Preisänderungen ergeben sich im neoklassischen Ansatz ausschließlich aus Geldmengenänderungen, wogegen Preisänderungen im keynesianischen Ansatz vorwiegend aus Veränderungen der Güternachfrage resultieren.*
- *Das Zinsniveau wird im neoklassischen Ansatz ausschließlich aus dem IS-Gleichgewicht bestimmt, wobei dieses Gleichgewicht zugleich Ausdruck des Gleichgewichts auf dem Wertpapiermarkt ist; da die Geldnachfrage im keynesianischen Ansatz zinselastisch ist, reicht hier das IS-Gleichgewicht zur Zinsbestimmung nicht aus, sondern das LM-Gleichgewicht ist gleichermaßen relevant.*

Abschließend kann also festgestellt werden, daß in der neoklassischen Theorie die Angebotsseite, in der keynesianischen Theorie demgegenüber die Nachfrageseite des Gütermarktes von maßgeblicher Bedeutung ist. Allerdings darf nicht übersehen werden, daß die Angebotsseite einer Volkswirtschaft inzwischen auch in der keynesianischen Theorie eine stärkere Berücksichtigung findet und daß die Keynesianer sehr wohl einräumen, daß die angebotsseitigen Bedingungen für die Beschäftigungssituation einer Volkswirtschaft von großer Bedeutung sind. Die zuvor dargestellte Variante der keynesianischen Theorie stellt insofern eine gewisse Vereinfachung bzw. eine Pointierung einer extremen Position dar.

---

4 Zur Größe S siehe die Fußnote 3.

Sowohl die neoklassische als auch die keynesianische Theorie sind in den vergangenen Jahren präzisiert und erweitert worden. Um die so entstandenen neuen Ansätze von den traditionellen zu unterscheiden, spricht man heute auch von der "Neuen klassischen Makroökonomik" sowie von der "Neuen keynesianischen Makroökonomik". Auf zwei wichtige Neuerungen in diesen Ansätzen wird jetzt noch kurz eingegangen.

6.7 Unvollkommene Informationen im neoklassischen Modell: Die aggregierte Angebotskurve von Lucas

In der traditionellen neoklassischen Theorie wurde vorwiegend die These vertreten, daß die Marktmechanismen sehr schnell zu Preisanpassungen führen und dadurch Mengeneffekte in Form von Produktions-, Beschäftigungs- und Einkommensänderungen schon kurzfristig verhindert werden. Diese These impliziert ein aggregiertes Güterangebot, das auch in relativ kurzen Zeiträumen preisunelastisch ist. In der neueren neoklassischen Makroökonomik hält man daran fest, daß der Preismechanismus in marktwirtschaftlich organisierten Volkswirtschaften auch kurzfristig wirksam ist und über diesen Mechanismus die Markträumung bzw. das Nachfrage-/Angebotsgleichgewicht auf den Märkten hergestellt wird. Allerdings ist angesichts der Tatsache, daß auch in Marktwirtschaften etwas länger anhaltende Produktions-, Beschäftigungs- und Einkommensschwankungen auftreten, nach Erklärungen für die Mengenreaktionen als Folge nachfrageseitiger Störungen gesucht worden.

Eine erhebliche Bedeutung wird dabei der *Existenz unvollkommener Informationen* eingeräumt, durch die es bei den Wirtschaftsakteuren vorübergehend zu *Erwartungsirrtümern* kommen kann. Dieser Aspekt liegt einer aggregierten Angebotsfunktion zugrunde, die von *Robert Lucas* formuliert wurde und inzwischen in der Makroökonomik breite Anwendung gefunden hat:[5]

$$(6.2) \quad X = X^* + \alpha(P - P^e) \quad \text{mit: } \alpha > 0$$

Das Güterangebot X weicht nur dann von seinem "natürlichen" Niveau X^* ab, wenn das tatsächliche Preisniveau P und das erwartete Preisniveau P^e nicht übereinstimmen. Zwischen dem Güterangebot und dem tatsächlichen Preisniveau besteht ceteris paribus ein positiver Zusammenhang: Nimmt P zu, ohne daß gleichzeitig auch P^e proportional dazu steigt, so erhöht sich X - und umgekehrt.

Lucas erklärt diesen Zusammenhang wie folgt: Eine einzelne Unternehmung besitzt im allgemeinen zwar umfassende Informationen über Preisentwicklungen auf dem unternehmensspezifischen Markt, aber nur unvollkommene Informationen über Preisentwicklungen auf anderen Märkten, so insbesondere auf Märkten für Vorleistungsgüter. Steigt beispielsweise das Preisniveau auf dem eigenen Markt infolge eines nachfrageseitigen Impulses, so registriert die Unternehmung zwar

---

[5] Zur *Lucas-Angebotsfunktion* siehe: **R. Lucas** (1973), (1975), (1977); **T.J. Sargent** (1976); zur Kritik siehe z.B.: **B. Friedman** (1979); **J. Tobin** (1980).

unverzüglich diesen Preisanstieg, nimmt aber (noch) nicht wahr, daß auch auf anderen Märkten ähnliche Preisentwicklungen auftreten können oder auftreten werden. Vielmehr geht sie davon aus, daß der eigene Güterpreis relativ zu den Preisen auf den anderen Märkten zunimmt. Damit ist zugleich die Erwartung impliziert, daß das Preisniveau der Vorleistungsgüter geringer steigt als das Preisniveau auf dem eigenen Markt. Nach den Erwartungen der Unternehmung muß deshalb auch das gesamtwirtschaftliche Preisniveau um einen geringeren Betrag zunehmen als das eigene Preisniveau. Ist bekannt, daß sich die Gewerkschaften bei ihren Lohnforderungen an der durchschnittlichen gesamtwirtschaftlichen Preisentwicklung orientieren, so wird die Unternehmung außerdem vermuten, daß der Nominallohnsatz nur unterproportional zum eigenen Preisniveau steigt. Sowohl im Hinblick auf die Vorleistungsgüter als auch im Hinblick auf den Arbeitsinput erwartet die Unternehmung folglich *relative Kostenvorteile*. Diese veranlassen sie, ihr Güterangebot auszuweiten. Ähnlich verhält sie sich bei einem nachfrageinduzierten Preisrückgang auf dem eigenen Markt: Sie erwartet, daß das eigene Preisniveau relativ zu den Preisen der Vorleistungsgüter sowie zum Nominallohnsatz sinkt, und sie wird deshalb ihr Güterangebot kurzfristig einschränken.

Wenn sich die Preise auf den anderen Märkten sowie der Nominallohnsatz ebenfalls verändern, wird die Unternehmung allerdings über kurz oder lang ihre Erwartungen entsprechend korrigieren und dementsprechend auch das Güterangebot anpassen. Bezogen auf die Angebotsfunktion (6.2) bedeutet das: Steigt P^e vor dem Hintergrund faktischer Preissteigerungen auf anderen Märkten, so wird das Güterangebot verringert; analog dazu wird das Güterangebot erhöht, wenn P^e sinkt. Auf dem Markt der betrachteten Unternehmung kommt es so im ersten Fall zu einer weiteren Preiserhöhung und im zweiten Fall zu einer weiteren Preissenkung. Aus makroökonomischer Perspektive hat das hier skizzierte Verhalten einzelner Unternehmungen zur Folge, daß sich die Güterpreise auf allen einzelnen Märkten einer Volkswirtschaft und somit auch das gesamtwirtschaftliche Preisniveau tatsächlich erst mit gewissen zeitlichen Verzögerungen an ihre mittel- oder längerfristigen Werte anpassen. Die Preiselastizität des aggregierten Güterangebots der gesamten Volkswirtschaft nimmt also im Verlauf der Zeit sukzessive ab und nähert sich so allmählich dem Wert null. Entscheidend ist dabei, daß die verzögerte Anpassung trotz des funktionsfähigen Preismechanismus stattfindet. Die Ursache liegt - so die neoklassische These - allein in der (vorübergehenden) unvollkommenen Information und in den dadurch bedingten Erwartungsirrtümern. Zwar wäre es möglich, daß die Unternehmungen versuchen, möglichst schnell umfassende Informationen über Entwicklungen auf allen Märkten zu gewinnen, aber diese Informationsbeschaffung ist mit Kosten verbunden. So ist es durchaus rational, wenn Unternehmungen auf die vollkommene Informationsbeschaffung verzichten und Erwartungsirrtümer in Kauf nehmen.

Die Lucas-Angebotsfunktion und die darin implizierte Anpassungshypothese hat in diesem neoklassischen Modellrahmen eine erhebliche Bedeutung für die Wirksamkeit der Geldpolitik. Nur dann, wenn sie Erwartungsirrtümer erzeugt, bewirkt sie nicht nur Preiseffekte, sondern für eine gewisse Zeit auch Mengeneffekte in Form von Produktions-, Beschäftigungs- und Einkommensänderungen. Diese Mengeneffekte gehen allerdings verloren, sobald die Erwartungen den tatsächlichen Entwicklungen angepaßt worden sind. In späteren Untersuchungen [Kap.9] wird dieser Aspekt wieder aufgegriffen und eingehend erörtert. Dort ist insbesondere zu prüfen, wie Wirtschaftssubjekte ihre Erwartungen bilden und welche Anpassungsverzögerungen dabei auftreten können.

6.8 Preisrigiditäten und Mengenrationierung

6.8.1 Problemstellung

In der neoklassischen Theorie geht man - wie zuvor schon mehrmals erwähnt - davon aus, daß das Güterpreisniveau, der Nominallohnsatz und der Zinssatz vollkommen flexibel sind und daß die Preismechanismen auf jedem volkswirtschaftlichen Markt ein Gleichgewicht gewährleisten. Jeder Markt wird somit zu jeder Zeit beim Gleichgewichtspreis geräumt. Man spricht in diesem Fall - mit Blick auf das klassische Gleichgewichtsmodell von Walras - von einem *walrasianischen Gleichgewicht*. Typisch für die keynesianische Theorie sind demgegenüber Preisrigiditäten, die dazu führen, daß es zumindest zeitweise nicht zu einer Räumung aller Märkte beim Gleichgewichtspreis kommt. In den älteren keynesianischen Modellen wurde diesbezüglich vor allem der nach unten starre Nominallohnsatz hervorgehoben, durch den länger anhaltende Arbeitslosigkeit und somit ein Ungleichgewicht auf dem Arbeitsmarkt verursacht werden kann, obwohl sich die anderen Märkte im Gleichgewicht befinden. Dieses Modell eines "*Gleichgewichts bei Unterbeschäftigung*" ist von Neoklassikern heftig kritisiert worden, weil es angeblich inkonsistent sei. Verwiesen wurde dabei auf die im Gesetz von Walras erfaßten logischen Zusammenhänge zwischen den Märkten einer Volkswirtschaft: Besteht auf einem Markt ein Ungleichgewicht, so muß sich mindestens ein weiterer Markt im Ungleichgewicht befinden - oder auf allen Märkten muß simultan ein Gleichgewicht bestehen. Letzteres ist das walrasianische Gleichgewicht.

Die *Neue Keynesianische Makroökonomik* hat auf diese Kritik reagiert und Modelle entwickelt, in denen zum einen gemäß der keynesianischen Tradition Preisrigiditäten angenommen werden und zum anderen die Konsistenz mit dem walrasianischen Gleichgewichtsbegriff hergestellt wird. Die wichtigsten Merkmale dieser Modelle sind:
- Mengen reagieren schneller als Preise (hier zu verstehen als umfassender Begriff für Güterpreise, Zinssätze und Lohnsätze), so daß kurzfristig zwar Mengenänderungen auftreten, aber Preise durchaus konstant sein können.
- Auf den Märkten finden Transaktionen zu nicht markträumenden Preisen statt (als "*false trading*" bezeichnet).
- Aufgrund der Preisstarrheiten kommt es zu Mengenrationierungen auf einzelnen Märkten, die ihrerseits Mengenreaktionen auf anderen Märkten nach sich ziehen (*Spill-over-Effekte* genannt) und dort ebenfalls zu Mengenrationierun-

gen führen können. Diese "*spillovers*" resultieren daraus, daß Wirtschaftssubjekte ihre Planungen und Dispositionen nicht auf einen einzelnen Markt beschränken, sondern diese marktübergreifend vornehmen - ein Sachverhalt, der als "*Duale Entscheidungshypothese*" bezeichnet wird.

Im Vergleich zum walrasianischen Gleichgewicht entstehen aus den Preisrigiditäten Ungleichgewichte, so daß für die neueren keynesianischen Ansätze manchmal auch der Begriff "*Ungleichgewichtstheorie*" verwendet wird. Die Besonderheiten der Neuen Keynesianischen Makrökonomik werden jetzt etwas genauer betrachtet.

6.8.2 Ungleichgewichtssituationen

In der Abbildung 6.6 sind vier verschiedene Konstellationen jeweils auf dem Arbeitsmarkt und auf dem Gütermarkt dargestellt worden. Der Abbildungsteil a) zeigt ein walrasianisches Gleichgewicht, das sowohl ein Gleichgewicht auf dem Arbeitsmarkt (Schnittpunkt B zwischen Arbeitsnachfragekurve AN und Arbeitsangebotskurve AA) als auch ein Gleichgewicht auf dem Gütermarkt (Schnittpunkt B' zwischen aggregierter Nachfragekurve AD und aggregierter Angebotskurve AS) impliziert.

Abbildung 6.6

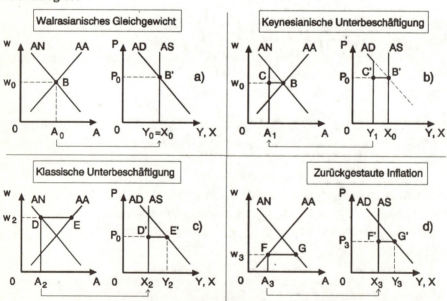

Der Abbildungsteil b) gibt eine Situation wieder, in der die Nachfrage auf beiden Märkten bei den fixierten Preisen geringer ist als das Angebot. Hier liegt auf beiden Märkten eine *Käufermarkt*situation vor. Da die Unternehmungen infolge der zu geringen effektiven Nachfrage auf dem Gütermarkt rationiert werden (Strecke C'B'), kommt es auf dem Arbeitsmarkt zu einer Rationierung der Arbeitnehmer (Strecke CB). Man bezeichnet diese Situation als *keynesianische Unterbeschäftigung*, weil die Ursache auf der Nachfrageseite liegt.

Der Abbildungsteil c) zeigt eine Situation, in der infolge eines zu hohen (konstanten) Reallohnsatzes auf dem Arbeitsmarkt ein Überschußangebot (Strecke DE) und auf dem Gütermarkt eine Überschußnachfrage (Strecke D'E') bestehen. Der Arbeitsmarkt ist somit ein *Käufermarkt* und der Gütermarkt ein *Verkäufermarkt*. Die Arbeitnehmer werden auf beiden Märkten rationiert, zum einen als Anbieter von Arbeit und zum anderen als Nachfrager nach Gütern. In diesem Fall spricht man von *klassischer Unterbeschäftigung* - nicht zuletzt deshalb, weil sich das Gleichgewicht durch eine Reallohnsenkung sowie durch eine Preissteigerung erreichen läßt.

Im Abbildungsteil d) wird schließlich der Fall der *zurückgestauten Inflation* dargestellt. Auf beiden Märkten besteht eine Überschußnachfrage (Strecken FG und F'G'), die beispielsweise durch staatlich fixierte Höchstlöhne und Höchstpreise verursacht wird. Die Nachfrager werden jeweils rationiert. Beide Märkte befinden sich somit in einer *Verkäufermarkt*situation.

6.8.3 Mengenbeschränkungen und Spill-over-Effekte

Um die neuen keynesianischen Ansätze zu verdeutlichen, wird ein einfaches Modell formuliert, in dem die Entscheidungen der privaten Arbeitnehmerhaushalte - kurz Haushalte genannt - einerseits und der Produktionsunternehmungen andererseits auf dem Gütermarkt und auf dem Arbeitsmarkt explizit erklärt werden. Die Haushalte entscheiden über ihre reale Konsumnachfrage C, über ihr Arbeitsangebot A sowie über die Höhe ihres realen Geldvermögens V. Die Haushalte mögen bei dieser Entscheidung ihren Nutzen U maximieren:

(6.3) $\quad U = U(C, A, V) \rightarrow Max!\qquad$ mit: $\frac{\delta U}{\delta C} > 0 \;;\; \frac{\delta U}{\delta A} < 0 \;;\; \frac{\delta U}{\delta V} > 0$

Dabei müssen die Haushalte die folgende Budgetgleichung als Restriktion beachten:

(6.4) $\quad C = wA - \frac{V^n - V_0^n}{P} \qquad$ mit: $w = \frac{w^n}{P}$

wA ist das reale Arbeitnehmereinkommen. $(V^n - V_0^n)/P$ ist die Veränderung des realen Geldvermögens in der betrachteten Periode; sie entspricht den realen Ersparnissen der Haushalte.

Aus der Maximierung von U unter der Nebenbedingung (6.4) folgt, daß der geplante Konsum und das geplante Arbeitsangebot (sowie auch das hier nicht weiter betrachtete geplante Geldvermögen) jeweils von den exogen vorgegebenen Größen, dem realen Lohnsatz w und dem realen Geldvermögen V_0^n/P zu Beginn der Entscheidungsperiode abhängt. Das ist das herkömmliche, aus der mikroökonomischen Theorie bekannte Maximierungskalkül.[6] Die wichtigste Erweiterung besteht nun darin, zusätzliche Restriktionen zu berücksichtigen und dabei folgende Fragen

---

6 Siehe hierzu: **J. Schumann** (1992), S. 55ff.

zu beantworten:
- Welche Konsumnachfrage entfalten die Haushalte, wenn sie ihr geplantes Arbeitsangebot nicht realisieren können, wenn sie also auf dem Arbeitsmarkt rationiert werden?
- Welche Arbeitsmengen bieten die Haushalte an, wenn sie ihre geplante Konsumnachfrage nicht realisieren können, wenn sie also auf dem Gütermarkt rationiert werden?

Maximieren die Haushalte weiterhin ihren Nutzen, so hängt die Konsumnachfrage bei Rationierungen nicht mehr allein vom Reallohnsatz und vom Anfangsvermögen, sondern auch vom tatsächlich realisierbaren Arbeitsinput ab. Analog richtet sich das Arbeitsangebot nun auch nach der tatsächlich erreichbaren Konsumhöhe. Im Unterschied zu der *geplanten* (oder *notionalen*) Konsumnachfrage sowie dem *geplanten* (oder *notionalen*) Arbeitsangebot im Fall ohne die zusätzlichen Restriktionen spricht man jetzt von der *effektiven* Konsumnachfrage und dem *effektiven* Arbeitsangebot.

Das hier beschriebene Entscheidungsproblem ist in der Abbildung 6.7 skizziert worden. Der Punkt H gibt die Kombination von geplanter Konsumnachfrage und geplantem Arbeitsangebot an, die die Maximierung des Nutzens für den Fall ohne zusätzliche Restriktionen impliziert. Mit U_1, U_2 und U_3 sind drei Nutzenindifferenzlinien eingezeichnet worden, die von Bedeutung sind, wenn zusätzliche Restriktionen vorhanden sind. Je weiter eine solche Linie von H entfernt ist, desto geringer ist der erreichte Nutzen. Der ellipsenförmige Verlauf ergibt sich aus dem dreidimensionalen Entscheidungsproblem: wird - vom Punkt H ausgehend - der Arbeitseinsatz bei gleicher Konsumhöhe C_0 gesteigert, so nimmt die Freizeit und dementsprechend der Nutzen ab; wird umgekehrt der Arbeitseinsatz verringert, so geht das Arbeitseinkommen zurück, so daß die Haushalte weniger Vermögen bilden können und dadurch einen Nutzenverlust haben; wird - wiederum vom Punkt H ausgehend - der Konsum bei gleichem Arbeitseinsatz A_0 erhöht, so ist wegen des konstanten Arbeitseinkommens eine geringere Vermögensbildung und demzufolge ein geringerer Nutzen möglich; wird umgekehrt der Konsum gesenkt, so geht der Nutzen wegen der geringeren Versorgung mit Konsumgütern zurück.

Abbildung 6.7

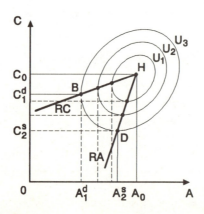

Treten zusätzliche Restriktionen in Kraft, so werden die Haushalte selbstverständlich das dabei höchstmögliche Nutzenniveau zu realisieren wünschen. Zwei Fälle sind in der Abbildung 6.7 exemplarisch eingezeichnet worden:
- Werden die Haushalte z.B. auf dem Arbeitsmarkt in Höhe der effektiven Arbeitsnachfrage A_1^d rationiert, so realisieren sie auf der Linie U_3 den Punkt B; ihre effektive Konsumnachfrage beträgt somit C_1^d.
- Werden die Haushalte z.B. auf dem Gütermarkt in Höhe des effektiven Konsumgüterangebots C_2^s rationiert, so bieten sie effektiv Arbeit in Höhe von A_2^s an.

Aus diesen Überlegungen ergeben sich die *Reaktionslinie* RC *für die Konsumnachfrage*, wenn die Haushalte auf dem Arbeitsmarkt rationiert werden, und die *Reaktionslinie* RA *für das Arbeitsangebot*, wenn die Haushalte auf dem Gütermarkt rationiert werden. Die Reaktionslinie RC ist die Kurve der effektiven Konsumnachfrage und die Reaktionslinie RA ist die Kurve des effektiven Arbeitsangebots. In den Reaktionslinien kommt zum Ausdruck, daß die Mengenbeschränkungen auf einem Markt einen "spillover" auf den anderen Markt bewirken. Beide Reaktionslinien lassen sich als Reaktionskeil bezeichnen.

Im Produktionsbereich wird eine substitutionale Produktionsfunktion zugrunde gelegt:

(6.5) $X = X(K, A)$ mit: $\frac{\delta X}{\delta K} > 0 ; \frac{\delta X}{\delta A} > 0$

Die Sachkapazitäten K sind fest vorgegeben. Es wird angenommen, daß die Produktionsunternehmungen ihren Gewinn Q maximieren:

(6.6) $Q = P \cdot X - w^n A \rightarrow$ Max!

Wie aus früheren Untersuchungen bekannt ist, ergeben sich die Produktionsmenge bzw. das Güterangebot und die Arbeitsnachfrage in diesem Fall aus der Bedingung: *Grenzproduktivität des Faktors Arbeit = Reallohnsatz* [Kap. 5]. Hierbei handelt es sich um die *geplante* (bzw. *notionale*) *Produktion* sowie um die *geplante* (bzw. *notionale*) *Arbeitsnachfrage*. Davon zu unterscheiden sind die *effektive Produktionsmenge* und die *effektive Arbeitsnachfrage*. Sie sind geringer als die geplanten Größen, wenn die Unternehmungen auf dem Gütermarkt oder auf dem Arbeitsmarkt rationiert werden. Bei Rationierung reagieren die Unternehmungen gemäß ihrer Produktionsfunktion: sie schränken den Arbeitsinput ein, wenn die Güternachfrage geringer ist als ihr geplantes Güterangebot; sie schränken ihr Güterangebot ein, wenn das Arbeitsangebot kleiner ist als ihre geplante Arbeitsnachfrage. Die Reaktionslinie der Unternehmungen entspricht somit der Produktionskurve.

Auf der Grundlage des hier formulierten Modells werden die oben in der Abbildung 6.6 skizzierten Gleichgewichts- und Ungleichgewichtssituationen noch einmal betrachtet. Die Darstellung in der Abbildung 6.8 erfolgt nun allerdings mit Hilfe der Reaktionslinien bzw. des Reaktionskeils der Haushalte (RC/RA) und der Reaktionslinie bzw. der Produktionskurve der Unternehmungen (PK).

Im *walrasianischen Gleichgewicht* (Abbildungsteil a) stimmen die geplanten (bzw. notionalen) Größen auf den beiden Märkten überein: Die Haushalte realisieren ihr Nutzenmaximimum im Punkt H_0, und die Unternehmungen maximieren ihren Gewinn im Punkt Q_0.

Der Abbildungsteil b) zeigt die *keynesianische Unterbeschäftigung*. Es sei angenommen, daß die Konsumnachfrage - im Vergleich zum walrasianischen Gleichgewicht im Abbildungsteil a) - autonom um den Betrag Q_0H_1 verringert wurde, so daß sich der Reaktionskeil entsprechend nach unten verschoben hat. Das Güterpreisniveau sowie der Nominallohnsatz (und somit auch der Reallohnsatz) sind wegen der angenommenen Preisrigiditäten konstant. Auf den Nachfragerückgang reagieren die Unternehmungen gemäß der Produktionskurve mit einer Einschränkung der Produktion und des Arbeitsinputs. Der Rückgang der Arbeitsnachfrage hat seinerseits eine weitere - jetzt induzierte - Verringerung der Güternachfrage gemäß der Reaktionslinie RC zur Folge. Realisiert wird schließlich der Punkt B auf der Produktionskurve. Die Haushalte sind somit auf dem Arbeitsmarkt und die Unternehmungen auf dem Gütermarkt rationiert. Folglich weichen beide von ihren Planungen ab.

Abbildung 6.8

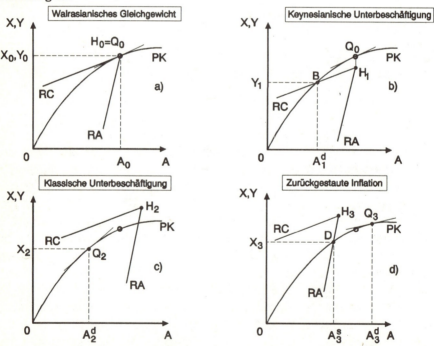

Die *klassische Unterbeschäftigung* im Abbildungsteil c) resultiert aus einer Erhöhung des Reallohnsatzes (wiederum im Vergleich zur walrasianischen Gleichgewichtssituation). Die Unternehmungen maximieren ihren Gewinn, indem sie - im Vergleich zum walrasianischen Gleichgewicht - die Produktionsmenge und den Arbeitsinput einschränken. Es möge so beispielsweise der Punkt Q_2 auf der Produktionskurve realisiert werden. Demgegenüber hat die Reallohnsteigerung zur Folge, daß die Haushalte sowohl ihre geplante Konsumnachfrage als auch ihr geplantes Arbeitsangebot erhöhen. Der Reaktionskeil verschiebt sich dementsprechend nach rechts oben (zum Punkt H_2). Die Haushalte werden hier sowohl auf dem Güter-, als auch auf dem Arbeitsmarkt rationiert, wogegen die Unternehmungen ihre Plangrößen realisieren.

Die *zurückgestaute Inflation* kommt z.B. dadurch zustande, daß das Güterpreisniveau und der Reallohnsatz - im Vergleich zur walrasianischen Gleichgewichtssituation - gesenkt werden und durch staatliche Gebote auf dem niedrigeren Niveau fixiert werden. Aufgrund der Reallohnsenkung planen die Unternehmungen ein höheres Güterangebot und eine höhere Arbeitsnachfrage - beispielsweise gemäß dem Punkt Q_3 auf der Produktionskurve. Die Haushalte verringern dagegen einerseits ihr geplantes Arbeitsangebot, dehnen aber andererseits wegen der Preissenkung ihre Konsumnachfrage aus. Der Reaktionskeil verschiebt sich deshalb nach links oben - hier in den Punkt H_3. Dadurch werden die Unternehmungen auf dem Arbeitsmarkt rationiert. Sie sind deshalb gezwungen, ihre Produktion einzuschränken. Diese Produktionseinschränkung impliziert jedoch eine Rationierung der Haushalte auf dem Gütermarkt, so daß diese ihr Arbeitsangebot gemäß ihrer Reaktionslinie RA noch weiter verringern. Schließlich ergibt sich der Punkt D auf der Produktionskurve. Weder Haushalte noch Unternehmungen können ihre Planungen realisieren.

6.8.4 Keynesianisches Gleichgewicht bei Unterbeschäftigung

Der aus früheren Untersuchungen bekannte Fall des keynesianischen Gleichgewichts bei Unterbeschäftigung wird jetzt anhand der Abbildung 6.9 auch noch vor dem Hintergrund des zuvor dargelegten Ansatzes der Neuen Keynesianischen Makroökonomik verdeutlicht. Es sei noch einmal daran erinnert, daß diese Unterbeschäftigung durch einen nach unten fixierten Nominallohnsatz verursacht wird. Bei dem fixierten Nominallohnsatz und bei dem ebenfalls (kurzfristig) fixierten Preisniveau (hier P_4) realisieren die Unternehmungen im Fall der Gewinnmaximierung den Punkt Q_0 auf ihrer Produktionskurve und fragen somit Arbeit in Höhe von A_4 nach. Ihr Güterangebot beträgt deshalb X_4. Die Haushalte werden hierbei auf dem Arbeitsmarkt rationiert. Folglich können sie ihre Konsumwünsche gemäß dem Punkt H_4 nicht erfüllen. Sie reagieren mit ihrer effektiven Konsumnachfrage entsprechend ihrer Reaktionslinie RC, auf der bei A_4 der Punkt Q_0 realisiert wird. Die *effektive* Güternachfrage Y_4 stimmt also (zufällig) mit dem *geplanten* Güterangebot überein.

Die aggregierte Nachfragekurve AD im Abbildungsteil b) ist in dem hier betrachteten Fall als eine Kurve der *effektiven aggregierten Güternachfrage* zu begreifen. Die geplante (bzw. die notionale) Güternachfrage wird beim herrschenden Nominallohnsatz und beim herrschenden Preisniveau beipielsweise durch den Punkt F beschrieben, der mit dem Punkt H_4 im Abbildungsteil a) kompatibel ist. Das keynesianische "Gleichgewicht" bei Unterbeschäftigung stellt somit auf dem

Gütermarkt kein walrasianisches Gleichgewicht dar. Dieses läge nur dann vor, wenn die Haushalte ihre geplante Güternachfrage gemäß dem Punkt F bzw. dem Punkt H_4 realisieren könnten. Das aber wäre nur möglich, wenn sie auf dem Arbeitsmarkt nicht rationiert würden.

Abbildung 6.9

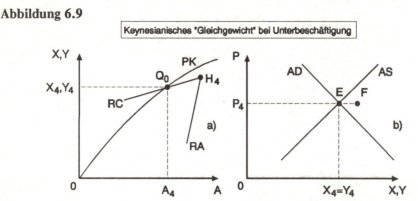

Vergleicht man den oben skizzierten Fall der keynesianischen Unterbeschäftigung mit dem hier dargelegten Fall des keynesianischen Gleichgewichts bei Unterbeschäftigung, so zeigt sich, daß die Haushalte in beiden Fällen jeweils auf dem Arbeitsmarkt, die Unternehmungen aber nur im ersten Fall - und zwar auf dem Gütermarkt - rationiert werden. So wie es für die keynesianische Theorie typisch ist, läßt sich die Unterbeschäftigung in beiden Fällen nur durch eine autonome Erhöhung der Güternachfrage beseitigen. Im ersten Fall käme es dabei nicht zu einer Veränderung des Preisniveaus sowie des Nominal- und des Reallohnsatzes; gemäß Abbildung 6.6b) bliebe es beispielsweise bei P_0 und w_0. Im zweiten Fall hätte die Nachfrageerhöhung einen Preisanstieg zur Folge, durch den der Reallohnsatz bei fixiertem Nominallohnsatz gesenkt und somit Güterangebot und Arbeitsnachfrage gesteigert würden; dieser Zusammenhang kommt in der aggregierten Angebotskurve AS in der Abbildung 6.9b) zum Ausdruck.

Das Verdienst der Neuen Keynesianischen Makroökonomik besteht vor allem darin, daß
- ein klarer Bezug zum walrasianischen Gleichgewicht hergestellt wird und damit die logischen Zusammenhänge zwischen den volkswirtschaftlichen Märkten beachtet werden
- verschiedene Ursachen von Unterbeschäftigung bzw. Arbeitslosigkeit in einem einheitlichen theoretischen Modellrahmen deutlich gemacht und dadurch Anhaltspunkte für die Maßnahmen geliefert werden, mit denen die Unterbeschäftigung jeweils beseitigt werden könnte.

Die hier aufgezeigten Ursachen von Arbeitslosigkeit werden im nächsten Kapitel wieder aufgegriffen. Dort geht es vor allem darum, die Möglichkeiten und Grenzen der wirtschaftspolitischen Maßnahmen zur Bekämpfung von Arbeitslosigkeit zu verdeutlichen.

Kapitel 7
Arbeitslosigkeit und Beschäftigungspolitik
7.1 Problemstellung

Die Arbeitslosigkeit gehört weltweit zu den schwerwiegendsten und nach wie vor ungelösten ökonomischen Problemen. Neben der Eindämmung von Inflation sowie der Schaffung eines adäquaten Ordnungsrahmens für ein sozial und ökologisch verträgliches Wirtschaftswachstum zählt die Bekämpfung der Arbeitslosigkeit zu den Hauptaufgaben der Wirtschaftspolitik. In den Jahren nach dem Zweiten Weltkrieg - insbesondere vor dem Hintergrund einer relativ geringen Arbeitslosigkeit in den 50er und 60er Jahren - glaubte man lange Zeit, ein geeignetes wirtschaftspolitisches Instrumentarium zu besitzen, um einen hohen Beschäftigungsstand zu gewährleisten und aufkommende Beschäftigungskrisen kurzfristig zu bannen. Der beschäftigungspolitischen Euphorie folgte jedoch in den 70er Jahren die ernüchternde Erkenntnis, daß das herkömmliche Instrumentarium offenbar nicht geeignet ist, dem Problem der in diesen Jahren stark zunehmenden und lang anhaltenden Arbeitslosigkeit Herr zu werden. Diese Erfahrung führte zu einer kritischen Revision der makroökonomischen Theorie und zu einer Neuorientierung in der Beschäftigungspolitik. Die in den ersten Nachkriegsjahren dominierende keynesianische Theorie, die in der Arbeitslosigkeit vor allem ein nachfrageseitiges, kurzfristig lösbares Problem sah und der Inflation kaum Aufmerksamkeit schenkte, wurde zunächst von der neoklassischen Theorie zurückgedrängt, die die angebotsseitigen, langfristigen Aspekte der Arbeitslosigkeit in den Vordergrund rückte und den engen Zusammenhang zwischen Inflation und Arbeitslosigkeit deutlich machte. Diese theoretische Bewegung blieb nicht ohne Einfluß auf die praktische Beschäftigungspolitik: Die herkömmliche *nachfrageorientierte Politik* wurde abgelöst oder zumindest ergänzt durch eine *angebotsorientierte Politik*, die vor allem auf eine Stärkung der marktwirtschaftlichen Selbstheilungskräfte gerichtet war.

Die jüngste Entwicklung scheint allerding die Erkenntnis zu festigen, daß die Arbeitslosigkeit ein nachfrage- und angebotsseitiges Problem ist und daß dementsprechend nach einer Synthese aus keynesianischer und neoklassischer Theorie sowie dementsprechend aus nachfrageorientierter und angebotsorientierter Wirtschaftspolitik gesucht werden muß. Vor diesem Hintergrund finden die keynesianische Theorie und deren Weiterentwicklungen (als *neokeynesianische Theorie* bezeichnet) in der Makroökonomik wieder zunehmend Beachtung. Noch fehlt es jedoch an einer tragfähigen Synthese, aus der sich eine neue beschäftigungspolitische Konzeption entwickeln ließe und die dadurch entscheidende Impulse für die Lösung der aktuellen weltweiten Beschäftigungsprobleme geben könnte.

Die Untersuchungen in diesem Kapitel müssen sich deshalb noch darauf beschränken, die Möglichkeiten und die Grenzen der nachfrageorientierten Beschäftigungspolitik einerseits und der angebotsorientierten Beschäftigungspolitik andererseits aufzuzeigen und dabei auf die bekannten keynesianischen (bzw. neokeynesianischen) und neoklassischen Ansätze Bezug zu nehmen. Es liegt auf der Hand,

...r den adäquaten Einsatz des beschäftigungspolitischen Instrumentariums wichtig ist, zunächst die Ursachen eines ökonomischen Problems - hier die Ursachen der Arbeitslosigkeit - zu erkennen. Der Analyse der Beschäftigungspolitik wird dementsprechend im folgenden eine Analyse der Ursachen der Arbeitslosigkeit vorangestellt. Die theoretischen Grundlagen dafür sind bereits in den vorhergehenden Kapiteln entwickelt worden. Dort wurden auch schon einige Ursachen der Arbeitslosigkeit sowie einige Aspekte einer nachfrageorientierten Wirtschaftspolitik - der Geldpolitik und der Fiskalpolitik - aufgezeigt. Jetzt geht es darum, die dort gewonnenen Erkenntnisse noch einmal überblickartig aufzugreifen, diese zu vertiefen und durch neue Ansätze, z.B. im Hinblick auf die angebotsorientierte Beschäftigungspolitik, zu erweitern.

7.2 Ursachen der Arbeitslosigkeit

7.2.1 Klassifikation von Arbeitslosigkeit

In der makroökonomischen Theorie wird Arbeitslosigkeit oftmals als eine Situation definiert, in der das Angebot an Arbeit bei den herrschenden Bedingungen (insbesondere beim herrschenden Reallohnsatz) größer ist als die Nachfrage nach Arbeit. Zwei kritische Fragen machen die Problematik dieser Definition deutlich:
1. Zählen aus makroökonomischer Perspektive diejenigen, die zwar zum herrschenden Reallohnsatz arbeiten möchten, aber wegen anderer Arbeitsmarktbedingungen (z.B. unzumutbare Anfahrten zu einem potentiellen Arbeitsplatz) zur Aufnahme einer Beschäftigung nicht bereit sind, zu den Arbeitslosen oder nicht?
2. Wie ist eine Situation zu definieren, in der - wiederum aus makroökonomischer Perspektive - Arbeitsangebot und Arbeitsnachfrage zwar quantitativ übereinstimmen, aber einerseits Arbeitsplätze wegen qualitativer Disparitäten zwischen Angebot und Nachfrage unbesetzt bleiben und andererseits Arbeitslosigkeit besteht?

In der amtlichen Statistik zählt man die Arbeitskräfte zu den Arbeitslosen, die nicht in einem dauerhaften Beschäftigungsverhältnis stehen und
- arbeitsfähig sind
- arbeitswillig bzw. bereit sind, jede zumutbare Beschäftigung anzunehmen
- in der amtlichen Arbeitsvermittlung registriert sind.

Auch diese Definition ist unbefriedigend. So bleibt beispielsweise unberücksichtigt, daß sich einerseits Arbeitskräfte, die sehr wohl eine Beschäftigung aufnehmen möchten, nicht als Arbeitslose registrieren lassen, und daß andererseits Arbeitskräfte, die grundsätzlich nicht zur Aufnahme einer dauerhaften Beschäftigung bereit und die somit freiwillig arbeitslos sind, offiziell als Arbeitslose registriert werden.

Vor dem Hintergrund der hier aufgezeigten Definitions- und Abgrenzungsprobleme ist es verständlich, daß es bis heute - aus makroökonomischer Perspektive - keine allgemein gültige und international anerkannte Definition der Arbeitslosig-

keit gibt. Deshalb wird auch hier darauf verzichtet, nach weiteren Definitionsmöglichkeiten zu suchen. Statt dessen erfolgt eine pragmatische Klassifizierung der Arbeitslosigkeit nach kausalen Kriterien. Sieht man von freiwilliger Arbeitslosigkeit ab, so lassen sich - nicht zuletzt im Hinblick auf die in der Literatur üblichen Klassifizierungen - unterscheiden:
- saisonale Arbeitslosigkeit
- friktionelle Arbeitslosigkeit
- konjunkturelle Arbeitslosigkeit
- lohnkosteninduzierte Arbeitslosigkeit
- strukturelle Arbeitslosigkeit
- verdeckte Arbeitslosigkeit.

Die *saisonale Arbeitslosigkeit* resultiert aus einer im Jahresverlauf unstetigen Produktionsentwicklung (z.B. im Baugewerbe, in der Landwirtschaft, im Fremdenverkehrsbereich). Ihre Höhe hängt von der spezifischen Wirtschaftsstruktur eines Landes ab. Sie ist allerdings in der Regel kein fundamentales Problem der Beschäftigungspolitik, so daß sie aus den weiteren Untersuchungen ausgeklammert werden kann.

Die *friktionelle Arbeitslosigkeit* ist auf "natürliche" Fluktuationen bzw. Friktionen bei der Suche nach einem neuen Arbeitsplatz (*Sucharbeitslosigkeit*) und dem Wechsel eines Arbeitsplatzes zurückzuführen. Solche Friktionen lassen sich beispielsweise mit einem Mangel an schnell erreichbaren Informationen über alternative Arbeitsplätze und mit organisatorisch bedingten Einstellungsverzögerungen erklären. Ex definitione ist friktionelle Arbeitslosigkeit allerdings nur dann möglich, wenn die Arbeitsplatzsuche und der Arbeitsplatzwechsel grundsätzlich erfolgreich sein können, d.h. wenn die entsprechenden Arbeitsplätze - sei es auch nur mit einer gewissen zeitlichen Verzögerung - tatsächlich zur Verfügung stehen.

Die *konjunkturelle Arbeitslosigkeit* resultiert aus einem Mangel an Güternachfrage. Sie ist vorwiegend ein gesamtwirtschaftliches Phänomen. Es läßt sich allerdings durchaus beobachten, daß die Konjunkturentwicklungen in den verschiedenen Branchen einer Volkswirtschaft weder zeitlich noch quantitativ synchron verlaufen, daß also spezifische Branchenkonjunkturen auftreten. Von konjunktureller Arbeitslosigkeit darf allerdings nur dann gesprochen werden, wenn sie bei Beseitigung der Nachfragelücke quasi automatisch wieder verschwindet. Ob diese Beseitigung durch die Marktkräfte selbst oder durch staatliche Nachfragepolitik erfolgt, spielt dabei keine Rolle.

Die *lohnkosteninduzierte Arbeitslosigkeit* wird durch zu hohe Reallohnsätze verursacht. Fragen die Unternehmungen im Hinblick auf ihr Ziel der Gewinnmaximierung nur Arbeitskräfte nach, deren Produktivität mindestens dem Reallohnsatz entspricht, so bleiben alle Arbeitswilligen, die dieser Bedingung nicht genügen, zwingend arbeitslos. Da die am Reallohnsatz orientierte Arbeitsnachfrage der Unternehmungen ein wichtiges Element der klassischen und der neoklassischen Theorie ist, bezeichnet man diese lohnkosteninduzierte Arbeitslosigkeit auch als *klassische Arbeitslosigkeit*.

Die *strukturelle Arbeitslosigkeit* wird häufig mit merkmalbezogenen und regionalen Disparitäten zwischen dem Angebot an und der Nachfrage nach Arbeit erklärt. Hervorzuheben sind dabei individuelle Merkmale wie Qualifikation, Alter und Geschlecht sowie regionale Arbeitsangebotsüberschüsse, die aus räumlichen Immobilitäten des Faktors Arbeit oder auch des Faktors Kapital resultieren. Solche Disparitäten können sowohl das Ergebnis des volkswirtschaftlichen Strukturwandels sein als auch unabhängig von diesem auftreten. Strukturelle Arbeitslosigkeit wird allerdings auch durch Friktionen im volkswirtschaftlichen Strukturwandel verursacht, die nicht zwingend mit merkmalbezogenen und regionalen Disparitäten verbunden sind. So ist es durchaus denkbar, daß Menschen mit hoher fachlicher Qualifikation und hoher Mobilitätsbereitschaft für längere Zeit arbeitslos sind, weil sich der Strukturwandel nur schleppend vollzieht und neue Arbeitsplätze deshalb erst mit langen zeitlichen Verzögerungen entstehen. Friktionen im Strukturwandel können ihrerseits auf spezifische ökonomische Rahmenbedingungen, so z.B. auf staatliche Regulierungen zurückzuführen sein.

Die zuvor aufgezeigten Formen der Arbeitslosigkeit stellen eine *offene Arbeitslosigkeit* dar. Demgegenüber beschreibt die *verdeckte Arbeitslosigkeit* eine Situation, in der der Faktor Arbeit zwar beschäftigt ist, aber nicht mit der optimalen bzw. mit der größtmöglichen Effizienz genutzt wird. Verdeckte Arbeitslosigkeit ist deshalb mit einer relativ geringen Arbeitsproduktivität verbunden, wobei der Vergleichsmaßstab die potentielle Arbeitsproduktivität oder die höhere Arbeitsproduktivität in einem Land mit vergleichbaren Produktionsverhältnissen bzw. mit vergleichbarem Entwicklungsstand ist. Verdeckte Arbeitslosigkeit untergräbt die internationale Wettbewerbsfähigkeit einer Volkswirtschaft und birgt von daher die Gefahr, daß sie über kurz oder lang in eine offene Arbeitslosigkeit umschlägt.

Bei den Analysen der Ursachen der Arbeitslosigkeit muß unterschieden werden zwischen
- einer Störung, durch die Arbeitslosigkeit entsteht
- den Gründen, die dafür verantwortlich sind, daß Arbeitslosigkeit über einen längeren Zeitraum bestehen bleibt.

Diese Differenzierung ist sehr wichtig für die Wahl des beschäftigungspolitischen Instrumenteneinsatzes. Das sei an zwei Beispielen verdeutlicht:
- Entsteht durch eine Störung zwar Arbeitslosigkeit, wird diese aber durch die Marktkräfte über kurz oder lang quasi automatisch beseitigt, so erübrigt sich eine auf die Störungsbeseitigung gerichtete Beschäftigungspolitik.
- Beibt die nach einer Störung aufgetretene Arbeitslosigkeit erhalten, so ist grundsätzlich zu erwägen, ob die Beschäftigungspolitik auf eine Beseitigung der Störung oder auf eine Anregung der Selbstheilungskräfte des Marktes ausgerichtet werden soll.

Mit Blick auf diese Differenzierung werden im folgenden die konjunkturelle, die lohnkosteninduzierte sowie verschiedene Formen der strukturellen Arbeitslosigkeit in einem theoretischen Rahmen eingehender betrachtet.

7.2.2 Konjunkturelle Arbeitslosigkeit

In der keynesianischen Theorie werden bekanntlich drei Phänomene in Betracht gezogen, die dafür verantwortlich sein können, daß eine durch Nachfragestörungen verursachte konjunkturelle Arbeitslosigkeit nicht durch die Marktkräfte behoben wird und daß deshalb der Einsatz beschäftigungspolitischer Maßnahmen angeraten ist:
- Das Güterpreisniveau ist nach unten nicht flexibel.
- Das Nominallohnniveau ist nach unten nicht flexibel.
- Die aggregierte Güternachfrage ist preisunelastisch oder weist nur eine geringe Preiselastizität auf.

Welche Konsequenzen sich hieraus im einzelnen für Produktion, Einkommen und Beschäftigung ergeben, ist in früheren Untersuchungen bereits eingehend dargelegt worden [Kap. 5; Kap. 6]. Hier genügt deshalb eine kurze Wiederholung der wichtigsten Zusammenhänge. Dazu dient die Abbildung 7.1.

Abbildung 7.1

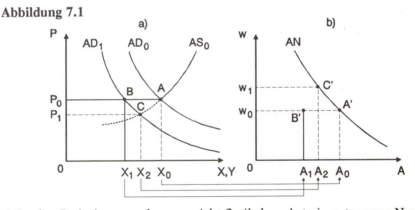

a) Ist das *Preisniveau nach unten nicht flexibel*, so hat ein autonomer Nachfragerückgang um die Strecke AB (Verschiebung der aggregierten Nachfragekurve von AD_0 nach AD_1) eine anhaltende Verringerung der Produktion auf X_1 zur Folge. Dementsprechend möge der Arbeitsinput auf A_1 sinken. Bleibt der Nominallohnsatz unverändert, so ergibt sich wegen der Preiskonstanz ebenfalls keine Änderung des Reallohnsatzes. Beschreibt, wie hier angenommen, AN die gewinnmaximierende Arbeitsnachfrage, so bedeutet ein Arbeitsinput von A_1 beim unveränderten Reallohnsatz w_0 eine Verletzung des Ziels der Gewinnmaximierung. Wenn die Unternehmungen dennoch an ihrer starren Preispolitik festhalten, so ist das vor allem darauf zurückzuführen, daß die Gütermärkte unvollkommen sind, daß die Unternehmungen darauf bedacht sind, einen ruinösen Preiswettbewerb zu vermeiden, oder daß die Unternehmungen nur unzureichende Informationen über den gewinnmaximalen Einsatz des Faktors Arbeit besitzen. Selbst wenn der Reallohnsatz gesenkt würde, käme es nicht zu einer Preissenkung und zu einer Produktionsausweitung. Vor dem Hintergrund dieser Preisinflexibilität nach unten verläuft die Arbeitsnachfragekurve folglich unterhalb des Punktes B' bis A_1 parallel zur Lohnachse. Da die hier skizzierte Preisstarrheit typisch für die keynesianische Theorie ist, bezeichnet man die daraus resultierende Arbeitslosigkeit auch als *keynesianische Unterbeschäftigung*.

b) Ist zwar das Preisniveau flexibel, aber der *Nominallohnsatz nach unten fixiert*, so ist das Güterangebot bei Gewinnmaximierung gemäß AS_0 preiselastisch. In diesem Fall sinkt das Preisniveau (auf P_1), so daß sich der Reallohnsatz erhöht (auf w_1). Produktion und Arbeitsinput gehen deshalb zurück (auf X_2 bzw. auf A_2). Hier ist es also die Inflexibilität des Nominallohnsatzes, die den vollständigen Abbau der konjunkturellen Arbeitslosigkeit verhindert.

c) Selbst wenn das Preisniveau und der Nominallohnsatz vollkommen flexibel sind, bleibt die konjunkturelle Arbeitslosigkeit erhalten, wenn die *aggregierte Güternachfrage preisunelastisch* ist.[1] In diesem Fall verläuft die Nachfragekurve z.B. vom Punkt B aus im Preissenkungsbereich parallel zur Preisachse. Produktion und Arbeitsinput verharren jetzt auf dem niedrigen Niveau X_1 bzw. A_1. Sogar eine Reallohnsenkung könnte an dieser Situation nichts ändern. Vor diesem Hintergrund dürfte es dann auch kaum zu Preis- und Lohnsenkungen kommen. Für den Fall, daß die Güternachfrage zwar nicht preisunelastisch ist, aber nur eine relativ geringe Preiselastizität besitzt, ist ein ähnliches Ergebnis zu erwarten. Eine nennenswerte Erhöhung der Güternachfrage ließe sich dann nämlich nur mit einer relativ starken Preissenkung erreichen, die ihrerseits eine relativ starke Nominallohnsenkung voraussetzen würde. Erfahrungsgemäß sind dazu aber weder Unternehmungen noch Gewerkschaften selbst angesichts einer hohen Arbeitslosigkeit und einer geringen Kapazitätsauslastung bereit.

7.2.3 Lohnkosteninduzierte Arbeitslosigkeit

Der Reallohnsatz ist eine wichtige - wenn nicht sogar die wichtigste - Determinante des Güterangebots in einer Volkswirtschaft. In früheren Untersuchungen hat sich gezeigt, daß die Fixierung des Reallohnsatzes bei gegebenen Produktionsverhältnissen gleichzeitig eine Fixierung des aggregierten Güterangebots und dementsprechend der Produktion und des Arbeitsinputs impliziert. Das Güterangebot ist bei Reallohnfixierung preisunelastisch. Eine autonome Erhöhung des realen Lohnsatzes bewirkt vor diesem Hintergrund eine Verringerung von Güterangebot, Produktion und Arbeitsinput.

Dieser Sachverhalt ist in der Abbildung 7.2 dargestellt worden. Ausgehend von einem Gleichgewicht bei Vollbeschäftigung im Punkt A, möge der Reallohnsatz auf w_1 steigen. Verfolgen die Unternehmungen - wie in der neoklassischen Theorie angenommen - das Ziel der Gewinnmaximierung, so werden sie den Arbeitsinput gemäß der Arbeitsnachfragekurve AN auf A_1 und dementsprechend das Güterangebot auf X_1 verringern. Die aggregierte Angebotskurve verschiebt sich somit nach AS_1. Das Preisniveau steigt auf P_1, so daß eine preisinduzierte Reduktion der Güternachfrage um den Betrag $X_0 - X_1$ stattfindet.

---

[1] Die Gründe für eine preisunelastische Güternachfrage sind schon in früheren Untersuchungen aufgezeigt worden [Kap. 4].

Abbildung 7.2

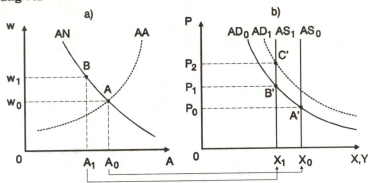

Die so entstandene Arbeitslosigkeit läßt sich nicht durch eine Stimulierung der Güternachfrage beseitigen. Würde die aggregierte Nachfragekurve beispielsweise nach AD_1 verschoben, so käme es lediglich zu einem Preisanstieg auf P_2, nicht jedoch zu einer Erhöhung von Produktion und Arbeitsinput. Hier wird deutlich, daß der Reallohnsatz die Schlüsselgröße sowohl für die *Entstehung* als auch für die *Dauerhaftigkeit* der hier betrachteten *klassischen Arbeitslosigkeit bzw. Unterbeschäftigung* ist. Vor diesem Hintergrund stellt sich die Frage, warum der Reallohnsatz auf dem hohen Niveau verharrt und der Marktmechanismus auf dem Arbeitsmarkt nicht zu einer Reallohnanpassung führt, die Vollbeschäftigung gewährleistet. Antworten auf diese Frage sind bereits weiter oben in der lohnpolitischen Analyse gegeben worden. Zu erinnern ist hier insbesondere an

- die Unvollkommenheit des Arbeitsmarktes durch gewerkschaftliche Organisation der Arbeitnehmer
- die Ausrichtung der Lohnpolitik an bestimmten strukturellen bzw. "natürlichen" Arbeitsmarktbedingungen, die eine "natürliche" Arbeitslosenquote implizieren
- den Hysteresis-Effekt.

Die lohnkosteninduzierte bzw. die klassische Arbeitslosigkeit kann vor diesem Hintergrund als eine *"natürliche" Arbeitslosigkeit* begriffen werden. Der Marktmechanismus kommt dementsprechend nur dann zum Tragen, wenn die tatsächliche Arbeitslosenquote von der natürlichen Arbeitslosenquote abweicht. Die oben skizzierte autonome Erhöhung des Reallohnsatzes - ausgehend von einem Arbeitsmarktgleichgewicht im Punkt A - bedeutet in diesem Zusammenhang, daß die in der Lohnpolitik relevante natürliche Arbeitslosenquote gestiegen ist. Eine Erklärung hierfür bietet beispielsweise der Hysteresis-Effekt.

7.2.4 Strukturelle Arbeitslosigkeit

a) Immobilität und Qualifikationsdefizite

Der nationale und internationale Wettbewerbsdruck erzwingen einen ständigen Strukturwandel, der häufig zum einen durch Standortverlagerungen und zum anderen durch höhere Anforderungen an die Qualifikation der Arbeitskräfte gekennzeichnet ist. Bei den Standortentscheidungen spielen neben der Verfügbarkeit einer modernen Infrastruktur sowie dem allgemeinen regionalen oder lokalen Investitionsklima nicht zuletzt auch Aspekte des *qualitativen* Arbeitskräftepotentials eine maßgebliche Rolle. Der hier aufgezeigte Strukturwandel impliziert Arbeitslosigkeit bei denjenigen, deren Qualifikation den neuen Anforderungen nicht genügt oder die zwar ausreichend qualifiziert, aber regional immobil sind. Das entscheidende Merkmal dieser Form der Arbeitslosigkeit liegt darin, daß grundsätzlich eine ausreichend hohe Anzahl an Arbeitsplätzen zur Verfügung stehen würde, sofern sich diese Plätze adäquat besetzen ließen. Allein die strukturellen Disparitäten und nicht etwa ein Mangel an Güternachfrage oder ein zu hoher Reallohnsatz sind die Ursache dieser Arbeitslosigkeit. Dafür bietet die Abbildung 7.3 ein anschauliches Beispiel.

Abbildung 7.3

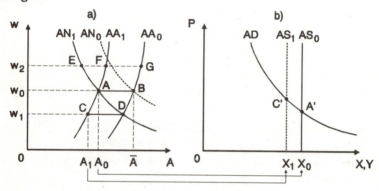

Die Kurve AA_0 ist Ausdruck des gesamten Arbeitsangebots. Unter dem Aspekt von Mobilität und Qualifikation möge allerdings für den volkswirtschaftlichen Produktionsprozeß lediglich ein Arbeitspotential gemäß der Angebotskurve AA_1 zur Verfügung stehen. Es sei angenommen, daß w_0 der Reallohnsatz in der Ausgangssituation ist. In dieser Situation sind zwei extreme Möglichkeiten denkbar:

- Die Arbeitsnachfrage, ausgedrückt durch AN_0, entspricht dem gesamten Arbeitsangebot, doch wegen der Mobilitäts- und Qualifikationsdefizite wird effektiv nur Arbeit in Höhe von A_0 eingesetzt, so daß einerseits Arbeitslosigkeit und andererseits ein Nachfrageüberschuß jeweils in Höhe der Strecke AB besteht.
- Die Unternehmungen haben die Produktionsverhältnisse bereits soweit an die Arbeitsmarktsituation angepaßt, daß es keine offenen Stellen gibt und die Strecke AB somit lediglich die Arbeitslosigkeit widerspiegelt (Arbeitsnachfragekurve AN_1).

Im ersten Fall ist es offenkundig, daß strukturelle Disparitäten bestehen. Es läßt sich in der Tat häufig beobachten, daß - aus strukturellen Gründen - trotz einer relativ großen Anzahl offener Stellen eine lang anhaltende Arbeitslosigkeit existiert.

Der zweite Fall wurde allerdings bewußt konstruiert, um zu zeigen, daß die hier diskutierte Arbeitslosigkeit nicht zwingend offene Stellen voraussetzt. Man könnte in diesem Fall den Eindruck haben, Ursache der Arbeitslosigkeit (in Höhe der Strecke AB) sei ein zu hoher Reallohnsatz. Bei einer Verringerung des Reallohnsatzes würde jedoch offensichtlich, daß sich die zusätzlich nachgefragten Stellen nicht besetzen lassen. Aufgrund von Immobilität und Qualifikationsmängeln entsteht jetzt ein Nachfrageüberschuß. In dieser Situation wird die Beschäftigung durch die "kürzere Seite" (die Angebotsseite) des Arbeitsmarktes determiniert und dementsprechend die andere Seite des Marktes (die Nachfrageseite) *rationiert*. Die Reallohnsenkung kann sogar - wie in der Abbildung 7.3 dargestellt - dazu führen, daß das für den Produktionsprozeß brauchbare und verfügbare Arbeitsangebot zurückgeht. Beim Reallohnsatz w_1 stünde dann nur noch Arbeit im Umfang von A_1 zur Verfügung. Dementsprechend würde die aggregierte Angebotskurve im Abbildungsteil b) trotz der Reallohnsenkung nach links (von AS_0 nach AS_1) verschoben. Die Strecke CD drückt in dieser neuen Situation wiederum gleichzeitig Arbeitslosigkeit und offene Stellen aus.

Zu einer lohnkosteninduzierten Arbeitslosigkeit käme es dann, wenn der Reallohnsatz über w_0 hinaus angehoben würde. Bei w_2 entstünde dann beispielsweise aufgrund eines zu hohen Reallohnsatzes zusätzliche lohnkosteninduzierte Arbeitslosigkeit in Höhe der Strecke EF. Gleichzeitig würde in dieser Situation jedoch auch strukturelle Arbeitslosigkeit in Höhe der Strecke FG vorliegen.

b) Produktionsinflexibilitäten

Sowohl die lohnkosteninduzierte als auch die zuvor diskutierte strukturelle Arbeitslosigkeit werden durch Vorgänge bzw. Gegebenheiten verursacht, die allein der Angebotsseite des Arbeitsmarktes zuzuschreiben sind. Arbeitslosigkeit kann aber auch aus spezifischen Bedingungen auf der Nachfrageseite des Arbeitsmarktes resultieren. Wie im folgenden zu zeigen ist, spielen dabei Inflexibilitäten im Produktionsbereich eine wichtige Rolle.

Der in den vorangegangenen Untersuchungen wiederholt verwendeten Arbeitsnachfragekurve - mit AN bezeichnet - liegt zum einen eine substitutionale Produktionsfunktion und zum anderen ein gewinnmaximierendes Verhalten der Unternehmungen zugrunde [4.5]. Bei fest vorgegebenen Sachkapazitäten - mit K bezeichnet - hat eine Erhöhung des Reallohnsatzes eine Verringerung der Arbeitsnachfrage bzw. des Arbeitsinputs und eine Senkung des Reallohnsatzes entsprechend eine Erhöhung der Arbeitsnachfrage zur Folge. Die Arbeitsintensität, die dem Verhältnis von Arbeitsinput A und Sachkapazitäten K entspricht, ist somit voll flexibel. Die empirischen Fakten zeigen allerdings, daß diese Flexibilität in kurz- und mittelfristigen Zeiträumen in aller Regel nicht gegeben ist. Vielmehr ist davon auszugehen, daß es

- technisch bedingte Hemmnisse gibt, durch die es den Unternehmungen unmöglich ist, das Einsatzverhältnis von Arbeit und Kapital - die Arbeitsintensität - frei zu variieren.

- institutionelle Bedingungen gibt, die die Unternehmungen veranlassen, auf eine Veränderung der bestehenden Produktionsverhältnisse - insbesondere der Arbeitsintensität - zu verzichten, obwohl solche Änderungen technisch durchaus möglich wären.

Technisch bedingte Hemmnisse kommen beispielsweise in einer *limitationalen Produktionsfunktion* zum Ausdruck. Bestehen lineare Zusammenhänge, so liegt eine *linear-limitationale Produktionsfunktion* vor, die durch eine feste Beziehung zwischen den Einsatzmengen der Faktoren Kapital und Arbeit einerseits und der Produktion andererseits gekennzeichnet ist:

(7.1) $\quad K = \beta X$

(7.2) $\quad A = \dfrac{1}{a} X$

Diese Gleichungen zeigen, welcher Kapitaleinsatz und welcher Arbeitseinsatz erforderlich sind, um eine bestimmte Produktionsmenge herzustellen. β ist der *Kapitalkoeffizient*, und a bezeichnet bekanntlich die *Arbeitsproduktivität*. Der Kehrwert des Kapitalkoeffizienten ($1/\beta$) wird als *Kapitalproduktivität* und der Kehrwert der Arbeitsproduktivität ($1/a$) als *Arbeitskoeffizient* bezeichnet. Diese Produktionszusammenhänge implizieren ein festes Faktoreinsatzverhältnis:

(7.3) $\quad \dfrac{K}{A} = a\beta$

K/A ist die *Kapitalintensität*; deren Kehrwert A/K ist die *Arbeitsintensität*.

Es ist sehr wohl möglich, daß zwischen der Produktion und den Faktoreinsatzmengen nicht-lineare Zusammenhänge bestehen und daß in diesem Fall das Faktoreinsatzverhältnis von der Produktionsmenge abhängig sein kann. Dennoch handelt es sich um eine (nicht-lineare) limitationale Produktionsfunktion, weil das Faktoreinsatzverhältnis nicht beliebig variiert werden kann.

Der Fall der linear-limitationalen Produktionsfunktion ist in der Abbildung 7.4 dargestellt worden. Der Abbildungsteil I zeigt mit XK den Kapitaleinsatz gemäß Gleichung (7.1) und der Abbildungsteil II mit KA_0 die zugehörige Kapitalintensität bzw. Arbeitsintensität gemäß Gleichung (7.3). Die Steigung der Produktionslinie XK wird durch den Kapitalkoeffizienten, die Steigung der Linie des Faktoreinsatzverhältnisses KA_0 durch das Produkt von Kapitalkoeffizient und Arbeitsproduktivität bestimmt. Ist der Kapitalstock mit K_0 fest vorgegeben, so ist bei effizientem Faktoreinsatz eine Produktion von X_0 möglich. Diese Produktion macht - wiederum eine effiziente Faktornutzung vorausgesetzt - einen Arbeitseinsatz von A_0 erforderlich. Die Produktionsverhältnisse implizieren ein festes Güterangebot, das in der Angebotskurve AS_0 im Abbildungsteil IV zum Ausdruck kommt.

Beschreibt AA im Abbildungsteil III das Arbeitsangebot, so besteht bei einem Reallohnsatz von w_0 Arbeitslosigkeit in Höhe der Strecke AB. Es ist zwar denkbar, daß eine Senkung des Reallohnsatzes das Arbeitsangebot verringert - wie hier mit der Arbeitsangebotskurve AA impliziert -, aber die Arbeitsnachfrage ändert sich wegen der starren Produktionsverhältnisse nicht. Die beim Reallohnsatz w_1

bestehende Arbeitslosigkeit in Höhe der Strecke CD ist somit auch auf die technisch bedingten Hemmnisse zurückzuführen.

Von weitaus größerer Bedeutung sind allerdings die schon erwähnten *institutionell bedingten Hemmnisse*. Dabei sind zwei Ursachenbereiche zu unterscheiden:
- Arbeitsmarktbedingungen, die trotz technischer Möglichkeiten einen zusätzlichen Arbeitsinput verhindern
- Investitionsbedingungen, die bei technisch bedingten Limitationalitäten die Schaffung zusätzlicher Arbeitsplätze verhindern.

Abbildung 7.4

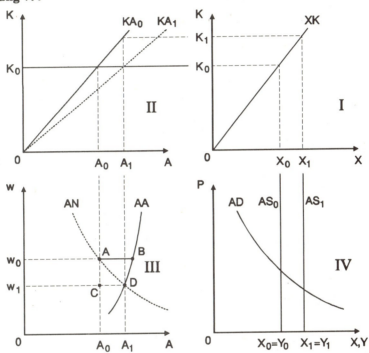

Im Hinblick auf die *Arbeitsmarktbedingungen* sind insbesondere die *Kündigungsschutzregelungen* zu nennen, die vor dem Hintergrund einer unsicheren Konjunkturentwicklung bewirken können, daß sich Unternehmungen bei der Einstellung zusätzlicher Arbeitskräfte zurückhalten, obwohl sie dadurch kurzfristig Gewinneinbußen in Kauf nehmen müssen. Maßgeblich ist in diesem Fall ein mittel- und längerfristiges Gewinnkalkül, bei dem Erwartungen über die zukünftige effiziente Nutzung der beschäftigten und kurzfristig nicht kündbaren Arbeitskräfte von Bedeutung ist. Das sei wiederum anhand der Abbildung 7.4 verdeutlicht. In der Ausgangssituation werde beim Reallohnsatz w_0 Arbeit in Höhe von A_0 nachgefragt. Der Reallohnsatz möge nun auf w_1 sinken. Es sei angenommen, daß die technischen Möglichkeiten eine Erhöhung der Arbeitsintensität auf A_1/K_0 (gemäß der Intensitätslinie KA_1 im Abbildungsteil II) zulassen und dementsprechend die Arbeitsnachfragekurve AN maßgeblich sein könnte. Aufgrund der Arbeitsmarktbedingungen halten die Unternehmungen jedoch am Arbeitsinput A_0 fest, so daß trotz der Reallohnsenkung eine relativ hohe Arbeitslosigkeit (hier in Höhe der Strecke CD) erhalten bleibt. Bezogen auf die Kündigungsschutzregelungen, gehen die Unternehmungen davon aus, daß sich der höhere Beschäftigtenstand, z.B. infolge konjunktureller Einflüsse, auf Dauer nicht halten läßt, ein Beschäftigungsabbau dann jedoch aufgrund der institutionellen Regelungen - zumindest kurzfristig - nicht möglich ist. Vergleichbare Wirkungen dürften auch andere institutionelle Arbeitsmarktbedingungen haben, so z.B. die mangelnde Flexibilität der Arbeitszeit oder tarifvertraglich vereinbarte Abfindungen im Fall einer Kündigung.

Vor dem Hintergrund dieser Bedingungen ist die aggregierte Angebotskurve (im Abbildungsteil IV) bei Reallohnsätzen unterhalb von w_0 bei AS_0 fixiert. Die hier aufgezeigten institutionellen Bedingungen schließen allerdings nicht aus, daß die Unternehmungen den Arbeitseinsatz reduzieren, wenn der Reallohnsatz steigt. In diesem Fall käme es zu der weiter oben schon diskutierten lohnkosteninduzierten Arbeitslosigkeit.

Im Hinblick auf die Bedeutung der *Investitionsbedingungen* sei wiederum die Abbildung 7.4 betrachtet. Es sei erneut angenommen, daß das Faktoreinsatzverhältnis aufgrund der limitationalen Produktionsverhältnisse gemäß der Linie KA_0 (im Abbildungsteil II) fixiert ist. Die Arbeitslosigkeit könnte beseitigt werden, indem der Kapitalstock erhöht wird. Es ist allerdings möglich, daß die Kapazitätsausweitung unterbleibt, weil der Reallohnsatz zu hoch ist. Andererseits ist es auch möglich, daß die Unternehmungen selbst dann keine Erhöhung ihrer Sachkapazitäten vornehmen, wenn der Reallohnsatz sinken würde - hier z.B. auf w_1. Bei diesem Reallohnsatz ließe sich mit einem Kapitaleinsatz von K_1 Vollbeschäftigung erreichen. Die aggregierte Angebotskurve würde sich durch diese Kapazitätsausweitung nach AS_1 verschieben.

Der Verzicht auf eine Kapazitätsausweitung läßt sich beispielsweise begründen mit

- einem Mangel an Wettbewerbsintensität, durch den die sogenannte "Schlafmützenkonkurrenz" begünstigt wird
- politischen Instabilitäten oder wirtschaftspolitischen Unsicherheiten, durch die die Investitionsplanung erschwert wird
- strukturellen Bedingungen des Steuersystems, durch die die Investitionen oder die Güterproduktion diskriminiert werden.

Die fehlende Bereitschaft, durch den Aufbau von Sachkapazitäten zusätzliche Arbeitsplätze zu schaffen, gewinnt vor dem Hintergrund international orientierter Standortentscheidungen zunehmend an Bedeutung. Nationale Investitionshemmnisse, die insbesondere in spezifischen Arbeitsbedingungen sowie im Steuersystem begründet sind, spielen dabei eine maßgebliche Rolle.

Die aus dem Mangel an Investitionen und zusätzlichem Kapazitätsaufbau resultierende Arbeitslosigkeit wird in der Literatur manchmal auch als *"Kapitalmangelarbeitslosigkeit"* bezeichnet. Diese Bezeichnung ist allerdings für die meisten Industrieländer nicht sinnvoll. Im allgemeinen herrscht nämlich kein Mangel an Kapital im Sinne von Finanzierungsmitteln, sondern aufgrund der spezifischen Investitionsbedingungen herrscht ein Mangel an rentablen Investitionsmöglichkeiten. Die Arbeitslosigkeit wird in diesem Fall somit nicht durch einen Kapitalmangel, sondern durch die spezifischen Investitionsbedingungen verursacht. Ein Mangel an Finanzierungsmöglichkeiten bzw. ein Kapitalmangel kann demgegenüber in Entwicklungsländern durchaus ein wichtiges Investitionshemmnis darstellen.

7.2.5 Verdeckte Arbeitslosigkeit

Zuvor wurde ausschließlich die *"offene Arbeitslosigkeit"* betrachtet. Diese Form der Arbeitslosigkeit bezieht sich auf die Arbeitskräfte, die nicht in einem Beschäftigungsverhältnis stehen. Aufgrund bestimmter Arbeitsmarktbedingungen ist allerdings auch *"verdeckte Arbeitslosigkeit"* möglich. Sie liegt dann vor, wenn die beschäftigten Arbeitskräfte nicht effizient, d.h. ihrer Produktivität entsprechend, im Produktionsprozeß eingesetzt werden. Das sei anhand der Abbildung 7.5 verdeutlicht.

Zur Erfassung der Produktionsverhältnisse wird von einer linear-limitationalen Produktionsfunktion gemäß den Gleichungen (7.1) und (7.2) ausgegangen. In der Linie XA_0 kommt eine effiziente Nutzung des Faktors Arbeit gemäß Gleichung (7.2) zum Ausdruck. In der Ausgangssituation wird zur Produktion von X_0 - bei effizienter Nutzung - Arbeit in Höhe von A_0 eingesetzt.

Abbildung 7.5

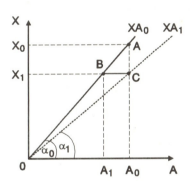

Infolge einer Konjunkturschwäche möge die Produktion auf X_1 sinken. Bei effizienter Produktion müßte sich der Arbeitsinput auf A_1 verringern. Die empirischen Fakten deuten aber darauf hin, daß Arbeitskräfte bei einer Verschlechterung der Absatzlage und einem Produktionsrückgang kurzfristig nicht oder nur in relativ geringer Zahl freigesetzt werden und daß es - bei durchschnittlicher Betrachtung - zu einer ineffizienten Nutzung der beschäftigten Arbeitskräfte kommt. Dafür sind insbesondere drei Gründe maßgebend:
1. Der gesetzliche Kündigungsschutz verbietet Entlassungen innerhalb eines bestimmten Zeitraumes, z.B. innerhalb eines halben Jahres.
2. Kurzarbeit bedarf in der Regel der Zustimmung der Arbeitnehmervertretung innerhalb der Unternehmungen, und diese Zustimmung wird im allgemeinen erst

dann gegeben, wenn eine länger anhaltende Absatzschwäche offenkundig ist und Entlassungen drohen. Durch Kurzarbeit ließe sich aber die normale Arbeitszeit der Beschäftigten reduzieren und so eine effiziente Nutzung der Arbeitskräfte in der Restarbeitszeit realisieren.

3. Die Unternehmungen verzichten freiwillig auf Entlassungen, weil die beschäftigten Arbeitskräfte ein unternehmensspezifisches Know-how besitzen und Wiedereinstellungen im allgemeinen mit relativ hohen Qualifizierungskosten verbunden sind. Es ist deshalb rational, die weitere Absatzentwicklung zunächst einmal abzuwarten und Entlassungen erst dann vorzunehmen, wenn sich ein länger anhaltender Produktionsrückgang abzeichnet.

Wenn das Beschäftigungsniveau mit A_0 trotz des Produktionsrückgangs auf X_1 aufrechterhalten wird, verringert sich die tatsächlich realisierte Arbeitsproduktivität. Die Produktivitätslinie dreht sich nach XA_1. In Höhe der Strecke BC ergibt sich dementsprechend *verdeckte Arbeitslosigkeit*.

Infolge der Verringerung der Arbeitsproduktivität erhöhen sich die Lohnstückkosten, sofern das Nominallohnniveau konstant bleibt oder unterproportional zur Arbeitsproduktivität sinkt. Diese Zusammenhänge bieten eine weitere Erklärung für das bereits dargelegte Phänomen der Starrheit von Güterpreisen nach unten. Da die Lohnstückkosten zunehmen, impliziert schon ein konstantes Preisniveau einen Rückgang des Stückgewinns. Würden die Unternehmungen also Preissenkungen vornehmen, so käme es zu noch größeren Einbußen bei den Stückgewinnen. Diese Zusammenhänge erweisen sich möglicherweise als ein Circulus vitiosus: Einerseits ist der konjunkturell bedingte Produktionsrückgang eventuell auf das nach unten starre Preisniveau zurückzuführen, andererseits erzeugt dieser Produktionsrückgang verdeckte Arbeitslosigkeit und - dadurch bedingt - einen Anstieg der Lohnstückkosten, der seinerseits Ursache des nach unten starren Preisniveaus ist. Während die weiter oben diskutierte konjunkturelle Arbeitslosigkeit eine offene Arbeitslosigkeit ist, entsteht in dem hier diskutierten Fall - allerdings ebenfalls aus konjunkturellen Gründen - die verdeckte Arbeitslosigkeit.

7.3 Nachfrageorientierte Wirtschaftspolitik: Fiskalpolitik
7.3.1 Anwendungsbedingungen

Die Maßnahmen der *nachfrageorientierten Wirtschaftspolitik* sind darauf gerichtet, über eine Erhöhung der Güternachfrage positive Produktions- und Beschäftigungseffekte zu erzielen. Wie die vorangegangenen Untersuchungen deutlich gemacht haben, hat die Zunahme der aggregierten Güternachfrage nur dann positive Wirkungen auf Einkommen, Produktion und Beschäftigung, wenn das aggregierte Güterangebot zumindest kurzfristig preiselastisch ist. Diese Bedingung ist bekanntlich nicht erfüllt, wenn die sichtbare Arbeitslosigkeit ausschließlich auf folgende Ursachen zurückzuführen ist:

- auf einen zu hohen Reallohnsatz und eine an diesem Niveau orientierte Lohnpolitik der kurzfristigen Reallohnfixierung

- auf strukturelle Disparitäten (z.B. Immobilität, Qualifikationsdefizite)
- auf Produktionsinflexibilitäten (z.b. Kündigungsschutz, Wettbewerbsmangel, Investitionshemmnisse)
- auf freiwilligen, jedoch statistisch nicht als freiwillig eingestuften Beschäftigungsverzicht (z.B. aufgrund des sozialen Sicherungssystems).

Die Einkommens-, Produktions- und Beschäftigungseffekte können allerdings nur dann nachhaltig sein, wenn das aggregierte Güterangebot nicht nur kurzfristig, sondern auch längerfristig eine gewisse Preiselastizität aufweist. Dazu muß gewährleistet sein, daß

- nachfrageinduzierte Erhöhungen des Preisniveaus keine Nominallohnanpassungen nach sich ziehen, die letztlich eine Fixierung des Reallohnsatzes auf dem Ausgangsniveau implizieren
- eine nachfrageinduzierte Verbesserung der Arbeitsmarktlage keine Nominallohnanpassungen auslösen, die sich am "natürlichen" Beschäftigungsstand in der Ausgangssituation orientieren.

Die Verfechter einer Nachfragepolitik sehen in der Möglichkeit der längerfristigen Nominallohnanpassungen an die Preisentwicklung und an die Arbeitsmarktlage allerdings keinen gravierenden Einwand gegen ihre Politik. Sie betonen, daß es in der Beschäftigungspolitik vor allem darum gehen muß, die kurzfristig möglichen Beschäftigungseffekte wahrzunehmen, und daß ein Verzicht auf die kurzfristige Verbesserung der Beschäftigungslage auf längere Sicht zusätzliche Beschäftigungsprobleme mit sich bringen würde. Im Hinblick auf diese Problemverschärfung wird insbesondere auf das *Hysteresis-Phänomen* sowie auf die *Gefahr sozialer und politischer Instabilitäten* hingewiesen. Deshalb wird der Einsatz der nachfrageorientierten Beschäftigungspolitik als sinnvoll erachtet, wenn die oben genannten kurzfristigen Bedingungen erfüllt sind.

Es darf allerdings nicht übersehen werden, daß die Ursachen der Arbeitslosigkeit häufig nicht klar erkennbar sind und daß es von daher schwierig ist, überhaupt die Zweckmäßigkeit des Einsatzes nachfragepolitischer Instrumente zu beurteilen. Bei den jetzt folgenden Untersuchungen zu den Wirkungen einer nachfrageorientierten Fiskalpolitik wird jedoch davon ausgegangen, daß die Bedingungen für eine kurzfristige Preiselastizität des aggregierten Güterangebots erfüllt sind.

7.3.2 Die Finanzierung öffentlicher Budgetdefizite

Die nachfrageorientierte Fiskalpolitik ist im allgemeinen eine Politik des *Deficit spending*, also eine Politik, bei der öffentliche Budgetdefizite entstehen oder bereits bestehende Defizite zunehmen. Es wird ausgelöst durch eine autonome Erhöhung von Staatsausgaben (Erhöhung staatlicher Investitionen, des Staatskonsums oder der Übertragungen) und/oder durch eine autonome Verringerung der Abgaben (Verringerung der marginalen Steuer- bzw. Abgabenquoten, der autonomen Steuern oder der Sozialabgaben). Die nachfrageorientierte Fiskalpolitik ist somit eine *diskretionäre Politik* bzw. eine Politik, die fallweise eingesetzt wird.[2]

Eine Alternative zum Deficit spending wäre die *Politik eines ausgeglichenen Budgets*. Gemäß dem *Haavelmo-Theorem* läßt sich unter bestimmten Voraussetzungen ein positiver Einkommenseffekt erzielen, wenn eine autonome Staatsausgabenerhöhung (insbesondere eine Erhöhung der staatlichen Investitionen oder des Staatskonsums) vollständig durch eine Steuererhöhung finanziert wird [2.3.6]. Es ist aber fraglich, ob die Bedingungen für dieses Theorem erfüllt sind. Das Risiko, daß Steuererhöhungen mit einer relativ starken Beeinträchtigung der privaten Güternachfrage - insbesondere auch der Investitionsgüternachfrage - verbunden sind und daß steuerfinanzierte Staatsausgabenerhöhungen keinen oder sogar einen negativen Einkommenseffekt haben, ist sehr groß. Diese Politik spielt deshalb im Rahmen der typischen nachfrageorientierten Wirtschaftspolitik keine Rolle. Auch hier wird sie nicht weiter behandelt.

Beim Deficit spending sind neben den güterwirtschaftlichen Nachfrageeffekten die Wirkungen der Finanzierung der zusätzlichen öffentlichen Budgetdefizite von grundlegender Bedeutung. Im Hinblick auf die Finanzierung sind zwei Aspekte zu beachten, die in den folgenden Gleichungen zum Ausdruck kommen:

(7.4) $-F_{St} = BD = S - I - AB$

(7.5) $BD = \Delta W_{St}^s = \Delta W_F^d + \Delta W_{Pr}^d = \Delta M + \Delta W_{Pr}^d$

Die Gleichung (7.4) beschreibt das bekannte güterwirtschaftliche IS-Gleichgewicht, in dem neben der güterwirtschaftlichen gleichzeitig auch die finanzwirtschaftliche Seite des Gleichgewichts erfaßt wird [2.4.3]. Aus finanzwirtschaftlicher Perspektive läßt sich an dieser Gleichgewichtsbedingung erkennen, daß ein Budgetdefizit BD bzw. ein negativer staatlicher Finanzierungssaldo $-F_{St}$ aus einem Überschuß der geplanten privaten Ersparnisse S über die geplanten privaten Investitionen I und den Außenbeitrag AB finanziert wird. Die Gleichung (7.4) zeigt dementsprechend die *Finanzierungsquellen* des öffentlichen Budgetdefizits.

Die Gleichung (7.5) beschreibt demgegenüber die *Finanzierungsstruktur* eines zusätzlichen Budgetdefizits. Dieses ist mit einem zusätzlichen Wertpapierangebot ΔW_{St}^s der öffentlichen Haushalte verbunden, denen eine zusätzliche Wertpapiernachfrage des finanziellen Sektors in Höhe von ΔW_F^d und des privaten Sektors (der privaten Haushalte, der privaten Unternehmungen und des Auslands) in Höhe von ΔW_{Pr}^d gegenübersteht [3.3]. Der zusätzlichen Wertpapiernachfrage des finanziellen Sektors entspricht das zusätzliche Geldangebot ΔM [3.3.1]. Das zusätzliche öffentliche Budgetdefizit wird somit durch eine Erhöhung der Geldmenge und/oder durch eine Erhöhung der Nettowertpapierforderungen der privaten Wirtschaftssubjekte (einschließlich Ausland) finanziert. Ist die Finanzierung mit einer Erhöhung der Geldmenge verbunden, so spricht man von einer *Geldschöpfungsfinanzierung*.

---

[2] Im Unterschied zur diskretionären Politik reagiert die *regelgebundene Politik* automatisch auf Änderungen ökonomischer Größen, z.B. des Einkommens.

Mit Blick auf die Finanzierungsquellen läßt sich die Gleichung (7.4) auch in Veränderungsgrößen ausdrücken:

(7.4a) $\Delta BD = \Delta S - \Delta I - \Delta AB$

Bezogen auf die Finanzierungsquellen erfolgt die Finanzierung eines zusätzlichen Budgetdefizits demnach
- bei $\Delta S - \Delta I > 0$ durch eine *Inlandsfinanzierung* und/oder
- bei $\Delta AB < 0$ durch eine *Auslandsfinanzierung*.

Die Inlandsfinanzierung setzt voraus, daß
- die privaten Ersparnisse zunehmen ($\Delta S > 0$) und/oder
- die privaten Investitionen sinken ($\Delta I < 0$).

Steht dem zusätzlichen Budgetdefizit eine Verringerung der privaten Investitionen und/oder des Außenbeitrags gegenüber, so kommt es direkt zu einer *Verdrängung* privater Nachfrage (der Unternehmungen und des Auslands) nach inländischen Gütern durch den Staat. Dabei ist zu beachten, daß eine Verringerung des Außenbeitrags aus einem Rückgang ausländischer Nachfrage nach inländischen Gütern - also aus einem Rückgang der Exporte - und/oder einer Substitution inländischer Güter durch ausländische Güter - also aus einer Zunahme der Importe - resultiert. Auch eine Erhöhung der privaten Ersparnisse kann mit einer Verdrängung privater Güternachfrage verbunden sein - nämlich dann, wenn zusätzliche Ersparnisse zu Lasten des Konsums gebildet werden. Die hier aufgezeigten güterwirtschaftlichen Verdrängungswirkungen werden als *Crowding-out-Effekt* der staatlichen Politik eines Deficit spending bezeichnet. Die güterwirtschaftlichen Verdrängungen können gleichzeitig mit einer Umlenkung von Krediten an den Staat verbunden sein: Der Rückgang von Investitionen und Außenbeitrag bedeutet weniger Kredite für inländische Unternehmungen und für das Ausland, die Zunahme von Ersparnissen aufgrund von Konsumverzicht kann weniger Konsumentenkredite an private Haushalte implizieren.

7.3.3 Deficit spending und Crowding-out-Effekt

Um die Wirkungen, die im Rahmen des Crowding-out-Effektes auftreten, im einzelnen erfassen zu können, müssen im Hinblick auf die Finanzierungsquellen die Reaktionen der privaten Ersparnisse, der privaten Investitionen und des Außenbeitrags sowie im Hinblick auf die Finanzierungsstruktur die Reaktionen des Geldangebots und der Geldnachfrage auf eine Politik des Deficit spending bzw. auf zusätzliche staatliche Budgetdefizite näher untersucht werden. Hierzu wird auf die bereits bekannten graphischen Darstellungsformen einerseits der IS- und der LM-Kurve und andererseits der aggregierten Güternachfrage- und der aggregierten Güterangebotskurve zurückgegriffen. Für die Wirkungen zusätzlicher staatlicher Budgetdefizite sind neben den Einflüssen aus Einkommens-, Zins- und Preisänderungen, die bei der Lösung verschiedener Problemstellungen in den vorangegangenen Untersuchungen bereits eingehend betrachtet worden sind, drei weitere Ein-

flüsse von Bedeutung, auf die bislang nur am Rande eingegangen wurde:
- der Einfluß von Vermögensänderungen auf den privaten Konsum bzw. die privaten Ersparnisse
- der Einfluß von Vermögensänderungen auf die Geldnachfrage
- der Einfluß einer Veränderung des Risikos der Wertpapieranlage auf die Geldnachfrage.

Erfolgt eine Inlandsfinanzierung ($\Delta S - \Delta I > 0$), so nimmt im Zuge der Finanzierung des zusätzlichen Budgetdefizits das Geldvermögen in Händen der inländischen privaten Wirtschaftssubjekte zu. Dieser Vermögenszuwachs kann eine Zunahme des privaten Konsums und dementsprechend ceteris paribus eine Verringerung der privaten Ersparnisse bewirken. Dafür sind insbesondere zwei Gründe maßgebend:
- Auf der Grundlage der sicheren Basis eines größeren Geldvermögensbestandes nimmt die Konsumneigung zu und dementsprechend die Sparneigung ab.
- Ersparnisse werden häufig im Hinblick auf die Erreichung eines bestimmten Geldvermögensbestandes (eines "optimalen" Bestandes) gebildet, so daß die Sparneigung zurückgeht, wenn man diesem Ziel näherkommt.

In der makroökonomischen Theorie ist es allerdings heftig umstritten, ob die aus zusätzlichen staatlichen Budgetdefiziten resultierende Geldvermögenssteigerung tatsächlich den privaten Konsum anregt. Es ist nämlich sehr wohl denkbar, daß private Wirtschaftssubjekte höhere staatliche Budgetdefizite mit der Erwartung verknüpfen, daß der Staat über kurz oder lang gezwungen sein wird, zur Verringerung seiner anhaltenden Defizite Steuern zu erhöhen. Vor diesem Hintergrund ist es denkbar, daß die privaten Wirtschaftssubjekte den Geldvermögenszuwachs in Form von zusätzlichen Staatspapieren nicht als einen dauerhaften Nettovermögenszuwachs einstufen und ihre Konsumneigung mit Blick auf diesen Geldvermögenszuwachs deshalb auch nicht verändern.[3] Auch empirische Untersuchungen haben bislang keinen eindeutigen Nachweis der zuvor aufgezeigten Abhängigkeit des privaten Konsums bzw. der privaten Ersparnisse von einem Geldvermögenszuwachs, der auf staatliche Budgetdefizite zurückzuführen ist, gebracht.

Der Einfluß des Vermögens und des Risikos auf die Geldnachfrage ergibt sich aus den Entscheidungen der privaten Wirtschaftssubjekte im Rahmen der Portfolio-Diversifikation, bei der es darum geht, einen bestimmten Geldvermögensbestand optimal auf Geld (Bargeld, Sicht-, Termin- und Spareinlagen) und Wertpapierforderungen aufzuteilen [3.5.5]. Demnach erhöhen die privaten Wirtschaftssubjekte ihre Geldnachfrage, wenn ihr Geldvermögen steigt und/oder wenn das Risiko von Wertpapieranlagen zunimmt. Das kommt in der graphischen Darstellung in einer Verschiebung der LM-Kurve nach oben zum Ausdruck.

Es sei angenommen, daß der Staat seine Ausgaben (z.B. die Investitionsausgaben) erhöht und das dabei auftretende Budgetdefizit durch Wertpapieremission

---

[3] Diese Zusammenhänge sind in der Literatur als *Barro-Ricardo-Schuldenneutralitäts-Hypothese* bekannt. Siehe hierzu: **R. Barro** (1974), S. 1095 - 1117.

bzw. durch Kreditaufnahme bei den Nichtbanken finanziert. Im Zuge dieser Politik treten *finanzierungsbedingte Zinseffekte* sowie *güterwirtschaftliche Nachfrageeffekte* auf. Beide Effekte sind ihrerseits mit Einkommensänderungen verbunden, die sich in einem mehr oder weniger langen Anpassungsprozeß ergeben.

Am Anfang des Prozesses steht im allgemeinen die Finanzierung der vom Staat geplanten Ausgabenerhöhung. Reaktionen im Bereich der Güternachfrage sind in dieser Phase in der Regel noch nicht zu beobachten. Da dementsprechend die privaten Ersparnisse, die privaten Investitionen und der Außenbeitrag zunächst noch unverändert sind, ist es zur Finanzierung des staatlichen Budgetdefizits erforderlich, daß die Nichtbanken kurzfristig in ihrem Portfolio Geld zugunsten von staatlichen Wertpapieren substituieren. Dazu sind sie aber im allgemeinen nur bereit, wenn der Wertpapierzinssatz steigt. Der Zinsanstieg hängt von der Zinselastizität der Geldnachfrage und dementsprechend von der Zinselastizität der Wertpapiernachfrage ab.[4] Ist die Zinselastizität (absolut gesehen) groß, so genügt eine relativ geringe Zinssteigerung, um die zusätzlichen Staatspapiere am Markt unterzubringen. Analog dazu macht eine geringe Zinselastizität einen relativ starken Zinsanstieg erforderlich.

Mit einer gewissen zeitlichen Verzögerung werden die zusätzlichen Staatsausgaben nachfrage- und einkommenswirksam. Diesbezüglich ist auf die bereits bekannten Multiplikatorprozesse zu verweisen. Der zuvor aufgezeigte Zinsanstieg hat allerdings eine Verdrängung privater Güternachfrage (insbesondere privater Investitionen) zur Folge, so daß dem direkten positiven Nachfrage- und Einkommenseffekt der Staatsausgabenerhöhung ein zinsinduzierter Effekt gegenübersteht. Zur Erfassung dieser Effekte sei die Abbildung 7.6 betrachtet. Ausgehend von einem Gleichgewicht im Punkt A, verschiebt sich die IS-Kurve infolge der hier betrachteten Fiskalpolitik nach IS_1. Wenn es nicht zu den obengenannten Vermögens- und Risikoeinflüssen käme, würde sich ein neues IS- und LM-Gleichgewicht im Punkt C ergeben. Der Zinssatz wäre dann also auf i_1 und das Einkommen auf Y_2 gestiegen. Infolge der Zinssteigerung ist hier ein Crowding-out-Effekt in Höhe der Einkommensdifferenz $Y_1 - Y_2$ eingetreten. Dieser Effekt ist auf die *zinsinduzierte* Verdrängung privater Güternachfrage zurückzuführen.

Auf zwei bereits bekannte Sonderfälle sei allerdings auch hier noch einmal hingewiesen: Wenn die Geldnachfrage vollkommen zinselastisch ist und dementsprechend das Geldmarktgleichgewicht durch LM_0' beschrieben wird, ergibt sich kein

---

[4] Die Zinselastizität der Geldnachfrage ist negativ und diejenige der Wertpapiernachfrage dementsprechend positiv. Die Zinskoeffizienten der Geld- und Wertpapiernachfrage addieren sich aufgrund der definitorischen Zusammenhänge zwischen Geld- und Wertpapiernachfrage zu null. Das läßt sich z.B. erkennen, wenn die Vermögensgleichung der privaten Nichtbanken betrachtet wird: $V_{Pr} = L_{Pr} + W_{Pr}$. Ist das Geldvermögen V_{Pr} unverändert, so gilt: $\Delta W_{Pr} = -\Delta L_{Pr}$. Die Erhöhung des Wertpapierbestandes um ΔW_{Pr} entspricht der zusätzlichen Kreditnachfrage des Staates und impliziert somit eine gleich große Verringerung des Geldbestandes bzw. der Geldnachfrage um ΔL_{Pr}. Dementsprechend müssen auch die Zinsreaktionen - mit entgegengerichteten Vorzeichen - gleich groß sein.

Zinseffekt und folglich auch kein zinsinduzierter Crowding-out-Effekt. Das Einkommen steigt dann auf Y_1. In diesem Fall liegt ein Liquiditätsüberfluß vor, der die Wirtschaftssubjekte veranlaßt, die zusätzlichen Staatspapiere ins Portefeuille aufzunehmen, ohne daß es hierzu nennenswerter Zinsanreize bedarf.

Eine völlige andere Situation liegt vor, wenn die Geldnachfrage zinsunelastisch ist und das Geldmarktgleichgewicht dementsprechend durch LM_0'' beschrieben wird. In diesem Fall werden die vorhandenen Geldbestände vollständig für Transaktionszwecke benötigt, so daß eine Mobilisierung von Geld für den Kauf von zusätzlichen Staatstiteln auch durch einen Zinsanstieg nicht möglich ist. Setzt der Staat dennoch seine Ansprüche durch, so kann das nur vollständig zu Lasten privater Kreditnachfrage geschehen. Er verdrängt private Nachfrager nach Investitions- und nach Konsumentenkrediten vom Markt. Dementsprechend verringert sich die private Güternachfrage exakt um den Betrag der zusätzlichen staatlichen Güternachfrage. Ein Einkommenseffekt ist in diesem Fall unmöglich.

Abbildung 7.6

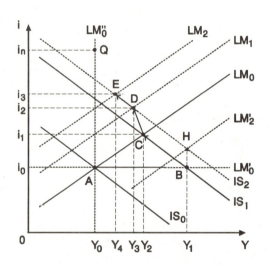

Zur Erfassung der *Vermögens- und Risikoeinflüsse* sei allerdings wiederum eine zinselastische - jedoch nicht vollkommen zinselastische - Geldnachfrage betrachtet. Durch den Anstieg des privaten Geldvermögens, der mit der Emission der zusätzlichen Staatspapiere verbunden ist, verschiebt sich die IS-Kurve weiter nach rechts - hier z.B. nach IS_2 - sowie die LM-Kurve nach oben - hier z.B. nach LM_1. Damit ist impliziert, daß die Geldvermögenszunahme eine Erhöhung der privaten Güternachfrage sowie eine Erhöhung der Geldnachfrage nach sich zieht. Da das Geldangebot annahmegemäß unverändert ist, resultiert hieraus ein weiterer Zinsanstieg auf i_2. In dem dargestellten Beispiel verringert sich das Einkommen (ausgehend von Y_2) auf Y_3. In diesem Fall ist ein *vermögensinduzierter Crowding-out-Effekt* aufgetreten. Infolge der Zinssteigerung, die auf den Vermögenseffekt zurückzuführen ist, wird somit nochmals private Güternachfrage zurückgedrängt.

Anhand der Abbildung 7.6 läßt sich allerdings leicht nachvollziehen, daß die

Einkommensänderung, die aus dem Vermögenseffekt resultiert, theoretisch nicht eindeutig bestimmt ist. Wäre beispielsweise die Reaktion der Geldnachfrage relativ gering und demgegenüber die Reaktion der privaten Güternachfrage auf die Vermögensänderung relativ groß, so könnte sich durchaus ein positiver Einkommenseffekt ergeben. In diesem Fall käme es zu einem *"Crowding-in-Effekt"*. Es sei allerdings noch einmal erwähnt, daß die empirischen Untersuchungen bisher keinen Aufschluß darüber geben, ob der hier aufgezeigte Vermögenseffekt in quantitativer Hinsicht überhaupt bedeutsam ist und - falls ja - ob er einen Crowding-out- oder einen Crowding-in-Effekt impliziert.

Die Wirkungsrichtung des *Risikoeinflusses* ist demgegenüber eindeutig. Schätzen die privaten Wirtschaftssubjekte das Risiko der Wertpapierhaltung aufgrund der zunehmenden staatlichen Defizitfinanzierung höher ein, so findet eine gewisse Umstrukturierung des Portfolios zugunsten der Geldbestände - insbesondere der Termin- und Spareinlagen - statt. Dementsprechend verschiebt sich die LM-Kurve weiter nach oben - hier z.B. nach LM_2. Das Zinsniveau steigt noch weiter an - hier auf i_3. Der Risikoeinfluß hat also eine zinsinduzierte Verdrängung privater Güternachfrage zur Folge, die eindeutig mit einer negativen Einkommensänderung verbunden ist. Folglich ergibt sich ein *risikoinduzierter Crowding-out-Effekt* in Höhe der Einkommensdifferenz $Y_3 - Y_4$.

Die zuvor zugrunde gelegte Annahme eines konstanten Güterpreisniveaus wird jetzt aufgehoben. Das Güterangebot möge nun - zumindest kurzfristig - preiselastisch, nicht jedoch vollkommen preiselastisch sein. Das setzt bekanntlich voraus, daß - zumindest kurzfristig - keine absolute Reallohnfixierung erfolgt. Die hier relevanten Preiseffekte sind weiter oben bereits ausführlich für den allgemeinen Fall einer autonomen Nachfrageerhöhung untersucht worden [4.3.3]. Sie werden in der Abbildung 7.7 noch einmal für den jetzt untersuchten Fall der expansiven Fiskalpolitik dargestellt.

Der obere Abbildungsteil bezieht sich unmittelbar auf die Abbildung 7.6 und übernimmt das IS- und LM-Gleichgewicht, das im Punkt E für ein konstantes Preisniveau P_0 erreicht worden ist. Dieses Gleichgewicht impliziert einen Anstieg der Güternachfrage auf Y_4. Dementsprechend hat sich die aggregierte Nachfragekurve - bezogen auf die Ausgangssituation mit AD_0 - um die Strecke A'E' nach AD_1 verschoben. Bei der hier angenommenen aggregierten Angebotskurve AS_0 kommt es zu einem Preisanstieg auf P_1. Dieser Preisanstieg hat zum einen eine Verringerung der realen Geldmenge und zum anderen, z.B. aufgrund des Realkasseneffektes, eine direkte Dämpfung der Güternachfrage zur Folge. Dementsprechend möge sich die LM-Kurve nach LM_3 und die IS-Kurve nach IS_3 verschieben. Im hier konstruierten Beispiel ergibt sich mit Erreichen des neuen IS- und LM-Gleichgewichts im Punkt F ein weiterer Zinsanstieg auf i_4. Man muß allerdings beachten, daß theoretisch auch eine Zinskonstanz bei i_3 oder sogar eine Zinssenkung möglich ist. Hat die Preiserhöhung - z.B. über den Realkasseneffekt - direkt eine relativ starke Beeinträchtigung der Güternachfrage zur Folge, so kann dadurch die Verringerung der Nachfrage nach (realer) Transaktionskasse gleich groß oder größer sein als der Betrag, um den die reale Geldmenge aufgrund der Preiserhöhung sinkt. Folglich ergibt sich kein Zinseffekt, oder der Zinssatz sinkt. Wie auch immer die Zinsreaktion ausfallen mag, im Ergebnis ist auf jeden Fall eine preisinduzierte Verringerung des Einkommens festzustellen. Im hier betrachteten Beispiel sinkt das Einkommen - ausgehend von Y_4 - auf Y_5. Dementsprechend ist ein *preisinduzierter Crowding-out-Effekt* in Höhe der Einkommensdifferenz $Y_4 - Y_5$ eingetreten.

Abbildung 7.7

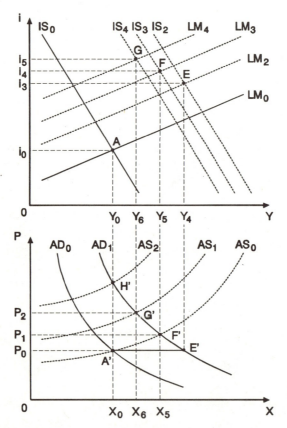

Es ist sehr wohl möglich, daß
- die faktische Preiserhöhung auf P_1 Lohnanpassungen nach sich zieht, durch die es dann zu einem weiteren Preisauftrieb kommt
- die kreditfinanzierte expansive Fiskalpolitik Erwartungen auf Preissteigerungen auslöst, die die Unternehmungen zu Preissteigerungen sowie die Gewerkschaften zu Nominallohnerhöhungen veranlaßt.

Durch diese Einflüsse wird die aggregierte Angebotskurve beispielsweise nach AS_1 verschoben. Dementsprechend möge sich die LM-Kurve nach LM_4 und die IS-Kurve nach IS_4 verschieben. Der erneute Preisanstieg - hier auf P_2 - hat einen weiteren preisinduzierten Crowding-out-Effekt in Höhe der Einkommensdifferenz

$Y_5 - Y_6$ zur Folge. Man kann in diesem Zusammenhang auch von einem *lohnkosteninduzierten und/oder von einem durch Preiserwartungen induzierten Crowding-out-Effekt* sprechen.

Wie stark die zuletzt aufgezeigten Einflüsse sind und - falls sie auftreten - mit welchen zeitlichen Verzögerungen sie wirksam werden, läßt sich im Rahmen der theoretischen Analyse überhaupt nicht und im Rahmen empirischer Untersuchungen nur sehr schwer feststellen. Das darf allerdings nicht zu dem Schluß verleiten, solche Einflüsse zu vernachlässigen. Es ist sogar möglich, daß der lohnkosten- und/oder erwartungsinduzierte Crowding-out-Effekt so stark ist, daß der zunächst positive Einkommenseffekt der expansiven Fiskalpolitik letztlich zunichte gemacht wird. In diesem Fall würde sich die aggregierte Angebotskurve in der Abbildung 7.7 schließlich nach AS_2 verschieben.

Mit Blick auf die Abbildungen 7.6 und 7.7 setzt sich somit der gesamte Crowding-out-Effekt einer kreditfinanzierten expansiven Fiskalpolitik aus folgenden Teileffekten zusammen:

- *direkter zinsinduzierter Effekt ($Y_1 - Y_2$)*
- *vermögensinduzierter Effekt ($Y_2 - Y_3$)*
- *auf Zinssteigerungen bzw. Kurssenkungen gerichteter risikoinduzierter Effekt ($Y_3 - Y_4$)*
- *direkter preisinduzierter Effekt ($Y_4 - Y_5$)*
- *lohnkosteninduzierter Effekt und/oder auf Preissteigerungen gerichteter erwartungsinduzierter Effekt ($Y_5 - Y_6$)*.

Man muß allerdings beachten, daß der vermögensinduzierte Effekt nicht zwingend negativ ist, sondern unter Umständen sogar zu einem "Crowding-in-Effekt" führt.

7.3.4 Akkommodierende Geldpolitik

Den zuvor aufgezeigten negativen Einkommensänderungen, die auf den direkten zinsinduzierten sowie auf den vermögens- und den risikoinduzierten Effekt zurückzuführen sind, könnte durch eine sogenannte *akkommodierende* expansive Geldpolitik entgegengewirkt werden. In diesem Fall würden die öffentlichen Budgetdefizite durch *Geldschöpfung* finanziert. Um eine Einkommenssteigerung auf Y_1 zu erreichen, müßte man die Geldmenge so weit erhöhen, daß sich die LM-Kurve in der Abbildung 7.6 bei Beachtung der zuvor genannten Effekte von LM_2 nach LM_2' verschiebt.

Diese Politik ist allerdings nur dann zu empfehlen, wenn das Güterangebot eine hohe Preiselastizität aufweist bzw. sogar vollkommen preiselastisch ist und wenn die Geldmengenausweitung keine Preissteigerungserwartungen auslöst. Sind diese Bedingungen nicht erfüllt, so kommt es - möglicherweise in einer sich selbst verstärkenden Wechselwirkung - zu Preis- und Lohnanpassungen, die sogar dazu führen können, daß die Fiskalpolitik im Hinblick auf Einkommens- und Beschäftigungseffekte letzten Endes wirkungslos bleibt. Das Ergebnis dieser Politik wäre dann nur ein starker Preis- und Zinsanstieg. Während einerseits durchaus Situationen denkbar sind, in denen die Preiselastizität des Güterangebots relativ hoch ist, muß aufgrund vieler Erfahrungen andererseits davon ausgegangen werden, daß eine geldschöpfungsfinanzierte Politik des staatlichen Deficit spending beachtliche Preiserwartungseffekte induziert. Vor diesem Hintergrund erweist sich die akkommodierende Geldpolitik als sehr riskant.

7.3.5 Konjunkturelle und strukturelle Budgetdefizite

In der keynesianischen Theorie, die die Politik des Deficit spending als Maßnahme zur Bekämpfung konjunktureller Arbeitslosigkeit empfiehlt, geht man davon aus, daß diese Politik nur vorübergehend, nämlich zur Kompensation einer zeitweilig auftretenden Nachfragelücke eingesetzt wird. Hierdurch könne, so die Auffassung der Keynesianer, nicht nur eine Destabilisierung der Konjunkturentwicklung verhindert, sondern über kurz oder lang eine *selbsttragende Konjunkturstabilisierung* erreicht werden. Damit ist zugleich die Hoffnung verbunden, daß öffentliche Budgetdefizite, die beim Deficit spending auftreten, mit der konjunkturellen Erholung durch erhöhte Steuereinnahmen wieder verschwinden. Über diese Wirkung hinaus wird sogar die Möglichkeit in Betracht gezogen, daß dem selbsttragenden Konjunkturaufschwung zeitweise ein konjunktureller Boom folgt, der staatliche Budgetüberschüsse induziert und somit eine Rückzahlung von Staatsschulden ermöglicht, die beim Deficit spending entstanden sind. Das im Rahmen der Konjunkturschwäche auftretende öffentliche Budgetdefizit wird als *konjunkturelles Defizit* bezeichnet. Ex definitione verschwindet dieses Defizit, sobald die Rezession überwunden und die Konjunktur wieder stabilisiert ist.

Dieses idealtypische Verlaufsmuster des Staatsbudgets und der Staatsverschuldung entspricht allerdings im allgemeinen nicht der Realität. Vielmehr sind in fast allen Ländern öffentliche Budgetdefizite auch dann zu beobachten, wenn die Konjunktur in einer guten Verfassung ist und keine oder keine nennenswerte Arbeitslosigkeit vorliegt, oder sogar dann, wenn sich die Konjunktur in einer Boomphase befindet. Das in dieser Situation bestehende öffentliche Budgetdefizit wird als *strukturelles Defizit* bezeichnet. Liegt ein strukturelles Defizit vor, so nimmt die Staatsverschuldung auch in Zeiten einer günstigen Konjunkturentwicklung zu. Selbst bei einer konjunkturellen Überhitzung geht die Staatsverschuldung in aller Regel nicht zurück. Die Ursachen für ein strukturelles Defizit sind vielfältig. Zu nennen sind beispielsweise

- mangelnde Abstimmung der staatlichen Einnahmen- und Ausgabenpolitik mit der Konjunkturentwicklung
- strukturpolitische Aktivitäten des Staates, die unabhängig von der Konjunkturentwicklung z.B. auf eine Strukturerhaltung ausgerichtet sind
- staatliche Aktivitäten und staatliche Leistungen (insbesondere Transferzahlungen), die auf eine strukturelle Arbeitslosigkeit - und nicht auf eine konjunkturelle Arbeitslosigkeit - zurückzuführen sind.

Es darf allerdings nicht übersehen werden, daß auch der Konjunkturverlauf in der Regel nicht dem idealtypischen Muster entspricht. So ist es möglich, daß einerseits eine Rezession einen tiefgreifenden Einkommens- und Beschäftigungseinbruch mit sich bringt und außerdem von langer Dauer ist, während andererseits ein Boom nur kurz anhält und vergleichsweise geringe Einkommens- und Beschäftigungszuwächse impliziert. Die in der Rezession aufgebaute Staatsverschuldung kann dann ohne Gefährdung der konjunkturellen Stabilität im Boom nicht vollkommen abgebaut werden. Vor diesem Hintergrund ist es nicht auszuschließen, daß auch die aus konjunkturellen Gründen entstehende Staatsverschuldung im Laufe aufeinanderfolgender Konjunkturzyklen mehr und mehr zunimmt. Das ist vor allem dann der Fall, wenn es der staatlichen Konjunkturpolitik nicht gelingt, aus einer Rezession heraus einen selbsttragenden Aufschwung sowie eine selbsttragende Konjunkturstabilisierung zu erreichen. In diesem Zusammenhang ist auch der oben untersuchte Crowding-out-Effekt von erheblicher Bedeutung, durch den - falls er überhaupt eine wirksame Konjunkturpolitik zuläßt - erhebliche Friktionen im Prozeß der Konjunkturstabilisierung auftreten können.

7.3.6 Längerfristige Konsequenzen staatlicher Budgetdefizite

Würden das öffentliche Budget und die öffentliche Verschuldung tatsächlich dem idealen Entwicklungsmuster folgen, so wie es zuvor mit Blick auf das konjunkturelle Defizit und den konjunkturellen Überschuß dargestellt wurde, so wäre die staatliche Politik des Deficit spending aus längerfristiger Perspektive unproblematisch. Diese Politik hätte dann nur kurz- und mittelfristige Wirkungen, die sich im Laufe des Konjunkturzyklus quasi saldieren würden. Da die Realität anders aussieht und im allgemeinen anhaltende öffentliche Budgetdefizite sowie - damit verbunden - permanent steigende Staatsschulden zu beobachten sind, ist nach den längerfristigen Konsequenzen einer solchen Budgetpolitik zu fragen. Vier Aspekte spielen dabei eine besondere Rolle:
- die langfristige Verdrängung privater Investitionen
- die Gefährdung der wirtschaftspolitischen Handlungsfähigkeit des Staates
- die Verteilungseffekte des staatlichen Zinsendienstes
- die Belastung zukünftiger Generationen mit Zinsendienst und Tilgungen.

Die *Verdrängung privater Investitionen* ist auf den schon oben erläuterten zinsinduzierten Crowding-out-Effekt zurückzuführen. Die Finanzierung anhaltender Budgetdefizite am Wertpapier- bzw. Kreditmarkt hat erfahrungsgemäß ein relativ hohes Zinsniveau zur Folge, das sich vor allem dämpfend auf die private Investitionsnachfrage auswirkt. Das relativ hohe Zinsniveau resultiert nicht zuletzt aus den schon oben dargelegten Zinserwartungen, die durch eine anhaltende Defizitfinanzierung des Staates gefördert werden. Das Hauptproblem der langfristigen Verdrängung privater Investitionen besteht darin, daß hierdurch die Erhaltung (im Fall von Reinvestitionen) sowie der Aufbau (im Fall von Nettoinvestitionen) der Sachkapazitäten und somit die Angebotsbedingungen einer Volkswirtschaft beeinträchtigt werden können. Diese Wirkung ließe sich nur dann vermeiden, wenn staatliche an die Stelle privater Produktionskapazitäten treten würden und sich die staatliche Produktion mit gleicher Produktivität bzw. Effizienz realisieren ließe wie die private Produktion. Die Erfahrungen zeigen aber, daß beide Bedingungen in aller Regel nicht erfüllt sind. Häufig dient die staatliche Kreditaufnahme vollständig oder zu einem großen Teil der Finanzierung von konsumtiven Ausgaben, Transferzahlungen und Subventionen. Darüber hinaus erweist sich ein direktes Engagement des Staates im Produktionsbereich vielfach - zumindest auf längere Sicht - als wenig produktiv. Vertretbar ist eine anhaltende Kreditaufnahme des Staates nur dann, wenn damit Infrastrukturinvestitionen finanziert werden, die komplementär zu privaten Investitionen sind. In diesem Fall ist damit zu rechnen, daß sich die Angebotsbedingungen der Volkswirtschaft verbessern und dadurch über kurz oder lang zusätzliche Staatseinnahmen induziert werden, die ausreichen, um den Schuldendienst für die anfangs aufgenommenen Kredite zu bestreiten.

Eine *Gefährdung der wirtschaftspolitischen Handlungsfähigkeit* kann dann eintreten, wenn durch anhaltende Budgetdefizite sowie durch eine permanent steigende Staatsverschuldung der Anteil der Zinsausgaben am öffentlichen Budget zunimmt. Da in den meisten Ländern ohnehin ein relativ großer Teil der öffentlichen Einnahmen für bestimmte Ausgabenzwecke (z.B. für Personalausgaben, Transferzahlungen und Subventionen) gebunden ist, wird der freie Verfügungsspielraum noch weiter eingeengt, wenn die Zinsausgaben einen zunehmenden Teil der öffentlichen Einnahmen absorbieren. Kommen in dieser Situation zusätzliche unabwendbare Ausgaben auf den Staat zu (z.B. für den Aufbau Ostdeutschlands nach der Wiedervereinigung), so lassen sich diese vollständig oder zum größten Teil nur mit einer weiter steigenden öffentlichen Kreditaufnahme finanzieren. Dadurch wird einerseits die Handlungsfähigkeit des Staates noch weiter eingeengt und andererseits im Hinblick auf den Crowding-out-Effekt möglicherweise auch die ökonomische Entwicklung der Volkswirtschaft gefährdet.

Wichtige Kennziffern sind in diesem Zusammenhang die Verschuldungsquote, die Neuverschuldungsquote und die Zinsausgabenquote. Die *Verschuldungsquote* v gibt den Anteil der Staatsverschuldung $ÖV^n$ am Sozialprodukt Y^n an:

$$(7.6) \quad v = \frac{ÖV^n}{Y^n}$$

Die *Neuverschuldungsquote* η bezeichnet den Anteil des Verschuldungszuwachses, der seinerseits dem nominellen Budgetdefizit BD^n entspricht, am nominellen Sozialprodukt:

$$(7.7) \quad \eta = \frac{BD^n}{Y^n}$$

Die Zinsausgabenquote des Staates lautet:

$$(7.8) \quad z_{St} = \frac{Z^n}{T^n} = \frac{i_Z ÖV^n}{q \cdot Y^n}$$

Z^n sind die nominellen Zinsausgaben und $T^n = qY^n$ bezeichnet die gesamten nominellen Einnahmen des Staates. Zur Bestimmung der Zinsausgaben ist der Zinssatz i_Z auf die öffentliche Verschuldung anzuwenden.

Man könnte auf die Idee kommen, die Zinsausgabenquote z_{St} durch eine Erhöhung der Abgabenquote q zu verringern. Dabei ist allerdings zu berücksichtigen, daß die Erhöhung der Abgabenquote sehr wahrscheinlich eine negative Wirkung auf das Einkommen Y^n hat, so daß das Ergebnis dieser Politik nicht eindeutig bestimmt ist. Vermutlich gibt es nur einen Weg zur Verringerung des Grenzwertes von z_{St}: Ein behutsamer Abbau der Neuverschuldungsquote η, der so gestaltet sein muß, daß das Einkommen nicht beeinträchtigt wird.

Die Erfahrungen zeigen, daß die Verschuldungsquote v und die Zinsausgabenquote z_{St} in den meisten Industrieländern in den vergangenen Jahren sukzessive gestiegen sind. In der Bundesrepublik Deutschland hat beispielsweise die Verschuldungsquote (in bezug auf das Bruttosozialprodukt) von 18,6 % im Jahr 1970 auf etwa 50 % im Jahr 1993 und die Zinsausgabenquote von 3,7 % im Jahr 1970 auf etwa 10 % im Jahr 1993 zugenommen. In anderen Ländern, so z.B. in Italien und in Belgien, liegt die Verschuldungsquote derzeit schon über 100 %, und die Zinsausgabenquote hat bereits Werte von über 20 % erreicht.

Die zunehmende Absorption staatlicher Einnahmen durch Zinsausgaben hat in der Regel auch erhebliche Konsequenzen für die *Einkommensverteilung*. Da einerseits inländische Wirtschaftssubjekte aller Einkommensgruppen Abgaben an den Staat zu leisten haben, andererseits aber erfahrungsgemäß die staatlichen Wertpapiere überwiegend von den inländischen Beziehern höherer Einkommen sowie vom Ausland gehalten werden, ergibt sich aus makroökonomischer Sicht eine Umverteilung von Einkommen zugunsten der höheren Einkommensgruppen und zugunsten des Auslands. Daraus können zum einen soziale Konflikte und zum anderen - insbesondere bei Zinszahlungen an das Ausland - unerwünschte Wirkungen auf das inländische Einkommen resultieren. Auf diese Verteilungseffekte kann hier jedoch nicht weiter eingegangen werden.

Auch die *Belastung zukünftiger Generationen* steht in einem engen Zusammenhang mit den steigenden staatlichen Zinsausgaben. Werden heute staatliche Aktivitäten mit Krediten finanziert, die weder einen nachhaltigen Nutzen abwerfen noch anhaltende Zusatzeinkommen des Staates induzieren, mit denen der Zinsendienst geleistet werden kann, so nimmt die heutige Generation - aufgrund der staatlichen Aktivitäten - einen kurzfristigen Nutzen in Anspruch und wälzt gleichzeitig die durch Zinsen und Tilgungen entstehenden Steuerlasten auf zukünftige Generationen ab. Diese Wirkung tritt insbesondere dann auf, wenn der Staat durch Kreditaufnahme konsumtive Ausgaben, Transferzahlungen im Rahmen von Sozialleistungen sowie Subventionen zur Erhaltung unproduktiver Unternehmungen finanziert.

Vor dem Hintergrund der hier aufgezeigten längerfristigen Konsequenzen anhaltender öffentlicher Budgetdefizite lassen sich einige *wichtige Schlußfolgerungen* ziehen:

- Staatliche Aktivitäten, die mit strukturellen bzw. länger anhaltenden Budget-

defiziten verbunden sind, sollten rentable Investitionen sein, die einen nachhaltigen Nutzen abwerfen und die die wirtschaftliche Entwicklung so weit fördern, daß die entsprechenden Zinsausgaben und Tilgungen über kurz oder lang weitgehend aus den zusätzlichen Staatseinnahmen gedeckt werden können.
- Auf eine Kreditfinanzierung von konsumtiven Ausgaben, Transferzahlungen und Subventionen sollte grundsätzlich verzichtet werden.
- Die Politik eines Deficit spending zur Beseitigung konjunktureller Arbeitslosigkeit ist nur dann sinnvoll, wenn die kreditfinanzierten Staatsaktivitäten einen selbsttragenden Konjunkturaufschwung bzw. eine selbsttragende Konjunkturstabilisierung bewirken und somit immanente Kräfte wirksam werden, durch die die konjunkturellen Budgetdefizite quasi automatisch wieder abgebaut werden.

7.4 Nachfrageorientierte Wirtschaftspolitik: Geldpolitik

7.4.1 Wirkungsprobleme der diskretionären Geldpolitik

Eine *diskretionäre Geldpolitik*, die aufgrund autonomer Entscheidungen fallweise zur kurzfristigen Bekämpfung konjunktureller Arbeitslosigkeit eingesetzt wird, stößt heutzutage sowohl bei den meisten Wirtschaftswissenschaftlern als auch bei vielen Praktikern der Wirtschaftspolitik auf Ablehnung.[5] Die Geldpolitik muß, so die weit verbreitete Auffassung, eine adäquate Geldversorgung der Volkswirtschaft sicherstellen und dabei ausschließlich das Ziel der Preisstabilität verfolgen. Beschäftigungspolitische Aufgaben sollten den geldpolitischen Entscheidungsträgern somit nicht zugewiesen werden. Um die Einwände gegen eine nachfrageorientierte, diskretionäre Geldpolitik deutlich zu machen, werden im folgenden die Möglichkeiten und Grenzen einer solchen Politik aufgezeigt. Dabei sei an einige Wirkungsprobleme der Geldpolitik erinnert, die bereits in den vorangegangenen Untersuchungen herausgearbeitet worden sind.

Die Geldpolitik besitzt - im Unterschied zur Fiskalpolitik - keine unmittelbare Wirkung auf die Güternachfrage. Sie kann nur mittelbar - nämlich über eine Zinssenkung - versuchen, die Güternachfrage anzuregen. Auf den für die Güternachfrage relevanten mittel- und langfristigen Wertpapier- bzw. Kreditzinssatz hat die Geldpolitik jedoch in der Regel ebenfalls keinen direkten Einfluß. Sie kann nur darauf hinwirken, durch den Einsatz ihrer Instrumente das Geld- und Kreditangebot zu erhöhen und darüber eine Verringerung dieses Zinssatzes zu erreichen. Um die Wirksamkeit der Geldpolitik zu beurteilen, müssen die möglichen Hemmnisse im Rahmen des gesamten Wirkungsprozesses beachtet werden. Dabei sind die folgenden fünf Aspekte hervorzuheben:

---

[5] Von der diskretionären Geldpolitik ist die regelgebundene Geldpolitik zu unterscheiden, deren Instrumenteneinsatz an festen, vorher festgelegten Regeln ausgerichtet ist.

1. Keine Geld- und Kreditschöpfung
Es ist keineswegs sicher, daß ein auf Geld- und Kreditexpansion gerichteter Instrumenteneinsatz tatsächlich den gewünschten Erfolg bringt. Diese Skepsis läßt sich beispielsweise wie folgt begründen:

- Fehlt die Kreditnachfrage, z.B. wegen einer konjunkturbedingten Investitionsschwäche, so sind die Kreditinstitute trotz der von der Zentralbank eingeräumten günstigen Konditionen kaum bereit, zusätzliches Zentralbankgeld in Anspruch zu nehmen und auf dieser Grundlage Kredite und Geld zu schöpfen.
- Schöpft die Zentralbank im Rahmen ihrer Offenmarktpolitik unmittelbar Zentralbankgeld, so wird dieses angesichts einer Investitionsschwäche im Inland häufig zu Kapitalexporten ins Ausland verwendet, so daß die inländische Geldmenge und das inländische Kreditvolumen letztlich nicht zunehmen.

2. Liquiditätsfalle
Selbst wenn es gelingt, die Geldmenge im Inland zu erhöhen, ist es ungewiß, ob der mittel- und langfristige Wertpapier- bzw. Kreditzinssatz tatsächlich nennenswert sinkt. Eine Erklärung hierfür bietet die *Liquiditätsfalle*, die durch eine extrem hohe Zinselastizität der Geldnachfrage gekennzeichnet ist. Ex definitione besteht dabei zugleich eine extrem hohe Zinselastizität der Wertpapiernachfrage. Betreibt die Zentralbank vor diesem Hintergrund beispielsweise eine expansive Offenmarktpolitik, so werden ihr bereits bei einer nur geringfügigen Zinssenkung relativ große Mengen an Wertpapieren angeboten. Dementsprechend wird das dabei in den Kreislauf fließende Zentralbankgeld von den Nichtbanken und den Kreditinstituten absorbiert, ohne daß es hierzu einer nennenswerten Zinssenkung bedarf.

3. Zinsunelastische Güternachfrage
Es mag sein, daß es der Zentralbank gelingt, die Geldmenge zu steigern und dadurch auch eine Zinssenkung zu erreichen. Es ist aber keineswegs sicher, daß die Güternachfrage auf diese Zinssenkung reagiert.

Befindet sich die Volkswirtschaft in einer Rezession, ist die Konjunkturschwäche mit einer Unterauslastung der Sachkapazitäten in vielen Branchen verbunden und besteht darüber hinaus ein tiefgreifender Konjunkturpessimismus, so ist nämlich davon auszugehen, daß insbesondere die private Investitionsnachfrage nur eine sehr geringe Zinselastizität aufweist oder sogar völlig zinsunelastisch ist. Und auch die privaten Haushalte werden in einer solchen Situation, in der die Angst vor dem Verlust des Arbeitsplatzes besonders groß ist, bei der Aufnahme von Konsumentenkrediten zurückhaltend sein, so daß der private Konsum ebenfalls keine oder bestenfalls nur eine geringe Zinselastizität besitzt.

4. Attentismus
Auch wenn die Konjunkturlage nicht so pessimistisch eingeschätzt wird wie gerade angenommen, ist es keineswegs sicher, daß die Güternachfrage - zumindest in einem kurzfristigen Zeitrahmen - auf eine Zinssenkung reagiert. Ein Grund dafür kann der früher schon erläuterte *Zinsattentismus* sein. Gehen die Wirtschaftssub-

jekte - insbesondere die Investoren - davon aus, daß eine durch Geldmengenexpansion bereits eingeleitete Zinssenkung noch nicht abgeschlossen ist, werden also - vor allem angesichts der Notwendigkeit zur Konjunkturbelebung - weitere Zinssenkungen erwartet, so lohnt es sich, die Entwicklung zunächst einmal abzuwarten. Eine solche abwartende Haltung wird nicht zuletzt dadurch ermöglicht, daß sich angesichts der Konjunkturlage ohnehin eine zurückhaltende Investitionspolitik empfiehlt. Die Zinselastizität der Güternachfrage ist in dieser Phase relativ gering oder sogar null. Erst dann, wenn sich das Zinstief oder gar eine Zinsumkehr abzeichnet, kommt es zu einem deutlichen Anstieg der zinsabhängigen Güternachfrage. Je länger eine Konjunkturschwäche anhält, desto länger kann allerdings die Phase des Abwartens dauern. Der Attentismus spricht somit zwar nicht grundsätzlich gegen eine Wirksamkeit der expansiven Geldpolitik, er trägt aber möglicherweise zu einer erheblichen zeitlichen Wirkungsverzögerung bei. Sind möglichst rasche Wirkungen erforderlich, um eine weitere Destabilisierung der Konjunkturentwicklung zu verhindern, so erweist sich die Geldpolitik vor dem Hintergrund des Attentismus wiederum als ein ungeeignetes Mittel.

5. Erwartete Preissteigerungen und Lohnanpassungen
Es ist heutzutage unumstritten, daß eine expansiv ausgerichtete, diskretionäre Geldpolitik bei den Wirtschaftssubjekten Erwartungen dahingehend auslösen kann, daß die Liquiditätsausweitung über kurz oder lang zu Preissteigerungen führt. Mit solchen Erwartungen ist vor allem dann zu rechnen, wenn die expansive Geldpolitik in einer Situation erfolgt, in der ohnehin schon eine ausreichende Liquiditätsversorgung besteht. Die Ursachen dieser Preiserwartungen sind vielfältig. So lassen sich beispielsweise nennen:
- die Rückbesinnung auf historische Erfahrungen mit inflationären Preisentwicklungen, die auf eine übermäßige Geldschöpfung zurückgeführt werden
- die ebenfalls auf Erfahrungen gestützte Befürchtung, die geldpolitischen Entscheidungsträger seien nicht imstande, die Liquidität wieder rechtzeitig zu verknappen, wenn ein Konjunkturaufschwung einsetzt und von hierher die Preisstabilität gefährdet wird
- die Äußerung von Wirtschaftsexperten, die der Quantitätstheorie des Geldes einen hohen Erklärungswert beimessen und auf dieser Grundlage preistreibende Wirkungen einer expansiven Geldpolitik prognostizieren.

Werden Preissteigerungen erwartet, so ist im allgemeinen damit zu rechnen, daß es zum einen im Hinblick auf eine Reallohnsicherung zu Lohnanpassungen kommt und daß zum anderen die Unternehmungen bei ihrer Preiskalkulation sowohl die erwarteten Lohnsteigerungen als auch die erwarteten Preissteigerungen auf den Beschaffungs- und den Absatzmärkten berücksichtigen. Somit ergibt sich quasi ein *Selbsterfüllungseffekt*.

Nach der *Theorie der rationalen Erwartungen* muß sogar damit gerechnet werden, daß die Wirtschaftssubjekte den Preiseffekt der expansiven Geldpolitik exakt prognostizieren und unverzüglich in ihren Planungen berücksichtigen [Kap. 9]. Das bedeutet, daß Löhne und Preise bereits kurzfristig an die erwartete Preiserhöhung angepaßt werden und daß die expansive Geldpolitik von vornherein wirkungslos ist. Das Preisniveau steigt nämlich proportional zur Erhöhung der nominellen Geldmenge, so daß sich die reale Geldmenge nicht verändert und von daher auch eine Zinssenkung unmöglich ist.

Die Untersuchungen haben deutlich gemacht, daß eine nachfrageorientierte Geldpolitik, die zur Bekämpfung einer konjunkturellen Arbeitslosigkeit eingesetzt wird, nicht nur gravierende Wirkungsprobleme haben, sondern auch erhebliche Risiken für die Konjunktur- und Preisentwicklung einschließen kann. Vor diesem Hintergrund ist es verständlich, daß man der diskretionären Geldpolitik heutzutage skeptisch gegenübersteht und statt dessen einer Geldpolitik den Vorzug gibt, die auf eine Verstetigung des Geldangebots gerichtet und ausschließlich dem Ziel der Preisstabilität verpflichtet sein soll.

7.4.2 Geldpolitik und Zinsstruktur

Die Analyse der Wirkungsprobleme der Geldpolitik muß um einen weiteren Aspekt ergänzt werden: um den Einfluß geldpolitischer Aktivitäten auf die *Zinsstruktur*. In allen bisher durchgeführten Untersuchungen wurde nur ein einheitlicher Markt für Wertpapiere bzw. für Kredite betrachtet und dementsprechend nur ein einheitlicher Zinssatz - mit i bezeichnet - verwendet. Damit war zugleich impliziert, daß es im finanzwirtschaftlichen Bereich neben diesem Markt nur noch den Geldmarkt gibt. Geldpolitische Aktivitäten wirken sich entsprechend gleichzeitig auf dem Geldmarkt und auf dem einheitlichen Wertpapier- bzw. Kreditmarkt aus. In der Realität ist allerdings zu beobachten, daß die verschiedenen Wertpapier- und Kreditarten keineswegs homogen sind und daß es dementsprechend auch keinen einheitlichen Zinssatz gibt. Man findet dort unterschiedliche Zinssätze für Anlagen in Wertpapieren einerseits und Krediten von Kreditinstituten andererseits, unterschiedliche Wertpapier- und Kreditzinssätze je nach Bonität der Schuldner oder auch unterschiedliche Zinssätze je nach Laufzeit der Wertpapiere bzw. der Kredite. Vor diesem Hintergrund lassen sich in der Realität gewisse Zinsstrukturen beobachten.

In der makroökonomischen Theorie beschränkt man sich allerdings meistens auf eine Differenzierung der Wertpapier- bzw. Kreditmärkte mit unterschiedlichen Fristigkeiten und dementsprechend auf eine Unterscheidung von kurz- und langfristigen Zinssätzen. Diesem Vorgehen schließt sich auch die folgende Analyse an. Vereinfachend wird zwischen einem Markt für kurzfristige Wertpapiere bzw. Kredite einerseits und einem Markt für langfristige Wertpapiere bzw. Kredite andererseits unterschieden und dementsprechend ein kurzfristiger Zinssatz - mit i_k bezeichnet - und ein langfristiger Zinssatz - mit i_l bezeichnet - eingeführt.

Der Einsatz geldpolitischer Maßnahmen berührt im allgemeinen nur den Markt für kurzfristige Wertpapiere bzw. Kredite. So gewährt die Zentralbank den Kreditinstituten im Rahmen ihrer Refinanzierungspolitik in der Regel nur kurzfristige Kredite; und auch bei der Offenmarktpolitik kauft oder verkauft die Zentralbank meistens nur Wertpapiere mit relativ kurzen Laufzeiten.[6] Damit wirkt die Geldpolitik - wenn überhaupt - direkt nur auf den kurzfristigen Zinssatz ein. Demgegenüber hängt aber die Güternachfrage - insbesondere die Investitionsgüternachfrage - vor allem vom langfristigen Zinssatz ab. Geldpolitische Maßnahmen können deshalb nur dann einen maßgeblichen Einfluß auf die Güternachfrage haben, wenn sie mit durchgreifenden Wirkungen auf den langfristigen Zinssatz verbunden sind. Diese Wirkungen treten aber keineswegs zwingend ein. Es ist sehr wohl möglich, daß sich zwar der kurzfristige Zinssatz verändert, aber der langfristige Zinssatz nicht oder nur unwesentlich geändert wird. Die Hauptwirkung der Geldpolitik besteht in diesem Fall in einem *Zinsstruktureffekt*. Die Bedeutung eines solchen Zinsstruktureffektes wird jetzt mit Hilfe einer einfachen Modellerweiterung verdeutlicht.

Bei der Neuformulierung der Geldnachfragefunktion ist zunächst zu entscheiden, welche Geldmengendefinition zugrunde gelegt werden soll. Erfahrungsgemäß sind insbesondere die Termineinlagen und die kurzfristigen Wertpapiere (z.B. Schatzanweisungen mit Laufzeiten von bis zu zwei Jahren) relativ enge Substitute. Es ist deshalb ratsam, die Termineinlagen, die kurzfristige Kreditforderungen der Nichtbanken gegenüber den Kreditinstituten darstellen, den nun gesondert betrachteten kurzfristigen Anlagen (den kurzfristigen Wertpapier- bzw. Kreditforderungen) zuzuschlagen. Schwieriger ist die Zuordnung der Spareinlagen mit gesetzlicher Kündigungsfrist, die in Deutschland ein Bestandteil der Geldmenge M3 sind. Sie nehmen eine gewisse Zwitterstellung zwischen Transaktionskasse und kurzfristiger zinsbringender Anlage von Geldvermögen ein. Da aber die Zweckbindung undurchsichtig und aus den empirischen Daten nicht ablesbar ist, werden diese Spareinlagen jetzt neben den Termineinlagen auch den kurzfristigen Wertpapier- bzw. Kreditforderungen zugeordnet. Vor diesem Hintergrund setzt sich Geld nur noch aus Bargeld und Sichteinlagen zusammen. Dementsprechend liegt der Geldnachfragegröße L und der Geldangebotsgröße M im folgenden die Geldmengendefinition M1 zugrunde. Mit Blick auf diese enge Geldmengendefinition ist davon auszugehen, daß Geld insbesondere zu Transaktionszwecken gehalten wird. Ein Spekulations- und Wertaufbewahrungsmotiv ist zwar nicht gänzlich auszuschließen, dürfte aber nur eine untergeordnete Rolle spielen.

Die Geldnachfrage L hängt jetzt vom Einkommen Y sowie vom kurzfristigen Zinssatz i_k ab:

(7.9) $L = L(Y, i_k)$ mit: $\frac{\delta L}{\delta Y} > 0 \, ; \, \frac{\delta L}{\delta i_k} \leq 0$

Für die Zinsabhängigkeit ist nun vor allem der Aspekt der Opportunitätskosten der Geldhaltung von Bedeutung [3.5.1]. Während bei der hier verwendeten Geldmen-

---

[6] Der Deutschen Bundesbank ist es zwar grundsätzlich möglich, Offenmarktgeschäfte mit langfristigen Wertpapieren, z.B. mit Bundesanleihen, zu betreiben, diese Geschäfte sind in der geldpolitischen Praxis jedoch die Ausnahme. Üblich ist der Kauf und der Verkauf kurzfristiger Wertpapiere, in der Regel mit einer Restlaufzeit von bis zu einem Jahr.

gendefinition zum einen eine zinsunelastische Geldnachfrage durchaus realistisch sein kann und deshalb in Betracht zu ziehen ist, läßt sich die Möglichkeit einer vollkommen zinselastischen Geldnachfrage sehr wahrscheinlich ausschließen.

Obwohl kurz- und langfristige Anlagen von Geldvermögen im allgemeinen nicht homogen und dementsprechend keine vollständigen Substitute sind, besteht zwischen ihnen im Rahmen des Gesamtportefeuilles eine gewisse Substitutionsbeziehung. Dementsprechend läßt sich zwischen dem langfristigen Zinssatz i_l und dem kurzfristigen Zinssatz i_k auch ein gewisser Zusammenhang feststellen, der wie folgt ausgedrückt wird:

(7.10) $i_l = i_k + z_i$ mit: $z_i \gtreqless 0$

Die Differenz zwischen dem langfristigen und dem kurzfristigen Zinssatz wird mit Hilfe des Zinsstrukturparameters z_i erfaßt. Diese Größe spiegelt die folgenden Einflüsse wieder:

- eine *Liquiditätsprämie*, die zum Ausdruck bringt, daß die Wirtschaftssubjekte auf den Vorteil einer kurzfristig verfügbaren Liquidität nur verzichten, wenn der Zinsvorteil der langfristigen Anlagen einen gewissen Ausgleich bietet
- eine *Risikoprämie*, die als Ausgleich für die größeren Kursschwankungs- und Ausfallrisiken bei langfristigen Anlagen dienen soll
- *Erwartungen* über die zukünftige Zinsentwicklung (bzw. Kursentwicklung) langfristiger Anlagen.

Der Zinsstrukturparameter z_i ist in der Realität meistens positiv. Es läßt sich aber sehr wohl zeitweise auch ein negativer Wert beobachten. In diesem Fall liegt eine *inverse Zinsstruktur* vor. Diese Situation ist vor allem damit zu erklären, daß einerseits Liquidität für Transaktionszwecke relativ knapp und deshalb der kurzfristige Zinssatz i_k relativ hoch ist, andererseits aber allgemein die Erwartung vorherrscht, daß der langfristige Zinssatz sinken wird und daß es deshalb von Vorteil ist, das Portfeuille zugunsten langfristiger Anlagen umzuschichten.

Löst man die Gleichung (7.10) nach i_k auf und setzt man diesen Wert in die Gleichung (7.9) ein, so erhält man die modifizierte Geldnachfragefunktion:

(7.9a) $L = L(Y, i_l - z_i)$

Unter Beachtung des Geldmarktgleichgewichts $L = M$ werden in der Abbildung 7.8 nun zwei LM-Kurven, die Kurve LM_k mit Bezug auf die Geldnachfragefunktion (7.9) und die Kurve LM_l mit Bezug auf die Geldnachfragefunktion (7.9a) eingezeichnet. Außerdem enthält die Abbildung eine IS-Kurve, in der eine Abhängigkeit der Güternachfrage vom langfristigen Zinssatz i_l zum Ausdruck kommt.

In der Ausgangssituation möge ein IS- und LM-Gleichgewicht beim langfristigen Zinssatz i_{l0} sowie beim Einkommen Y_0 bestehen. Dementsprechend wird das Geldmarktgleichgewicht mit Blick auf die Geldnachfragefunktion (7.9a) durch LM_{l0} beschrieben. Ist in der Ausgangssituation der Zinsstrukturparameter z_{i0} gültig, so hat der kurzfristige Zinssatz einen Wert von i_{k0}. Das auf die Geldnachfragefunktion (7.9) bezogene Geldmarktgleichgewicht wird somit durch LM_{k0} beschrieben.

Abbildung 7.8

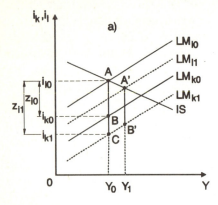
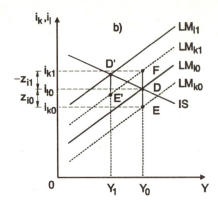

Es sei nun angenommen, daß durch eine expansiv orientierte Geldpolitik die Geldmenge zunimmt (Abbildung 7.8 a). Da die geldpolitischen Maßnahmen - wie oben erläutert - in der Regel unmittelbar nur einen Einfluß auf die kurzfristigen Wertpapier- bzw. Kreditforderungen haben, ist zu erwarten, daß zunächst nur der kurzfristige Zinssatz sinkt. Verschiebt sich die auf die Geldnachfragefunktion (7.9) bezogene LM-Kurve nach LM_{k1}, so sinkt der kurzfristige Zinssatz auf i_{k1}. Entscheidend ist jetzt, ob diese Zinssenkung eine Substitution zugunsten der langfristigen Wertpapieranlagen auslöst. Findet eine solche Substitution statt, so kommt es gleichzeitig zu einer Verringerung des langfristigen Zinssatzes und zu einem Wiederanstieg des kurzfristigen Zinssatzes. Bleibt der Zinsstrukturparameter letztlich unverändert, so verschiebt sich auch die auf die Geldnachfragefunktion (7.9a) bezogene LM-Kurve nach unten - hier nach LM_{l1}. Die expansive Geldpolitik hätte in diesem Fall letztlich auch eine Verringerung des langfristigen Zinssatzes bewirkt und dementsprechend einen positiven Nachfrage- bzw. Einkommenseffekt erzielt.

Es ist aber sehr wohl möglich, daß der langfristige Zinssatz i_{l0} den Erwartungen der Wirtschaftssubjekte entspricht, obwohl der kurzfristige Zinssatz sinkt. In diesem Fall geht man beispielsweise davon aus, daß die Geldpolitik entweder nur vorübergehend in expansiver Richtung eingesetzt wird oder daß die Geldpolitik nicht imstande ist, auch eine Verringerung des langfristigen Zinsniveaus zu erreichen. Der Zinsstrukturparameter erhöht sich dementsprechend auf z_{i1}. Die "langfristige" LM-Kurve verändert ihre Lage somit nicht. Die Geldpolitik hat deshalb auch keinen - oder zumindest keinen nennenswerten - Einfluß auf die Güternachfrage und auf das Einkommen. *Im Hinblick auf den langfristigen Zinssatz wird vor diesem Hintergrund ein ähnliches Phänomen wirksam, wie es weiter oben mit der Liquiditätsfalle beschrieben worden ist.* Anders als bei der Liquiditätsfalle, hat die Geldpolitik hier jedoch einen Zinseffekt. Dieser beschränkt sich aber auf den kurzfristigen Zinssatz.

Der Zinsstruktureffekt kann auch im umgekehrten Fall einer restriktiven Geldpolitik eine Veränderung des langfristigen Zinssatzes verhindern. Dabei ist es durchaus möglich, daß sich eine *inverse Zinsstruktur* ergibt, daß also der kurzfristige Zinssatz höher liegt als der langfristige Zinssatz. Diese Möglichkeit ist im Teil b) der Abbildung 7.8 dargestellt worden. In der Ausgangssituation mögen wiederum ein IS- und LM-Gleichgewicht beim langfristigen Zinssatz i_{l0} und beim kurzfristigen Zinssatz i_{k0} vorliegen. Infolge der restriktiven Geldpolitik möge sich die kurzfristige LM-Kurve nach LM_{k1} verschieben. Bliebe der Zinsstrukturparameter mit z_{i0} unverändert, so käme es zu einer Verschiebung der langfristigen LM-Kurve nach LM_{l1}, so daß nicht nur der kurzfristige Zinssatz, sondern auch der langfristige Zinssatz steigen würde. Erwarten die Wirtschaftssubjekte allerdings, daß sich der langfristige Zinssatz - trotz der restriktiven Geldpolitik - nicht verändern wird, so ist weiterhin die langfristige LM-Kurve LM_{l0} gültig. Der Zinsstrukturparameter wird somit negativ ($-z_{i1}$). Der kurzfristige Zinssatz ist dementsprechend auf i_{k1} angestiegen, wogegen der langfristige Zinssatz unverändert geblieben ist. Die Güternachfrage und das Einkommen wurden deshalb nicht verändert. Der hier skizzierte Zinsstruktureffekt läßt sich beispielsweise mit der Erwartung der Wirtschaftssubjekte erklären, die Verringerung der *nominellen* Geldmenge habe über kurz oder lang eine Preissenkung (bzw. eine Preisstabilisierung) zur Folge, wodurch dann eine Zinsdämpfung auftreten wird. Die Untersuchungen führten somit zu dem Fazit: Die Wirkungen der Geldpolitik (sowohl der restriktiven als auch der expansiven) auf den langfristigen Zinssatz und folglich auf die Investitionsnachfrage sind trotz zielgerechter Änderungen des kurzfristigen Zinssatzes nicht eindeutig bestimmt. Maßgeblich sind dabei nicht zuletzt die Reaktionen des Zinsstrukturparameters und dementsprechend die Zinsstruktureffekte der Geldpolitik.

7.5 Zielkonflikte und Policy-Mix

7.5.1 Geld- und Fiskalpolitik zur Erreichung von Vollbeschäftigung und Preisstabilität

Die vorangegangenen Untersuchungen haben deutlich gemacht, daß sich mit der nachfrageorientierten Fiskalpolitik oder der nachfrageorientierten Geldpolitik unter bestimmten Bedingungen positive Einkommens- und Beschäftigungseffekte erzielen lassen, daß aber diese Effekte in der Regel mit Preissteigerungen verbunden sind. Während es somit einerseits möglich ist, Arbeitslosigkeit zu verringern und damit einen Beitrag zur Erreichung des wirtschaftspolitischen Ziels der Vollbeschäftigung zu leisten, ergibt sich andererseits eine Verletzung des Ziels der Preisstabilität. Folglich drängt sich die Frage auf, ob sich dieser Zielkonflikt vermeiden läßt, wenn man die Geld- und die Fiskalpolitik gemeinsam einsetzt und so eine Strategie des *Policy-Mix* betreibt. Auf diese Frage soll jetzt näher eingegangen werden.

Damit der hier betrachtete Policy-Mix überhaupt Aussicht auf Erfolg haben kann, muß eine grundlegende Bedingung erfüllt sein: *Der Einsatz der geld- und fiskalpolitischen Instrumente muß eine nachhaltige Wirkung auf die Beschäftigung und auf das Preisniveau haben.* Daß die Wirkung sowohl der Geld- als auch der Fiskalpolitik auf die Beschäftigung keineswegs gewiß ist, wurde weiter oben schon dargelegt. Hier wird allerdings davon ausgegangen, daß die zuvor genannte Bedingung erfüllt ist. Wie sich zeigen wird, reicht das für den Erfolg des Policy-Mix jedoch nicht aus.

Um die weitere Erfolgsbedingung für den Policy-Mix zu verdeutlichen, wird auf die Konzeption der aggregierten Nachfragekurve und der aggregierten Angebotskurve Bezug genommen. Die aggregierte Nachfrage wird hier in einer einfachen linearen Form in Abhängigkeit von der fiskalpolitischen Instrumentvariablen G (den Staatsausgaben), der geldpolitischen Instrumentvariablen M^n (der nominellen Geldmenge) und vom Preisniveau P formuliert:

(7.11) $Y = Y^a + y_G G + y_M M^n - y_P P$ mit: $y_G > 0$; $y_M > 0$; $y_P > 0$

Y^a ist die autonome, also nicht von G, M oder P abhängige aggregierte Nachfrage. Das Preisniveau hat einen negativen Einfluß auf Y, worin insbesondere der reale Geldmengeneffekt und der Realkasseneffekt zum Ausdruck kommen.

Die aggregierte Angebotskurve wird in Form einer Preisfunktion dargestellt. Es sei angenommen, daß das Güterangebot preiselastisch - aber nicht vollkommen preiselastisch - ist und deshalb ein positiver Zusammenhang zwischen dem Preisniveau P und dem Realeinkommen Y, das der Produktion X entspricht, besteht. Im Unterschied zu den früher formulierten aggregierten Angebotsfunktionen wird jetzt die Möglichkeit eines direkten Einflusses der Geld- und der Fiskalpolitik auf das Preisniveau (bzw. auf das aggregierte Güterangebot) angenommen, so daß gilt:

(7.12) $P = P^a + p_Y Y + p_G G + p_M M^n$ mit: $p_Y > 0$; $p_G \geq 0$; $p_M \geq 0$

P^a ist eine autonome Preisgröße. Der geld- und/oder der fiskalpolitische Einfluß läßt sich nur mit Erwartungsbildungen erklären. So ist es denkbar, daß eine expansive Geld- oder Fiskalpolitik Erwartungen auf Preissteigerungen auslöst und daß diese Erwartungen einerseits die Unternehmungen veranlassen, im Hinblick auf zukünftige Kostensteigerungen umgehend Preiserhöhungen vorzunehmen, und daß sie andererseits Lohnanpassungen bewirken, die über einen Anstieg der Lohnstückkosten Preiserhöhungen nach sich ziehen. Eine restriktive Geld- oder Fiskalpolitik möge den umgekehrten Erwartungseffekt haben.

Wirtschaftspolitischer Handlungsbedarf besteht dann, wenn der Zielwert des Einkommens, der mit Y_Z bezeichnet ist, und/oder der Zielwert des Preisniveaus, mit P_Z bezeichnet, vom jeweils beobachteten Wert des Einkommens und/oder des Preisniveaus abweichen. Aus der Differenz zwischen dem Zielwert und dem beobachteten Wert ergibt sich die erforderliche, zielorientierte Veränderung ΔY_Z bzw. ΔP_Z dieser Größen. Unter Berücksichtigung der Gleichungen (7.11) und (7.12) stellen sich diese Veränderungen wie folgt dar:

(7.11a) $\Delta Y_Z = Y_Z - Y = y_G \Delta G + y_M \Delta M^n - y_P \Delta P_Z$

(7.12a) $\quad \Delta P_Z = P_Z - P = p_Y \Delta Y_Z + p_G \Delta G + p_M \Delta M^n$

Hieraus lassen sich unmittelbar die Veränderungen der fiskalpolitischen und der geldpolitischen Instrumentvariablen (ΔG, ΔM^n) bestimmen, die zur Zielerreichung erforderlich sind:

(7.11b) $\quad \Delta G = \dfrac{(p_M + p_Y y_M) \Delta Y_Z - (y_M - p_M y_P) \Delta P_Z}{y_G p_M - y_M p_G}$

(7.12b) $\quad \Delta M^n = \dfrac{(y_G - p_G y_P) \Delta P_Z - (p_G + p_Y y_G) \Delta Y_Z}{y_G p_M - y_M p_G}$

In dieser Lösung wird die weitere Bedingung offenkundig, die erfüllt sein muß, damit der Policy-Mix überhaupt erfolgreich sein kann:

(7.13) $\quad y_G p_M - y_M p_G \neq 0 \quad \text{oder} \quad \dfrac{y_G}{p_G} \neq \dfrac{y_M}{p_M}$

Der Nenner in den Gleichungen (7.11b) und (7.12b) muß von null verschieden sein, da sich sonst keine Lösung für die Instrumenteneinsätze ΔG und ΔM^n ergibt. Die Bedingung ist nur erfüllt, wenn die beiden Instrumente nicht die gleichen relativen Wirkungen auf die beiden Zielgrößen haben. Aus formaler Sicht bedeutet das: *Die beiden Instrumente müssen linear unabhängig voneinander sein.* Hierin kommt zugleich eine grundlegende Bedingung für eine zielorientierte Wirtschaftspolitik zum Ausdruck: *Um eine bestimmte Anzahl wirtschaftspolitischer Ziele simultan zu erreichen, muß mindestens eine gleich große Anzahl von Maßnahmen verfügbar sein, die voneinander (linear) unabhängig sind!*

Die Bedingung (7.13) ist dann eindeutig nicht erfüllt, wenn von den beiden Instrumentvariablen kein direkter Einfluß auf das Preisniveau P ausgeht. Die entsprechenden Koeffizienten in der Gleichung (7.12) hätten dann jeweils den Wert null: $p_G = 0$ und $p_M = 0$. In diesem Fall kämen die obengenannten Erwartungseffekte, die mit den geldpolitischen und/oder den fiskalpolitischen Instrumenteneinsätzen verbunden wären, nicht zum Tragen. Würde jetzt durch eine wirtschaftspolitische Maßnahme eine Einkommenserhöhung erreicht, so ließe sich der Preisanstieg, der mit dieser Erhöhung gemäß Gleichung (7.12) verbunden ist, nicht durch einen anderen wirtschaftspolitischen Instrumenteneinsatz verhindern.

Die zuvor aufgezeigten Aspekte des Policy-Mix werden jetzt mit Hilfe der üblichen graphischen Darstellung der aggregierten Nachfrage- und der aggregierten Angebotskurve skizziert. In der Ausgangssituation möge ein Gütermarktgleichgewicht im Punkt A vorliegen. Das Preisniveau entspreche dem Zielwert: $P_0 = P_Z$. Demgegenüber liege das Einkommen mit Y_0 unterhalb des Zielwerts von Y_Z.

Es sei angenommen, daß die Fiskalpolitik relativ zur Geldpolitik einen größeren Einfluß auf das Einkommen Y und daß die Geldpolitik relativ zur Fiskalpolitik einen größeren Einfluß auf das Preisniveau P hat. Dementsprechend gilt: $y_G > y_M$ und $p_M > p_G$. Der Nenner in den Gleichungen (7.11b) und (7.12b) ist in diesem Fall positiv. Um die Einkommenserhöhung ($\Delta Y_Z > 0$) bei konstantem Preisniveau ($\Delta P_Z = 0$) zu erreichen, muß somit gemäß Gleichung (7.11b) eine expansive Fiskalpolitik und gemäß Gleichung (7.12b) eine restriktive Geldpolitik betrieben werden. Auf diese Weise läßt sich die aggregierte Nachfragekurve nach AD_1 und die aggregierte Angebotskurve nach AS_1 verschieben. Zwar hat die restriktive Geldpolitik einen negativen Einfluß auf die aggregierte Nachfrage, aber dieser wird durch den positiven Einfluß der expansiven Fiskalpolitik überkompensiert. Im Hinblick auf das aggregierte Angebot ist es umgekehrt: Der preistreibende Effekt der expansiven Fiskalpolitik wird hier überkompensiert durch den preissenkenden Effekt der restriktiven Geldpolitik. Dementsprechend kann mit der hier skizzierten Politik des Policy-Mix das neue Gütermarktgleichgewicht im Punkt B realisiert werden.

Abbildung 7.9

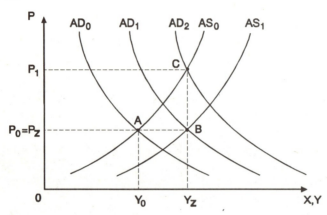

Wenn die beiden Politiken keinen direkten Einfluß auf das Preisniveau haben, ergibt sich auch keine Änderung der aggregierten Angebotskurve. Würde man jetzt mit Hilfe der Geld- und/oder der Fiskalpolitik den Zielwert Y_Z des Einkommens realisieren, so wäre das ohne eine Verletzung des Ziels der Preisstabilität nicht möglich. Es käme jetzt - im Zuge einer Verschiebung der aggregierten Nachfragekurve nach AD_2 - zu einem neuen Gütermarktgleichgewicht im Punkt C, so daß das Preisniveau auf P_1 steigen würde.

Selbst wenn die Bedingung (7.13) der linearen Unabhängigkeit der Instrumente erfüllt ist, kann eine Strategie des Policy-Mix sehr problematisch sein. Auf fünf Probleme sei kurz hingewiesen:

- Aufgrund der konkreten Koeffizientenwerte y_G, y_M, p_G und p_M können zur Zielrealisierung derart gravierende Änderungen der Instrumentvariablen G und M^n erforderlich sein, daß diese politisch nicht durchsetzbar sind.[7]
- Die beiden Instrumente können sich mit unterschiedlichen zeitlichen Verzögerungen auf die Zielgrößen auswirken, so daß Anpassungsvorgänge möglich

---

[7] Das ist insbesondere dann der Fall, wenn die Koeffizientenrelationen y_G/p_G und y_M/p_M zwar nicht übereinstimmen, aber relativ nahe beieinander liegen.

sind, die kurzfristig bzw. vorübergehend zu einer Verstärkung der Zielabweichungen, z.B. zu einer Erhöhung der Arbeitslosigkeit, führen können.

- Es ist möglich, daß sich die im theoretischen Modell relevanten Koeffizienten y_G, y_M, p_G und p_M empirisch nur sehr schwer oder überhaupt nicht ermitteln lassen und daß deshalb weder Ausmaß noch Richtung der Instrumenteneinsätze hinlänglich bekannt sind.
- Die politischen Entscheidungsstrukturen und -prozesse können es unmöglich machen, die für einen erfolgreichen Policy-Mix gemäß den Gleichungen (7.11b) und (7.12b) erforderlichen Instrumenteneinsätze adäquat zu koordinieren.
- Man muß die Möglichkeit in Betracht ziehen, daß zwischen den Zielvariablen und den Instrumentvariablen in den Gleichungen (7.11) und (7.12) keine stabile Beziehung besteht, daß vielmehr die Koeffizienten y_G, y_M, p_G und p_M selbst von den Instrumenten G und M abhängig sind.

Diese Einwendungen machen deutlich, daß einer Strategie des Policy-Mix, mit der jederzeit Arbeitslosigkeit verhindert oder zumindest beseitigt und gleichzeitig Preisstabilität realisiert werden sollte, Grenzen gesetzt sind.

7.5.2 Das Assignment-Problem

Wenn eine Koordination der wirtschaftspolitischen Maßnahmen - hier der Geld- und der Fiskalpolitik - aufgrund politischer Entscheidungsstrukturen nicht möglich oder nicht gewollt ist, lassen sich Zielkonflikte eventuell noch dadurch ausräumen, daß einem bestimmten wirtschaftspolitischen Entscheidungsträger von vornherein die Verantwortung für ein bestimmtes wirtschaftspolitisches Ziel übertragen wird. Diese Zuordnung bezeichnet man in der englischsprachigen Literatur als *Assignment*, und die Suche nach der richtigen Zuordnung dementsprechend als *Assignment-Problem*.

Um dieses Problem zu verdeutlichen, wird auf das zuvor bereits diskutierte Beispiel geld- und fiskalpolitischer Maßnahmen zurückgegriffen, mit denen zum einen ein bestimmtes Beschäftigungsziel und zum anderen das Ziel der Preisstabilität erreicht werden soll. Anders als zuvor, geht es jetzt allerdings nicht mehr um die Frage nach der quantitativen Abstimmung der beiden Instrumenteneinsätze, sondern um die Frage nach der richtigen Zuordnung einer Maßnahme zu einem bestimmten Ziel. Die Basis der Analyse bilden wiederum die Gleichungen (7.11) und (7.12). Damit überhaupt eine Zuordnung möglich ist, muß auch hier die Bedingung (7.13) erfüllt sein. Man geht im allgemeinen davon aus, daß die Fiskalpolitik auf das Einkommen Y und die Geldpolitik auf das Preisniveau P einen relativ großen Einfluß besitzen. Dementsprechend gilt für die Koeffizientenrelationen: $y_G/p_G > y_M/p_M$. Diese Koeffizientenrelationen werden auch hier angenommen.

In der Abbildung 7.10 sind die Gleichungen (7.11) und (7.12) für einen bestimmten Zielwert des Einkommens bzw. für einen bestimmten Zielwert des Preisniveaus eingezeichnet worden. Y_Z zeigt alle Kombinationen der beiden Instrumente, die das gesteckte Einkommensziel ermöglichen, und P_Z drückt dementsprechend alle Instrumenteneinsätze aus, die mit dem zielgerechten Preisniveau P_Z vereinbar sind. Wegen der zuvor genannten Koeffizientenrelationen verläuft die Gerade Y_Z steiler als die Gerade P_Z.

Abbildung 7.10

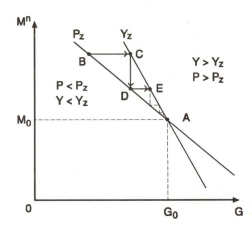

Beide Ziele werden gleichzeitig im Schnittpunkt A der beiden Geraden und dementsprechend bei einer Geldmenge von M_0 und bei Staatsausgaben von G_0 erreicht. Mit Blick auf den relativen Einfluß der beiden Instrumente auf das Einkommen und das Preisniveau ist die folgende Politikzuordnung zwingend: *Die Fiskalpolitik muß auf das Beschäftigungsziel und die Geldpolitik auf das Ziel der Preisstabilität gerichtet werden.*

Diese Zuordnungsregel läßt sich an einem einfachen Beispiel verdeutlichen. In der Ausgangssituation mögen die Geldpolitik und die Fiskalpolitik gemäß dem Punkt B eingesetzt werden. Hier wird zwar der Zielwert des Preisniveaus P_Z realisiert, aber das Einkommen liegt unterhalb des Zielwerts, so daß gilt: $Y < Y_Z$. Nach der Zuordnungsregel muß deshalb eine expansive Fiskalpolitik betrieben werden. Die Staatsausgaben G müssen in diesem Beispiel um die Strecke BC zunehmen. Durch diese Politik ergibt sich allerdings eine Verletzung des Ziels der Preisstabilität. Zwar wird im Punkt C der Zielwert des Einkommens Y_Z erreicht, aber das Preisniveau ist höher als erwünscht: $P > P_Z$. Mit Blick auf die Zuordnungsregel ist folglich eine restriktive Geldpolitik erforderlich. Die Geldmenge muß um die Strecke CD sinken. Dabei tritt allerdings erneut eine Abweichung vom Beschäftigungsziel auf, die durch eine weitere Erhöhung der Staatsausgaben (um die Strecke DE) beseitigt werden muß. Die Abbildung macht deutlich, daß die gemäß der Zuordnungsregel erforderlichen wirtschaftspolitischen Maßnahmen schließlich zum Gleichgewicht im Punkt A führen.

Anhand der Abbildung läßt sich auch leicht nachvollziehen, welche Konsequenzen sich ergeben würden, wenn die Geldpolitik für das Beschäftigungsziel und die Fiskalpolitik für das Ziel der Preisstabilität zuständig wären. Hierzu sei eine Ausgangssituation im Punkt E betrachtet. Da hier zwar das Beschäftigungsziel realisiert wäre, das Preisniveau aber über dem Zielwert läge, müßte nun die Fiskalpolitik restriktiv eingesetzt werden. Die Staatsausgaben wären um die Strecke DE zu kürzen. Aufgrund der nun eintretenden Abweichung vom Beschäftigungsziel müßte die Geldmenge um die Strecke DC erhöht werden. Dadurch käme es allerdings erneut zu einer Verletzung des Ziels der Preisstabilität, auf die man jetzt mit einer Reduktion der Staatsausgaben um die Strecke BC reagieren müßte. Die hier zugrunde gelegte Zuordnungsregel hätte also zur Folge, daß man sich immer weiter vom Gleichgewichtspunkt A entfernen würde. Beide Ziele ließen sich gleichzeitig nicht mehr erreichen, und die Zielabweichungen würden im Laufe der Anpassungen der wirtschaftspolitischen Maßnahmen immer größer.

Das Beispiel bringt allerdings nur zum Ausdruck, daß sich Probleme, die aus einer fehlenden Koordination der Wirtschaftspolitiken resultieren können, mit Hilfe geeigneter Zuordnungsregeln lösen lassen. Die übrigen der oben schon genannten Hemmnisse, die auf enge Grenzen der nachfrageorientierten, diskretionären Geld- und Fiskalpolitik hindeuten, sind auch hier weiterhin gültig.

7.6 Angebotsorientierte Beschäftigungspolitik

7.6.1 Ziele und Maßnahmen

Die angebotsorientierte Wirtschaftspolitik ist darauf gerichtet
- die Produktions- bzw. die Angebotsbedingungen einer Volkswirtschaft zu verbessern, um so einen adäquaten Rahmen für Innovationen, Investitionen und Beschäftigung zu schaffen
- die Fähigkeit der Angebotsseite zur Anpassung an Marktstörungen zu steigern
- die Innovationsfähigkeit und Innovationsbereitschaft von Unternehmungen zu fördern sowie die internationale Wettbewerbsfähigkeit des Landes zu stärken
- die Leistungsfähigkeit und die Leistungsbereitschaft von Arbeitnehmern und Unternehmern zu fördern
- die Störungen, die durch nicht marktgerechte wirtschaftspolitische Aktivitäten hervorgerufen werden, auszuschalten.

Mit Blick auf die Ursachen der Arbeitslosigkeit soll die angebotsorientierte Wirtschaftspolitik - im folgenden kurz *Angebotspolitik* genannt - dazu beitragen
- die *bereits bestehende* strukturelle und lohnkosteninduzierte Arbeitslosigkeit zu beseitigen oder zumindest nachhaltig zu verringern
- das *Entstehen* nicht nur der strukturellen und der lohnkosteninduzierten, sondern auch der konjunkturellen Arbeitslosigkeit zu verhindern.

Die Maßnahmen der Angebotspolitik erstrecken sich auf mehrere Politikbereiche, so insbesondere auf die *staatliche Ordnungspolitik*, die *Fiskalpolitik*, die *Geldpolitik*, die *Sozialpolitik*, die *Arbeitsmarktpolitik* und - im nicht-staatlichen Bereich - die *Lohnpolitik*. Die wichtigsten Maßnahmen und die damit beabsichtigten Wirkungen sind - geordnet nach den Politikbereichen - in der Übersicht 7.1 zusammengestellt worden.

Übersicht 7.1

Politik-bereich	Maßnahmen	Beabsichtigte Wirkungen
Ordnungs-politik	■ Abbau staatlicher Regulierungen und Reglementierungen ■ Privatisierung staatlicher Betriebe ■ Konsequente Wettbewerbspolitik ■ Abbau von Erhaltungssubventionen	■ Stärkung der marktwirtschaftlichen Kräfte und der Anpassungsfähigkeit ■ Förderung der Produktivität und der internationalen Wettbewerbsfähigkeit ■ Stärkung der Wettbewerbsintensität
Fiskal-politik	■ Änderung der Ausgabenstruktur zugunsten investiver Ausgaben ■ Änderung der Einnahmenstruktur z.B. durch Senkung von Unternehmenssteuern ■ Förderung zur Bildung von Risikokapital und Innovationen ■ Haushaltskonsolidierung und Verstetigung der Ausgabenentwicklung	■ Ausschalten fiskalpolitischer (diskretionärer) Störungen ■ Schaffung günstiger Bedingungen für Unternehmertätigkeit, für Investitionen in Sachkapital sowie für Verfahrens- und Produktinnovationen ■ Entlastung des Staatsbudgets
Geld-politik	■ Strikte Ausrichtung am Ziel der Preisstabilität ■ Verstetigung der Geldmengenentwicklung	■ Ausschalten von Störungen diskretionärer Geldpolitik ■ Preisstabilisierung
Sozial-politik	■ Abbau leistungshemmender Transfers ■ Substitution staatlicher durch private Sozialversicherungssysteme	■ Erhöhung der Leistungsbereitschaft ■ Verringerung der Lohnnebenkosten ■ Entlastung des Staatsbudgets
Arbeits-markt-politik	■ Aus- und Fortbildungsförderung ■ Mobilitätsförderung ■ Änderung des Kündigungsschutzes ■ Flexibilisierung der Arbeitszeit	■ Erhöhung der Leistungsfähigkeit ■ Steigerung der regionalen Mobilität ■ Verringerung der Lohnkosten ■ Erhöhung der Anpassungsflexibilität des Faktors Arbeit
Lohn-politik	■ Produktivitätsorientierte Nominallohnzuwächse ■ Verzicht auf Lohnsteigerungen gegen Beteiligung der Arbeitnehmer am Produktivkapital ■ Lohnstrukturänderungen mit Lohnflexibilisierung	■ Verringerung der Lohnkosten ■ Erhöhung der Leistungsbereitschaft ■ Erhöhung der Anpassungsflexibilität des Faktors Arbeit

Da es in aller Regel nicht möglich ist, die bereits bestehende Arbeitslosigkeit eindeutig bestimmten Ursachen zuzuordnen und ihre Entstehungsgründe im einzelnen auszumachen, muß die Angebotspolitik als ein *Maßnahmenpaket* begriffen werden. Eine erfolgversprechende Angebotspoltik darf sich somit nicht auf die eine oder andere Einzelmaßnahme beschränken, sondern muß soweit wie eben möglich als ein umfassendes Programm konzipiert sein. Andernfalls besteht grundsätzlich die Gefahr, daß es zu konterkarierenden Wirkungen kommt. So wäre beispielsweise eine Privatisierung staatlicher Betriebe sinnlos, wenn diese anschließend durch Subventionen unterstützt würden oder wenn durch eine Ausweitung des Kündigungsschutzes Beschäftigungsgarantien gegeben würden; arbeitsmarktpolitische Maßnahmen des Staates könnten sich als wirkungslos erweisen, wenn eine aggressive Lohnpolitik betrieben würde; eine Förderung von Risikokapital und Innovationen wären wenig erfolgreich, wenn von der Fiskal- und der Geldpolitik ansonsten Wirkungen ausgingen, die das Vertrauen in die zukünftige wirtschaftliche Entwicklung schmälern würden.

7.6.2 Wirkungsbedingungen und Wirkungsprobleme

Betrachtet man die Angebotspolitik im Kontext der bisher angewendeten theoretischen Gütermarktanalyse, so zielt sie darauf ab

- das aggregierte Güterangebot zu steigern und so die natürliche Arbeitslosenquote zu verringern bzw. die strukturelle und lohnkosteninduzierte Arbeitslosigkeit zu beseitigen
- die Preisflexibilität des Güterangebots zu erhöhen, um so konjunkturelle Arbeitslosigkeit zu verhindern.

Diese beiden Wirkungsaspekte werden mit Hilfe der Abbildungen 7.11 a) und 7.11 b) etwas genauer untersucht. Dabei ist insbesondere zu prüfen, welche Bedingungen erfüllt sein müssen, damit die beabsichtigten Wirkungen überhaupt erreicht werden.

a) Angebotsausweitung

Der Abbildungsteil a) zeigt eine Situation, in der das Güterangebot preisunelastisch ist. Hier besteht zwar grundsätzlich eine angebotsseitige Güterpreisflexibilität, aber die Produktion bzw. das Güterangebot ist mit X_0^* in der Ausgangslage zu niedrig, um Vollbeschäftigung zu gewährleisten. Diese Situation kann beispielsweise auf einen zu hohen Reallohnsatz oder auf Inflexibilitäten im Bereich des Faktorangebots und/oder der Produktion zurückzuführen sein. Vor diesem Hintergrund läßt sich die Produktion X_0^* auch als ein "natürliches Produktionsniveau" begreifen, dem eine bestimmte Arbeitslosenquote zugeordnet ist. Die Angebotspolitik muß somit darauf gerichtet sein, das Güterangebot auszuweiten und darüber die natürliche Arbeitslosenquote zu verringern. Es sei angenommen, daß zur Realisierung des Beschäftigungsziels eine Angebotsausweitung auf X_1^* erforderlich ist und daß sich diese Angebotsausweitung durch den Einsatz angebotspolitischer Maßnahmen erreichen läßt. Die hier betrachtete Angebotsausweitung bedeutet al-

lerdings lediglich, daß - z.B. aufgrund einer Lohnkostensenkung oder verbesserter Investitionsbedingungen - das *Produktionspotential* gestiegen ist. Ob dadurch tatsächlich Produktion und Beschäftigung zunehmen, hängt
- einerseits von den Bedingungen auf der Nachfrageseite des Gütermarktes
- andererseits von der Preisflexibilität auf der Angebotsseite ab.

Mit Blick auf die Nachfragebedingungen läßt sich ein positiver Produktions- und Beschäftigungseffekt nur dann erzielen, wenn die Güternachfrage eine ausreichend hohe Preiselastizität besitzt. Die Preiselastizität der Güternachfrage könnte so gering sein, daß ein neues Gütermarktgleichgewicht beim Produktionsniveau X_1^* unmöglich ist. Eine Erklärung für diese Situation könnte beispielsweise die *"Sättigungshypothese"* liefern. Gemäß dieser Hypothese haben die Wirtschaftssubjekte ihre Konsumwünsche bereits soweit befriedigt, daß selbst durch erhebliche Preissenkungen keine nennenswerte Zusatznachfrage induziert werden kann. Die hier implizierten absoluten Sättigungsgrenzen werden allerdings von den meisten Ökonomen angezweifelt. Erfahrungsgemäß lassen sich durch Produktinnovationen - also ebenfalls durch Maßnahmen auf der Angebotsseite - immer wieder neue Konsumwünsche wecken, die die Sättigung bestenfalls zu einem kurzfristigen Phänomen machen. Aber auch ohne Sättigungsgrenzen ist eine relativ geringe Preiselastizität der *aggregierten Güternachfrage* als eine durchaus realistische Möglichkeit in Betracht zu ziehen. In diesem Zusammenhang ist auf die in den theoretischen Untersuchungen mehrmals erläuterten Hintergründe der Preiselastizität hinzuweisen. Zu erinnern sei beispielsweise an eine relativ hohe Zinselastizität der Geldnachfrage, die es verhindert, daß eine preisinduzierte Erhöhung der realen Geldmenge eine nennenswerte Zinssenkung und dementsprechend eine nennenswerte Erhöhung der zinsabhängigen Güternachfrage bewirkt. Hinzuweisen ist nicht zuletzt auf die Möglichkeit, daß Preissenkungen auch über den Realkasseneffekt oder über die internationalen Zusammenhänge nur eine relativ geringe Wirkung auf die aggregierte Güternachfrage haben können.

Abbildung 7.11

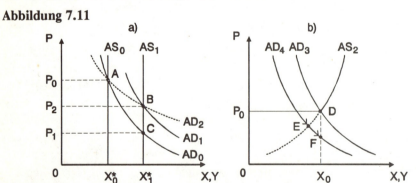

Ist die Preiselastizität auf der Nachfrageseite sehr niedrig, so ist möglicherweise eine drastische Preissenkung erforderlich, um genügend Nachfrage für das zusätzliche (potentielle) Güterangebot (X_1^*) zu mobilisieren. Eine solche Situation ist in der Abbildung 7.11 a) mit der aggregierten Nachfragekurve AD_0 skizziert worden.

Es ist fraglich, ob einerseits die Unternehmungen - vor allem im Hinblick auf die Gefahr des ruinösen Preiswettbewerbs - zu entsprechend hohen Preissenkungen bereit sind und ob andererseits die Arbeitnehmer bzw. die Gewerkschaften die dazu erforderlichen relativ starken Nominallohnsenkungen akzeptieren. Vor diesem Hintergrund könnte es erforderlich werden, die Angebotspolitik durch nachfrageorientierte Maßnahmen zu ergänzen. Dadurch ließe sich beispielsweise eine Verschiebung der aggregierten Nachfragekurve nach AD_1 erreichen, so daß statt einer Preissenkung auf P_1 nur eine Preissenkung auf P_2 erforderlich wäre.

Hier ist zugleich deutlich geworden, daß auch die Preisflexibilität auf der Angebotsseite eine wichtige Rolle spielt. Selbst wenn die aggregierte Güternachfrage - z.B. entsprechend der Nachfragekurve AD_2 - eine relativ hohe Preiselastizität aufweist, muß auf der Angebotsseite auch die Bereitschaft bestehen, die erforderliche Preissenkung - hier auf P_2 - vorzunehmen, um dadurch genügend zusätzliche Nachfrage zu induzieren. Wird das durch eine starre Preispolitik der Unternehmungen und/oder durch eine starre Nominallohnpolitik der Gewerkschaften verhindert, so genügt es beispielsweise nicht, mit der Angebotspolitik nur die Investitionsbedingungen zu verbessern. Die Angebotspolitik muß dann auch Maßnahmen zur Steigerung der Preis- und der Lohnflexibilität beinhalten.

b) Vermeidung konjunktureller Arbeitslosigkeit

Wie in früheren Untersuchungen bereits gezeigt wurde, hat die Preisflexibilität des Güterangebots auch dann eine große Bedeutung, wenn es zu Störungen auf der Nachfrageseite des Gütermarktes kommt. Das läßt sich mit Hilfe der Abbildung 7.11 b) nachvollziehen. Aufgrund eines autonomen Nachfrageausfalls möge sich die aggregierte Nachfragekurve von AD_3 nach AD_4 verschieben. Wäre die aggregierte Angebotskurve AS_2 gültig, so würde die Preissenkung, die mit dem Übergang zum neuen Gütermarktgleichgewicht im Punkt E verbunden wäre, nicht ausreichen, den negativen Produktions- und Beschäftigungseffekt der konjunkturellen Störung zu kompensieren. Auch hier ist es also erforderlich, rechtzeitig angebotspolitische Maßnahmen zu ergreifen, die geeignet sind, die Preis- und die Lohnflexibilität adäquat zu erhöhen. Gelingt dies, so reicht der Marktmechanismus aus, konjunkturelle Störungen zu beseitigen. Die aggregierte Angebotskurve würde sich dann von E aus in Richtung auf F drehen oder verschieben. Allerdings ist auch hier die Möglichkeit einer relativ geringen Preiselastizität der Güternachfrage in Betracht zu ziehen. In diesem Fall dürften dann wieder flankierende nachfrageorientierte Maßnahmen unerläßlich sein.

7.6.3 Wirkungsanalyse

Einige Maßnahmen der Angebotspolitik und deren Wirkungen werden jetzt mit Blick auf den Arbeitsmarkt und den Gütermarkt auch noch kurz in einem formalen Rahmen verdeutlicht. Hierzu wird auf die Abbildung 7.12 Bezug genommen. Die Ausgangssituation sei auf dem Arbeitsmarkt durch den Punkt A und auf dem Gü-

termarkt durch den Punkt D gekennzeichnet. In dieser Situation möge Arbeitslosigkeit in Höhe von $A_1 - A_0$ bestehen. Vier mögliche Ursachen, die eine Angebotspolitik erforderlich machen, werden jetzt im einzelnen betrachtet:
- ein zu hoher Reallohnsatz
- Qualifikations- und Mobilitätsmängel
- Inflexibilitäten auf seiten der Arbeitsnachfrage
- freiwillige Arbeitslosigkeit.

a) Erste Ursache: zu hohe reale Lohnkosten
Liegt die Ursache der Arbeitslosigkeit in einem zu hohen realen Lohnsatz - ausgedrückt durch w_0 -, so bieten sich für die Angebotspolitik zwei Möglichkeiten an:
1. Die realen Lohnkosten werden so weit gesenkt, daß sich ein effektiver Reallohnsatz von w_1 ergibt. Das läßt sich erreichen durch
   - Reallohnsenkung im Rahmen der Lohnpolitik
   - Reduktion der Lohnnebenkosten, z.B. durch Abbau von Sozialleistungen.

   Es ist davon auszugehen, daß die aggregierte Arbeitsnachfragekurve dabei nicht berührt wird und dementsprechend AN_0 gültig bleibt.
2. Bei unveränderten realen Lohnkosten wird die Arbeitsnachfrage ausgeweitet und dementsprechend die Arbeitsnachfragekurve nach AN_1 verschoben. Das könnte erreicht werden durch
   - eine Erhöhung der Arbeitsproduktivität, z.B. mit Innovationsförderung, Ausbildungsförderung oder sozialpolitischen Maßnahmen zur Erhöhung der Leistungsbereitschaft der Arbeitnehmer
   - eine Ausweitung der Sachkapazitäten, z.B. durch Senkung von Unternehmenssteuern oder Förderung von Risikokapital (Investitionen mit relativ hohem Ertragsrisiko).

Man kann sich leicht vorstellen, daß diese Maßnahmen keineswegs auf allgemeine Akzeptanz stoßen. Die zuerst genannten Maßnahmen können den sozialen Frieden stören und unter Umständen sogar zu einer Verringerung der Leistungsbereitschaft der Arbeitnehmer führen. Diese Gefahr veranlaßt selbst Unternehmungen dazu, mit Forderungen nach Reallohnsenkungen eher zurückhaltend zu sein. Schließlich ist auch an dieser Stelle noch einmal auf das Insider-Outsider-Phänomen hinzuweisen, das insbesondere im Rahmen des Hysteresis-Effektes von Bedeutung ist. Die beschäftigten Arbeitnehmer - die Insider - sind demnach nicht bereit, ihre Reallohnposition zugunsten der Arbeitslosen - der Outsider - aufzugeben. Die hier betrachtete Arbeitslosigkeit in Höhe von $A_1 - A_0$ ist in diesem Sinne als natürliche Arbeitslosigkeit zu begreifen.

Maßnahmen zur Erhöhung der Arbeitsproduktivität und Ausweitung der Sachkapazitäten machen vor dem Hintergrund einer Haushaltskonsolidierung zwingend Maßnahmen zur Änderung der Steuerstruktur erforderlich, die zumindest anfangs Umverteilungen zugunsten von Unternehmungen implizieren. Störungen des sozialen Friedens sind deshalb auch von hierher möglich. Außerdem läßt sich nicht mit Gewißheit ausschließen, daß staatliche Maßnahmen zur Förderung von Risikokapital und Innovationen sowie steuerpolitische Maßnahmen zur Entlastung von Unternehmungen aufgrund von *"Mitnahmeeffekten"* nur einen relativ geringen Erfolg haben oder daß im Zuge einer Erhöhung der Arbeitsproduktivität sogar Arbeitskräfte freigesetzt werden, die später keine Beschäftigung mehr finden.

Abbildung 7.12

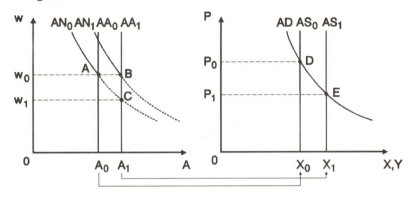

b) Zweite Ursache: Qualifikations- und Mobilitätsmängel

Ist die hier betrachtete Arbeitslosigkeit auf einen Mangel an Qualifikation oder auf einen Mangel an Mobilität der nicht beschäftigten Arbeitnehmer zurückzuführen, so wird das für den Produktionsprozeß brauchbare oder verfügbare Arbeitspotential beispielsweise durch die Angebotskurve AA_0 beschrieben.[8] Im allgemeinen werden in dieser Situation arbeitsmarktpolitische Maßnahmen empfohlen, so z.B. staatliche Aus- und Fortbildungsprogramme sowie staatliche Unterstützungen zur Förderung der Mobilität. Die Effektivität solcher Maßnahmen ist allerdings umstritten. Sehr häufig werden Zweifel dahingehend geäußert, daß in den vorwiegend außerbetrieblichen Programmen zur Aus- und Fortbildung nicht die erforderlichen zukunftsorientierten Qualifikationen vermittelt werden. Gemutmaßt wird außerdem, daß die pekuniäre Mobilitätsförderung lediglich Mitnahmeeffekte erzeugt. Zweifellos dürften kurzfristige arbeitsmarktpolitische Maßnahmen nicht ausreichen, das hier betrachtete Problem der strukturellen Arbeitslosigkeit zu lösen. Erforderlich sind sicherlich zum einen langfristig angelegte bildungspolitische Maßnahmen des Staates sowie innerbetriebliche Aus- und Weiterbildungsprogramme und zum anderen Anreize zu mehr Eigenverantwortlichkeit für Qualifikation und Mobilität, z.B. durch eine stärkere regionale und qualifikationsorientierte Differenzierung der Lohnstruktur sowie durch Abbau leistungshemmender staatlicher Transfers im Rahmen der Sozialpolitik. Welche Maßnahmen auch immer ergriffen werden, mit kurzfristigen Erfolgen ist im allgemeinen nicht zu rechnen. Die in der Abbildung 7.12 erforderliche Verschiebung der Arbeitsangebotskurve nach AA_1 läßt sich somit weder leicht noch schnell herbeiführen.

---

8 Zur Vereinfachung wird hier ein Arbeitsangebot zugrunde gelegt, das nicht vom Reallohnsatz abhängig ist.

c) Dritte Ursache: Inflexibilitäten auf seiten der Arbeitsnachfrage

Ist die hier betrachtete Arbeitslosigkeit auf Inflexibilitäten im Bereich der Arbeitsnachfrage zurückzuführen, so ist eine Situation denkbar, in der die Arbeitsnachfragekurve vom Punkt A aus bei Reallohnsätzen unterhalb von w_0 parallel zur Lohnachse verläuft. Für solche Inflexibilitäten kann es, wie weiter oben dargelegt, eine Reihe von Gründen geben. Sind die Ursachen in den Arbeitsmarktbedingungen zu sehen, so könnten z.B. Maßnahmen zur Lockerung des Kündigungsschutzes, zur Flexibilisierung der Arbeitszeit oder zur Flexibilisierung der Lohnstruktur erforderlich sein. Liegen die Ursachen in den spezifischen Bedingungen unternehmerischen Handelns, so wäre es demgegenüber beispielsweise angebracht, Maßnahmen zur Wettbewerbsintensivierung, zur Förderung der Bildung von Risikokapital und Innovationen oder zum Abbau produktivitätshemmender Erhaltungssubventionen einzusetzen. Für die Produktionsinflexibilität, die ihrerseits auf die Arbeitsnachfrage weiterwirkt, spielen nicht zuletzt auch staatliche Regulierungen und Reglementierungen sowie ein Mangel an öffentlicher Infrastruktur eine große Rolle. Im Hinblick auf Regulierungen sind z.B. staatliche Preisfixierungen, im Hinblick auf Reglementierungen langwierige staatliche Genehmigungsverfahren zu nennen. Vor diesem Hintergrund dürfte es erforderlich sein, die staatliche Politik stärker marktwirtschaftlich auszurichten und/oder die Staatsausgabenstruktur zugunsten von Infrastrukturausgaben zu verändern. Vor allem der Abbau von Regulierungen und die Veränderung der staatlichen Ausgabenstrukturen lassen sich jedoch häufig nur schwer durchsetzen, zumal dabei einerseits einigen gesellschaftlichen Gruppen unmittelbar Vorteile verlorengehen, andererseits aber die gesamtwirtschaftlichen Erfolge erst mit langen zeitlichen Verzögerungen auftreten und diese unter Umständen nicht einmal offen sichtbar und objektiv nachprüfbar sind. Es ist deshalb auch nicht verwunderlich, daß die kurzfristigen Gruppeninteressen unter wahltaktischen Gesichtspunkten meistens Vorrang haben.

d) Vierte Ursache: freiwillige Arbeitslosigkeit
Es ist durchaus möglich, daß wenigstens ein Teil der offiziell registrierten Arbeitslosigkeit freiwillig ist, daß also Arbeitslose bei den herrschenden Marktbedingungen nicht bereit sind, eine Arbeit aufzunehmen, obwohl sie der Arbeitsvermittlung zur Verfügung stehen. Die freiwillige Arbeitslosigkeit ist nach allen Erfahrungen vorwiegend auf eine zu großzügige Ausgestaltung des sozialen Sicherungssystems zurückzuführen. Das hat entsprechende Konsequenzen für die Maßnahmen der Angebotspolitik. In dieser Situation hätte eine Angebotspolitik, die sich auf Maßnahmen zur Förderung von Investitionen und Innovationen oder zur Stärkung der Wettbewerbsintensität beschränkt, nur einen mäßigen oder überhaupt keinen Erfolg. Erforderlich sind hier zumindest begleitende Maßnahmen im Bereich der Sozialpolitik. Allerdings erweist es sich im allgemeinen als äußerst schwierig, das soziale Sicherungssystem so zu gestalten, daß einerseits die freiwillig Arbeitslosen, die häufig noch auf andere Einkommensquellen zurückgreifen können, gezwungen werden, in den Arbeitsprozeß einzutreten, und andererseits die Arbeitslosen, die

unfreiwillig arbeitslos sind und keine anderen Einkommen haben, nicht benachteiligt werden.

Auch bei dem Versuch, die Angebotspolitik in einem formalen makroökonomischen Rahmen darzulegen, ist die Vielschichtigkeit der angebotspolitischen Erfordernisse deutlich geworden. Da sich die Ursachen der Arbeitslosigkeit zwar formal einigermaßen exakt abgrenzen, empirisch aber nicht oder nur sehr schwer differenzieren lassen, muß die Angebotspolitik - wie oben schon betont - zwingend als ein umfassendes Maßnahmenpaket begriffen werden. In der praktischen Wirtschaftspolitik fehlt es bislang an einer solchen umfassenden Konzeption. Bisher hat man sich bestenfalls auf den Einsatz einzelner angebotspolitischer Maßnahmen beschränkt. Angesichts der Tatsache, daß einerseits eine erfolgversprechende Angebotspolitik einen langen Atem erfordert und andererseits die Wirtschaftspolitiker unter kurzfristigem Erfolgsdruck stehen, sind die Chancen für eine grundlegende angebotspolitische Orientierung der Wirtschaftspolitik gemäß der Übersicht 7.1 nicht besonders groß. Schließlich darf allerdings auch nicht übersehen werden, daß in der Realität sehr wohl Situationen möglich sind, in denen Angebotspolitik durch nachfrageorientierte Maßnahmen ergänzt werden muß und kurzfristige Nachfragepolitik schon deshalb erforderlich ist, um eine Destabilisierung der Volkswirtschaft zu verhindern.

7.6.4 Kaufkraftargument versus Kostenargument

Gemäß der neoklassischen Theorie besteht kein Zweifel daran, daß ein zu hoher Reallohnsatz Arbeitslosigkeit verursacht. Allerdings wird dieser Zusammenhang nicht nur als eine theoretisch nachweisbare Möglichkeit gesehen, sondern die Neoklassiker stellen mit Blick auf die empirischen Fakten fest, daß ein erheblicher Teil der heutzutage in vielen Ländern sichtbaren Arbeitslosigkeit lohnkostenbedingt ist. Daraus leitet sich ihre Forderung ab, die realen Lohnkosten zu senken. Diese Forderung richtet sich einerseits an die staatlichen Institutionen, die für eine Verringerung der Lohnnebenkosten sorgen sollen, andererseits aber auch an die Gewerkschaften, die sich bei ihren Nominallohnforderungen bestenfalls an den Zuwächsen der Arbeitsproduktivität orientieren und bei hoher Arbeitslosigkeit vorübergehend sogar Nominallohnsenkungen hinnehmen sollen. Die Gewerkschaften weisen solche Forderungen zurück und halten ihnen entgegen, daß Löhne nicht nur Produktionskosten, sondern die wichtigste Grundlage der volkswirtschaftlichen Kaufkraft sind. Sie messen diesem *Kaufkraftargument* ein größeres Gewicht bei als dem *Kostenargument* und begründen damit ihre These, daß Nominallohnsenkungen Kaufkraft vernichten und trotz Kosteneinsparungen höhere Arbeitslosigkeit bewirken bzw. daß Nominallohnsteigerungen über den Kaufkrafteffekt mehr Beschäftigung bringen.

Das Kaufkraftargument wird jetzt etwas genauer untersucht. Dabei soll am Beispiel einer Erhöhung des Nominallohnsatzes geprüft werden, welche Bedingungen erfüllt sein müssen, damit zum einen die Kaufkraft der unselbständig Beschäftigten steigt und zum anderen Güternachfrage, Produktion und Beschäftigung zunehmen. Eine Zunahme der Beschäftigung in einer Volkswirtschaft setzt voraus, daß die *reale* Produktion und somit auch die *reale* Güternachfrage erhöht werden. Von daher läßt sich eine erste Bedingung für das Kaufkraftargument formulieren: *Mit der Erhöhung des Nominallohnsatzes muß gleichzeitig das reale Einkommen aus unselbständiger Tätigkeit zunehmen.* Dieses Einkommen ist wie folgt definiert:

(7.14) $$Y_L = \frac{w^n A}{P} = wA$$

Eine Zunahme des realen Einkommens Y_L setzt somit voraus, daß der Nominallohnanstieg nicht durch eine Erhöhung des Preisniveaus P und/oder durch eine Verringerung des Arbeitsinputs A kompensiert wird.

Um die Wirkungen der Nominallohnerhöhung auf das Preisniveau und auf den Arbeitsinput zu erfassen, sei angenommen, daß die Unternehmungen das Ziel der Gewinnmaximierung verfolgen und dementsprechend den Faktor Arbeit gemäß der Grenzpoduktivität dieses Faktors nachfragen. Die tarifvertraglichen Vereinbarungen beziehen sich - wie zuvor schon deutlich geworden ist - auf den Nominallohnsatz, so daß auf den bekannten Fall der Nominallohnfixierung zurückgegriffen werden muß. Vor dem Hintergrund dieser Rahmenbedingungen zeigt die Abbildung 7.13 den Arbeitsmarkt und den Gütermarkt. Die Ausgangssituation sei durch die Punkte A und A' gekennzeichnet. Infolge der Erhöhung des Nominallohnsatzes verschiebt sich die aggregierte Angebotskurve nach oben. Die Produktion und der Arbeitsinput ließen sich nur auf dem Ausgangsniveau X_0 und A_0 halten, wenn das Preisniveau proportional zum Nominallohnanstieg zunehmen und der Reallohnsatz deshalb mit w_0 konstant bliebe. Das möge bei einer Preiserhöhung auf P_3 eintreten, so daß sich die aggregierte Angebotskurve beim Produktionsniveau X_0 um die Strecke A'C' nach AS_1 verschiebt. Ist die Güternachfrage preiselastisch - wie hier mit der aggregierten Nachfragekurve AD_0 angenommen -, so hat die lohnkosteninduzierte Preissteigerung allerdings einen Rückgang der Güternachfrage und darüber der Produktion zur Folge. Ein neues Gütermarktgleichgewicht stellt sich dann beispielsweise im Punkt B' beim Preisniveau P_1 ein. Der Vergleich mit dem Preisniveau P_3 zeigt, daß diese Preiserhöhung nicht ausreicht, um eine Zunahme des Reallohnsatzes zu verhindern. Der Nominallohnanstieg wird also nicht vollständig kompensiert, so daß es z.B. zu einer Erhöhung des Reallohnsatzes auf w_1 kommt. Dieser Reallohnanstieg bewirkt einen Rückgang des Arbeitsinputs auf A_1. Damit ist gleichzeitig die Einschränkung der Produktion auf X_1 kompatibel, die ihrerseits dem neuen Gütermarktgleichgewicht entspricht.

Da zwar der Arbeitsinput sinkt, aber der Reallohnsatz steigt, ist eine Zunahme des realen Einkommens Y_L gemäß Gleichung (7.14) nicht ausgeschlossen. Wie in der Abbildung 7.13 dargestellt, verringert sich dieses Einkommen einerseits um die Fläche I, nimmt aber andererseits um die Fläche II zu. Ob das reale Einkommen Y_L steigt, konstant bleibt oder sinkt, hängt von der Elastizität der Arbeitsnachfrage in bezug auf den Reallohnsatz und dementsprechend von den Produktionsverhältnissen ab. Je geringer diese Elastizität ist, desto eher ist die Möglichkeit gegeben, daß das reale Einkommen aus unselbständiger Tätigkeit und dementsprechend die reale Kaufkraft der unselbständig Beschäftigten zunimmt.

Abbildung 7.13

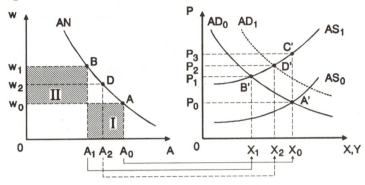

Es ist zu vermuten, daß eine Zunahme dieser realen Kaufkraft eine Erhöhung der realen Güternachfrage der Arbeitnehmerhaushalte nach sich zieht. Zwar sind aus dem höheren Bruttoeinkommen Y_L in der Regel zusätzliche Abgaben an den Staat zu leisten, aber das reale verfügbare Einkommen der Arbeitnehmerhaushalte dürfte dennoch steigen. Wenn aber das reale Einkommen aus unselbständiger Tätigkeit zunimmt, muß wegen der Produktionseinschränkung auf X_1 zwingend eine Verringerung der realen Unternehmereinkommen eingetreten sein. Trotz der geringeren Abgaben, die die Unternehmungen und die Unternehmerhaushalte nun an den Staat abzuführen haben, ist davon auszugehen, daß deren verfügbare Einkommen ebenfalls gesunken sind. Daraus kann eine Reduktion sowohl der Investitionsnachfrage als auch der Konsumgüternachfrage der Unternehmerhaushalte resultieren.

Zu berücksichtigen ist auch noch die Nachfragetätigkeit des Staates. Sind die Einnahmenverluste aus dem Rückgang der Unternehmereinkommen größer als die Einnahmenzuwächse aus der Erhöhung der Arbeitnehmereinkommen, so könnte es zu einer Verringerung der staatlichen Güternachfrage kommen. Selbst wenn – wie hier angenommen – die reale Kaufkraft der Arbeitnehmer steigt, ist es also keineswegs sicher, daß auch die gesamtwirtschaftliche reale Güternachfrage zunimmt. Es ist sehr wohl möglich, daß die höhere Güternachfrage der Arbeitnehmer durch eine geringere Güternachfrage der Unternehmungen, der Unternehmerhaushalte und möglicherweise auch des Staates vollständig kompensiert oder sogar überkompensiert wird. Aus diesen Zusammenhängen folgt eine weitere Bedingung für die Gültigkeit des Kaufkraftarguments: *Der positive Nachfrageeffekt aus der Lohnerhöhung muß stärker sein als der negative Nachfrageeffekt aus der Umverteilung zu Lasten der Einkommen aus Unternehmertätigkeit und Vermögen.*[9]

---

[9] Das setzt insbesondere voraus, daß die Lohneinkommensempfänger eine größere marginale Konsumquote haben als die Empfänger der Einkommen aus Unternehmertätigkeit und Vermögen.

Es sei angenommen, daß auch diese zweite Bedingung erfüllt ist. Dementsprechend verschiebt sich die aggregierte Nachfragekurve in der Abbildung 7.13 nach rechts, z.B. nach AD_1. Die Erhöhung der Güternachfrage bewirkt einen Preisanstieg, so daß der Reallohnsatz wegen des jetzt fixierten Nominallohnsatzes im Vergleich zu w_1 sinkt - hier auf w_2. Folglich nehmen der Arbeitsinput und das Güterangebot zu. Vor diesem Hintergrund ergibt sich ein neues Gütermarktgleichgewicht im Punkt D'. Dem negativen Beschäftigungseffekt in Höhe von $A_0 - A_1$, der auf den Lohnkostenanstieg zurückzuführen ist, steht somit ein positiver Beschäftigungseffekt in Höhe von $A_2 - A_1$ gegenüber, der aus der höheren Kaufkraft der Arbeitnehmer resultiert. Der negative *Kosteneffekt* ist in dem hier skizzierten Beispiel jedoch stärker als der positive *Kaufkrafteffekt*.

Halten die Unternehmungen an der Gewinnmaximierung fest, so ist dieses Ergebnis allerdings in jedem Fall zwingend. Aus der Abbildung 7.13 lassen sich nämlich die folgenden Zusammenhänge logisch deduzieren: Um wieder das Ausgangsniveau der Produktion X_0 zu erreichen, müßte das Preisniveau auf P_3 steigen und der Reallohnsatz auf das Ausgangsniveau w_0 sinken; dann aber bliebe die reale Kaufkraft der Arbeitnehmer unverändert, und dementsprechend würde die reale aggregierte Güternachfrage nicht zunehmen.

Die Analyse macht also folgendes deutlich: *Verhalten sich die Unternehmungen bei ihrer Produktions- bzw. Angebotspolitik als Gewinnmaximierer, so hat eine autonome Lohnerhöhung Beschäftigungeinbußen zur Folge, weil der positive Kaufkrafteffekt - sofern er überhaupt auftritt - schwächer ist als der negative Kosteneffekt*. Vor diesem Hintergrund kann das Kaufkraftargument überhaupt nur dann gültig sein, wenn die Unternehmungen bereit sind, auf eine gewinnmaximierende Produktions- und Angebotspolitik zu verzichten und dementsprechend zugunsten zusätzlicher Arbeitnehmereinkommen eigene Einkommenseinbußen hinzunehmen. Damit ist zugleich impliziert, daß die Lohnkostensteigerung nicht oder nur zu einem kleinen Teil in Form von Preiserhöhungen überwälzt wird. Da es sehr zweifelhaft ist, ob diese Bedingungen erfüllt sind, steht das Kaufkraftargument auf tönernen Füßen.

Kapitel 8

Zahlungsbilanz und Wechselkurs

8.1 Problemstellung und Rahmenbedingungen

Im Hinblick auf die außenwirtschaftlichen Beziehungen eines Landes beschränkten sich die vorangegangenen Untersuchungen auf die Güterexporte und die Güterimporte sowie - als Saldo aus Ex- und Importen - auf den Außenbeitrag. Dabei wurden lediglich solche Änderungen des Außenbeitrags endogen erklärt, die aus Veränderungen des inländischen Einkommens und/oder des inländischen Preisniveaus resultieren. Alle darüber hinausgehenden internationalen Zusammenhänge blieben - nicht zuletzt im Interesse einer möglichst einfachen Darstellung - unberücksichtigt. So wurde insbesondere angenommen, daß

- der nominelle Wechselkurs zwischen den Währungen des Inlands und des Auslands konstant ist
- internationaler Kapitalverkehr entweder nicht stattfindet oder ohne Bedeutung für die explizit erfaßten Modellzusammenhänge ist
- keine internationalen Rückwirkungen im Gefolge inländischer Datenänderungen auftreten.

Diese Annahmen werden im Laufe der jetzt folgenden Analysen schrittweise aufgehoben. Mit der spezifischen außenwirtschaftlichen Ausrichtung der weiteren Untersuchungen soll vor allem gezeigt werden

- wie sich Änderungen des Wechselkurses auf Exporte, Importe und Außenbeitrag auswirken
- wie der Wechselkurs auf dem Devisenmarkt aus Devisenangebot und Devisennachfrage gebildet wird
- welche ökonomischen Determinanten für den internationalen Kapitalverkehr maßgeblich sind und welche Rolle der internationale Kapitalverkehr auf dem Güter- und dem Geldmarkt einer Volkswirtschaft spielt
- welche Wirkungen die Geldpolitik und die Fiskalpolitik auf Einkommen, Zinssatz und Preisniveau zum einen bei festem und und zum anderen bei flexiblem Wechselkurs haben
- welche Bedeutung internationale Rückwirkungen insbesondere für Einkommens- und Zinseffekte auf dem Güter- und dem Geldmarkt haben.

Bei den Analysen dieser Wirkungsaspekte wird vorwiegend davon ausgegangen, daß ein freier internationaler Handel und ein freier internationaler Kapitalverkehr gewährleistet ist und daß die Bildung der international relevanten Güterpreise und Zinssätze nicht durch staatliche Reglementierungen gestört wird. Obwohl der internationale Handel und der internationale Kapitalverkehr noch immer in erheblichem Maße durch protektionistische Praktiken beeinträchtigt werden, bleibt der gesamte Problembereich des Protektionismus - seine Erscheinungsformen und seine Wirkungen - vor dem Hintergrund der zuvor skizzierten Rahmenbedingungen aus den weiteren Untersuchungen ausgeklammert.

8.2 Wechselkursänderungen und Außenbeitrag

8.2.1 Die Reaktion des Außenbeitrags auf eine Abwertung

Der reale Außenbeitrag AB eines Landes entspricht der Differenz zwischen den realen Güterexporten EX und den realen Güterimporten eIM:[1]

(8.1) $\quad AB = EX - eIM \qquad\qquad \text{mit: } e = \dfrac{e^n P_A}{P}$

e^n ist der nominelle Wechselkurs bzw. der in Inlandswährung ausgedrückte Preis einer Mengeneinheit der ausländischen Währung (z.B. DM/US-Dollar). e bezeichnet den realen Wechselkurs. P ist das bereits bekannte Güterpreisniveau des Inlands, das hier aus Gründen der Vereinfachung zugleich das inländische Exportgüterpreisniveau darstellt. P_A bezeichnet das in Auslandswährung nominierte Güterpreisniveau des Auslands. Dieses Preisniveau gilt - wiederum vereinfachend - sowohl für die inländischen Importe als auch für die mit den inländischen Exporten konkurrierenden Güter aus ausländischer Produktion (den exportkonkurrierenden Gütern).

Eine wichtige Determinante der realen Exporte bzw. der Exportnachfrage ist das Verhältnis des in die Auslandswährung umgerechneten Exportgüterpreisniveaus P/e^n zum ausländischen Preisniveau der exportkonkurrierenden Güter P_A. Dieses Verhältnis entspricht dem Kehrwert des realen Wechselkurses. Analog dazu besteht eine Abhängigkeit der mengenmäßigen Importe bzw. der Importnachfrage vom Verhältnis des in die Inlandswährung umgerechneten Importgüterpreisniveaus $e^n P_A$ zum inländischen Preisniveau der importkonkurrierenden Güter P, also vom realen Wechselkurs. Beschränkt man sich zunächst auf diese Determinanten, so sind die folgenden Funktionen zu formulieren:

(8.2) $\quad EX = EX(e') \qquad\qquad \text{mit: } e' = \dfrac{1}{e} \,;\; \dfrac{\delta EX}{\delta e'} \leq 0$

(8.3) $\quad IM = IM(e) \qquad\qquad \text{mit: } \dfrac{\delta IM}{\delta e} \leq 0$

In Hinsicht auf eine möglichst einfache Darstellung sei angenommen, daß jeweils lineare Zusammenhänge bestehen:

(8.2a) $\quad EX = EX^a - x_e \dfrac{1}{e} \qquad\qquad \text{mit: } x_e \geq 0$

(8.3a) $\quad IM = IM^a - m_e e \qquad\qquad \text{mit: } m_e \geq 0$

Hat der reale Wechselkurs in der Ausgangssituation den Wert 1, so ergibt sich aus den Gleichungen (8.1), (8.2a) und (8.3a) *nährungsweise* die folgende Reaktion des

---

[1] Die realen Güterimporte lauten: $eIM = (e^n P_A \cdot IM)/P$. Dabei gibt der Ausdruck $e^n P_A IM$ die nominellen Importe bzw. den Importwert an. Vor diesem Hintergrund ist es üblich, die Größe IM als *mengenmäßige Importe* zu bezeichnen. Zur Unterscheidung zwischen nominellen, realen und mengenmäßigen Importen siehe auch [2.4.1].

Außenbeitrags auf eine Veränderung des realen Wechselkurses:

(8.4) $\Delta AB = (x_e + m_e)\Delta e - IM\Delta e = (x_e + m_e - IM)\Delta e$

Auf den Außenbeitrag wirken somit zwei entgegengerichtete Einflüsse:
- ein *positiver Mengeneffekt*, der in der Komponente $(x_e + m_e)\Delta e$ zum Ausdruck kommt
- ein *negativer Preiseffekt*, der mit der Komponente $-IM\Delta e$ erfaßt wird.

Der *Mengeneffekt* ergibt sich aus der Reaktion der realen Exporte (der "Exportmengen") und der mengenmäßigen Importe gemäß (8.2a) und (8.3a). Da eine Erhöhung des realen Wechselkurses bedeutet, daß die inländischen Exportgüter für das Ausland billiger und die Importgüter für das Inland teurer werden, ist bei normalen Reaktionen mit einer Zunahme der realen Exporte sowie einer Verringerung der mengenmäßigen Importe zu rechnen. Der Mengeneffekt dürfte deshalb positiv sein. Hierbei ist zu beachten, daß eine Erhöhung des realen Wechselkurses ($\Delta e > 0$) mit einer realen Abwertung der inländischen Währung gleichzusetzen ist.

Der *Preiseffekt* kommt dadurch zustande, daß die Wechselkursänderung gemäß Gleichung (8.1) unmittelbar eine *preisinduzierte* Wirkung auf die realen Importe eIM hat. Steigt e, so nehmen diese ceteris paribus zu. Der Preiseffekt ist demnach - isoliert betrachtet - negativ.

Aus dem Mengen- und dem Preiseffekt ergibt sich eine wichtige Konsequenz: *Die Reaktion des Außenbeitrags auf eine Änderung des realen Wechselkurses ist theoretisch nicht eindeutig bestimmt. Eine reale Abwertung der inländischen Währung kann eine Verbesserung oder eine Verschlechterung des Außenbeitrags bewirken.*[2]

Ein ähnliches Ergebnis tritt ein, wenn es zu einer Veränderung des nominellen Wechselkurses e^n kommt. Sind das in- und das ausländische Preisniveau konstant, so besteht zwischen der Veränderung des realen und des nominellen Wechselkurses eine proportionale Beziehung. Somit ergibt sich - bei $e = 1$ in der Ausgangssituation - die Reaktion des Außenbeitrags auf eine Veränderung des nominellen Wechselkurses in Analogie zur Gleichung (8.4) wie folgt:

(8.4a) $\Delta AB = \dfrac{P_A}{P} (x_e + m_e - IM)\Delta e^n$

Somit tritt ein Mengeneffekt in Höhe von $P_A(x_e + m_e)\Delta e^n/P$ und ein Preiseffekt in Höhe von $-P_A IM\Delta e^n/P$ auf.

Mit Hilfe der Abbildung 8.1 wird jetzt auch graphisch verdeutlicht, wie sich eine reale Abwertung bzw. eine Erhöhung des realen Wechselkurses auf Exporte, Importe und Außenbeitrag auswirkt. Der Abbildungsteil a) zeigt die Exportfunktion gemäß Gleichung (8.2a) und der Abbildungsteil b) die Importfunktion gemäß Gleichung (8.3a). Die Ausgangssituation wird auf dem Exportgütermarkt durch den Punkt A und auf dem Importgütermarkt durch den Punkt C wiedergegeben.

---

[2] Als Ausnahmefall ist es selbstverständlich möglich, daß sich der Außenbeitrag nicht verändert.

Abbildung 8.1

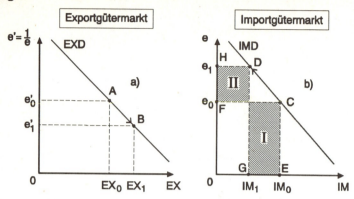

Die hier zugrunde gelegte Exportnachfragekurve EXD bedeutet, daß die *realen Exporte* in bezug auf den realen Wechselkurs elastisch sind. Folglich bewirkt die reale Abwertung eine Zunahme der realen Exporte. Erhöht sich der reale Wechselkurs auf e_1, so nehmen diese auf EX_1 zu. Auf dem Importgütermarkt sind auf der Abszisse die *mengenmäßigen Importe* - und nicht die realen Importe - abgetragen. Mit der Importnachfragekurve IMD wird angenommen, daß die mengenmäßigen Importe elastisch in bezug auf den realen Wechselkurs sind. Somit gehen die mengenmäßigen Importe aufgrund der realen Abwertung zurück - hier auf IM_1.

Die Reaktion der *realen Importe* eIM ist demgegenüber nicht eindeutig bestimmt. Bei dieser Reaktion sind - wie oben erläutert wurde - ein Mengeneffekt und ein Preiseffekt maßgeblich. Da die mengenmäßigen Importe im vorliegenden Beispiel auf IM_1 zurückgehen, impliziert der entsprechende Mengeneffekt auch eine Verringerung der realen Importe. Diese Verringerung kommt in der schraffierten Fläche I zum Ausdruck. Im Unterschied dazu hat der Preiseffekt eindeutig eine Erhöhung zur Folge. Der Preiseffekt wird im Abbildungsteil b) mit der schraffierten Fläche II gekennzeichnet. Ob die reale Abwertung eine Verringerung der realen Importe oder eine Zunahme der realen Importe bewirkt, hängt also davon ab, welcher der beiden Effekte überwiegt. Je geringer die Elastizität der mengenmäßigen Importe in bezug auf den realen Wechselkurs ist, desto geringer ist einerseits der Mengeneffekt und desto größer ist andererseits der Preiseffekt. Sind die mengenmäßigen Importe im Extremfall unelastisch in bezug auf den Wechselkurs, so ist ein Mengeneffekt grundsätzlich ausgeschlossen, und folglich hat die reale Abwertung in diesem Fall über den Preiseffekt eindeutig eine Erhöhung der realen Importe zur Folge.[3]

Geht man von konstanten Preisniveaus des In- und des Auslands aus, so lassen sich die Wirkungen einer nominellen Wechselkursänderung - hier einer nominellen Abwertung - auf die realen Exporte sowie auf die mengenmäßigen und realen Im-

---

[3] Man beachte, daß die realen Importe in der Ausgangssituation dem Produkt von e_0 und IM_0 entsprechen: $e_0 IM_0$. Nach Erhöhung des Wechselkurses gilt demgegenüber für die realen Importe: $e_1 IM_1$. Im Abbildungsteil b) verringern sich die realen Importe somit einerseits um die Fläche I (Mengeneffekt), nehmen aber andererseits um die Fläche II (Preiseffekt) zu.

porte analog zur Abbildung 8.1 darstellen. Die zuvor aufgezeigten Wirkungszusammenhänge - insbesondere in Hinsicht auf den Mengen- und den Preiseffekt einer Abwertung - sind auch für diesen Fall gleichermaßen gültig.

In den weiteren Untersuchungen werden die Exporte und die Importe nicht mehr einzeln betrachtet, sondern der Außenbeitrag wird unmittelbar in Abhängigkeit vom realen Wechselkurs erklärt:[4]

(8.5) $AB = AB(e)$

Wie zuvor gezeigt, ist die Reaktion des Außenbeitrags auf eine Veränderung des realen Wechselkurses theoretisch nicht eindeutig bestimmt. Im folgenden wird allerdings vorwiegend eine *"normale" Reaktion* angenommen, die besagt: $\frac{\delta AB}{\delta e} > 0$.

8.2.2 Der J-Kurven-Effekt

Sowohl empirische Beobachtungen als auch theoretische Überlegungen legen den Schluß nahe, daß sich der zuvor aufgezeigte Mengeneffekt einer Wechselkursänderung erst mit einer gewissen zeitlichen Verzögerung entfaltet, wogegen der Preiseffekt unverzüglich zum Tragen kommt. Daraus resultiert ein zeitlich differenzierter Wirkungsablauf einer Wechselkursänderung: Eine Abwertung bewirkt durch den Preiseffekt kurzfristig eine Verschlechterung der Leistungsbilanz bzw. eine Verringerung des Außenbeitrags; mittel- und längerfristig setzt sich dann mehr und mehr der positive Mengeneffekt durch, der - sofern eine normale Reaktion vorliegt - nach einer gewissen Zeit den negativen Preiseffekt überkompensiert und schließlich eine Verbesserung der Leistungsbilanz bzw. eine Zunahme des Außenbeitrags zur Folge hat. Dieser Wirkungsablauf wird als *J-Kurven-Effekt* bezeichnet. Die Abbildung 8.2 gibt ein anschauliches Beispiel für diesen Effekt.

Abbildung 8.2

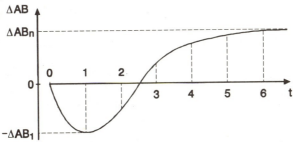

Die Abwertung der inländischen Währung bewirkt über den negativen Preiseffekt kurzfristig (in der Periode t = 1) eine Verringerung des Außenbeitrags. In der Folgezeit enfaltet sich der positive Mengeneffekt, so daß die negative Wirkung des Preiseffektes bereits in der Periode t = 2 abgeschwächt wird. Der Außenbeitrag

---

[4] Darüber hinaus wird später auch die Abhängigkeit des Außenbeitrags vom in- und vom ausländischen Einkommen berücksichtigt.

ist aber immer noch niedriger als in der Ausgangssituation. In dem dargestellten Beispiel kompensiert der positive Mengeneffekt den negativen Preiseffekt bereits beim Übergang zur Periode t = 3. Im Vergleich zur Ausgangssituation ergibt sich jetzt also bereits eine Erhöhung des Außenbeitrags. Indem sich der positive Mengeneffekt mehr und mehr durchsetzt, steigt der Außenbeitrag in den folgenden Perioden weiter an, bis schließlich in einer Periode t = n die höchstmögliche positive Veränderung in Höhe von ΔAB_n erreicht wird.

Der J-Kurven-Effekt läßt sich insbesondere auf folgende Zusammenhänge zurückführen:
1. Bei Außenhandelsgeschäften werden im allgemeinen Ex- und Importmengen sowie Ex- und Importpreise vertraglich für eine gewisse Zeit fixiert. Dabei ist es üblich, die Preise von Exportgütern auf der Basis der Inlandswährung und die Preise von Importgütern auf der Basis der Auslandswährung zu vereinbaren. Um das Wechselkursrisiko auszuschalten, verbinden die Importeure ihre Außenhandelsgeschäfte allerdings in der Regel mit Devisenterminkontrakten. Wird nun die inländische Währung abgewertet, so erhöht sich das in Inlandswährung berechnete Preisniveau der Importe, wogegen die Ex- und Importmengen wegen der vertraglichen Bindungen nicht - oder nur relativ geringfügig - verändert werden können. Dadurch ergibt sich - infolge des Preiseffektes - zwingend eine Erhöhung des Importwerts sowie der realen Importe. Der Exportwert und die realen Exporte nehmen aber gleichzeitig nicht - oder nur unwesentlich - zu, so daß der Außenbeitrag sinken muß. Erst nach Ablauf der vertraglichen Bindungen sind die Mengenreaktionen möglich, und erst dann kann sich der Mengeneffekt durchsetzen.
2. Eine Substitution heimischer Güter durch importierte Güter oder importierter Güter durch heimische Güter ist meistens nicht unverzüglich möglich, weil
   - auch für heimische Güter in der Regel vertragliche Liefer- und Abnahmeverpflichtungen bestehen
   - sachliche und persönliche Präferenzen vorliegen können, die - falls überhaupt - nur mit gewissen zeitlichen Verzögerungen allmählich aufgelöst werden
   - die Informationsbeschaffung über die Substitutionsmöglichkeiten durch heimische oder durch importierte Güter eine gewisse Zeit in Anspruch nimmt
   - auch nach einer Entscheidung für die Substitution durch heimische oder durch importierte Güter Lieferfristen auftreten können.

Die hier aufgezeigten Substitutionshemmnisse verzögern den Mengeneffekt sowohl bei den Exporten als auch bei den Importen.

Die modelltheoretische Erfassung des J-Kurven-Effektes würde eine dynamische Analyse erforderlich machen. Obwohl dieser Effekt in der Realität eine beachtliche Bedeutung hat und es durchaus möglich ist, daß sich die Wirkung einer Wechselkursänderung infolge dieses Effektes erst in einem längeren Zeitraum vollständig entfaltet, beschränken sich die folgenden außenwirtschaftlichen Untersuchungen jedoch auf eine komparativ-statische Analyse. Auf eine dynamische Analyse wird aus Gründen der Vereinfachung verzichtet. Somit tritt auch der J-Kurven-Effekt nicht explizit in Erscheinung. Es bleibt aber dennoch zu beachten, daß dieser im Rahmen von Anpassungsprozessen, die nach Störung eines Gleichgewichtszustandes in Gang gesetzt werden, auftreten kann.

8.2.3 Einkommenseffekte von Wechselkursänderungen

Die Wirkungen einer Wechselkursänderung auf Exporte, Importe und Außenbeitrag wurden zuvor nur im Rahmen einer Partialanalyse untersucht, in der das in- und das ausländische Einkommen konstante Größen waren. Veränderungen des Außenbeitrags sind aber mit Einkommenseffekten verbunden, die ihrerseits auf den Außenbeitrag zurückwirken. Diese Effekte werden jetzt in die Betrachtung einbezogen. Allerdings sei zunächst noch angenommen, daß das Inland relativ klein ist und deshalb inländische Datenänderungen keine nennenswerten Einflüsse auf das ausländische Einkommen haben. Internationale Rückwirkungen, die durch Änderungen des ausländischen Einkommens auftreten, können deshalb außer acht bleiben. Sie werden erst später untersucht. Die Anlayse beschränkt sich darüber hinaus vorerst auf die rein güterwirtschaftlichen Zusammenhänge im Bereich der Güternachfrage. Veränderungen des Zinsniveaus und des Güterpreisniveaus sind deshalb ausgeschlossen.

Die reale Güternachfrage des Inlands - mit D bezeichnet - setzt sich wie folgt zusammen:

(8.6) $D = H(Y) + AB(Y, e)$

H ist die reale heimische Absorption, die den privaten Konsum, die privaten Investitionen und die Staatsausgaben umfaßt. Da das Zinsniveau und das Preisniveau konstant sind, genügt es hier, lediglich die Abhängigkeit der Absorption vom Einkommen Y zu erfassen. Analog dazu fehlt in der Funktion des Außenbeitrags das konstant gesetzte ausländische Einkommen.

Zur Vereinfachung wird für die Gleichung (8.6) eine lineare Form angenommen:

(8.6a) $D = H^a + h_Y Y + AB^a - m_Y Y + n_e e$

$$\text{mit: } h_Y = \frac{\delta H}{\delta Y} > 0 \; ; \; m_Y = \frac{\delta IM}{\delta Y} = -\frac{\delta AB}{\delta Y} > 0 \; ; \; n_e = \frac{\delta AB}{\delta e} > 0$$

H^a und AB^a stellen die autonome heimische Absorption bzw. den autonomen Außenbeitrag (autonome Exporte abzüglich autonome Importe) dar. Die Größe h_Y bezeichnet die marginale Absorptionsquote; m_Y ist die marginale Importquote des Inlands; der Koeffizient n_e zeigt schließlich, wie der Außenbeitrag auf eine Wechselkursänderung reagiert. Es sei angenommen, daß eine "normale" Reaktion des Außenbeitrags gewährleistet ist.

Im Gleichgewicht entspricht die reale Güternachfrage dem gesamtwirtschaftlichen Realeinkommen (D = Y). Gemäß Gleichung (8.6a) ergibt sich somit das folgende Gleichgewichtseinkommen:

(8.7) $\quad Y = \dfrac{1}{1 - h_Y + m_Y} (H^a + AB^a + n_e e)$

Der Quotient $\mu = \dfrac{1}{1 - h_Y + m_Y}$ ist der schon aus früheren Untersuchungen bekannte *Einkommensmultiplikator* [2.4.4]. Er zeigt unmittelbar an, wie sich eine Änderung der autonomen heimischen Absorption und/oder des autonomen Außenbeitrags auf das Gleichgewichtseinkommen auswirkt. Aus der Gleichung (8.7) läßt sich unmittelbar der Einkommenseffekt einer Wechselkursänderung bestimmen:

(8.7a) $\quad \Delta Y = \dfrac{n_e}{1 - h_Y + m_Y} \Delta e > 0$

Unter Berücksichtigung dieses Einkommenseffektes hat eine Wechselkursänderung die folgende Wirkung auf den Außenbeitrag:

(8.8) $\quad \Delta AB = \dfrac{n_e(1 - h_Y)}{1 - h_Y + m_Y} \Delta e \geq 0$

Hier wird deutlich, daß die marginale Absorptionsquote h_Y eine wichtige Rolle für die Wirkung der Wechselkursänderung auf den Außenbeitrag spielt. Diese Wirkung fällt um so geringer aus, je größer die marginale Absorptionsquote ist. Würde diese Quote den Wert 1 haben, so bliebe die Wechselkursänderung ohne Wirkung auf den Außenbeitrag. In diesem Fall würde die wechselkursinduzierte Verbesserung des Außenbeitrags vollständig durch die einkommensinduzierte Verschlechterung kompensiert. Das läßt sich unmittelbar aus der Gleichung (8.7a) ablesen. Bei $h_Y = 1$ ergibt sich daraus nämlich: $m_Y \Delta Y = n_e \Delta e$. Auf der linken Seite steht die einkommensinduzierte Verschlechterung des Außenbeitrags, und die rechte Seite zeigt die wechselkursinduzierte Verbesserung. Dieser Spezialfall läßt sich beispielsweise für eine Abwertung wie folgt erklären: Infolge der Abwertung steigt das inländische Einkommen; wie mit der marginalen Absorptionsquote $h_Y = 1$ ausgedrückt, verwenden die inländischen Wirtschaftssubjekte jedoch den Einkommenszuwachs vollständig für eine zusätzliche Güternachfrage; da die zusätzliche Güterproduktion zur Deckung der wechselkursinduzierten Verbesserung des Außenbeitrags benötigt wird, kann die höhere inländische Nachfrage somit nur durch zusätzliche Importe befriedigt werden.

Zwar ist der hier aufgezeigte Spezialfall einer marginalen Absorptionsquote von 1 in der Realität kaum anzutreffen, aber es läßt sich sehr wohl häufig eine relativ hohe marginale Absorptionsquote, die dem Wert 1 recht nahekommt, beobachten.[5] Vor diesem Hintergrund ergibt sich dann auch nur - wie hier deutlich geworden ist - eine relativ geringe Reaktion des Außenbeitrags auf eine Wechselkursänderung.

---

[5] So lag beispielsweise die marginale Absorptionsquote der USA in der zweiten Hälfte der achtziger Jahre bei ca. 95 % (h = 0,95).

Der Zusammenhang zwischen Einkommen, Wechselkurs und Außenbeitrag bzw. Leistungsbilanz wird jetzt graphisch in der Abbildung 8.3 dargestellt. Die mit DY bezeichnete Kurve zeigt den Zusammenhang zwischen dem Gleichgewichtseinkommen Y und dem realen Wechselkurs e gemäß der Gleichung (8.7). *Die mit AB = 0 bezeichnete Kurve ist die Ortslinie aller Kombinationen aus dem Gleichgewichtseinkommen Y und dem Wechselkurs e, die mit einer ausgeglichenen Leistungsbilanz bzw. mit einem Außenbeitrag von null verbunden sind.* Mit Blick auf die in der Gleichung (8.6a) enthaltene Funktion des Außenbeitrags gilt für diese Kurve die folgende Beziehung:

(8.9) $Y = \frac{1}{m_Y}(AB^a + n_e e)$ bei: $AB = 0$

Abbildung 8.3

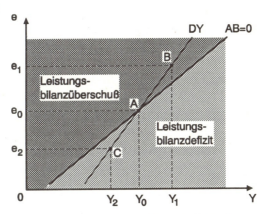

Alle Kombinationen von Y und e, die oberhalb bzw. links von dieser "Gleichgewichtskurve" liegen, implizieren einen positiven Außenbeitrag (einen Leistungsbilanzüberschuß), und die unterhalb bzw. rechts der Kurve liegen, einen negativen Außenbeitrag (ein Leistungsbilanzdefizit).

Die Ausgangssituation sei durch den Punkt A gekennzeichnet. Die Leistungsbilanz ist also in dieser Situation ausgeglichen. Findet eine Abwertung statt und steigt der reale Wechselkurs dabei auf e_1, so erhöht sich das Gleichgewichtseinkommen auf Y_1. Es entsteht somit ein Leistungsbilanzüberschuß. Kommt es demgegenüber im Zuge einer Aufwertung zu einer Verringerung des realen Wechselkurses auf e_2, so geht das Gleichgewichtseinkommen auf Y_2 zurück. In diesem Fall entsteht ein Leistungsbilanzdefizit.

8.3 Internationale Rückwirkungen und Einkommen
8.3.1 Ein Zwei-Länder-Modell

Den vorangegangenen Untersuchungen lag die Annahme zugrunde, daß das Inland relativ klein ist und deshalb keine nennenswerten ökonomischen Wirkungen vom In- auf das Ausland ausgehen. Internationale Rückwirkungen spielten folglich keine Rolle. Im folgenden wird nun ein relativ großes Inland betrachtet, das eine erhebliche ökonomische Bedeutung für das Ausland hat. Änderungen der inländischen Nachfrage und des inländischen Einkommens können deshalb auch im Ausland beträchtliche Einkommenseffekte auslösen, die ihrerseits über die Importnachfrage des Auslands auf das Inland zurückwirken.

Analog zur realen Güternachfrage D des Inlands setzt sich die reale Güternachfrage des Auslands - mit D_A bezeichnet - aus der heimischen Absorption H_A und dem Außenbeitrag AB_A zusammen:

(8.10) $\quad D_A = H_A + AB_A$

Die heimische Absorption des Auslands umfaßt den privaten Konsum, die privaten Investitionen und die Staatsausgaben. Wie schon für das Inland, so besteht auch hier eine Abhängigkeit vom Einkommen. Das Zinsniveau und das Preisniveau sind annahmegemäß konstante Größen, so daß sie nicht berücksichtigt werden müssen. Aus Gründen der Vereinfachung wird ein linearer Zusammenhang zwischen der heimischen Absorption und dem Einkommen angenommen:

(8.11) $\quad H_A = H_A^a + h_A Y_A \qquad \text{mit: } h_A = \dfrac{\delta H_A}{\delta Y_A} > 0$

H_A^a ist die autonome heimische Absorption, und h_A bezeichnet die marginale Absorptionsquote.

Zwischen dem Außenbeitrag des Auslands und dem Außenbeitrag des Inlands besteht die folgende Beziehung:

(8.12) $\quad AB_A = -\dfrac{1}{e} AB$

Mit Hilfe des realen Wechselkurses e muß der in Inlandswährung ausgedrückte Außenbeitrag des Inlands in Auslandswährung umgerechnet werden, wobei außerdem der negative Zusammenhang zwischen dem in- und dem ausländischen Außenbeitrag zu berücksichtigen ist.[6]

Der reale Außenbeitrag des Inlands hängt nun vom in- und ausländischen Einkommen sowie vom realen Wechselkurs ab. In linearer Form gilt somit:

(8.13) $\quad AB = AB^a - m_Y Y + m_A Y_A + n_e e \qquad \text{mit: } m_Y > 0;\ m_A > 0;\ n_e > 0$

Der Koeffizient m_Y ist die marginale Importquote des Inlands und der Koeffizient m_A die marginale Importquote des Auslands.

Wird zusätzlich zu den hier skizzierten Zusammenhängen die weiter oben bereits eingeführte Funktion der heimischen Absorption des Inlands berücksichtigt,

---

[6] Der nominelle Außenbeitrag des Inlands lautet: $AB^n = P \cdot AB$. Umgerechnet in Auslandswährung und unter Berücksichtigung des negativen Zusammenhangs ergibt sich der nominelle Außenbeitrag des Auslands: $AB_A^n = -P \cdot AB/e^n$. Um den realen Außenbeitrag des Auslands zu erhalten, muß durch das ausländische Preisniveau P_A dividiert werden: $AB_A = -P \cdot AB/e^n P_A$. Das mit dem nominellen Wechselkurs e^n gewichtete Preisverhältnis entspricht dem Kehrwert des realen Wechselkurses.

so ergibt sich das Modell 8.1.

Modell 8.1

D	$\equiv H + AB$	Güternachfrage des Inlands
D_A	$\equiv H_A - \dfrac{1}{e} AB$	Güternachfrage des Auslands
H	$= H^a + h_Y Y$	Heimische Absorption des Inlands
H_A	$= H_A^a + h_A Y_A$	Heimische Absorption des Auslands
AB	$= AB^a - m_Y Y + m_A Y_A + n_e e$	Außenbeitrag (des Inlands)
Y	$= D$	Inländisches Gleichgewichtseinkommen
Y_A	$= D_A$	Ausländisches Gleichgewichtseinkommen

Aus dem Modell 8.1 lassen sich die folgenden Gleichgewichtseinkommen des In- und des Auslands bestimmen:

(8.14) $\quad Y = \dfrac{1}{1 - h_Y + m_Y}(H^a + AB^a + m_A Y_A + n_e e)$

(8.15) $\quad Y_A = \dfrac{1}{1 - h_A + \dfrac{1}{e} m_A}[H_A^a - \dfrac{1}{e}(AB^a - m_Y Y + n_e e)]$

Setzt man die Gleichung (8.15) in die Gleichung (8.14) ein, so erhält man das inländische Gleichgewichtseinkommen unter Berücksichtigung der internationalen Rückwirkungen:

(8.16) $\quad Y = \dfrac{\sigma_A + m_A}{\chi} H^a + \dfrac{m_A}{\chi} H_A^a + \dfrac{\sigma_A}{\chi}(AB^a + n_e e)$

$\quad$ mit: $\chi = \sigma\sigma_A + \sigma\dfrac{1}{e}m_A + \sigma_A m_Y > 0;\ \sigma = 1 - h_Y \geq 0;\ \sigma_A = 1 - h_A \geq 0$

Die Größe σ ist die *marginale nationale Sparquote* des Inlands und die Größe σ_A ist die marginale nationale Sparquote des Auslands.[7] Aus dieser Gleichung lassen sich die Einkommenseffekte autonomer Datenänderungen auf das inländische Einkommen unmittelbar ablesen. Exemplarisch sei im folgenden die Wirkung einer autonomen Änderung der heimischen Absorption des Inlands und - alternativ - eine autonome Änderung des realen Wechselkurses näher betrachtet.

8.3.2 Wirkungen einer autonomen Nachfrageänderung

Grundlage der Untersuchungen bilden die Gleichungen (8.14) und (8.15), die in der Abbildung 8.4 graphisch dargestellt worden sind. Die Linie YY_A zeigt gemäß Gleichung (8.14) die Reaktion des inländischen Einkommens auf eine Verände-

---

[7] Diese marginalen nationalen Sparquoten sind strikt zu unterscheiden von den marginalen privaten Sparquoten bzw. den marginalen Sparquoten der privaten Haushalte eines Landes. Die marginalen nationalen Sparquoten zeigen an, um welchen Betrag sich die gesamten nationalen Ersparnissse eines Landes verändern, wenn das Einkommen dieses Landes verändert wird.

rung des ausländischen Einkommens. Diese Linie sei deshalb auch als *inländische Reaktionslinie* bezeichnet. Analog dazu stellt $Y_A Y$ die ausländische Reaktionslinie gemäß Gleichung (8.15) dar.

Abbildung 8.4

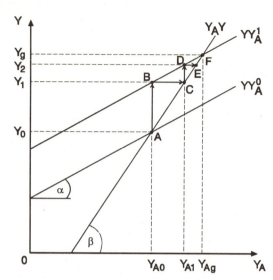

In der Ausgangssituation möge ein *internationales Gleichgewicht* im Punkt A bestehen. Wird die autonome heimische Absorption erhöht ($\Delta H^a > 0$), so verschiebt sich die inländische Reaktionslinie nach oben - hier um die Strecke AB nach YY_A^1. Ein neues internationales Gleichgewicht stellt sich - Stabilität des Systems vorausgesetzt - im Punkt F ein. Das inländische Einkommen ist auf Y_g, das ausländische Einkommen auf Y_{Ag} gestiegen.

Die Wirkung auf das inländische Einkommen läßt sich zerlegen in einen

- *internen Einkommenseffekt*, der sich ergibt, wenn keine internationalen Rückwirkungen auftreten
- *Rückwirkungseffekt*, der aus den internationalen Einkommensinterdependenzen bzw. den internationalen Rückwirkungen resultiert.

Der *interne Einkommenseffekt* beträgt gemäß Gleichung (8.14):

(8.14a) $\quad \Delta Y_i = \dfrac{1}{\sigma + m_Y} \Delta H^a > 0$

Der hier relevante Multiplikator ist - für den Fall des kleinen Landes ohne internationale Rückwirkungen - bereits aus früheren güterwirtschaftlichen Analysen bekannt. Er ist um so größer, je kleiner die marginale nationale Sparquote und je kleiner die marginale Importquote des Inlands ist. In der Abbildung 8.4 kommt dieser Effekt in der Strecke AB bzw. in der Einkommensdifferenz $Y_1 - Y_0$ zum Ausdruck.

Der *Rückwirkungseffekt* ergibt sich ebenfalls aus der Gleichung (8.14):

(8.14b) $\quad \Delta Y_R = \dfrac{m_A}{\sigma + m_Y} \Delta Y_A > 0$

Neben der auch für den internen Einkommenseffekt wichtigen marginalen Spar- und Importquote des Inlands spielt hier offensichtlich die marginale Importquote des Auslands eine maßgebliche Rolle: Je größer sie ist, desto stärker fällt über den ausländischen Importsog die Rückwirkung auf das Inland aus.

Die gesamte Wirkung als Summe aus dem internen Einkommenseffekt und dem Rückwirkungseffekt beträgt gemäß Gleichung (8.16):

$$(8.16a) \quad \Delta Y = \Delta Y_i + \Delta Y_R = \frac{\sigma_A + m_A}{\chi} \Delta H^a$$

Wie bereits zuvor festgestellt, ist der Einkommenseffekt um so größer, je größer die marginale Importquote des Auslands und je kleiner die marginale nationale Sparquote sowie die marginale Importquote des Inlands sind. Darüber hinaus ist auch die marginale nationale Sparquote des Auslands σ_A von Bedeutung. Das läßt sich erkennnen, wenn der Nenner und der Zähler des Quotienten in der Gleichung (8.16a) durch σ_A dividiert werden:

$$(8.16b) \quad \Delta Y = \frac{1 + \dfrac{m_A}{\sigma_A}}{\dfrac{\chi}{\sigma_A}} \Delta H^a$$

Je kleiner die ausländische Sparquote ist, desto größer ist der Einkommensmultiplikator im Ausland und desto größer fällt auch die Veränderung des ausländischen Einkommens ΔY_A aus, wenn das Inland Güter im Ausland kauft. Diese Einkommensänderung fließt aber gemäß Gleichung (8.14b) in den Rückwirkungseffekt ein. Die hier aufgezeigte Bedeutung der verschiedenen Quoten ist leicht zu erklären: Im Inland ist der Multiplikatoreffekt, der mit den Änderungen der autonomen heimischen Absorption sowie den Änderungen des Auslandseinkommens verbunden ist, um so größer, je weniger dem inländischen Einkommenskreislauf durch Ersparnisbildung und Importe entzogen wird; der internationale Rückwirkungsimpuls ist für das Inland um so stärker, je geringer im Ausland der Teil des zusätzlichen Einkommens ist, der durch Ersparnis absorbiert wird, und je größer der Teil des zusätzlichen Einkommens ist, den das Ausland für zusätzliche Käufe im Inland verwendet.

Die zuvor aufgezeigten Einkommenseffekte vollziehen sich in der Regel im Rahmen eines mehr oder weniger langen Anpassungsprozesses. Vor allem der Rückwirkungseffekt wird sich erst mit einer gewissen zeitlichen Verzögerung voll entfalten. Eine Möglichkeit für diese zeitliche Entfaltung ist in Abbildung 8.4 skizziert worden. Zunächst ergibt sich - wie oben schon erläutert - der interne Einkommenseffekt in Höhe der Strecke AB. Gemäß der ausländischen Reaktionslinie $Y_A Y$ hat diese Erhöhung des Inlandseinkommens über die internationalen Zusammenhänge mit einer gewissen zeitlichen Verzögerung eine Erhöhung des Auslandseinkommens um die Strecke BC zur Folge. Dieser Einkommensanstieg wirkt seinerseits - ebenfalls mit einer zeitlichen Verzögerung - auf das Inland zurück und bewirkt dort gemäß der inländischen Reaktionslinie YY_A^1 eine weitere Einkommenserhöhung um die Strecke CD. Die inländischen Importe nehmen deshalb weiter zu, so daß vom Inland ein neuer Einkommensimpuls in Höhe der Strecke DE auf das Ausland ausgeht. Dieser Prozeß setzt sich fort, bis schließlich das neue internationale Gleichgewicht im Punkt F erreicht wird.[8]

Die Untersuchungen führen zu einem wichtigen Ergebnis: *Autonome Nachfrageerhöhungen eines relativ großen Landes können mit beachtlichen weltwirtschaftlichen Einkommenseffekten verbunden sein, die über die Rückwirkungsprozesse dem verursachenden Land selbst zugute kommen und dort den Einkommensmultiplikator erhöhen.* Hier wird auch deutlich, welche Rolle ein großes Land, z.B. die USA, als "Konjunkturlokomotive" in der Weltwirtschaft spielen kann.

Aus dem Modell 8.1 läßt sich bei Berücksichtigung der Gleichungen (8.14) und (8.15) die folgende Reaktion des Außenbeitrags ermitteln:

(8.17) $\quad \Delta AB = -\dfrac{m_Y \sigma_A}{\chi} \Delta H^a \leq 0$

Aus früheren Untersuchungen ist bekannt, daß sich der Außenbeitrag eines Landes im Fall ohne internationale Rückwirkungen verschlechtert, wenn die autonome heimische Absorption dieses Landes erhöht wird [2.4.5]. Gibt es keinen internationalen Rückwirkungseffekt, so beschränkt sich die Veränderung des Außenbeitrags auf den internen Effekt:

(8.17a) $\quad \Delta AB_i = -\dfrac{m_Y}{\sigma + m_Y} \Delta H^a < 0 \quad$ (bei: $m_Y > 0$)

Der interne Effekt ist also - eine positive marginale Importquote m_Y vorausgesetzt - eindeutig negativ.

Löst die autonome Nachfrageerhöhung des Inlands im Ausland einen positiven Einkommenseffekt aus, so ergibt sich über den Rückwirkungseffekt bzw. über die einkommensinduzierte Erhöhung der ausländischen Importe eindeutig eine Verbesserung des inländischen Außenbeitrags. Der Rückwirkungseffekt ist somit dem internen Effekt entgegengerichtet. Die Gleichung (8.17) macht deutlich, daß im Extremfall sogar eine Kompensation eintreten kann, nämlich dann, wenn die marginale nationale Sparquote σ_A des Auslands null ist. In diesem Fall wird im Ausland ein so großer Einkommenseffekt bewirkt, daß die einkommensinduzierte Zunahme der inländischen Importe vollständig durch eine einkommensinduzierte Erhöhung der ausländischen Importe bzw. der inländischen Exporte ausgeglichen wird. In der Realität dürfte allerdings die marginale nationale Sparquote des Auslands im allgemeinen positiv sein, so daß der positive Rückwirkungseffekt den negativen in-

---

[8] Zur Erreichung dieses Gleichgewichts muß das System allerdings stabil sein. Die Stabilität ist gegeben, wenn die Steigung $tg\alpha = m_A/(\sigma + m_Y)$ der inländischen Reaktionslinie kleiner ist als die Steigung $tg\beta = (\sigma_A + m_A)/m_Y$ der ausländischen Reaktionslinie. Diese Steigungen ergeben sich unmittelbar aus den Gleichungen (8.14) und (8.15). Die hier genannten Bedingungen für das Steigungsverhältnis der Reaktionslinien impliziert gleichzeitig die folgende Stabilitätsbedingung: $\sigma\sigma_A + \sigma m_A + \sigma_A m_Y > 0$. Diese Bedingung ist in der Realität in aller Regel erfüllt, da die marginalen nationalen Sparquoten sowie die marginalen Importquoten im allgemeinen größer als null sind.

ternen Effekt auf den Außenbeitrag nur teilweise kompensieren kann. Immerhin haben die internationalen Einkommensinterdependenzen für das relativ große Inland auch in Hinsicht auf den Außenbeitrag positive Wirkungen.

8.3.3 Wirkungen einer Wechselkursänderung

Die Abbildung 8.5 zeigt die Wirkungen einer realen Abwertung der inländischen Währung ($\Delta e > 0$) auf das in- und das ausländische Einkommen. In der Ausgangssituation liegt auch hier ein internationales Gleichgewicht im Punkt A vor. Da die Abwertung - sofern eine "normale" Reaktion vorliegt - ceteris paribus den Außenbeitrag des Inlands verbessert, muß die inländische Reaktionslinie nach oben verschoben werden - hier nach YY_A^1. Im Ausland ergibt sich bei "normaler" Reaktion der umgekehrte Effekt, so daß sich die ausländische Reaktionslinie nach links verschiebt, hier z.B. nach $Y_A Y^1$. Ein neues internationales Gleichgewicht stellt sich letztlich im Punkt D ein. Das inländische Einkommen ist somit auf Y_1 gestiegen, wogegen sich das ausländische Einkommen auf Y_{A1} verringert hat.

Abbildung 8.5

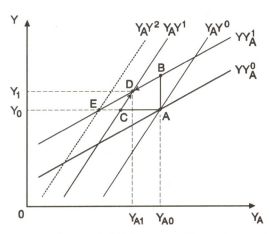

Die Wirkung auf das inländische Einkommen läßt sich auch hier in einen internen Effekt und einen Rückwirkungseffekt zerlegen. Der interne Einkommenseffekt der Abwertung kommt in der Verschiebung der inländischen Reaktionslinie um die Strecke AB zum Ausdruck. Da das ausländische Einkommen infolge der Abwertung annahmegemäß sinkt, ist der Rückwirkungseffekt jetzt negativ.[9] Er läßt sich in einer Bewegung auf der neuen inländischen Reaktionslinie (YY_A^1) vom Punkt B zum Punkt D nachvollziehen.

Im Ausland tritt ebenfalls ein interner Einkommenseffekt und ein Rückwirkungseffekt auf. Der interne Effekt ist negativ und entspricht der Strecke AC. Der Rückwirkungseffekt ist demgegenüber positiv, sofern das inländische Einkommen zunimmt. Kommt ein neues internationales Gleichgewicht im Punkt D zustande, so

---

9 Man beachte, daß die Währung des Auslands aufgewertet wird.

ist diese Bedingung erfüllt. Im Ausland ergibt sich dann ein Rückwirkungseffekt, der sich durch eine Bewegung vom Punkt C zum Punkt D nachvollziehen läßt.

Die gesamte Änderung des inländischen Einkommens - aufgrund des internen Effektes und des Rückwirkungseffektes - ergibt sich unmittelbar aus der Gleichung (8.16):

(8.16c) $\quad \Delta Y = \dfrac{n_e \sigma_A}{\chi} \Delta e$

Hier wird deutlich, daß die nationale marginale Sparquote des Auslands σ_A eine maßgebliche Rolle spielt. Je kleiner diese Sparquote ist, desto geringer ist die Veränderung des inländischen Einkommens. Im Extremfall - bei $\sigma_A = 0$ - hat die Abwertung sogar überhaupt keine Wirkung auf das inländische Einkommen. In diesem Fall ist die negative Einkommensreaktion im Ausland so groß, daß die abwertungsinduzierte Verbesserung des inländischen Außenbeitrags vollständig durch einen Rückgang der Exporte (bzw. durch einen Rückgang der einkommensinduzierten ausländischen Importe) kompensiert wird. In der Abbildung 8.5 ist diese Möglichkeit mit der Verschiebung der ausländischen Reaktionslinie nach $Y_A Y^2$ skizziert worden. Im Ausland verringert sich das Einkommen infolge der Abwertung der inländischen Währung (bzw. der Aufwertung der ausländischen Währung) um die Strecke AE. Dadurch ergibt sich für das Inland ein Rückwirkungseffekt, der in einer Bewegung auf der inländischen Reaktionslinie YY_A^1 vom Punkt B zum Punkt E zum Ausdruck kommt. Der positive interne Einkommenseffekt (Strecke AB) wird im Inland also vollständig durch den negativen Rückwirkungseffekt kompensiert. Wie oben schon erwähnt, ist allerdings davon auszugehen, daß die marginale nationale Sparquote in der Realität positiv ist. Immerhin bleibt aber festzuhalten, daß eine niedrige marginale Sparquote des Auslands dazu führt, daß der positive Einkommenseffekt einer Abwertung der inländischen Währung relativ gering ausfällt.

Aus dem Modell 8.1 ergibt sich bei Beachtung der Gleichungen (8.14) und (8.15) die folgende Reaktion des inländischen Außenbeitrags:

(8.18) $\quad \Delta AB = \dfrac{n_e \sigma \sigma_A}{\chi} \Delta e$

Für die Reaktion des Außenbeitrags auf eine Veränderung des realen Wechselkurses spielen somit die marginalen nationalen Sparquoten sowohl des Inlands als auch des Auslands eine wichtige Rolle. Je kleiner diese Sparquoten sind, desto geringer ist die Veränderung des Außenbeitrags. Ist eine der beiden Sparquoten im Extremfall null, so hat die Wechselkursänderung auch keine Wirkung auf den Außenbeitrag.[10] Welche Wirkungen auftreten, wenn die ausländische Sparquote null ist, wurde zuvor im Zusammenhang mit dem Einkommenseffekt bereits erläutert. Ist die inländische Sparquote demgegenüber null, so ist die Multiplikatorwirkung auf das inländische Einkommen so groß, daß die abwertungsinduzierte Verbesse-

---

[10] Damit es überhaupt zu einem neuen internationalen Gleichgewicht kommen kann, muß wenigstens eine der beiden marginalen nationalen Sparquoten größer als null sein.

rung des Außenbeitrags vollständig durch eine einkommensinduzierte Erhöhung der inländischen Importe kompensiert wird. In diesem Fall bleibt das ausländische Einkommen unverändert, so daß für das Inland auch kein Rückwirkungseffekt auftritt. Allerdings gilt auch hier, daß die marginalen nationalen Sparquoten in der Realität zwar durchaus gering sein können, aber in aller Regel positiv sind. Es ist deshalb zu vermuten, daß die reale Abwertung der inländischen Währung eine Verbesserung des inländischen Außenbeitrags zur Folge hat.

8.4 Kapitalverkehr, Zahlungsbilanz und Devisenmarkt
8.4.1 Der internationale Kapitalverkehr

Die Zahlungsbilanz eines Landes umfaßt neben den zuvor schon untersuchten güterwirtschaftlichen Transaktionen - auch *Leistungstransaktionen* genannt - *finanzwirtschaftliche Transaktionen* bzw. *Finanztransaktionen*. Es ist üblich, die Finanztransaktionen der offiziellen Währungsbehörden - das sind in der Regel die Zentralbanken - in der *Devisenbilanz* und die Finanztransaktionen aller anderen Wirtschaftssubjekte in der *Kapitalverkehrsbilanz* zu buchen. Devisenbilanz und Kapitalverkehrsbilanz bilden zusammen die *Kapitalbilanz im weiteren Sinne*. Im folgenden wird allerdings an der Unterscheidung zwischen Devisen- und Kapitalverkehrsbilanz festgehalten. Die Zahlungsbilanz setzt sich dann also aus der Leistungsbilanz, in der die Leistungstransaktionen erfaßt werden, und den beiden finanzwirtschaftlichen Bilanzen zusammen.

Zunächst richtet sich die Analyse auf eine Erklärung der Finanztransaktionen, die in der Kapitalverkehrsbilanz enthalten sind. Diese Transaktionen können in einem unmittelbaren Zusammenhang mit güterwirtschaftlichen Transaktionen oder auch eigenständig auftreten. Der erste Fall ist beispielsweise gegeben, wenn Güterexporte mit einem Kredit an das Ausland oder umgekehrt Güterimporte mit einem ausländischen Kredit verbunden sind. Hierbei handelt es sich um *Handelskredite*. Im zweiten Fall geht es insbesondere um grenzüberschreitende Käufe und Verkäufe von Wertpapieren - als *Portfolioinvestitionen* bezeichnet - oder um Kapitaltransfers im Rahmen von *Direktinvestitionen*, durch die internationale Beteiligungen an Unternehmungen entstehen.[11]

Im Hinblick auf eine möglichst einfache Analyse werden die verschiedenen Formen der internationalen Finanztransaktionen - dem üblichen Vorgehen in der Makroökonomik folgend - jetzt in einer einzigen Größe, dem Kapitalverkehr, zusammengefaßt. Dieser Kapitalverkehr - mit KV bezeichnet - wird darüber hinaus als eine Nettogröße definiert, die der Differenz zwischen dem Kapitalimport und dem Kapitalexport eines Landes entspricht. Ist die Größe KV positiv, so liegt ein

---

11 Eine internationale Finanztransaktion wird den Direktinvestitionen zugerechnet, wenn dabei eine Beteiligung an einer ausländischen Unternehmung von mindestens 25 % entsteht oder wenn sie im Rahmen einer solchen, bereits bestehenden Beteiligung stattfindet. Finanztransaktionen, durch die zwar ein Anteilserwerb an einer ausländischen Unternehmung entsteht, die aber die zuvor genannte Bedingung nicht erfüllen, werden als Kredite eingestuft und den Portfolioinvestitionen zugerechnet.

Nettokapitalimport vor, ist sie negativ, so besteht ein *Nettokapitalexport*, und ist sie null, so wird eine *ausgeglichene Kapitalverkehrsbilanz* angezeigt.

Eine wichtige Determinante des Kapitalverkehrs ist die um Wechselkurserwartungen korrigierte internationale Zinsdifferenz, die auch als gedeckte oder gesicherte Zinsdifferenz bezeichnet wird. Das sei an einem einfachen Beispiel erläutert. Ein Betrag Q_0 (in Inlandswährung) stehe für ein Jahr zur Anlage auf dem in- oder dem ausländischen Wertpapiermarkt zur Verfügung. Bei einer Anlage im Inland ergibt sich am Ende des Jahres einschließlich der Zinsen ein Betrag von:

(8.19) $\quad E_{Inl.} = Q_0(1 + i)$

Demgegenüber würde die Anlage im Ausland unter Einschluß der Zinsen den folgenden Betrag ergeben:

(8.19a) $\quad E_{Ausl.} = \dfrac{Q_0}{e^n} (1 + i_A) e_T^n$

Bei der Auslandsanlage muß der Betrag Q_0 zunächst zum aktuellen Wechselkurs e^n (dem *Kassakurs*) in die ausländische Währung umgetauscht werden: Q_0/e^n. Am Ende des Jahres erfolgt der Rücktausch (einschließlich der Zinsen) in die inländische Währung zu dem dann gültigen Wechselkurs e_T^n.

Die Renditen der Anlagen am inländischen und am ausländischen Wertpapiermarkt stimmen überein, wenn gilt:

(8.19b) $\quad 1 + i = (1 + i_A) \dfrac{e_T^n}{e^n}$

Durch Umformen erhält man hieraus:[12]

(8.19c) $\quad \dfrac{i - i_A}{1 + i_A} = \dfrac{e_T^n - e^n}{e^n}$

Der Quotient $\dfrac{e_T^n - e^n}{e^n}$ ist die Rate der Veränderung des Wechselkurses zwischen dem Zeitpunkt der Anlage im Ausland und dem Rücktausch in Inlandswährung. Da e_T^n ein zukünftiger Wechselkurs ist, wird er maßgeblich durch die Erwartungen der Devisenmarktteilnehmer über die Wechselkursentwicklung bestimmt. Dementsprechend kann der Quotient auch als *erwartete Veränderungsrate des Wechselkurses* bezeichnet werden:[13]

(8.19d) $\quad \hat{e}_{erw.}^n = \dfrac{e_T^n - e^n}{e^n}$

---

[12] In der Gleichung (8.19b) muß auf jeder Seite durch den Ausdruck $1 + i_A$ dividiert und anschließend die Zahl 1 subtrahiert werden.

[13] Im Rahmen von *Kurssicherungsgeschäften* bezeichnet man den Quotienten auch als *Swapsatz*. Die Möglichkeit, durch ein Kurssicherungsgeschäft einen bestimmten Kurs schon heute, d.h. zum Zeitpunkt der Anlage im Ausland, zu sichern, darf aber nicht darüber hinweg täuschen, daß der Swapsatz maßgeblich davon abhängt, welche Erwartungen über den zukünftigen Wechselkurs bestehen.

Es ist allgemein üblich, den Nenner auf der linken Seite des Quotienten der Gleichung (8.19c) mit dem Wert 1 anzusetzen und somit vereinfachend nur die internationale Zinsdifferenz $i - i_A$ zu betrachten. Vor diesem Hintergrund ergibt sich bei Berücksichtigung von (8.19d) aus der Gleichung (8.19c) die folgende *internationale Zinsparitätengleichung:*

(8.19e) $\quad i = i_A + \hat{e}_{erw.}^n$.

Die Renditen der in- und der ausländischen Wertpapieranlage stimmen somit überein, wenn der inländische Zinssatz dem um die Wechselkurserwartung korrigierten ausländischen Zinssatz entspricht. Erhöht sich der inländische Zinssatz i, ohne daß es zu einer Veränderung des ausländischen Zinssatzes und der Wechselkurserwartungen kommt, so ist mit einem zinsinduzierten Kapitalimport zu rechnen. Im umgekehrten Fall, in dem die Rendite der ausländischen Anlage größer ist, dürfte es zu einem zinsinduzierten Kapitalexport kommen.

Auf der Grundlage dieser Überlegungen wird der Kapitalverkehr wie folgt erklärt:

(8.20) $\quad KV = KV(i - i_A - \hat{e}_{erw.}^n) \qquad$ mit: $\dfrac{\delta KV}{\delta(i - i_A - \hat{e}_{erw.}^n)} \geq 0$

Der Nettokapitalimport nimmt ceteris paribus zu, wenn sich die um die Wechselkurserwartungen korrigierte Zinsdifferenz erhöht. Als Extremfall muß allerdings auch die Möglichkeit in Betracht gezogen werden, daß der Kapitalverkehr nicht auf Änderungen der Zinsdifferenz reagiert.

Um die Entstehung von Wechselkurserwartungen und deren Wirkungen adäquat darstellen zu können, müßte eine dynamische Analyse, die eine differenzierte Betrachtung zuläßt, vorgenommen werden. Die Untersuchungen beschränken sich im folgenden jedoch, nicht zuletzt aus Gründen einer möglichst einfachen Darstellung, auf eine komparativ-statische Analyse. Deshalb wird auf die Erfassung von Wechselkurserwartungen von vornherein verzichtet und somit angenommen, daß für den Kapitalverkehr allein die Zinsdifferenz $i - i_A$ maßgeblich ist. Der entsprechende Zusammenhang sei linear, so daß die Funktion des Kapitalverkehrs jetzt lauten muß:

(8.20a) $\quad KV = KV^a + v_i(i - i_A) \qquad$ mit: $v_i \geq 0$

KV^a ist der autonome Nettokapitalimport; v_i bezeichnet den Zinskoeffizienten des Kapitalverkehrs. Der Wert des Zinskoeffizienten v_i hängt entscheidend ab von
- der Freizügigkeit, die bei internationalen Finanztransaktionen aufgrund der institutionellen Rahmenbedingungen besteht
- der internationalen Mobilität des Geldvermögens, die unmittelbar aus den individuellen Anlageentscheidungen resultiert.

Je liberaler die internationalen Kapitalverkehrsbeziehungen sind und je größer die individuelle Bereitschaft ist, für Finanztransaktionen alle internationalen Möglichkeiten zu nutzen, desto größer ist im allgemeinen auch die Zinsreagibilität des internationalen Kapitalverkehrs.

Zwei Extremfälle sind zu unterscheiden:
- Werden internationale Finanztransaktionen durch institutionelle Kapitalverkehrsbeschränkungen vollständig unterbunden, so ist ein zinsinduzierter Kapitalverkehr unmöglich; der Zinskoeffizient v_i hat dann den Wert null.
- Besteht eine vollkommene Freizügigkeit und außerdem eine vollkommene Mobilität des internationalen Kapitalverkehrs, so ist der Kapitalverkehr vollkommen zinselastisch und der Zinskoeffizient v_i unendlich groß.

Im Falle des vollkommenen internationalen Kapitalverkehrs bilden der in- und der ausländische Wertpapiermarkt aus der Sicht der in- und ausländischen Anleger von Geldvermögen einen einheitlichen Markt.

Neben der internationalen Zinsdifferenz spielen für den Kapitalverkehr selbstverständlich noch andere ökonomische Größen eine wichtige Rolle. Zu erwähnen sind beispielsweise der Geldvermögensbestand, der für Anlagen auf dem in- und ausländischen Wertpapiermarkt zur Disposition steht, sowie erwartete Veränderungen von Zinssätzen und Wertpapierkursen im In- und Ausland. Solche Determinanten werden aber aus Gründen der Vereinfachung im folgenden nicht explizit erfaßt.

8.4.2 Zahlungsbilanzgleichgewicht

Die Leistungsbilanz und die Kapitalverkehrsbilanz werden jetzt zur Zahlungsbilanz, deren Saldo mit ZB bezeichnet sei, zusammengefaßt. Aus Gründen der Vereinfachung bleiben internationale Übertragungen unberücksichtigt, so daß der Saldo der Leistungsbilanz dem Außenbeitrag entspricht. Der Zahlungsbilanzsaldo lautet also:

(8.21) $ZB = AB + KV$

Bei Verwendung der linearen Gleichung (8.13) für den Außenbeitrag und der ebenfalls linearen Funktion (8.20a) für den internationalen Kapitalverkehr läßt sich die Zahlungsbilanzgleichung wie folgt schreiben:

(8.21a) $ZB = AB^a - m_Y Y + m_A Y_A + n_e e + KV^a + v_i(i - i_A)$

mit: $m_Y > 0$; $m_A > 0$; $n_e \geq 0$; $v_i \geq 0$

Die Zahlungsbilanz ist ausgeglichen, wenn sich die Salden der Leistungsbilanz (bzw. der Außenbeitrag) und der Kapitalverkehrsbilanz zu null addieren. Man bezeichnet diesen Zustand als ein *Zahlungsbilanzgleichgewicht*. Löst man die Gleichung (8.21a) unter der Bedingung eines Zahlungsbilanzgleichgewichts mit ZB = 0 nach dem inländischen Zinssatz i auf, so erhält man:

(8.21b) $i = i_A + \dfrac{1}{v_i}(m_Y Y - m_A Y_A - n_e e - AB^a - KV^a)$

Der hierin erfaßte Zusammenhang zwischen dem inländischen Zinssatz i und dem inländischen Einkommen Y ist in der Abbildung 8.6 dargestellt worden. Die graphische Darstellung dieses Zusammenhangs wird im folgenden als ZB-Kurve bezeichnet. *Sie enthält alle Kombinationen von i und Y, die ceteris paribus mit einem Zahlungsbilanzgleichgewicht verbunden sind.*

Abbildung 8.6

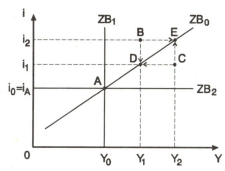

ZB_0 ist die Zahlungsbilanzkurve für den Fall einer "normalen" Zinsreagibilität des Kapitalverkehrs: $0 < v_i < \infty$. Diese Kurve hat gemäß Gleichung (8.21b) eine Steigung von:

(8.21c) $\quad \dfrac{\Delta i}{\Delta Y} = \dfrac{m_Y}{v_i} > 0$

Alle Kombinationen von Zinssatz und Einkommen, die oberhalb bzw. links von der ZB-Kurve liegen, implizieren einen Zahlungsbilanzüberschuß (ZB > 0). Umgekehrt bedeuten alle Kombinationen unterhalb bzw. rechts von der ZB-Kurve ein Zahlungsbilanzdefizit (ZB < 0). Geht man beispielsweise vom Punkt B aus, in dem ein Zahlungsbilanzüberschuß besteht, so müßte bei konstantem Einkommen Y_1 der Zinssatz von i_2 auf i_1 gesenkt werden, um ein Zahlungsbilanzgleichgewicht (hier im Punkt D) zu erreichen. Bliebe demgegenüber der Zinssatz bei i_2 fixiert, so müßte für das Zahlungsbilanzgleichgewicht (hier im Punkt E) das Einkommen auf Y_2 steigen. Selbstverständlich sind auch andere Zins- und Einkommensreaktionen möglich, um ein Zahlungsbilanzgleichgewicht herzustellen. Analog dazu kann man sich auch leicht verdeutlichen, welche Zins- und/oder Einkommensreaktionen erforderlich sind, um vom Punkt C aus, in dem ein Leistungsbilanzdefizit besteht, eine ausgeglichene Zahlungsbilanz herzustellen.

Die Zahlungsbilanzkurve ZB_1 beschreibt das Zahlungsbilanzgleichgewicht für den Fall eines zinsunelastischen Kapitalverkehrs: $v_i = 0$. Nur ein einziger Einkommenswert - hier Y_0 - erfüllt die Gleichgewichtsbedingung. Schließlich zeigt ZB_2 das Zahlungsbilanzgleichgewicht für den Fall eines vollkommen zinselastischen Kapitalverkehrs: $v_i = \infty$. Wie sich der Gleichung (8.21b) unmittelbar entnehmen läßt, entspricht der inländische Zinssatz i jetzt dem ausländischen Zinssatz i_A. Aufgrund der unendlich großen Zinsreagibilität besitzt der internationale Kapitalverkehr einen so großen Einfluß auf die Zahlungsbilanz, daß der Einfluß der übrigen Größen in der Gleichung (8.21b) - nämlich Y, Y_A, e, AB^a sowie KV^a - ohne Bedeutung ist.

8.4.3 Devisenmarktinterventionen und Geldmenge im Festkurssystem

Für die weiteren Untersuchungen ist es wichtig, das Wechselkurssystem genauer zu betrachten. Die makroökonomischen Zusammenhänge sowie die Wirkungen nachfrageseitiger und angebotsseitiger Störungen hängen maßgeblich davon ab, ob der nominelle Wechselkurs eine flexible, am Devisenmarkt frei gebildete Größe ist oder ob er durch institutionelle Regelungen auf einem bestimmten Niveau oder innerhalb einer bestimmten Bandbreite fixiert wird.

In einem System mit flexiblem Wechselkurs wird das Zahlungsbilanzgleichgewicht ständig über den Wechselkursmechanismus gewährleistet. Der Saldo der Leistungsbilanz (der Außenbeitrag) und der Saldo der Kapitalverkehrsbilanz ergänzen sich in diesem System quasi automatisch zu null. Mit Blick auf die Gleichung (8.21) bzw. (8.21a) ist das flexible Wechselkurssystem somit durch die Gleichgewichtsbedingung ZB = 0 gekennzeichnet.

In einem *Festkurssystem* ist zwischen einer *absoluten Wechselkursfixierung* und einer Wechselkursfixierung innerhalb einer gewissen *Bandbreite* zu unterscheiden. Ein Beispiel für sogenannte *bandfixierte Wechselkurse* ist das Europäische Währungssystem (EWS). Während der Wechselkursmechanismus bei absoluter Wechselkursfixierung vollständig ausgeschlossen ist, kann er bei Bandfixierung wenigstens noch in den gesetzten Grenzen wirksam werden. Charakteristisch für beide Ausprägungen des Festkurssystems ist die Möglichkeit von Zahlungsbilanzungleichgewichten, die von den offiziellen Währungsbehörden bzw. den Zentralbanken der beteiligten Länder bewußt hingenommen werden, um Wechselkursänderungen zu verhindern, die die vorgesehenen Grenzwerte überschreiten würden.

In der Abbildung 8.7 läßt sich erkennen, welche Maßnahmen seitens der Währungsbehörden bzw. der Zentralbanken erforderlich sind, um ein bestimmtes Wechselkursziel zu erreichen. Auf der Ordinate ist der Wechselkurs abgetragen. Die Abszisse zeigt mit DEV die Menge der ausländischen Währung bzw. der Devisen.[14] DEVN bezeichnet die vom Wechselkurs abhängige Nachfrage nach den ausländischen Devisen, und DEVA gibt dementsprechend das vom Wechselkurs abhängige Angebot an ausländischen Devisen wieder.

Die Devisennachfrage entsteht insbesondere aus den Güterimporten und aus den Kapitalexporten. Somit resultiert das Devisenangebot insbesondere aus den Güterexporten und den Kapitalimporten. Normale Reaktionen vorausgesetzt, ist im allgemeinen davon auszugehen, daß die Güterimporte sinken, wenn die inländische Währung abgewertet wird und dementsprechend der nominelle Wechselkurs e^n steigt. Die Devisennachfragekurve hat deshalb eine negative Steigung. Umgekehrt dazu nehmen die Güterexporte im Rahmen einer Abwertung der inländischen Währung im allgemeinen zu, so daß die Devisenangebotskurve eine positive Steigung besitzt.

---

14 Zur Konkretisierung könnte man sich vorstellen, daß der Wechselkurs e^n der in DM ausgedrückte Preis eines französischen Franc ist, z.B. 0,3 DM/FF. DEV auf der Abszisse bezeichnet dann die "Menge" an französischen Franc, die in einem bestimmten Zeitraum auf dem hier betrachteten Devisenmarkt gehandelt werden, z.B. 10 Millionen FF.

Abbildung 8.7

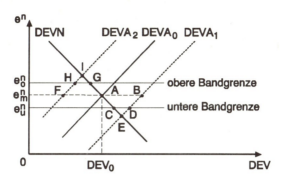

Aufgrund einer autonomen Erhöhung der Güterexporte oder einer autonomen Erhöhung der Kapitalimporte möge sich nun die Devisenangebotskurve nach rechts, hier nach $DEVA_1$ verschieben. Bei freier Wechselkursbildung würde sich ein neues Devisenmarktgleichgewicht einstellen, das gleichzeitig ein Zahlungsbilanzgleichgewicht darstellt. Besteht nun ein Festkurssystem mit absoluter Wechselkursfixierung, so muß versucht werden, den mit e_m^n bezeichneten Wechselkurs der Ausgangssituation aufrechtzuerhalten. Hierzu ist es erforderlich, daß die offiziellen Währungsbehörden im Zuge einer sogenannten *Devisenmarktintervention* das Überschußangebot in Höhe der Strecke AB aufkaufen. Sie treten also in diesem Fall als Nachfrager auf dem Devisenmarkt auf. Durch diese Intervention wird es zwar einerseits möglich, den Wechselkurs auf dem Ausgangsniveau e_m^n zu stabilisieren, aber andererseits bedeutet diese Stabilisierung, daß das aufgetretene Devisenmarkt- bzw. Zahlungsbilanzungleichgewicht (in Höhe der Strecke AB) erhalten bleibt.

Im Falle eines bandfixierten Wechselkurses müssen zunächst die Grenzen des Bandes festgelegt werden. Die untere Bandgrenze möge bei e_u^n und die obere Bandgrenze bei e_o^n liegen. Im System der Bandfixierung ist es nicht erforderlich, den Wechselkurs auf dem Ausgangsniveau e_m^n zu fixieren, sondern es reicht aus, ihn an der unteren Bandgrenze zu halten. Dazu müssen die offiziellen Währungsbehörden im Zuge einer Devisenmarktintervention den Angebotsüberschuß in Höhe der Strecke CD aufkaufen. Auch dabei wird bewußt ein Zahlungsbilanzungleichgewicht (bzw. Devisenmarktungleichgewicht) in Kauf genommen.

Im umgekehrten Fall einer Verringerung des Devisenangebots und einer Verschiebung der Devisenangebotskurve beispielsweise nach $DEVA_2$ sind ähnliche Interventionsvorgänge erforderlich. Zur Stabilisierung des Wechselkurses auf dem Niveau e_m^n müßten die Währungsbehörden die Überschußnachfrage in Höhe der Strecke AF durch ein entsprechendes Angebot an Devisen befriedigen. Im Bandbreitensystem wäre demgegenüber zur Stabilisierung des Wechselkurses an der oberen Bandgrenze (e_o^n) im Zuge einer Devisenmarktintervention "nur" ein Devisenbetrag in Höhe der Strecke GH zur Verfügung zu stellen. In beiden Fällen haben die Devisenmarktinterventionen zur Folge, daß das Zahlungsbilanz- bzw. Devisenmarktungleichgewicht aufrecherhalten wird.

Devisenmarktinterventionen haben eine wichtige Konsequenz für die Geldmenge eines Landes. Verkauft eine Zentralbank Devisen, so entzieht sie damit dem Geldmarkt gleichzeitig eigene Währung in Form von Zentralbankgeld. Die Geldmenge dieses Landes verringert sich dadurch. Bei einem Kauf von Devisen erhöht die Zentralbank demgegenüber den Umlauf an Zentralbankgeld und darüber die Geldmenge. Bei Berücksichtigung des Saldos der Zahlungsbilanz ZB gemäß Gleichung (8.21) bzw. (8.21a) werden diese Zusammenhänge jetzt eingehender betrachtet.

Der Saldo der Zahlungsbilanz eines Landes impliziert eine entsprechende Veränderung der Währungsreserven im Besitz der offiziellen Währungsbehörde bzw. der Zentralbank dieses Landes:

(8.22) $\Delta WR = ZB$

Da die Währungsreserven bekanntlich Teil der monetären Basis sind [3.6.4], hat der Zahlungsbilanzsaldo gleichzeitig ceteris paribus eine entsprechende Veränderung der monetären Basis zur Folge:

(8.22a) $\Delta MB = ZB$

Die monetäre Basis ist ihrerseits Grundlage des Geldangebots der Zentralbank bzw. der Geldmenge des betrachteten Landes. Aus der Geldangebotsanalyse ist bereits bekannt, daß dabei der folgende Zusammenhang besteht:

(8.23) $M = gMB$

M ist das Geldangebot bzw. die Geldmenge, und g bezeichnet den Geldschöpfungsmultiplikator. Ein Zahlungsbilanzüberschuß (ZB > 0) ist dementsprechend ceteris paribus mit einem Anstieg der Geldmenge verbunden, wogegen ein Zahlungsbilanzdefizit (ZB < 0) ceteris paribus eine Verringerung der Geldmenge bewirkt. Wie weiter oben schon dargelegt, ist ein Zahlungsbilanzungleichgewicht (Überschuß oder Defizit) nur in einem Festkurssystem möglich. Um den Wechselkurs zu stabilisieren, ist in Höhe des Überschuß- oder des Defizitbetrags eine Devisenmarktintervention erforderlich.

Die Zentralbank eines Landes hat allerdings die Möglichkeit, den Geldmengeneffekt einer Devisenmarktintervention zu neutralisieren, indem sie andere geldpolitische Maßnahmen einsetzt. So kann sie beispielsweise eine Geldmengenerhöhung, die im Rahmen eines Devisenankaufs entsteht, dadurch neutralisieren, daß sie umgehend eine restriktive Offenmarktpolitik betreibt und/oder den Diskontsatz erhöht und/oder die Rediskontkontingente einschränkt und/oder die Mindestreservesätze anhebt. Man bezeichnet diese Gegensteuerung als *Neutralisierungspolitik*, *Sterilisierungspolitik* oder *Kompensationspolitik*. Diese Politik kommt in einer autonomen Veränderung der monetären Basis ΔMB^a zum Ausdruck. Mit Blick auf die Gleichungen (8.22a) und (8.23) läßt sich dann die Veränderung der Geldmenge wie folgt beschreiben:

(8.23a) $\Delta M = g(ZB + \Delta MB^a)$

Um den außenwirtschaftlichen Geldmengeneffekt vollständig zu neutralisieren (bzw. zu sterilisieren bzw. zu kompensieren), muß die autonome monetäre Basis um den Betrag eines Zahlungsbilanzüberschusses verringert bzw. um den Betrag eines Zahlungsbilanzdefizits erhöht werden. Der Neutralisierungspolitik sind allerdings in der Regel enge Grenzen gesetzt. Wie weiter unten noch deutlich wird, hat diese Politik zur Folge, daß die Ursachen des Zahlungsbilanzungleichgewichts über einen längeren Zeitraum bestehen bleiben und deshalb während dieser Zeit fortlaufend Devisenmarktinterventionen erforderlich sind. Wird dadurch beispielsweise ein Zahlungsbilanzdefizit aufrechterhalten, so verliert die Zentralbank dabei laufend Währungsreserven - sofern sie überhaupt Währungsreserven besitzt. Sind die Währungsreserven erschöpft, so bleibt ihr nur der Zugriff auf ausländische Kredite, die aber ihrerseits nicht unbegrenzt zur Verfügung stehen. Wird umgekehrt ein Zahlungsbilanzüberschuß perpetuiert, so fließen zwar der Zentralbank des hier betrachteten Landes permanent Währungsreserven zu, aber nun sind es ausländische Zentralbanken, die schließlich ihre Währungsreserven vollständig verlieren und zur Kreditaufnahme in dem hier betrachteten Land gezwungen werden.

Vor diesem Hintergrund stehen den am Festkurssystem beteiligten Ländern über kurz oder lang nur zwei Handlungsalternativen offen:
- Sie nehmen im Rahmen eines sogenannten *Realignments* autonome Wechselkursveränderungen vor, durch die Zahlungsbilanzungleichgewichte - wenigstens vorerst - beseitigt werden.
- Sie lassen die außenwirtschaftlichen Geldmengeneffekte zu - mit der Hoffnung, daß die dadurch verursachten Zins- und Einkommenseffekte Anpassungen der Leistungs- und Finanztransaktionen bewirken und darüber schließlich zu einem (neuen) Zahlungsbilanzgleichgewicht führen.

In den folgenden Untersuchungen werden beide Möglichkeiten in Betracht gezogen.

8.5 Geld- und Fiskalpolitik bei festem Wechselkurs

8.5.1 Modelltheoretische Grundlagen

Zunächst wird untersucht, welche Einkommens- und Zinseffekte durch eine
- autonome Veränderung der Güternachfrage
  (z.B. im Rahmen der Fiskalpolitik)
- autonome Veränderung der Geldmenge

verursacht werden, wenn ein Festkurssystem mit einer absoluten Wechselkursfixierung gegeben ist.[15] Es sei vorerst angenommen, daß
- das betrachtete Land relativ klein ist und deshalb keine internationalen Rückwirkungen auftreten

---

[15] Der nominelle Wechselkurs e^n ist also im Modell fest vorgegeben. Das Festkursmodell mit Bandfixierung wird hier nicht untersucht.

- das in- und das ausländische Güterpreisniveau konstant sind.[16]

Die Darstellung der Einkommens- und Zinseffekte erfolgt vorwiegend im Rahmen graphischer Analysen. Hierzu wird auf die bereits bekannten Kurven des IS-Gleichgewichts (IS-Kurve) und des Geldmarktgleichgewichts (LM-Kurve) zurückgegriffen. Da es nun darum geht, auch die außenwirtschaftlichen Einflüsse deutlich zu machen, muß das IS- und das LM-Modell um die Zahlungsbilanzkurve (die ZB-Kurve) gemäß Gleichung (8.21b) sowie um die Geldmengengleichung (8.23a) erweitert werden.

Modell 8.2

$D = H(Y, i) + AB(Y, e)$ ⎱
$Y = D$ ⎰ IS-Gleichgewicht

$M = L(Y, i)$ ⎱
$\Delta M = g(ZB + \Delta MB^a)$ ⎰ LM-Gleichgewicht

$ZB = AB(Y, e) + KV(i - i_A)$ Zahlungsbilanzsaldo

mit: $\frac{\delta H}{\delta Y} > 0$; $\frac{\delta H}{\delta i} \leq 0$; $\frac{\delta AB}{\delta Y} < 0$; $\frac{\delta AB}{\delta e} \geq 0$; $\frac{\delta L}{\delta Y} > 0$; $\frac{\delta L}{\delta i} \leq 0$; $\frac{\delta KV}{\delta(i - i_A)} \geq 0$

In der Gleichgewichtsbedingung $Y = D$ ist die Annahme impliziert, daß das Güterangebot immer vollständig an die Güternachfrage angepaßt wird. Wegen der Annahme eines konstanten inländischen Preisniveaus ist es hier nicht erforderlich, zwischen der nominellen und der realen Geldmenge zu unterscheiden.

In Hinsicht auf die Abhängigkeit des Kapitalverkehrs von der internationalen Zinsdifferenz $i - i_A$ werden im folgenden alternativ nur die beiden extremen Möglichkeiten betrachtet:
- ein zinsunelastischer Kapitalverkehr ($v_i = 0$)
- ein vollkommen zinselastischer Kapitalverkehr ($v_i = \infty$).

Aus diesen beiden extremen Fällen lassen sich dann unmittelbar Rückschlüsse auf die Einkommens- und die Zinseffekte für den Fall einer "normalen" Zinsreagibilität des internationalen Kapitalverkehrs ($0 < v_i < \infty$) ziehen.

8.5.2 Wirkungen einer expansiven Fiskalpolitik

Die Abbildung 8.8 zeigt die ZB-Kurve einerseits für den Fall eines zinsunelastischen Kapitalverkehrs (Abbildungsteil a) und andererseits für den Fall eines vollkommen zinselastischen Kapitalverkehrs (Abbildungsteil b). Um die Analyse möglichst einfach zu gestalten, sei angenommen, daß
- die Güternachfrage zinselastisch ist und die IS-Kurve deshalb eine negative Steigung besitzt
- die Geldnachfrage zinselastisch, aber nicht vollkommen zinselastisch ist, so daß die LM-Kurve einen positiven Verlauf aufweist

---

[16] Da der nominelle Wechselkurs fixiert ist, liegt bei konstanten Preisniveaus gleichzeitig auch ein konstanter realer Wechselkurs vor.

- die Zahlungsbilanz in der Ausgangssituation ausgeglichen ist (ZB = 0).

In der Ausgangssituation möge jeweils ein Gleichgewicht im Punkt A bzw. im Punkt A' bestehen.

Man bezeichnet eine Situation, in der gleichzeitig ein IS-Gleichgewicht und ein LM-Gleichgewicht besteht, als *internes Gleichgewicht*, weil sich dieser Gleichgewichtszustand ausschließlich auf inländische Märkte (Gütermarkt und Geldmarkt) bezieht. Demgegenüber beschreibt das Zahlungsbilanzgleichgewicht, das in der ZB-Kurve zum Ausdruck kommt, ein *externes Gleichgewicht*, weil hier der außenwirtschaftliche Bereich (Leistungs- und Finanztransaktionen) betroffen ist. Infolge einer autonomen Erhöhung der heimischen Absorption des Inlands - z.B. aufgrund einer Erhöhung der Staatsausgaben im Rahmen einer *expansiven Fiskalpolitik* - verschiebt sich die IS-Kurve jeweils nach rechts, hier nach IS_1 bzw. nach IS_1'. Würden keine weiteren Änderungen eintreten, so käme es zu einem neuen internen Gleichgewicht (IS- und LM-Gleichgewicht) im Punkt B bzw. B'.

Das interne Gleichgewicht im Punkt B impliziert jetzt allerdings ein Zahlungsbilanzdefizit (ZB < 0). Da das Einkommen Y gestiegen ist, nehmen die Importe zu. Somit verschlechtert sich der Außenbeitrag. Gemäß Gleichung (8.23a), die auch in das Modell 8.2 übernommen wurde, hat das Zahlungsbilanzdefizit eine Verringerung der Geldmenge zur Folge. Dieser außenwirtschaftliche Geldmengeneffekt ließe sich nur durch eine Neutralisierungspolitik der Zentralbank verhindern, bei der die autonome monetäre Basis um den Betrag des Zahlungsbilanzdefizits erhöht wird. So könnte die inländische Zentralbank den Einkommensanstieg auf Y_1 sichern. Es ist allerdings zu beachten, daß das Zahlungsbilanzungleichgewicht in diesem Fall erhalten bleibt und deshalb der negative Geldmengeneffekt aus den außenwirtschaftlichen Einflüssen fortbesteht. Zur Sicherung des internen Gleichgewichts im Punkt B wäre die Zentralbank folglich gezwungen, permanent Maßnahmen zur Neutralisierung des außenwirtschaftlich bedingten Geldmengeneffektes einzusetzen. Da sie dadurch die Bedingungen zur Erhaltung des Zahlungsbilanzdefizits schafft, verliert die Zentralbank - wie der Gleichung (8.22) zu entnehmen ist - fortlaufend Währungsreserven.

Abbildung 8.8

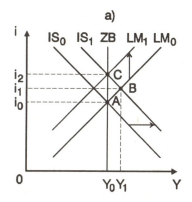
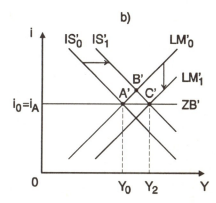

Ist die Zentralbank nicht zur Neutralisierungspolitik bereit, oder ist sie dazu nicht fähig, weil die zur Finanzierung des Zahlungsbilanzdefizits nötigen Devisen bzw. Währungsreserven fehlen, so setzt sich der außenwirtschaftlich bedingte negative Geldmengeneffekt durch. Auf dem inländischen Geldmarkt kommt es also zu einer Verringerung der Geldmenge. Demzufolge verschiebt sich die LM-Kurve nach oben. Wie der Gleichung (8.23a) unmittelbar zu entnehmen ist, kommt die Geldmengenverringerung erst dann zum Stillstand, wenn die Zahlungsbilanz wieder ausgeglichen ist, wenn also gilt: ZB = 0. In diesem Fall wird letztlich - nach Abschluß aller Anpassungsprozesse - ein neues Gleichgewicht im Punkt C erreicht. Diese Situation impliziert sowohl ein internes als auch ein externes Gleichgewicht. Die autonome Erhöhung der inländischen Güternachfrage bleibt also ohne nachhaltige Wirkung auf das inländische Einkommen.

Ist der Kapitalverkehr vollkommen zinselastisch, so ergibt sich ein völlig anderes Ergebnis. Das interne Gleichgewicht im Punkt B' impliziert einen inländischen Zinssatz, der über dem - hier fest vorgegebenen - Zinssatz des Auslands i_A liegt. Die so auftretende positive Zinsdifferenz induziert angesichts des vollkommen zinselastischen Kapitalverkehrs einen extrem hohen Nettokapitalimport und dementsprechend einen extrem hohen Zahlungsbilanzüberschuß. Folglich ergibt sich auch ein sehr großer außenwirtschaftlich bedingter positiver Geldmengeneffekt. Selbst wenn die Zentralbank diesen Geldmengeneffekt neutralisieren wollte, wäre ihr das aus zwei Gründen nicht möglich:

- Zum einen ist ihr Instrumentarium so begrenzt, daß sie kaum zu einer massiven und dazu noch anhaltenden autonomen Verringerung der monetären Basis in der Lage ist.
- Zum anderen übt das Ausland, das sich mit den hohen Kapitaltransfers ins Inland konfrontiert sieht, Druck auf die inländische Zentralbank aus, schnellstens Bedingungen herzustellen, die den Kapitalfluß verhindern.

Die Geldmengenexpansion läßt sich somit von der inländischen Zentralbank nicht aufhalten. Dementsprechend verschiebt sich die LM-Kurve nach rechts, und zwar so weit, daß bereits kurzfristig wieder ein Zahlungsbilanzgleichgewicht hergestellt wird. Im Abbildungsteil b) ergibt sich folglich eine Verschiebung nach LM'_1, so daß sich ein neues internes Gleichgewicht im Punkt C' einstellt. Das Einkommen ist auf Y_2 gestiegen. Es wird also deutlich, daß die außenwirtschaftlichen Einflüsse, hier insbesondere aufgrund des vollkommen zinselastischen Kapitalverkehrs, den positiven Einkommenseffekt der autonomen Erhöhung der inländischen Güternachfrage noch verstärken.

Aus den hier gewonnenen Ergebnissen läßt sich als logische Implikation auch eine Aussage treffen für den Fall, daß der internationale Kapitalverkehr eine "normale" Zinsreagibilität aufweist: *Betreibt die Zentralbank keine Neutralisierungspolitik, so ist der positive Einkommenseffekt einer autonomen Erhöhung der inländischen Güternachfrage bzw. einer expansiven Fiskalpolitik um so größer, je zinselastischer der Kapitalverkehr ist. Bei zinsunelastischem Kapitalverkehr ist ein nachhaltiger Einkommenseffekt nicht möglich.*

8.5.3 Wirkungen einer autonomen Erhöhung der Geldmenge

In der Abbildung 8.9 liegt in der Ausgangssituation jeweils ein internes und ein externes Gleichgewicht in den Punkten A und A' vor. Infolge einer autonomen Erhöhung der Geldmenge verschiebt sich die LM-Kurve nach unten, hier nach LM_1 bzw. nach LM'_1. Würden keine weiteren Einflüsse auftreten, so käme es zu einem neuen internen Gleichgewicht im Punkt B bzw. B'. Bliebe diese Situation erhalten, so hätte die expansive Geldpolitik - wie zu erwarten war - eine Verringerung des inländischen Zinssatzes und eine Erhöhung des inländischen Einkommens bewirkt.

In den beiden hier betrachteten Fällen ist dieses interne Gleichgewicht jedoch mit einem Zahlungsbilanzdefizit verbunden. Bei zinsunelastischem Kapitalverkehr (Abbildungsteil a) hat die Zunahme des inländischen Einkommens einen Anstieg der Importe und somit eine Verschlechterung des Außenbeitrags sowie der Zahlungsbilanz zur Folge. Bei vollkommen zinselastischem Kapitalverkehr (Abbildungsteil b) tritt neben diese einkommensinduzierte Verschlechterung des Außenbeitrags noch eine zinsinduzierte Verschlechterung der Kapitalverkehrsbilanz. Einen konstanten ausländischen Zinssatz vorausgesetzt, löst die Zinssenkung im Inland nämlich einen Nettokapitalexport ins Ausland aus. Aufgrund des Zahlungsbilanzdefizits ist der außenwirtschaftlich bedingte Geldmengeneffekt zwingend negativ. Das interne Gleichgewicht im Punkt B bzw. B' ließe sich also nur aufrechterhalten, wenn die inländische Zentralbank eine Neutralisierungspolitik betreibt.

Abbildung 8.9

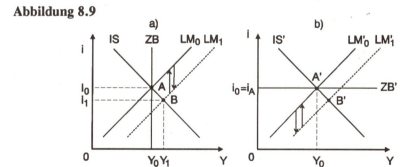

Im Fall eines zinsunelastischen Kapitalverkehrs ist die Möglichkeit einer Neutralisierung des außenwirtschaftlich bedingten Mengeneffektes nicht grundsätzlich ausgeschlossen. Da durch diese Politik jedoch das Zahlungsbilanzdefizit erhalten bleibt, muß die Zentralbank bereit und auch in der Lage sein, einen permanenten Verlust an Währungsreserven hinzunehmen. Sind die Währungsreserven erschöpft und stehen der Zentralbank auch keine Möglichkeiten mehr offen, zusätzliche Devisen durch eine Kreditaufnahme im Ausland zu beschaffen, so ist sie zur Aufgabe der Neutralisierungspolitik gezwungen. Der außenwirtschaftliche Geldmengeneffekt käme dann zum Tragen. Dementsprechend würde sich die LM-Kurve im Abbildungsteil a) wieder nach oben verschieben. Ein neues Gleichgewicht würde erst dann wieder erreicht, wenn auch das Zahlungsbilanzungleichgewicht beseitigt wäre. Diese Bedingung ist nur im Ausgangsgleichgewicht - im Punkt A - erfüllt. In dieser Situation besteht dann wieder sowohl ein internes als auch ein externes Gleichgewicht. Die expansive Geldpolitik hätte also letztlich weder eine Wirkung auf das inländische Zinsniveau noch auf das inländische Einkommen.

Im Fall des vollkommen zinselastischen Kapitalverkehrs (Abbildungsteil b) ist eine Neutralisierungspolitik von vornherein unmöglich. Die Verringerung des inländischen Zinssatzes hat hier nämlich einen so großen Nettokapitalexport zur Folge, daß die inländische Zentralbank aufgrund einer Politik, durch die das Zahlungsbilanzungleichgewicht aufrechterhalten wird, binnen kürzester Zeit zahlungsunfähig würde. Der Zentralbank bleibt deshalb nichts anderes übrig, als den außenwirtschaftlich bedingten negativen Geldmengeneffekt hinzunehmen. Die LM-Kurve verschiebt sich somit wieder zurück in die Ausgangssituation. Hier (im Punkt A') besteht dann erneut sowohl ein internes als auch ein externes Gleichgewicht. Mit einer expansiven Geldpolitik läßt sich also im Fall eines vollkommen zinselastischen Kapitalverkehrs auch kurzfristig weder ein Zins- noch ein Einkommenseffekt erzielen.

Die Analyse führt zu einer Schlußfolgerung, die auch für den Fall einer "normalen" Zinsreagibilität des internationalen Kapitalverkehrs zutrifft: *Ist die Zentralbank eines kleinen Landes nicht zu einer Neutralisierungspolitik fähig - z.B. aufgrund fehlender Währungsreserven oder aufgrund einer extrem hohen Zinsreagibilität des Kapitalverkehrs -, so ist ihre autonome Geldpolitik in Hinsicht auf Zins- und Einkommenseffekte wirkungslos.*

8.6 Geld- und Fiskalpolitik bei flexiblem Wechselkurs

Besteht ein System mit einem flexiblen Wechselkurs, so ist das zuvor zugrunde gelegte Modell 8.2 in zwei Punkten zu verändern:
- Neben dem Einkommen Y ist nun auch der reale Wechselkurs e eine variable Bestimmungsgröße des Außenbeitrags.
- Die Zahlungsbilanz ist immer ausgeglichen (ZB = 0), so daß keine außenwirtschaftlichen Veränderungen der Geldmenge auftreten und das Geldangebot M somit eine autonome, von der Zentralbank kontrollierte Größe ist.

Wie schon bei der Analyse von Einkommen und Zinsniveau im Festkurssystem, so wird auch hier angenommen, daß keine internationalen Rückwirkungen auftreten und daß das in- und das ausländische Preisniveau konstant sind. Änderungen des realen Wechselkurses spiegeln folglich ausschließlich Änderungen des nominellen Wechselkurses wider.

8.6.1 Wirkungen einer expansiven Fiskalpolitik

Analog zur Abbildung 8.8 wird in der Abbildung 8.10 die Wirkung einer autonomen Erhöhung der heimischen Absorption - z.B.aufgrund einer *expansiven Fiskalpolitik* - für die beiden Extremfälle eines zinsunelastischen und eines vollkommen zinselastischen Kapitalverkehrs untersucht. Die Ausgangssituation ist wiederum durch den Punkt A bzw. den Punkt A' gekennzeichnet. Das externe Gleichgewicht ist jetzt ex definitione immer gewährleistet.

Infolge der Erhöhung der autonomen inländischen Güternachfrage verschiebt sich die IS-Kurve nach rechts, hier nach IS_1 bzw. nach IS_1'. Käme es nicht zu weiteren Einflüssen, so würde im Punkt B bzw. in B' ein neues internes Gleichgewicht erreicht.

Abbildung 8.10

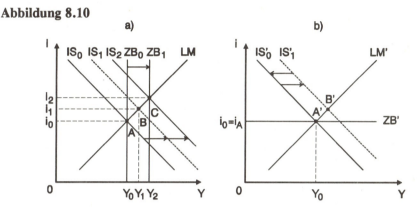

Im Fall des *zinsunelastischen Kapitalverkehrs* ist die Einkommenserhöhung, die aus dem Nachfragezuwachs resultiert, mit einer Zunahme der Importe verbunden. Es entsteht also ceteris paribus eine einkommensinduzierte Verschlechterung des Außenbeitrags. Da aber der Wechselkursmechanismus für eine ausgeglichene Zahlungsbilanz sorgt, muß es kurzfristig zu einer Abwertung der inländischen Währung kommen. Denn die Erhöhung der Importnachfrage bzw. die Verschlechterung des Außenbeitrags bedeutet, daß die Nachfrage nach ausländischen Devisen steigt und folglich die inländische Währung unter Abwertungsdruck gerät. Unter der Voraussetzung, daß der Außenbeitrag auf eine Wechselkursänderung "normal" reagiert, bewirkt die Abwertung eine Verbesserung des Außenbeitrags. Die Abwertung der inländischen Währung geht so weit, daß die einkommensinduzierte Verschlechterung des Außenbeitrags von hierher kompensiert wird.

Im Abbildungsteil a) drückt sich der Abwertungseffekt in einer Rechtsverschiebung der ZB-Kurve nach ZB_1 und der IS-Kurve von IS_1 nach IS_2 aus. Die LM-Kurve verändert ihre Lage demgegenüber nicht. Somit stellt sich im Punkt C ein neues internes und zugleich externes Gleichgewicht ein. Das inländische Einkommen ist dementsprechend auf Y_2 gestiegen.

Im Fall des vollkommen *zinselastischen Kapitalverkehrs* hat die internationale Zinsdifferenz einen maßgeblichen Einfluß auf den Wechselkurs. Infolge der Erhöhung der inländischen Güternachfrage kommt es zunächst zu einem Anstieg des inländischen Zinssatzes und demnach zu einer positiven Zinsdifferenz zwischen dem In- und dem Ausland. Das hat bereits kurzfristig einen sehr hohen zusätzlichen Nettokapitalimport und somit eine erhebliche Verbesserung der Kapitalverkehrsbilanz des Inlands zur Folge. Selbst wenn es vorübergehend zu einer einkommensinduzierten Verschlechterung des Außenbeitrags kommen sollte, entsteht durch die Dominanz des Kapitalverkehrs ein Zahlungsbilanzüberschuß. Damit ist auf dem Devisenmarkt eine Zunahme der Nachfrage nach inländischer Währung bzw. des Angebots an ausländischer Währung verbunden. Die inländische Währung gerät folglich unter Aufwertungsdruck. Sofern eine normale Reaktion vorliegt, bewirkt diese Aufwertung eine Verschlechterung des Außenbeitrags.

Da das externe Gleichgewicht erst dann wiederhergestellt ist, wenn der inländische Zinssatz dem (hier fest vorgegebenen) ausländischen Zinssatz entspricht, muß der zinssteigernde Einkommenseffekt im Inland wieder rückgängig gemacht werden. Die Aufwertung der inländischen Währung geht also so weit, daß der Anfangsimpuls aus der autonomen Erhöhung der inländischen Güternachfrage durch die wechselkursinduzierte Verschlechterung des Außenbeitrags vollständig kompensiert wird. Im Abbildungsteil b) kommt dieser Aufwertungseffekt in der Linksverschiebung der IS-Kurve von IS_1' zurück nach IS_0' zum Ausdruck. Da die hier skizzierten Prozesse bei vollkommen zinselastischem Kapitalverkehr sehr schnell ablaufen, läßt sich mit einer autonomen Erhöhung der heimischen Absorption bzw. mit einer expansiven Fiskalpolitik selbst in kurzer Sicht kein Einkommenseffekt erzielen.

Die Untersuchungen ermöglichen eine Schlußfolgerung, die auch die Wirkungen für eine normale Zinselastizität des internationalen Kapitalverkehrs einschließen: *Bei flexiblem Wechselkurs ist der Einkommenseffekt einer autonomen Erhöhung der heimischen Absorption des Inlands bzw. einer expansiven Fiskalpolitik um so geringer, je größer die Zinsreagibilität des internationalen Kapitalverkehrs ist; im Grenzfall eines vollkommen zinselastischen Kapitalverkehrs tritt schließlich sogar überhaupt kein Einkommenseffekt auf.*

8.6.2 Wirkungen einer autonomen Erhöhung der Geldmenge

In der Abbildung 8.11 liegt im Punkt A bzw. im Punkt A' wieder eine Ausgangssituation bei internem und externem Gleichgewicht vor. Infolge einer autonomen Erhöhung der Geldmenge wird die LM-Kurve nach LM_1 bzw. nach LM_1' verschoben. Bei Vernachlässigung weiterer Einflüsse käme es somit zu einem neuen internen Gleichgewicht im Punkt B bzw. im Punkt B'.

Bei *zinsunelastischem Kapitalverkehr* (Abbildungsteil a) ergibt sich eine Wirkung, die sich nicht wesentlich von derjenigen unterscheidet, die weiter oben im Teil a) der Abbildung 8.10 für die autonome Erhöhung der inländischen Güternachfrage erläutert worden ist. Auch hier kommt es zu einer einkommensinduzierten Verschlechterung des Außenbeitrags, die eine Abwertung der inländischen Währung zur Folge hat. Die Abwertung geht so weit, daß die einkommensinduzierte Verschlechterung des Außenbeitrags exakt kompensiert wird. Der Abwertungseffekt drückt sich in einer Rechtsverschiebung sowohl der ZB-Kurve (hier nach ZB_1) als auch der IS-Kurve (hier nach IS_1) aus. Ein neues internes und zugleich externes Gleichgewicht entsteht im Punkt C. Das Einkommen ist somit auf Y_2 gestiegen.

Demgegenüber bestehen bei *vollkommen zinselastischem Kapitalverkehr* gravierende Unterschiede zwischen den Wirkungen einer autonomen Geldmengenerhöhung und der weiter oben erläuterten autonomen Erhöhung der inländischen Güternachfrage. Da die Geldmengenexpansion einen Druck auf den inländischen Zinssatz ausübt und dadurch vorübergehend eine negative Zinsdifferenz zwischen dem In- und dem Ausland auftritt, ergibt sich eine erhebliche Verschlechterung der inländischen Kapitalverkehrsbilanz. Die zinsinduzierte Verschlechterung der Kapitalverkehrsbilanz und die einkommensinduzierte Verschlechterung des Außenbeitrags implizieren eine Zunahme der Nachfrage nach ausländischen Devisen und dadurch eine Abwertung der inländischen Währung. Die Abwertung der inländischen Währung geht so weit, daß ein Einkommenseffekt erzielt wird, durch den das inländische Zinsniveau wieder auf das (fest vorgegebene) ausländische Zinsniveau angehoben wird. Die IS-Kurve verschiebt sich infolge der Abwertung nach rechts (hier nach IS_1'), so daß sich ein neues internes und externes Gleichgewicht im Punkt C' beim Einkommen Y_3 einstellt.

Abbildung 8.11

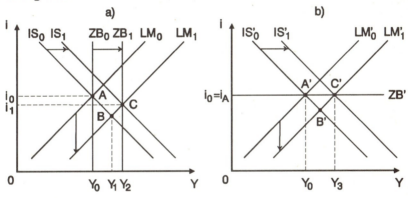

Auch mit Blick auf eine normale Zinsreagibilität des internationalen Kapitalverkehrs läßt sich somit der folgende Schluß ziehen: *Bei flexiblem Wechselkurs hat eine expansive Geldpolitik bei allen Formen der Zinsreagibilität des Kapitalverkehrs einen positiven Einkommenseffekt.*

Es ist allerdings zu beachten, daß die zuvor hergeleiteten Ergebnisse auf der Annahme beruhen, daß

- die Geldnachfrage nicht vollkommen zinselastisch ist und dementsprechend keine Liquiditätsfalle vorliegt
- die Güternachfrage zinselastisch ist und dementsprechend die IS-Kurve einen negativen Verlauf hat
- das Güterangebot der Güternachfrage angepaßt wird und dabei keine Veränderungen des Güterpreisniveaus auftreten.

Liegt eine Liquiditätsfalle vor oder ist das Güterangebot nicht flexibel, so hat die expansive Geldpolitik - wie aus früheren Untersuchungen bekannt ist - keinen Einkommenseffekt. Eine zinsunelastische Güternachfrage schließt einen Einkommenseffekt nur dann aus, wenn gleichzeitig auch der internationale Kapitalverkehr zinsunelastisch ist.[17]

8.6.3 Zusammenfassung der Ergebnisse

Die Tabelle 8.1 gibt eine Übersicht über die Einkommenseffekte autonomer Änderungen der Güternachfrage und der Geldmenge bzw. der Fiskal- und der Geldpolitik bei festem und bei flexiblem Wechselkurs. Mit Blick auf die vorangegangenen Untersuchungen sind mit $v_i = 0$ ein zinsunelastischer und mit $v_i = \infty$ ein vollkommen zinselastischer Kapitalverkehr gesondert berücksichtigt worden. Außerdem enthält die Tabelle die Ergebnisse für einen zinselastischen, jedoch nicht vollkommen zinselastischen Kapitalverkehr.

Tabelle 8.1

Zinsreagibilität des Kapitalverkehrs	Festkurssystem [1)]		Flexibler Wechselkurs	
	Fiskalpolitik $\Delta Y/\Delta H^a$	Geldpolitik $\Delta Y/\Delta M$	Fiskalpolitik $\Delta Y/\Delta H^a$	Geldpolitik $\Delta Y/\Delta M$
$v_i = 0$	0	0	> 0	> 0
$0 < v_i < \infty$	> 0	0	> 0	> 0
$v_i = \infty$	> 0	0	0	> 0

1) Annahme: Keine Neutralisierungspolitik der Zentralbank

8.7 Internationale Rückwirkungen, Zinsniveau und Einkommen

8.7.1 Problemstellung und Modellerweiterung

In den vorangegangenen Untersuchungen wurde ein kleines Land betrachtet, das keinen oder keinen wesentlichen Einfluß auf die ökonomischen Größen des Auslands hat. Es konnte gezeigt werden, daß sich für dieses Land aus den außenwirtschaftlichen Beziehungen wichtige Konsequenzen für die Wirksamkeit der Geldpolitik sowie der nachfrageorientierten Fiskalpolitik ergeben:
1. Die Geldpolitik hat - zumindest bei relativ hoher Zinselastizität des Kapitalverkehrs - keinen Einkommenseffekt, wenn der Wechselkurs fixiert ist.
2. Die nachfrageorientierte Fiskalpolitik hat keinen Einkommenseffekt, wenn
   - der Wechselkurs flexibel ist und der Kapitalverkehr eine sehr hohe (im Extremfall vollkommene) Zinsreagibilität besitzt
   - der Wechselkurs fixiert ist und ein zinsunelastischer Kapitalverkehr besteht.

---

[17] Damit die Stabilität des Systems auf jeden Fall gewährleistet ist, muß in aller Regel angenommen werden, daß die Güternachfrage eine gewisse Zinselastizität aufweist und daß die Geldnachfrage weder zinsunelastisch noch vollkommen zinselastisch ist, wenn die extremen Möglichkeiten eines zinsunelastischen oder eines vollkommen zinselastischen internationalen Kapitalverkehrs in Betracht gezogen werden. Das läßt sich auch in den graphischen Darstellungen leicht erkennen, wenn dort mehrere Fälle extremer Zinselastizitäten der Güternachfrage, der Geldnachfrage und/oder des internationalen Kapitalverkehrs gleichzeitig berücksichtigt werden.

Im folgenden wird u.a. geprüft, ob diese für ein kleines Land gültigen Ergebnisse auch für ein großes Land zutreffen, das einen maßgeblichen Einfluß auf die Weltwirtschaft hat. Dazu müssen nun die internationalen Rückwirkungen in die Analyse einbezogen werden. Solche Rückwirkungen wurden zwar schon weiter oben im Rahmen rein güterwirtschaftlicher Zusammenhänge behandelt, aber es geht jetzt darum, auch den internationalen Kapitalverkehr sowie die Vorgänge am Geldmarkt in das Modell einzubinden. Das zuvor verwendete Modell 8.2 wird dementsprechend wie folgt erweitert:

(8.24) $\quad D_A = H_A(Y_A, i_A) + AB_A \quad$ mit: $\dfrac{\delta H_A}{\delta Y_A} > 0 \: ; \: \dfrac{\delta H_A}{\delta i_A} < 0$

(8.25) $\quad M_A = L_A(Y_A, i_A) \quad$ mit: $\dfrac{\delta L_A}{\delta Y_A} > 0 \: ; \: \dfrac{\delta L_A}{\delta i_A} < 0$

(8.25a) $\quad \Delta M_A = g_A(ZB_A + \Delta MB_A^a) \quad$ mit: $g_A > 0$

(8.26) $\quad AB_A = -\dfrac{1}{e} AB(Y, Y_A, e) \quad$ mit: $\dfrac{\delta AB}{\delta Y} < 0 \: ; \: \dfrac{\delta AB}{\delta Y_A} > 0 \: ; \: \dfrac{\delta AB}{\delta e} > 0$

(8.26a) $\quad ZB_A = -\dfrac{1}{e} ZB$

Die Gleichung (8.24) beschreibt das IS-Gleichgewicht und die Gleichung (8.25) das LM-Gleichgewicht des Auslands. Analog zur inländischen Geldmenge ist eine Veränderung der ausländischen Geldmenge gemäß Gleichung (8.25a) auf autonome Änderungen der monetären Basis durch die ausländische Zentralbank sowie auf den internationalen Liquiditätsfluß im Rahmen von Zahlungsbilanzungleichgewichten zurückzuführen. Der Außenbeitrag und der Zahlungsbilanzsaldo des Auslands (jeweils nominiert in Auslandswährung) entsprechen gemäß Gleichung (8.26) und (8.26a) jeweils mit umgekehrtem Vorzeichen und unter Berücksichtigung des Wechselkurses dem Außenbeitrag und dem Zahlungsbilanzsaldo des Inlands.[18] Es ist zu beachten, daß der Außenbeitrag des Inlands jetzt auch vom ausländischen Einkommen abhängig ist.

Die folgenden Untersuchungen konzentrieren sich zunächst auf die Wirkungen einer expansiven Geldpolitik und einer expansiven Fiskalpolitik des großen Inlands jeweils für den Fall eines vollkommen zinselastischen Kapitalverkehrs. Erst daran schließt sich eine kurze Analyse für den Fall eines zinsunelastischen Kapitalverkehrs an. Wie schon für ein kleines Land, so erfolgen die Analysen auch hier vorwiegend im Rahmen graphischer Darstellungen, in denen neben den schon bekannten IS-, LM- und ZB-Kurven des Inlands nun auch die IS-, LM- und ZB-Kurven des Auslands explizit betrachtet werden müssen.

---

18 Der in Inlandswährung ausgedrückte nominelle Zahlungsbilanzsaldo des Inlands lautet: $ZB^n = P \cdot ZB$. Analog dazu gilt für den in Auslandswährung nominierten Zahlungsbilanzsaldo des Auslands: $ZB_A^n = P_A \cdot ZB_A$. Für die nominellen Zahlungsbilanzsalden gilt der Zusammenhang: $ZB_A^n = -ZB^n/e^n$.

8.7.2 Expansive Geldpolitik bei festem und bei flexiblem Wechselkurs

Mit Hilfe der Abbildung 8.12 wird zunächst die expansive Geldpolitik in einem *Festkurssystem* untersucht. In der Ausgangssituation liegt ein Gleichgewicht im Punkt A für das Inland und im Punkt A' für das Ausland vor. Aufgrund einer expansiven Geldpolitik der inländischen Zentralbank möge sich die LM-Kurve im Inland nach LM_1 verschieben. Ohne weitere Einflüsse käme es zu einem internen Gleichgewicht im Punkt B. Allerdings ist das außenwirtschaftliche Gleichgewicht gestört, so daß weitere Effekte eintreten.

Abbildung 8.12

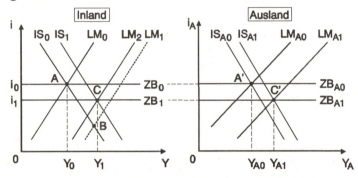

Die expansive Geldpolitik bewirkt im Inland kurzfristig eine Zinssenkung und dadurch bei zinselastischer Güternachfrage auch einen Einkommensanstieg. Beide Wirkungen implizieren eine Verschlechterung der Zahlungsbilanz und somit vor dem Hintergrund des Gleichgewichts in der Ausgangssituation ein Zahlungsbilanzdefizit. Denn zum einen regt die Zinssenkung den Kapitalexport an, und zum anderen hat der Einkommensanstieg eine Zunahme der Importe und dadurch eine Verschlechterung des Außenbeitrags zur Folge. Wegen des Zahlungsbilanzungleichgewichts ist die Zentralbank gezwungen, am Devisenmarkt zu intervenieren und dabei inländische Währung gegen Hingabe ausländischer Währung zu kaufen. Nur so kann sie eine Abwertung der eigenen Währung verhindern. Durch diese Intervention ergibt sich eine Verringerung der inländischen Geldmenge, die - ausgehend von LM_1 - in einer Verschiebung der LM-Kurve nach oben bzw. nach links zum Ausdruck kommt. Hier entsteht somit im Inland ein *außenwirtschaftlich bedingter negativer Geldmengeneffekt*.

Ein *Geldmengeneffekt* tritt zwingend auch im Ausland auf. Da die Zentralbank des Inlands am Devisenmarkt ausländische Währung verkauft, steigt gleichzeitig die ausländische Geldmenge. Überdies ist es in einem Festkurssystem üblich, daß auch die Zentralbank des Auslands am Devisenmarkt interveniert. Im vorliegenden Fall wird sie eigene Währung verkaufen und dafür die Währung des Inlands ankaufen, um eine Aufwertung der eigenen Währung zu verhindern. Das bedeutet ebenfalls eine Ausweitung der ausländischen Geldmenge. *Der außenwirtschaftlich bedingte Geldmengeneffekt ist somit im Ausland positiv.* Dementsprechend verschiebt sich die LM-Kurve des Auslands nach unten bzw. nach rechts. Auf diese

Weise kommt es nun auch dort zu einer Zinssenkung und bei zinselastischer Güternachfrage zu einem Einkommensanstieg.

Neben den Geldmengeneffekten treten aus den güterwirtschaftlichen Zusammenhängen *internationale Rückwirkungseffekte* auf. Einerseits hat die einkommensinduzierte Zunahme der inländischen Importe eine Verbesserung des ausländischen Außenbeitrags zur Folge, durch die im Ausland ein positiver Einkommenseffekt bewirkt wird. Andererseits impliziert der Anstieg des ausländischen Einkommens, der aus dem gerade skizzierten güterwirtschaftlichen Einfluß sowie aus dem oben geschilderten geldmengen- und zinsinduzierten Einfluß resultiert, eine Erhöhung der ausländischen Importe, so daß sich von hierher eine positive Rückwirkung auf den inländischen Außenbeitrag und das inländische Einkommen ergibt. Diese güterwirtschaftlichen Effekte drücken sich in einer Verschiebung sowohl der inländischen als auch der ausländischen IS-Kurve jeweils nach rechts aus.

Nach Abschluß aller Anpassungsprozesse im Rahmen der Geldmengeneffekte und der Rückwirkungseffekte stellen sich beispielsweise neue Gleichgewichte im Punkt C für das Inland und im Punkt C' für das Ausland ein. Der Zinssatz des In- und des Auslands ist somit auf i_1 gesunken, und die Einkommen haben sich in beiden Ländern erhöht - hier auf Y_1 und Y_{A1}.

Die Analyse läßt also das folgende Fazit zu: *Die expansive Geldpolitik eines großen Landes innerhalb eines Festkurssystems bewirkt eine Zunahme der Einkommen und eine Verringerung der Zinssätze in allen Mitgliedsländern dieses Systems. Im Unterschied zur Geldpolitik eines kleinen Landes ist die Geldpolitik eines großen Landes wirksam.*

Die Abbildung 8.13 zeigt die Wirkungen der expansiven Geldpolitik bei *flexiblem Wechselkurs* und vollkommen zinselastischem Kapitalverkehr. Ausgehend von einem Ausgangsgleichgewicht in den Punkten A und A', verschiebt sich die inländische LM-Kurve nach LM_1. Da ein außenwirtschaftlicher Geldmengeneffekt wegen des wechselkursinduzierten Zahlungsbilanzausgleichs ausgeschlossen ist, bleibt die ausländische LM-Kurve unbeeinflußt. Die expansive Geldpolitik bewirkt durch die Zinsreduktion eine Verschlechterung der inländischen Kapitalverkehrsbilanz und durch die (zinsinduzierte) Einkommenserhöhung eine Verringerung des inländischen Außenbeitrags. Folglich kommt es bei Herstellung des Zahlungsbilanzgleichgewichts zu einer Abwertung der inländischen Währung. Es ergibt sich somit eine wechselkursinduzierte Zunahme des Außenbeitrags, die sich in einer Verschiebung der inländischen IS-Kurve nach rechts ausdrückt - hier nach IS_1.

Analog zu den Wirkungen auf den inländischen Außenbeitrag treten auch auf den ausländischen Außenbeitrag zwei entgegengerichtete Effekte auf: ein positiver Effekt infolge der einkommensinduzierten Erhöhung der inländischen Importe und ein negativer Effekt infolge der wechselkursinduzierten Verbesserung des inländischen bzw. Verschlechterung des ausländischen Außenbeitrags. Es überwiegt allerdings der negative Effekt, so daß sich das ausländische Einkommen verringert. Die ausländische IS-Kurve wird dementsprechend nach links verschoben - hier nach IS_{A1}.

Abbildung 8.13

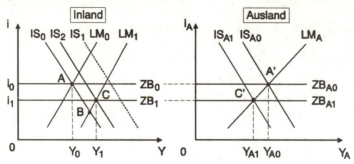

Der negative Einkommenseffekt im Ausland folgt zwingend aus den Zusammenhängen auf dem Geldmarkt. Da die expansive Geldpolitik des großen Inlands eine Reduktion des in- und ausländischen Zinssatzes zur Folge hat (hier auf i_1), erhöht sich - Zinsreagibilität der Geldnachfrage vorausgesetzt - die ausländische Geldnachfrage (insbesondere die Nachfrage nach Spekulationskasse). Wird die ausländische Geldmenge nicht verändert, so steht folglich weniger Geld für Transaktionszwecke zur Verfügung. Das Einkommen muß also sinken. Diese Zusammenhänge drücken sich in der Abbildung 8.13 in einer Bewegung auf der unveränderten LM-Kurve LM_A von A' nach C' aus.

Aufgrund der Verringerung des ausländischen Einkommens ergibt sich für das Inland eine negative internationale Rückwirkung. Dadurch verschiebt sich die IS-Kurve im Vergleich zu IS_1 nach links - hier nach IS_2. Schließlich stellt sich somit in den Punkten C und C' ein neues internes und externes Gleichgewicht im In- und im Ausland ein. Das inländische Einkommen ist auf Y_1 gestiegen und das ausländische Einkommen ist auf Y_{A1} gesunken. Die Analyse führt damit zu einem wichtigen Schluß: *Bei flexiblem Wechselkurs und vollkommen zinselastischem Kapitalverkehr bewirkt die expansive Geldpolitik eines großen Landes zwar im eigenen Land eine Einkommenserhöhung, aber im Ausland eine Einkommensverringerung. Es findet somit eine negative internationale Konjunkturübertragung statt, die ihrerseits einen negativen Rückwirkungseffekt für das Inland hat.* Wie später noch deutlich wird, trifft dieses Ergebnis auch auf den Fall eines zinselastischen, jedoch nicht vollkommen zinselastischen Kapitalverkehrs zu.

8.7.3 Expansive Fiskalpolitik bei festem und bei flexiblem Wechselkurs

Mit Hilfe der Abbildung 8.14 werden zunächst die Wirkungen einer expansiven Fiskalpolitik (bzw. einer autonomen Erhöhung der inländischen Güternachfrage) bei festem Wechselkurs und vollkommen zinselastischem Kapitalverkehr untersucht. Ausgehend von einem Gleichgewicht in den Punkten A und A', verschiebt sich die inländische IS-Kurve nach IS_1. Infolge der Erhöhung des inländischen Zinssatzes ergibt sich ein erheblicher Kapitalzufluß aus dem Ausland. Trotz der einkommensinduzierten Verschlechterung des Außenbeitrags verbessert sich dadurch die Zahlungsbilanz des Inlands. Folglich kommt es für das Inland zu einem positiven außenwirtschaftlichen Geldmengeneffekt. Die inländische LM-Kurve verschiebt sich dementsprechend nach unten. Analog dazu muß sich die ausländische LM-Kurve nach oben verschieben.

Abbildung 8.14

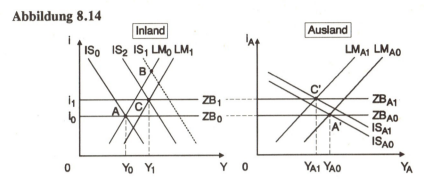

Wegen der einkommensinduzierten Erhöhung der inländischen Importe findet im Ausland allerdings außerdem eine Rechtsverschiebung der IS-Kurve statt. Ob nun im Ausland das Einkommen letztlich steigt, konstant bleibt oder sinkt, hängt von der relativen Stärke dieser beiden entgegengerichteten Effekte ab. Ist der negative Geldmengeneffekt - wie in der Abbildung 8.14 dargestellt - stärker als der positive güterwirtschaftliche Effekt, so verringert sich das ausländische Einkommen. Folglich ergibt sich für das Inland ein negativer Rückwirkungseffekt, der in einer Verschiebung der IS-Kurve nach links - hier nach IS_2 - zum Ausdruck kommt. Schließlich stellt sich beispielsweise in den Punkten C und C' ein neues internationales Gleichgewicht ein. Das inländische Einkommen ist auf Y_1 gestiegen und das ausländische Einkommen auf Y_{A1} gesunken. Aus der Sicht des Auslands ist somit eine negative Konjunkturübertragung eingetreten.

Der Abbildung 8.14 läßt sich allerdings entnehmen, daß bei einem relativ schwachen Geldmengeneffekt und einem relativ starken güterwirtschaftlichen Effekt sehr wohl auch eine positive Konjunkturübertragung möglich ist. Die Analyse führt somit zu folgendem Ergebnis: *Bei festem Wechselkurs und vollkommen zinselastischem Kapitalverkehr bewirkt die expansive Fiskalpolitik eines großen Landes eine Einkommenserhöhung im eigenen Land; die Wirkung auf das ausländische Einkommen ist demgegenüber nicht eindeutig bestimmt, und ein negativer Einkommenseffekt im Ausland ist somit nicht auszuschließen.* Dieses Ergebnis gilt - wie später noch deutlich wird - auch für eine relativ hohe, aber nicht unbedingt unendlich große Zinselastizität des Kapitalverkehrs.

Die Abbildung 8.15 zeigt schließlich die Wirkungen der expansiven Fiskalpolitik bei *flexiblem Wechselkurs*. Außenwirtschaftlich bedingte Geldmengeneffekte treten jetzt nicht auf. Ausgehend von einem Gleichgewicht in den Punkten A und A', verschiebt sich die inländische IS-Kurve infolge der expansiven Fiskalpolitik nach rechts - hier nach IS_1. Im Inland ergibt sich im Rahmen und als Folge der fiskalpolitischen Aktivität ein Zinsanstieg sowie eine Einkommenserhöhung. Aufgrund der Einkommenserhöhung verschlechtert sich der inländische Außenbeitrag. Andererseits entsteht durch die Zinserhöhung eine positive Zinsdifferenz zwischen dem In- und dem Ausland. Wegen des vollkommen zinselastischen Kapitalverkehrs ergibt sich folglich ein extrem hoher Kapitalzufluß aus dem Ausland und dementsprechend eine erhebliche Verbesserung der inländischen Kapitalverkehrsbilanz. Hieraus würde trotz der Verschlechterung des Außenbeitrags ein beachtlicher Überschuß in der inländischen Zahlungsbilanz resultieren. Da dieser auf dem Devisenmarkt mit einer Überschußnachfrage nach inländischer Währung bzw. einem Überschußangebot an ausländischer Währung verbunden ist, kommt es allerdings zwingend zu einer Aufwertung der inländischen Währung. Diese Aufwertung verursacht - normale Reaktionen auf Wechselkursänderungen vorausgesetzt - eine weitere Verschlechterung des inländischen Außenbeitrags. Von hierher wird also das Zahlungsbilanzgleichgewicht wiederhergestellt. Dieser Wechselkurseffekt drückt sich für das Inland - ausgehend von IS_1 - in einer Verschiebung der IS-Kurve nach links aus.

Abbildung 8.15

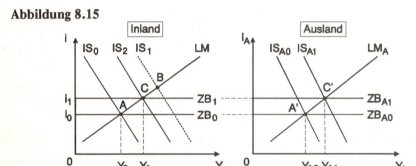

Im Rahmen der einkommensinduzierten sowie der wechselkursinduzierten Verschlechterung des inländischen Außenbeitrags nimmt die Nachfrage des Inlands nach ausländischen Gütern zu. Dementsprechend verschiebt sich die IS-Kurve des Auslands nach rechts. Damit ist zugleich eine Erhöhung des ausländischen Einkommens sowie des ausländischen Zinssatzes verbunden. Die anfangs entstandene Zinsdifferenz wird somit von hierher wieder beseitigt. Ein neues internes und externes Gleichgewicht ergibt sich schließlich beispielsweise in den Punkten C und C'. Das Einkommen ist in beiden Ländern gestiegen (hier auf Y_1 und Y_{A1}); der Zinssatz hat sich in beiden Ländern erhöht (hier auf i_1).

Die Analyse führt demnach zu folgendem Schluß: *Im Unterschied zu einem kleinen Land bewirkt die expansive Fiskalpolitik eines großen Landes (des Inlands) bei flexiblem Wechselkurs und vollkommen zinselastischem internationalem Kapitalverkehr eine Erhöhung von Zinssätzen und Einkommen sowohl im In- als auch im Ausland.*

8.7.4 Geld- und Fiskalpolitik bei zinsunelastischem Kapitalverkehr

Ist das Kapital international nicht mobil oder ist der Kapitalverkehr zinsunelastisch, so haben weder die Geldpolitik noch die Fiskalpolitik des großen Landes einen (zinsinduzierten) Einfluß auf die Kapitalverkehrsbilanz. Ihr internationaler

Einfluß beschränkt sich auf den Außenbeitrag.

Bei *festem Wechselkurs* bewirkt sowohl die Geld- als auch die Fiskalpolitik eine Erhöhung des inländischen Einkommens, durch die sich der inländische Außenbeitrag verschlechtert und somit der ausländische Außenbeitrag verbessert. Hierdurch steigt das ausländische Einkommen, so daß es zu einem positiven Rückwirkungseffekt auf das Inland kommt. Hierin sind zwei wichtige Ergebnisse - jeweils für einen festen Wechselkurs und für einen zinsunelastischen Kapitalverkehr - impliziert:

- *Im Unterschied zu einem kleinen Land hat die expansive Geldpolitik eines großen Landes einen positiven Einkommenseffekt im Inland (und auch im Ausland).*
- *Im Unterschied zum Fall eines vollkommen zinselastischen Kapitalverkehrs hat die expansive Fiskalpolitik eines großen Landes nicht nur eindeutig eine positive Wirkung auf das inländische, sondern auch auf das ausländische Einkommen; daraus folgt zugleich, daß eine positive Konjunkturübertragung auf das Ausland umso wahrscheinlicher ist, je geringer die Zinsreagibilität des Kapitalverkehrs ist - oder daß die Möglichkeit einer negativen Konjunkturübertragung umso eher gegeben ist, je zinselastischer der Kapitalverkehr ist.*

Bei *flexiblem Wechselkurs* ist die Zahlungsbilanz ex definitione ausgeglichen, so daß sich der Außenbeitrag nicht verändern kann, wenn sich die Kapitalverkehrsbilanz nicht verändert. Bleibt aber der Außenbeitrag konstant, so kann die inländische Geld- und Fiskalpolitik keinen Einfluß auf das ausländische Einkommen haben. Folglich findet auch keine internationale Rückwirkung statt. Es treten somit die gleichen Wirkungen auf das inländische Einkommen auf wie im Fall eines kleinen Landes. Das führt - für einen flexiblen Wechselkurs - zu einem wichtigen Ergebnis: *Im Unterschied zum Fall eines vollkommen zinselastischen Kapitalverkehrs hat die expansive Geldpolitik eines großen Landes bei zinsunelastischem Kapitalverkehr keine negative Konjunkturübertragung ins Ausland zur Folge; damit ist zugleich impliziert, daß die inländische Geldpolitik immer dann eine negative Konjunkturübertragung bewirkt, wenn der Kapitalverkehr zinsreagibel ist.*

8.7.5 Zusammenfassung der Ergebnisse

Die zuvor dargelegten Einkommenseffekte der expansiven Geld- und Fiskalpolitik eines großen Landes sind in der Tabelle 8.2 zusammengefaßt worden. Zum Vergleich wurden in eckigen Klammern nochmals die bereits früher hergeleiteten und in der Tabelle 8.1 erfaßten Ergebnisse für den Fall eines kleinen Landes angegeben.

Die wichtigsten Ergebnisse sind:
- Die *expansive Fiskalpolitik* und die *expansive Geldpolitik* eines *großen Landes* (des Inlands) haben einerseits sowohl bei festem als auch bei flexiblem Wechselkurs und andererseits sowohl bei geringer als auch bei hoher Zinselastizität des Kapitalverkehrs positive Wirkungen auf das inländische Einkommen.

- Die *expansive Fiskalpolitik* eines *großen Landes kann* bei festem Wechselkurs und bei hoher Zinselastizität des Kapitalverkehrs aufgrund eines internationalen Geldmengeneffektes eine negative Wirkung auf das ausländische Einkommen haben.
- Die *expansive Geldpolitik* eines *großen Landes* hat bei flexiblem Wechselkurs und bei zinselastischem Kapitalverkehr aufgrund eines Wechselkurseffektes eine negative Wirkung auf das ausländische Einkommen.
- In einem *kleinen Land* haben die *Geldpolitik* innerhalb eines Festkurssystems und die *Fiskalpolitik* bei flexiblem Wechselkurs keine Wirkung auf das Einkommen, wenn der Kapitalverkehr vollkommen zinselastisch ist.

Tabelle 8.2

Wechsel-kurssystem	Zinsreagibilität des Kapitalverkehrs	Fiskalpolitik		Geldpolitik	
		$\Delta Y/\Delta H^a$	$\Delta Y_A/\Delta H^a$	$\Delta Y/\Delta M$	$\Delta Y_A/\Delta M$
Fester Kurs	$v_i = 0$	> 0 [0]	> 0	> 0 [0]	> 0
	$v_i > 0$	> 0 [> 0]	$\gtreqless 0$	> 0 [0]	> 0
Flexibler Kurs	$v_i = 0$	> 0 [> 0]	0	> 0 [> 0]	0
	$v_i > 0$	> 0 [≥ 0]	> 0	> 0 [> 0]	< 0

8.8 Außenwirtschaft und Preisniveau

8.8.1 Problemstellung

Die zuletzt durchgeführten Untersuchungen konzentrierten sich darauf, die Bedeutung außenwirtschaftlicher Zusammenhänge für die Einkommens- und die Zinseffekte bestimmter autonomer Datenänderungen aufzuzeigen. Das inländische und das ausländische Preisniveau waren annahmegemäß konstante Größen, so daß Preiseffekte noch ausgeklammert blieben. Im folgenden wird das inländische Preisniveau als eine variable Größe behandelt und im Modell endogen erklärt. Dadurch ist es möglich, im Rahmen der außenwirtschaftlichen Zusammenhänge nicht nur Einkommenseffekte, sondern auch Preiseffekte autonomer Datenänderungen zu erfassen.

Um eine einfache Darstellung der wichtigsten Einflüsse zu ermöglichen, konzentriert sich die Analyse auf einige ausgesuchte Beispiele, denen die folgenden Rahmenbedingungen bzw. Annahmen zugrunde liegen:
- Das betrachtete Land - als Inland bezeichnet - ist relativ klein, so daß internationale Rückwirkungen vernachlässigt werden können.
- Der internationale Kapitalverkehr ist vollkommen zinselastisch.
- Einflüsse von Wechselkurserwartungen treten nicht auf.

Vor diesem Hintergrund wird geprüft, wie sich jeweils eine autonome Veränderung
- der inländischen Güternachfrage bzw. der heimischen Absorption des Inlands (z.B. im Rahmen der Fiskalpolitik)
- der inländischen Geldmenge

auf das inländische Einkommen und auf das inländische Preisniveau sowohl in einem Festkurssystem als auch bei flexiblem Wechselkurs auswirkt.

8.8.2 Aggregierte Güternachfrage bei festem und flexiblem Wechselkurs

In früheren Untersuchungen ist die aggregierte Güternachfrage aus dem IS- und dem LM-Gleichgewicht eines Landes hergeleitet worden [Kap. 4]. Dieser Herleitung lagen allerdings zwei wichtige Annahmen zugrunde:
- Die inländische Geldmenge wird nicht durch außenwirtschaftliche Transaktionen beeinflußt.
- Der nominelle Wechselkurs ist konstant.

Im Hinblick auf internationale Zusammenhänge wurden dort lediglich die Leistungstransaktionen, aus denen der Außenbeitrag resultiert, berücksichtigt. Finanztransaktionen im Rahmen des internationalen Kapitalverkehrs kamen somit nicht zum Tragen.

Die oben durchgeführte Analyse der Einkommenseffekte hat sehr deutlich gemacht, daß der internationale Kapitalverkehr im Rahmen der außenwirtschaftlichen Zusammenhänge eine wichtige Rolle spielen kann und daß er insbesondere bei der hier angenommenen vollkommenen Zinselastizität sogar einen maßgeblichen Einfluß besitzt. Dieser Einfluß ist jetzt auch bei der aggregierten Güternachfrage bzw. in der aggregierten Güternachfragekurve zu berücksichtigen. Um diese Nachfrage für ein Festkurssystem und für einen flexiblen Wechselkurs herleiten zu können, muß auch im außenwirtschaftlichen Kontext auf das IS- und das LM-Gleichgewicht Bezug genommen werden. Die entsprechenden, schon früher verwendeten Gleichungen lauten:[19]

(8.27) $\quad Y = H(Y, i) + AB(Y, e) \quad$ mit: $e = \dfrac{e^n P_A}{P} \quad$ IS-Gleichgewicht

(8.28) $\quad \dfrac{M^n}{P} = L(Y, i) \quad\quad\quad$ LM-Gleichgewicht

Die reale heimische Absorption H sowie die reale Geldnachfrage L sind jeweils vom inländischen Realeinkommen Y und vom Zinssatz i abhängig. Aus Gründen der Vereinfachung sei darauf verzichtet, die heimische Absorption auch in Abhängigkeit vom inländischen Preisniveau, z.B. aufgrund des Realkasseneffektes, zu erklären [Kap. 4]. Da internationale Rückwirkungen unberücksichtigt bleiben, wird der reale Außenbeitrag AB lediglich in Abhängigkeit vom inländischen Einkommen sowie vom realen Wechselkurs e beschrieben. M^n ist die nominelle Geldmenge im Inland.

Die außenwirtschaftlichen Zusammenhänge kommen in der weiter oben ebenfalls schon verwendeten Zahlungsbilanzgleichung zum Ausdruck. Da hier jedoch der internationale Kapitalverkehr annahmegemäß vollkommen zinselastisch ist,

---

[19] Man beachte, daß im IS-Gleichgewicht die reale Güternachfrage - mit D bezeichnet - dem Realeinkommen Y entspricht.

wird die Zahlungsbilanz des betrachteten kleinen Landes von den internationalen Finanztransaktionen dominiert und der inländische Zinssatz ausschließlich durch den exogen vorgegebenen ausländischen Zinssatz i_A determiniert. Wechselkurserwartungen werden nicht berücksichtigt.

(8.29) $i = i_A$ Zahlungsbilanzgleichgewicht

Um die formale Bestimmung der aggregierten Güternachfrage zu vereinfachen, werden die Gleichungen (8.27) und (8.28) unter Berücksichtigung der Zinsparität in linearer Form beschrieben:

(8.27a) $Y = H^a + h_Y Y - h_i i_A + AB^a - m_Y Y + n_e \dfrac{e^n P_A}{P}$

(8.28a) $\dfrac{M^n}{P} = k_Y Y - k_i i_A$

mit: $h_Y > 0$; $h_i \geq 0$; $m_Y > 0$; $n_e \geq 0$; $k_Y > 0$; $k_i \geq 0$

Es läßt sich zeigen, daß die aggregierte Güternachfrage in einem Festkurssystem durch die Gleichung (8.27a) und in einem flexiblen Wechselkurssystem durch die Gleichung (8.28a) erklärt wird. Zunächst sei das *Festkurssystem* betrachtet. Wie weiter oben ausführlich dargelegt wurde, ist es der Zentralbank eines Landes nicht möglich, die in einem Festkurssystem auftretenden außenwirtschaftlich bedingten Geldmengeneffekte zu neutralisieren, wenn der Kapitalverkehr vollkommen zinselastisch ist. Die nominelle Geldmenge M^n wird also in diesem System nicht durch die Zentralbank autonom gesteuert, sondern durch die außenwirtschaftlichen Zusammenhänge endogen bestimmt. Das inländische Gleichgewichtseinkommen Y wird deshalb ausschließlich aus dem IS-Gleichgewicht gemäß Gleichung (8.27) und dem Zahlungsbilanzgleichgewicht gemäß Gleichung (8.29) bestimmt. *Die nominelle Geldmenge M^n paßt sich endogen immer soweit an, daß auch das LM-Gleichgewicht erfüllt ist.*

In der Gleichung (8.27a), die explizit das IS-Gleichgewicht und die Zinsparität gemäß Gleichung (8.29) beschreibt, ist folglich implizite auch das LM-Gleichgewicht enthalten. Löst man diese Gleichung nach Y auf, so erhält man den folgenden Zusammenhang zwischen der aggregierten Güternachfrage bzw. dem Realeinkommen Y und dem inländischen Preisniveau P:

(8.27b) $Y = \dfrac{1}{1 - h_Y + m_Y} (n_e \dfrac{e^n P_A}{P} + H^a + AB^a - h_i i_A)$

Zwischen der realen Güternachfrage und dem inländischen Preisniveau besteht somit ein negativer Zusammenhang. (8.27b) ist die aggregierte Güternachfragefunktion im Festkurssystem.

In einem *System mit flexiblem Wechselkurs* treten keine außenwirtschaftlichen Geldmengeneffekte auf. Die Zentralbank eines Landes - auch des hier betrachteten kleinen Landes - kann in diesem System eine autonome Geldpolitik betreiben. Die nominelle Geldmenge ist somit eine von ihr gesteuerte Größe. Dementsprechend ergibt sich das Gleichgewichtseinkommen Y bei flexiblem Wechselkurs ausschließlich aus dem LM-Gleichgewicht gemäß (8.28) und dem Zahlungsbilanzgleichgewicht bzw. der Zinsparität gemäß Gleichung (8.29). *Der nominelle Wechselkurs e^n paßt sich jetzt immer soweit an, daß damit simultan auch das IS-Gleichgewicht erfüllt ist.* Die aggregierte Güternachfrage ergibt sich folglich aus der Gleichung (8.28a), in der explizit das LM-Gleichgewicht und das Zahlungsbilanzgleichgewicht (die Zinsparität) enthalten sind:

$$(8.28b) \quad Y = \frac{1}{k_Y} \left(\frac{M^n}{P} + k_i i_A \right)$$

Auch bei flexiblem Wechselkurs besteht somit ein negativer Zusammenhang zwischen der aggregierten Güternachfrage und dem inländischen Preisniveau. (8.28b) ist die aggregierte Güternachfragefunktion im System eines flexiblen Wechselkurses.

Die Gleichungen (8.27b) und (8.28b) legen für den Fall eines kleinen Landes und eines *vollkommen zinselastischen Kapitalverkehrs* einige gravierende Unterschiede zwischen dem Festkurssystem und dem flexiblen Wechselkurssystem offen, die auch in den oben durchgeführten Untersuchungen sehr deutlich geworden sind:

- Autonome Veränderungen der inländischen heimischen Absorption H^a - z.B. im Rahmen der Fiskalpolitik - haben zwar in einem Festkurssystem, nicht aber bei flexiblem Wechselkurs einen Einfluß auf die aggregierte Güternachfrage.
- Autonome Veränderungen der inländischen nominellen Geldmenge M^n wirken sich zwar bei flexiblem Wechselkurs, nicht aber bei festem Wechselkurs auf die aggregierte Güternachfrage aus.

Vor diesem Hintergrund werden weiter unten auch nur die Wirkungen einer expansiven Fiskalpolitik bei festem Wechselkurs sowie einer expansiven Geldpolitik bei flexiblem Wechselkurs untersucht.

8.8.3 Aggregiertes Güterangebot bei außenwirtschaftlichen Einflüssen

Zur Erklärung der angebotsseitigen Vorgänge wird auf die weiter oben schon eingeführte Mark-up-Hypothese zurückgegriffen. Die Unternehmungen setzen das Preisniveau demnach durch einen bestimmten Aufschlag auf die Stückkosten autonom fest. In den früheren Untersuchungen wurden dabei allerdings lediglich die Lohnstückkosten berücksichtigt, die dem Quotienten aus dem gesamtwirtschaftlichen Nominallohnsatz und der Arbeitsproduktivität entsprechen. Da die Arbeitsproduktivität üblicherweise konstant gesetzt wird, waren somit der Aufschlagssatz und der Nominallohnsatz die wesentlichen Determinanten des gesamtwirtschaftlichen Preisniveaus. Im Rahmen der außenwirtschaftlichen Beziehungen müssen allerdings noch drei weitere Einflüsse in Betracht gezogen werden:

- In die inländische Produktion fließen auch Vorleistungsgüter aus dem Aus-

land, so daß die gesamten Stückkosten neben den Lohnstückkosten auch die Stückkosten aus Importen umfassen.
- Schließt der private Konsum direkt auch importierte Güter ein, so ist nicht nur das inländische Preisniveau, sondern unmittelbar auch das Preisniveau dieser Importe im Rahmen einer Politik der Reallohnsicherung Determinante des Nominallohnsatzes.
- Wird die inländische Währung (nominell) abgewertet oder erhöht sich das ausländische Preisniveau, so verbessert sich ceteris paribus die internationale Wettbewerbsfähigkeit der inländischen Unternehmungen; und angesichts einer besseren Absatzlage im Ausland nimmt vermutlich die Neigung zu, die inländischen Preise anzuheben.

Ergänzt man die schon früher beschriebenen inländischen Einflüsse aus der Kapazitätsabhängigkeit des Aufschlagssatzes sowie der Abhängigkeit des Nominallohnsatzes vom inländischen Preisniveau und von der Arbeitsmarktlage um die gerade aufgezeigten Einflüsse aus dem *internationalen Preiszusammenhang*, so läßt sich die folgende *Preisfunktion* formulieren:

(8.30) $P = P(Y, e^n P_A)$ mit: $\frac{\delta P}{\delta Y} \geq 0$; $\frac{\delta P}{\delta(e^n P_A)} \geq 0$

An die Stelle der realen Güterproduktion wurde hier unmittelbar das Realeinkommen Y gesetzt, das im Gleichgewicht dem Güterangebot und der Güternachfrage entspricht. Zur Vereinfachung wird die Preisfunktion im folgenden in einer linearen Form verwendet:

(8.30a) $P = \rho_Y Y + \rho_A e^n P_A$ mit: $\rho_Y \geq 0$; $\rho_A > 0$

Löst man diese Gleichung nach dem Realeinkommen Y bzw. nach dem Güterangebot X auf, so erhält man die aggregierte Güterangebotsfunktion:

(8.30b) $X = Y = x_P P - x_A e^n P_A$ mit: $x_P = \frac{1}{\rho_Y} \geq 0$; $x_A = \frac{\rho_A}{\rho_Y} \geq 0$

Aus früheren Untersuchungen ist bekannt, daß in Hinsicht auf den Zusammenhang zwischen dem Güterangebot X und dem inländischen Preisniveau P zwischen einer kurz-, mittel- und langfristigen Perspektive zu unterscheiden ist. Erhöhungen der Güternachfrage und damit verbundene Produktionsausweitungen haben kurzfristig in der Regel nur einen relativ geringen Anstieg des inländischen Preisniveaus zur Folge. Das ist insbesondere auf vertragliche Preisbindungen sowie auf tarifvertragliche Lohnfixierungen zurückzuführen. Mittelfristig finden allerdings Preis- und Lohnanpassungen statt. So wird beispielsweise der gesamtwirtschaftliche Nominallohnsatz an Veränderungen der Arbeitsmarktlage und/oder des inländischen Preisniveaus angepaßt. Solche Anpassungen können, wie früher schon ausführlich erläutert, schließlich sogar dazu führen, daß die Güterproduktion bzw. das Güterangebot wieder auf das ursprüngliche Niveau zurückgenommen wird und eine Erhöhung der Güternachfrage deshalb längerfristig nur eine Erhöhung des inländischen Preisniveaus bewirkt [Kap. 5]. Vor diesem Hintergrund ist es also möglich, daß das Güterangebot einerseits kurzfristig vollkommen preiselastisch ist oder eine sehr hohe Preiselastizität besitzt und andererseits langfristig preisunelastisch ist oder eine sehr geringe Preiselastizität besitzt.[20] Die hier aufgezeigten Möglichkeiten der zeitlich verzögerten Anpassung des inländischen Preisniveaus an Veränderungen der Güternachfrage bzw. des Realeinkommens und gleichermaßen auch an Veränderungen des Wechselkurses oder des ausländischen Preisniveaus sind, wie die nun folgenden Untersuchungen zeigen werden, von erheblicher Bedeutung für die Einkommens- und Preiseffekte autonomer Datenänderungen.

8.8.4 Expansive Fiskalpolitik bei festem Wechselkurs

Mit Hilfe der Abbildung 8.16 werden die Wirkungen einer autonomen Erhöhung der heimischen Absorption - z.B. im Rahmen einer *expansiven Fiskalpolitik* - auf das inländische Einkommen und das inländische Preisniveau verdeutlicht. Der obere Abbildungsteil zeigt in der bekannten Form die IS-Kurve, die LM-Kurve sowie das Zahlungsbilanzgleichgewicht (die ZB-Kurve), das hier annahmegemäß die Zinsparität impliziert. Im unteren Abbildungsteil sind zum einen die aggregierte Nachfragekurve gemäß Gleichung (8.27b) und zum anderen die aggregierte Angebotskurve gemäß Gleichung (8.30a) bzw. (8.30b) enthalten. In der Ausgangssituation möge ein Gleichgewicht in den Punkten A bzw. A' bestehen.

Infolge einer autonomen Erhöhung der inländischen heimischen Absorption verschiebt sich die IS-Kurve nach IS_1 und analog dazu - gemäß Gleichung (8.27a) - die aggregierte Nachfragekurve nach AD_1. Die Nachfrage- und Einkommenserhöhung bewirkt - isoliert betrachtet - einen Anstieg des inländischen Zinssatzes und dementsprechend eine positive Zinsdifferenz zwischen dem In- und dem Ausland. Dadurch kommt es bereits kurzfristig zu einem relativ hohen Kapitalimport, durch den sich die Zahlungsbilanz trotz einer Verschlechterung des Außenbeitrags, die sich im Zuge der Nachfrageerhöhung aufgrund zusätzlicher Importe ergibt, vorübergehend verbessert. Diese Verbesserung impliziert einen positiven außenwirtschaftlichen Geldmengeneffekt, der eine Verschiebung der LM-Kurve nach rechts mit sich bringt. Bei unverändertem Preisniveau P_0 würde diese Kurve z.B. nach LM_1 verschoben. Käme es nicht zu einer Preisänderung, so würde im Punkt B ein neues IS-, LM- und ZB-Gleichgewicht erreicht. Das Einkommen wäre dann um die Strecke AB gestiegen.

Die hier zugrunde gelegte aggregierte Angebotskurve AS_0 impliziert zwar ein preiselastisches, nicht jedoch vollkommen preiselastisches Güterangebot. Folglich

---

[20] Die Preiselastizität des Güterangebots ist wie folgt definiert: $\varepsilon(X, P) = \frac{\delta X}{\delta P} \frac{P}{X} = x_P \frac{P}{X}$. In den Extremfällen gilt für die Koeffizienten in den Gleichungen (8.30a) und (8.30b): $x_P = \frac{1}{\rho_Y} = \infty$ bzw. $\rho_Y = 0$ in einem kurzfristigen Zeitraum sowie $x_P = \frac{1}{\rho_Y} = 0$ bzw. $\rho_Y = \infty$ in einem langfristigen Zeitraum.

hat die Nachfrageerhöhung eine Preissteigerung zur Folge, die sich in einer Bewegung auf der aggregierten Nachfragekurve AD_1 vom Punkt B' zum Punkt C' nachvollziehen läßt. Die Preissteigerung bewirkt zum einen eine Verschlechterung des inländischen Außenbeitrags und zum anderen eine Verringerung der realen Geldmenge. Dementsprechend verschieben sich die IS- und die LM-Kurve jeweils nach links bzw. nach oben (hier nach IS_2 und nach LM_2). Ein neues Gleichgewicht ergibt sich somit im Punkt C bzw. im Punkt C'. Das Einkommen ist auf Y_1 und das inländische Preisniveau auf P_1 gestiegen.

Abbildung 8.16

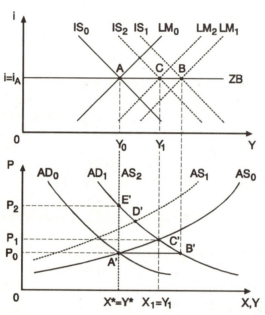

Es ist allerdings damit zu rechnen, daß auf der Angebotsseite weitere Anpassungsprozesse folgen und daß somit zunächst nur ein temporäres Gleichgewicht erreicht worden ist. Die weiteren angebotsseitigen Anpassungen resultieren insbesondere aus Erhöhungen des gesamtwirtschaftlichen Nominallohnsatzes. Dabei sind zwei Einflüsse maßgebend:
- Durch den Einkommens- und Produktionszuwachs ergibt sich möglicherweise eine Verbesserung der Arbeitsmarktlage, die Anlaß zu höheren Lohnforderungen gibt.
- Der Preisanstieg macht eine Nominallohnerhöhung erforderlich, wenn eine Politik der Reallohnsicherung betrieben wird.

Solche Anpassungen drücken sich in einer Verschiebung der aggregierten Angebotskurve nach oben aus (hier z.B. nach AS_1). Da es jetzt erneut zu einer Preiserhöhung kommt, ist allerdings davon auszugehen, daß auch im Punkt D' lediglich ein temporäres Gleichgewicht realisiert wird. Wenn im Rahmen der Lohnpolitik eine vollständige Reallohnsicherung erreicht werden soll und/oder im Hinblick auf die Arbeitsmarktlage eine Ausrichtung an der natürlichen Arbeitslosenquote erfolgt, gehen die Anpassungen schließlich sogar so weit, daß die Produktion und das Einkommen schließlich wieder auf das Ausgangsniveau sinken. Die autonome Erhöhung der Güternachfrage hätte in diesem Fall einen Preisanstieg auf P_2 zur Folge. Die langfristige Angebotskurve würde dann - wie hier mit AS_2 dargestellt - parallel zur Preisachse verlaufen. Auch die über P_1 hinausgehenden Preissteigerungen hätten eine (weitere) Verringerung der realen Geldmenge und des Außenbeitrags zur Folge. Dementsprechend würde sich die LM-Kurve - ausgehend von LM_2 - noch weiter nach oben sowie die IS-Kurve - von IS_2 ausgehend - noch weiter nach links verschieben. Bei einem Preisanstieg auf P_2 würde schließlich wieder die Ausgangssituation mit LM_0 und IS_0 erreicht.

8.8.5 Expansive Geldpolitik bei flexiblem Wechselkurs

Die Geldpolitik eines kleinen Landes ist bei konstantem Preisniveau - wie weiter oben dargelegt - nur in einem System flexibler Wechselkurse wirksam. Ob dieses Ergebnis bestehen bleibt, wenn Preisänderungen auftreten können, wird jetzt mit Hilfe der Abbildung 8.17 für eine autonome Erhöhung der inländischen Geldmenge geprüft. Zu beachten ist, daß die aggregierte Nachfragekurve im unteren Teil der Abbildung im hier betrachteten Fall eines flexiblen Wechselkurses aus der Gleichung (8.28b) resultiert.

In der Ausgangssituation möge wieder ein Gleichgewicht im Punkt A bzw. im Punkt A' bestehen. Durch die Geldmengenerhöhung verschiebt sich die LM-Kurve nach LM_1 und analog dazu - gemäß Gleichung (8.28b) - die aggregierte Nachfragekurve nach AD_1. Da die Geldmengenausweitung im Inland eine Zinssenkung zur Folge hat, ergibt sich neben der einkommensinduzierten Verschlechterung des Außenbeitrags auch noch eine zinsinduzierte Verschlechterung der Kapitalverkehrsbilanz. Allerdings sorgt der Wechselkursmechanismus - sofern das System stabil ist - dafür, daß das Zahlungsbilanzgleichgewicht unverzüglich wiederhergestellt wird. Die inländische Währung wird so weit abgewertet, daß die wechselkursinduzierte Verbesserung des Außenbeitrags die zuvor genannte einkommens- und zinsinduzierte Verschlechterung der Zahlungsbilanz exakt kompensiert. Dieser wechselkursinduzierte Effekt drückt sich in einer Verschiebung der IS-Kurve nach rechts (hier nach IS_1) aus.

Würde das inländische Preisniveau nicht verändert, so käme es zu einer Einkommenserhöhung um die Strecke AB bzw. um die Strecke A'B'. Zwei Einflüsse führen jedoch gemäß der Preisgleichung (8.30) bereits kurzfristig eine Erhöhung des inländischen Preisniveaus herbei:

- Sofern, wie hier angenommen, das aggregierte Güterangebot nicht vollkommen preiselastisch ist, bewirkt der Nachfrage- und Einkommenszuwachs unmittelbar einen Preisanstieg, der sich in einer Bewegung auf der aggregierten Angebotskurve AS_0 vom Punkt A' zum Punkt C' nachvollziehen läßt.
- Durch die Abwertung der inländischen Währung werden die importierten Güter teurer, so daß von hierher ein zusätzlicher Preisanstieg induziert wird, der in der Verschiebung der aggregierten Angebotskurve nach AS_1 bzw. in einer

Bewegung auf der aggregierten Nachfragekurve AD_1 vom Punkt C' zum Punkt D' zum Ausdruck kommt.

Abbildung 8.17

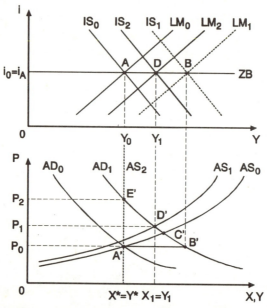

Infolge der Preissteigerung verringert sich die reale Geldmenge, so daß die LM-Kurve nach oben zu verschieben ist. Somit ergibt sich im Punkt D bzw. im Punkt D' ein neues Gleichgewicht. Das Einkommen ist auf Y_1 und das Preisniveau auf P_1 gestiegen.

Im Punkt D ist zwingend auch das IS-Gleichgewicht erfüllt. Ausgehend von IS_1, ist die IS-Kurve nach links (hier nach IS_2) verschoben worden, weil

- der Preisanstieg unmittelbar eine Verschlechterung des inländischen Außenbeitrags impliziert
- die Verringerung der realen Geldmenge einen Zinsanstieg bewirkt hat, der vor dem Hintergrund des vollkommen zinselastischen Kapitalverkehrs einen relativ hohen Kapitalimport, eine Aufwertung der inländischen Währung und folglich eine zusätzliche wechselkursinduzierte Verschlechterung des Außenbeitrags nach sich zieht.[21]

Es ist allerdings zu vermuten, daß auch hier zunächst nur ein temporäres Gleichgewicht im Punkt D bzw. im Punkt D' realisiert wird. Falls es nämlich aufgrund von Preissteigerungen und aufgrund der produktionsbedingten Verbesserung der Arbeitsmarktlage zu Lohnanpassungen kommt, wird sich das Preisniveau noch weiter erhöhen. Erfolgt eine vollkommene Reallohnsicherung und/oder orientieren

---

[21] Durch die hier aufgezeigte Aufwertung wird die anfangs eingetretene Abwertung zu einem gewissen Teil kompensiert. Siehe hierzu den Abschnitt 8.8.6.

sich die Lohnerhöhungen an der natürlichen Arbeitslosenquote, so führen diese Anpassungsvorgänge schließlich sogar zum ursprünglichen Produktions- und Einkommensniveau zurück. In diesem Fall ist die (langfristige) aggregierte Angebotskurve AS_2 maßgebend. Ein neues nachhaltiges Gleichgewicht stellt sich vor diesem Hintergrund im Punkt A bzw. im Punkt E' ein. Das Preisniveau ist somit auf P_2 gestiegen. Die IS-Kurve und die LM-Kurve sind dann wieder zurück in die Ausgangslage verschoben worden.

8.8.6 Erhöhung der Geldmenge und Wechselkursfluktuation

Die zuvor skizzierten Anpassungsvorgänge implizieren ein Phänomen, das sich in der Realität häufig beobachten läßt: *das "Überschießen" des Wechselkurses*. Wie zuvor dargelegt wurde, hat die Erhöhung der Geldmenge unmittelbar eine Abwertung der inländischen Währung zur Folge. Der nominelle Wechselkurs e^n nimmt also zu. Nur über diesen Wechselkursmechanismus wird das Zahlungsbilanzgleichgewicht - Stabilität des Systems vorausgesetzt - wiederhergestellt. Demgegenüber steigt das inländische Preisniveau erst allmählich im Rahmen länger andauernder Anpassungsprozesse, in denen vertragliche Preis- und Lohnbindungen wiederholt aufgehoben und somit in mehreren Schritten Preis- und Lohnanpassungen vorgenommen werden. Mit der Erhöhung des inländischen Preisniveaus verringert sich aber sukzessive die reale Geldmenge. Von hierher ergibt sich, wie oben bereits erwähnt, ein Anstieg des inländischen Zinssatzes, durch den angesichts des vollkommen zinselastischen Kapitalverkehrs erhebliche Kapitalimporte induziert werden. Zum Zahlungsbilanzausgleich ist folglich immer dann, wenn die reale Geldmenge zurückgeht, eine Aufwertung der inländischen Währung erforderlich. Die anfangs aufgetretene Abwertung wird von hierher allmählich wieder abgeschwächt - und zwar so lange, bis ein neues nachhaltiges Gleichgewicht erreicht ist.

Daß die expansive Geldpolitik trotz der im Anpassungsprozeß entgegengerichteten Aufwertung letztlich eine Abwertung der inländischen Währung bewirkt, läßt sich leicht mit Blick auf den oben skizzierten Extremfall der Erhöhung des Preisniveaus auf P_2 zeigen. In diesem Fall implizieren die Anpassungsprozesse einen Rückgang der Produktion und des Einkommens auf das ursprüngliche Niveau. Wenn sich aber das Einkommen Y langfristig nicht verändert hat, können sich auch der Außenbeitrag und der reale Wechselkurs nicht verändert haben. Diese Schlußfolgerung läßt sich unmittelbar aus der Gleichung (8.27) des IS-Gleichgewichts gewinnen. Da der Zinssatz konstant ist ($i = i_A$), kann sich die heimische Absorption bei konstantem Einkommen sowie fixierter autonomer Absorption nicht verändert haben. Folglich muß auch der Außenbeitrag dem Ausgangswert entsprechen. Das aber ist bei konstantem Einkommen und fixiertem autonomen Außenbeitrag nur dann der Fall, wenn der reale Wechselkurs ebenfalls seinem Ausgangswert entspricht. Es muß folglich gelten: $\Delta e = 0$.

Die Konstanz des realen Wechselkurses e führt unmittelbar zu einer weiteren

Schlußfolgerung: Der nominelle Wechselkurs e^n steigt proportional zur Erhöhung des inländischen Preisniveaus P:

(8.31) $\quad \Delta e^n = \dfrac{e}{P_A} \Delta P \qquad$ bzw. $\quad$ (8.31a) $\quad \dfrac{\Delta e^n}{e^n} = \dfrac{\Delta P}{P}$

Aus diesen Überlagerungen ergibt sich die Schlußfolgerung: *Ist das aggregierte Güterangebot preisunelastisch, so wird die inländische Währung in Höhe der inländischen Preissteigerungsrate abgewertet. In allen anderen Fällen ist die Abwertungsrate höher als die Preissteigerungsrate.*

Abbildung 8.18

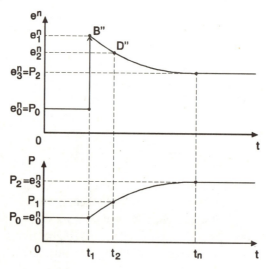

In der Abbildung 8.18 sind die Anpassungen des nominellen Wechselkurses und des inländischen Preisniveaus für den zuvor erläuterten Extremfall eines langfristig preisunelastischen Güterangebots skizziert worden. Zur Vereinfachung wird angenommen, daß das ausländische Preisniveau und der reale Wechselkurs im Ausgangsgleichgewicht und im Endgleichgewicht jeweils den Wert 1 haben.

Zum Zeitpunkt t_1 der Geldmengenerhöhung steigt der nominelle Wechselkurs auf e_1^n. Der Punkt B'' korrespondiert mit dem temporären Gleichgewichtspunkt B bzw. B' in der Abbildung 8.17. Mit der Preiserhöhung auf P_1 zum Zeitpunkt t_2 geht der Wechselkurs bereits wieder auf e_2^n zurück. Die anfangs aufgetretene Abwertung der inländischen Währung wird also durch diese Aufwertung bereits abgeschwächt. Nach Abschluß der Anpassungsprozesse bleibt dennoch eine gewisse Abwertung der inländischen Währung erhalten. Der nominelle Wechselkurs ist letztlich - ausgehend von e_0^n - auf e_3^n gestiegen. Wegen $P_A = 1$ stimmen jetzt der nominelle Wechselkurs und das inländische Preisniveau wieder überein: $e_3^n = P_2$.

Kapitel 9

Inflation und Beschäftigung

9.1 Problemstellung

In den bisher durchgeführten Untersuchungen konnte gezeigt werden, wie sich das Preisniveau auf dem volkswirtschaftlichen Gütermarkt bildet und welche makroökonomischen Wirkungen Preisänderungen haben. In einigen lohnpolitischen Teilanalysen wurde dabei bereits deutlich, daß bestimmte Anpassungsvorgänge einen Preissteigerungsprozeß bewirken können. Am Ende eines solchen Prozesses stand aber dennoch ein Gütermarktgleichgewicht, das mit einem bestimmten festen Preisniveau verbunden war. Die Preissteigerungen traten somit nur vorübergehend auf. Ein Blick in die Realität zeigt jedoch, daß in fast allen Volkswirtschaften das Phänomen anhaltender Preissteigerungen vorherrschend ist. Solche *anhaltenden Preissteigerungen* bezeichnet man bekanntlich als *Inflation*.

Früher wurde häufig die Meinung vertreten, Inflation sei eine normale Begleiterscheinung einer wachsenden Wirtschaft, Inflation sei also ein Phänomen, das nur im Zusammenhang mit Wirtschaftswachstum auftrete. Wäre das richtig, so könnte man im Rahmen der relativ kurzfristigen Einkommens- und Beschäftigungstheorie, in der der Kapazitätseffekt der Investitionen sowie Produktivitätseffekte nicht berücksichtigt werden und die deshalb lediglich stationäre Zustände untersucht, auf eine Betrachtung des Inflationsphänomens verzichten. Es würde - wie in den obigen Untersuchungen geschehen - genügen, sich auf eine Analyse des *Preisniveaus* zu beschränken.

Tatsächlich läßt sich aber ein systematischer Zusammenhang zwischen dem Wirtschaftswachstum auf der einen und der Inflation auf der anderen Seite nicht nachweisen. Es gibt viele empirische Belege dafür, daß einerseits Wirtschaftswachstum sehr wohl ohne Inflation möglich ist und daß andererseits Inflation selbst dann auftreten kann, wenn eine Volkswirtschaft nicht wächst oder sich sogar in einer Phase negativer Wachstumsraten befindet. Eine Situation, die gleichzeitig durch fehlendes oder sogar negatives Wirtschaftswachstum und durch Inflation gekennzeichnet ist, bezeichnet man als *Stagflation*.

Vor dem Hintergrund solcher Erfahrungen ist es also sehr wohl eine wichtige Aufgabe der kurz- und mittelfristigen Makroökonomik, das Phänomen der Inflation genauer zu untersuchen und insbesondere zu prüfen, welche spezifische Bedeutung die Inflation für Einkommen und Beschäftigung hat. Die jetzt folgenden Untersuchungen sind deshalb darauf gerichtet, das bisher entwickelte Einkommens- und Beschäftigungsmodell durch Berücksichtigung *anhaltender Preissteigerungen* zu erweitern. Im einzelnen soll verdeutlicht werden

- wodurch Inflation verursacht wird
- welcher Zusammenhang zwischen Inflation, Beschäftigung und Güterangebot besteht
- wie sich Inflation auf das Zinsniveau und auf die Güternachfrage auswirkt.

9.2 Ursachen der Inflation

9.2.1 Nachfrageseitige und angebotsseitige Inflationsimpulse

Im Rahmen der Preisniveau-Analyse ist bereits deutlich geworden, daß eine Preissteigerung durch nachfrageseitige und/oder durch angebotsseitige Einflüsse bewirkt werden kann. Auf der Nachfrageseite können Preisimpulse durch eine autonome oder eine zinsinduzierte Erhöhung der Güternachfrage ausgelöst werden, wobei die zinsinduzierte Erhöhung auf eine Geldmengensteigerung zurückzuführen ist. Auf der Angebotsseite können Preisimpulse z.B. aus Lohnerhöhungen, aus einer Verringerung der Sachkapazitäten bzw. der Produktionsmöglichkeiten oder aus einer autonomen Erhöhung des Stückgewinns resultieren.[1]

Sowohl die nachfrageseitige als auch die angebotsseitige Inflation kann binnenwirtschaftliche oder außenwirtschaftliche Ursachen haben. Dementsprechend unterscheidet man zwischen einer *hausgemachten Inflation* und einer *importierten Inflation*. Die Inflation ist hausgemacht, wenn sie eindeutig auf interne Impulse zurückzuführen ist, z.B. auf Nachfrageaktivitäten der inländischen öffentlichen Haushalte, auf eine autonome expansive Geldpolitik der inländischen Zentralbank oder auf Lohnerhöhungen, für die die Arbeitsmarktlage oder die Einkommensverteilung im Inland maßgeblich sind. Die Inflation ist importiert, wenn ihre Ursachen eindeutig im Ausland liegen und ausländische Inflationsimpulse beispielsweise über Veränderungen des Außenbeitrags, über außenwirtschaftlich bedingte Geldmengeneffekte oder über Preiserhöhungen für importierte Vorleistungsgüter auf das Inland übertragen werden. Eine so übertragene Inflation kann ihrerseits im Inland Lohnanpassungen auslösen, durch die es zu einer angebotsseitigen Verstärkung des inländischen Preisauftriebs kommt. Dieser Folgeeffekt ließe sich ebenfalls der importierten Inflation zuordnen. Es ist allerdings schwierig, bei Lohnanpassungen zwischen hausgemachten und importierten Ursachen zu differenzieren.

Wie in der Abbildung 9.1 dargestellt, kommt die nachfrageseitige Ursache der Inflation in einer Verschiebung der aggregierten Nachfragekurve nach rechts (hier nach AD_1) und die angebotsseitige Ursache in einer Verschiebung der aggregierten Angebotskurve nach links bzw. nach oben (hier nach AS_1) zum Ausdruck. Durch die Erhöhung der Güternachfrage entsteht zunächst eine sogenannte *inflatorische Lücke* in Höhe der Strecke AB (Abbildungsteil a). Sofern das Güterangebot, wie hier angenommen, nicht vollkommen preiselastisch und eine freie Marktpreisbildung möglich ist, werden dadurch Preissteigerungen in Gang gesetzt, die erst dann aufhören, wenn die inflatorische Lücke beseitigt und ein neues Gütermarktgleichgewicht (hier im Punkt C) erreicht worden ist. Der Preisanstieg resultiert also aus einem *Nachfragesog (Demand-pull)*.[2]

---

[1] Die autonome Erhöhung des Stückgewinns ist mit einer Erhöhung des Aufschlagssatzes im Rahmen der Mark-up-Preisbildung verbunden.
[2] Dementsprechend findet man in der Literatur auch Begriffe wie *Nachfrageinflation* oder *Demand-pull-Inflation*.

Bei der angebotsseitigen Veränderung - der Verschiebung der Angebotskurve nach AS_1 im Abbildungsteil b) - hängt der Preisanpassungsprozeß von der spezifischen Ursache sowie von den Bedingungen auf der Angebotsseite ab. Im *neoklassischen Ansatz der Gewinnmaximierung* hat eine Erhöhung des Lohnsatzes (genauer: des Reallohnsatzes) oder ein Abbau von Sachkapazitäten eine Verringerung des Güterangebots zur Folge. Dadurch entsteht beispielsweise ein Angebotsdefizit in Höhe der Strecke DE. Dieses Defizit stellt ebenfalls eine inflatorische Lücke dar. Die Preissteigerung vollzieht sich dann ähnlich wie im Fall des Nachfragesogs. Letztlich wird ein neues Gütermarktgleichgewicht im Punkt G erreicht. Liegt die Ursache in einer Lohnsteigerung, so spricht man von einem *Kostendruck (Cost-push)*.[3]

Abbildung 9.1

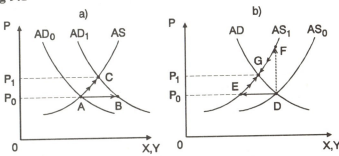

Im *Ansatz der Mark-up-Preisbildung* betreiben die Unternehmungen bekanntlich eine autonome Preispolitik. Eine Lohnerhöhung oder eine Erhöhung des Aufschlagssatzes auf die Lohnstückkosten hat demnach eine autonome Preiserhöhung zur Folge. In der Abbildung 9.1 wird dazu beispielsweise das Preisniveau zunächst autonom um die Strecke DF angehoben. Ist die Güternachfrage preiselastisch, so kommt es dadurch zu einer preisinduzierten Verringerung dieser Nachfrage, die ihrerseits einen Angebotsüberschuß impliziert. Die Unternehmungen werden dadurch gezwungen, ihre Preisvorstellung nach unten zu korrigieren. Allerdings ergibt sich auch hier letztlich - also nach Erreichen des neuen Gütermarktgleichgewichts - eine Preissteigerung. Auslöser dieser Preissteigerung ist

- ein *Kostendruck (Cost-push)*, wenn die Lohnkosten oder andere Produktionskosten gestiegen sind, oder
- ein *Gewinndruck (Profit-push)*, wenn die Unternehmungen durch Anhebung des Aufschlagssatzes höhere Stückgewinne durchsetzen wollen.[4]

Preis- bzw. Inflationsimpulse können auch aus strukturellen Änderungen auf der Nachfrage- oder der Angebotsseite resultieren. Ein Beispiel dafür ist die *Nachfrageverschiebungsinflation* (bzw. die *Demand-shift-Inflation*). Sie resultiert

---

[3] Dementsprechend sind Begriffe wie *Kostendruckinflation* oder *Cost-push-Inflation* gebräuchlich.
[4] Im ersten Fall spricht man, wie im neoklassischen Ansatz, von einer *Kostendruckinflation* bzw. einer *Cost-push-Inflation*, im zweiten Fall von einer *Gewinndruckinflation* bzw. einer *Profit-push-Inflation*.

aus einer Verlagerung von Güternachfrage von einem Produktionssektor A zu einem Produktionssektor B. Besteht einerseits im Sektor A eine Preisstarrheit nach unten, reagiert aber andererseits der Sektor B auf den Nachfrageanstieg mit einer Preiserhöhung, so kommt es zwingend zu einer Preissteigerung auf dem gesamtwirtschaftlichen Gütermarkt. Diese Preissteigerung ist allerdings nicht die Folge einer autonomen Veränderung der gesamtwirtschaftlichen Güternachfrage, sondern sie wird durch die spezifischen Reaktionen der Anbieterseite auf die Veränderung der Nachfragestruktur bewirkt. Somit liegen in diesem Fall sowohl nachfrage- als auch angebotsseitige Ursachen vor.

Ein anderes Beispiel für strukturbedingte Inflationsimpulse bezieht sich auf unterschiedliche *sektorale Produktivitätsentwicklungen*. Es ist nicht ungewöhnlich, daß die Arbeitsproduktivität in einem Sektor A stärker wächst als in einem Sektor B. Orientiert sich die Lohnpolitik aber am durchschnittlichen gesamtwirtschaftlichen Wachstum der Arbeitsproduktivität, was ebenfalls nicht ungewöhnlich ist, so nehmen die Lohnstückkosten ceteris paribus im Sektor A ab, während sie gleichzeitig im Sektor B zunehmen. Findet nun daraufhin im Sektor A keine preispolitische Reaktion statt, wohingegen der Sektor B mit einer Preiserhöhung reagiert, so läßt sich ein Anstieg des gesamtwirtschaftlichen Preisniveaus feststellen, obwohl die durchschnittlichen gesamtwirtschaftlichen Stückkosten nicht zwingend zugenommen haben. Verursacht wird dieser Inflationsimpuls letztlich durch die Preisstarrheit im Sektor A und die dadurch bedingte Erhöhung des Stückgewinns. Insofern kann man hier auch durchaus von einem Gewinndruck (Profit-push) sprechen. Der Inflationsimpuls geht in diesem Fall nur von der Angebotsseite aus.

9.2.2 Inflationäre Preisentwicklungen

In den zuvor dargelegten Beispielen wurden die nachfrageseitigen und die angebotsseitigen Ursachen einer Preissteigerung jeweils getrennt untersucht. Im Rahmen dieser einseitigen Ceteris-paribus-Analyse sind anhaltende Preissteigerungen nur möglich, wenn der eine oder der andere Impuls wiederholt bzw. permanent auftritt. Es ist allerdings unwahrscheinlich, daß anhaltende Preissteigerungen bzw. Inflation entweder nur auf andauernde nachfrageseitige oder nur auf andauernde angebotsseitige Impulse zurückzuführen sind. Vielmehr ist nach allen Erfahrungen zu erwarten, daß nachfrageseitig verursachte Preissteigerungen Reaktionen auf der Angebotsseite auslösen und umgekehrt. Nachfrage- und angebotsseitige Ursachen stehen dann also in einer gewissen Wechselwirkung. Diese Wechselwirkung wird jetzt auf der Grundlage eines Fallbeispiels verdeutlicht.

Auf der *Angebotsseite* spielen die früher schon ausführlich diskutierten lohnpolitischen Reaktionen eine entscheidende Rolle: Es ist mit einem Anstieg des durchschnittlichen gesamtwirtschaftlichen Nominallohnsatzes zu rechnen, wenn

- der Reallohnsatz infolge von Preiserhöhungen zu sinken droht
- die tatsächliche Arbeitslosenquote geringer ist als die natürliche Arbeitslosenquote.

Dabei muß man sich allerdings noch einmal klarmachen, daß die natürliche Arbeitslosenquote sehr wohl eine Arbeitslosigkeit implizieren kann, die aus gesamtwirtschaftlicher Sicht inakzeptabel hoch und mit dem Ziel der Vollbeschäftigung nicht vereinbar ist.

Auf der *Nachfrageseite* können wiederholte beschäftigungspolitische Aktivitäten des Staates für anhaltende Preis- bzw. Inflationsimpulse verantwortlich sein. Ist die Arbeitslosigkeit relativ hoch und ist demnach das Vollbeschäftigungsziel erheblich verletzt, so besteht in der Regel ein öffentlicher Druck - nicht zuletzt seitens der Gewerkschaften - auf die wirtschaftspolitischen Entscheidungsträger, mit entsprechenden Maßnahmen die Güternachfrage anzuregen und so die vermeintlich vorhandene Nachfragelücke auszufüllen.

Abbildung 9.2

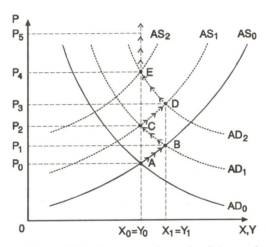

Mit Hilfe der Abbildung 9.2 sei nun gezeigt, wie sich aus den hier skizzierten Aktionen und Reaktionen auf der Angebots- und auf der Nachfrageseite anhaltende Preissteigerungen ergeben. Ausgehend von einem Gütermarktgleichgewicht im Punkt A möge die Güternachfrage infolge einer expansiven Fiskal- oder Geldpolitik zunehmen. Dementsprechend verschiebt sich die aggregierte Nachfragekurve nach AD_1. Kurzfristig kommt es hierdurch einerseits zwar zu einer Erhöhung der Produktion (auf X_1), des Einkommens und der Beschäftigung, andererseits steigt aber auch das Preisniveau (hier auf P_1). Sowohl die Beschäftigungszunahme als auch der Preisanstieg haben nach Ablauf der Tarifverträge Erhöhungen des Nominallohnsatzes zur Folge: Die Verbesserung der Arbeitsmarktlage wird genutzt, um die Verteilungsposition zugunsten der Arbeitnehmer zu verändern, und der Preisanstieg macht im Hinblick auf die Reallohnsicherung eine lohnpolitische Reaktion erforderlich. Mit der Erhöhung des Nominallohnsatzes ist aber bekanntlich ein angebotsseitiger Preisimpuls verbunden. Die aggregierte Angebotskurve verschiebt sich z.B. nach AS_1. Ohne neue Nachfrageimpulse würde die Produktion wieder auf X_0 zurückgeführt und gleichzeitig das Preisniveau auf P_2 erhöht.

Um den Einkommens- und Beschäftigungsrückgang aufzuhalten, mögen die wirtschaftspolitischen Entscheidungsträger erneut mit *zusätzlichen* Maßnahmen zur

Anregung der Güternachfrage reagieren. Die aggregierte Nachfragekurve verschiebt sich nach AD_2. Zwar können dadurch das Produktions- und Einkommensniveau bei X_1 gehalten und die Beschäftigungseinbußen verhindert werden, aber das Preisniveau wird noch weiter - jetzt auf P_3 - nach oben getrieben. Analog zur oben geschilderten angebotsseitigen Reaktion kommt es erneut zu einer Anhebung des Nominallohnsatzes, durch die die aggregierte Angebotskurve z.B. nach AS_2 verschoben wird. Das Preisniveau steigt nun auf P_4.

Die hier aufgezeigten Wechselwirkungen zwischen nachfrage- und angebotsseitigen Impulsen könnten sich ähnlich fortsetzen und so einen anhaltenden Prozeß von Preissteigerungen implizieren. Selbstverständlich ist nicht zu erwarten, daß sich die Anpassungsvorgänge mit der zuvor skizzierten Regelmäßigkeit vollziehen. Die Reaktionen auf der Nachfrage- und/oder der Angebotsseite können im Zeitablauf mit unterschiedlicher Intensität erfolgen oder zeitweise sogar ganz ausbleiben, so daß Phasen relativ starker Preissteigerungen von Phasen relativ geringer Preissteigerungen oder sogar einer Preisstabilität abgelöst werden - und umgekehrt. Dementsprechend können auch die Einkommens- und Beschäftigungsschwankungen stärker oder schwächer ausfallen.

Es ist auch ohne weiteres möglich, daß der Inflationsprozeß nicht - wie in dem in der Abbildung 9.2 skizzierten Beispiel angenommen - durch einen nachfrageseitigen, sondern durch einen angebotsseitigen Impuls in Gang gesetzt wird. So könnte sich z.B. infolge eines *autonomen Kostendrucks* oder eines *autonomen Gewinndrucks* zunächst die aggregierte Angebotskurve nach AS_1 verschieben. Auf die so verursachte Beschäftigungseinbuße könnte die Wirtschaftspolitik mit nachfrageorientierten Maßnahmen reagieren, die in einer Verschiebung der aggregierten Nachfragekurve nach rechts (z.B. nach AD_1) zum Ausdruck kämen. Auch hierbei würde das Preisniveau sukzessive erhöht - jetzt allerdings im Rahmen einer anderen Wirkungskette, die wiederkehrende Einbußen von Produktion, Einkommen und Beschäftigung jeweils im Vergleich zur Ausgangssituation (bei X_0) zur Folge hätte. In der Realität lassen sich allerdings meistens weder der originäre Inflationsimpuls identifizieren noch die Aktionen und Reaktionen eindeutig auseinanderhalten.

9.2.3 Die monetäre Alimentierung der Inflation

Die in der Abbildung 9.2 skizzierte inflationäre Preisentwicklung ist mit einer anhaltenden Zunahme der nominellen Güternachfrage und des nominellen Einkommens Y^n verbunden, denn bekanntlich gilt: $Y^n = P \cdot Y$. Diese Zunahme macht aber zugleich eine permanente Erhöhung der nominellen Transaktionskasse erforderlich. Darin kommt eine wichtige Bedingung für das Andauern einer inflationären Preisentwicklung zum Ausdruck: *Die Inflation muß monetär alimentiert werden.*

Um diese Bedingung zu verdeutlichen, wird die folgende *Quantitätsgleichung des Geldes* betrachtet:

(9.1) $v_M \cdot M^n = P \cdot Y$

Ex definitione entspricht das Nominaleinkommen P·Y dem Produkt aus der *Umlaufgeschwindigkeit des Geldes* v_M und der nominellen Geldmenge M^n.[5]

Mit Blick auf Veränderungsraten läßt sich die Gleichung (9.1) näherungsweise wie folgt schreiben:

(9.2) $\quad \hat{v}_M + \hat{M}^n = \pi + \hat{Y} \quad$ mit: $\hat{v}_M = \dfrac{\Delta v_M}{v_M}$; $\hat{M}^n = \dfrac{\Delta M^n}{M^n}$; $\pi = \dfrac{\Delta P}{P}$; $\hat{Y} = \dfrac{\Delta Y}{Y}$

$\hat{M}^n$ ist die Veränderungsrate der nominellen Geldmenge bzw. des nominellen Geldangebots, $\hat{v}_M$ ist die Veränderungsrate der Umlaufgeschwindigkeit des Geldes, π ist die Veränderungsrate des Preisniveaus bzw. die Inflationsrate und $\hat{Y}$ ist die Veränderungsrate des Realeinkommens.

Bei Auflösung nach π ergibt sich aus (9.2):

(9.2a) $\quad \pi = \hat{M}^n + \hat{v}_M - \hat{Y}$

Hier wird deutlich, daß die Inflation aus drei "Quellen" gespeist werden kann:
- aus einer *anhaltenden* autonomen Erhöhung des nominellen Geldangebots
- aus einer *anhaltenden* Zunahme der Umlaufgeschwindigkeit des Geldes
- aus einer *anhaltenden* Verringerung des Bedarfs an realer Transaktionskasse, die mit einer anhaltenden Verringerung des Realeinkommens verbunden ist.

Stünde der Inflationsrate eine gleich große negative Veränderungsrate des Realeinkommens gegenüber, so bliebe das Nominaleinkommen im Zeitablauf unverändert. Dementsprechend würde durch die Inflation kein zusätzlicher Bedarf an nomineller Transaktionskasse entstehen. Dieser Fall einer *anhaltenden* Verringerung des Realeinkommens bei gleichzeitig *anhaltenden* Preissteigerungen ist allerdings in der Realität sehr unwahrscheinlich. Denn die permanente Reduktion des Realeinkommens impliziert zugleich eine fortlaufende Produktionseinschränkung sowie - damit verbunden - eine ständig zunehmende Arbeitslosigkeit. Es wird deshalb - wenn auch möglicherweise erst mit einer gewissen zeitlichen Verzögerung - zu Reaktionen auf der Angebotsseite der Volkswirtschaft kommen. Zu erwarten sind Korrekturen der Lohnpolitik (eine Lohnzurückhaltung) sowie Maßnahmen der Unternehmungen, durch die die Stückkosten vermindert und die Möglichkeit zu Preissenkungen eröffnet werden (z.B. Verfahrensinnovationen).

Vor diesem Hintergrund soll darauf verzichtet werden, die Möglichkeit einer *anhaltenden Verringerung* des Realeinkommens in Betracht zu ziehen. Selbstverständlich ist damit nicht ausgeschlossen, daß das Realeinkommen zeitweise bzw. vorübergehend mit einer gewissen Rate sinkt und gleichzeitig Inflation herrscht. Dieser Fall einer Stagflation wird weiter unten noch eingehend analysiert. Um die für die monetäre Alimentierung wichtigen Zusammenhänge an dieser Stelle noch möglichst einfach darzustellen, wird die Veränderungsrate des Realeinkommens in der Gleichung (9.2a) mit null angesetzt: $\hat{Y} = 0$. Die monetäre Alimentierung der

---

5 Die Umlaufgeschwindigkeit ist wie folgt definiert: $v_M = \dfrac{P \cdot Y}{M^n}$.

Inflation kann demnach nur durch positive Wachstumsraten des nominellen Geldangebots und/oder der Umlaufgeschwindigkeit des Geldes erfolgen.

Die Umlaufgeschwindigkeit des Geldes hängt - zumindest in der keynesianischen Theorie - vom Zinssatz ab. Wie aus der Geldnachfragetheorie bekannt ist, verringern die Wirtschaftssubjekte ihre zinsabhängigen Geldbestände, insbesondere ihre Spekulationskasse, wenn der Zinssatz steigt - und umgekehrt. Sie mobilisieren auf diese Weise Liquidität für Transaktionszwecke. Dabei nimmt gleichzeitig die Umlaufgeschwindigkeit des Geldes zu, denn mit der gleichen (nominellen) Geldmenge wird ein höheres (nominelles) Transaktionsvolumen realisiert. Diese Mobilisierung ist allerdings im Zuge eines Zinsauftriebs nur so lange möglich wie noch zinsreagible Kassenbestände vorhanden sind. Bei fortlaufendem Zinsanstieg sind solche Quellen früher oder später erschöpft. Ist dieser Punkt erreicht, so wird die Geldnachfrage zwingend zinsunelastisch. Eine (weitere) zinsinduzierte Erhöhung der Umlaufgeschwindigkeit des Geldes ist dann nicht mehr möglich. Hier zeigt sich ein sehr wichtiges Ergebnis: *Da eine positive Veränderungrate der Umlaufgeschwindigkeit des Geldes über einen längeren Zeitraum unmöglich ist, kann auch die monetäre Alimentierung einer Inflation von hierher nicht dauerhaft sein.* Die neoklassische Geldnachfragetheorie negiert grundsätzlich die Möglichkeit einer nennenswerten Erhöhung der Umlaufgeschwindigkeit des Geldes. Sie geht bekanntlich davon aus, daß die Geldnachfrage immer zinsunelastisch oder zumindest annähernd zinsunelastisch ist.

Auf Dauer gibt es somit nur eine Möglichkeit, die Inflation ohne Einkommens- und Beschäftigungseinbußen fortzuführen, nämlich durch die monetäre Alimentierung in Form einer laufenden Erhöhung der nominellen Geldmenge. Nur so kann die zinsinduzierte Verringerung der Güternachfrage und die dadurch bewirkte Kompensation der autonomen Erhöhung der Güternachfrage verhindert werden. *Aus diesen Zusammenhängen wird also deutlich, daß eine anhaltende Inflation letztlich ohne anhaltende Erhöhungen der nominellen Geldmenge unmöglich ist. Wird die Inflation von dieser Seite nicht monetär alimentiert, so kann der inflationäre Prozeß nur von vorübergehender Dauer sein, nämlich beschränkt auf den Zeitraum, in dem zum einen noch zinsinduzierte Substitutionen von Geldbeständen zugunsten der Transaktionskasse möglich sind und zum anderen das Einkommen sukzessive sinkt und dadurch auch der Bedarf an Transaktionskasse laufend geringer wird.*

9.2.4 Die Quantitätstheorie des Geldes

Die gerade hergeleitete Schlußfolgerung ist kompatibel mit einem wichtigen Theoriebestandteil des neoklassischen Ansatzes: der *Quantitätstheorie des Geldes*. Diese Theorie ist früher bereits erläutert worden [Kap. 6]. Dort wurde gezeigt, daß ein nachfrageseitiger Preisimpuls im Rahmen des (extremen) neoklassischen Ansatzes zwingend eine Erhöhung der nominellen Geldmenge voraussetzt und daß dementsprechend ein Preisanstieg - gegebene Bedingungen auf der Angebotsseite vorausgesetzt - allein auf einen Geldmengenzuwachs zurückzuführen ist.

In der herkömmlichen, extremen Variante der Quantitätstheorie des Geldes wird angenommen, daß
- die Umlaufgeschwindigkeit des Geldes im Zeitablauf konstant ist [6]
- das Realeinkommen einer Volkswirtschaft allein durch die angebotsseitigen Bedingungen determiniert ist und entweder dem Vollbeschäftigungseinkommen (im klassischen Ansatz) oder dem Einkommen bei natürlicher Arbeitslosigkeit (im neoklassischen Ansatz) entspricht.

Gemäß der Quantitätsgleichung (9.1) ergibt sich bei diesen Annahmen das schon bekannte Ergebnis: Das Preisniveau verändert sich proportional zur Veränderung der Geldmenge. Durch Auflösen von (9.1) nach P wird dies unmittelbar deutlich:

$$(9.1a) \quad P = \frac{v_M}{Y} M^n$$

Der Quotient aus der Umlaufgeschwindigkeit v_M und dem Realeinkommen Y ist annahmegemäß konstant. Da dementsprechend auch gilt: $\hat{v}_M = 0$ und $\hat{Y} = 0$, folgt aus der Gleichung (9.2a):

$$(9.2b) \quad \pi = \hat{M}^n$$

Die Inflationsrate entspricht somit der Wachstumsrate der nominellen Geldmenge.

Die monetäre Alimentierung einer Inflation durch eine laufende Erhöhung der nominellen Geldmenge muß allerdings nicht zwingend das Ergebnis einer *aktiven Politik* der Zentralbank eines Landes sein. Es ist auch möglich, daß ein anhaltender Preissteigerungsprozeß zumindest für eine gewisse Zeit Erhöhungen der nominellen Geldmenge selbst induziert und von daher eine *passive monetäre Alimentierung* stattfindet. Dieser Fall ist beispielsweise möglich, wenn die Inflation von einem hohen und eventuell noch steigenden Zinsniveau begleitet wird. Dadurch kann es zu anhaltenden Kapitalimporten kommen, durch die die autonome Geldmengenpolitik der nationalen Zentralbank innerhalb eines Systems fester Wechselkurse unter Umständen unterlaufen werden kann. Diese Zusammenhänge sind bereits im Rahmen der internationalen Analysen durchleuchtet worden [Kap. 8].

In der Abbildung 9.3 werden die Wirkungsabläufe im Rahmen der Quantitätstheorie mit Blick auf eine *inflationäre Preisentwicklung* graphisch verdeutlicht. In der Ausgangssituation besteht im Punkt A ein IS- und LM-Gleichgewicht sowie im Punkt A' ein Gütermarktgleichgewicht. Die LM-Kurve verläuft parallel zur Zinsachse, denn die Annahme einer konstanten Umlaufgeschwindigkeit des Geldes impliziert gleichzeitig eine zinsunelastische Geldnachfrage. Das Güterangebot ist annahmegemäß preisunelastisch und auf dem natürlichen Niveau $X^* = Y^*$ fixiert. Die aggregierte Angebotskurve verläuft somit parallel zur Preisachse.

Es möge nun zu einer autonomen Erhöhung der Güternachfrage (z.B. der Staatsausgaben) kommen, die sich in einer Verschiebung der IS-Kurve nach IS_1 ausdrückt. Bliebe das nominelle Geldangebot unverändert, so würde sich lediglich

---

[6] Eine konstante Umlaufgeschwindigkeit impliziert zugleich, daß die Zinselastizität der Geldnachfrage den Wert null hat.

ein Zinsanstieg auf i_1 ergeben. Der autonomen Erhöhung stünde dann direkt eine gleich große zinsinduzierte Verringerung der Güternachfrage gegenüber. Es käme in diesem Fall nicht zu einer Zunahme der aggregierten Güternachfrage und somit auch nicht zu einer Veränderung der aggregierten Nachfragekurve. Folglich bliebe auch das Preisniveau unverändert.

Abbildung 9.3

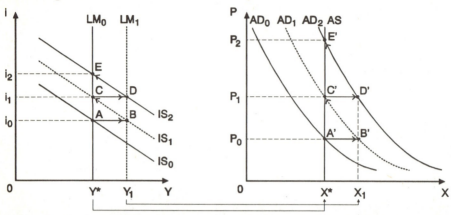

Erst durch eine Erhöhung der nominellen Geldmenge läßt sich beim Ausgangspreisniveau P_0 eine Zunahme der aggregierten Güternachfrage erreichen, die ihrerseits einen Preisimpuls impliziert. Durch eine solche Geldmengenerhöhung wird die LM-Kurve beispielsweise nach LM_1 verschoben. Dementsprechend verschiebt sich die aggregierte Nachfragekurve nach AD_1. Aufgrund der bereits bekannten Anpassungsprozesse erhöht sich daraufhin das Preisniveau auf P_1. Dieser Anstieg ist gerade so groß, daß die reale Geldmenge wieder auf das Ausgangsniveau zurückgeführt wird. Die LM-Kurve verschiebt sich somit zurück in die Ausgangslage LM_0.[7]

Bleibt die IS-Kurve mit IS_1 zunächst noch erhalten, so hat diese preisinduzierte Verringerung der realen Geldmenge einen Zinsanstieg auf i_1 zur Folge.[8] Die Güternachfrage wird dadurch auf das Ausgangsniveau Y^* zurückgedrängt. Die hier skizzierten Vorgänge wiederholen sich gleichermaßen, wenn die autonome Güternachfrage erneut angehoben und diese Maßnahme von einer Erhöhung der nominellen Geldmenge begleitet wird. Im nächsten Schritt steigt das Preisniveau dann beispielsweise auf P_2.

Zu einem ähnlichen Preissteigerungsprozeß käme es auch dann, wenn durch eine Anhebung der nominellen Geldmenge eine zinsinduzierte Zunahme der Güternachfrage bewirkt würde, wenn also die Geldmengenerhöhung mit dem eigen-

---

[7] Die hier skizzierten Vorgänge lassen sich in einer Bewegung vom Punkt A über B nach C bzw. vom Punkt A' über B' nach C' nachvollziehen. Diese Anpassung erfolgt im extremen neoklassischen Ansatz allerdings in sehr kurzer Zeit.
[8] Hier wird nur aus Gründen der Vereinfachung angenommen, daß die Lage der IS-Kurve von dem Preisanstieg unberührt bleibt. Würde sich die Lage der IS-Kurve infolge des Preisanstiegs verändern, so hätte das allerdings nur Auswirkungen auf den Zinseffekt.

ständigen Ziel einer Zinssenkung und nicht nur zur Unterstützung der autonomen Zunahme der Güternachfrage eingesetzt würde. Im Rahmen der *Quantitätstheorie des Geldes* ist es allerdings im Hinblick auf den Preis- bzw. Inflationsimpuls unerheblich, aus welchem Grund die nominelle Geldmenge steigt. Das Ergebnis ist davon unabhängig: *Eine Preiserhöhung und ein inflationärer Preissteigerungsprozeß sind nur möglich, wenn eine monetäre Alimentierung durch einen Geldmengenzuwachs erfolgt.*

9.2.5 Ein quantitätstheoretischer Ansatz der Geldpolitik

Angesichts des engen Zusammenhangs zwischen dem nominellen Geldmengenwachstum und der inflationären Preisentwicklung liegt es nahe, die Geldpolitik direkt am Ziel der Preisstabilität auszurichten. In einigen Ländern, so in Deutschland und in den USA, wurde die entsprechende Verpflichtung sogar gesetzlich verankert.[9] In der geldpolitischen Praxis der Zentralbanken, die im Rahmen autonomer Entscheidungsbefugnisse dem Ziel der Preisstabilität verpflichtet sind, spielt die weiter oben schon eingeführte Quantitätsgleichung (9.2a) eine wichtige Rolle. Löst man diese Gleichung nach der Wachstumsrate der nominellen Geldmenge auf, so erhält man:

(9.3) $\quad \hat{M}^n = \pi + \hat{Y} - \hat{v}_M$

Auf der rechten Seite stehen die Orientierungsgrößen für das von einer Zentralbank geplante Geldmengenwachstum. Allerdings läßt sich die Zentralbank im allgemeinen nicht von der extremen Position der Quantitätstheorie bzw. der neoklassischen Theorie leiten. Man geht üblicherweise davon aus, daß

- die Geldnachfrage eine gewisse Zinselastizität aufweist und von daher vorübergehende und quantitativ begrenzte zinsinduzierte Veränderungen der Umlaufgeschwindigkeit des Geldes möglich sind
- eine gewisse Inflation aufgrund von außenwirtschaftlichen Einflüssen sowie im Rahmen eines normalen volkswirtschaftlichen Strukturwandels unvermeidlich ist und zur Erhaltung der Anpassungsfähigkeit einer Volkswirtschaft auch geduldet werden muß.

Außerdem hat die Geldpolitik dafür zu sorgen, daß das reale Wirtschaftswachstum von der monetären Seite her ausreichend unterstützt wird. Allerdings ist diese Wachstumsorientierung der Geldpolitik mit der Quantitätstheorie bzw. mit der neoklassischen Theorie vereinbar, sofern in einer Volkswirtschaft angebotsseitige Wachstumsimpulse vorhanden sind, die eine gewisse positive Wachstumsrate von realer Produktion und Realeinkommen implizieren.

Vor dem Hintergrund der hier skizzierten geldpolitischen Leitlinien wird das nominelle Geldmengenwachstum mit Blick auf die Quantitätsgleichung (9.3) wie

---

[9] Eine solche gesetzliche Verankerung wird auch für die geplante Europäische Währungsunion bzw. für die in diesem System tätige Europäische Zentralbank angestrebt.

folgt geplant:

(9.3.a) $\hat{M}^n = \pi^u + \hat{X}^{pot} - \hat{v}_M^e$

π^u ist die "unvermeidliche" Inflationsrate; $\hat{X}^{pot}$ bezeichnet die Wachstumsrate des realen Produktionspotentials; $\hat{v}_M^e$ steht für die erwartete Veränderungrate der Umlaufgeschwindigkeit des Geldes.

Die Wachstumsrate des Produktionspotentials beruht auf empirischen Schätzungen, die hier jedoch nicht weiter erörtert werden sollen. Zwar stimmt die tatsächliche Wachstumsrate des Realeinkommens $\hat{Y}$ nicht immer mit der Wachstumsrate des Produktionspotentials überein, aber mit der Orientierung des Geldmengenwachstums am Wachstum des Produktionspotentials wird ein monetärer Rahmen gesetzt, der für ein entsprechend hohes tatsächliches Wachstum ausreichend ist. Liegt die tatsächliche Wachstumsrate höher als die Wachstumsrate des Produktionspotentials, so ergibt sich ein monetärer Engpaß. Dieser ist allerdings im Interesse eines möglichst inflationsfreien Wirtschaftswachstums beabsichtigt. Denn eine Überauslastung der Kapazitäten bzw. des Potentials hat in aller Regel zusätzliche Inflationsimpulse zur Folge.

Problematisch ist die Festlegung der "unvermeidlichen" Inflationsrate. Sie unterliegt der subjektiven Einschätzung der geldpolitischen Entscheidungsträger. Durch sie bringt eine Zentralbank unmittelbar zum Ausdruck, wieviel Inflation von ihr geduldet und monetär alimentiert wird. Nach den oben gewonnenen Erkenntnissen über den Zusammenhang zwischen Inflation und Geldmengenwachstum ist zu erwarten, daß sich die tatsächliche Inflationsrate über kurz oder lang der "unvermeidlichen" Inflationsrate annähert, wenn

- die tatsächliche Wachstumsrate des Realeinkommens der geschätzten Wachstumsrate des Produktionspotentials (weitgehend) entspricht
- die Erwartungen in Hinsicht auf die Veränderungsrate der Umlaufgeschwindigkeit des Geldes (annähernd) richtig sind
- die Zentralbank ihr geplantes Geldmengenwachstum gemäß Gleichung (9.3a) auch tatsächlich realisiert.

Über diese Bedingungen hinaus ist es allerdings auch noch erforderlich, daß eine Zentralbank die "richtige" Geldmenge steuert, also die Geldmenge, die auch tatsächlich zur monetären Alimentierung einer Inflation gebraucht wird. Wie bereits früher ausführlich dargelegt wurde [Kap. 3], gibt es verschiedene Geldmengendefinitionen, in denen die Zahlungsmittelfunktion und die Wertaufbewahrungsfunktion des Geldes mit unterschiedlichen Gewichten Berücksichtigung finden. In der Quantitätstheorie bzw. in der neoklassischen Theorie geht man im allgemeinen davon aus, daß zur monetären Alimentierung einer Inflation ausschließlich Geldbestände dienen, die unmittelbar Zahlungsmittel bzw. Transaktionskasse darstellen. Dementsprechend wird hier die enge Geldmengendefinition M1 präferiert, die das Bargeld und die Sichteinlagen der Nichtbanken bei Kreditinstituten einschließt. In der keynesianischen Theorie zeigt sich demgegenüber eher die Neigung, einer etwas weiter gefaßten Geldmengendefinition den Vorzug zu geben, so z.B. der

Geldmenge M2, die neben Bargeld und Sichteinlagen auch noch Termineinlagen mit einer begrenzten Laufzeit einschließt. Die Deutsche Bundesbank stützt ihre Geldmengenpolitik zur Zeit auf das Geldmengenkonzept M3, das über M2 hinaus auch noch die Spareinlagen mit gesetzlicher Kündigungsfrist umfaßt.[10]

Welcher Geldmengenkonzeption der Vorzug zu geben ist, soll hier nicht geprüft werden. Es genügt festzustellen, daß der von einer Zentralbank vorgesehene Rahmen für die monetäre Alimentierung einer "unvermeidlichen" Inflation selbst bei Erfüllung der obengenannten Bedingungen nur dann passend sein kann, wenn das "richtige" Geldmengenkonzept zugrunde liegt. Andernfalls kann auch hierin eine Ursache von Inflation liegen, die den Zielvorstellungen einer Zentralbank zuwiderläuft.

9.3 Inflationserwartungen

9.3.1 Zur Bedeutung von Inflationserwartungen

Preissteigerungen haben unmittelbar Realeinkommensverluste sowie Verluste des realen Geldvermögens zur Folge, sofern keine oder keine vollständige Realeinkommens- bzw. Realwertsicherung gegeben ist. In den meisten Volkswirtschaften ist es üblich, Kontrakte auf der Grundlage von Nominalgrößen abzuschließen. In Tarifverträgen werden in aller Regel Nominallohnsätze festgelegt; Kaufverträge über Waren und Dienstleistungen orientieren sich an Güterpreisen und dementsprechend an nominellen Transaktionsbeträgen; mit festverzinslichen Wertpapieren verpflichten sich Schuldner zur Leistung nomineller Zinszahlungen sowie nomineller Rückzahlungsbeträge; Kreditverträge sehen im allgemeinen nominelle Zinssätze und nominelle Tilgungen vor. Je länger die Laufzeit solcher Kontrakte ist, desto mehr ist die Möglichkeit eingeschränkt, relativ schnell auf Preissteigerungen zu reagieren und durch Festsetzung höherer Nominallohnsätze, höherer Güterpreise oder höherer Nominalzinssätze Realeinkommensverluste oder Realwertverluste auszugleichen.

In Zeiten einer inflationären Preisentwicklung stehen Wirtschaftssubjekten mit Blick auf eine möglichst vollständige Realeinkommens- sowie Realwertsicherung insbesondere die folgenden Optionen offen:

1. Sie statten Kontrakte, in denen Nominalgrößen fixiert werden, nur mit sehr kurzen Laufzeiten aus. So könnte man beispielsweise Tarifverträge auf drei Monate begrenzen und nach Ablauf dieser Zeit eine Anpassung der Nominallohnsätze an die Preisentwicklung vorsehen. Sparer bzw. Gläubiger könnten ihr Geldvermögen lediglich mit relativ kurzen Fristen, z.B. sechs Monaten, anlegen. Banken könnten Kredite mit sehr kurzen Zinsbindungs- und Tilgungsfristen - z.B. lediglich bis zu sechs Monaten - vergeben.

---

10 Vor diesem Hintergrund ist auch verständlich, daß die Geldnachfrage gemäß der Quantitätstheorie weitgehend zinsunelastisch ist, wogegen in der keynesianischen Theorie mit Blick auf die Spekulationskasse eine relativ hohe Zinselastizität der Geldnachfrage angenommen wird.

2. Sie versuchen, die Inflation so exakt wie eben möglich zu prognostizieren und setzen die Nominalgrößen (Nominallohnsätze, Güterpreise oder Zinssätze) in den mittel- und längerfristigen Kontrakten unter Berücksichtigung ihrer Inflationserwartungen fest.
3. Sie ändern im Hinblick auf die von ihnen erwartete Inflation ihre Präferenzen zu Lasten der Geldvermögensbildung und zugunsten von Güterkonsum oder von Sachkapital, für das eine gewisse Realwertsicherung erwartet wird.

Die jetzt folgenden Untersuchungen beschäftigen sich mit den beiden zuletzt genannten Alternativen, die jeweils eine mittel- und längerfristige Strategie zur Anpassung an erwartete inflationäre Preisentwicklungen implizieren. Im einzelnen soll gezeigt werden

- wie Inflationserwartungen im Rahmen einer theoretischen Modellanalyse erfaßt werden können
- welchen Einfluß Inflationserwartungen auf Ersparnisse und Investitionen haben
- welche Rolle Inflationserwartungen auf dem Geldmarkt und für die Zinsbildung spielen
- wie sich die Inflationserwartungen auf die Lohnbildung und das Güterangebot auswirken
- welche Wirkungen Inflationserwartungen auf das Einkommen, die Beschäftigung und die tatsächliche Inflationsrate haben.

9.3.2 Erwartungshypothesen

Ein Wirtschaftssubjekt wird seine Erwartungen über zukünftige ökonomische Entwicklungen in der Regel sowohl auf der Grundlage eigener subjektiver Erfahrungen als auch unter Beachtung objektiver Phänomene und Informationen bilden. In einer formalen ökonomischen Analyse - insbesondere in einer makroökonomischen Analyse - lassen sich die rein subjektiven Elemente der Erwartungsbildung nicht oder zumindest nicht hinlänglich erfassen. Hier ist man darauf angewiesen, auf objektive, quantifizierbare Ereignisse zurückzugreifen und mit ihnen eine Hypothese über die Bildung ökonomischer Erwartungen zu formulieren. In der Inflationstheorie sind drei verschiedene Ansätze von Erwartungshypothesen gebräuchlich:

- die *extrapolative Erwartungsbildung*
- die *adaptive Erwartungsbildung*
- die *rationale Erwartungsbildung*.

Im *extrapolativen Ansatz* wird die erwartete Inflationsrate ausschließlich auf der Grundlage der in der Vergangenheit tatsächlich beobachteten Inflationsraten erklärt:

$$(9.4) \quad \pi_t^e = \sum_{j=1}^{n} \alpha_j \pi_{t-j} \qquad \text{mit: } \sum_{j=1}^{n} \alpha_j = 1$$

Die erwartete Inflationsrate π_t^e in einer Periode t ergibt sich hiernach aus dem gewichteten Durchschnitt der tatsächlichen Inflationsraten in einer Folge von n Vorperioden - also in den Vorperioden t − j (mit j = 1, 2, ...n). Im allgemeinen geht man davon aus, daß die Gewichte α_j um so geringer sind, je weiter die betrachtete Periode zurückliegt.

Der extrapolative Ansatz ist besonders einfach, wenn lediglich auf den Vorperiodenwert der Inflationsrate zurückgegriffen wird. In diesem Fall gilt: $\alpha_j = 1$. Die erwartete Inflationsrate entspricht dann immer der tatsächlichen Inflationsrate der Vorperiode:

(9.4a) $\quad \pi_t^e = \pi_{t-1}$ $\quad\quad\quad$ bei: $\alpha_j = 1$ und $j = 1$

Ein wesentlicher Mangel des extrapolativen Ansatzes besteht darin, daß in einem recht starren Verfahren lediglich auf die tatsächlich beobachteten Vergangenheitswerte zurückgegriffen wird. Für den Fall von Erwartungsirrtümern bietet dieses Verfahren keine adäquate Korrekturmöglichkeit an. Es vernachlässigt somit die Lernfähigkeit von Wirtschaftssubjekten.

Der *adaptive Ansatz* ist eine Antwort auf diese Kritik. Er stellt insbesondere auf eine Korrektur eines beobachteten Erwartungsirrtums ab.

(9.5) $\quad \pi_t^e = \pi_{t-1}^e + \phi(\pi_{t-1} - \pi_{t-1}^e)$ $\quad\quad$ mit: $0 < \phi \leq 1$

Nach diesem Verfahren werden die bisherigen Inflationserwartungen mit einem Anpassungsfaktor ϕ korrigiert, wenn ein Erwartungsirrtum auftritt. Liegt beispielsweise in der Periode t − 1 die tatsächliche über der für diese Periode erwarteten Inflationsrate, so wird die für die Folgeperiode t erwartete Inflationsrate erhöht. Der Korrekturfaktor ϕ gibt dabei an, inwieweit der Erwartungsirrtum Berücksichtigung findet. Für einen Korrekturfaktor von $\phi = 1$ ergibt sich wiederum die simple Erwartungsbildung gemäß Gleichung (9.4a). Die erwartete Inflationsrate der Periode t entspricht dann der tatsächlichen Inflationsrate in der Periode t − 1.

Dieser Spezialfall macht sehr deutlich, daß auch der adaptive Ansatz eine recht starre und oberflächliche Hypothese zur Bildung von Inflationserwartungen darstellt. Zwar sieht er die Korrektur eines Erwartungsirrtums vor, aber wie im extrapolativen Ansatz treten immer wieder neue Ewartungsirrtümer auf, wenn sich die inflationäre Preisentwicklung permanent beschleunigt oder sukzessive abschwächt. Der adaptive Ansatz ermöglicht somit nur eine unzulängliche Korrektur von Erwartungsirrtümern.

Sowohl der extrapolative als auch der adaptive Ansatz stellt ein autoregressives Verfahren der Erwartungsbildung dar. Die erwartete Inflationsrate wird hierbei ausschließlich auf der Grundlage der tatsächlichen Inflationsraten in der Vergangenheit erklärt. Der Informationsbedarf ist jeweils sehr gering. Es genügt, die Vergangenheitsentwicklung in einer singulären Datenreihe - hier der tatsächlichen Inflationsraten - zu verarbeiten.

Der *Ansatz rationaler Erwartungen* stützt sich demgegenüber auf ein theoretisches Modell, aus dem eine Prognose über die zukünftige Preis- bzw. Inflationsentwicklung abgeleitet werden kann. Ein solches Modell kann relativ einfach sein, wenn die zu prognostizierende Größe aus wenigen ökonomischen Zusammenhängen resultiert; es kann aber auch recht komplex sein, wenn viele Einflußfaktoren wirksam sind und der Prognosewert für eine bestimmte Größe nur bei Beachtung umfangreicher struktureller Zusammenhänge zu gewinnen ist. In diesem Ansatz können zwar sehr wohl auch die in der Vergangenheit beobachteten Entwicklungen der Erwartungsgröße von Bedeutung sein, aber darüber hinaus erfolgt die Erwartungsbildung auf der Grundlage von Erfahrungen, die mit einem bestimmten Prognosemodell oder im Kontext einer bestimmten Modellwelt gemacht worden sind, sowie unter Berücksichtigung aller aktuellen Informationen, die für Prognosen im Rahmen eines solchen Modells erforderlich sind.

In der Inflationstheorie greift man häufig auf das bekannte quantitätstheoretische Modell zurück. Vor dem Hintergrund der schon weiter oben gewonnenen Erkenntnis, daß anhaltende Preissteigerungen nur möglich sind, wenn sie durch ein entsprechendes Geldmengenwachstum monetär alimentiert werden, läßt sich erwarten, daß die Inflationsrate zumindest mittel- und längerfristig der Differenz zwischen der Wachstumsrate der nominellen Geldmenge und der Wachstumsrate des realen Bruttosozialprodukts bzw. des realen Produktionspotentials entspricht. Da eine laufende positive Veränderung der Umlaufgeschwindigkeit des Geldes unmöglich ist, ergibt sich diese Erwartungsbildungshypothese aus der Quantitätsgleichung (9.2a). Mit Blick auf die erwartete Inflationsrate stellt sich die Erwartungsbildungshypothese dann wie folgt dar.[11]

(9.6) $\quad \pi_t^e = \hat{M}_t^n - \hat{Y}_t^e$

$\hat{Y}_t^e$ ist die für die Periode t erwartete Veränderungsrate des realen Bruttosozialprodukts. An ihre Stelle könnte unter Umständen die (erwartete) Veränderungsrate des realen Produktionspotentials $\hat{X}_t^{pot}$ treten. In einer theoretischen Analyse, in der Wirtschaftswachstum ausgeschlossen ist, vereinfacht sich dieser Ansatz der Erwartungsbildung zu:

(9.6a) $\quad \pi_t^e = \hat{M}_t^n$

Selbstverständlich sind - insbesondere im Rahmen kurzfristiger Analysen - andere Modelle möglich, aus denen die erwartete Inflationsrate bestimmt wird. Zu erwähnen sind beispielsweise die weiter oben dargelegten Ansätze der Nachfragesoginflation und der Kostendruckinflation. Mit Blick auf den Ansatz des Nachfragesogs wird häufig erwartet, daß (anhaltende) kreditfinanzierte Staatsausgabenerhöhungen inflationäre Preisentwicklungen nach sich ziehen. Eine Kostendruckinflation wird erwartet, wenn es zu (anhaltenden) Lohnerhöhungen kommt, und insbesondere dann, wenn die Raten der Nominallohnzuwächse die Wachstumsraten der Arbeitsproduktivität übersteigen. Vor diesem Hintergrund wäre für die Bildung der Inflationserwartungen ein Gütermarktmodell maßgebend, in dem die In-

---

11 Es wird angenommen, daß die Wachstumsrate der Geldmenge bekannt ist, z.B. aufgrund einer frühzeitigen Ankündigung seitens der Zentralbank.

flationswirkungen des Nachfragesogs und/oder des Kostendrucks adäquat abgebildet werden. Auf die Formulierung einer solchen Erwartungshypothese soll hier jedoch verzichtet werden.

9.3.3 Realer Zinssatz, Ersparnisse und Investitionen

Private Haushalte bilden mit ihren Ersparnissen Geldvermögen in Form von Bargeld, Bankeinlagen und Wertpapieren. Inflation hat für sie zur Folge, daß
- beim vorhandenen Geldvermögen reale Wertverluste auftreten
- das reale Zinseinkommen, das mit dem Geldvermögen erzielt wird, sinkt.

Sofern sich die Haushalte ökonomisch rational verhalten und nicht einer Geldillusion unterliegen, werden sie solche Inflationsverluste bei ihren Sparentscheidungen berücksichtigen. Es ist zu erwarten, daß sie bemüht sind, sich durch eine ausreichend hohe Verzinsung ihres Geldvermögens gegen Inflationsverluste abzusichern.

Bei Entscheidungen über Investitionen in Sachvermögen bzw. Realkapital sind ähnliche Überlegungen anzustellen. Wie in den früheren Untersuchungen zur Zinsabhängigkeit der Investitionsnachfrage schon ausführlich dargelegt wurde [Kap. 3], hat ein Investor bei seinem Investitionskalkül zu entscheiden
- ob er sein Eigenkapital (seine Ersparnisse) in Form von Sachvermögen oder in Form von zinsbringendem Geldvermögen bzw. Wertpapieren anlegen soll
- ob es vorteilhaft ist, Kredite aufzunehmen und damit Sachvermögen zu bilden.

Man geht vor dem Hintergrund empirischer Erfahrungen im allgemeinen davon aus, daß sowohl der Sachvermögensbestand als auch die laufenden Erträge, die mit dem Sachvermögen erzielt werden, zumindest bei einer Durchschnittsbetrachtung in mittel- und längerfristigen Zeiträumen eine relativ gute Inflationssicherung besitzen. Bei seiner Entscheidung über die optimale Anlage von Eigenkapital muß ein Investor also - ähnlich wie ein privater Haushalt als Sparer - die Inflationsverluste des Geldvermögens beachten. Analog dazu ergibt sich für ihn im Fall einer Kreditaufnahme ein *Inflationsgewinn*. Da es üblich ist, den Kredit- bzw. Tilgungsbetrag sowie den Kreditzinssatz auf Nominalbasis festzusetzen, bewirkt Inflation eine Verringerung sowohl der realen Verbindlichkeiten bzw. der realen Tilgungen als auch des realen Zinsendienstes. Während also einerseits das reale Sachvermögen sowie die realen Sachvermögenserträge von der Inflation nicht oder nicht wesentlich berührt werden, impliziert die Anlagealternative am Wertpapiermarkt Inflationsverluste bzw. die Finanzierung am Kreditmarkt Inflationsgewinne.

Aus diesen Vorüberlegungen folgt, daß sich ein privater Haushalt bei seinen Sparentscheidungen und ein Investor bei seinen Sachinvestitionsentscheidungen nicht am *nominellen Zinssatz* orientieren darf, sondern daß er bei ökonomisch rationalem Verhalten einen Zinssatz zugrunde legen muß, der um die zuvor aufgezeigten Inflationseinflüsse bereinigt ist. Das ist der *reale Zinssatz*.

Der reale Zinssatz ist wie folgt definiert:

$$(9.7) \quad r = \frac{i - \pi^e}{1 + \pi^e}$$

i ist der Nominalzinssatz und π^e die erwartete Inflationsrate. Zur Herleitung des realen Zinssatzes sei die Anlage eines Geldbetrags Q_0 betrachtet. Zusammen mit dem Zinsertrag ergibt sich hieraus am Ende einer Anlageperiode t ein nomineller Geldbetrag von:

(9.8) $Q_t^n = Q_0(1 + i)$

Ist das für die Realwertbetrachtung relevante Preisniveau in der Periode t mit der Rate π gestiegen, so hat dieser Geldbetrag am Ende der Periode einen realen Wert von:

(9.8a) $Q_t = \dfrac{Q_0(1 + i)}{1 + \pi}$

Da die zukünftige Inflationsrate zum Zeitpunkt der Anlageentscheidung unbekannt ist, muß an die Stelle der tatsächlichen Inflationsrate π die erwartete Inflationsrate π^e treten. In der Gleichung (9.8a) gilt dann:

(9.7a) $\dfrac{1 + i}{1 + \pi^e} = 1 + r$

Löst man diese Gleichung nach dem realen Zinssatz r auf, so ergibt sich die oben genannte Definitionsgleichung (9.7).

Es ist allgemein üblich, die Definition des realen Zinssatzes wie folgt zu vereinfachen:

(9.7b) $r = i - \pi^e$

In diesem Fall wird davon ausgegangen, daß der Nenner $1 + \pi^e$ in der Definitionsgleichung (9.7) annähernd den Wert 1 hat. Diese Vereinfachung ist selbstverständlich nur vor dem Hintergrund einer moderaten inflationären Preisentwicklung vertretbar. In den weiteren Untersuchungen wird ausschließlich diese einfache Definition des realen Zinssatzes verwendet.

Strenggenommen handelt es sich bei dem hier definierten Realzinssatz um eine Erwartungsgröße, die sich auf eine Planungsperiode bezieht. Hiervon ist der *tatsächliche reale Zinssatz* zu unterscheiden, der sich ex-post bei Verwendung der tatsächlichen Inflationsrate ergibt. Es ist allerdings üblich, den *erwarteten realen Zinssatz* nur kurz als realen Zinssatz oder Realzinssatz zu bezeichnen.

Unter Berücksichtigung der zuvor dargelegten Inflationseinflüsse und Inflationserwartungen ist in Hinsicht auf die Zinsabhängigkeit der (realen) Ersparnisse und der (realen) Investitionen einer Volkswirtschaft auf den Realzinssatz Bezug zu nehmen. An die Stelle des Nominalzinssatzes i muß in den bisher formulierten Spar- und Investitionsfunktionen somit der Realzinssatz r treten:

(9.9) $S = S(r,...)$ mit: $\dfrac{\delta S}{\delta r} \geq 0$

(9.10) $I = I(r,...)$ mit: $\dfrac{\delta I}{\delta r} \leq 0$

Auf die Benennung der anderen Determinanten sei hier verzichtet. Diese Determinanten - z.B. das verfügbare Einkommen YV und das Realvermögen V^n/P in der Sparfunktion oder das Realeinkommen Y in der Investitionsfunktion - bleiben nach wie vor erhalten.

9.3.4 Inflationserwartungen und Zinsbildung

In Hinsicht auf die Zinsabhängigkeit der Geldnachfrage - und gegebenenfalls auch des Geldangebots - ist trotz der Existenz von Inflation und Inflationserwartungen weiterhin der nominelle Zinssatz maßgeblich. In dieser Zinsabhängigkeit kommt zum Ausdruck, wie das Geldvermögen bei einem bestimmten Zinssatz auf Geld und Wertpapiere aufgeteilt wird und wie sich die Geldvermögensstruktur bzw. Portfoliostruktur verschiebt, wenn sich der Zinssatz ändert. Da aber die Inflation den realen Wert des Geldes und der Wertpapiere gleichermaßen beeinflußt, hat sie für die *strukturelle Gestaltung* des Portefeuilles durch den Geldvermögensbesitzer und dementsprechend für die Zinsabhängigkeit der Geldnachfrage - sowie gegebenenfalls des Geldangebots - keine Bedeutung.

Während also die IS-Kurve aufgrund der Gleichungen (9.9) und (9.10) den Zusammenhang zwischen dem Realzinssatz und dem Realeinkommen wiedergibt, der ein IS-Gleichgewicht impliziert, beschreibt die LM-Kurve nach wie vor den Zusammenhang zwischen dem Nominalzinssatz und dem Realeinkommen, bei dem ein Geldmarktgleichgewicht (LM-Gleichgewicht) vorliegt. Um nun den Zinssatz und das Realeinkommen bzw. die Güternachfrage bestimmen zu können, die gleichzeitig ein IS- und ein LM-Gleichgewicht implizieren, ist es sinnvoll, auch die LM-Kurve in Abhängigkeit vom Realzinssatz darzustellen. Diese Abhängigkeit läßt sich einfach dadurch gewinnen, daß in der Geldnachfragefunktion an die Stelle des Nominalzinssatzes i die Summe aus dem Realzinssatz r und der erwarteten Inflationsrate π^e gemäß Gleichung (9.7b) gesetzt wird:

$$(9.11) \quad \frac{M}{P} = L(Y, r + \pi^e) \qquad \text{mit:} \quad \frac{\delta L}{\delta(r + \pi^e)} \leq 0$$

Die Abbildung 9.4 zeigt die IS-Kurve in Abhängigkeit vom Realzinssatz r, die LM-Kurve in Abhängigkeit vom Nominalzinssatz i sowie die gemäß Gleichung (9.11) modifizierte LM-Kurve in Abhängigkeit vom Realzinssatz r. Diese modifizierte LM-Kurve sei mit LM^r bezeichnet. Gegenüber der herkömmlichen LM-Kurve - hier mit LM^i bezeichnet - ist die modifizierte LM-Kurve um die erwartete Inflationsrate π^e nach unten zu verschieben.

Bei einer erwarteten Inflationsrate von π_0^e gilt die modifizierte LM-Kurve LM_0^r. Aus dem IS- und dem LM-Gleichgewicht ergibt sich in diesem Fall ein Realzinssatz von r_0 und folglich der Nominalzinssatz $i_0 = r_0 + \pi_0^e$. In dieser Gleichgewichtssituation ist Y_0 die Güternachfrage und das Realeinkommen zugleich.

Steigt die erwartete Inflationsrate auf π_1^e, so verschiebt sich die modifizierte LM-Kurve nach unten - hier nach LM_1^r. Die herkömmliche, vom Nominalzinssatz abhängige LM-Kurve bleibt hiervon unberührt. Die Zunahme der erwarteten Inflationsrate führt zu einem neuen IS- und LM-Gleichgewicht im Punkt C. Der Realzinssatz ist somit auf r_1 gesunken und der Nominalzinssatz auf i_1 gestiegen. Die Güternachfrage und das Realeinkommen haben sich auf Y_1 erhöht.

Der Anpassungsprozeß läßt sich wie folgt erklären: Bei zunächst noch unveränderten Größen des Realeinkommens (Y_0) sowie des Nominalzinssatzes (i_0) ist der Anstieg der erwarteten Inflationsrate gemäß Gleichung (9.7b) unmittelbar mit einer entsprechend großen Verringerung des Realzinssatzes verbunden. Das drückt sich in der Verschiebung der modifizierten LM-Kurve um die Strecke AE nach unten aus. Infolge der Reduktion des Realzinssatzes steigt - sofern eine entsprechende Zinsreagibilität vorliegt - die Güternachfrage. Und zwar nimmt zum einen die Investitionsnachfrage und zum anderen - im Zusammenhang mit der Verringerung der Ersparnisse - die Konsumgüternachfrage zu. Damit geht eine Erhöhung der Nachfrage nach Transaktionskasse einher, so daß es bei gegebenem Geldangebot zu einem Anstieg des Nominalzinssatzes kommt. Dieser Anstieg läßt sich in einer Bewegung auf der herkömmlichen LM-Kurve von B nach D nachvollziehen. Gemäß Gleichung (9.7b) impliziert der Anstieg des Nominalzinssatzes eine gleich große Erhöhung des Realzinssatzes. Diese kommt in einer Bewegung auf der modifizierten LM-Kurve von E nach C zum Ausdruck.

Abbildung 9.4

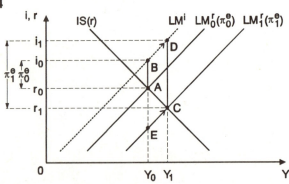

Das Auftreten von Inflationserwartungen kann erhebliche Konsequenzen für die Wirkungen der Geldpolitik auf den Nominalzinssatz haben. Das sei anhand der Abbildung 9.5 verdeutlicht. In der Ausgangssituation werde keine Inflation erwartet, so daß die herkömmliche und die modifizierte LM-Kurve übereinstimmen. Im Ausgangsgleichgewicht (Punkt A) haben dementsprechend der Nominalzinssatz und der Realzinssatz den gleichen Wert (i_0 bzw. r_0).

Die Geldmenge werde nun autonom erhöht, so daß sich die herkömmliche, vom Nominalzinssatz abhängige LM-Kurve nach LM_1^i verschiebt. Im Zuge der Geldmengenerhöhung möge es jedoch zu einer erwarteten Inflationsrate von π^e kommen. Dementsprechend ergibt sich die modifizierte LM-Kurve LM_1^r. Ein neues IS- und LM-Gleichgewicht wird nun im Punkt B erreicht. Zwar ist der Realzinssatz auf r_1 gesunken, aber der Nominalzinssatz hat sich auf i_1 erhöht.

Die Erhöhung des Nominalzinssatzes ist allerdings nicht zwingend. Fallen die durch die Geldpolitik induzierten Inflationserwartungen geringer aus, so ist es durchaus möglich, daß der Nominalzinssatz ebenfalls sinkt oder daß er konstant bleibt. *Als ein wichtiges Ergebnis dieser Betrachtung ist festzuhalten, daß die Wirkung einer expansiven Geldpolitik auf den Nominalzinssatz nicht eindeutig ist, wenn gleichzeitig Inflationserwartungen induziert werden. Ein Anstieg des Nominalzinssatzes kann nicht ausgeschlossen werden.*

Abbildung 9.5

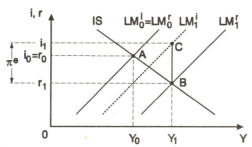

Die Zusammenhänge zwischen den Inflationserwartungen, der Zinsbildung und der Güternachfrage wurden zuvor lediglich im Rahmen einer strikten Ceteris-paribus-Analyse aufgezeigt. Man muß aber beachten, daß Inflationserwartungen meistens vor dem Hintergrund einer faktischen Inflation auftreten oder ihrerseits Preis- bzw. Inflationsimpulse auslösen und damit zu faktischen Preisänderungen führen. Solche Preisänderungen haben jedoch bekanntlich Auswirkungen auf die reale Geldmenge (bzw. auf die Lage der LM-Kurve) sowie direkt auf die Güternachfrage (bzw. auf die Lage der IS-Kurve). Daraus ergeben sich Rückwirkungen auf den Realzinssatz, den Nominalzinssatz und das Realeinkommen bzw. die Güternachfrage im IS- und LM-Gleichgewicht. Es ist also erforderlich, die Inflationserwartungen in eine umfassende Wirkungsanalyse einzubinden, in der auch die tatsächlichen Preisänderungen bzw. inflationären Preisentwicklungen erfaßt werden. Auf diesen Aspekt sind die jetzt folgenden Untersuchungen gerichtet.

9.4 Inflation und Arbeitslosigkeit: Die Theorie der Phillips-Kurve
9.4.1 Einführung

Nur selten hat ein einzelner Beitrag die ökonomische Forschung so sehr inspiriert wie die im Jahr 1958 veröffentlichte empirische Studie von A.W. Phillips.[12] Er stellte fest, daß in Großbritannien innerhalb eines längeren Zeitraums (1861-1957) zwischen der Veränderungsrate des durchschnittlichen volkswirtschaftlichen Nominallohnsatzes und der Arbeitslosenquote ein negativer, nicht-linearer Zusammenhang bestanden hatte und daß dieser Zusammenhang im Zeitablauf relativ stabil gewesen war.

Da es sowohl nach der ökonomischen Theorie als auch nach den empirischen Erfahrungen als erwiesen galt, daß zwischen der Veränderungsrate des Nominallohnsatzes und der gesamtwirtschaftlichen Inflationsrate zumindest mittel- und län-

---

12 Vgl. **A. W. Phillips** (1958), S. 283-299.

gerfristig eine feste Beziehung besteht, wurde aus der Untersuchung von Phillips sogleich der Schluß gezogen, daß auch ein negativer, im Zeitablauf relativ stabiler Zusammenhang zwischen der Inflationsrate und der Arbeitslosenquote besteht. Obwohl Phillips seine Untersuchung zunächst nur auf die Veränderungsrate des Nominallohnsatzes gerichtet hatte, wurde dieser abgeleitete Zusammenhang zwischen der Inflationsrate und der Arbeitslosenquote später allgemein als *Phillips-Kurve* bezeichnet.

Diese Phillips-Kurve zeigte, daß mehr Beschäftigung mit mehr Inflation einhergeht und daß eine Wirtschaftspolitik, die dem Ziel der Vollbeschäftigung höchste Priorität einräumt und mit dieser Zielorientierung beschäftigungsfördernde Maßnahmen ergreift, eine höhere Inflationsrate in Kauf nehmen muß. Der *"Trade-off" zwischen Beschäftigung und Inflation* diente dann sowohl in der Wirtschaftstheorie als auch in der praktischen Wirtschaftspolitik als eine gewisse beschäftigungspolitische Leitlinie.

Schon Ende der sechziger Jahre wurden jedoch vor allem von Milton Friedman und Edmund S. Phelps in getrennten theoretischen Arbeiten erhebliche Zweifel an dem in der Phillips-Kurve erfaßten Trade-off geäußert.[13] Diese Skepsis wurde durch die tatsächliche wirtschaftliche Entwicklung während der siebziger Jahre in fast allen westlichen Industriestaaten bestätigt. Die zeitweise erhebliche Inflationsbeschleunigung war nicht mit mehr Beschäftigung und weniger Arbeitslosigkeit, sondern insbesondere in der zweiten Hälfte der siebziger Jahre mit wesentlich mehr Arbeitslosigkeit verbunden. Es setzte sich allmählich die Erkenntnis durch, daß eine auf Nachfragestimulierung ausgerichtete staatliche Beschäftigungspolitik, die sich vorrangig zum Ziel der Vollbeschäftigung bekannte und dabei dem Ziel der Preisstabilität keinen hohen Stellenwert beimaß, einerseits die Beschäftigungsprobleme nicht zu lösen vermochte, andererseits aber den inflationären Preisauftrieb erheblich verstärkte.

Vor diesem Hintergrund gewann die theoretische Diskussion um die Phillips-Kurve an Gewicht. Es gab jetzt eingehende Untersuchungen zur Stabilität der Phillips-Kurve, zum kurz- und längerfristigen Zusammenhang zwischen der Inflationsrate und der Arbeitslosenquote sowie zur Bedeutung der staatlichen Beschäftigungspolitik für Inflation und Arbeitslosigkeit. Das Aufdecken unterschiedlicher ökonomischer Bedingungen und verschiedener Verhaltens- und Handlungsweisen im Rahmen von Lohn- und Preisbildungsprozessen führte auf theoretischer Basis zu einem breiten Spektrum von Ergebnisalternativen. Und auch in empirischen Untersuchungen kam man jetzt immer häufiger zu dem Schluß, daß der mit der (einfachen) Phillips-Kurve beschriebene stabile Zusammenhang zwischen Inflationsrate und Arbeitslosenquote für viele Industriestaaten nicht bestand.

Die Gegensätze zwischen der neoklassischen Theorie auf der einen Seite und der keynesianischen Theorie auf der anderen Seite traten auch bei den theoretischen und empirischen Analysen zum Trade-off zwischen Inflation und Beschäf-

---

13 Vgl. **M. Friedman** (1968), **E. S. Phelps** (1970).

tigung mit aller Schärfe hervor. Die Keynesianer versuchten, ihre Position zu verteidigen, mit der sie der staatlichen Beschäftigungspolitik die Fähigkeit bescheinigten, auch in einer inflationären Volkswirtschaft längerfristig positive Beschäftigungseffekte zu erzielen. Vor allem die von den Ideen Milton Friedmans inspirierte *monetaristische Schule*, die sich im wesentlichen um eine Verfeinerung der neoklassischen Theorie bemühte, wies die keynesianische Position vehement zurück. Sie kam statt dessen zu dem Schluß, daß die nachfrageorientierte staatliche Beschäftigungspolitik mittel- und längerfristig keine Verringerung der Arbeitslosenquote, sondern - unterstützt durch eine falsche Geldpolitik - lediglich eine Beschleunigung der Inflation bewirkt und dadurch wahrscheinlich zum Auslöser neuer Beschäftigungsprobleme wird.

In den jetzt folgenden Untersuchungen wird die theoretische Konzeption der Phillips-Kurve unter Berücksichtigung der keynesianischen und der neoklassischen Standpunkte systematisch entwickelt. Im einzelnen geht es darum

- aus den Hypothesen über die Lohn- und Preisbildung in einer Volkswirtschaft die Zusammenhänge zwischen der Inflationsrate und der Arbeitslosenquote zu erfassen
- den Einfluß von Inflationserwartungen auf die Lohn- und Preisbildung aufzuzeigen
- die Wirkungen der staatlichen Beschäftigungspolitik (der Fiskal- und der Geldpolitik) auf die Inflation und die Beschäftigung zu verdeutlichen.

9.4.2 Der theoretische Ansatz der Phillips-Kurve

Die Theorie der Phillips-Kurve baut auf zwei Verhaltenshypothesen auf, die weiter oben [Kap. 5] schon ausführlich dargelegt und dort auch bereits angewendet worden sind, nämlich auf

- der Lohnbildungshypothese [Gl. 5.6]
- der Mark-up-Hypothese zur gesamtwirtschaftlichen Preisbildung [Gl. 5.14].

Gemäß der Lohnbildungshypothese wird die *Veränderungsrate des gesamtwirtschaftlichen (durchschnittlichen) Nominallohnsatzes* wie folgt erklärt:

$$(9.12) \quad \omega^n = \lambda_v + \lambda_P \pi^e + \lambda_a \hat{a}^e + \lambda_u(u^* - u) \quad \text{mit: } \omega^n = \frac{w^n - w^n_{-1}}{w^n_{-1}}$$

$$\lambda_v \geq 0; \; \lambda_P \geq 0; \; \lambda_a \geq 0; \; \lambda_u \geq 0$$

π^e ist die erwartete Inflationsrate; $\hat{a}^e$ bezeichnet die erwartete Veränderungsrate der Arbeitsproduktivität; $u^* - u$ gibt die Differenz zwischen der natürlichen und der tatsächlichen Arbeitslosenquote an; λ_P, λ_a und λ_u sind die jeweils zugehörigen Koeffizienten, in denen die entsprechenden lohnpolitischen Reaktionen zum Ausdruck kommen; λ_v ist ein autonomer verteilungsorientierter Parameter. Da die Entwicklung der Arbeitsproduktivität relativ leicht prognostizierbar ist, tritt an die Stelle der erwarteten Veränderungsrate der Arbeitsproduktivität häufig die entsprechende tatsächliche Veränderungsrate $\hat{a}$.

Nach der Mark-up-Hypothese wird das gesamtwirtschaftliche Preisniveau durch die folgende Aufschlagskalkulation bestimmt:

(9.13) $\quad P = (1 + \gamma)\dfrac{w^n}{a} = \rho\,\dfrac{w^n}{a} \qquad$ mit: $\rho > 0$

Hierin bezeichnen γ den Aufschlagssatz, w^n den Nominallohnsatz und a die Arbeitsproduktivität. Da sich die Analyse jetzt auf die Inflationsrate richtet, wird auf der Grundlage dieser Mark-up-Hypothese die Veränderungsrate des Preisniveaus erklärt:[14]

(9.14) $\quad \pi = \gamma_v + \omega^n - \hat{a} \qquad$ mit: $\pi = \dfrac{\Delta P}{P}$; $\gamma_v = \dfrac{\Delta \rho}{\rho}$; $\omega^n = \dfrac{\Delta w^n}{w^n}$; $\hat{a} = \dfrac{\Delta a}{a}$

Die Differenz zwischen der Veränderungsrate des Nominallohnsatzes und der Veränderungsrate der Arbeitsproduktivität ($\omega^n - \hat{a}$) entspricht der Veränderungsrate der Lohnstückkosten. Die Größe γ_v zeigt eine autonome Veränderung des Aufschlagssatzes an. Da sich hierdurch die Verteilungsposition der Unternehmungen verändert, wird γ_v als autonomer Verteilungsparameter der Unternehmungen bezeichnet.[15]

Die Veränderungsrate des Nominallohnsatzes gemäß Gleichung (9.12) wird nun in die Gleichung (9.14) eingesetzt:

(9.15) $\quad \pi = \lambda_v + \gamma_v + \lambda_p \pi^e - (1 - \lambda_a)\hat{a} + \lambda_u(u^* - u)$

Um die Analyse so einfach wie eben möglich zu gestalten, sei angenommen, daß sich die Arbeitsproduktivität nicht verändert und daß dementsprechend die Veränderungsrate der Arbeitsproduktivität $\hat{a}$ null ist. Außerdem wird zunächst angenommen, daß die autonomen Verteilungsparameter λ_v und γ_v jeweils null sind. Vor dem Hintergrund dieser Annahmen wird im folgenden auch nur eine stationäre, also nicht-wachsende Volkswirtschaft untersucht. Die Gleichung (9.15) vereinfacht sich dann zu:

(9.15a) $\quad \pi = \lambda_p \pi^e + \lambda_u(u^* - u)$

Diese Gleichung stellt einen negativen Zusammenhang zwischen der Inflationsrate π und der tatsächlichen Arbeitslosenquote u her. Sie bildet insofern die wichtigste Grundlage der Theorie der Phillips-Kurve.

---

[14] Aus der Gleichung (9.13) folgt: $\Delta P = \dfrac{w^n}{a}\Delta \rho + \dfrac{\rho}{a}\Delta w^n - \dfrac{\rho w^n}{a^2}\Delta a$
Dividiert man durch P, so ergibt sich bei Beachtung von (9.13): $\dfrac{\Delta P}{P} = \dfrac{\Delta \rho}{\rho} + \dfrac{\Delta w^n}{w^n} - \dfrac{\Delta a}{a}$

[15] Analog zum Einfluß der Arbeitsmarktlage auf die Veränderungsrate des Nominallohnsatzes könnte für die Inflationsrate beispielsweise die Abweichung der tatsächlichen von der "normalen" Auslastung der Sachkapazitäten von Bedeutung sein. Es ist zu vermuten, daß die Unternehmungen versuchen, ihre Verteilungsposition bei positiver Abweichung zu verbessern, wogegen sie bei negativer Abweichung (möglicherweise) bereit oder durch die Marktkräfte gezwungen sind, eine Verschlechterung ihrer Verteilungsposition in Kauf zu nehmen. Der Verteilungsparameter γ_v würde in diesem Fall zumindest teilweise endogen – nämlich von der Kapazitätsauslastung – bestimmt. Zur Vereinfachung wird dieser Fall jedoch ausgeschlossen.

9.4.3 Die langfristige Phillips-Kurve

Da die Inflationserwartungen ein wesentliches Element der Theorie der Phillips-Kurve sind und die Bildung von Inflationserwartungen eine zeitlich differenzierte Analyse erforderlich macht, ist in dieser Theorie zwischen einer kurz-, einer mittel- und einer langfristigen Perspektive zu unterscheiden. Die langfristige Perspektive richtet sich auf einen Gleichgewichtszustand, in dem die erwartete mit der tatsächlichen Inflationsrate übereinstimmt. Dementsprechend spricht man in diesem Zusammenhang auch von der *langfristigen Phillips-Kurve*.

Die kurz- und die mittelfristige Perspektive sind dann von Bedeutung, wenn das langfristige Gleichgewicht gestört wird. Als kurzfristig gilt der Zeitraum, in dem trotz einer aufgetretenen Störung und einer dadurch bedingten Veränderung der tatsächlichen Inflationsrate noch keine Erwartungskorrektur vorgenommen wurde, in dem also die erwartete Inflationsrate im Vergleich zur Vorperiode noch unverändert geblieben ist. In diesem Fall existiert lediglich ein *temporäres Gleichgewicht*. Auf dieses Gleichgewicht bezieht sich konsequenterweise die *kurzfristige Phillips-Kurve*.

Die *mittelfristige Perspektive* umfaßt schließlich den gesamten Zeitraum, in dem die Inflationserwartungen als Reaktion auf die aufgetretenen Störungen und die dadurch bedingten Datenänderungen korrigiert werden. In diesem mittelfristigen Zeitraum finden also Anpassungsprozesse statt, durch die möglicherweise letzten Endes wieder ein langfristiger Gleichgewichtszustand in dem oben definierten Sinne erreicht wird. Wie weiter unten noch zu zeigen ist, besteht der mittelfristige Anpassungsprozeß aus einer Abfolge temporärer Gleichgewichtszustände, die jeweils mit einer bestimmten kurzfristigen Phillips-Kurve verbunden sind. Die Darstellung der mittelfristigen Anpassungsprozesse macht eine dynamische Analyse erforderlich, wogegen für die kurz- und die langfristige Perspektive eine komparativ-statische Analyse ausreicht.

Zunächst wird der langfristige Gleichgewichtszustand und dementsprechend die langfristige Phillips-Kurve betrachtet. Im langfristigen Gleichgewicht gilt ex definitione:

(9.16) $\pi^e = \pi$

Setzt man diese Gleichgewichtsbedingung in die Phillips-Kurven-Gleichung (9.15a) ein, so ergibt sich:

(9.17) $\pi = \lambda_P \pi + \lambda_u (u^* - u)$

Durch Auflösung nach der tatsächlichen Inflationsrate erhält man hieraus die Gleichung der *langfristigen Phillips-Kurve*:

(9.17a) $\pi = \dfrac{\lambda_u}{1 - \lambda_P}(u^* - u)$ mit: $\lambda_u \geq 0\,;\ 0 \leq \lambda_P \leq 1$

Von entscheidender Bedeutung für den Verlauf der langfristigen Phillips-Kurve ist der Koeffizient λ_P, der gemäß der Lohnfunktion (9.12) zum Ausdruck bringt, inweiweit über die Veränderung des Nominallohnsatzes eine Reallohnsicherung erreicht wird. Hat dieser Koeffizient den Wert 1, so spiegelt sich in der Veränderungsrate des Nominallohnsatzes eine vollständige Reallohnsicherung wider. Diese absolute Reallohnsicherung ist die Kernhypothese der *neoklassischen Konzeption der Phillips-Kurve*.[16] Kämen die anderen Einflußgrößen in der Lohngleichung (9.12) nicht zum Tragen, so würde die Veränderungsrate des Nominallohnsatzes der Inflationsrate entsprechen.

In der *keynesianischen Theorie* wird demgegenüber durchaus die Möglichkeit in Betracht gezogen, daß auch in einem längerfristigen Zeitrahmen nicht zwingend eine strikte Reallohnsicherung stattfinden muß. Man nimmt an, daß
- entweder die Gewerkschaften im Interesse der Preisstabilität freiwillig darauf verzichten, ihre Lohnforderungen vollständig an der Inflationsrate auszurichten
- oder entsprechende Lohnforderungen aufgrund einer relativ großen Marktmacht der Unternehmungen nicht durchsetzbar sind.

Nach der *keynesianischen Konzeption der Phillips-Kurve* kann der Koeffizient λ_P somit sehr wohl kleiner als 1 sein. Ein Wert von null für den Koeffizienten λ_P ist nach dieser Konzeption zwar nicht grundsätzlich ausgeschlossen, aber auch die Keynesianer halten diesen Fall für eher unwahrscheinlich.

Vor dem Hintergrund dieser Hypothesen ist es üblich, zwei Varianten der langfristigen Phillips-Kurve zu unterscheiden:
- die *neoklassische Variante* mit $\lambda_P = 1$
- die *keynesianische Variante* mit $0 \leq \lambda_P \leq 1$.

Setzt man in die Gleichung (9.17) für λ_P den Wert 1 ein, so wird deutlich, daß das langfristige Gleichgewicht in dieser neoklassischen Variante durch zwei Eigenschaften gekennzeichnet ist:
- Die tatsächliche Arbeitslosenquote u entspricht der natürlichen Arbeitslosenquote u^*.
- Die tatsächliche bzw. die natürliche Arbeitslosenquote ist mit jeder beliebigen Inflationsrate vereinbar.

Nach der *keynesianischen Variante* eröffnet sich demgegenüber auch im langfristigen Gleichgewicht die Möglichkeit, daß
- die tatsächliche Arbeitslosenquote kleiner ist als die natürliche
- ein negativer Zusammenhang zwischen der Inflationsrate und der tatsächlichen Arbeitslosenquote besteht.

Beide Varianten der langfristigen Phillips-Kurve sind in der Abbildung 9.6 dargestellt worden. PK_N zeigt die langfristige Phillips-Kurve für den neoklassischen Fall und PK_K stellt eine Möglichkeit für die keynesianische Variante der langfristigen Phillips-Kurve dar. Im neoklassischen Fall hat die langfristige Phillips-

---

16 Außerdem geht man in dieser Konzeption, wie hier ebenfalls angenommen wird, davon aus, daß Unternehmungen eine Nominallohnsatzerhöhung vollständig in den Preisen weitergeben, daß also das Preisniveau immer proportional mit den Lohnstückkosten zunimmt und dementsprechend die Inflationsrate immer der Veränderungsrate des Nominallohnsatzes entspricht.

Kurve somit einen vertikalen Verlauf, wogegen der keynesianische Fall eine negative Steigung impliziert oder zumindest die Möglichkeit einer negativen Steigung nicht ausschließt. Liegt eine negative Steigung vor, so ist einer bestimmten Arbeitslosenquote zugleich auch eine bestimmte Inflationsrate zugeordnet, z.B. der Arbeitslosenquote u_0 die Inflationsrate π_0. Der Punkt A stellt dann einen langfristigen Gleichgewichtszustand dar. Bei vertikalem Verlauf der Phillips-Kurve ist im langfristigen Gleichgewicht lediglich die Arbeitslosenquote auf dem natürlichen Niveau u^* determiniert, wogegen die zugehörige Inflationsrate unbestimmt ist.

Abbildung 9.6

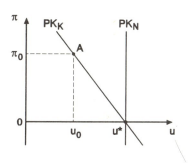

9.4.4 Die kurzfristige Phillips-Kurve

Die kurzfristige Phillips-Kurve beschreibt eine *temporäre Gleichgewichtssituation*, in der die erwartete Inflationsrate noch nicht oder noch nicht vollständig an die tatsächliche Inflationsrate angepaßt worden ist. In dieser Situation, die in einer (kurzen) Periode t besteht, ist die erwartete Inflationsrate somit konstant. Sie sei mit $\bar{\pi}_t^e$ bezeichnet. Setzt man diesen Wert in die Phillips-Kurven-Gleichung (9.15a) ein, so erhält man den *kurzfristigen Zusammenhang* zwischen der tatsächlichen Inflationsrate und der tatsächlichen Arbeitslosenquote:

(9.18) $\quad \pi_t = \lambda_P \bar{\pi}_t^e + \lambda_u(u^* - u_t)$

Die Abbildung 9.7 zeigt die kurzfristige Phillips-Kurve gemäß dieser Gleichung in einer bestimmten Periode t. Während die Steigung dieser Kurve durch den Koeffizienten λ_u determiniert ist (tg $\beta = \lambda_u$), ist für ihre Lage die Niveaugröße $\lambda_P \bar{\pi}_t^e$ maßgebend. Bei $u_t = u^*$ würde die tatsächliche Inflationsrate (hier π_0) dieser Niveaugröße entsprechen.

Abbildung 9.7

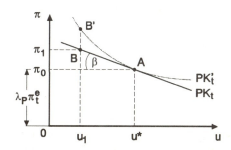

Es sei angenommen, daß in der Ausgangssituation der Punkt A mit $u = u^*$ gegeben ist. Die tatsächliche Arbeitslosenquote möge sich nun auf u_1 verringern. Für das Verständnis der kurzfristigen Phillips-Kurve spielt es keine Rolle, wodurch diese Verringerung bewirkt wurde, so daß es vorerst genügt, sie als ein Faktum vorauszusetzen.

Infolge der Verbesserung der Arbeitsmarktlage nimmt die *Veränderungsrate* des Nominallohnsatzes gemäß der Lohngleichung (9.12) zu:

(9.18a) $\quad \Delta \omega_t^n = -\lambda_u \Delta u_t$

Darauf reagieren die Unternehmungen gemäß der Preisgleichung (9.14) mit einer Erhöhung der *Veränderungsrate* des Preisniveaus:

(9.18b) $\quad \Delta \pi_t = \Delta \omega_t^n = -\lambda_u \Delta u_t \qquad \text{bei: } \hat{\alpha} = 0\,;\ \gamma_v = 0$

Die Inflationsrate steigt durch diesen Anpassungsprozeß im hier betrachteten Beispiel auf π_1.

Käme es demgegenüber zu einer Erhöhung der tatsächlichen Arbeitslosenquote, so würde der zuvor beschriebene Anpassungsprozeß zu entgegengesetzten Veränderungen führen. Hier ist allerdings zu beachten, daß aus Gründen der Vereinfachung mit (9.12) eine lineare Lohngleichung zugrunde gelegt worden ist, in der die Koeffizienten konstante Größen sind. In der Realität läßt sich aber häufig beobachten, daß es im Zuge einer Verbesserung der Arbeitsmarktlage zu relativ hohen Lohnzuwächsen kommt, wogegen sich bei einer Verschlechterung der Arbeitsmarktlage die Lohnzuwachsraten nur relativ geringfügig abschwächen. Es ist deshalb zu vermuten, daß der Koeffizient λ_u eine variable, von der Arbeitsmarktlage abhängige Größe ist. Dementsprechend würde sich beispielsweise in der Abbildung 9.7 der gestrichelt gezeichnete Lauf der kurzfristigen Phillips-Kurve PK_t' ergeben. Im Vergleich zu dem oben skizzierten linearen Fall hätte - ausgehend vom Punkt A - eine Verbesserung der Arbeitsmarktlage eine höhere Zuwachsrate der Inflation und eine Verschlechterung der Arbeitsmarktlage eine geringere Abschwächung der Inflationsrate zur Folge.

Der Punkt B auf der linearen kurzfristigen Phillips-Kurve (bzw. der Punkt B' auf der nicht-linearen Kurve) beschreibt nur ein temporäres Gleichgewicht. Denn obwohl die tatsächliche Inflationsrate zugenommen hat, sind die Inflationserwartungen noch nicht korrigiert worden. Sobald diese Korrektur stattfindet, wird sich die kurzfristige Phillips-Kurve verschieben - und das temporäre Gleichgewicht wird dann hinfällig. Hierauf ist in der jetzt folgenden mittelfristigen Analyse näher einzugehen.

9.4.5 Inflationserwartungen und inflationäre Anpassungsprozesse

Für die Erklärung von Inflationserwartungen sind weiter oben bereits drei mögliche Hypothesen aufgezeigt worden: die extrapolative, die adaptive und die rationale Erwartungshypothese. Um die mittelfristigen Anpassungsvorgänge möglichst anschaulich darstellen zu können, wird hier zunächst eine sehr einfache Erwartungsbildung angenommen, die sowohl mit der extrapolativen als auch mit der adaptiven Erwartungshypothese vereinbar ist.[17]

(9.19) $\pi_t^e = \pi_{t-1}$

Die für die Periode t erwartete Inflationsrate entspricht somit der tatsächlichen Inflationsrate der Vorperiode t-1.

Setzt man diese Erwartungsbildung in die Phillips-Kurven-Gleichung (9.15a) ein, so ergibt sich eine einfache dynamisierte Form des Zusammenhangs zwischen der tatsächlichen Inflationsrate und der tatsächlichen Arbeitslosenquote:

(9.20) $\pi_t = \lambda_P \pi_{t-1} + \lambda_u(u^* - u_t)$

Mit Hilfe der Abbildung 9.8 wird zuerst der *neoklassische Fall* der vollständigen Reallohnsicherung untersucht. Der Koeffizient λ_P hat hier den Wert 1. Wie die Gleichung (9.20) nochmals deutlich macht, kann es in diesem Fall nur dann ein anhaltendes Gleichgewicht mit einer im Zeitablauf unveränderten Inflationsrate ($\pi_t = \pi_{t-1}$) geben, wenn die tatsächliche der natürlichen Arbeitslosenquote entspricht. In der Ausgangssituation liegt ein solches Gleichgewicht im Punkt A vor. Es sei angenommen, daß die Arbeitslosenquote (z.B. mit Hilfe beschäftigungspolitischer Maßnahmen) in einer Periode t = 1 auf u_1 verringert wird. Gemäß der in dieser Periode gültigen kurzfristigen Phillips-Kurve PK_1 steigt die Inflationsrate dadurch auf π_1. Da die Inflationserwartungen noch unverändert geblieben sind, die erwartete Inflationsrate also noch der Ausgangsinflationsrate π_0 entspricht, beschreibt der Punkt B allerdings nur ein temporäres Gleichgewicht.

Abbildung 9.8

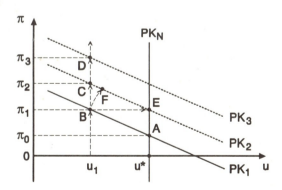

In der nun folgenden Periode t = 2 passen sich die Inflationserwartungen an die aus der Vorperiode bekannte Erhöhung der tatsächlichen Inflationsrate an. Die

---

[17] Im extrapolativen Ansatz gemäß Gleichung (9.4) wird ein Anpassungskoeffizient von $\alpha_j = 1$ (mit j = 1) und im adaptiven Ansatz gemäß Gleichung (9.5) ein Anpassungskoeffizient von $\phi = 1$ angenommen.

kurzfristige Phillips-Kurve verschiebt sich dadurch gemäß Gleichung (9.20) um den Betrag $\Delta\pi_{t-1} = \pi_1 - \pi_0$ (Strecke AE = BC) nach oben.

Welcher (temporäre) Gleichgewichtspunkt auf dieser neuen kurzfristigen Phillips-Kurve PK_2 realisiert wird und wie sich die weiteren Anpassungsprozesse vollziehen, hängt von der Veränderung der Arbeitslosenquote in der jetzt betrachteten Periode t = 2 ab. Drei Möglichkeiten sind hier in Betracht zu ziehen:

- Die Arbeitslosenquote kann, z.B. durch weitere beschäftigungspolitische Maßnahmen, auf dem zuvor erreichten Niveau von u_1 gehalten werden.
- Die Arbeitslosenquote steigt schon kurzfristig wieder auf das natürliche Niveau u^*.
- Die Arbeitslosenquote nimmt zwar bereits in der zweiten Periode, z.B. wegen einer jetzt nicht mehr ausreichenden beschäftigungspolitischen Unterstützung, wieder zu, nähert sich aber erst in den weiteren Perioden wieder dem natürlichen Niveau u^* an.

Im ersten Fall ergibt sich auf der in der Periode t = 2 gültigen kurzfristigen Phillips-Kurve PK_2 ein temporäres Gleichgewicht im Punkt C. Die Inflationsrate erhöht sich also auf π_2. Da sich die Inflationserwartungen in der Folgeperiode an den weiteren Zuwachs der Inflationsrate anpassen, verschiebt sich die kurzfristige Phillips-Kurve in der Periode t = 3 um die Strecke BC = CD nach oben, hier nach PK_3. Gelingt es auch jetzt, die Arbeitslosenquote auf dem Niveau u_1 aufrechtzuerhalten, so wiederholt sich der für die Periode t = 2 skizzierte Anpassungsvorgang. Die Inflationsrate steigt dadurch auf π_3.

In diesen Zusammenhängen wird ein wichtiges Ergebnis des neoklassischen Ansatzes der Phillips-Kurven-Theorie deutlich: *Mit anhaltenden beschäftigungspolitischen Maßnahmen läßt sich die Arbeitslosenquote auf Dauer nur unter das natürliche Niveau drücken, wenn dafür eine ständig steigende Inflationsrate in Kauf genommen wird. Eine solche Beschäftigungspolitik hat also nicht lediglich eine einmalige Zunahme der Inflationsrate, sondern eine Akzeleration der Inflationsrate zur Folge. Soll der Inflationssteigerungsprozeß zum Stillstand gebracht werden, so bleibt keine andere Wahl, als die natürliche Arbeitslosenquote zu akzeptieren. Will man die tatsächliche Arbeitslosenquote vermindern, ohne gleichzeitig einen sich beschleunigenden Inflationsprozeß auszulösen, so kann das nur mit einer Politik geschehen, die eine Verringerung der natürlichen Arbeitslosenquote bewirkt.*

Erhöht sich gemäß der oben aufgezeigten zweiten Möglichkeit die Arbeitslosenquote kurzfristig wieder auf das natürliche Niveau u^*, so wird bereits in der Periode t = 2 ein neues Gleichgewicht auf der langfristigen Phillips-Kurve PK_N (im Punkt E) erreicht. Sofern keine neue Störung auftritt, handelt es sich hier um ein anhaltendes Gleichgewicht. Weitere Anpassungsprozesse finden dann nicht statt. Auch dieses Ergebnis ist eine wichtige Konsequenz des neoklassischen Ansatzes: *Mit einer einmaligen beschäftigungspolitischen Aktion läßt sich die Arbeitslosenquote zwar vorübergehend unter das natürliche Niveau senken, aber während der Beschäftigungseffekt mittelfristig schon wieder verlorengeht, bleibt eine höhere Inflationsrate zurück.*

Schließlich könnte sich in der dritten der oben skizzierten Möglichkeiten z.B. eine Bewegung von B nach F ergeben. Die Inflationsrate würde sich in diesem Fall zwar in der Periode t = 2 ebenfalls erhöhen, aber wegen der wieder ansteigenden Arbeitslosigkeit fiele diese Erhöhung geringer aus als im ersten Fall.[18]

Vergleicht man die drei Fälle, so läßt sich das Ergebnis des neoklassischen Ansatzes der Phillips-Kurven-Theorie auch wie folgt fassen: *Je länger mit beschäftigungspolitischen Maßnahmen versucht wird, die tatsächliche unter die natürliche Arbeitslosenquote zu drücken, desto länger hält die Inflationsbeschleunigung an und desto mehr steigt letztlich die Inflationsrate.*

In der *keynesianischen Variante* der Phillips-Kurve wird bekanntlich die Möglichkeit in Betracht gezogen, daß die erwartete Inflationsrate nicht mit einem Gewicht von 1 in die tatsächliche Veränderungsrate des Nominallohnsatzes einfließt, daß also der Koeffizient λ_P in der Lohnfunktion (9.12) bzw. in der Phillips-Kurven-Gleichung (9.15a) durchaus kleiner als 1 sein kann. In diesem Fall hat, wie oben schon erläutert, die langfristige Phillips-Kurve eine negative Steigung.

Vor diesem Hintergrund möge in der Abbildung 9.9 im Punkt A ein Ausgangsgleichgewicht auf der langfristigen Phillips-Kurve PK_K gegeben sein. Es sei angenommen, daß die Arbeitslosenquote in der Periode t = 1 (z.B. wiederum mit Hilfe beschäftigungspolitischer Maßnahmen) auf u_1 gesenkt wird. Gemäß der kurzfristigen Phillips-Kurve PK_1 steigt die Inflationsrate dadurch auf π_1.

Abbildung 9.9

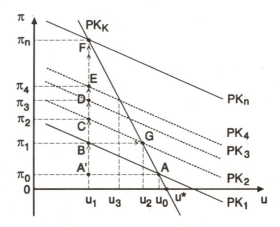

In der Periode t = 2 passen sich die Inflationserwartungen bekanntlich an die aus der Vorperiode bekannte tatsächliche Änderung der Inflationsrate an. Im Unterschied zum neoklassischen Ansatz wirkt sich die Anpassung der Inflationserwartungen jetzt allerdings nicht in einer gleich großen Zunahme der Veränderungsrate des Nominallohnsatzes aus. Folglich ist auch der zusätzliche Inflationsimpuls, der in der Periode t = 2 entsteht, geringer als in der Periode t = 1.

---

18 Anpassungsprozesse, in denen sich π und u simultan verändern, werden weiter unten eingehend untersucht.

Wegen $\lambda_P < 1$ gilt hier:

(9.21) $\Delta\omega_t^n < \Delta\pi_{t-1}$ und $\Delta\pi_t < \Delta\pi_{t-1}$

Die kurzfristige Phillips-Kurve verschiebt sich in der Periode t = 2 bei der Arbeitslosenquote u_1 um den Betrag BC nach oben. Dieser Betrag ist gemäß $\lambda_P < 1$ geringer als die Veränderung der Inflationsrate in der Vorperiode (Strecke A'B). Wird die Arbeitslosenquote - z.B. durch weitere beschäftigungspolitische Maßnahmen - auf dem Niveau u_1 aufrechterhalten, so ergibt sich ein temporäres Gleichgewicht im Punkt C und ein Anstieg der tatsächlichen Inflationsrate auf π_2.

Die hier aufgezeigten Anpassungsvorgänge wiederholen sich gleichermaßen in den Folgeperioden, wenn die Arbeitslosenquote auf dem Niveau u_1 erhalten bleibt. Die kurzfristige Phillips-Kurve verschiebt sich in der Periode t = 3 um den Betrag CD < BC nach oben. Und auch in den weiteren Perioden ergibt sich jeweils eine Verschiebung um einen geringeren Betrag nach oben, z.B. in der Periode t = 4 um den Betrag DE < CD. Wenn die Arbeitslosenquote u_1 aufrechterhalten wird, setzen sich diese Anpassungsvorgänge so lange fort, bis das neue Gleichgewicht im Punkt F auf der langfristigen Phillips-Kurve PK_K erreicht ist. Die Inflationsrate hat sich somit letztlich auf π_n erhöht.

Der *keynesianische Ansatz* impliziert also ein Ergebnis, das sich erheblich von demjenigen des neoklassischen Ansatzes unterscheidet: *Mit nachfrageorientierten beschäftigungspolitischen Maßnahmen läßt sich eine anhaltende Verbesserung der Beschäftigungslage und eine Senkung der tatsächlichen Arbeitslosenquote unter das sogenannte natürliche Niveau erreichen. Es ist zwar zu erwarten, daß diese Beschäftigungspolitik eine Erhöhung der Inflationsrate nach sich zieht, aber es findet keine anhaltende Inflationsbeschleunigung statt.*

Es ist selbstverständlich nicht zwingend, daß die einmal erreichte Arbeitslosenquote u_1 mit passenden beschäftigungspolitischen Maßnahmen erhalten wird und daß der Anpassungsprozeß schließlich zum neuen Gleichgewicht im Punkt F führt. Denkbar sind andere Anpassungsvorgänge, die - z.B. bei sich abschwächenden beschäftigungspolitischen Aktivitäten - mit einem Wiederanstieg der Arbeitslosenquote verbunden sind. Käme es z.B. bereits in der Periode t = 2 zu einem Anstieg der Arbeitslosenquote auf u_2, so würde schon in dieser Periode im Punkt G ein neues Gleichgewicht auf der langfristigen Phillips-Kurve PK_K erreicht.

Auf eine Implikation der zuvor dargestellten Phillips-Kurven-Theorie sei noch besonders hingewiesen: *Eine anhaltende bzw. längerfristige absolute Preisstabilität ($\pi = 0$) ist sowohl im neoklassischen Ansatz als auch im keynesianischen Ansatz nur bei der natürlichen Arbeitslosenquote u^* möglich.*[19]

---

[19] Dieses Ergebnis ist mit den Implikationen der Preisniveau-Analyse im 5. Kapitel kompatibel. Dort war bereits festgestellt worden, daß das Güterangebot nach Abschluß von Anpassungsprozessen auf dem natürlichen Niveau fixiert ist, wenn sich die Lohnpolitik an der Arbeitsmarktlage orientiert und dabei die natürliche Arbeitslosenquote eine maßgebliche Entscheidungsgröße ist. Mit dem Güterangebot bzw. der Produktion auf dem natürlichen Niveau ist bekanntlich eine bestimmte natürliche Arbeitslosenquote u^* verbunden.

9.4.6 Rationale Erwartungen und Inflation

Die zuvor aufgezeigten mittelfristigen Vorgänge beruhen auf einer einfachen Erwartungshypothese, die sowohl mit dem extrapolativen als auch dem adaptiven Ansatz der Erwartungsbildung kompatibel ist. Alternativ dazu soll jetzt geprüft werden, welche Wirkungen nach der Störung eines Gleichgewichts zu erwarten sind, wenn die Inflationserwartungen auf rationaler Entscheidungsbasis gebildet werden. Exemplarisch sei dabei auf die in der Literatur am häufigsten verwendete rationale Erwartungshypothese zurückgegriffen. Die erwartete Inflationsrate möge der Wachstumsrate der nominellen Geldmenge entsprechen:

(9.22) $\quad \pi^e = \hat{M}^n$

Diese Erwartungshypothese basiert auf einer weiter oben schon erläuterten Bedingung: *Mittel- und längerfristig ist Inflation ohne eine ausreichende monetäre Alimentierung und dementsprechend ohne ein ausreichend hohes nominelles Geldmengenwachstum unmöglich.* Aus dieser Bedingung kann allerdings noch nicht zwingend auf eine bestimmte Kausalitätsrichtung geschlossen werden. Wie oben schon erwähnt, ist es grundsätzlich möglich, daß entweder ein autonom gesteuertes Geldmengenwachstum die Inflation auslöst oder daß sich das Geldmengenwachstum - zumindest zu einem gewissen Teil - passiv an die Inflation anpaßt.

Für die Bildung der Inflationserwartungen ist es aber letztlich unerheblich, ob die Inflation mit einem aktiven oder passiven Geldmengenwachstum einhergeht. Die Kausalitätsrichtung läßt sich bei empirischen Beobachtungen ohnehin nicht erkennen - sofern man nicht auf komplizierte ökonometrische Verfahren zurückgreift. Entscheidend ist die Erfahrung, daß mittel- und längerfristig offenbar ein enger Zusammenhang zwischen Inflation und Geldmengenwachstum besteht. Vor diesem Hintergrund ist dann auch die rationale Erwartung verständlich, daß eine Erhöhung des Geldmengenwachstums, die nicht zur Unterstützung des realen Wirtschaftswachstums benötigt wird, über kurz oder lang die Inflation anheizt.

Im Rahmen der Theorie der Phillips-Kurve läßt sich ein interessantes Ergebnis gewinnen: Die Bildung der Inflationserwartungen gemäß der rationalen Erwartungshypothese (9.22) kann bewirken, daß eine Erhöhung des Geldmengenwachstums tatsächlich eine Zunahme der Inflationsrate nach sich zieht und daß somit quasi eine *Selbsterfüllung* der Erwartungen eintritt. Das soll jetzt auf der Grundlage des neoklassischen und des keynesianischen Ansatzes der Phillips-Kurve nachgewiesen werden.

Der Nachweis im *neoklassischen Ansatz* ist sehr einfach. Wird die Wachstumsrate der Geldmenge um $\Delta \hat{M}^n$ erhöht, so nimmt gemäß der Phillips-Kurven-Gleichung (9.15a) die Inflationsrate ceteris paribus wie folgt zu:

(9.23) $\quad \Delta \pi = \Delta \pi^e = \Delta \hat{M}^n \qquad$ mit: $\lambda_P = 1$

Das zusätzliche Geldmengenwachstum wird also vollständig zur monetären Alimentierung der zusätzlichen Inflation benötigt, die aus der geldmengeninduzierten

Erhöhung der erwarteten Inflationsrate resultiert. Das sei mit Hilfe der Abbildung 9.10 verdeutlicht.

In der Ausgangssituation möge ein Gleichgewicht im Punkt A auf der langfristigen Phillips-Kurve bestehen. Die tatsächliche und die natürliche Arbeitslosenquote stimmen hier überein. In dieser Situation ist die kurzfristige Phillips-Kurve PK_0 gültig, die bekanntlich eine feste erwartete Inflationsrate $\pi_e = \pi_0$ impliziert. Infolge der hier zugrunde gelegten Erwartungskorrektur verschiebt sich die kurzfristige Phillips-Kurve gemäß Gleichung (9.18) bei der natürlichen Arbeitslosenquote u^* um den Betrag AB nach oben. Diese Strecke entspricht exakt dem Betrag der Erhöhung der Wachstumsrate der Geldmenge. Die neue kurzfristige Phillips-Kurve PK_1 impliziert somit eine erwartete Inflationsrate von π_1. Dementsprechend wird auf der langfristigen Phillips-Kurve unmittelbar der neue Gleichgewichtspunkt B realisiert. Weitere Änderungen treten nicht auf. Hier wird erneut eine wichtige Implikation der neoklassischen Theorie deutlich: *Ein zusätzliches Geldmengenwachstum, das - wie hier angenommen - nicht zur monetären Unterstützung eines zusätzlichen realen Wirtschaftswachstums dient, hat lediglich eine entsprechende Erhöhung der Inflationsrate, nicht jedoch eine Verringerung der Arbeitslosigkeit zur Folge.*

Abbildung 9.10

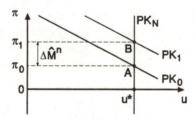

Aus den hier aufgezeigten Zusammenhängen ergibt sich allerdings noch eine neue Erkenntnis: *Werden die Inflationserwartungen auf rationaler Entscheidungsbasis gebildet und ist dabei der Zusammenhang zwischen Inflationsrate und Geldmengenwachstum maßgebend, so bewirkt eine Erhöhung des Geldmengenwachstums bereits kurzfristig den erwarteten Inflationsanstieg; die Inflationserwartungen werden somit alsbald bestätigt.*

Mit Hilfe der Abbildung 9.11 wird jetzt aufgezeigt, welche Wirkungen im Rahmen des *keynesianischen Ansatzes* auftreten. In der Ausgangssituation möge wiederum ein Gleichgewicht im Punkt A auf der (nun keynesianischen) langfristigen Phillips-Kurve bestehen. Die Arbeitslosenquote liegt mit u_0 jetzt unterhalb der natürlichen Arbeitslosenquote.

Infolge der geldmengeninduzierten Erhöhung der erwarteten Inflationsrate nimmt die tatsächliche Inflationsrate ceteris paribus bzw. bei der zunächst noch unveränderten Arbeitslosenquote u_0 um den folgenden Betrag zu:

(9.24) $\quad \Delta\pi_1 = \lambda_p \Delta\hat{M}^n \qquad\qquad$ mit: $0 < \lambda_p < 1$

Abbildung 9.11

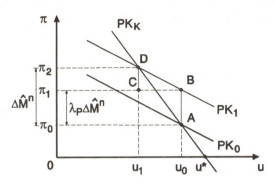

Diese Wirkung ergibt sich aus dem Tatbestand, daß die Anpassung der Inflationserwartungen eine Erhöhung der Zuwachsrate des Nominallohnsatzes impliziert, daß aber diese Erhöhung wegen $\lambda_P < 1$ geringer ist als die Zunahme der erwarteten Inflationsrate und dementsprechend geringer als die Zunahme der Wachstumsrate der nominellen Geldmenge. Via Mark-up-Preisbildung wird also nur ein gewisser Teil des zusätzlichen Geldmengenwachstums in einer Erhöhung der tatsächlichen Inflationsrate weitergegeben. Immerhin reicht die geldmengeninduzierte Erwartungsbildung aus, um einen gewissen Anstieg der tatsächlichen Inflationsrate zu bewirken.

Die hier skizzierten Vorgänge kommen in einer Verschiebung der kurzfristigen Phillips-Kurve nach PK_1 zum Ausdruck. Bei u_0 macht diese Verschiebung einen Betrag von AB aus, der der Veränderung der Inflationsrate gemäß Gleichung (9.24) entspricht. Die Inflationsrate nimmt dadurch bei unveränderter Arbeitslosenquote u_0 auf π_1 zu.

Die tatsächliche Inflationsrate steigt somit zunächst um einen geringeren Betrag als die Wachstumsrate der Geldmenge. Folglich nimmt die reale Geldmenge zu. Wie im Rahmen der Gütermarktanalyse schon mehrmals deutlich gemacht worden ist, hat eine Zunahme der realen Geldmenge eine Zinssenkung zur Folge, sofern keine Liquiditätsfalle vorliegt. Die Zinssenkung bewirkt ihrerseits - eine entsprechende Zinsreaktion der Güternachfrage vorausgesetzt - eine Zunahme der realen Güternachfrage. Dadurch kommt es nach der keynesianischen Theorie auch zu einem Produktionsanstieg und darüber zu einem Rückgang der Arbeitslosigkeit. Diese güterwirtschaftlichen Vorgänge drücken sich in der Abbildung 9.11 in einer Bewegung auf der kurzfristigen Phillips-Kurve PK_1 vom Punkt B in Richtung auf den Punkt D aus. Da sich die Arbeitsmarktlage verbessert, steigt die Zuwachsrate des Nominallohnsatzes weiter an, und dementsprechend nimmt auch die Inflationsrate weiter zu. Diese Vorgänge halten so lange an, bis das zusätzliche Geldmengenwachstum vollständig zur monetären Alimentierung der zusätzlichen Inflation benötigt wird. Erst in dieser Situation bleibt die reale Geldmenge unverändert, so daß es dann auch keine zusätzlichen Impulse auf die Güternachfrage geben kann.

Ein neues Gleichgewicht wird also schließlich im Punkt D auf der langfristigen Phillips-Kurve PK_K erreicht. Die Inflationsrate ist dann auf π_2 gestiegen. *Auch im keynesianischen Ansatz wird aufgrund der hier aufgezeigten Zusammenhänge letztlich die Inflationsrate um den Betrag der zusätzlichen Wachstumsrate der nominellen Geldmenge erhöht.* Die auf der rationalen Entscheidungsbasis gebildeten zusätzlichen Inflationserwartungen werden also auch hier letzten Endes erfüllt.

Im Vergleich zum neoklassischen Ansatz zeigt sich jedoch ein wesentlicher Unterschied: *Eine Erhöhung der Zuwachsrate der nominellen Geldmenge bewirkt eine Verringerung der Arbeitslosenquote, obwohl die tatsächliche Inflationsrate letzten Endes im Ausmaß des zusätzlichen Geldmengenwachstums steigt.*

9.4.7 Verteilungskampf und Stagflation

Mit der zuvor zugrunde gelegten Preisgleichung (9.14) wurde angenommen, daß die Unternehmungen das Güterpreisniveau im Rahmen ihrer autonomen Preispolitik immer mit dem Betrag der Veränderungsrate des Nominallohnsatzes erhöhen. Aus dieser Politik resultiert im gesamten Analysezeitraum eine konstante Verteilungsposition der Unternehmungen. Damit ist gleichzeitig impliziert, daß auch die Lohnquote weder kurz- und mittelfristig noch längerfristig verändert wird. Dieses Ergebnis wird mit einem Blick auf die Lohnquote deutlich. Sie lautet:

$$(9.25) \quad LQ = \frac{w^n A}{P \cdot X} = \frac{w^n}{P \cdot a}$$

Hierin bezeichnet bekanntlich w^n den Nominallohnsatz, P das Güterpreisniveau und a die Arbeitsproduktivität, die ihrerseits dem Verhältnis von realer Güterproduktion X und Arbeitsinput A entspricht. Da im Rahmen der hier durchgeführten Analysen eine konstante Arbeitsproduktivität angenommen wird, bleibt die Lohnquote LQ unverändert, wenn sich der Nominallohnsatz und das Güterpreisniveau proportional zueinander verändern. Das aber ist der Fall, wenn die Inflationsrate und die Veränderungsrate des Nominallohnsatzes übereinstimmen. Aufgrund der hier angenommenen Preispolitik der Unternehmungen gemäß Gleichung (9.14) ergibt sich in den vorangegangenen Untersuchungen faktisch immer eine Reallohnsicherung - auch dann, wenn der Koeffizient λ_P in der Lohnfunktion (9.12) kleiner als 1 ist. Zwar kommt in dem Einfluß der Arbeitsmarktlage auf die Zuwachsrate des Nominallohnsatzes gemäß dieser Lohnfunktion eine verteilungsorientierte Lohnpolitik zum Ausdruck, aber im Ergebnis wird mit einer solchen Lohnpolitik keine Veränderung der Lohnquote erreicht.[20] Bei konstanter Lohnquote ist aber definitionsgemäß auch die Gewinnquote der Unternehmungen bzw. der Anteil der Einkommen aus Unternehmertätigkeit und Vermögen am Volkseinkommen konstant.

Im folgenden soll nun in einer einfachen Darstellung aufgezeigt werden, welche Wirkungen auftreten, wenn die Unternehmungen auf der einen Seite und die Gewerkschaften auf der anderen Seite versuchen, jeweils ihre Verteilungsposition um

---

20 Entscheidend ist hier allein die Tatbestand, daß gemäß Gleichung (9.14) gilt: $\pi = \omega^n$. Folglich verändert sich der Nominallohnsatz proportional zum Preisniveau. Die Lohnquote bleibt deshalb bei unveränderter Arbeitsproduktivität konstant.

jeden Preis zu verbessern. Zur formalen Erfassung dieses *"Verteilungskampfes"* sei angenommen, daß sowohl die Gewerkschaften im Rahmen ihrer Lohnpolitik als auch die Unternehmungen im Rahmen ihrer Preispolitik jeweils einen *autonomen "Verteilungszuschlag"* durchsetzen. Dieser Zuschlag werde unabhängig von der Arbeitsmarktlage bzw. von der Absatzlage der Unternehmungen erhoben. Die zuvor verwendete Phillips-Kurven-Gleichung (9.15a) ist dementsprechend gemäß (9.15) additiv um eine autonome Verteilungsvariable λ_v sowie um eine Verteilungsvariable γ_v zu ergänzen.[21] Da die Zielsetzung der Gewerkschaften, die Lohnquote zu verbessern, unter anderem eine strikte Reallohnsicherung erforderlich macht, ist davon auszugehen, daß die Inflationserwartungen mit vollem Gewicht in die Lohnfunktion eingehen, daß also gilt: $\lambda_P = 1$.

Für diesen Koeffizientenwert und unter Berücksichtigung der beiden additiven Verteilungsvariablen ergibt sich analog zu (9.15a) die folgende Phillips-Kurven-Gleichung:

(9.15b) $\quad \pi = \pi^e + \lambda_u (u^* - u) + \lambda_v + \gamma_v \qquad$ mit: $\lambda_u > 0; \lambda_v \geq 0; \gamma_v \geq 0$

Hier wird auch weiterhin die Möglichkeit in Betracht gezogen, daß die Gewerkschaften und/oder die Unternehmungen auf einen autonomen Verteilungszuschlag verzichten und daß dementsprechend die Verteilungsvariable λ_v und/oder die Verteilungsvariable γ_v den Wert null haben könnten.

Um die Wirkungsweise des Verteilungskampfes zu verdeutlichen, sei eine Ausgangssituation zugrunde gelegt, in der es (noch) keinen Verteilungsdruck gibt und folglich gilt: $\lambda_v = 0$ und $\gamma_v = 0$. Es werde aber im Rahmen der Lohnpolitik eine vollständige Reallohnsicherung verfolgt, so daß in der Gleichgewichtssituation die bereits bekannte langfristige Phillips-Kurve gemäß dem neoklassischen Ansatz gültig ist. Vor diesem Hintergrund möge in der Abbildung 9.12 ein Ausgangsgleichgewicht im Punkt A vorliegen. PK_0 beschreibt in dieser Situation - gemäß Gleichung (9.18) - den kurzfristigen Zusammenhang zwischen der Inflationsrate und der Arbeitslosenquote.

Ausgehend von dem hier skizzierten Gleichgewicht, möge nun der oben beschriebene Verteilungsdruck auftreten. Es ist dabei zunächst unerheblich, ob die Gewerkschaften im Rahmen ihrer Lohnpolitik einen autonomen Verteilungszuschlag durchsetzen ($\lambda_v > 0$) oder ob die Unternehmungen einen solchen Zuschlag erheben ($\gamma_v > 0$). In beiden Fällen entsteht ein autonomer Inflationsimpuls, der sich hier in einer Verschiebung der kurzfristigen Phillips-Kurve nach oben ausdrückt. Es sei allerdings, wie oben schon erwähnt, angenommen, daß beide Seiten einen autonomen Verteilungszuschlag durchsetzen. Die kurzfristige Phillips-Kurve möge sich so nach PK_1 verschieben.

---

[21] In der Realität kommt ein autonomer lohnpolitischer Verteilungsdruck in der Regel dadurch zum Ausdruck, daß ceteris paribus eine Zuwachsrate des Nominallohnsatzes gefordert - und auch durchgesetzt - wird, die die Wachstumsrate der Arbeitsproduktivität übersteigt. Da die Arbeitsproduktivität hier jedoch annahmegemäß konstant ist, muß ersatzweise die autonome Verteilungsvariable λ_v eingeführt werden.

Abbildung 9.12

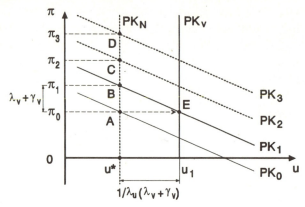

Gleichzeitig ergibt sich gemäß Gleichung (9.15b) auch eine Verschiebung der langfristigen Phillips-Kurve, und zwar nach rechts. In einem anhaltenden Gleichgewicht, in dem sich die erwartete und die tatsächliche Inflationsrate entsprechen, muß mit Blick auf die Gleichung (9.15b) die folgende Bedingung erfüllt sein:

(9.15c) $\quad u = u^* + \dfrac{1}{\lambda_u}(\lambda_v + \gamma_v)$

Liegt ein autonomer Verteilungsdruck vor ($\lambda_v > 0$ und/oder $\gamma_v > 0$), so ist ein anhaltendes bzw. langfristiges Gleichgewicht nur möglich, wenn die tatsächliche Arbeitslosenquote die natürliche Arbeitslosenquote übersteigt. Die entsprechende Arbeitslosenquote wurde in der Abbildung 9.12 mit u_1 und die zugehörige langfristige Phillips-Kurve mit PK_V bezeichnet.

Durch den auftretenden autonomen Verteilungsdruck würde die Inflationsrate auf π_1 steigen, wenn die ursprüngliche Arbeitslosenquote u^* erhalten bliebe. Hierzu ist allerdings - wie weiter oben schon ausführlich erläutert - eine entsprechende monetäre Alimentierung erforderlich. Findet diese Alimentierung statt, so steigt die Inflationsrate tatsächlich auf π_1. Bei einer Erwartungsbildung gemäß dem extrapolativen oder dem adaptiven Ansatz passen sich die Inflationserwartungen mit einer gewissen zeitlichen Verzögerung an diese neuen Gegebenheiten an. Die kurzfristige Phillips-Kurve möge sich dadurch weiter nach oben - nach PK_2 - verschieben. Wird an der monetären Alimentierung der Inflation festgehalten, um eine Verschlechterung der Arbeitsmarktlage zu verhindern, so steigt die Inflationsrate jetzt auf π_2. Dieser Prozeß setzt sich analog fort, so daß die kurzfristige Phillips-Kurve in der nächsten Periode nach PK_3 verschoben wird und die Inflationsrate auf π_3 zunimmt. Hier zeigt sich ein erstes Zwischenergebnis: *Sofern der Inflationsprozeß monetär alimentiert und dadurch eine Verschlechterung der Arbeitsmarktlage verhindert wird, haben die autonomen Verteilungszuschläge eine Inflationsbeschleunigung zur Folge.*

Es ist allerdings denkbar, daß die geldpolitischen Entscheidungsträger eine Erhöhung der Inflation über die Rate π_0 hinaus nicht zulassen und von vornherein eine monetäre Alimentierung eines weiteren Inflationsprozesses verhindern. In diesem Fall würde die Arbeitslosenquote auf u_1 steigen. Ein neues anhaltendes Gleichgewicht träte dann im Punkt E ein. Die durch den autonomen Verteilungszuschlag induzierte Erhöhung der Inflationsrate wird in dem hier betrachteten Fall exakt kompensiert durch eine Verringerung der Inflationsrate, die aus der Verschlechterung der Arbeitsmarktlage resultiert. Gemäß der Lohnfunktion (9.12) erzwingt eine Erhöhung der Arbeitslosenquote eine gewisse Lohnzurückhaltung, die sich ihrerseits dämpfend auf die Preisentwicklung bzw. auf die Inflationsrate auswirkt. Als Ergebnis ist hier festzustellen: *Der autonome Verteilungsdruck hat bereits kurzfristig eine Erhöhung der Arbeitslosenquote zur Folge, wenn die Geldpolitik einen Anstieg der Inflationsrate verhindert. Die Arbeitslosenquote übersteigt jetzt sogar das ursprüngliche natürliche Niveau u^*.*

Sofern die Unternehmungen tatsächlich daran festhalten, einen autonomen Verteilungszuschlag zu erheben ($\gamma_v > 0$), ergibt sich für die Arbeitnehmerseite ein höchst unerfreuliches Ergebnis. Das Güterpreisniveau wird nämlich in diesem Fall mit einer Rate angehoben, die die Zuwachsrate des Nominallohnsatzes übersteigt:

(9.26) $\quad \pi = \omega^n + \gamma_v$

Der nominelle Lohnsatz steigt folglich nicht mehr proportional zum Güterpreisniveau. Wie der Gleichung (9.25) zu entnehmen ist, kommt es dadurch zu einer fortlaufenden Verringerung der Lohnquote.[22]

Da die Gewerkschaften in der Regel nicht bereit sind, einen Rückgang der Lohnquote hinzunehmen, ist es verständlich, daß sie versuchen, diesen Rückgang durch einen Verteilungszuschlag ($\lambda_v > 0$) auf ihre üblichen Lohnforderungen zu verhindern. Halten nun beide Seiten an ihrer Zielsetzung fest, die Verteilungsposition zu verbessern oder zumindest aufrechtzuerhalten, so kann man von einem Verteilungskampf sprechen, der die oben aufgezeigten, für eine Volkswirtschaft höchst unerwünschten Folgen hat.

9.4.8 Die Stabilität der Phillips-Kurve

Vor dem Hintergrund der in der theoretischen Analyse gewonnenen Ergebnisse ist es nicht erstaunlich, daß sich in der Realität kurz- und mittelfristig kein fester Zusammenhang zwischen der Arbeitslosenquote und der Inflationsrate finden läßt. Für alle Industrieländer liegen entsprechende empirische Untersuchungen vor - und in jedem Einzelfall zeigt sich, daß die Relation von Arbeitslosenquote und Inflationsrate in einem kurz- und mittelfristigen Zeitrahmen (1 bis 5 Jahre) eine relativ große Variabilität besitzt. Aufgrund vieler unterschiedlicher Einflüsse - z.B. aufgrund beschäftigungspolitischer Maßnahmen des Staates, einer auf Preisstabilisierung gerichteten Geldpolitik, außenwirtschaftlicher Zusammenhänge, eines Verteilungskampfes sowie zeitlicher Verzögerungen bei Bildung und Wirkung von

---

22 Man beachte, daß die Arbeitsproduktivität a annahmegemäß konstant ist.

Inflationserwartungen - treten immer wieder Störungen auf, an die sich Anpassungsprozesse mit teilweise höchst unterschiedlichen Verlaufsmustern anschließen.

Wichtig ist allerdings auch die Frage, ob die Relation zwischen Arbeitslosenquote und Inflationsrate wenigstens langfristig (z.B. bei durchschnittlicher Betrachtung in einem 10-Jahreszeitraum) eine gewisse Stabilität aufweist und - falls ja - ob die entsprechende langfristige Phillips-Kurve dann gemäß dem neoklassischen Ansatz vertikal verläuft oder gemäß dem keynesianischen Ansatz eine negative Steigung besitzt und somit einen Trade-off aufweist. Doch auch diese langfristige Stabilität läßt sich - zumindest für die meisten Industrieländer - nicht nachweisen. Die Entwicklungsmuster in vielen Ländern deuten jedoch darauf hin, daß

- für gewisse Zeiträume - wenigstens näherungsweise - eine langfristige Phillips-Kurve gemäß dem neoklassischen Ansatz vermutet werden kann
- diese langfristige Phillips-Kurve von Zeit zu Zeit durch den Einfluß besonderer Ereignisse verschoben und dementsprechend die natürliche Arbeitslosenquote verändert worden ist.

Exemplarisch sei hierzu der Zusammenhang zwischen der Arbeitslosenquote und der Inflationsrate Westdeutschlands seit 1963 betrachtet.[23]

Im Zeitraum von 1963 bis 1973 läßt sich eine vertikale langfristige Phillips-Kurve - hier mit PK_I bezeichnet - vermuten, die eine natürliche Arbeitslosenquote von ca. 1% impliziert. Deutlich ist die Zunahme der Arbeitslosenquote und gleichzeitig der Rückgang der Inflationsrate in den Rezessionsjahren 1966/67 erkennbar.

Insbesondere verursacht durch die erste Ölpreiskrise in den Jahren 1974 und 1975, kam es zu einem erheblichen Anstieg der Arbeitslosenquote auf einem hohen Inflationsniveau. In diesem Zusammenhang scheint sich die natürliche Arbeitslosenquote auf etwa 4% erhöht zu haben. Für die Zeit von 1975 bis 1980/81 kann dementsprechend eine langfristige Phillips-Kurve bei dieser Rate identifiziert werden (mit PK_{II} bezeichnet).

Ausgelöst durch die zweite Ölpreiskrise 1980/81 und verstärkt durch die weltweite Konjunktur- und Wachstumskrise 1981/82 fand erneut ein starker Anstieg der Arbeitslosigkeit bei gleichzeitig relativ hohem Inflationsniveau statt. Es ist zu vermuten, daß die natürliche Arbeitslosenquote jetzt auf ca. 8% erhöht und die langfristige Phillips-Kurve dementsprechend nach rechts verschoben wurde (z.B. nach PK_{III}).[24] Deutlich erkennbar sind die Auswirkungen der verteilungsorientierten Lohnpolitik im Jahr 1992; auf einem relativ hohen Inflationsniveau nahm die Arbeitslosenquote in den Jahren 1992 und 1993 erheblich zu.

---

23 Um die Vergleichbarkeit zu gewährleisten, wird auch nach 1989 nur die Situation in Westdeutschland betrachtet.
Die Inflationsrate wurde auf der Grundlage des Preisindex für die Lebenshaltung aller privaten Haushalte in Westdeutschland berechnet. Dieser Preisindex bietet sich an, weil er zweifellos die wichtigste Orientierungsgröße im Rahmen der Lohnpolitik ist.
24 Die relativ geringen Arbeitslosenquoten in den Jahren 1990, 1991 und 1992 sind im wesentlichen mit der deutschen Einheit zu erklären und stellen insofern eine gewisse Ausnahmesituation dar.

Abbildung 9.13

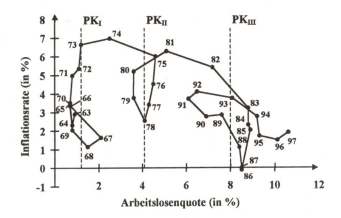

Datenquelle: **Sachverständigenrat** (1996), S. 347 und 427; 1997 Septemberwert.

Die Jahre danach sind durch eine weitere Zunahme der Arbeitslosigkeit und gleichzeitig durch eine kräftige Abschwächung der Inflation gekennzeichnet. Der Anstieg der Arbeitslosigkeit war anfangs (bis 1995) teilweise auf die weltweite Konjunktur- und Wachstumsschwäche zurückzuführen. Nachdem diese weitgehend überwunden war, wurde jedoch sehr deutlich, daß die Arbeitslosigkeit in der Bundesrepublik Deutschland in jüngerer Zeit insbesondere die Folge einer internen Strukturkrise gewesen ist, durch die das Beschäftigungsproblem 1996 und 1997 noch weiter verschärft wurde. Ob sich hieraus erneut eine nachhaltige Erhöhung der Arbeitslosenquote (bzw. eine Verschiebung der langfristigen Phillips-Kurve) ergeben wird, läßt sich gegenwärtig noch nicht mit Gewißheit sagen.

Obwohl die empirischen Beobachtungen nur gewisse Hinweise auf den langfristigen Zusammenhang zwischen der Arbeitslosenquote und der Inflationsrate liefern können und auf jeden Fall Vorsicht geboten ist, wenn es um Prognosen geht, wird dennoch offenkundig, daß sich die Arbeitslosenquote - und damit zugleich vermutlich auch die natürliche Arbeitslosenquote - in zeitlich trennbaren Etappen sichtlich erhöht hat, ohne daß die Inflationsrate dabei im längerfristigen Durchschnitt gesunken ist. Ein langfristig negativer Zusammenhang zwischen der Arbeitslosenquote und der Inflationsrate hat offenbar nicht bestanden.

Wenn es vor diesem empirischen Hintergrund richtig ist, daß die natürliche Arbeitslosenquote in längeren Zeitabständen zugenommen hat und die langfristige vertikal verlaufende Phillips-Kurve nach rechts verschoben worden ist, so fragt sich, welche Gründe hierfür maßgebend waren. Die originären Ursachen wurden bereits genannt: Es handelte sich jeweils um ein schockartiges Ereignis, nämlich um die Ölpreiskrisen und die weltweite Konjunktur- und Wachstumskrise. Die drei Ereignisse haben offenbar eine tiefgreifende strukturelle Änderung in der Volkswirtschaft bewirkt. Obwohl die Krisen überwunden werden konnten, verharrte die Arbeitslosenquote jedoch jeweils auf dem neuen höheren Niveau. Die Erklärung hierfür ist weiter oben im Rahmen der lohnpolitischen Analysen bereits geliefert worden: das *Hysteresis-Phänomen* [Kap. 5]. Aufgrund dieses Effektes bleibt eine relativ hohe Arbeitslosenquote auch dann erhalten, wenn die Einflüsse, die die Erhöhung der Arbeitslosenquote bewirkt haben, längst entfallen sind. Bezogen auf die Beobachtungen für die Bundesrepublik Deutschland, drückt sich dieser Effekt beispielsweise darin aus, daß die Arbeitslosenquote durch den Ölpreisschock in den Jahren 1974 bis 1975 drastisch erhöht wurde, daß sich aber die Arbeitslosenquote nach Wegfall dieser Schockwirkung allmählich nur geringfügig verringerte und keineswegs auf das Ursprungsniveau zurückbildete. Mit dem Hysteresis-Effekt ist also offensichtlich ein Anstieg der natürlichen Arbeitslosenquote verbunden.

9.5 Inflation, Produktion und Einkommen
9.5.1 Phillips-Kurve und aggregiertes Güterangebot

Die beiden grundlegenden Elemente der Phillips-Kurve sind die Lohnfunktion und die Preisfunktion. Der in dieser Kurve erfaßte Zusammenhang zwischen Inflationsrate und Arbeitslosenquote bezieht sich somit nur auf den Arbeitsmarkt sowie auf die Angebotsseite des Gütermarktes. Die zuvor dargestellte Theorie der Phillips-Kurve ist deshalb auch als eine *angebotsseitige Konzeption* zu verstehen. Besonders deutlich wird diese Angebotsorientierung, wenn aus der Phillips-Kurve die aggregierte Güterangebotskurve einer Volkswirtschaft hergeleitet wird. In der im letzten Kapitel behandelten Preisniveau-Analyse wurde mit der aggregierten Angebotskurve der Zusammenhang zwischen dem *Preisniveau* und dem realen Güterangebot beschrieben. In der Inflationswelt der Phillips-Kurve wird daraus der Zusammenhang zwischen der *Inflationsrate* und dem realen Güterangebot.

Um diese aggregierte Güterangebotskurve aus der Phillips-Kurven-Gleichung herleiten zu können, muß der Zusammenhang zwischen der Arbeitslosenquote und der realen Güterproduktion hergestellt werden. Dieser Zusammenhang ist bereits früher erläutert und verwendet worden [Kap. 5]. Wie dort gezeigt wurde, ist die Differenz zwischen der natürlichen und der tatsächlichen Arbeitslosenquote wie folgt definiert:

$$(9.27) \quad u^* - u = \frac{X - X^*}{aA^{pot}}$$

X ist die reale Güterproduktion und gleichfalls das reale Güterangebot; X^* bezeichnet die reale Produktion, bei der sich die natürliche Arbeitslosenquote u^* einstellt. A^{pot} ist das volkswirtschaftliche Arbeitspotential (üblicherweise gemessen in Beschäftigtenstunden). Die Arbeitsproduktivität a sei hier - wie schon zuvor - als eine konstante Größe angenommen.

Setzt man diese Beziehung in die Phillips-Kurven-Gleichung (9.15a) ein, so ergibt sich:

$$(9.28) \quad \pi = \lambda_p \pi^e + \frac{\lambda_u}{aA^{pot}}(X - X^*)$$

Durch Auflösen nach X erhält man aus dieser Gleichung:

(9.29) $X = X^* + \eta(\pi - \lambda_p \pi^e)$ mit: $\eta = \dfrac{aA^{pot}}{\lambda_u}$

Das ist die aggregierte Angebotskurve auf dem volkswirtschaftlichen Gütermarkt für den Fall von Inflation.

Wie schon bei der Phillips-Kurve, so ist auch hier zwischen einer langfristigen und einer kurzfristigen aggregierten Angebotskurve zu unterscheiden. Langfristig entspricht die erwartete Inflationsrate bekanntlich der tatsächlichen Inflationsrate, so daß dann gilt:

(9.29a) $X = X^* + \eta(1 - \lambda_p)\pi$

Im *neoklassischen Ansatz* hat der Koeffizient λ_p bekanntlich den Wert 1, so daß das aggregierte Güterangebot in diesem Fall der "natürlichen" Produktion X^* entspricht. Das aggregierte Güterangebot hängt somit in diesem Ansatz langfristig nicht von der Inflationsrate ab.[25] Im *keynesianischen Ansatz* mit $\lambda_p < 1$ liegt demgegenüber auch langfristig ein positiver Zusammenhang zwischen dem aggregierten Güterangebot und der Inflationsrate vor.

Kurzfristig besteht zwischen dem aggregierten Güterangebot und der Inflationsrate unabhängig vom Wert des Koeffizienten λ_p ein positiver Zusammenhang, wenn die erwartete Inflationsrate nicht mit der tatsächlichen Inflationsrate übereinstimmt bzw. wenn die Inflationserwartungen noch nicht (vollständig) an die tatsächliche Inflationsentwicklung angepaßt worden sind.[26]

9.5.2 Inflationsrate und aggregierte Güternachfrage

Die vorangegangenen Untersuchungen zur Phillips-Kurve beschränken sich weitgehend auf eine Betrachtung der Angebotsseite einer Volkswirtschaft. Zwar wurde bereits dargelegt, welche Wirkungen von nachfrageseitigen Störungen ausgehen können, aber in diesem Zusammenhang wurden lediglich Anpassungsprozesse aufgezeigt, die auf der Angebotsseite zu erwarten sind. Neben der Angebotsseite, die in der zuvor abgeleiteten aggregierten Angebotskurve zum Ausdruck kommt, wird jetzt auch die Nachfrageseite der Volkswirtschaft explizit in die Ana-

---

[25] Ist die Inflationsrate null, besteht also Preisstabilität, so entspricht das aggregierte Güterangebot unabhängig vom Wert des Koeffizienten λ_p der "natürlichen" Produktion. Dieses Ergebnis ist bereits im vorangegangenen Kapitel im Rahmen der Preisniveau-Analyse erzielt worden. Dort konnte gezeigt werden, daß sich bei einer Anpassung des Nominallohnsatzes an die Arbeitsmarktlage zumindest längerfristig zwingend ein aggregiertes Güterangebot ergibt, das genau der Produktion entspricht, die mit der natürlichen Arbeitslosenquote verbunden ist. Dieses Ergebnis hängt in der Preisniveau-Analyse nicht davon ab, ob und gegebenenfalls mit welcher Stärke eine Politik der Reallohnsicherung betrieben wird.

[26] Man bezeichnet die Angebotsfunktion (9.29) für den Fall $\lambda_p = 1$ analog zur Gleichung (6.2) auch als Lucas-Angebotsfunktion [Kap.6].

lyse einbezogen. Hierzu muß zunächst der Zusammenhang zwischen der aggregierten Güternachfrage und der Inflationsrate erklärt werden.

Die aggregierte Güternachfrage resultiert bekanntlich aus dem IS- und dem LM-Gleichgewicht. Wie bereits früher ausführlich dargelegt worden ist, liegen diesen beiden Gleichgewichten die folgenden funktionalen Beziehungen zugrunde [Kap. 4]:

(9.30) $Y = Y(r, P)$ IS-Gleichgewicht bzw. IS-Kurve

(9.31) $i = i(Y, \frac{M^n}{P})$ LM-Gleichgewicht bzw. LM-Kurve

Zu beachten ist, daß die privaten Investitionen sowie die privaten Ersparnisse bzw. der private Konsum in einer inflationären Volkswirtschaft nicht vom nominellen Zinssatz i, sondern vom Realzinssatz r abhängen. Dementsprechend beschreibt das IS-Gleichgewicht hier auch den Zusammenhang zwischen dem Realeinkommen Y und dem realen Zinssatz r. Demgegenüber hängt die Geldnachfrage - und gegebenenfalls auch das Geldangebot - nach wie vor vom nominellen Zinssatz i ab, so daß das LM-Gleichgewicht auch jetzt den Zusammenhang zwischen dem nominellen Zinssatz i und dem Realeinkommen Y ausdrückt.

Im Rahmen des IS-Gleichgewichts ist die Möglichkeit in Betracht zu ziehen, daß die Güternachfrage vom Preisniveau P abhängig ist. Diese Abhängigkeit resultiert beispielsweise aus dem Realkasseneffekt. Weiter oben wurde schon darauf hingewiesen, daß die theoretische Analyse keine eindeutige Aussage über den direkten Einfluß des Preisniveaus auf die Güternachfrage zuläßt und daß es auch in empirischen Untersuchungen bisher kaum gelungen ist, einen solchen Einfluß eindeutig nachzuweisen. Aus Gründen der Vereinfachung sei deshalb im folgenden darauf verzichtet, das Preisniveau als Determinante im Rahmen des IS-Gleichgewichts zu berücksichtigen.[27] Da einerseits die Geldpolitik auf eine Steuerung der nominellen Geldmenge M^n gerichtet ist und andererseits die vom Realeinkommen Y und vom Zinssatz i abhängige Geldnachfrage eine reale Größe ist, stellt das Preisniveau P im Rahmen des LM-Gleichgewichts eine maßgebliche Determinante dar. Hierüber ergibt sich dann auch ein indirekter - zinsinduzierter - Einfluß des Preisniveaus auf die Güternachfrage. Dieser Einfluß spielt im folgenden eine wichtige Rolle.

Zur Vereinfachung werden das IS- und das LM-Gleichgewicht in linearer Form ausgedrückt:

(9.30a) $Y = Y^a - y_r\, r$ mit: $y_r \geq 0$

---

[27] Da Inflation anhaltende Veränderungen des Preisniveaus impliziert, wäre es bei einer direkten Abhängigkeit der Güternachfrage vom Preisniveau nicht möglich, ein anhaltendes IS-Gleichgewicht zu bestimmen. Die Inflation würde immer wieder zu neuen Störungen dieses Gleichgewichts führen und ceteris paribus permanent eine Verringerung der Güternachfrage bzw. des Realeinkommens Y bewirken.

(9.31a) $\quad i = \dfrac{1}{k_i}(k_Y Y - \dfrac{M^n}{P})$ $\qquad$ mit: $k_i \geq 0$; $k_Y > 0$

In der Größe Y^a kommen die Einflüsse der autonomen Güternachfrage (z.B. der autonomen privaten Investitionen, des autonomen privaten Konsums, der Staatsausgaben und des autonomen Außenbeitrags) auf das IS-Gleichgewicht zum Ausdruck.

Will man aus diesen beiden Gleichungen die aggregierte Güternachfrage bestimmen, so wird die Definition des realen Zinssatzes benötigt:

(9.32) $\quad r = i - \pi^e$

Durch diesen definitorischen Zusammenhang ergibt sich eine Abhängigkeit der aggregierten Güternachfrage von der erwarteten Inflationsrate π^e. Das wird deutlich, wenn man r unter Berücksichtigung von (9.31a) und (9.32) in die Gleichung (9.30a) einsetzt und diese Gleichung nach Y auflöst:

(9.33) $\quad Y = \dfrac{1}{1+k_Y \dfrac{y_r}{k_i}} (Y^a + \dfrac{y_r}{k_i} \dfrac{M^n}{P} + y_r \pi^e)$

Hierin lassen sich einige bereits bekannte Zusammenhänge erkennen:
- Änderungen der nominellen Geldmenge und Veränderungen des Preisniveaus haben keinen Einfluß auf die aggregierte Güternachfrage, wenn die Geldnachfrage vollkommen zinselastisch ist ($k_i = \infty$) und/oder wenn die Güternachfrage zinsunelastisch ist ($y_r = 0$).
- Veränderungen der autonomen Güternachfrage haben keinen Einfluß auf die aggregierte Güternachfrage, wenn die Geldnachfrage zinsunelastisch ist ($k_i = 0$).
- Veränderungen der Inflationserwartungen haben keinen Einfluß auf die aggregierte Güternachfrage, wenn entweder die Geldnachfrage zinsunelastisch ist ($k_i = 0$) oder die Güternachfrage zinsunelastisch ist ($y_r = 0$).

Der Zusammenhang zwischen der aggregierten Güternachfrage Y und der Inflationsrate π läßt sich bestimmen, wenn aus der Gleichung (9.33) die Veränderung von Y berechnet wird. Näherungsweise ergibt sich dann:[28]

(9.34) $\quad \Delta Y_t = \mu_Y \Delta Y_t^a + \mu_M (\hat{M}_t^n - \pi_t) + \mu_\pi \Delta \pi_t^e$

mit: $\mu_Y = \dfrac{k_i}{k_i + k_Y y_r} \geq 0$; $\mu_M = \dfrac{y_r}{k_i + k_Y y_r} \dfrac{M^n}{P} \geq 0$; $\mu_\pi = \dfrac{y_r k_i}{k_i + k_Y y_r} \geq 0$

---

[28] Zur Stabilität des Systems ist es erforderlich, daß nur k_i oder nur y_r null sein darf. Bei $k_i = 0$ und $y_r = 0$ würden nämlich die IS-Kurve und die LM-Kurve parallel zur Zinsachse verlaufen. Der Klammerausdruck $(\hat{M}_t^n - \pi_t)$ ergibt sich aus der folgenden, näherungsweise gültigen Herleitung: $\Delta(\dfrac{M^n}{P}) = \dfrac{1}{P}\Delta M^n - \dfrac{M^n}{P^2}\Delta P = \dfrac{M^n}{P}(\dfrac{\Delta M^n}{M^n} - \dfrac{\Delta P}{P}) = \dfrac{M^n}{P}(\hat{M}^n - \pi)$.

$\hat{M}^n$ ist die Wachstumsrate der nominellen Geldmenge. Da die Veränderung der aggregierten Güternachfrage ΔY der Differenz zwischen dem aktuellen Wert Y_t und dem Wert in der Vorperiode Y_{t-1} entspricht, läßt sich die Gleichung (9.34) auch wie folgt schreiben:

(9.34a) $\quad Y_t = Y_{t-1} + \mu_Y \Delta Y_t^a + \mu_M(\hat{M}_t^n - \pi_t) + \mu_\pi \Delta \pi_t^e$

Diese Gleichung legt unmittelbar den negativen Zusammenhang zwischen der aggregierten Güternachfrage bzw. dem Realeinkommen Y und der Inflationsrate π offen. Aus der Gleichung (9.34) bzw. (9.34a) ist ersichtlich, daß eine positive Inflationsrate, die die Wachstumsrate der nominellen Geldmenge übersteigt, ceteris paribus eine anhaltende Verringerung der aggregierten Güternachfrage bewirkt. *Aus diesem Wirkungszusammenhang wird bereits deutlich, daß ein stabiler Gleichgewichtswert der aggregierten Güternachfrage bzw. des Realeinkommens nur dann realisiert werden kann, wenn die Inflationsrate und die Wachstumsrate der nominellen Geldmenge übereinstimmen.*

9.5.3 Wirkungen einer autonomen Änderung des Geldmengenwachstums

Auf der Grundlage der zuvor aufgezeigten Hypothesen zum aggregierten Güterangebot und zur aggregierten Güternachfrage wird jetzt im Rahmen eines neoklassischen Modells untersucht, wie sich eine autonome Veränderung der Wachstumsrate der nominellen Geldmenge auf das Realeinkommen, auf die Inflationsrate und auf das Zinsniveau auswirkt. Zur Vereinfachung sei allerdings angenommen, daß die Geldnachfrage - dem neoklassischen Ansatz entsprechend - zinsunelastisch ist ($k_i = 0$). Der Koeffizient μ_π in der Gleichung (9.34) hat in diesem Fall den Wert null, so daß die aggregierte Güternachfrage von der erwarteten Inflationsrate unabhängig ist. Darüber hinaus wird - ebenfalls in Übereinstimmung mit den neoklassischen Hypothesen - angenommen, daß eine vollständige Reallohnsicherung verfolgt wird und der Koeffizient λ_P in der Angebotsfunktion (9.29a) somit den Wert 1 hat. Vor diesem Hintergrund ergibt sich das Modell 9.1.

Modell 9.1

$X_t = X_t^* + \eta(\pi_t - \pi_t^e)$ \quad Aggregiertes Güterangebot

$Y_t = Y_{t-1} + \mu_M(\hat{M}_t^n - \pi_t)$ \quad Aggregierte Güternachfrage

$X_t = Y_t$ \quad Gütermarktgleichgewicht

$\pi_t^e = \pi_{t-1}$ *oder* $\pi_t^e = \hat{M}_t^n$ \quad Inflationserwartungen

$r_t = \dfrac{1}{y_r}(Y_t^a - Y_t)$ \quad Realer Zinssatz

$i_t = r_t + \pi_t^e$ \quad Nomineller Zinssatz

Die Erklärung der Inflationserwartungen erfolgt alternativ auf der Grundlage der adaptiven oder der rationalen Erwartungshypothese. Im ersten Fall wird, wie schon weiter oben, eine sehr einfache Form mit $\pi_t^e = \pi_{t-1}$ zugrunde gelegt. Im zweiten Fall orientieren sich die Inflationserwartungen an der beobachteten Wachstumsrate der nominellen Geldmenge.[29]

a) Adaptive Erwartungshypothese

Die Abbildung 9.14 zeigt den Wirkungsprozeß in einer exemplarischen Darstellung für den Fall der adaptiven Erwartungshypothese. In der Ausgangssituation möge im Punkt A ein Gleichgewicht auf der langfristigen Angebotskurve AS_N vorliegen. Es gilt: $\hat{M}_0^n = \pi_0$. Durch die autonome Erhöhung des Geldmengenwachstums auf $\hat{M}_t^n = \pi_g$ wird die kurzfristige aggregierte Nachfragekurve von AD_0 nach AD_1 verschoben. Da sich die Inflationserwartungen noch nicht ändern, bleibt die kurzfristige aggregierte Angebotskurve AS_0 zunächst noch unberührt. So kommt es zu einem temporären Gleichgewicht im Punkt B. Produktion und Realeinkommen sind also kurzfristig auf X_1 bzw. Y_1 gestiegen, und die Inflationsrate hat sich auf π_1 erhöht.

Hinter der Zunahme des Einkommens und der Inflation verbergen sich die folgenden Vorgänge: Der Geldmengenzuwachs bewirkt eine Verringerung des nominellen und des realen Zinssatzes; hierdurch steigt - eine entsprechende Zinselastizität vorausgesetzt - die Güternachfrage; dieser Nachfrageimpuls verbessert die Absatzsituation der Unternehmungen und führt so zu einer Zunahme der Arbeitsnachfrage; die Verbesserung der Arbeitsmarktlage hat einen Anstieg der Zuwachsrate des Nominallohnsatzes zur Folge, der seinerseits via Mark-up-Preisbildung eine Erhöhung der Inflationsrate nach sich zieht.

Daß sich trotz der gestiegenen Inflation kurzfristig (in der ersten Periode) ein höheres Einkommen ergibt, ist darauf zurückzuführen, daß die Inflationsrate - insbesondere wegen der verzögerten Anpassung der Inflationserwartungen - zunächst noch geringer ist als die (neue) Zuwachsrate der nominellen Geldmenge. Folglich kommt es zu einer Erhöhung der realen Geldmenge, die ihrerseits Voraussetzung für die zinsinduzierte Zunahme der Güternachfrage ist.

In der nun folgenden Periode werden die Inflationserwartungen an die neue Inflationsrate π_1 angepaßt. Folglich erhöht sich die Wachstumsrate des Nominallohnsatzes. Die kurzfristige aggregierte Angebotskurve verschiebt sich dementsprechend nach oben, hier nach AS_2. Da die Inflationsrate aber auch in dieser Periode letztlich noch geringer ist als die neue Wachstumsrate der nominellen Geldmenge, nimmt die reale Geldmenge nochmals zu. Dadurch kommt es zu einem weiteren zinsinduzierten Nachfrageschub, der sich in der Rechtsverschiebung der aggregierten Nachfragekurve nach AD_2 ausdrückt. Ein kurzfristiges temporäres Gleichgewicht stellt sich jetzt im Punkt C ein.

---

[29] Der reale Zinssatz r kann aus der Gleichung (9.30a) berechnet werden. Um ein stabiles Gleichgewicht zu gewährleisten, muß der Koeffizient y_r in dieser Gleichung von null verschieden bzw. positiv sein.

Abbildung 9.14

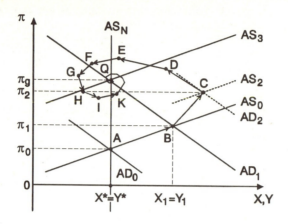

In der Folgeperiode werden die Inflationserwartungen erneut angepaßt, so daß sich die kurzfristige aggregierte Angebotskurve noch weiter nach oben verschiebt. Die Inflationsrate möge in dieser Periode bereits einen Wert erreichen, der höher ist als die neue Wachstumsrate der nominellen Geldmenge. Da hierdurch das Zinsniveau ansteigt, verringert sich die Güternachfrage. Ein neues temporäres Gleichgewicht ergibt sich jetzt im Punkt D. Man beachte, daß die Verschlechterung der Arbeitsmarktlage zwar dämpfend auf die Lohnzuwächse wirkt, daß aber der Einfluß der Inflationserwartungen auf die Lohnbildung in dieser Phase so groß ist, daß im Ergebnis ein zusätzlicher Inflationsschub auftritt.

Die Anpassungsvorgänge setzen sich in ähnlicher Weise fort, bis schließlich im Punkt Q ein neues Gleichgewicht auf der langfristigen aggregierten Angebotskurve erreicht wird. Die Inflationsrate entspricht in dieser neuen Gleichgewichtssituation exakt der (neuen) höheren Wachstumsrate der nominellen Geldmenge. Die Güternachfrage, die Produktion und das Realeinkommen sind also schließlich wieder auf ihr Ausgangsniveau X* bzw. Y* zurückgekehrt. Die Wirkung der autonomen Zunahme des Geldmengenwachstums erschöpft sich somit langfristig in einem Anstieg der Inflationsrate. Eine Zunahme des Realeinkommens konnte lediglich temporär bewirkt werden.

Da die Inflationserwartungen gemäß der hier zugrunde gelegten Erwartungshypothese mit einer gewissen zeitlichen Verzögerung an die tatsächliche Inflationsentwicklung angepaßt werden, vollzieht sich die Anpassung an das neue langfristige Gleichgewicht in einer zyklischen Bewegung.[30] Dabei kommt es zeitweise zu einem "Überschießen" der Inflationsrate. Bedingt durch diese relativ hohe Inflationsrate, wird die reale Geldmenge vorübergehend sogar geringer als in der Ausgangssituation. Demzufolge sinken die Güternachfrage, die Produktion und das

---

[30] Die Anpassungen vollziehen sich spiralförmig und implizieren somit für eine gewisse Zeit Schwankungen der Inflationsrate und des Einkommens um die neuen Gleichgewichtswerte. Zur formalen Darstellung dieses Prozesses siehe das Beispiel zur Tabelle 9.1.

Einkommen auch in einigen Perioden unter den Gleichgewichtswert X* bzw. Y*. Die temporären Gleichgewichtssituationen in den Punkten F, G, H und I geben in der Abbildung 9.14 ein Beispiel für diesen Teil des Anpassungsprozesses.

Die Abbildung macht deutlich, daß zeitweise auch das Phänomen der *Stagflation* auftritt. Beim Übergang vom Punkt C zum Punkt D sowie vom Punkt D zum Punkt E sinkt das Realeinkommen und - damit verbunden - die Beschäftigung, obwohl die Inflationsrate noch weiter zunimmt. Im Bereich EFG schwächt sich die Inflation zwar leicht ab, aber der weitere Rückgang des Realeinkommens und der Beschäftigung vollzieht sich immerhin noch auf einem hohen Inflationsniveau.

Da das Realeinkommen Y letztlich wieder auf den Ausgangswert zurückkehrt, muß auch der reale Zinssatz r im neuen langfristigen Gleichgewicht dem Ausgangsniveau entsprechen. Mit Blick auf die Definition des nominellen Zinssatzes innerhalb des Modells 9.1 folgt daraus zwingend, daß sich der nominelle Zinssatz bei Erreichen des neuen langfristigen Gleichgewichts um den gleichen Betrag erhöht hat wie die Inflationsrate. *Die autonome Erhöhung des Geldmengenwachstums hat also nur vorübergehend zu einer Verringerung des nominellen und des realen Zinssatzes geführt. Längerfristig bleibt der reale Zinssatz von dieser Maßnahme unberührt, wogegen der nominelle Zinssatz infolge der zusätzlichen Inflationsimpulse sogar zunimmt.*[31]

Zur Verdeutlichung des zyklischen Anpassungsprozesses, der in der Abbildung 9.14 skizziert worden ist, wird auf der Grundlage des Modells 9.1 ein Zahlenbeispiel konstruiert.[32] Die Koeffizienten haben die folgenden Werte: $\eta = 25$; $\mu_M = 20$. In der Ausgangssituation (t = 0) besteht ein Gleichgewicht mit: $X_0 = Y_0 = X^* = 1000$; $\pi_0 = \pi^e = 5(\%)$; $\hat{M}_0^n = 5(\%)$. In der Periode t = 1 wird die Wachstumrate der nominellen Geldmenge dauerhaft auf $\hat{M}_1^n = 8(\%)$ erhöht. Die Tabelle 9.1 zeigt die Anfangswerte, die Entwicklung im Zeitablauf sowie die neuen Gleichgewichtswerte der Produktion bzw. des Einkommens, der Inflationsrate und der erwarteten Inflationsrate. Es wird deutlich, daß das Einkommen - wie in der Abbildung 9.14 dargestellt - zeitweise beträchtlich unter den Gleichgewichtswert sinkt.

---

[31] Die aggregierte Nachfragekurve AD_1 verläuft durch den Punkt Q, der das neue Gleichgewicht beschreibt, das letztlich auf der langfristigen Angebotskurve AS_N erreicht wird. In diesem neuen Gleichgewicht entspricht nämlich die Inflationsrate der neuen Wachstumsrate der nominellen Geldmenge. Wie sich der Funktion für die aggregierte Güternachfrage im Modell 9.1 entnehmen läßt, stimmen dann aber der aktuelle Wert der Güternachfrage bzw. des Realeinkommens Y_t mit dem Wert in der Vorperiode Y_{t-1} überein. Hätte also die Inflationsrate unverzüglich den neuen Gleichgewichtswert π_g angenommen, so wären Güternachfrage und Realeinkommen auf ihrem Ausgangsniveau Y* erhalten geblieben. Dieses Ergebnis ergibt sich bei der nachfolgend unter b) zugrunde gelegten rationalen Erwartungshypothese.

[32] Es wird angenommen, daß der Koeffizient μ_M eine konstante Größe ist, obwohl gemäß Gleichung (9.34) eine Abhängigkeit von der kurzfristig variablen realen Geldmenge M^n/P besteht. Dieser Einfluß ist allerdings bei moderaten Änderungen der realen Geldmenge relativ gering, so daß die Annahme im Hinblick auf eine möglichst einfache Berechnung gerechtfertigt ist. Darüber hinaus ist zu bedenken, daß die reale Geldmenge im langfristigen Gleichgewicht konstant ist, so daß die hier getroffene Annahme ohne Bedeutung für die Gleichgewichtslösungen ist.

Tabelle 9.1

t	$\hat{M}(\%)$	Y=X	$\pi(\%)$	$\pi^e(\%)$
0	5	1000,00	5,000	5,000
1	8	1033,33	6,333	5,000
2	8	1037,04	7,815	6,333
3	8	1022,64	8,720	7,815
4	8	1004,58	8,903	8,720
5	8	992,51	8,603	8,903
6	8	989,13	8,169	8,603
7	8	992,08	7,852	8,169
8	8	997,24	7,742	7,852
9	8	1001,34	7,795	7,742
10	8	1003,01	7,916	7,795
⋮	⋮	⋮	⋮	⋮
n	8	1000,00	8,000	8,000

b) Rationale Erwartungshypothese

Werden die Inflationserwartungen unverzüglich an das veränderte Geldmengenwachstum angepaßt, so sind Veränderungen sowohl des aggregierten Güterangebots als auch der aggregierten Güternachfrage im Rahmen des Modells 9.1 unmöglich. Diese Anpassung impliziert, daß
- die Gewerkschaften schon kurzfristig eine strikte Politik der Reallohnfixierung betreiben
- dementsprechend die Zuwachsrate des Nominallohnsatzes kurzfristig um den Betrag der zusätzlich erwarteten Inflation erhöht wird
- die Unternehmungen die Preissteigerungsrate unmittelbar proportional zum Anstieg der Lohnzuwachsrate anheben.

Vor diesem Hintergrund erhöhen die Unternehmungen - wie auch die früheren Untersuchungen zur Reallohnfixierung gezeigt haben - ihr Güterangebot nicht. Folglich ist auch eine Zunahme des Realeinkommens und dementsprechend der realen Güternachfrage ausgeschlossen.

Dieses Ergebnis läßt sich anhand der Abbildung 9.14 nachvollziehen. Wie schon im vorangegangenen Beispiel zur adaptiven Erwartungshypothese, so verschiebt sich auch jetzt die aggregierte Nachfragekurve infolge der Erhöhung des Geldmengenwachstums nach AD_1. Sie verläuft also zwingend durch den (neuen) Gleichgewichtspunkt Q auf der langfristigen aggregierten Angebotskurve. Der wesentliche Unterschied zur adaptiven Erwartungshypothese besteht nun darin, daß die kurzfristige aggregierte Angebotskurve jetzt soweit nach oben verschoben wird, daß sie ebenfalls durch den (neuen) Gleichgewichtspunkt Q verläuft. In der Abbildung 9.14 ist das die aggregierte Angebotskurve AS_3. Diese Verschiebung läßt sich unmittelbar aus der Funktion des aggregierten Güterangebots ersehen.

Löst man diese Funktion nach der Inflationsrate π auf, so ergibt sich:[33]

---

[33] Siehe hierzu auch die Lucas-Angebotsfunktion [Kap. 6]

(9.29b) $\pi = \pi^e + \frac{1}{\eta}(X - X^*) = \hat{M}^n + \frac{1}{\eta}(X - X^*)$

Die aggregierte Angebotskurve wird somit um den Betrag $\Delta\hat{M}^n$ nach oben verschoben. Bezogen auf das neue langfristige Gleichgewicht, verändert sich aber auch die Inflationsrate genau um diesen Betrag. Aus der aggregierten Nachfragekurve AD_1 und der aggregierten Angebotskurve AS_3 ergibt sich unmittelbar das Gütermarktgleichgewicht im Punkt Q. Dementsprechend wird auch unverzüglich das neue Gleichgewicht auf der langfristigen Angebotskurve realisiert.

Ein Vergleich der Ergebnisse für die beiden Erwartungshypothesen macht deutlich, daß die Erhöhung des Geldmengenwachstums nur dann einen temporären Einkommensanstieg bewirkt, wenn die Inflationserwartungen mit einer gewissen zeitlichen Verzögerung bzw. für eine gewisse Zeit nur unvollständig an die tatsächliche Inflationsentwicklung angepaßt werden. Sobald die erwartete mit der tatsächlichen Inflationsrate übereinstimmt, geht der temporäre Einkommenseffekt, sofern er überhaupt aufgetreten ist, verloren.

9.5.4 Wirkungen einer autonomen Änderung der Güternachfrage

Es sei jetzt angenommen, daß die autonome Güternachfrage in einer bestimmten Periode - hier in der Periode t = 1 - erhöht wird. Dabei kann es sich beispielsweise um eine Erhöhung der autonomen privaten Investitionen, des autonomen privaten Konsums, der Staatsausgaben oder des autonomen Außenbeitrags handeln. Diese Erhöhung kommt in einer dauerhaften Veränderung der autonomen Komponente Y^a in der IS-Gleichung (9.33) zum Ausdruck, wogegen die entsprechende Erhöhung in der Gleichung (9.34) bzw. (9.34a) mit ΔY_1^a nur einmal in der Periode t = 1 auftritt.

Wie aus früheren Untersuchungen bereits bekannt ist und wie sich aus der Gleichung (9.34) ablesen läßt, hat die Veränderung der autonomen Güternachfrage nur dann eine Veränderung der *aggregierten* Güternachfrage zur Folge, wenn die Geldnachfrage zinselastisch ist (wenn gilt: $k_i > 0$). Ist diese Bedingung nicht erfüllt, so ergeben sich zwar Zinseffekte, aber von vornherein keine Wirkungen auf die Produktion, die Beschäftigung, das Realeinkommen und die Inflationsrate.

Um die Möglichkeit solcher Wirkungen zu eröffnen, sei deshalb angenommen, daß die Geldnachfrage zinselastisch ist. Außerdem wird - wie zuvor - davon ausgegangen, daß eine zinselastische Güternachfrage ($y_r > 0$) vorliegt. Vor diesem Hintergrund hat der Koeffizient μ_π in der Gleichung (9.34) bzw. (9.34a) einen positiven Wert. Die aggregierte Güternachfrage hängt demnach auch von der erwarteten Inflationsrate ab. Die Funktion für die aggregierte Güternachfrage im Modell 9.1 ist deshalb durch die Gleichung (9.34a) zu ersetzen. Alle übrigen Gleichungen des Modells 9.1 bleiben erhalten. Es wird also weiterhin angenommen, daß die Lohnpolitik auf die Reallohnfixierung gerichtet ist und in der Angebotsfunktion somit gilt: $\lambda_P = 1$.

a) Adaptive Erwartungshypothese

Die Abbildung 9.15 zeigt die Wirkungen der autonomen Nachfrageerhöhung für den Fall, daß die Inflationserwartungen mit einer Verzögerung von einer Periode an die tatsächliche Inflationsentwicklung angepaßt werden: $\pi_t^e = \pi_{t-1}$. In der Ausgangssituation besteht ein Gleichgewicht in den Punkten A und A'.

Die autonome Erhöhung der Güternachfrage drückt sich in einer Verschiebung der IS-Kurve nach IS$_1$ und der aggregierten Nachfragekurve nach AD$_1$ aus. Weil sich mit der Erhöhung der Güternachfrage die Absatzlage der Unternehmungen und - daraus folgend - die Arbeitsmarktlage verbessern, steigt die Inflationsrate. Da die Wachstumsrate der nominellen Geldmenge unverändert geblieben ist, ergibt sich dadurch zwingend eine Verringerung der realen Geldmenge. Dementsprechend verschiebt sich die LM-Kurve nach oben (hier nach LM$_1^r$). Aufgrund dieser Vorgänge ergibt sich ein temporäres Gleichgewicht in den Punkten B und B'. Produktion, Güternachfrage und Realeinkommen sind also auf X$_1$ bzw. Y$_1$ gestiegen. Gleichzeitig hat sich allerdings auch die Inflationsrate erhöht, hier auf π_1. Der reale Zinssatz ist ebenfalls gestiegen (auf r$_1$).

Bemerkenswert ist, daß das Realeinkommen und die Inflationsrate zugenommen haben, obwohl die Wachstumsrate der nominellen Geldmenge nicht verändert worden ist. Dieses Ergebnis ist allein auf die Tatsache zurückzuführen, daß die Geldnachfrage zinselastisch ist. Infolge der autonomen Erhöhung der Güternachfrage steigen sowohl der nominelle Zinssatz als auch der reale Zinssatz. Bei zinselastischer Geldnachfrage bewirkt dieser Zinsanstieg eine Substitution von zinsabhängiger Geldhaltung zugunsten von Transaktionskasse. Es kommt also zu einer zinsinduzierten Mobilisierung von Liquidität, die für die Durchführung zusätzlicher Transaktionen eingesetzt wird und durch die somit eine Zunahme des Realeinkommens ermöglicht wird.[34]

Da die Inflationserwartungen in der Folgeperiode an die höhere Inflationsrate π_1 angepaßt werden, tritt ein zusätzlicher Lohnkostendruck auf, der sich in der Verschiebung der kurzfristigen aggregierten Angebotskurve nach oben (hier nach AS$_2$), ausdrückt. Der inflationäre Preisauftrieb wird von hierher noch verstärkt. Da die Inflationsrate auch jetzt noch über der Wachstumsrate der nominellen Geldmenge liegt, findet erneut eine Verringerung der realen Geldmenge statt. Diese Verringerung hat einen so starken Anstieg des nominellen Zinssatzes zur Folge, daß der reale Zinssatz noch weiter zunimmt, obwohl die erwartete Inflationsrate gestiegen ist.[35] Im unteren Teil der Abbildung 9.15 verschiebt sich dementspre-

---

[34] In der Abbildung 9.15 wird die LM-Kurve lediglich in Hinsicht auf den realen Zinssatz dargestellt. Auf die Erfassung des nominellen Zinssatzes und die für diesen Zinssatz gültige LM-Kurve kann hier verzichtet werden. In diesem Zusammenhang ist auf die Abbildung 9.4 zu verweisen, in der die LM-Kurve gleichzeitig mit Bezug auf den nominellen Zinssatz und den realen Zinssatz dargestellt worden ist.

[35] Um diesen Zusammenhang zu verstehen, muß die Definitionsgleichung (9.32) für den realen Zinssatz betrachtet werden. Nimmt die erwartete Inflationsrate π^e zu, so steigt der reale Zinssatz nur dann, wenn sich der nominelle Zinssatz um einen größeren Betrag als die erwartete Inflationsrate erhöht.

chend die auf den realen Zinssatz bezogene LM-Kurve nach LM_2^r. Damit ist die Verschiebung der aggregierten Nachfragekurve nach AD_2 kompatibel. Kurzfristig ergibt sich jetzt ein neues (temporäres) Gleichgewicht im Punkt C bzw. C'.

Abbildung 9.15

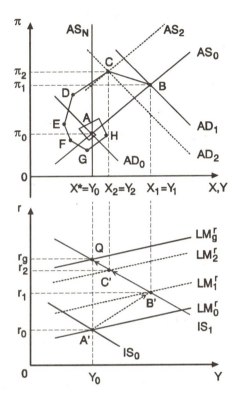

Die Anpassungsprozesse setzen sich in ähnlicher Weise fort. Solange die tatsächliche Inflationsrate über der Wachstumsrate der nominellen Geldmenge liegt, kommt es zu weiteren Reduktionen der realen Geldmenge. Der dadurch bewirkte Zinsanstieg ist zeitweise so groß, daß die zinsinduzierte Verringerung der Güternachfrage ein Realeinkommen herbeiführt, das sogar niedriger ist als in der Ausgangssituation. Diese Abschwächung der Güternachfrage und die damit verbundene Verschlechterung der Arbeitsmarktlage erzwingen allerdings eine gewisse Lohnzurückhaltung, durch die dann auch die Inflationsrate wieder verringert wird.

Wie schon im Zusammenhang mit der Veränderung des Geldmengenwachstums, so vollzieht sich auch hier der Anpassungsprozeß in Form einer zyklischen Bewegung. Durch den Einfluß der Inflationserwartungen auf die aggregierte Güternachfrage sind die zyklischen Bewegungen noch ausgeprägter, so daß das langfristige Gütermarktgleichgewicht erst nach einem längeren, spiralförmig verlaufenden Anpassungsprozeß erreicht wird.

Da die Wachstumsrate der nominellen Geldmenge unverändert geblieben ist, muß letztlich auch die tatsächliche Inflationsrate wieder dem Ausgangswert π_0 entsprechen. Das schließlich erreichte Gleichgewicht auf der langfristigen aggregierten Angebotskurve stimmt also mit dem Ausgangsgleichgewicht im Punkt A überein. Die autonome Erhöhung der Güternachfrage hat somit keine nachhaltige Wirkung auf das Realeinkommen und auf die Inflationsrate. Positive Einkommenseffekte treten nur vorübergehend auf. Diese werden begleitet von einem relativ starken Anstieg der Inflationsrate. Der zusätzliche inflationäre Preisauftrieb hat dann zur Folge, daß das Realeinkommen relativ schnell wieder verringert wird und zeitweise sogar unter das Ausgangsniveau absinkt. In diesem Zusammenhang kommt es auch zu Situationen einer *Stagflation* (z.B. beim Übergang von B nach C).

Die autonome Erhöhung der Güternachfrage hat allerdings nachhaltige Wirkungen auf den realen und den nominellen Zinssatz. Der reale Zinssatz steigt - wie dem unteren Teil der Abbildung 9.15 zu entnehmen ist - auf r_g. Das neue IS- und LM-Gleichgewicht liegt hier im Punkt Q. Da die Inflationserwartungen letzten Endes ihrem Ausgangswert entsprechen, erhöht sich der nominelle Zinssatz um den gleichen Betrag wie der reale Zinssatz. Der hier aufgezeigte Zinsanstieg ist auf eine nachhaltige Verringerung der realen Geldmenge zurückzuführen. Diese Verringerung resultiert ihrerseits aus dem Tatbestand, daß die Inflationsrate zeitweise über der (unveränderten) Wachstumsrate der nominellen Geldmenge liegt.

Um den in der Abbildung 9.15 skizzierten zyklischen Anpassungsprozeß besser nachvollziehen zu können, wird auch hier ein Zahlenbeispiel betrachtet.[36]

Tabelle 9.2

t	ΔY^a	X = Y	$\pi(\%)$	$\pi^e(\%)$
0	0	1000,00	5,000	5,000
1	50	1041,67	6,667	5,000
2	0	1013,89	7,222	6,667
3	0	986,11	6,667	7,222
4	0	970,68	5,494	6,667
5	0	971,71	4,362	5,494
6	0	985,08	3,765	4,362
7	0	1002,11	3,850	3,765
8	0	1014,42	4,427	3,850
9	0	1017,59	5,130	4,427
10	0	1012,23	5,619	5,130
⋮	⋮	⋮	⋮	⋮
n	0	1000,00	5,000	5,000

Die aggregierte Güternachfrage muß jetzt gegenüber dem Modell 9.1 um den Einfluß der Inflationserwartungen sowie der Veränderung der autonomen Güternachfrage ergänzt werden. Maßgeblich ist jetzt also die Nachfragefunktion (9.34a). Die Koeffizientenwerte lauten nun: $\eta = 25$; $\mu_Y = 1,5$; $\mu_M = 20$; $\mu_\pi = 10$. Wie schon im Beispiel zu Tabelle 9.1, ist das Ausgangsgleichgewicht gekennzeichnet durch: $X_0 = Y_0 = X^* = 1000$; $\pi_0 = \pi^e = 5(\%)$; $\hat{M}^n = 5(\%)$. In der Periode $t = 1$ wird die autonome Güternachfrage um $\Delta Y^a = 50$ auf ein

---

[36] Auch hier wird der Einfluß von kurzfristigen, vorübergehenden Veränderungen der realen Geldmenge auf den Koeffizienten μ_M nicht berücksichtigt. Siehe hierzu die Fußnote 32.

dauerhaft höheres Niveau angehoben. Die Werteentwicklung der einzelnen Größen ist in der Tabelle 9.2 wiedergegeben worden. Auch hier ergibt sich - wie in der Abbildung 9.15 dargestellt - zeitweise eine negative Abweichung des Einkommens vom Gleichgewichtswert.

b) Rationale Erwartungshypothese

Richten sich die Inflationserwartungen nach der Wachstumsrate der nominellen Geldmenge, so hat die autonome Veränderung der Güternachfrage keinen Einfluß auf die erwartete Inflationsrate. Anpassungen der Inflationserwartungen finden nicht statt, so daß sich von hierher auch keine Wirkung auf das aggregierte Güterangebot und auf die aggregierte Güternachfrage ergibt. Wie in der Abbildung 9.16 zu zeigen ist, findet dann auch ein relativ einfacher Anpassungsprozeß statt.

Analog zur Darstellung in der Abbildung 9.15 und zu den dort zugrundeliegenden Vorgängen verschiebt sich auch hier die aggregierte Nachfragekurve nach AD_1. Das temporäre Gleichgewicht im Punkt B stimmt mit dem entsprechenden Gleichgewicht in der Abbildung 9.15 überein. Kurzfristig erhöht sich also das Realeinkommen auf Y_1, und die Inflationsrate steigt auf π_1. Wie schon zuvor, so wird auch hier der Einkommensanstieg dadurch ermöglicht, daß eine zinsinduzierte Mobilisierung von Liquidität zugunsten der Transaktionskasse stattfindet. Diese Mobilisierung ist selbstverständlich nur möglich, wenn die Geldnachfrage zinselastisch ist.

Abbildung 9.16

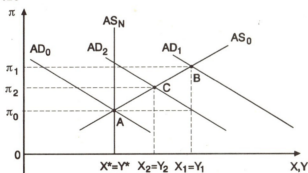

Da die Inflationsrate jedoch über der Wachstumsrate der nominellen Geldmenge liegt, kommt es - wie oben schon beschrieben - zu einer Verringerung der realen Geldmenge. Die so verursachte Verringerung der Güternachfrage drückt sich in einer Verschiebung der aggregierten Nachfragekurve nach links aus. Der Nachfragerückgang hat relativ schnell eine Verringerung des Einkommens und der Inflationsrate zur Folge.[37]

---

[37] Da sich die Inflationserwartungen nicht verändern, ergibt sich von hierher kein Einfluß auf die kurzfristige Angebotskurve AS_0.

So wird beispielsweise in der Periode t = 2 das temporäre Gleichgewicht im Punkt C realisiert. Dieser Anpassungsprozeß setzt sich fort, bis das Ausgangsgleichgewicht im Punkt A wieder erreicht worden ist. Die autonome Erhöhung der Güternachfrage hat also auch hier keine nachhaltige Wirkung auf das Realeinkommen und auf die Inflationsrate. Ähnlich wie im oben diskutierten Beispiel der adaptiven Erwartungshypothese erhöhen sich allerdings der nominelle und der reale Zinssatz. Wie dort, so ist der Zinsanstieg auch jetzt auf die Verringerung der realen Geldmenge zurückzuführen, die aus dem Überschießen der Inflationsrate über den Gleichgewichtswert π_0 hinaus verursacht wird.

Die Analyse macht deutlich, daß sich das Realeinkommen im Zuge eines autonomen Nachfrageimpulses vorübergehend erhöht, obwohl die Inflationserwartungen gemäß der rationalen Erwartungshypothese gebildet werden. Dabei ist allerdings zu bedenken, daß dieses Ergebnis auf der Annahme beruht, daß sich die Inflationserwartungen ausschließlich an der Wachstumsrate der nominellen Geldmenge orientieren. Die rationale Erwartungsbildung muß sich aber nicht zwingend darauf beschränken. So ist es beispielsweise möglich - und auch durchaus realistisch -, daß eine Zunahme der Güternachfrage zum Anlaß genommen wird, die erwartete Inflationsrate nach oben zu korrigieren. Das könnte insbesondere dann der Fall sein, wenn der Staat seine Ausgaben erhöht, dadurch ein Budgetdefizit entsteht und die Wirtschaftssubjekte befürchten, daß dieses Defizit mit Hilfe von Geldschöpfung finanziert werden könnte.

Obwohl die Geldschöpfungsfinanzierung faktisch nicht stattfindet und die Wachstumsrate der nominellen Geldmenge nicht verändert wird, entspricht es vor diesem Hintergrund durchaus einem rationalen Kalkül, wenn die Wirtschaftssubjekte einen Anstieg der Inflationsrate erwarten und dementsprechend ihre Inflationserwartungen nach oben korrigieren. In diesem Fall ist es sehr wohl möglich, daß eine Staatsausgabenerhöhung auch kurzfristig ohne positive Wirkung auf das Realeinkommen bleibt. Will man diese Art der rationalen Erwartungen verhindern, so ist es erforderlich, den Wirtschaftssubjekten glaubhaft darzulegen, daß auch bei Auftreten staatlicher Budgetdefizite am geldpolitischen Kurs der Preisstabilität festgehalten wird. Da die Wirtschaftssubjekte aber immer wieder die Erfahrung machen mußten, daß Erhöhungen der Staatsausgaben und damit verbundene zusätzliche öffentliche Budgetdefizite einen weiteren Inflationsschub zur Folge hatten, lassen sich entsprechende Erwartungsbildungen, die dann durchaus als rational zu bezeichnen sind, heutzutage kaum noch verhindern.

9.6 Strategien für Preisstabilität

Aus den vorangegangenen Untersuchungen lassen sich Schlüsse ziehen für eine wirtschaftspolitische Strategie, die zwar keine absolute Preisstabilität garantieren kann, die aber die dazu erforderlichen Rahmenbedingungen schafft. Die wichtigsten Maßnahmen dieser Strategie liegen in den Bereichen der staatlichen Geld-,

Fiskal- und Währungspolitik sowie der Lohnpolitik der Gewerkschaften und der Preispolitik der Unternehmungen.

1. Geldpolitik

Gemäß der Quantitätsgleichung (9.3) bzw. (9.3a) sollte die nominelle Geldmenge mit der gleichen Rate wachsen wie das reale Produktionspotential:

(9.35) $\hat{M}^n = \hat{X}^{pot}$

Die Veränderungsrate der Umlaufgeschwindigkeit des Geldes ist im allgemeinen so gering, daß sie - zumindest kurzfristig - vernachlässigt werden kann. Um zu verhindern, daß die Geldpolitik Inflationserwartungen auslöst, muß gemäß Gleichung (9.35) eine *stetige* Geldmengenpolitik betrieben werden.

2. Fiskalpolitik

Zur Vermeidung nachfrageseitiger Störungen, durch die unmittelbar hausgemachte Inflationsimpulse entstehen oder Inflationserwartungen ausgelöst werden könnten, sollten die öffentlichen Haushalte eine möglichst stetige Ausgaben-, Steuer- und Finanzierungspolitik betreiben. Diese müßte sich, ähnlich wie die Geldpolitik, am Wachstum des Produktionspotentials orientieren.

3. Währungspolitik

Problematisch ist eine "unvermeidliche" importierte Inflation. Aus der Quantitätsgleichung (9.3) läßt sich ablesen, daß in diesem Fall bei einem Geldmengenwachstum gemäß Gleichung (9.35) eventuell eine zu restriktive Geldpolitik betrieben wird, durch die sich dann Beschäftigungsprobleme ergeben könnten. Wird jedoch die "unvermeidliche" Inflationsrate zur Richtschnur der Geldpolitik, so ist zu befürchten, daß sich die importierte Inflation aufgrund der Lohnpolitik der Gewerkschaften und der Preispolitik der Unternehmungen noch verstärkt. Dabei spielen, wie weiter oben aufgezeigt, die Inflationserwartungen eine wichtige Rolle. Es muß also statt dessen versucht werden, die importierte Inflation so weit wie eben möglich zu verhindern.

In einem Festkurssystem, in dem sich der Inflationsimport kaum verhindern läßt, müssen alle Mitgliedsländer auf eine strikte Antiinflationspolitik verpflichtet werden. Andernfalls führt das System zwingend zu einer Inflationsgemeinschaft, in der sich die nationalen Inflationsraten gegenseitig aufschaukeln. Bei flexiblem Wechselkurs ist die Gefahr eines Inflationsimports nach allen Erfahrungen erheblich geringer. Allerdings bietet ein flexibler Wechselkurs keine Gewähr für einen vollständigen Schutz vor einem Inflationsimport. Eine wirtschaftspolitische Strategie, diesen Schutz zu erreichen, gibt es nicht.

4. Lohnpolitik

Gemäß der Preisgleichung (9.14) muß eine *produktivitätsorientierte Lohnpolitik* betrieben werden. Sie besagt, daß die Zuwachsrate des Nominallohnsatzes der Zuwachsrate der Arbeitsproduktivität entspricht:

(9.36) $\omega^n = \hat{a}$

Kurzfristige Differenzen zwischen der tatsächlichen und der natürlichen Arbeitslosenquote bzw. kurzfristige Änderungen der Arbeitsmarktlage sollten nicht zum Anlaß genommen werden, von dieser Produktivitätsorientierung abzuweichen. Auch auf eine autonome Lohnpolitik, mit der eine Erhöhung der Lohnquote erzielt werden soll, muß verzichtet werden. Sollte das Preisniveau stabil bleiben, garantiert die produktivitätsorientierte Lohnpolitik gemäß Gleichung (9.25) eine konstante Lohnquote.

Problematisch ist eine Situation, in der das Preisniveau trotz der Produktivitätsorientierung aufgrund anderer Einflüsse steigt. Handelt es sich um hausgemachte Einflüsse, so ist kaum zu erwarten, daß die Gewerkschaften bereit sind, den Preisanstieg zu ignorieren und gemäß Gleichung (9.25) eine Verringerung der Lohnquote hinzunehmen. Hausgemachte Inflationsursachen müssen folglich grundsätzlich verhindert werden. Bei importierter Inflation kommt es zu einem zusätzlichen Einkommenstransfer ins Ausland. Wenn sich die Arbeitnehmer an diesem Transfer nicht durch gewisse Einbußen bei den Lohneinkommen beteiligen, wird es wahrscheinlich zu einer Inflationsbeschleunigung kommen, die ihrerseits eine Gefährdung für die Beschäftigungslage bedeuten kann. Die Einkommenseinbußen für die Arbeitnehmer könnten dadurch noch größer werden als im Fall einer Lohnpolitik, die trotz des Inflationsimports an der strikten Produktivitätsorientierung festhält.

5. Preispolitik

Die Unternehmungen müssen eine Preispolitik betreiben, die sich gemäß Gleichung (9.14) ausschließlich an den Lohnstückkosten orientiert. Bei produktivitätsorientierter Lohnpolitik ist die Inflationsrate dann null. Auf eine autonome verteilungsorientierte Preispolitik muß verzichtet werden. Im Hinblick auf die importierte Inflation sind die gleichen Zusammenhänge und Ergebnisse zu beachten, wie zuvor für die Lohnpolitik aufgezeigt.

Fazit:
Selbstverständlich müssen die hier aufgezeigten Maßnahmen konzertiert verfolgt werden. Schert ein Strategieteilnehmer aus, so besteht die Gefahr, daß er hausgemachte Inflationsimpulse verursacht, die die anderen Teilnehmer zu Reaktionen zwingen und so faktisch zu Inflation und sogar zu einer Inflationsbeschleunigung führen. Die Strategie für Preisstabilität ist somit eine Gratwanderung. Viele Erfahrungen sprechen dagegen, daß sie gelingt. Die Politik der Preisstabilität bleibt meistens allein der Zentralbank überlassen. Hält sie strikt am Ziel der Preisstabilität fest, während andere Gruppen stabilitätsgefährdende Maßnahmen ergreifen, so sind kurzfristige Beschäftigungseinbußen unvermeidbar. Würde sie dieses Ziel allerdings aufgeben, so wäre das Ergebnis noch schlimmer: es käme zu lang anhaltenden Beschäftigungsverlusten.

Kapitel 10
Konjunkturschwankungen

10.1 Problemstellung

Die meisten makroökonomischen Größen, so insbesondere die Produktion, das Einkommen und die Beschäftigung, entwickeln sich erfahrungsgemäß mit zyklischen Schwankungen, die im allgemeinen als *Konjunkturschwankungen* bezeichnet werden. Phasen einer prosperierenden Wirtschaftsentwicklung mit einem überdurchschnittlichen Einkommenswachstum, einer hohen Auslastung der Produktionskapazitäten und einer geringen Arbeitslosigkeit werden abgelöst von Phasen einer rezessiven oder sogar depressiven Wirtschaftslage, die durch Stagnation oder negatives Wachstum von Produktion und Einkommen sowie durch außergewöhnlich hohe Arbeitslosigkeit gekennzeichnet ist. Ein wirtschaftspolitisches Rezept zur Vermeidung solcher Schwankungen bzw. zur Verstetigung der Wirtschaftsentwicklung ist bis heute nicht gefunden worden, obwohl sich die makroökonomische Theorie und Politik schon sehr lange mit diesem Phänomen beschäftigt haben.

In einer Reihe von Einzeluntersuchungen ist zuvor schon wiederholt gezeigt worden, wie es zu Störungen eines makroökonomischen Gleichgewichts kommen kann und welche Ursachen beispielsweise für Arbeitslosigkeit oder für Inflation maßgeblich sein können. Die dort gewonnenen Erkenntnisse sind zwar wichtig für das Verständnis unstetiger Wirtschaftsentwicklungen, sie reichen aber nicht aus, die zyklischen bzw. konjunkturellen Schwankungen der ökonomischen Variablen zu erklären. Während nämlich die vorangegangenen Untersuchungen vorwiegend auf eine *komparativ-statische Analyse* von Gleichgewichtszuständen gerichtet waren und auf eine differenzierte Betrachtung von zeitlich verzögerten Anpassungsvorgängen weitgehend verzichtet wurde, macht die Erklärung der Konjunkturschwankungen eine genaue Erfassung der ökonomischen Interaktionen im Zeitablauf und dementsprechend eine *dynamische Analyse* erforderlich.

Im Rahmen einer solchen Analyse sind die folgenden Untersuchungen vor allem darauf gerichtet

- die Konjunkturschwankungen mit Blick auf empirische Fakten für die Bundesrepublik Deutschland zu identifizieren
- die verschiedenen Phasen eines Konjunkturzyklus zu definieren und dabei ein idealtypisches Verlaufsmuster einer konjunkturellen Entwicklung zu entwerfen
- die ökonomischen Faktoren herauszuarbeiten, die zum einen zur Verstärkung und zum anderen zur Abschwächung zyklischer Schwankungen beitragen
- einige theoretische Ansätze darzustellen, die geeignet sind, zyklische Schwankungen ökonomischer Variablen in einem geschlossenen makroökonomischen Modell endogen zu erklären
- die verschiedenen Phasen eines Konjunkturzyklus genauer zu betrachten und dabei die wichtigsten ökonomischen Einflüsse aufzuzeigen, die für die dynamischen Entwicklungsabläufe maßgeblich sind.

10.2 Produktionspotential und Konjunkturzyklus
10.2.1 Bruttoinlandsprodukt und Produktionspotential

Nach einer weit gefaßten Definition sind Konjunkturschwankungen mehrjährige Schwankungen im Wirtschaftsgeschehen einer Volkswirtschaft, die eine gewisse Regelmäßigkeit aufweisen.[1] Hiervon zu unterscheiden sind saisonale Schwankungen, die innerhalb eines Jahres stattfinden, sowie zufallsbedingte, erratisch auftretende Veränderungen makroökonomischer Variablen. Die wichtigste makroökonomische Größe, an der Konjunkturschwankungen abgelesen werden, ist das reale Bruttoinlandsprodukt eines Landes. Selbstverständlich drücken sich konjunkturelle Schwankungen auch noch in anderen ökonomischen Größen aus, so z.B. in der Preis-, Zins- und Gewinnentwicklung, in Auftragseingängen sowie in Auftrags- und Lagerbeständen. Im folgenden wird allerdings vorerst nur auf das Bruttoinlandsprodukt Bezug genommen. Andere konjunkturreagible Größen werden erst in den weiteren Untersuchungen eingeführt.

Um die Konjunkturschwankungen identifizieren zu können, muß eine Bezugsgröße gebildet werden, die es ermöglicht, aus der tatsächlichen Entwicklung der realen Produktion bzw. des realen Inlandsprodukts auf den Zustand der Volkswirtschaft zu schließen. Die trendmäßige Entwicklung des Inlandsprodukts ist dafür nicht geeignet. Der Trend läßt sich zwar empirisch leicht bestimmen, kann aber, wenn er als Bezugsgröße dient, falsche Informationen über die tatsächliche Konjunkturlage anzeigen. Befindet sich eine Volkswirtschaft z.B. in einer lang anhaltenden Rezessionsphase, so verschiebt sich allmählich auch die Trendgröße in Richtung auf niedrigere Produktionsniveaus. Tritt jetzt ein Aufschwung ein, so kann sich schon bald eine positive Abweichung vom Trend ergeben, obwohl die Arbeitslosigkeit sowie die Unterauslastung von Sachkapazitäten noch immer relativ hoch sind und somit die Konjunkturkrise noch nicht überwunden ist. In dieser Situation kann von einem Boom bzw. einer Hochkonjunktur nicht die Rede sein.

Dieses Beispiel macht zugleich verständlich, daß es mit Blick auf das reale Bruttoinlandsprodukt heutzutage üblich ist, als Bezugsgröße das *Produktionspotential* zu verwenden. *Das Produktionspotential ist das reale Inlandsprodukt, das sich mit den vorhandenen Produktionsfaktoren - insbesondere den Faktoren Sachkapital und Arbeit - herstellen läßt.*

Wenngleich kein Zweifel daran besteht, daß das Produktionspotential eine wichtige Orientierungsgröße der Konjunkturanalyse ist, gibt es bis heute kein allgemein anerkanntes, einheitliches Konzept zur empirischen Bestimmung dieses Potentials. Drei Gründe sind dafür maßgebend:

- Das Datenmaterial zu den in einer Volkswirtschaft verfügbaren und im Produktionsprozeß nutzbaren Produktionsfaktoren ist unvollständig und häufig nicht auf dem aktuellen Stand.
- Die technischen Zusammenhänge zwischen den verfügbaren Produktionsfaktoren und der potentiellen Produktion sind nicht genau bekannt.

---
[1] Zu dieser Definition siehe: H. J. Vosgerau (1988), S. 478.

- Die empirischen Daten lassen die konjunkturellen Ursachen der Schwankungen der Wirtschaftstätigkeit nicht unmittelbar erkennen, so daß eine Isolierung von den strukturellen Ursachen schwierig ist.

Es ist deshalb nicht erstaunlich, daß sich die heute gebräuchlichen Verfahren zur Bestimmung des Produktionspotentials erheblich voneinander unterscheiden. In Deutschland sind insbesondere die Verfahren des Sachverständigenrates zur Begutachtung der gesamtwirtschaftlichen Entwicklung und das Verfahren der Deutschen Bundesbank gebräuchlich. Die Bundesbank gewinnt das Produktionspotential aus empirischen Schätzungen mit einer substitutionalen Produktionsfunktion, in der ein Zusammenhang zwischen dem realen Bruttoinlandsprodukt einerseits und den Produktionsfaktoren Kapital, Arbeit und Energie sowie einer technischen Fortschrittskomponente andererseits hergestellt wird.[2]

Der Sachverständigenrat beschränkt sich bei seiner Potentialschätzung demgegenüber auf den Produktionsfaktor Kapital. Dazu wird zum einen das Sachkapital (bzw. das Bruttoanlagevermögen) der Produktionssektoren und zum anderen die trendmäßige Kapitalproduktivität ermittelt. Bezeichnet man diese Kapitalproduktivität mit κ und den Sachkapitalbestand mit K, so berechnet sich das Produktionspotential in einer Periode t nach diesem Verfahren wie folgt:[3]

(10.1) $X_t^{pot} = \kappa_t K_t$

Abbildung 10.1a

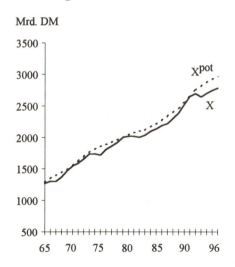

Abbildung 10.1b

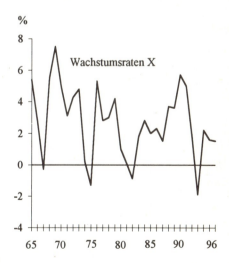

Quelle: **Sachverständigenrat** (1996), S. 301.

---

2 Vgl. **Deutsche Bundesbank** (1973), S. 28 ff. sowie (1981), S. 32 ff.
3 Vgl. **Sachverständigenrat** (1996), Anhang IV.

Die Abbildung 10.1a zeigt die Entwicklung des realen Bruttoinlandsprodukts X und des Produktionspotentials X^{pot} gemäß Gleichung (10.1) in Westdeutschland zwischen 1965 und 1996. Die entsprechenden Wachstumraten sind in der Abbildung 10.1b wiedergegeben worden. Deutlich ist ein Konjunkturabschwung in den Jahren 1966/67, 1974/75, 1980/82 sowie 1992/93 erkennbar.

Eine in den USA sowohl in der Theorie als auch in der praktischen Konjunkturforschung angewendete Methode zur Bestimmung des Produktionspotentials beruht auf dem *Gesetz von Okun*, das einen Zusammenhang zwischen der Differenz von tatsächlicher und natürlicher Arbeitslosenquote auf der einen Seite und der Wachstumsrate des realen Bruttoinlandsprodukts auf der anderen Seite herstellt. Das Produktionspotential bestimmt sich nach diesem Gesetz wie folgt:

$$(10.1a) \quad X_t^{pot} = X_t[1 + \eta(u_t - u^*)]$$

Das Produktionspotential in einer Periode t entspricht dem tatsächlichen Bruttoinlandsprodukt X_t, wenn die tatsächliche Arbeitslosenquote u_t mit der natürlichen Arbeitslosenquote u* übereinstimmt. Eine Unterauslastung des Produktionspotentials liegt demnach vor, wenn die tatsächliche größer als die natürliche Arbeitslosenquote ist. Nach Festlegung der vermutlichen natürlichen Arbeitslosenquote wird der Parameter η empirisch geschätzt.[4] Der Vorteil dieses Verfahrens liegt darin, daß

- sich das Produktionspotential empirisch relativ leicht und zudem ohne große zeitliche Verzögerungen bestimmen läßt, sofern Einigkeit über die Höhe der natürlichen Arbeitslosenquote besteht.
- ein unmittelbarer Bezug zu den heute gängigen Beschäftigungs- und Konjunkturtheorien hergestellt wird.[5]

In den weiteren Untersuchungen wird das Produktionspotential nach dem Verfahren des Sachverständigenrates gemäß Gleichung (10.1) verwendet.

10.2.2 Phasen eines Konjunkturzyklus

Obwohl Konjunkturschwankungen - wie auch die Abbildungen 10.1a und 10.1b zeigen - in der Realität meistens einem ungleichmäßigen Verlaufsmuster folgen, werden die verschiedenen Phasen eines Konjunkturzyklus in der Abbildung 10.2 anhand eines idealtypischen Beispiels verdeutlicht.

Zum Zeitpunkt t_0 kommt es zu einer negativen Abweichung vom Trend, die sich hier in einem Rückgang der realen Produktion X (bzw. des realen Inlandsprodukts) ausdrückt. Die Phase bis zum Zeitpunkt t_1 wird heutzutage im allgemeinen als *Rezession* bezeichnet. Im Falle eines besonders starken Konjunkturabschwungs,

---

4 Zum originären Ansatz von Okun siehe: **Okun** (1962), S. 98 ff. Der Schätzwert für den Parameter η liegt nach den Untersuchungen von Okun bei ca. 0,033.
5 Siehe hierzu die theoretischen Untersuchungen zum aggregierten Güterangebot sowie zur Phillips-Kurve [Kap.5 und Kap.9].

der mit einer sehr hohen und auch lange anhaltenden Arbeitslosigkeit sowie Unterauslastung der Produktionskapazitäten verbunden ist, kann man auch von einer *Depression* sprechen. Zum Zeitpunkt t_1 erreicht die Konjunkturentwicklung ihren *unteren Wendepunkt*. Daran schließt sich die *Erholungs-* bzw. die *Aufschwungphase* an. Über den Zeitpunkt t_2 hinaus kommt es zu einer positiven Abweichung vom Gleichgewichtspfad des Produktionspotentials. Die Wirtschaft befindet sich hier in einer *Boomphase* bzw. in einer Phase der *Hochkonjunktur*. Nach Durchlaufen des oberen *Wendepunktes* zum Zeitpunkt t_3 schließt sich eine Phase der *Entspannung* bzw. die *Abschwächungsphase* an.

Abbildung 10.2

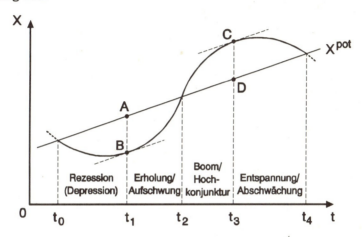

Der hier betrachtete Konjunkturzyklus hat eine Länge, die durch die Differenz zwischen dem Zeitpunkt t_4 und dem Zeitpunkt t_0 gekennzeichnet ist. Die *Schwankungsbreite* bzw. die Amplitude des Konjunkturzyklus wird in der Rezessionsphase durch die Strecke AB und in der Boomphase durch die Strecke CD dargestellt.

10.2.3 Gleichgewichtswachstum

Eine Volkswirtschaft befindet sich im Gleichgewicht, wenn die geplante Nachfrage und das geplante Angebot auf allen Märkten übereinstimmen und somit alle Märkte bei den Gleichgewichtspreisen geräumt werden. Da die Zinssätze auf den Geld-, Wertpapier- und Kreditmärkten i.d.R. eine hohe Flexibilität aufweisen und relativ schnell auf Nachfrage- und Angebotsänderungen reagieren, besteht auf diesen Märkten meistens in relativ kurzen Zeiträumen ein Gleichgewicht. Demgegenüber treten auf dem Gütermarkt und insbesondere auf dem Arbeitsmarkt erfahrungsgemäß länger anhaltende Ungleichgewichte auf.

Beschränkt man sich auf den Güter- und den Arbeitsmarkt, so lauten die Gleichgewichtsbedingungen:

(10.2) $D_t = X_t$

(10.2a) $A_t^{pot} = \dfrac{X_t}{a_t}$

Jeweils in einer Periode t muß zum einen die Güternachfrage D dem Güterangebot X und zum anderen das Arbeitspotential A^{pot} dem Quotienten aus der Güterproduktion X und der Arbeitsproduktivität a entsprechen.

Die Volkswirtschaft befindet sich in einer Situation des *Gleichgewichtswachstums*, wenn diese Bedingungen im Zeitablauf simultan erfüllt sind und somit - ausgehend von einem Gleichgewicht - gilt:

(10.2b) $\hat{D}_t = \hat{X}_t = \hat{a}_t + \hat{A}_t^{pot}$

Die Wachstumsrate der Güternachfrage, die Wachstumsrate des Güterangebots sowie die Summe der Wachstumsraten der Arbeitsproduktivität und des Arbeitspotentials müssen übereinstimmen.

Gemäß Gleichung (10.1) berechnet sich die Wachstumsrate des Produktionspotentials im Hinblick auf die vorhandenen Sachkapazitäten wie folgt:

(10.1b) $\hat{X}_t^{pot} = \hat{\kappa}_t + \hat{K}_t$

Da im Gleichgewicht auch die Sachkapazitäten - zumindest normal - ausgelastet sein müssen und die geplante Güterproduktion X vor diesem Hintergrund dem Produktionspotential X^{pot} gemäß Gleichung (10.1) entspricht, muß die Bedingung für das Gleichgewichtswachstum wie folgt erweitert werden:

(10.2c) $\hat{D}_t = \hat{a}_t + \hat{A}_t^{pot} = \hat{\kappa}_t + \hat{K}_t$

Die Volkswirtschaft entwickelt sich entlang ihres Gleichgewichtspfades, wenn - ausgehend von einem Gleichgewicht - die Wachstumsrate der Güternachfrage, die Summe der Wachstumsraten der Arbeitsproduktivität und des Arbeitspotentials sowie die Summe der Wachstumsraten der Kapitalproduktivität und des Sachkapitals jeweils übereinstimmen. Konjunkturschwankungen stellen eine Verletzung dieser Gleichgewichtsbedingung dar.

10.2.4 Konjunkturstörungen und konjunkturimmanente Dynamik

In der theoretischen und empirischen Konjunkturanalyse sind zwei Fragen von besonderer Bedeutung:
- Wodurch werden Abweichungen von einem stetigen Entwicklungspfad bzw. vom Pfad des Gleichgewichtswachstums der Volkswirtschaft hervorgerufen und somit Konjunkturstörungen ausgelöst?
- Wodurch werden die zyklischen Schwankungen im Konjunkturverlauf verursacht und welche Faktoren sind es, die einerseits eine destabilisierende, zyklusverstärkende und andererseits eine stabilisierende, zyklusabschwächende Wirkung haben?

Die Unterscheidung zwischen den Faktoren, von denen Störimpulse auf eine stetige Entwicklung ausgehen, und den Faktoren, die erst nach Einsetzen einer Störung immanente Kräfte zur Erzeugung zyklischer Schwankungen freisetzen, spielt nicht zuletzt für die Konjunkturpolitik eine wichtige Rolle. Nur dann, wenn die entsprechenden Faktoren und deren Einflüsse identifiziert sind, läßt sich beurteilen, wie einerseits Störimpulse in Zukunft vermieden werden können und ob andererseits die immanenten Kräfte auf eine Konjunkturstabilisierung oder eine Destabilisierung hinwirken, so daß eine aktive staatliche Konjunkturpolitik entweder überflüssig oder dringend geboten ist.

Sowohl im Hinblick auf die Störimpulse als auch im Hinblick auf die konjunkturimmanenten Kräfte vertreten die beiden theoretischen Schulen - die *neoklassische* und die *keynesianische* - in der Makroökonomik höchst unterschiedliche Standpunkte. Wie in früheren Untersuchungen schon mehrmals dargelegt wurde, geht man in der *neoklassischen Theorie* davon aus, daß einerseits zwar Störimpulse auftreten können, die eine Abweichung von einem stetigen Entwicklungspfad der Produktion, des Einkommens und der Beschäftigung mit sich bringen, daß aber andererseits die marktwirtschaftlichen Kräfte - sofern sie nicht durch staatliche Eingriffe behindert werden - diese Impulse relativ rasch absorbieren und so eine schnelle Rückkehr zum stetigen Entwicklungspfad bewirken. Eine auf Beseitigung der Störung gerichtete staatliche Konjunkturpolitik ist deshalb nicht nötig. Die neoklassische Theorie weist sogar mit Nachdruck darauf hin, daß eine solche Politik vielmehr destabilisierend wirkt, weil sie im Umfeld der marktwirtschaftlichen Stabilisierungskräfte zwingend neue Störimpulse auslöst. Vor diesem Hintergrund ist die Konjunkturpolitik selbst - so die neoklassische Theorie - die Ursache dafür, daß ein Einschwenken der Volkswirtschaft auf den stetigen Entwicklungspfad verhindert wird und somit Konjunkturschwankungen perpetuiert werden.

Gemäß der *keynesianischen Theorie* - auch das ist bereits wiederholt gezeigt worden - verhindern Lohn- und Preisrigiditäten die - quasi automatische - Beseitigung konjunktureller Störungen durch die Marktkräfte. Abweichungen von einem stetigen Entwicklungspfad, die beispielsweise mit Produktions-, Einkommens- und Beschäftigungsverlusten verbunden sind, können so von längerer Dauer sein und nach keynesianischer Auffassung sogar immanente Kräfte auslösen, die destabilisierend wirken. Vor diesem Hintergrund läßt sich das Konjunkturproblem nur mit einer aktiven staatlichen Konjunkturpolitik lösen.

Im Rahmen komparativ-statischer Analysen sind in den vorhergehenden Kapiteln dieses Buches wiederholt ökonomische Faktoren aufgezeigt worden, durch die ein Gütermarktgleichgewicht gestört werden kann. Die dort gewonnenen Erkenntnisse lassen sich ohne weiteres in die nun relevante dynamische Analyse übernehmen und somit auf den Fall der Störung einer stetigen Wirtschaftsentwicklung übertragen. Störungen können nachfrageseitige oder angebotsseitige Ursachen haben. Auf der *Nachfrageseite des Gütermarktes* können Störungen beispielsweise ausgelöst werden durch autonome Veränderungen

- der privaten Konsum- und/oder Investitionsnachfrage

- der staatlichen Einnahmen oder der staatlichen Ausgaben
- der Exporte und/oder der Importe (z.B. verursacht durch Änderungen der Auslandskonjunktur oder der Wechselkurse)
- der Geldnachfrage oder des Geldangebots (z.B. im Rahmen einer autonomen Geldpolitik der Zentralbank).

Wichtige Störimpulse auf der *Angebotsseite des Gütermarktes* sind beispielsweise autonome Veränderungen
- des nominellen oder des realen Lohnsatzes (z.B. im Rahmen einer verteilungsorientierten Lohnpolitik)
- der Preise importierter Vorleistungsgüter (z.B. aufgrund einer Erhöhung der Weltmarktpreise für Rohstoffe oder aufgrund von Wechselkursänderungen)
- der Angebots- oder Preispolitik der Unternehmungen (z.B. bei Änderungen der Wettbewerbsverhältnisse)
- der technischen Produktionsbedingungen und, dadurch bedingt, der Arbeits- und/oder der Kapitalproduktivität (z.B. durch technischen Fortschritt).

Die Aufzählung dieser Ursachen macht noch einmal deutlich, daß die Störung eines Gütermarktgleichgewichts bzw. einer stetigen Wirtschaftsentwicklung von autonomen Veränderungen bzw. von exogenen Einflüssen ausgeht. Der Frage, warum es zu solchen Veränderungen bzw. Einflüssen kommt, soll hier allerdings nicht nachgegangen werden. Vielmehr richten sich die weiteren Untersuchungen vor allem auf die Beantwortung der zweiten der eingangs gestellten Fragen. Sie konzentrieren sich somit auf die Erklärung der immanenten Kräfte im Verlauf der Konjunkturschwankungen. Dabei muß - ähnlich wie bei den Störimpulsen - zwischen Kräften auf der Nachfrageseite und auf der Angebotsseite des Gütermarktes unterschieden werden. In diesem Rahmen wird im einzelnen untersucht, welche Bedeutung
- die private Konsumgüternachfrage
- die private Investitionsgüternachfrage
- die Einnahmen- und Ausgabenpolitik der öffentlichen Haushalte
- die Geldpolitik der Zentralbank
- die Preis- und Absatzpolitik der Unternehmungen
- die Lohnpolitik der Gewerkschaften

für die zyklischen Schwankungen der Wirtschaftstätigkeit und insbesondere für die immanenten Bewegungen im Konjunkturverlauf haben.

In einem ersten Schritt werden im folgenden Abschnitt auf theoretischer Basis einige grundlegende Zusammenhänge aufgezeigt, aus denen sich stabilisierende oder destabilisierende Wirkungen im Rahmen eines Konjunkturzyklus ergeben können. Daran schließt sich im darauffolgenden Abschnitt eine Konjunkturanalyse an, mit der versucht wird, das Zusammenwirken möglichst vieler konjunkturrelevanter Faktoren zu erfassen und dabei vor allem die Einflüsse zu identifizieren, die zum einen in verschiedenen Konjunkturphasen ein besonderes Gewicht haben und die zum anderen maßgeblich für einen Konjunkturumschwung sind.

10.3 Theoretische Grundlagen zur Erklärung von Konjunkturschwankungen

10.3.1 Privater Konsum und Einkommenshypothesen

Wegen des relativ großen Anteils des privaten Konsums am Bruttosozialprodukt ist die Entwicklung der durchschnittlichen privaten Konsumquote C/Y für die Bewegungskräfte im Konjunkturverlauf von erheblicher Bedeutung. In den früher durchgeführten Multiplikatoranalysen wurde - bei Berücksichtigung der staatlichen Aktivitäten - die folgende lineare Konsumfunktion zugrunde gelegt, die auch als *absolute Einkommenshypothese* bezeichnet wird [2.2.1]:

(10.3) $C_t = C^a + cYV_t = C^a + c(1 - q)Y_t + c(Ü - T^a)$

Verändert sich das Einkommen Y, so ergibt sich somit ceteris paribus die folgende Reaktion des privaten Konsums:

(10.3a) $\dfrac{\Delta C_t}{\Delta Y_t} = c(1 - q) < 1$ mit: $c \leq 1;\ 0 < q < 1$

Obwohl die Konsumgüternachfrage zurückgeht, wenn das Einkommen sinkt, kommt hierin eine gewisse konjunkturstabilisierende Wirkung des privaten Konsums zum Ausdruck: Bei sinkendem Einkommen geht der private Konsum nur unterproportional zurück und bei steigendem Einkommen nimmt er nur unterproportional zu. Diese Implikation zeigt sich auch, wenn aus (10.3) die auf Y bezogene durchschnittliche Konsumquote gebildet wird:

(10.3b) $\dfrac{C_t}{Y_t} = c(1 - q) + \dfrac{C^a + c(Ü - T^a)}{Y_t}$

Ceteris paribus erhöht sich diese Quote, wenn Y sinkt, und sie verringert sich, wenn Y steigt.

Die hier aufgezeigte, für die keynesianische Theorie typische Konsumhypothese konnte in empirischen Untersuchungen allerdings nur für relativ kurze Zeiträume bzw. innerhalb eines Konjunkturzyklus bestätigt werden. Man spricht deshalb in diesem Fall auch nur von einer *kurzfristigen Konsumfunktion*. Immerhin lassen auch die empirischen Untersuchungen den Schluß zu, daß der private Konsum kurzfristig einen stabilisierenden Einfluß auf die Konjunkturentwicklung hat.

Bei längerfristigen Betrachtungen haben die empirischen Untersuchungen allerdings zu dem Ergebnis geführt, daß sich die auf Y bezogene durchschnittliche Konsumquote nicht oder zumindest nicht nennenswert verändert. Der private Konsum folgt dementsprechend langfristig dem Trend der Einkommensentwicklung. Folglich muß von der zuvor erläuterten kurzfristigen Konsumfunktion noch eine *langfristige Konsumfunktion* unterschieden werden.[6]

Drei theoretische Ansätze, mit denen versucht wird, die kurz- und langfristigen Reaktionen der privaten Konsumenten und somit den kurz- und langfristigen priva-

---

[6] Die bekanntesten empirischen Untersuchungen zur kurzfristigen und zur langfristigen Konsumfunktion stammen von *Simon Kuznets*. Siehe hierzu insbesondere: **S. Kuznets** (1946).

ten Konsum zu erklären, haben in der Makroökonomik besondere Beachtung gefunden:[7]

- die *relative Einkommenshypothese* von James Duesenberry
- die *permanente Einkommenshypothese* von Milton Friedman
- die *Lebenszyklushypothese* von Franco Modigliani, Albert Ando und Richard Brumberg.

Gemäß der *relativen Einkommenshypothese* ist das Verhalten der privaten Haushalte durch zwei Eigenschaften gekennzeichnet: Zum einen versuchen sie, ein bereits erreichtes Konsumniveau soweit wie eben möglich aufrechtzuerhalten, und zum anderen ändern sie ihre Konsumgewohnheiten nur allmählich. Sinkt das Einkommen, so geht der Konsum nur relativ geringfügig zurück, und dementsprechend nimmt die durchschnittliche Konsumquote zu. Im Zuge einer Einkommenserhöhung steigt der private Konsum wegen des Festhaltens an Konsumgewohnheiten zunächst nur relativ geringfügig, so daß die durchschnittliche Konsumquote in dieser Situation zurückgeht. Im weiteren Zeitverlauf ändern die privaten Haushalte jedoch ihre Konsumgewohnheiten derart, daß das Konsumniveau und dementsprechend die durchschnittliche Konsumquote steigt. Diese zuletzt genannte Reaktion führt schließlich dazu, daß die durchschnittliche Konsumquote bei langfristiger Betrachtung konstant ist.

Gemäß der *permanenten Einkommenshypothese* treffen die privaten Haushalte ihre Konsumentscheidungen nicht auf der Basis ihres laufenden Einkommens, sondern auf der Basis ihres sogenannten permanenten Einkommens. Das permanente Einkommen ist das durchschnittliche Einkommen je Periode bzw. im Jahr, das ein privater Haushalt bei Berücksichtigung eines längeren Planungshorizonts (über mehrere Perioden bzw. Jahre) erwartet. Die entsprechenden Einkommenserwartungen werden beispielsweise gemäß der rationalen Erwartungshypothese [Kap. 9] gebildet. Demnach greift ein privater Haushalt bei seinen Einkommenserwartungen auf alle ihm verfügbaren Informationen, die für die zukünftige Einkommensentwicklung von Bedeutung sein können, zurück, so z.B. auf Prognosen über die gesamtwirtschaftliche Entwicklung sowie über spezifische ökonomische Entwicklungen in der Region, in dem Sektor und in dem spezifischen Berufsfeld, in der bzw. in dem er sein Einkommen erzielt. Den Möglichkeiten und Grenzen dieser Erwartungsbildung soll hier jedoch nicht weiter nachgegangen werden.

Unabhängig davon, wie diese Erwartungen gebildet werden, ergibt sich aus der permanenten Einkommenshypothese eine wichtige Konsequenz für den Einfluß der privaten Konsumgüternachfrage auf die Konjunkturschwankungen. Um das zu verdeutlichen müssen drei mögliche Ursachen von Einkommensänderungen unterschieden werden:

- aktuelle temporäre Veränderungen
- permanente Veränderungen
- erwartete zukünftige Veränderungen.

---

[7] **J. S. Duesenberry** (1949); **M. Friedman** (1957); **F. Modigliani** und **R. Brumberg** (1954) sowie **A. Ando** und **F. Modigliani** (1963).

Sinkt das Einkommen in einer laufenden Periode, erwarten die Haushalte jedoch, daß diese Veränderung nur von kurzer Dauer ist, so revidieren sie ihre Erwartungen über ihr permanentes Einkommen nicht bzw. nur unwesentlich, so daß der Einkommensrückgang keine oder nur eine geringe Verringerung des privaten Konsums zur Folge hat. Die durchschnittliche auf das aktuelle Einkommen bezogene Quote nimmt somit zu. Hierdurch ergibt sich ein *stabilisierender Einfluß* auf die Konjunkturentwicklung.

Geht das Einkommen in der laufenden Periode zurück und erwarten die privaten Haushalte, daß dieser Rückgang auch in den Folgeperioden weiter besteht, so korrigieren sie ihr permanentes Einkommen um einen entsprechenden Betrag nach unten. Gemäß der permanenten Einkommenshypothese geht der private Konsum proportional zur Verringerung des permanenten Einkommens zurück. Infolgedessen ergibt sich ein *destabilisierender Einfluß* auf den Konjunkturverlauf. Durch die proportionale Verringerung des privaten Konsums wird ein Konjunkturabschwung noch verstärkt. Analog dazu wird eine Boomsituation noch angeheizt, wenn die privaten Haushalte ein anhaltend höheres Einkommen erwarten, ihr permanentes Einkommen entsprechend anpassen und proportional dazu ihren Konsum erhöhen.

Schließlich haben erwartete zukünftige Einkommensänderungen Anpassungen des permanenten Einkommens zu Folge, obwohl sich das laufende Einkommen nicht verändert hat. Erwarten die Haushalte beispielsweise für die Zukunft Einkommenseinbußen, die dann auch länger anhalten, so verringern sie mit Blick auf das nach unten angepaßte permanente Einkommen schon heute ihren Konsum. Hierdurch ergibt sich eine *Störung des Konjunkturverlaufs*.

Temporäre Veränderungen des laufenden Einkommens sind typisch für kürzere Konjunkturzyklen. Da das permanente Einkommen und dementsprechend der private Konsum - so die Hypothese - in diesem Fall nicht oder nur unwesentlich verändert werden, ist die konjunkturstabilisierende Wirkung des privaten Konsums noch weitaus stärker als bei der weiter oben skizzierten keynesianischen Konsumfunktion. Vor diesem Hintergrund dient die permanente Einkommenshypothese in der *neoklassischen Theorie* als eine Begründung für die Stabilität des privatwirtschaftlichen Bereichs einer Volkswirtschaft und damit zugleich als Begründung für immanente Stabilisierungskräfte, durch die Konjunkturstörungen relativ schnell absorbiert werden.

Da es keine statistischen Daten zum permanenten Einkommen der Haushalte gibt, erweist sich eine empirische Schätzung der permanenten Einkommenshypothese als äußerst schwierig. Eine Reihe von Untersuchungen, die sich moderner Schätzmethoden bedient haben (auf die hier nicht näher eingegangen werden kann) geben allerdings deutliche Hinweise darauf, daß die permanente Einkommenshypothese eine brauchbare Erklärung für das Verhalten der privaten Konsumenten liefert.[8] Es ist deshalb davon auszugehen, daß die permanente Einkommenshypothese einen wichtigen Beitrag sowohl zur Erklärung konjunktureller Störimpulse

---

8 Siehe hierzu beispielsweise: **R. Eisner** (1958); **R. Hall** (1978); **M. Flavin** (1981); **R. Hall** und **F. Mishkin** (1982); **A. Blinder** und **A. Deaton** (1985).

als auch zur Erklärung immanenter Bewegungskräfte im Konjunkturverlauf liefert.

Gemäß der *Lebenszyklushypothese* hängt der private Konsum - ähnlich wie bei der permanenten Einkommenshypothese - ebenfalls nicht unmittelbar vom laufenden Einkommen ab. Die privaten Haushalte orientieren sich bei ihren Konsumentscheidungen vielmehr an ihrem erwarteten Lebenseinkommen. Kurzfristige Schwankungen des Einkommens haben deshalb auf den laufenden privaten Konsum keinen oder zumindest keinen gravierenden Einfluß. Somit impliziert auch diese Hypothese eine *stabilisierende Wirkung* des privaten Konsums innerhalb eines Konjunkturzyklus.

Die Bedeutung der zuvor dargestellten Konsumhypothesen für den Konjunkturverlauf wird jetzt auch anhand konkreter Zahlenbeispiele verdeutlicht.[9] Alternativ seien die folgenden Konsumfunktionen gegeben:

(10.4) $C_t = 0,6 Y_t$ (Konstante durchschnittliche Konsumquote)

(10.4a) $C_t = 100 + 0,5 Y_t$ (Absolute Einkommenshypothese)

(10.4b) $C_t = 100 + 0,3 Y_0 + 0,2 Y_t$ (Relative Einkommenshypothese)

(10.4c) $C_t = 0,6 Y_t^{perm}$ (Permanente Einkommenshypothese)

Die Funktion (10.4a) beruht auf der schon früher verwendeten keynesianischen Konsumhypothese. Bei der relativen Einkommenshypothese gemäß Funktion (10.4b) wird angenommen, daß die Konsumnachfrage zum einen vom laufenden Einkommen Y_t und zum anderen von einem bereits erreichten Einkommensniveau Y_0 abhängt. Gewisse Konsumgewohnheiten haben sich bereits im Hinblick auf das Einkommen Y_0 eingestellt. Schließlich sei bei der permanenten Einkommenshypothese gemäß Funktion (10.4c) angenommen, daß das permanente Einkommen Y^{perm} eine konstante Größe ist und sich somit nicht verändert, wenn es zu vorübergehenden Änderungen des laufenden Einkommens kommt.

Das laufende Einkommen Y_t setzt sich aus einer autonomen Komponente Y_t^a und der laufenden Konsumgüternachfrage C_t zusammen:

(10.5) $Y_t = Y_t^a + C_t$

In der Ausgangssituation (t = 0) möge ein Gleichgewicht bei $Y_0^a = 400$, $C_0 = 600$ und $Y_0 = 1000$ bestehen. Durch eine unstetige Entwicklung der autonomen Größe werde ein Konjunkturzyklus hervorgerufen. In den Perioden t = 0 bis t = 12 möge Y^a die folgenden Werte haben:

t	0	1	2	3	4	5	6	7	8	9	10	11	12
Y^a	400	380	370	365	370	380	400	420	430	435	430	420	400

Das relative Einkommen Y_0 in der Konsumfunktion (10.4b) sowie das permanente Einkommen Y^{perm} in der Konsumfunktion (10.4c) bleiben im Verlauf des

---

[9] Die Lebenszyklushypothese führt zu einem ähnlichen Ergebnis wie die permanente Einkommenshypothese, so daß sie hier vernachlässigt werden kann.

Konjunkturzyklus mit jeweils 1000 konstant. Der Konjunkturverlauf, der sich vor diesem Hintergrund bei den verschiedenen Konsumhypothesen ergibt, ist in Abbildung 10.3 dargestellt worden. Bezogen auf die Referenzsituation, in der die durchschnittliche Konsumquote gemäß Funktion (10.4) mit einem Wert von 0,6 konstant gehalten wird, zeigt sich sehr deutlich die konjunkturstabilisierende Wirkung bei den verschiedenen Hypothesen. Diese Wirkung ist in dem zugrunde gelegten Beispiel bei der permanenten Einkommenshypothese selbstverständlich am größten. Aber auch bei der keynesianischen Konsumfunktion tritt bereits eine gewisse Stabilisierungswirkung ein.

Abbildung 10.3

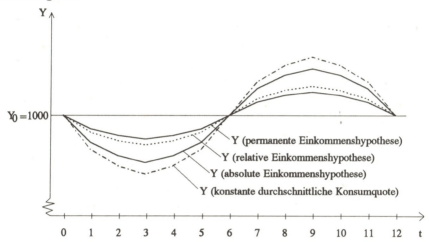

10.3.2 "Built-in-Flexibilität" des Steuer- und Transfersystems

Die schon in früheren Untersuchungen mehrmals verwendete und zuvor wieder aufgegriffene keynesianische Konsumfunktion gemäß Gleichung (10.3) enthält mit der marginalen Abgabenquote q und den Übertragungen $Ü$ zwei Determinanten, die in der Regel eine gewisse Konjunkturreagibilität besitzen. In einem System mit einer progressiven Einkommensbesteuerung, so wie es in Deutschland praktiziert wird, sinkt die marginale Abgabenquote, wenn das Bruttoeinkommen zurückgeht - und umgekehrt. Darüber hinaus nehmen in einem Konjunkturabschwung, der mit steigender Arbeitslosigkeit verbunden ist, die staatlichen Transferzahlungen im Rahmen der *Arbeitslosenunterstützung* zu. Mit einem Rückgang solcher Zahlungen ist demgegenüber in einer Boomphase zu rechnen, da sich in dieser Phase meistens auch die Arbeitslosigkeit verringert.

Aufgrund dieser Reaktionen im Steuer- und Transfersystem werden die Auswirkungen von Schwankungen des Bruttosozialprodukts bzw. des Bruttoeinkommens auf das verfügbare Einkommen der privaten Haushalte gedämpft. Dementsprechend fallen auch die Reaktionen des privaten Konsums auf Einkommensänderungen geringer aus. Diese konjunkturstabilisierende Wirkung ist systembedingt und bedarf keiner autonomen Maßnahmen des Staates. Man bezeichnet diese Eigenschaft des Steuer- und des Transfersystems deshalb als "*Built-in-Flexibilität*" (eingebaute Flexibilität).

Der große Vorteil der Built-in-Flexibilität besteht darin, daß seitens der Fiskalpolitik *antizyklische Konjunktureffekte* erzielt werden können, ohne daß dazu
- frühzeitige Informationen über den tatsächlichen Konjunkturverlauf
- zeitraubende parlamentarische Entscheidungsprozesse über einen fiskalpolitischen Maßnahmeneinsatz

erforderlich sind.

Es ist allerdings zu beachten, daß die Built-in-Flexibilität des Steuer- und Transfersystems insbesondere im Rahmen der keynesianischen Konsumhypothese von Bedeutung ist. Legt man die permanente Einkommenshypothese und die Lebenszyklushypothese zugrunde, so ist es keineswegs sicher, daß die zuvor aufgezeigten Stabilisierungswirkungen überhaupt oder - falls ja - in nennenswerter Stärke auftreten. Falls die privaten Wirtschaftssubjekte nämlich erwarten, daß die im Konjunkturverlauf eintretenden Veränderungen der Abgabenquote und/oder der Transferzahlungen nur vorübergehend sind, reagieren sie bei ihren Konsumentscheidungen nicht oder zumindest nicht nennenswert auf diese Änderungen. Diese Verhaltensweise ist jedoch andererseits, wie weiter oben aufgezeigt, Voraussetzung für den konjunkturstabilisierenden Einfluß des privaten Konsums im Rahmen der permanenten Einkommenshypothese oder der Lebenszyklushypothese.

10.3.3 Anlageinvestitionen und Akzelerator

Die privaten Investitionen zeichnen sich nach allen Erfahrungen durch eine relativ große Konjunkturreagibilität aus. Das ist, wie schon mehrmals erwähnt, nicht zuletzt darauf zurückzuführen, daß Unternehmungen bei ihren Investitionsentscheidungen äußerst sensibel auf Nachfrageschwankungen und damit verbundene Veränderungen der Kapazitätsauslastung, auf tatsächliche und erwartete Zins- und Preisänderungen, auf Veränderungen der laufenden und der erwarteten Gewinne oder auf Veränderungen des allgemeinen "Investitionsklimas" reagieren. Häufig wird den privaten Investitionen deshalb ein destabilisierender Einfluß auf den Konjunkturverlauf nachgesagt.

In der Investitionstheorie läßt sich allerdings zeigen, daß die privaten Investitionen als treibende Kraft der Konjunkturschwankungen selbst eine wichtige Rolle spielen können. Eine Begründung dafür liefert das *Akzelerationsprinzip*. Dieses Prinzip wird zunächst anhand eines einfachen Beispiels verdeutlicht. Zwischen der Produktion X und den für diese Produktion benötigten Sachkapazitäten K besteht eine technische Beziehung, die im Kapitalkoeffizienten β zum Ausdruck kommt. Der Kapitalkoeffizient ist wie folgt definiert:

$$(10.6) \quad \beta = \frac{K}{X}$$

Ist der Kapitalkoeffizient - wie hier vereinfachend angenommen - konstant, so setzt eine Produktionssteigerung gemäß Gleichung (10.6) - *sofern die vorhandenen Sachkapazitäten bereits ausgelastet sind* - die folgende Erhöhung der Sachkapazitäten voraus:

(10.6a) $\Delta K = \beta \Delta X$

Der Kapitalkoeffizient β hat in den Industrieländern erfahrungsgemäß einen Wert, der über 1 liegt. Bei voller Kapazitätsauslastung müssen somit die Sachkapazitäten im Vergleich zur Produktionssteigerung relativ stark erhöht werden. Dieser Zusammenhang läßt sich auch umkehren: Sinkt die Produktion, so nehmen die nicht mehr benötigten Sachkapazitäten relativ stark zu; dementsprechend kommt es zu einer relativ hohen Unterauslastung oder aber zu einem Abbau der vorhandenen Sachkapazitäten.

Weil die Veränderung der Sachkapazitäten den Nettoinvestitionen $\Delta K = I^{netto}$ entspricht, läßt sich die Gleichung(10.6a) auch wie folgt schreiben:

(10.6b) $I^{netto} = \beta \Delta X$

Diese Gleichung zeigt, wieviel Nettoinvestitionen erforderlich sind, um einerseits bei Vollauslastung der vorhandenen Sachkapazitäten eine bestimmte Produktionssteigerung zu realisieren oder andererseits bei einem Produktionsrückgang eine Unterauslastung von Sachkapazitäten zu vermeiden. Dieser *produktionstechnische Zusammenhang* impliziert eine gewisse Phasenverschiebung zwischen der Entwicklung der Nettoinvestitionen und der Entwicklung der Produktion bzw. des Bruttoinlandsprodukts. Für einen idealtypischen Konjunkturzyklus wird das mit Hilfe der Abbildung 10.4 verdeutlicht.

Abbildung 10.4

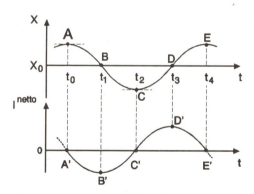

Die Nettoinvestitionen sind null, wenn sich das Einkommen bzw. die Produktion nicht verändert. Das ist in den Punkten A, C und E bzw. in den Perioden t_0, t_2 und t_4 der Fall. Kommt es - ausgehend vom Punkt A - zu einer Konjunkturabschwächung, so sinken in dem hier skizzierten einfachen Beispiel das Einkommen und die Produktion. Die Nettoinvestitionen müssen deshalb in dieser Konjunkturphase negativ sein. Gerät die Konjunktur über den Punkt B hinaus in eine Rezessionsphase, so gehen Einkommen und Produktion noch weiter zurück, und dementsprechend müssen die Nettoinvestitionen auch in dieser Phase noch negativ sein. Bei der Entwicklung des Einkommens vom Punkt B aus in Richtung auf den unteren Wendepunkt C gehen die negativen Einkommensänderungen - absolut gesehen - jedoch bereits allmählich zurück. Folglich müssen auch die negativen Nettoinvestitionen - ebenfalls absolut gesehen - allmählich geringer werden. Hier wird deutlich, daß bei den Nettoinvestitionen bereits ein Aufschwung eintritt, obwohl sich Einkommen und Produktion noch in der Rezessionsphase befinden.

Sobald nach Durchschreiten des unteren Wendepunkts bei Einkommen und Produktion die Aufschwungphase einsetzt und dementsprechend positive Einkommens- und Produktionsveränderungen auftreten, nehmen die Nettoinvestitionen positive Werte an. In der Boomphase des Einkommens und der Produktion zwischen den Punkten D und E gehen die Nettoinvestitionen jedoch schon wieder zurück und nähern sich allmählich dem Wert null. Bei den Nettoinvestitionen tritt also bereits eine Abschwächung ein, wenn sich das Einkommen noch in einer Boomphase entwickelt.

Die Darstellung macht deutlich, daß aus dem produktionstechnischen Zusammenhang zwischen der Bestandsgröße "Sachkapazitäten" und der Stromgröße "Produktion" sowie aus dem definitorischen Zusammenhang zwischen der Veränderung der Sachkapazitäten und den Nettoinvestitionen eine Phasenverschiebung zwischen den zyklischen Schwankungen des Einkommens bzw. der Produktion einerseits und den Nettoinvestitionen andererseits folgt. Eine wichtige Rolle für die Schwankungen der Nettoinvestitionen spielt die Größe β in der Gleichung (10.6b), die in dem hier betrachteten einfachen Beispiel mit dem Kapitalkoeffizienten identisch ist. Da der Kapitalkoeffizient, wie schon erwähnt, in der Regel größer als 1 ist, hat eine Einkommens- bzw. Produktionsänderung eine "verstärkende" Wirkung auf die Nettoinvestitionen. Man bezeichnet die Größe β in der Gleichung (10.6b) deshalb als *Akzelerator*. Der zuvor skizzierte zyklische Zusammenhang wird dementsprechend als das *Akzeleratormodell der Investitionen* oder als das *Akzelerationsprinzip* bezeichnet.

In der Realität folgen die Nettoinvestitionen allerdings nicht den zuvor skizzierten strengen produktionstechnischen Zusammenhängen. Zum einen ist die mehrmals hervorgehobene Bedingung der vollständigen Auslastung der vorhandenen Sachkapazitäten in aller Regel nicht erfüllt, zum anderen müssen die Unternehmungen zwar die technischen Bedingungen beachten, aber sie treffen ihre Investitionsentscheidungen auch - und möglicherweise vor allem - im Hinblick auf eine Reihe anderer ökonomischer Größen. Zu nennen sind hier beispielsweise der Zinssatz für Investitionskredite oder die aus zusätzlichen Kapazitäten erwarteten Gewinne. Für eine Unternehmung kann es auch durchaus rational sein, unterausgelastete Sachkapazitäten zumindest für eine gewisse Zeit zu erhalten, um im Fall einer konjunkturellen Verbesserung relativ schnell mit Produktionssteigerungen reagieren zu können. Vor diesem Hintergrund ist es nicht verwunderlich, daß sich die für das Akzelerationsprinzip skizzierten negativen Nettoinvestitionen in den Industrieländern im allgemeinen selbst in Phasen absoluter Produktionsrückgänge nicht beobachten lassen. Die Feststellung läßt allerdings keineswegs den Schluß zu, daß das Akzeleratormodell überhaupt keinen Erklärungswert besitzt. Zwar läßt sich der strenge produktionstechnische Zusammenhang nicht bestätigen, aber es ist dennoch unbestritten, daß die Einkommens- und Produktionsänderungen eine wichtige Determinante der Nettoinvestitionen sind. Allerdings besteht zwischen den Nettoinvestitionen und der Veränderung des Einkommens bzw. der Produktion durch den Einfluß anderer Determinanten ein variabler Zusammenhang. *Der Akzelerator ist somit keine feste, sondern eine flexible Größe.*

10.3.4 Neoklassische Investitionshypothese und flexibler Akzelerator

Daß der Akzelerator auch dann von Bedeutung ist, wenn die Nettoinvestitionen nicht nur das Ergebnis rein technischer Zusammenhänge, sondern insbesondere das Ergebnis unternehmerischer Investitionsentscheidungen sind, wird jetzt im Rahmen eines neoklassischen Ansatzes zur Erklärung der Investitionsnachfrage gezeigt.[10]

Dieser investitionstheoretische Ansatz ist Grundlage des *flexiblen Akzeleratormodells*. Dem Modell liegen zwei wichtige Annahmen zugrunde:
- Für die volkswirtschaftlichen Produktionsprozesse gilt eine substitutionale Produktionsfunktion.
- Die Unternehmungen verfolgen bei ihren Investitionsentscheidungen das Ziel der Gewinnmaximierung.

Die Produktionszusammenhänge werden vereinfachend mit einer substitutionalen Produktionsfunktion vom Cobb-Douglas-Typ beschrieben:[11]

(10.7) $\quad X = \gamma K^\alpha A^{1-\alpha} \qquad$ mit: $\gamma > 0$; $0 < \alpha < 1$

Die Produktion X hängt ab vom Einsatz der Produktionsfaktoren Sachkapital K und Arbeit A. γ ist der Effizienzparameter; α und $1-\alpha$ sind die Produktionselastizitäten der eingesetzten Faktoren. Die Produktionselastizitäten sind konstant und ergänzen sich in dieser Produktionsfunktion zu 1.

Die für die Investitionsentscheidungen relevante Gewinnfunktion lautet:

(10.8) $\quad Q^n = P \cdot X - i P_K K - d_K P_K K + K \Delta P_K - FIX$

Folgende Komponenten werden in dieser Gewinnfunktion berücksichtigt:
- der Erlös, der sich aus dem Produkt von Absatzmenge X und Marktpreis P zusammensetzt
- die Kosten (Kreditkosten oder Opportunitätskosten) aus der Verzinsung des Sachkapitals, die dem Produkt von Marktzinssatz i und Nominalwert des Sachkapitals $P_K K$ entsprechen; P_K ist der Marktpreis des Sachkapitals
- die Kosten aus der Abschreibung des Sachkapitals, die dem Produkt vom Abschreibungssatz d_K und Nominalwert des Sachkapitals entsprechen

---
[10] Siehe hierzu: **D. W. Jorgensen** (1971).
[11] Zu makroökonomischen Produktionsfunktionen siehe: **R. Linde** (1988).

- die Wertänderung des vorhandenen Sachkapitals, die aus der Veränderung ΔP_K des Preisniveaus für das Sachkapital resultiert
- die sonstigen, hier als konstant angenommenen Kosten FIX.

Das Gewinnmaximum wird realisiert, wenn mit Bezug auf die Gewinngleichung (10.8) die folgende Bedingung erfüllt ist:

(10.8a) $\quad \dfrac{\delta Q^n}{\delta K} = P \dfrac{\delta X}{\delta K} - iP_K - d_K P_K + \Delta P_K = 0$

bzw.

(10.8b) $\quad \dfrac{\delta X}{\delta K} = \dfrac{P_K}{P}(i + d_K - \dfrac{\Delta P_K}{P_K})$

Vereinfachend sei angenommen, daß der Preis für das Sachkapital P_K dem Güterpreisniveau P entspricht. Die Bedingung (10.8b) läßt sich dann auch wie folgt schreiben:

(10.8c) $\quad \dfrac{\delta X}{\delta K} = (i - \pi + d_K) \qquad$ mit: $\pi = \dfrac{\Delta P}{P} = \dfrac{\Delta P_K}{P_K}$

π ist die Inflationsrate. Die Differenz $i - \pi$ ist bekanntlich der *reale Zinssatz*, der mit r bezeichnet wird. Die Bedingung für das Gewinnmaximum lautet somit: *Die Grenzproduktivität des Produktionsfaktors Sachkapital muß der Summe aus dem realen Zinssatz r und dem Abschreibungssatz d_K entsprechen.*

Die Grenzproduktivität des Sachkapitals hat gemäß der Produktionsfunktion (10.7) den folgenden Wert:

(10.7a) $\quad \dfrac{\delta X}{\delta K} = \alpha \dfrac{X}{K}$

Sie entspricht somit dem Produkt aus der Produktionselastizität α und der durchschnittlichen Produktivität des Sachkapitals.

Die zuvor aufgezeigten Zusammenhänge sind in der Abbildung 10.5 dargestellt worden. Der obere Abbildungsteil zeigt mit PK_0 die Produktionsfunktion (10.7) bei einem konstanten Einsatz des Produktionsfaktors Arbeit. Der untere Abbildungsteil zeigt die aus dieser Produktionsfunktion abgeleitete Grenzproduktivität des Sachkapitals (GPK_0). Diese Grenzproduktivität entspricht der Steigung der Produktionskurve im oberen Abbildungsteil. So wird sie beispielsweise im Punkt B bei einem Sachkapitaleinsatz von K_0 durch den Tangens des Winkels λ bestimmt. Bei der hier zugrunde gelegten Produktionsfunktion nimmt die Grenzproduktivität des Sachkapitals mit steigendem Kapitaleinsatz ab. Um ihr Gewinnmaximum zu realisieren, müssen die Unternehmungen somit bei $(r + d_K)_0$ Sachkapital in Höhe von K_0 und bei $(r + d_K)_1$ Sachkapital in Höhe von K_1 einsetzen. Einen konstanten Arbeitseinsatz vorausgesetzt, ermöglicht das eine Produktion von X_0 bzw. von X_1. Vor dem Hintergrund der hier aufgezeigten Gewinnmaximierung bezeichnet man K_0 oder alternativ K_1 auch als den *optimalen Kapitalstock*.

Abbildung 10.5

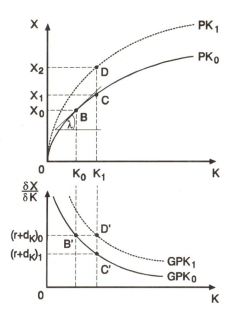

Zur Bestimmung der Investitionsnachfrage wird jetzt auf die Gleichungen (10.8c) und (10.7a) zurückgegriffen. Hieraus folgt:

(10.9) $\quad \alpha \dfrac{X}{K} = r + d_K \qquad$ mit: $r = i - \pi$

(10.9a) $\quad K = \dfrac{\alpha}{r + d_K} X = \beta X$

Der Koeffizient β ist analog zur Gleichung (10.6) der *Kapitalkoeffizient* bzw. der *Akzelerator*. Der Akzelerator wird jetzt also durch die Produktionselastizität α des Sachkapitals, den realen Zinssatz r und den Abschreibungssatz d_K bestimmt. Außerdem ist zu berücksichtigen, daß die Gleichung (10.9a) die Bedingung für das Gewinnmaximum impliziert, so daß der Akzelerator β hier keine technische Größe, sondern das Ergebnis des gewinnmaximierenden Verhaltens der Unternehmungen ist. Aus der Gleichung (10.9a) läßt sich unmittelbar die Veränderung des Sachkapitals und somit die Veränderung der Nettoinvestitionen bestimmen, die mit dem Gewinnmaximum vereinbar ist. Näherungsweise gilt hierfür:

(10.9b) $\quad \Delta K = I^{netto} = \beta \Delta X + X \Delta \beta$

Auch aus dem hier dargestellten investitionstheoretischen Ansatz ergibt sich somit ein Zusammenhang zwischen den Nettoinvestitionen einerseits und der Veränderung der Produktion andererseits. Der Akzelerator ist jetzt allerdings eine flexible Größe, die auf Veränderungen der Produktionselastizität des Sachkapitals, des realen Zinssatzes und/oder des Abschreibungssatzes reagiert. Dementsprechend hängen auch die Nettoinvestitionen von diesen Größen ab. Sinkt beispielsweise der reale Zinssatz r, so nimmt der Akzelerator zu. Folglich erhöhen die Unternehmungen - wenn sie das Ziel der Gewinnmaximierung betreiben - ihre Nettoinvestitionen.

Der zuvor hergeleitete Zusammenhang zwischen der Veränderung der Produktion und den Nettoinvestitionen bzw. der Veränderung des Sachkapitals bedarf allerdings noch einer näheren Betrachtung. Die Abbildung 10.5 läßt nämlich einen für die Investitionsnachfrage wichtigen Sachverhalt erkennen: Ist der Akzelerator β konstant, z.B. bei der vorgegebenen Summe von Realzinssatz und Abschreibungssatz $(r + d_K)_0$, so wird der optimale Kapitalstock nur dann verändert, wenn sich die Grenzproduktivitätskurve nach außen verlagert, z.B. von GPK_0 nach GPK_1. Bei einer konstanten Produktionselastizität α ist das aber nur dann der Fall, wenn der Einsatz des Produktionsfaktors Arbeit erhöht wird oder wenn die Arbeitsproduktivität zunimmt. Die Produktionskurve im oberen Teil der Abbildung 10.5 dreht sich dann beispielsweise von PK_0 nach PK_1. Bei $(r + d_K)_0$ würde das Gewinnmaximum in dieser neuen Situation mit einem Einsatz von Sachkapital in Höhe von K_1 und einer Produktion X_2 realisiert werden. Dazu sind Nettoinvestitionen in Höhe von $K_1 - K_0$ erforderlich. Der hier aufgezeigte Zusammenhang ist typisch für die Industrieländer. Die Produktionssteigerungen im Zuge eines Wirtschaftswachstums schließen in aller Regel nicht nur Erhöhungen des Sachkapitals, sondern gleichzeitig Erhöhungen des Arbeitseinsatzes und/oder der Arbeitsproduktivität ein.

Aus dem hier zugrunde gelegten Investitionsmodell ergeben sich somit einige wichtige Schlußfolgerungen:
- der Akzelerator ist eine variable Größe
- zwischen dem realen Zinssatz und dem Akzelerator sowie den Nettoinvestitionen besteht ein negativer Zusammenhang
- Nettoinvestitionen finden nur dann statt, wenn sich der Akzelerator und/oder die dem Gewinnmaximum entsprechende Produktion verändert
- Produktionsänderungen, die mit dem Gewinnmaximum vereinbar sind, implizieren bei konstantem Akzelerator gleichzeitig Veränderungen des Sachkapitals sowie Veränderungen des Arbeitsinputs und/oder der Arbeitsproduktivität.

Ausgehend von der Gleichung (10.9b) lassen sich die Nettoinvestitionen in einer Periode t auch wie folgt ausdrücken:

$$(10.10) \quad I_t^{netto} = K_{t+1} - K_t = \frac{\alpha}{r + d_K} X_{t+1} - K_t = \beta X_{t+1} - K_t$$

K_t ist der Kapitalstock zu Beginn der hier betrachteten Periode t und K_{t+1} ist der Kapitalstock zu Beginn der Folgeperiode. Mit dem vorhandenen Kapitalstock läßt sich in der laufenden Periode t eine Produktion von X_t realisieren. Soll in der Folgeperiode $t + 1$ eine Produktion von X_{t+1} ermöglicht werden, so wird ein Kapitalstock von K_{t+1} benötigt.

Zur Erklärung der Bruttoinvestitionen, die analog zu früheren Untersuchungen kurz mit I bezeichnet werden, müssen neben den Nettoinvestitionen auch die Reinvestitionen berücksichtigt werden. Für die (realen) Reinvestitionen gilt gemäß den in der Gleichung (10.8) erfaßten Abschreibungen:

(10.11) $I_t^{re} = d_K K_t$

Durch Zusammenfassung der Gleichungen (10.10) und (10.11) erhält man die Bruttoinvestitionen in einer Periode t:

(10.12) $I_t = \frac{\alpha}{r + d_K} X_{t+1} - (1 - d_K) K_t$

Sind die Produktionselastizität α und der Abschreibungssatz d_K konstant, so hängen die Bruttoinvestitionen vom Realzinssatz r, von der für die Folgeperiode geplanten Produktion X_{t+1} sowie vom bereits verfügbaren Sachkapital K_t ab. In allgemeiner Form läßt sich somit die folgende Funktion für die Bruttoinvestitionen formulieren:

(10.12a) $I = I(r, X^e, K)$ mit: $\frac{\delta I}{\delta r} < 0$; $\frac{\delta I}{\delta X^e} > 0$; $\frac{\delta I}{\delta K} < 0$

X^e bezeichnet den (für die Folgeperiode) erwarteten Absatz bzw. die erwartete Produktion.

In den früheren kurzfristigen Untersuchungen war der Kapitalstock K eine konstante Größe. Vereinfachend wurde dort anstelle der Erwartungsgröße X^e die aktuelle Güternachfrage bzw. das aktuelle Realeinkommen Y als Determinante der Bruttoinvestitionen berücksichtigt. Die hier für die mittel- und langfristige Analyse abgeleitete Investitionsfunktion unterscheidet sich somit von der früher verwendeten kurzfristigen Investitionsfunktion insbesondere durch den Einfluß der bereits vorhandenen Sachkapazitäten.

10.3.5 Multiplikator und Akzelerator

Aus dem Akzelerationsprinzip folgt eine äußerst wichtige Implikation für die konjunkturelle Entwicklung. Nettoinvestitionen können nicht nur Ursache von Konjunkturstörungen (bzw. von Störungen eines Gleichgewichts), sondern auch eine treibende, immanente Kraft für Konjunkturschwankungen sein. Diese Bedeutung der Nettoinvestitionen resultiert aus ihrer doppelten Funktion:

- Sie stellen zum einen Güternachfrage dar und haben dadurch einen *Einkommenseffekt*, der - wie aus früheren Untersuchungen bekannt ist - unter Umständen multiplikativ verstärkt wird.
- Sie erhöhen zum anderen die Sachkapazitäten und haben somit einen *Kapazitätseffekt*, durch den gemäß dem Akzelerator zusätzliche Produktion und zusätzliches Einkommen ermöglicht wird.

Das Zusammenwirken von Einkommens- und Kapazitätseffekten bzw. von Multiplikator- und Akzeleratoreffekten soll jetzt anhand eines einfachen Modells, das sich an ein von John R. Hicks entwickeltes Modell anlehnt, verdeutlicht werden.[12] Der Akzelerator β ist in diesem Modell eine konstante Größe, die sich entweder aus den technischen Produktionszusammenhängen oder aus dem Investitionsverhalten der Unternehmungen ergibt. Das Modell setzt sich aus den folgenden Gleichungen zusammen:

(10.13) $Y_t = D_t^a + D_t^{ind} + I_t^{netto}$

(10.14) $D_t^a = D_0^a(1 + \varphi)^t$ mit: $\varphi \geq 0$

(10.15) $D_t^{ind} = \eta Y_{t-1}$ mit: $0 < \eta < 1$

(10.16) $I_t^{netto} = \beta \Delta Y_{t-1} = \beta(Y_{t-1} - Y_{t-2})$ mit: $\beta > 0$

Y_t ist das Gleichgewichtseinkommen in der Periode t, das zugleich die Güterproduktion und die Güternachfrage beschreibt. Bei der Güternachfrage wird zwischen der autonomen Komponente D_t^a, einer einkommensinduzierten Komponente D_t^{ind} und den Nettoinvestitionen im Rahmen des Akzelerationsprinzips I_t^{netto} unterschieden. Die autonome Güternachfrage wächst - ausgehend von einem exogen vorgegebenen Wert D_0^a in einer Anfangsperiode t = 0 - mit der Rate φ. Bei dieser autonomen Größe handelt es sich beispielsweise um die vom Inlandseinkommen unabhängige staatliche und/oder ausländische Güternachfrage sowie um Investitionen, die von privaten Unternehmungen im Hinblick auf die langfristige Wirtschaftsentwicklung unabhängig von den aktuellen Konjunkturschwankungen getätigt werden. Die Wachstumsrate φ kann sehr wohl auch null sein. In diesem Fall handelt es sich um eine stationäre Volkswirtschaft, und die autonome Güternachfrage ist dann mit D_0^a eine konstante Größe. Die induzierte Güternachfrage - außer den Nettoinvestitionen - hängt vom Einkommen in der Vorperiode Y_{t-1} ab. Die Größe η in der Gleichung (10.15) läßt sich als marginale Ausgabenquote bezeichnen. In der Investitionsfunktion (10.16) kommt das Akzelerationsprinzip zum Ausdruck. Allerdings wird hier eine Abhängigkeit der Nettoinvestitionen von der Einkommensänderung (bzw. von der Veränderung der Güternachfrage bzw. der Güterproduktion) in der Vorperiode angenommen. β ist der Akzelerator.

Im Rahmen dieses Modells vollzieht sich die ökonomische Entwicklung entlang eines Gleichgewichtspfades, wenn - ausgehend von einer Gleichgewichtssituation - die einzelnen Komponenten der Güternachfrage, die gesamte Güterproduktion und dementsprechend das Einkommen jeweils mit der Rate φ wachsen. Bei dieser Gleichgewichtsentwicklung bestehen zwischen dem laufenden Einkommen Y_t und dem Einkommen Y_{t-1} in der Vorperiode sowie dem Einkommen Y_{t-2} in der zurückliegenden Periode t-2 die folgenden Beziehungen:

(10.17) $Y_{t-1} = \dfrac{Y_t}{(1 + \varphi)}$

---

[12] Zum Hicks-Modell siehe: **J. R. Hicks** (1950); **A. E. Ott** (1970); **H. J. Vosgerau** (1988).

(10.17a) $\quad Y_{t-2} = \dfrac{Y_t}{(1+\varphi)^2}$

Aus den Gleichungen (10.13) bis (10.17a) läßt sich das folgende Gleichgewichtseinkommen in einer Periode t bestimmen:

(10.18) $\quad Y_t = \dfrac{1}{1 - \dfrac{\eta}{1+\varphi} - \beta\left(\dfrac{1}{1+\varphi} - \dfrac{1}{(1+\varphi)^2}\right)} D_0^a (1+\varphi)^t$

Es besteht also ein fester Zusammenhang zwischen der Gleichgewichtsentwicklung des Einkommens und der Entwicklung der autonomen Güternachfrage. Der Quotient auf der rechten Seite dieser Gleichung ist von Hicks als *Supermultiplikator* bezeichnet worden. Bei einer Wachstumsrate $\varphi = 0$ geht dieser Multiplikator in den aus früheren Untersuchungen bekannten *einfachen Multiplikator* $1/(1-\eta)$ über [Kap.2].

Im Mittelpunkt der hier durchgeführten Untersuchungen stehen allerdings nicht die Gleichgewichtsentwicklungen, sondern die zyklischen Schwankungen des Einkommens Y. Solche Schwankungen werden - von einer Gleichgewichtssituation ausgehend - im vorliegenden Modell ausgelöst, wenn eine autonome Störung eintritt, d.h., wenn die autonome Güternachfrage von ihrer Gleichgewichtsentwicklung gemäß Gleichung (10.14) einmalig oder dauerhaft abweicht. Nach einer solchen Störung können aufgrund der im Modell immanenten Zusammenhänge zyklische Schwankungen des Einkommens Y auftreten. Welche Anpassungsprozesse nach der Störung auftreten, ob diese Prozesse einen stabilisierenden oder einen destabilisierenden Einfluß auf die Konjunkturentwicklung haben und ob dementsprechend wieder eine Entwicklung entlang des Gleichgewichtspfades erreicht wird oder nicht, hängt vom Wert der marginalen Ausgabenquote η bzw. vom Wert des einfachen Einkommensmultiplikators $1/(1-\eta)$ sowie vom Wert des Akzelerators β ab. Bei realistischen Werten des einfachen Einkommensmultiplikators und des Akzelerators ergeben sich im Modell zyklische Einkommensschwankungen mit zunehmenden Amplituden. Die modellimmanenten Kräfte haben somit eine destabilisierende Wirkung auf den Konjunkturverlauf.[13]

Hier wird darauf verzichtet, die im Modell bei verschiedenen Werten von η und β möglichen Anpassungsprozesse einzeln zu untersuchen.[14] Anhand eines konkreten Zahlenbeispiels wird lediglich der Fall der sich selbst verstärkenden zyklischen Konjunkturschwankungen verdeutlicht.

---

[13] Aus vielen empirischen Untersuchungen und ökonometrischen Modellen läßt sich der Schluß ziehen, daß der Einkommensmultiplikator $1/(1-\eta)$ in den Industrieländern einen Wert zwischen 1 und maximal 2 hat. Der (durchschnittliche) Kapitalkoeffizient K/Y ist erfahrungsgemäß größer als 1. In der Bundesrepublik Deutschland liegt er z.Zt. bei etwa 2,5. Realistische Werte für den Akzelerator dürften somit in einem Bereich liegen, der größer als 1 und kleiner als 3 ist. Hicks selbst geht in seinen Untersuchungen von ähnlichen Beobachtungen aus und beschäftigte sich deshalb im Rahmen seines Modells vor allem mit dem Fall sich selbst verstärkender zyklischer Schwankungen.

[14] Siehe hierzu z.B.: A. E. Ott (1970); H. J. Vosgerau (1988).

Dazu werden die folgenden Daten zugrunde gelegt:
- Ausgabenquote $\eta = 0{,}2$, so daß der einfache Einkommensmultiplikator einen Wert von 1,25 hat
- Akzelerator $\beta = 1{,}3125$
- Wachstumsrate $\varphi = 0{,}05$ (5%)
- autonome Güternachfrage in der Basisperiode $t = 0$: $D_0^a = 1000$.

Für diese Daten läßt sich aus der Gleichung (10.19) der Gleichgewichtswert des Einkommens Y in der Ausgangssituation - das sei die Periode $t = 1$ - bestimmen: $Y_1 = 1400$.

Käme es nicht zu einer Störung, so würde die autonome Güternachfrage D^a gleichmäßig mit einer Rate von $\varphi = 0{,}05$ (5%) wachsen und dementsprechend in der Periode $t = 1$ einen Wert von 1050, in der Periode $t = 2$ einen Wert von 1102,5 sowie in der Periode $t = 3$ einen Wert von 1157,625 erreichen.

Es sei nun angenommen, daß in der Periode $t = 3$ eine Störung auftritt, indem die autonome Güternachfrage in dieser Periode einmalig um 50 steigt und dementsprechend D_3^a einen Wert von 1207,625 annimmt. Die dadurch verursachte zyklische Konjunkturschwankung des Einkommens Y ist in der Abbildung 10.6 dargestellt worden. Die Abbildung zeigt mit der gestrichelten Linie auch den Gleichgewichtspfad im Falle einer störungsfreien Entwicklung (Y_g). In der Abbildung wird deutlich, wie sich die zyklischen Schwankungen im Zeitablauf verstärken. Man beachte, daß diese Entwicklung abläuft, obwohl die exogene Störung ein einmaliges, auf die Periode $t = 3$ beschränktes Ereignis ist. Die weitere Entwicklung ergibt sich somit aus den im Modell immanenten Kräften, die aus dem Zusammenwirken von Einkommensmultiplikator und Akzelerator resultieren.

Abbildung 10.6

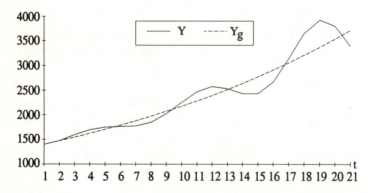

Die im Beispiel auftretenden Multiplikator- und Akzeleratoreffekte sind für einen Zeitraum von 10 Perioden in der Tabelle 10.1 wiedergegeben worden. Y_g ist das Gleichgewichtseinkommen bei störungsfreier Entwicklung. Y_t zeigt demgegenüber die Einkommensentwicklung für den Fall einer Störung in der Periode $t = 3$. In dieser Periode weicht die autonome Güternachfrage, wie schon erwähnt, um 50 von dem Wert bei gleichgewichtiger Entwicklung ab.

Man beachte, daß
- der Multiplikatoreffekt, wie aus früheren Untersuchungen hinlänglich bekannt ist, aus der Abhängigkeit der Güternachfrage vom laufenden Einkommen (in der Vorperiode)
- der Akzeleratoreffekt aus der Abhängigkeit der Nachfragekomponente "Nettoinvestitionen" von der Veränderung des Einkommens (in der Vorperiode)

resultiert und daß es dabei jeweils - wie in der Tabelle 10.1 durch Pfeile angedeutet - zu Rückkoppelungen zwischen Güternachfrage und Einkommen kommt.

Tabelle 10.1

t	Y_g	Y_t	D_t^{ind}	D_t^a	I_t^{netto}	ΔY_t
1	1400,00	1400,00	266,67	1050,00	83,33	66,67
2	1470,00	1470,00	280,00	1102,50	87,50	70,00
3	1543,50	1593,50	294,00	1207,63	91,88	123,50
4	1620,68	1696,30	318,70	1215,51	162,09	102,80
5	1701,71	1750,47	339,26	1276,28	134,93	54,17
6	1786,80	1761,28	350,09	1340,10	71,09	10,82
7	1876,14	1773,55	352,26	1407,10	14,20	12,27
8	1969,94	1848,27	354,71	1477,46	16,10	74,72
9	2068,44	2019,05	369,65	1551,33	98,07	170,78
10	2171,86	2256,85	403,81	1628,90	224,15	237,82

Über der Tabelle: Multiplikator Y_{t-1} — Akzelerator ΔY_{t-1}

Hicks ging in seinen Untersuchungen davon aus, daß das Zusammenwirken von Multiplikator und Akzelerator in formaler Hinsicht - wie im Beispiel gezeigt - zwar sich selbst verstärkende Konjunkturschwankungen erzeugen kann, daß aber diese Schwankungen in aller Regel durch andere ökonomische Einflüsse, die in seinem Modell nicht explizit erfaßt worden sind, sowohl nach oben als auch nach unten begrenzt sind. Er führte dazu in sein Modell eine Obergrenze (ceiling) und eine Untergrenze (floor) ein. Eine natürliche Untergrenze besteht im Modell bereits darin, daß die Nettoinvestitionen nur in Höhe des Betrags der unterlassenen Reinvestitionen negativ werden können.[15]

Wenn diese Situation eintritt, wird der Akzeleratoreffekt außer Kraft gesetzt. Wegen der weiter wachsenden autonomen Güternachfrage wird der Konjunkturabschwung dann quasi automatisch gebremst und allmählich wieder in einen Konjunkturaufschwung übergeführt. Es ist allerdings zu erwarten, daß noch andere ökonomische Faktoren gewisse stabilisierende Wirkungen in einer Abschwungphase haben. Zu denken ist beispielsweise an Maßnahmen der Konjunkturpolitik, an

---

15 Dabei ist zu berücksichtigen, daß sich die Bruttoinvestitionen aus den Nettoinvestitionen und den Reinvestitionen zusammensetzen und daß die Bruttoinvestitionen im schlechtesten Fall null, aber niemals negativ sein können.

Lohn- und Preissenkungen, durch die die Wettbewerbsfähigkeit der betrachteten Volkswirtschaft (wieder) erhöht wird oder an eine Verringerung des realen Zinssatzes, durch die gemäß Gleichung (10.12a) die Investitionsnachfrage steigt.

Eine modellmäßige Obergrenze für die Nettoinvestitionen gibt es nicht, so daß von hierher eine Ausschaltung des Akzeleratoreffektes nicht in Frage kommt. Andere ökonomische Einflüsse sorgen allerdings nach allen Erfahrungen für eine Begrenzung des Konjunkturaufschwungs. Zu nennen sind beispielsweise restriktive konjunkturpolitische Maßnahmen, ein Mangel an Ressourcen, durch den weitere Produktionssteigerungen verhindert werden, Lohn- und Preissteigerungen, die eine Einschränkung der internationalen Wettbewerbsfähigkeit mit sich bringen sowie eine investitionsdämpfende Erhöhung des realen Zinssatzes. Die Einflüsse solcher Faktoren auf die Konjunkturentwicklung werden weiter unten noch näher untersucht.

10.3.6 Lagerhaltungszyklen

Die Lagerinvestitionen (bzw. die Vorratsänderungen) weisen erfahrungsgemäß in allen Ländern erhebliche zyklische Schwankungen auf. Sie sind deshalb eine maßgebliche immanente Kraft der Konjunkturzyklen. Das soll jetzt mit einem einfachen theoretischen Ansatz verdeutlicht werden, der auf eine Arbeit von Lloyd Metzler (1941) zurückgeht.

Die Güternachfrage in einer Periode t setzt sich aus der autonomen Nachfrage D^a, dem privaten Konsum C und den geplanten Lagerinvestitionen I^L zusammen:

(10.19) $D_t = D_t^a + C_t + I_t^L$

Es sei angenommen, daß die Unternehmungen zwar einerseits die Produktion zur Befriedigung der autonomen Güternachfrage, die u.a. die Anlageinvestitionen einschließt, und der Lagerinvestitionen exakt planen können, daß aber eine exakte Planung der Konsumgüterproduktion nicht möglich ist und diese Produktion deshalb mit einer Verzögerung von einer Periode an die Konsumgüternachfrage angepaßt wird. Dementsprechend gilt:

(10.20) $X_t = D_t^a + C_{t-1} + I_t^L$

Die Höhe der Produktion X determiniert zugleich das Einkommen Y, das seinerseits Determinante der Konsumnachfrage ist:

(10.21) $C_t = cX_t$ mit: $X_t = Y_t$; $c > 0$

Übersteigt die Nachfrage das Angebot bzw. die Produktion, so sinken die Lagerbestände - und umgekehrt. Wie schon aus früheren Untersuchungen [Kapitel 2] bekannt ist, treten dann ungeplante Lagerinvestitionen auf. Hierauf reagieren die Unternehmungen mit ihren geplanten Lagerinvestitionen wie folgt:

(10.22) $I_t^L = D_{t-1} - X_{t-1} = C_{t-1} - C_{t-2}$

Die Unternehmungen passen also ihre Lagerinvestitionen an die Differenz zwischen Nachfrage und Angebot in der Vorperiode und dementsprechend an die ungeplanten Veränderungen der Lagerbestände in der Vorperiode an.
Aus den Gleichungen (10.20), (10.21) und (10.22) folgt:

(10.20a) $X_t = D_t^a + 2cX_{t-1} - cX_{t-2} = D_t^a + cX_{t-1} + c\Delta X_{t-1}$

Hier wird deutlich, daß die laufende Produktion und das Einkommen ähnlich wie beim Akzelerationsprinzip u.a. von der Veränderung der Produktion bzw. des Einkommens (hier in der Vorperiode) abhängig sind. Folglich treten auch ähnliche zyklische Bewegungen wie im Akzeleratormodell auf. Ein wesentlicher Unterschied besteht allerdings darin, daß für den Einfluß von ΔX_{t-1} jetzt die marginale Konsumquote c und nicht der Akzelerator β maßgeblich ist. Da die Konsumquote im Unterschied zum Akzelerator in der Regel kleiner als 1 ist, ergeben sich im vorliegenden Lagerhaltungsmodell nach einer autonomen Störung zwar zyklische Schwankungen, aber die Schwankungsbreite nimmt im Zeitverlauf ab. Folglich bewirkt der Lagerhaltungszyklus Bewegungen, durch die sich die Volkswirtschaft über kurz oder lang wieder auf den Gleichgewichtspfad einpendelt.

Die zyklischen Schwankungen im Rahmen des Lagerhaltungsmodells werden jetzt mit einem konkreten Beispiel verdeutlicht. Die Konsumquote hat einen Wert von $c = 0{,}6$. Für die autonome Güternachfrage gelte in der Ausgangssituation $t = 0$: $D_0^a = 400$. Lagerinvestitionen werden in dieser Situation nicht durchgeführt: $I_0^L = 0$. Mit Hilfe des einfachen Einkommensmultiplikators läßt sich für die Ausgangssituation somit ein Gleichgewichtseinkommen $Y_0 = X_0 = 1000$ ermitteln. Der einfache Multiplikator lautet: $1/(1-c)$. Er hat somit im vorliegenden Beispiel einen Wert von 2,5.

Abbildung 10.7a   **Abbildung 10.7b**

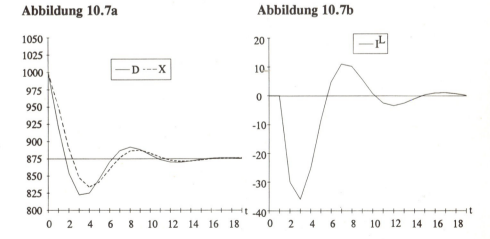

In der Periode $t = 1$ möge die autonome Güternachfrage dauerhaft auf $D^a = 350$ sinken. Hierdurch werden Anpassungen der Lagerinvestitionen ausgelöst, die ihrerseits zyklische Schwankungen der Produktion und des Einkommens erzeugen. Letztlich wird jedoch ein neues Gleichgewicht erreicht. Wegen des Multiplikators von 2,5 verringert sich das Gleichgewichtseinkommen schließlich um 125 und sinkt somit in einer Periode t = n auf Y_n = 875.

Die Abbildungen 10.7a und 10.7b zeigen - jeweils für 20 Perioden - die Entwicklung der Güternachfrage D, der Produktion X und der (geplanten) Lagerinvestitionen I^L. Die Abbildungen lassen klar erkennen, daß im zyklischen Verlauf zwar anfangs relativ große Schwankungsbreiten auftreten, daß sich diese aber relativ rasch abschwächen. Lagerinvestitionen finden nach Erreichen des neuen Gleichgewichtspfades nicht mehr statt.

Anhand der Tabelle 10.2 läßt sich der Konjunkturzyklus auch numerisch nachvollziehen. Hier wird angenommen, daß die Unternehmungen einen Lagerbestand von LAG = 100 wünschen und ein Gleichgewicht somit dann vorliegt, wenn dieser Bestand anhaltend realisiert wird. In der ersten Periode, also im Zuge der Störung, ergibt sich eine Verringerung der Produktion von $\Delta X_1 = \Delta D_1^a = -50$. Die Nachfrage sinkt wegen der einkommensinduzierten Reduktion des privaten Konsums ($\Delta C_1 = -0,6 \cdot 50 = -30$) allerdings insgesamt um $\Delta D_1 = -80$. Folglich erhöht sich der Lagerbestand in dieser Periode um $\Delta LAG_1 = 30$. In dieser Höhe sind also ungeplante Lagerinvestitionen aufgetreten.

Um den tatsächlichen wieder an den geplanten Lagerbestand anzupassen, nehmen die Unternehmungen in der nächsten Periode (t = 2) negative (geplante) Lagerinvestitionen in Höhe von $I^L = -30$ vor. Außerdem passen die Unternehmungen ihre Produktion an die geringere Konsumgüternachfrage der Vorperiode an. Beides verursacht erneut eine konjunkturelle Störung.

Tabelle 10.2

t	X	D	D^a	C	I^L	LAG
0	1000,00	1000,00	400,00	600,00	0,00	100,00
1	950,00	920,00	350,00	570,00	0,00	130,00
2	890,00	854,00	350,00	534,00	-30,00	136,00
3	848,00	822,80	350,00	508,80	-36,00	125,20
4	833,60	824,96	350,00	500,16	-25,20	108,64
5	841,52	846,27	350,00	504,91	-8,64	95,25
6	859,66	870,55	350,00	515,80	4,75	89,11
7	876,68	886,90	350,00	526,01	10,89	89,79
8	886,22	891,95	350,00	531,73	10,21	94,28
9	887,46	888,20	350,00	532,47	5,72	99,26
10	883,21	880,67	350,00	529,93	0,74	102,55
⋮	⋮	⋮	⋮	⋮	⋮	⋮
n	875,00	875,00	350,00	525,00	0,00	100,00

Produktion und Einkommen gehen in der Periode t = 2 um $\Delta X = -60$ zurück. Der private Konsum sinkt erneut - und zwar jetzt um $\Delta C_2 = -0,6 \cdot 60 = -36$. Somit geht die Güternachfrage um $\Delta D_2 = \Delta C_2 + \Delta I_2^L = -66$ auf $D_2 = 854$ zurück. Trotz der negativen Lagerinvestitionen nimmt der Lagerbestand ungeplant auf $LAG_2 = 136$ zu. Diese Prozesse setzen sich ähnlich fort und implizieren einen "Lagerhaltungszyklus" mit abnehmenden Amplituden.

10.3.7 Wirkungsverzögerungen der Konjunkturpolitik

Die Frage, ob sich Konjunkturschwankungen mit Hilfe einer nachfrageorientierten Wirtschaftspolitik verhindern oder zumindest abschwächen lassen, ist in der makroökonomischen Theorie und Politik seit jeher von zentraler Bedeutung. Wie in diesem Buch wiederholt dargelegt wurde, bestehen dabei zwischen Neoklassikern und Keynesianern grundlegende Meinungsverschiedenheiten. Selbst wenn es, wie die keynesianische Theorie behauptet, richtig sein sollte, daß eine aktive diskretionäre Konjunkturpolitik maßgebliche Einkommens- und Beschäftigungseffekte erzielen kann, ist damit noch keineswegs gewährleistet, daß auch tatsächlich eine Stabilisierung der konjunkturellen Entwicklung erreicht wird. Vielmehr, so behaupten die Neoklassiker, sei zu erwarten, daß eine solche Politik wegen ihrer nicht kalkulierbaren Durchführungs- und Wirkungsverzögerungen destabilisierende Einflüsse auf die Wirtschaftskonjunktur ausübt. Wenn solche Verzögerungen auftreten, besteht in der Tat die Gefahr, daß die konjunkturpolitischen Maßnahmen erst dann greifen, wenn sich die konjunkturelle Lage aufgrund immanenter Kräfte bereits wieder soweit verändert hat, daß die konjunkturpolitische Aktivität obsolet geworden ist. Statt zu einer antizyklischen käme es in diesem Fall zu einer prozyklischen Wirkung.

Mit Blick auf die wichtigsten Gründe lassen sich die konjunkturpolitischen Verzögerungen wie folgt differenzieren:
1. *Innenverzögerung (inside lag)*
   - Erkenntnisverzögerung
   - Entscheidungsverzögerung
   - Handlungsverzögerung
2. *Außenverzögerung (outside lag)*

Die *Erkenntnisverzögerung* ergibt sich aus dem Tatbestand, daß verläßliche Daten über den Konjunkturverlauf nicht unverzüglich verfügbar sind und daß selbst bei schneller Datenverfügbarkeit längere Beobachtungen erforderlich sind, um aus den Daten mit Gewißheit auf eine bestimmte konjunkturelle Entwicklung schließen zu können.

Entscheidungsverzögerungen entstehen vor allem dann, wenn diskretionäre konjunkturpolitische Maßnahmen das Ergebnis langwieriger parlamentarischer Beratungs- und Abstimmungsprozesse sind.

Handlungsverzögerungen sind beispielsweise darauf zurückzuführen, daß die Ausführung der konjunkturpolitischen Entscheidungen in den Händen einer schwerfälligen Bürokratie liegt und daß die Ausführungsbestimmungen häufig unpräzise sind und keine zeitlichen Vorgaben enthalten.

Die erst nach Maßnahmeneinsatz auftretenden Wirkungsverzögerungen (*outside lag*) lassen sich unter anderem mit verzögerten Reaktionen der Wirtschaftssubjekte auf Datenänderungen, z.B. auf Zins- oder Steueränderungen, erklären, durch die es zu länger anhaltenden Anpassungsprozessen (z.B. im Rahmen der Multiplikatorprozesse) kommt.

Die Konsequenzen der konjunkturpolitischen Verzögerungen werden jetzt mit Hilfe eines einfachen Beispiels verdeutlicht. Grundlage ist das oben dargestellte Modell des Lagerhaltungszyklus, in dem sich - wie gezeigt - nach einer Störung Konjunkturschwankungen mit abnehmenden Amplituden ergeben. Es sei angenommen, daß der Staat versucht, Abweichungen der Produktion bzw. des Einkommens von einem bestimmten Zielwert zu verhindern oder Abweichungen, die durch exogene Störungen bereits eingetreten sind, zu beseitigen. Das Lagerhaltungsmodell wird wie folgt erweitert:

(10.23) $\quad D_t^a = D_t^{Pr} + G_t$

(10.24) $\quad \Delta G_t = \phi(X^Z - X_{t-j})$

Die schon in den Gleichungen (10.19) und (10.20) enthaltene autonome Güternachfrage D^a teilt sich nun auf in eine autonome private Güternachfrage D^{Pr} und in die staatliche Güternachfrage G. Der Staat verändert seine Nachfrage, wenn die tatsächliche Produktion X von ihrem Zielwert X^Z abweicht; ϕ ist ein Reaktionsparameter, der die Stärke des fiskalpolitischen Impulses wiedergibt. Aufgrund von Innenverzögerungen möge allerdings die Durchführung einer Maßnahme mit zeitlichem Verzug erfolgen, so daß die Veränderung der Staatsausgaben in einer Periode t die Reaktion auf eine Zielabweichung in der zurückliegenden Periode t - j ausdrückt. Die in j erfaßte Verzögerung kann z.B. ein Jahr oder auch mehrere Jahre betragen.

Aus den Gleichungen (10.20) bis (10.22) sowie (10.23) und (10.24) läßt sich die Produktion bzw. das Einkommen in einer Periode t bestimmen:[16]

(10.25) $\quad X_t = D_t^{Pr} + G_{t-1} + \phi(X^Z - X_{t-j}) + cX_{t-1} + c\Delta X_{t-1}$

Der Vergleich mit (10.20a) zeigt, daß sich durch die staatliche Konjunkturpolitik ein zusätzlicher zeitversetzter Einfluß auf X_t ergibt. Dabei ist zum einen die Größe des Reaktionsparameters ϕ und zum anderen die zeitliche Verzögerung j von maßgeblicher Bedeutung dafür, ob der Staat einen stabilisierenden oder einen destabilisierenden Einfluß auf die Konjunkturentwicklung ausübt. Hier soll es genügen, diesen Einfluß lediglich anhand eines Zahlenbeispiels zu demonstrieren.

In der Ausgangssituation (t = 0) möge - wie schon im Beispiel zum Lagerhaltungszyklus - ein Gleichgewicht bei einer Produktion von $X_0 = 1000$ vorliegen. Die (marginale) Konsumquote beträgt auch hier: c = 0,6. Die autonome Güternachfrage spaltet sich auf in $D^{Pr} = 200$ und $G_0 = 200$. Der Zielwert X^Z entspricht dem Gleichgewichtseinkommen: $X^Z = X_0 = 1000$. Analog zum Lagerhaltungsbeispiel wird die autonome Güternachfrage - hier die autonome private Güternachfrage - in der Periode t = 1 um 50 auf ein dauerhaft niedrigeres Niveau verringert. Der Reaktionsparameter der Konjunkturpolitik habe einen Wert von: $\phi = 0,2$.

---

[16] Man beachte, daß gilt: $G_t = G_{t-1} + \Delta G_t$.

Tabelle 10.3

t	D^{Pr}	X^L	X (j=0)	X (j=1)	X (j=2)
0	200	1000,00	1000,00	1000,00	1000,00
1	150	950,00	958,33	950,00	950,00
2	150	890,00	923,61	900,00	890,00
3	150	848,00	922,45	890,00	858,00
4	150	833,60	951,58	930,00	877,60
5	150	841,52	989,36	998,00	948,72
6	150	859,66	1014,34	1056,00	1046,78
7	150	876,68	1018,05	1073,60	1132,05
8	150	886,22	1006,26	1045,20	1166,16
9	150	887,46	991,57	991,52	1129,54
10	150	883,21	984,18	945,84	1031,89
⋮	⋮	⋮	⋮	⋮	⋮
n	150	875,00	1000,00	1000,00	–

Die Tabelle 10.3 sowie die Abbildung 10.8 zeigen vier verschiedene Konjunkturverläufe, die durch die autonome Nachfragestörung verursacht werden. X^L beschreibt noch einmal die bereits in Tabelle 10.2 enthaltene Entwicklung der Produktion bzw. des Einkommens bei Fehlen einer konjunkturpolitischen Aktivität. X(j=0), X(j=1) und X(j=2) zeigen demgegenüber die Produktions- bzw. Einkommensentwicklung bei konjunkturpolitischer Aktivität für den Fall ohne zeitliche Verzögerungen, für den Fall einer Verzögerung von einer Periode sowie für den Fall einer Verzögerung von zwei Perioden.

Abbildung 10.8

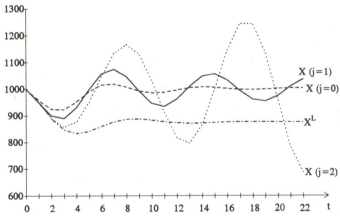

Es wird deutlich, daß der durch die autonome Störung verursachte Konjunkturabschwung in den Anfangsphasen durch die staatliche Konjunkturpolitik abgeschwächt wird und daß der konjunkturpolitische Einfluß hier um so wirksamer ist, je schneller der Staat auf die Störung reagiert. Im weiteren Zeitablauf ergibt sich dann eine relativ starke Dämpfung der Schwankungen, wenn die Konjunkturpolitik ohne zeitliche Verzögerungen wirksam ist (bei j = 0). Nach einer gewissen Zeit kommt es in diesem Fall zu einer Stabilisierung auf dem Niveau des Zielwerts in

Höhe von $X^Z = 1000$. Schon im Fall einer Verzögerung von einer Periode (bei j = 1) treten beachtliche zyklische Schwankungen auf. Diese besitzen zwar eine im Zeitablauf abnehmende Amplitude, aber eine Stabilisierung auf dem Gleichgewichts- bzw. dem Zielwert findet erst nach sehr vielen Perioden statt.

Bei einer noch längeren zeitlichen Verzögerung (hier bei j = 2) erzeugt die staatliche Konjunkturpolitik zyklische Schwankungen mit zunehmenden Amplituden. Die Konjunkturpolitik hat hier also letztlich eine destabilisierende Wirkung auf den Konjunkturverlauf. Ein neues Gleichgewicht beim Zielwert X^Z wird nicht erreicht.

Da hier nur ein sehr einfaches Modell und ein spezielles Zahlenbeispiel zugrunde gelegt worden ist, haben die Ergebnisse selbstverständlich nur exemplarische Bedeutung. Dennoch ist dieses Beispiel bereits geeignet, einen Eindruck davon zu vermitteln, welche zusätzlichen Einflüsse die staatliche Konjunkturpolitik auf die wirtschaftliche Entwicklung ausüben kann, wenn diese Politik mit unterschiedlichen zeitlichen Verzögerungen wirksam wird. Eine wichtige Schlußfolgerung besteht darin, daß es aufgrund der zeitlichen Verzögerungen keineswegs sicher ist, daß die Konjunkturpolitik einen stabilisierenden Einfluß auf die konjunkturelle Entwicklung hat. Vor diesem Hintergrund muß die Warnung der Neoklassiker, eine diskretionäre Konjunkturpolitik könne entgegen ihrer Zielsetzung eine konjunkturimmanente Destabilisierung erzeugen, ernst genommen werden.

10.3.8 Lohn- und Preisanpassungen

Im Rahmen der Analysen der Lohnbildung am Arbeitsmarkt [Kap. 5] sowie zur Phillips-Kurve [Kap. 9] ist bereits eingehend dargelegt worden, daß Anpassungen des Nominallohnsatzes in der Regel im Hinblick sowohl auf die Preisentwicklung als auch auf die Arbeitsmarktlage vorgenommen werden. Außerdem wurde gezeigt, daß die Unternehmungen die Güterpreise bei autonomer Preispolitik gemäß der Mark-up-Hypothese an Veränderungen der Kapazitätsauslastung anpassen [Kap. 5]. Solche Lohn- und Preisanpassungen erfolgen somit einerseits als Reaktion auf die konjunkturelle Entwicklung, sie sind aber andererseits selbst eine wichtige Determinante des Konjunkturverlaufs. Überwiegend wird die Auffassung vertreten, daß diese Anpassungen einen stabilisierenden Einfluß auf den Konjunkturverlauf haben. Tatsächlich ist zu erwarten, daß es in einem Konjunkturabschwung über kurz oder lang zu lohn- und preisdämpfenden Wirkungen kommt und daß von daher über eine preisinduzierte Anregung der Güternachfrage der Abschwung gebremst oder möglicherweise sogar ein Konjunkturumschwung eingeleitet wird. In einer konjunkturellen Boomphase ist analog dazu mit umgekehrten Einflüssen und Entwicklungen zu rechnen.

Im Zusammenhang mit anderen Einflüssen auf den Konjunkturverlauf ist allerdings ein destabilisierender Einfluß der Lohn- und Preisanpassungen nicht grundsätzlich ausgeschlossen. Das gilt insbesondere dann, wenn die Lohnanpassungen wegen längerer Laufzeiten der Tarifverträge und/oder wegen kurzfristiger Informationsmängel mit mehr oder weniger langen zeitlichen Verzögerungen vorgenommen werden und wenn - ähnlich wie bei den Wirkungsverzögerungen der Konjunkturpolitik - solche Anpassungen dann prozyklisch wirken: Lohnsteigerungen, die sich noch auf eine günstige Konjunkturentwicklung beziehen, schlagen erst dann durch, wenn sich die Konjunktur aufgrund anderer Einflüsse bereits wieder in einer Rezession befindet; eine Lohnzurückhaltung als Reaktion auf eine schlechte Konjunkturlage kommt erst dann zum Tragen, wenn aufgrund anderer Einflüsse bereits wieder ein Konjunkturaufschwung eingesetzt hat. An diesem Beispiel wird deutlich, daß ein konjunkturrelevanter ökonomischer Faktor einerseits einen stabilisierenden Einfluß auf die Konjunkturentwicklung haben kann, wenn er isoliert wirkt, und andererseits einen destabilisierenden Einfluß ausüben kann, wenn er im Zusammenwirken mit anderen Faktoren auftritt.

Im Rahmen eines einfachen Modells wird jetzt gezeigt, welche zyklischen Konjunkturschwankungen von Lohn- und Preisanpassungen ausgehen können, wenn es aufgrund einer nachfrageseitigen Störung zu Abweichungen von einer Gleichgewichtsentwicklung kommt. Im Rahmen des Konjunkturzyklus mögen allerdings außer den Lohn- und Preisanpassungen keine anderen Einflüsse wirksam sein. Das Modell lautet:

(10.26) $Y_t = Y_t^a - y_p P_t$ Aggregierte Güternachfrage

(10.27) $P_t = (1 + \gamma_t) \dfrac{w_t^n}{a}$ Mark-up-Preisbildung

(10.28) $w_t^n = [1 + \pi_t^e + \lambda_u (Y - Y^*)_{t-1}] w_{t-1}^n$ Lohnfunktion

(10.29) $\gamma_t = \tau \dfrac{Y_t}{Y^*}$ Aufschlagssatz

(10.30) $\pi_t^e = \pi_{t-1}^e + \alpha(\pi_{t-1} - \pi_{t-1}^e)$ Adaptive Inflationserwartung

Die Gleichung (10.26) beschreibt in einer einfachen Form die aggregierte Güternachfrage in einer Periode t. Sie hängt vom Preisniveau P_t in dieser Periode ab. Y_t^a ist die autonome Güternachfrage. Das Preisniveau wird gemäß Gleichung (10.27) nach der Mark-up-Hypothese gebildet. Bekanntlich sind dabei der Aufschlagssatz γ_t sowie die Lohnstückkosten w_t^n/a maßgeblich. Die Arbeitsproduktivität a sei hier eine konstante Größe.

Die Gleichung (10.28) erklärt den Nominallohnsatz. Determinanten sind zum einen die für eine Tarifperiode t erwartete Preisentwicklung bzw. erwartete Inflationsrate π_t^e sowie die Arbeitsmarktlage in der Periode t - 1. Die Arbeitsmarktlage wird in der Lohnfunktion meistens durch die Differenz zwischen der natürlichen und der tatsächlichen Arbeitslosenquote ausgedrückt. Geht man von einem festen Zusammenhang zwischen Produktion und Beschäftigung bzw. einem festen negativen Zusammenhang zwischen Produktion und Arbeitslosenquote aus, so läßt sich statt dessen auch die Differenz zwischen der tatsächlichen Produktion und der "natürlichen" Produktion verwenden. Mit Blick auf das Gütermarktgleichgewicht wurde hier unmittelbar an die Stelle der Produktionsgröße das Einkommen Y bzw.

Y* gesetzt. Die "natürliche" Produktion bzw. die natürliche Arbeitslosenquote sei eine konstante Größe.

Der Aufschlagssatz γ_t hängt gemäß Gleichung (10.29) vom Auslastungsgrad der Sachkapazitäten ab. Vereinfachend wird dieser durch den Quotienten von tatsächlicher und "natürlicher" Produktion beschrieben. Schließlich zeigt die Gleichung (10.30) die Bildung der Inflationserwartung gemäß der adaptiven Erwartungshypothese. Bekanntlich werden nach dieser Hypothese die Inflationserwartungen im Vergleich zur Vorperiode korrigiert, wenn es in der Vorperiode einen Erwartungsirrtum gegeben hat. Die Größe α ist Ausdruck dieser Erwartungskorrektur.

Die folgenden Werte sind fest vorgegeben: $y_P = 500$; $\lambda_u = 0,001$; $\tau = 1$; $\alpha = 0,6$; $a = 2$; $Y^* = 1000$. Die autonome Güternachfrage hat in der Ausgangssituation ($t = 0$) einen Wert von $Y_0^a = 1500$. In dieser Situation möge ein Gleichgewicht bestehen, so daß die Güternachfrage, die Güterproduktion und dementsprechend das Einkommen dem "natürlichen" Niveau von $Y^* = 1000$ entsprechen. Das Preisniveau hat in dieser Situation einen konstanten Wert von $P_0 = 1$. Die tatsächliche Inflationsrate π und die erwartete Inflationsrate π^e sind jeweils null.

Die Modellzusammenhänge sind in der Abbildung 10.9 in der bekannten Darstellungsform skizziert worden. AD_0 ist die aggregierte Nachfragekurve in der Ausgangssituation. AS_0^k zeigt die kurzfristige aggregierte Angebotskurve in der Ausgangssituation. AS^l ist die langfristige Angebotskurve, die sich nach Abschluß aller Anpassungsprozesse ergibt. Das Ausgangsgleichgewicht besteht im Punkt A beim Preisniveau $P_0 = 1$ und beim Einkommen $Y^* = 1000$.

Abbildung 10.9

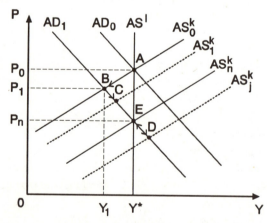

In der Periode $t = 1$ wird die autonome Güternachfrage nachhaltig auf $Y^a = 1450$ verringert. Dementsprechend verschiebt sich die aggregierte Nachfragekurve nach links - hier nach AD_1. Da wegen der tarifvertraglichen Bindungen kurzfristig noch keine Lohnanpassungen stattfinden, ist in der Periode $t = 1$ zunächst noch die kurzfristige Angebotskurve AS_0^k gültig. Somit ergibt sich in dieser Periode ein *temporäres Gleichgewicht* im Punkt B. Das Preisniveau ist auf P_1 und das Einkommen auf Y_1 gesunken. Für die folgende Tarifperiode (t = 2) erfolgt eine Lohnanpassung sowohl im Hinblick auf die Preissenkung als auch im Hinblick auf die schlechtere Konjunkturlage. Der Nominallohnsatz wird somit gesenkt. Dementsprechend verschiebt sich die kurzfristige aggregierte Angebotskurve nach unten - hier nach AS_1^k. Folglich ergibt sich in der Periode t = 2 ein *temporäres Gleichgewicht* im Punkt C. Das Preisniveau hat sich somit noch weiter verringert, wogegen das Einkommen im Vergleich zu Y_1 wieder gestiegen ist. Im Vergleich zum "natürlichen" Niveau Y^* ist die Konjunktursituation jedoch noch immer relativ schlecht. Für die Tarifperiode t = 3 wird der Lohnsatz demnach sowohl im Hinblick auf die erneute Preissenkung als auch im Hinblick auf die immer noch schlechte Konjunkturlage weiter gesenkt. Im Laufe dieser Anpassungsprozesse verschiebt sich die kurzfristige Angebotskurve deshalb noch weiter nach unten.

Ein neues Gleichgewicht wird - sofern das System stabil ist - letzten Endes im Schnittpunkt E der langfristigen aggregierten Angebotskurve AS^l mit der neuen aggregierten Nachfragekurve AD_1 erreicht. Das Preisniveau hat sich dann auf P_n verringert, wogegen das Einkommen wieder den ursprünglichen Wert Y^* angenommen hat. Wie der Abbildung 10.10 und der Tabelle 10.4 zu entnehmen ist, vollziehen sich die Anpassungsprozesse allerdings in zyklischen Schwankungen, bei denen vorübergehend sogar das Gleichgewichtseinkommen Y^* überschritten wird. Dementsprechend verschiebt sich die kurzfristige Angebotskurve zeitweise über den Punkt E hinaus nach unten, hier z.B. nach AS_j^k.

Abbildung 10.10

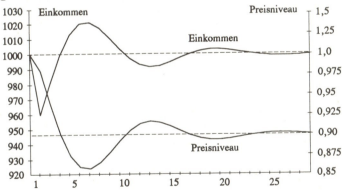

Die im Zuge der Anpassungsprozesse auftretenden zyklischen Schwankungen des Einkommens und des Preisniveaus sind in der Abbildung 10.10 dargestellt worden. Hier zeigt sich deutlich, daß sich das Einkommen und das Preisniveau nach Auftreten der nachfrageseitigen Störung in der Periode (t = 1) zunächst in dieselbe Richtung bewegen. Danach durchlaufen sie allerdings eine gegenläufige zyklische Entwicklung. Hierin liegt auch die Ursache für die auftretenden zyklischen Schwankungen. Das Preisniveau reagiert einerseits mit einer zeitlichen Verzögerung auf die konjunkturelle Entwicklung des Einkommens und andererseits ebenfalls mit einer zeitlichen Verzögerung auf die Preisentwicklung selbst. Umgekehrt bewirkt eine Preissenkung unverzüglich eine konjunkturelle Verbesserung und eine Preiserhöhung eine konjunkturelle Verschlechterung. Die zyklischen Schwankungen vollziehen sich allerdings mit abnehmenden Amplituden, so daß letztlich ein neues Gleichgewicht beim natürlichen Einkommensniveau $Y^* = 1000$ und bei einem jetzt niedrigeren Preisniveau $P_n = 0,9$ erreicht wird.

Für einige Perioden ist der Anpassungsprozeß auch in der Tabelle 10.4 wiedergegeben worden. Hier läßt sich die gegenläufige zyklische Entwicklung von Y und P sowie die zyklische Entwicklung des Nominallohnsatzes w^n deutlich erkennen.

Tabelle 10.4

t	Y^*	Y	P	w^n
0	1000	1000,00	1,00	1,00
1	1000	959,99	0,98	1,00
2	1000	980,60	0,94	0,95
3	1000	999,53	0,90	0,90
4	1000	1013,12	0,87	0,87
5	1000	1020,12	0,86	0,85
6	1000	1021,02	0,86	0,85
7	1000	1017,24	0,87	0,86
8	1000	1010,71	0,88	0,87
9	1000	1003,44	0,89	0,89
10	1000	997,19	0,91	0,91
11	1000	993,10	0,91	0,92
12	1000	991,59	0,92	0,92
13	1000	992,35	0,92	0,92
14	1000	994,62	0,91	0,91
15	1000	997,49	0,91	0,91

10.4 Wirkungszusammenhänge im Konjunkturzyklus: ein heuristischer Ansatz

10.4.1 Nachfrage- und angebotsseitige Konjunkturgrößen

Die Untersuchungen im vorangegangenen Abschnitt beschränkten sich auf eine partielle Analyse einzelner konjunkturrelevanter Faktoren sowie der Einflüsse dieser Faktoren in einem Konjunkturzyklus. Solche partiellen Analysen sind zwar geeignet, durch eine isolierte Betrachtung spezifische konjunkturimmanente Bewegungskräfte besonders deutlich zu machen, sie reichen aber nicht aus, die Gesamtheit der zyklischen Entwicklungen der Wirtschaftstätigkeit und der im Konjunkturzyklus auftretenden Interdependenzen adäquat zu erfassen und zu erklären.

Die konjunkturrelevanten Wirkungszusammenhänge sind allerdings so vielfältig und manchmal auch so undurchsichtig, daß es bisher nicht gelungen ist, sie in einem einzigen Konjunkturmodell darzustellen und so zu einer umfassenden Erklärung eines Konjunkturzyklus zu gelangen. Diese Aufgabe kann auch hier nicht gelöst werden. Um angesichts der vielen Interdependenzen die Erfassung der konjunkturimmanenten Bewegungskräfte zu ermöglichen, konzentriert sich die folgende Analyse nur auf die Einflußgrößen, die für den Konjunkturzyklus von maßgeblicher Bedeutung sein dürften. Der Gesamtkomplex der konjunkturellen Interdependenzen wird dabei vereinfachend in einzelne Wirkungszusammenhänge zerlegt. Die Abbildung 10.11 gibt eine Übersicht über die konjunkturrelevanten Größen sowie über die Zusammenhänge zwischen diesen Größen, die für die einzelnen Konjunkturphasen näher betrachtet werden.

Abbildung 10.11

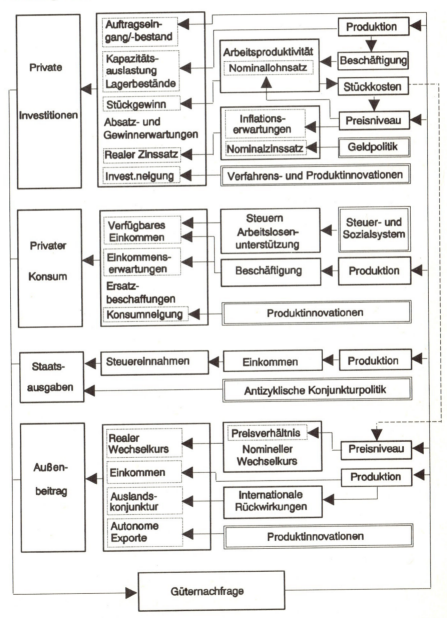

Angesichts der Komplexität der im Konjunkturzyklus relevanten Zusammenhänge wird darauf verzichtet, ein umfassendes formal-theoretisches Konjunkturmodell zu konstruieren. Die Untersuchungen bewegen sich vielmehr mit Blick auf die "stilisierten Fakten" eines Konjunkturzyklus ausschließlich in einem verbalen Rahmen.

10.4.2 Die Rezessionsphase

Es sei angenommen, daß die betrachtete Volkswirtschaft aufgrund einer nachfrageseitigen Störung, z.B. aufgrund einer Konjunkturkrise im Ausland und einer dadurch bedingten Verringerung der Exporte, in eine Rezession gerät. Wie in früheren Untersuchungen dargelegt worden ist, lösen solche Störungen Multiplikator- und Akzeleratoreffekte aus, durch die die Rezession - zumindest für eine gewisse Zeit - noch verstärkt wird. Diese Effekte implizieren bekanntlich endogene Reaktionen der Güternachfrage bzw. der privaten Investitionen, des privaten Konsums, der Staatsausgaben und des Außenbeitrags.

Mit Bezug auf die Abbildung 10.11 sind für die rezessionsbedingte Verringerung der *privaten Investitionen* die folgenden Einflüsse maßgebend:
- Die Rezession macht sich bei den Unternehmungen schon recht bald in rückläufigen Auftragseingängen und sinkenden Auftragsbeständen bemerkbar. Erfahrungsgemäß sind beide Größen wichtige Konjunkturindikatoren, die unmittelbar in die Investitionsplanungen einfließen.
- Die Kapazitätsauslastung geht zurück, so daß es gemäß dem Akzelerationsprinzip zu einer Verringerung der Nettoinvestitionen kommt.
- Die Lagerbestände nehmen zu. Da die Unternehmungen vor allem angesichts einer rezessiven Entwicklung bemüht sind, ihre Lagerhaltungskosten so niedrig wie eben möglich zu halten, gehen die Lagerhaltungsinvestitionen zurück und werden möglicherweise sogar negativ. Diese Zusammenhänge ergeben sich auch unmittelbar aus dem weiter oben dargestellten Lagerhaltungsmodell.
- Die Absatz- und Gewinnerwartungen, die ebenfalls eine wichtige Rolle bei den Investitionsplanungen spielen, werden nach unten korrigiert.
- Die Stückgewinne der Unternehmungen sinken. Dafür lassen sich zwei Gründe nennen: Zum einen nimmt die Arbeitsproduktivität ab, weil zwar die Produktion sinkt, aber der Beschäftigtensstand zunächst noch weitgehend unverändert bleibt; zum anderen ist das Nominallohnniveau - nicht zuletzt aufgrund von Tarifverträgen - mehr oder weniger fixiert.

Die nahezu unveränderte Beschäftigungslage ist nicht zuletzt dafür verantwortlich, daß es (noch) nicht zu einem Druck auf das Nominallohnniveau kommt. Schließlich ist im Anstieg der Lohnstückkosten ein wichtiger Grund dafür zu sehen, daß die Unternehmungen ihre Güterpreise trotz der geringen Kapazitätsauslastung nicht oder zumindest nicht nennenswert verringern. Hierin liegt auch eine Erklärung für das in der keynesianischen Theorie grundlegende Phänomen der Preisstarrheit.

Der *private Konsum* mag zwar in der Anfangszeit einer Rezession relativ stabil sein, wird sich aber - mit Blick auf die in der Abbildung 10.11 aufgezeigten Wirkungszusammenhänge - aufgrund der folgenden Einflüsse gleichfalls verringern:
- Die verfügbaren Einkommen sinken wegen rückläufiger Gewinne zunächst bei den Unternehmerhaushalten und später im Zuge von Entlassungen auch bei den Arbeitnehmerhaushalten.
- Da eine Rezession schon in der Anfangszeit mit pessimistischen Beschäftigungserwartungen verbunden ist und diese Erwartungen im weiteren Verlauf einer Rezession aufgrund von Entlassungen noch verstärkt werden, dürfte es zu einer Negativkorrektur der Einkommenserwartungen kommen. Diese Korrektur fällt um so stärker aus, je länger eine Rezession anhält und je höher die Arbeitslosenquote im Laufe der Rezession wird. Vor diesem Hintergrund neigen auch die Haushalte, die noch nicht von Arbeitslosigkeit betroffen sind, dazu, ihre Konsumwünsche zurückzustellen. In dieser Situation findet ein sogenanntes Angstsparen statt.

Entgegen den üblichen Vorstellungen, daß sich der *Staat* in seiner *Ausgabenpolitik* antizyklisch verhalten sollte, läßt sich beobachten, daß insbesondere die kommunalen Gebietskörperschaften ihre Ausgaben im Laufe einer Rezession verringern. Sie reagieren damit auf rückläufige Steuereinnahmen. Dieses *prozyklische Verhalten* ist zu erwarten, wenn den Kommunen eine Kreditfinanzierung von Budgetdefiziten gesetzlich untersagt ist, wenn sie nur einen beschränkten Zugang zum Kreditmarkt haben oder wenn sie angesichts zukünftiger Zins- und Tilgungslasten eine Zunahme der Verschuldung vermeiden möchten. Wegen der Informations-, Entscheidungs- und Handlungsverzögerungen wird die prozyklische kommunale Ausgabenpolitik in einer Rezessionsphase meistens noch nicht durch eine diskretionäre antizyklische Konjunkturpolitik anderer öffentlicher Haushalte (z.B. des Bundes) kompensiert.

Auf den *Außenbeitrag* sind in einer Rezession zwei gegenläufige Einflüsse wirksam: Einerseits verringern sich aufgrund des Produktions- und Einkommensrückgangs die Importe, andererseits löst ein großes Land über die sinkende Importnachfrage auch im Ausland einen Konjunkturabschwung aus, durch den dann eine negative Rückwirkung auf das hier betrachtete Land entsteht. Während so zwar einerseits durch die sinkenden Importe ein gewisser Teil der Rezession ins Ausland "exportiert" wird, kommt es andererseits infolge der zurückgehenden Exporte zu einer Verstärkung der Rezession.

10.4.3 Der untere Wendepunkt der Konjunktur

Nicht nur für die Rezessionsverstärkung, wie zuvor dargestellt, sondern auch für die Stabilisierung der Konjunktur im Bereich des unteren Wendepunktes spielen die *privaten Investitionen* eine wichtige Rolle. Wiederum mit Bezug auf die Abbildung 10.11 sind die folgenden Aspekte hervorzuheben:

- Da die Lagerbestände nach einer gewissen Zeit an die durch die Rezession geprägte Absatzlage angepaßt worden sind, gehen die negativen Lagerinvestitionen - absolut gesehen - zurück. Wie im Lagerhaltungsmodell schon dargelegt worden ist, kommt es somit zu positiven Veränderungen der Lagerinvestitionen und dadurch zu positiven Einflüssen auf die Konjunkturentwicklung.
- Hält die Rezession eine gewisse Zeit an, so nehmen die Stückgewinne der Unternehmungen wieder zu. Dafür sind zwei Einflüsse maßgebend: Zum einen steigt die Arbeitsproduktivität und zum anderen geht der Nominallohnsatz - zumindest die Zuwachsrate des Nominallohnsatzes - zurück. Der Anstieg der Arbeitsproduktivität ist darauf zurückzuführen, daß die Unternehmungen den Beschäftigtenstand verringern und dabei insbesondere die weniger produktiven Arbeitskräfte entlassen und daß darüber hinaus effizienzsteigernde organisatorische und produktionstechnische Maßnahmen ergriffen werden. Zur Erklärung der Lohnzurückhaltung der Gewerkschaften ist auf die Verschlechterung der Arbeitsmarktlage sowie auf die rezessionsbedingte Preisstabilität - zumindest auf die Verringerung der Inflationsraten - zu verweisen.
- Es ist möglich, daß der reale Zinssatz im Laufe der Rezession sinkt. Zwar gehen in einer Rezession auch die Inflationserwartungen zurück, die ceteris paribus eine Erhöhung des realen Zinssatzes bewirken, aber auf der anderen Seite kommt es vor allem bei länger anhaltender Rezession erfahrungsgemäß zu einem relativ starken Absinken des Nominalzinssatzes, so daß sich als Nettoeffekt häufig auch eine Verringerung des realen Zinssatzes ergibt. Das Sinken des Nominalzinssatzes läßt sich zum einen mit einem Rückgang der privaten Kreditnachfrage, der unmittelbar aus der Verringerung der privaten Investitionen resultiert, und zum anderen mit einer relativ lockeren Geldpolitik, die möglicherweise vor dem Hintergrund der Rezession und der in dieser Situation erreichten relativen Preisstabilität betrieben wird, erklären. Der Rückgang des realen Zinssatzes dürfte allerdings erst dann private Investitionen anregen, wenn Anzeichen einer konjunkturellen Umkehr sichtbar werden. Falls die Unternehmungen erwarten, daß sich die Rezession fortsetzt, ist kaum mit einer Zinsreagibilität zu rechnen.
- Vor dem Hintergrund einer Normalisierung der Lagerbestände, einer Zunahme der Stückgewinne und einer Verringerung des realen Zinssatzes werden die Unternehmungen auch bei ihren Absatz- und Gewinnerwartungen wieder etwas optimistischer sein. Von hierher treten dann zumindest keine negativen Einflüsse mehr auf die Investitionsentscheidungen auf.
- Sobald es zu einer Abschwächung der Rezession kommt, ergibt sich auch eine gewisse Stabilisierung im Hinblick auf die Auftragsbestände, die Auftragseingänge und die Kapazitätsauslastung. Aus dem Akzeleratormodell ist bekannt, daß bereits aus einer solchen Stabilisierung positive Impulse für die private Investitionsnachfrage resultieren.
- Wachstumsorientierte Unternehmungen, die ihre Zukunftschancen optimistisch einschätzen, werden gerade dann, wenn die Rezession schon eine ge-

wisse Zeit angehalten hat und alsbald mit einer konjunkturellen Umkehr zu rechnen ist, ihre Investitionspläne durchführen. Denn in dieser Phase der Konjunktur sind sowohl das Zinsniveau als auch die Preise der Investitionsgüter relativ niedrig.

Auch auf seiten des *privaten Konsums* können Einflüsse wirksam werden, durch die eine Rezession abgeschwächt und darüber hinaus eine Konjunkturumkehr begünstigt wird:
- Wie weiter oben schon ausführlich dargelegt, gehen von der Built-in-Flexibilität des Steuersystems und des Systems der Arbeitslosenunterstützung stabilisierende Effekte auf das verfügbare Einkommen aus. Trotz hoher Arbeitslosigkeit und Rückgang der Bruttoeinkommen werden die negativen Wirkungen der Rezession auf den privaten Konsum von hierher erheblich abgeschwächt.
- Sobald die Arbeitslosenquote in einer Rezession nicht weiter steigt, ist überdies mit einer Stabilisierung der Einkommenserwartungen der privaten Haushalte zu rechnen. Negative Einflüsse auf den privaten Konsum treten deshalb von hierher nicht weiter auf.
- Vor dem Hintergrund einer unsicheren Konjunktur- und Beschäftigungslage stellen private Haushalte erfahrungsgemäß den Kauf dauerhafter Konsumgüter zurück. Je länger eine Rezession anhält, desto dringlicher werden dann allerdings Ersatzbeschaffungen solcher Güter. Zu ihrer Realisierung greifen Haushalte häufig auf Geldvermögen zurück, so daß der Konsum ansteigt, obwohl die Einkommen noch nicht zunehmen.
- Durch neue Produkte und - damit verbunden - adäquate Marketingmaßnahmen der Unternehmungen läßt sich nach allen Erfahrungen die Konsumneigung der privaten Haushalte erhöhen. Damit auf diesem Wege ein positiver Konjunkturimpuls erzeugt wird, ist es allerdings erforderlich, daß die inländischen Unternehmungen trotz einer Rezession die nötige Flexibilität für Produktinnovationen aufbringen. Falls es nur ausländische Anbieter sind, die neue Produkte auf den Markt bringen und so eine Erhöhung der inländischen Importe induzieren, hat die Erhöhung der Konsumneigung möglicherweise eine destabilisierende Wirkung auf die inländische Konjunktur.

Die *öffentlichen Haushalte* können mit ihrer *Budgetpolitik* einen Beitrag zur Rezessionsabschwächung und sogar zur Konjunkturumkehr leisten, wenn sie eine adäquate *antizyklische Konjunkturpolitik* betreiben. Dabei können sie beispielsweise durch eine Erhöhung der Staatsausgaben die Güternachfrage anregen und die bekannten multiplikativen Einkommenseffekte auslösen. Es darf allerdings nicht vergessen werden, daß eine diskretionäre antizyklische Konjunkturpolitik über kurz oder lang auch erhebliche destabilisierende Wirkungen haben kann. Dabei ist vor allem auf die Wirkungsverzögerungen konjunkturpolitischer Maßnahmen sowie auf den Crowding-out-Effekt im Zusammenhang mit einer staatlichen Neuverschuldung hinzuweisen. Beide Aspekte sind früher bereits ausführlich erörtert worden [Kap. 7].

Eine gewisse Stabilisierung des Konjunkturverlaufs ist auch aus den *außenwirtschaftlichen Zusammenhängen* zu erwarten. Für eine Verbesserung des Außenbeitrags sprechen die folgenden Gründe:

- Der reale Wechselkurs steigt bzw. es findet eine reale Abwertung der inländischen Währung statt, weil die rezessionsbedingte Preisstabilität das internationale Preisverhältnis zugunsten der inländischen Exporte und zu Lasten der Importe verändert. Diese Veränderung könnte allerdings durch eine Verringerung des nominellen Wechselkurses bzw. durch eine nominelle Aufwertung der inländischen Währung kompensiert werden. Erfahrungsgemäß findet allerdings eine kompensierende nominelle Aufwertung der inländischen Währung in einer Rezession nicht statt.
- Ähnlich wie beim privaten Konsum, so haben die inländischen Unternehmungen die Möglichkeit, durch Produktinnovationen die Exportnachfrage anzuregen und darüber hinaus Substitutionen zugunsten der importkonkurrierenden Produkte zu bewirken. Ob diese Effekte erzielt werden, hängt freilich - wie oben schon erwähnt - von der Angebotsflexibilität der inländischen Unternehmungen ab.
- Schließlich ist es möglich, daß sich auch im Ausland die Konjunktur durch stabilisierende Einflüsse erholt und von hierher positive Wirkungen auf den inländischen Außenbeitrag ausgehen.

10.4.4 Die Aufschwungphase

Die Aufschwung- bzw. Erholungsphase ist dadurch gekennzeichnet, daß zwar einerseits - bezogen auf eine Gleichgewichtssituation - noch eine relativ hohe Arbeitslosigkeit und eine relativ geringe Kapazitätsauslastung bestehen, aber andererseits Nachfrage und Produktion bereits zunehmen. Für die *privaten Investitionen* sind jetzt - wieder mit Blick auf die Abbildung 10.11 - die folgenden Einflüsse von Bedeutung:

- Die Auftragseingänge und die Auftragsbestände nehmen allmählich wieder zu und - ausgehend von einer relativ hohen Unterauslastung - kommt es auch bereits zu einer Verbesserung der Kapazitätsauslastung. Die Unternehmungen werden vor diesem Hintergrund die Absatz- und Gewinnerwartungen vorsichtig nach oben korrigieren. Daraus resultiert eine Verbesserung des Investitionsklimas, die sich positiv auf die Anlageinvestitionen auswirken wird. In diesem Zusammenhang ist auch das Akzelerationsprinzip von Bedeutung, das - wie weiter oben dargelegt - in einer Aufschwungphase eine kräftige Zunahme der Anlageinvestitionen impliziert.
- Bei steigender Güternachfrage werden auch die Lagerbestände wieder abgebaut. Gemäß dem Lagerhaltungsmodell ist deshalb mit einer Zunahme der Lagerinvestitionen zu rechnen.
- Infolge der Produktionssteigerung kommt es - im Vergleich zum unteren Wendepunkt der Konjunktur - zu einer weiteren Erhöhung des Stückgewinns.

Dafür sind zwei Gründe maßgebend: Zum einen bleibt der Nominallohnsatz noch unverändert, weil das Preisniveau in dieser Konjunkturphase relativ stabil ist und sich außerdem die Arbeitsmarktlage noch nicht verbessert hat; zum anderen nimmt die Arbeitsproduktivität weiter zu, weil bei annähernd gleichem Beschäftigungsstand die Produktion steigt und somit verdeckte Arbeitslosigkeit abgebaut wird.

- Es ist zu erwarten, daß der reale Zinssatz (noch weiter) sinkt. Dafür sprechen zwei Gründe: Einerseits wird der Nominalzinssatz entweder auf einem relativ niedrigen Niveau verharren oder infolge einer immer noch expansiven Geldpolitik noch weiter zurückgehen; andererseits erwarten die Unternehmungen in einer Aufschwungphase, daß Güterpreise und Inflationsrate alsbald wieder steigen werden. Es ist davon auszugehen, daß die Verringerung des realen Zinssatzes vor allem im Hinblick auf die Verbesserung des Investitionsklimas gerade jetzt die Investitionsnachfrage anregen wird.
- Vor dem Hintergrund einer sich verbessernden Absatzlage ist mit einem weiteren Anstieg der auf Verfahrens- und Produktinnovationen gerichteten Investitionen zu rechnen. Nicht zuletzt sehen sich die Unternehmungen, die mit solchen Investitionen bereits im Tiefpunkt der Konjunktur begonnen haben, in ihren Investitionsentscheidungen bestätigt. Die positiven Absatzchancen und die günstigen Finanzierungsbedingungen dürften sie veranlassen, ihre Innovationsaktivitäten sogar noch zu verstärken.

Der Konjunkturaufschwung dürfte auch von seiten des *privaten Konsums* gestützt werden:

- Da sich die Beschäftigungslage stabilisiert hat, werden sich die Einkommenserwartungen und somit das Konsumklima weiter verbessern.
- Die bereits für die konjunkturelle Umkehr wichtigen positiven Effekte aus den Ersatzbeschaffungen und der Erhöhung der Konsumneigung, die ihrerseits vor allem auf Produktinnovationen zurückzuführen ist, werden sich angesichts des verbesserten Konsumklimas noch verstärken.

Über den Einfluß der *Staatsaktivitäten* in einer Aufschwungphase lassen sich keine eindeutigen Aussagen machen. Denkbar ist, daß eine Stabilisierung der Steuereinnahmen eintritt und die kommunalen Gebietskörperschaften deshalb beginnen, früher aufgeschobene, ausgabenwirksame Maßnahmen durchzuführen. Außerdem ist es möglich, daß eine antizyklische Konjunkturpolitik vor dem Hintergrund der bekannten Wirkungsverzögerungen ihre Wirksamkeit erst jetzt voll entfaltet.

Ob sich der *Außenbeitrag* in der Aufschwungphase noch weiter verbessert, läßt sich nicht mit Gewißheit sagen. Erfahrungsgemäß nehmen zwar einerseits die Exporte zu, aber andererseits hat die steigende Produktion in der Regel eine Erhöhung der Importe zur Folge. Allerdings lassen sich durchaus Gründe für eine positive Reaktion des Außenbeitrags auch in der Aufschwungphase anführen:

- Da das inländische Preisniveau noch stabil ist, dürfte der reale Wechselkurs für die inländischen Exporteure sowie für die inländischen Produzenten importkonkurrierender Güter relativ günstig sein.
- Ist das Inland relativ groß, so hat der Aufschwung dieses Landes auch positive Wirkungen auf die Auslandskonjunktur. Zumindest bleiben dadurch negative Rückwirkungen auf das Inland aus.
- Die bereits im Konjunkturtief eingesetzten Maßnahmen der Unternehmungen, durch Produktinnovationen die Auslandsnachfrage anzuregen, werden mehr und mehr Wirkung zeigen. Vor allem dann, wenn sich die Auslandskonjunktur ebenfalls verbessert, ist von hierher mit einer relativ starken Zunahme der Exporte zu rechnen.

10.4.5 Die Boomphase

In einem typischen Konjunkturzyklus setzen sich die zuvor genannten Auftriebskräfte im Laufe der Erholungsphase mehr und mehr durch. Wünschenswert wäre jetzt ein Einschwenken der konjunkturellen Entwicklung auf den Gleichgewichtspfad. Häufig wird der Aufschwung allerdings nicht rechtzeitig abgebremst, und so kommt es quasi zu einem "Überschießen" der Konjunktur und damit zu einer Entwicklung in die Boomphase. Sie ist vor allem gekennzeichnet durch hohe Zuwächse der Güternachfrage, durch eine ungewöhnlich hohe Kapazitätsauslastung, durch eine überdurchschnittlich gute Arbeitsmarktlage, durch Lohnsteigerungsraten, die über den Zuwachsraten der Arbeitsproduktivität liegen, durch eine Beschleunigung des Preisauftriebs sowie - mit einer gewissen zeitlichen Verzögerung - durch Erhöhungen des Nominalzinssatzes.

Vor allem zu Beginn einer Boomphase ist erfahrungsgemäß ein relativ starker Anstieg der *privaten Investitionen* zu beobachten. Als Gründe dafür lassen sich beispielsweise nennen:
- Mit der boomartigen Entwicklung der Güternachfrage nehmen die Auftragseingänge und Auftragsbestände erheblich zu. Trotz der Investitionstätigkeit und der damit verbundenen Schaffung zusätzlicher Produktionskapazitäten verbessert sich - wie schon erwähnt - die Kapazitätsauslastung überdurchschnittlich gut. Viele Unternehmungen sehen sich in dieser Situation veranlaßt, die Produktionsausweitung durch Überstunden noch zu forcieren. Der Stückgewinn steigt zumindest in der Anfangszeit einer Boomphase noch weiter an. Zwar erhöhen sich die Lohnstückkosten, weil - wie schon erwähnt - der Nominallohnsatz überproportional zur Arbeitsproduktivität zunimmt, aber es lassen sich jetzt Preissteigerungen durchsetzen, durch die der Stückkostenanstieg überkompensiert wird.
- Angesichts der Nachfrageüberhitzung gehen die Lagerbestände zurück. Von hierher kommt es - entsprechend dem Lagerhaltungsmodell - zu einer Anregung der Lagerinvestitionen. Der Nachfrage- und Absatzboom sowie die fak-

tische Gewinnentwicklung veranlassen die Unternehmungen, ihre Absatz- und Gewinnerwartungen nach oben zu korrigieren. Auch von hierher werden die Planungen und Entscheidungen im Bereich der Anlageinvestitionen positiv beeinflußt.
- Eine eindeutige Aussage über die Veränderung des realen Zinssatzes ist nicht möglich, da einerseits der Nominalzinssatz steigt, andererseits jedoch höhere Inflationserwartungen die Regel sind. Doch selbst wenn es zu einem Anstieg des realen Zinssatzes kommen sollte, hat dieser in einer Boomphase keine oder zumindest keine nennenswerten negativen Wirkungen auf die private Investitionsnachfrage. Es ist typisch für diese Phase, daß die zuvor genannten positiven Einflüsse bei weitem dominierend sind und die Zinsreagibilität der privaten Investitionen annähernd null ist.

Die konjunkturelle Überhitzung wird erfahrungsgemäß auch durch den *privaten Konsum* verursacht. Drei Aspekte sind dabei hervorzuheben:
- Infolge der Verbesserung der Beschäftigungslage und aufgrund von Lohnsteigerungen nimmt das verfügbare Einkommen zu.
- Die ungewöhnlich guten Arbeitsmarkt- und Einkommenschancen führen dazu, daß auch die Einkommenserwartungen nach oben korrigiert werden. Eine insgesamt optimistische Grundstimmung veranlaßt die privaten Haushalte, ihre Sparneigung zu verringern und bisher nicht übliche Konsumwünsche zu erfüllen. Ein "Angstsparen" findet jetzt nicht mehr statt, und auch andere Sparmotive, z.B. aus Gründen der "Vorsorge", treten in den Hintergrund.

Obwohl es angezeigt wäre, daß der *Staat* angesichts der zunehmenden Überhitzung der Konjunktur eine zurückhaltende *Ausgabenpolitik* betreibt, sprechen die Erfahrungen eher für ein prozyklisches Verhalten:
- Steigende Steuereinnahmen und günstige Steuerschätzungen veranlassen viele Gebietskörperschaften, ihre Ausgabenwünsche gerade in dieser Konjunkturphase zu realisieren und dabei häufig auch noch den Verwaltungsapparat aufzustocken.
- Obwohl eine gute Konjunkturlage die strukturellen Anpassungen, die mit einem Subventionsabbau verbunden wären, erheblich erleichtert, läßt sich sehr oft beobachten, daß der Staat angesichts voller Kassen nicht nur auf Subventionskürzungen verzichtet, sondern zur Vergabe weiterer Subventionen bereit ist.
- Es ist durchaus möglich, daß - wie weiter oben schon dargelegt - Maßnahmen einer antizyklischen Konjunkturpolitik, die schon im Tiefpunkt der Konjunktur beschlossen wurden, ihre volle Wirkung erst jetzt entfalten.

Eine Verstärkung des Booms über den *Außenbeitrag* ist nur dann möglich, wenn auch die Auslandskonjunktur eine ungewöhnlich gute Entwicklung durchläuft und von hierher starke positive Impulse auf die Exporte des Inlands ausgehen. Andernfalls ist eher damit zu rechnen, daß es bereits in der Boomphase zu einer Verschlechterung des Außenbeitrags kommt. Ausschlaggebend sind dabei die einkommensinduzierte Erhöhung der Importe und vermutlich die reale Aufwertung der inländischen Währung, die insbesondere durch den Preisauftrieb im Inland verursacht wird.

10.4.6 Oberer Wendepunkt der Konjunktur und Entspannungsphase

Bereits in der Boomphase treten ökonomische Phänomene auf, die eine Schlüsselrolle für eine Konjunkturumkehr und eine anschließende Konjunkturentspannung spielen. Hervorzuheben ist dabei die Beschleunigung der Zuwachsraten von Löhnen und Preisen.

Dämpfende Wirkungen auf die *private Investitionsnachfrage* ergeben sich insbesondere aus folgenden Einflüssen:
- Der Stückgewinn geht - in einigen Branchen sogar erheblich - zurück. Dafür lassen sich mehrere Gründe anführen: Die Arbeitsproduktivität stagniert oder verringert sich sogar, weil die Unternehmungen zunehmend weniger qualifizierte Arbeitskräfte eingestellt haben, weil die Motivation der Beschäftigten angesichts der guten Arbeitsmarktlage sinkt und weil es die Unternehmungen angesichts der guten Absatzlage versäumt haben, weitere produktivitätsfördernde Maßnahmen zu ergreifen; der Nominallohnsatz steigt relativ stark - vor allem im Vergleich zur Arbeitsproduktivität - an, weil die Gewerkschaften angesichts der guten Konjunkturlage sowohl eine Politik der strikten Reallohnsicherung als auch eine verteilungsorientierte Lohnpolitik betreiben können; Preiserhöhungen, die den Stückkostenanstieg kompensieren könnten, lassen sich am Gütermarkt, vor allem wegen des Preiswettbewerbs ausländischer Anbieter, nicht mehr durchsetzen.
- Die Unternehmungen schätzen ihre Absatz- und Gewinnerwartungen vorsichtiger ein, weil zum einen ihr Stückgewinn sinkt und zum anderen ein Rückgang der Nachfrage- und Produktions*zuwächse* unverkennbar ist. In diesem Zusammenhang ist auch auf das Akzelerationsprinzip zu verweisen, das bereits sinkende Nettoinvestitionen impliziert, wenn die Produktion zwar noch weiter absolut ansteigt, aber bereits relativ zurückgeht.
- Erfahrungsgemäß kommt es im Laufe einer Boomphase zu einem merklichen Anstieg des realen Zinssatzes. Denn einerseits erhöht sich der Nominalzinssatz und andererseits sind die Inflationserwartungen der Investoren mit Blick auf einen baldigen Konjunkturumschwung eher nach unten gerichtet. Die Erhöhung des Nominalzinssatzes ist insbesondere auf die Inflationsbeschleunigung und wahrscheinlich auch auf eine restriktive Geldpolitik zurückzuführen.
- Sobald die Boomphase zu Ende geht und eine Konjunkturumkehr eingeleitet wird, nehmen auch die Auftragseingänge und die Auftragsbestände ab. Die Kapazitätsauslastung geht bereits zurück, weil Anlageinvestitionen, die schon in der Boomphase geplant worden sind, jetzt ihre Kapazitätswirksamkeit entfalten.

- In der Phase der Konjunkturumkehr nehmen allmählich auch die Lagerbestände wieder zu. Daraufhin werden die Lagerinvestitionen verringert, und es ist durchaus möglich, daß - wie im Lagerhaltungsmodell gezeigt - jetzt sogar negative Lagerinvestitionen auftreten.

Im Hinblick auf den *privaten Konsum* sind Einflüsse zu beobachten, die entweder konjunkturstabilisierend oder konjunkturdämpfend wirken:
- Je weiter die Boomphase voranschreitet, desto geringer werden die Zuwächse der Realeinkommen der privaten Haushalte. Denn zum einen findet keine weitere Verbesserung der Beschäftigungssituation statt und zum anderen erlaubt die Stagnation der Arbeitsproduktivität keine Reallohnzuwächse mehr. Im Hinblick auf das progressive Einkommensteuersystem sind sogar reale Einkommenseinbußen denkbar. Aus dieser Entwicklung des Realeinkommens ergibt sich somit zumindest eine Stabilisierung, möglicherweise aber auch eine Dämpfung des privaten Konsums.
- Erfahrungsgemäß versäumen es die Unternehmungen, frühzeitig in einer Boomphase weitere Maßnahmen für Produktinnovationen zu ergreifen, durch die eine hohe Konsumneigung aufrechterhalten werden könnte. Statt dessen treten bei fortschreitender Boomphase Sättigungsgrenzen auf, die einen maßgeblichen Anteil an der Beendigung des "Konsumbooms" haben.
- Sobald die Konjunkturumkehr einsetzt und sich eine gewisse konjunkturelle Abschwächung abzeichnet, werden die privaten Haushalte die weitere Entwicklung ihrer Einkommen weniger optimistisch beurteilen und deshalb beginnen, ihre Konsumpläne entsprechend nach unten zu korrigieren.

Im Hinblick auf den *staatlichen Einfluß* ist auf die automatische Stabilisierungswirkung des Steuersystems zu verweisen. Darüber hinaus trägt der Staat im Rahmen seiner Ausgabenpolitik nur dann zu einer Umkehr und zu einer Entspannung der Konjunktur bei, wenn er frühzeitig eine antizyklische Konjunkturpolitik betreibt. Angesichts der gravierenden Wirkungsverzögerungen, die bei einer solchen Politik auftreten können, ist allerdings Skepsis angebracht.

Konjunkturstabilisierende und konjunkturdämpfende Wirkungen können auch von einer Veränderung des *Außenbeitrags* ausgehen:
- Infolge des beschleunigten Preisauftriebs verändert sich das internationale Preisverhältnis erheblich zuungunsten des hier betrachteten Inlands. Eine Kompensation durch eine nominelle Abwertung der inländischen Währung findet erfahrungsgemäß nicht statt. Vielmehr ist häufig sogar zu beobachten, daß sich die Währung eines Landes, das sich in einer Boomphase befindet, nominell aufwertet, weil der hohe und möglicherweise sogar steigende Nominalzinssatz die Nettokapitalimporte anregt. Vor diesem Hintergrund kann es zu einer erheblichen realen Aufwertung der inländischen Währung kommen, durch die einerseits die Exporte erschwert und andererseits die Importe begünstigt werden.

- Wie schon bei den Konsumgütern für den privaten inländischen Bedarf, so versäumen es die Unternehmungen auch im Bereich der internationalen Güter, schon in der Boomphase rechtzeitig innovatorische Maßnahmen zu ergreifen, die einerseits exportfördernd wirken und andererseits Substitutionen zu Lasten importierter Güter herbeiführen. Für dieses Verhalten lassen sich vor allem zwei Gründe nennen: Zum einen ist der Zwang zu Innovationen in einer guten Konjunktursituation relativ schwach und zum anderen mangelt es in einer guten Beschäftigungssituation häufig an qualifizierten Arbeitskräften, die für ein innovatorisches Produktmanagement erforderlich wären.
- Schließlich ist es möglich, daß die Auslandskonjunktur der Inlandskonjunktur voraneilt und deshalb bereits eine Abschwächung der Auslandskonjunktur eingesetzt hat, die eine Verschlechterung des inländischen Außenbeitrags nach sich zieht.

Viele empirische Beobachtungen deuten darauf hin, daß einer konjunkturellen Umkehr nach einer Boomphase sowie nach der konjunkturellen Entspannung meistens sehr schnell eine relativ starke Abschwächung folgt, die schon alsbald in eine Rezession übergeht. Wie sich den Abbildungen 10.1a und 10.1b entnehmen läßt, ist eine solche Entwicklung auch in der Bundesrepublik Deutschland zwischen 1973 und 1975, zwischen 1979 und 1982 sowie schließlich ab 1991 eingetreten. Das ist vor allem auf die zuvor aufgezeigte Beschleunigung des Lohn- und Preisauftriebs zurückzuführen, die sich in der Regel selbst in der Phase der Entspannung und Abschwächung noch fortsetzt und dadurch bereits zu einer wichtigen Ursache für das Abgleiten in eine Rezession wird. Eine wichtige Rolle spielt dabei der durch die Lohnkosten- und Preisentwicklung entstehende Verlust an internationaler Wettbewerbsfähigkeit. Das relativ schnelle Abgleiten in eine rezessive Entwicklung läßt sich aber auch damit erklären, daß sich pessimistische Erwartungen in einer Volkswirtschaft erfahrungsgemäß in sehr kurzer Zeit aufbauen und verstärken, wogegen umgekehrt optimistische Zukunftseinschätzungen sowohl seitens der Investoren als auch seitens der Konsumenten erst in einem längeren Prozeß des vorsichtigen Abwägens entstehen. Diese aus mikroökonomischen Entscheidungsprozessen resultierende Verhaltensasymmetrie erweist sich somit als ein fundamentales Problem für die Volkswirtschaft als Ganzes. Hier wird einmal mehr deutlich, daß die makroökonomischen Vorgänge das Ergebnis mikroökonomischen Entscheidens und Handelns sind.

Literaturverzeichnis

Ando, A.K. und Modigliani, F. (1963), The "Life-Cycle" Hypothesis of Saving: Aggregate Implications and Tests, in: American Economic Review, Vol. 53, S. 55 ff.
Assenmacher, W. (1991), Konjunkturtheorie, 5. Aufl., München - Wien.
Baily, M.N. und Friedman, P. (1991), Macroeconomics, Financial Markets, and the International Sector, Homewood, IL..
Barro, R.J. (1974), Are Government Bonds Net Wealth?, in: Journal of Political Economy, Vol. 82, S. 1095 ff.
Barro, R.J. und Krochuk, T. (1993), Macroeconomics, 4. Ed., New York.
Bender, D. et. al. (Hrsg.), (1992), Vahlens Kompendium der Wirtschaftstheorie und Wirtschaftspolitik, Band 1, 5. Aufl., München.
Blinder, A.S. (1989), Macroeconomics under Debate, Ann Arbor.
Blinder, A.S. und Deaton, A. (1985), The Time Series Consumption Function Revisited, in: Brookings Papers on Economic Activity, No. 2, S. 465.
Borchert, M. (1995), Geld und Kredit, 4. Aufl., München - Wien.
Branson, W.H. (1989), Macroeconomic Theory and Policy, 3. Ed., New York.
Branson, W.H. und Litvack, J.M. (1981), Macroeconomics, 2. Ed., New York.
Carlberg, M. (1988), Theorie der Arbeitslosigkeit, München.
Carlberg, M. (1989), Makroökonomik der offenen Volkswirtschaft, München.
Cezanne, W. (1991), Grundzüge der Makroökonomik, 5. Aufl., München - Wien.
Claassen, E.-M. (1980), Grundlagen der makroökonomischen Theorie, München.
Dernburg, T.F. (1990), Global Macroeconomics, New York.
Dernburg, T.F. und McDougall, D.M. (1985), Macroeconomics, 7. Ed., New York.
Deutsche Bundesbank (1981), Neuberechnung des Produktionspotentials für die Bundesrepublik Deutschland, in: Monatsberichte, Oktober, S. 32 ff.
Deutsche Bundesbank (1973), Das Produktionspotential in der Bundesrepublik Deutschland, in: Monatsberichte, Oktober, S. 28 ff.
Deutsche Bundesbank (1997), Ergebnisse der gesamtwirtschaftlichen Finanzierungsrechnung für Deutschland von 1990 bis 1996, Juni, S. 89 ff.
Dieckheuer, G. (1995), Internationale Wirtschaftsbeziehungen, 3. Aufl., München - Wien.
Dornbusch, R. und Fischer, S. (1994), Macroeconomics, 6. Ed., New York.
Duesenberry, J.S. (1949), Income, Saving and the Theory of Consumer Behavior, Cambridge, Mass.
Duwendag, D., Ketterer, K.-H., Kösters, W., Pohl, R. und Simmert, D. B. (1993), Geldtheorie und Geldpolitik. Eine problemorientierte Einführung, 4. Aufl., Köln.
Eisner, R. (1958), The Permanent Income Hypothesis: Comment, in: American Economic Review, Vol. 48, S. 972 ff.
Felderer, B. und Homburg, St. (1994), Makroökonomik und neue Makroökonomik, 6. Aufl., Berlin - Heidelberg.
Flavin, M. (1981), The Adjustment of Consumption to Changing Expectations about Future Income, in: Journal of Political Economy, Vol. 89, S. 974 ff.
Friedman, B. (1979), Optimal Expectations and the Extreme Information Assumption of "Rational Expectations" Macromodels, in: Journal of Monetary Economics, Vol. 5, S. 23 ff.
Friedman, M. (1957), A Theory of the Consumption Function, Princeton.
Friedman, M. (1968), The Role of Monetary Policy, in: American Economic Review, Vol.58, S. 1 ff.

Fuhrmann, W. (1991), Makroökonomik. Zur Theorie interdependenter Märkte, 3. Aufl., München - Wien.
Gerfin, H. und Möller, J. (1980), Neue Makroökonomische Theorie, in: Das Wirtschaftsstudium (WiSt), S. 153 ff.
Gordon, R.J. (1990), Macroeconomics, 5. Ed., Glenview, IL.
Haavelmo, T. (1945), Multiplier Effects of a Balanced Budget, in: Econometrica, Vol. 13, S. 311 ff.
Hall, R. (1978), Stochastic Implications of the Life Cycle Permanent Income Hypotheses: Theory and Evidence, in: Journal of Political Economy, Vol. 86, S. 971 ff.
Hall, R. und Mishkin, F. (1982), The Sensitivity of Consumption to Transitory Income: Estimates from Panel Data on Households, in: Econometrica, Vol. 50, S. 461 ff.
Helmstädter, E. (1986), Wirtschaftstheorie II, Makroökonomische Theorie, 3. Aufl., München.
Heubes, J. (1995), Grundlagen der modernen Makroökonomie, München.
Hicks, J.R. (1950), A Contribution to the Theory of the Trade Cycle, Oxford.
Issing, O. (1993), Einführung in die Geldtheorie, 9. Aufl., München.
Issing, O. (1996), Einführung in die Geldpolitik, 6. Aufl., München.
Jarchow, H.-J. (1993), Theorie und Politik des Geldes, I. Geldtheorie, 9. Aufl., Göttingen.
Jorgensen, D. W. (1971), Econometric Studies of Investment Behavior: A Survey, in: Journal of Economic Literature, Vol. 9, S. 1111 ff.
Klatt, S. (1995), Einführung in die Makroökonomie, 3. Aufl., München - Wien.
Kromphardt, J. (1977), Wachstum und Konjunktur, 2. Aufl., Göttingen.
Kromphardt, J. (1987), Arbeitslosigkeit und Inflation, Göttingen.
Kuznets, S. (1946), National Product since 1869, New York.
Linde, R. (1988), Produktion, II: Produktionsfunktionen, in: Handwörterbuch der Wirtschaftswissenschaften (HdWW), ungekürzte Studienausgabe, Band 6, Stuttgart - Tübingen - Göttingen, S. 276 ff.
Lucas, R. (1973), Some International Evidence on Output-Inflation-Tradeoffs, in: American Economic Review, Vol. 63, S. 326 ff.
Lucas, R. (1975), An Equilibrium Model of the Business Cycle, in: Journal of Political Economy, Vol. 83, S. 1113 ff.
Lucas, R. (1977), Understanding Business Cycles, in: K. Brunner und A.H. Meltzer (Hrsg.), Stabilization of the Domestic and International Economy, Amsterdam, S. 7 ff.
Lucas, R. (1981), Studies in Business-Cycle Theory, Cambridge, Mass.
Majer, H. (1992), Makroökonomik, Theorie und Politik. Eine anwendungsbezogene Einführung, 5. Aufl., München - Wien.
Mankiw, N.G. (1997), Macroeconomics, 3. Ed., New York.
Mankiw, N.G. und Romer, D. (Hrsg.), (1991), New Keynesian Economics, Vol. I, Vol. II, Cambridge, Mass.
McCafferty, S. (1990), Macroeconomic Theory, New York.
McCandless, G.T. (1991), Macroeconomic Theory, Englewood Cliffs, N.J.
Metzler, L. A. (1941), The Nature and Stability of Inventory Cycles, in: The Review of Economic Statistics, Vol. 23, S. 113ff.
Meyer, L.H. (1981), Supply-Side Effects of Economic Policy, St. Louis.
Modigliani, F. und Brumberg, R.E. (1954), Utility Analysis and the Consumption Function: An Interpretation of Cross-Section Data, in: K.K. Kurihara (Hrsg.), Post-Keynesian Economics, New Brunswick, S. 388 ff.

Neumann, M. (1996), Theoretische Volkswirtschaftslehre I, Makroökonomische Theorie: Beschäftigung, Inflation und Zahlungsbilanz, 5. Aufl., München.

Okun, A.M. (1962), Potential GNP: Its Measurement and Significance, American Statistical Association, Proceedings of the Business and Economic Statistics Section, Washington, S. 98 ff.

Ott, A.E. (1970), Einführung in die dynamische Wirtschaftstheorie, 2. Aufl., Göttingen.

Pätzold, J. (1993), Stabilisierungspolitik, 5. Aufl., Bern - Stuttgart.

Phelps, E.S. (1970), Money Wage Dynamics and Labour Market Equilibrium, in: E.S. Phelps (Hrsg.), Microeconomic Foundations of Employment and Inflation, New York.

Phelps, E.S. (Ed.), (1991), Recent Developments in Macroeconomics, Vol. I - Vol. III, Aldershot, U.K.

Phillips, A.W. (1958), The Relation between Unemployment and the Rate of Change of Money Wages in the United Kingdom, 1886 - 1957, in: Economica, Vol. 25, S. 283 ff.

Richter, R. , Schlieper, U. und Friedmann, W. (1981), Makroökonomik. Eine Einführung, 4. Aufl., Berlin - Heidelberg.

Rittenbruch, K. (1990), Makroökonomie, 7. Aufl., München - Wien.

Rose, K. und Sauernheimer, K. (1995), Theorie der Außenwirtschaft, 12. Aufl., München.

Rothschild, K. W. (1994), Theorien der Arbeitslosigkeit - Einführung, München - Wien.

Sachs, J.D. und Larrain, F. (1993), Macroeconomics in a Global Economy, New York.

Sachverständigenrat zur Begutachtung der gesamtwirtschaftlichen Entwicklung (1996), Jahresgutachten 1996/97.

Sargent, T.S. (1976), The Observational Equivalence of Natural and Unnatural Rate Theories in Macroeconomics, in: Journal of Political Economy, Vol. 84, S. 631 ff.

Sawyer, J.A. (1989), Macroeconomic Theory, Keynesian and Neo-Walrasian-Models, New York.

Schmitt-Rink, G. und Bender, D. (1992), Makroökonomie geschlossener und offener Volkswirtschaften, 2. Aufl., Berlin - Heidelberg.

Schumann, J. (1992), Grundzüge der mikroökonomischen Theorie, 6. Aufl., Berlin - Heidelberg.

Shone, R. (1989), Open Economy Macroeconomics, Theory, Policy and Evidence, New York.

Siebert, H. (1992), Einführung in die Volkswirtschaftslehre, 11. Aufl., Stuttgart.

Statistisches Bundesamt (1997a), Fachserie 18, Reihe 1.3.

Statistisches Bundesamt (1997b), Statistisches Jahrbuch 1997 für die Bundesrepublik Deutschland, Wiesbaden.

Stobbe, A. (1989), Volkswirtschaftliches Rechnungswesen, 7. Aufl., Berlin - Heidelberg.

Tichy, G. (1995), Konjunkturpolitik. Quantitative Stabilisierungspolitik bei Unsicherheit, 3. Aufl., Berlin - Heidelberg.

Tobin, J. (1980), Are New Classical Models Plausible Enough to Guide Policy?, in: Journal of Money, Credit and Banking, Vol. 12, S. 788 ff.

Vosgerau, H.-J. (1988), Konjunkturtheorie, in: Handwörterbuch der Wirtschaftswissenschaften (HdWW), ungekürzte Studienausgabe, Band 4, Stuttgart - Tübingen - Göttingen.

Wagner, A. (1990), Makroökonomik, Stuttgart.

Waud, R.N. (1992), Macroeconomics, 5. Ed., New York.

Westphal, U. (1994), Makroökonomik. Theorie, Empirie und Politikanalyse, 2. Aufl., Berlin - Heidelberg.

Wohltmann, H.-W. (1996), Grundzüge der makroökonomischen Theorie, 2. Aufl., München-Wien.

Woll, A. (1996), Allgemeine Volkswirtschaftslehre, 12. Aufl., München.

Sachverzeichnis

Abgaben an den Staat 6, 8, 45 f., 143 f.
Abgabenfunktion 46
Absorption, heimische 63, 82, 144 f.
Akzelerationsprinzip 412 ff., 419 ff.
Akzelerator 412 ff., 419 ff.
- flexibler 415 ff.
Analyse
- deskriptive 19
- dynamische 35
- ex-ante- 19 f.
- ex-post- 19 f.
- komparativ-statische 35
- statische 35
Anlageinvestitionen 5, 412 ff.
Arbeitsangebot 23, 166 f., 231 ff.
Arbeitslosenquote
- natürliche 170 ff.
- tatsächliche 168, 170
Arbeitslosigkeit
- freiwillige 168, 238, 284 f.
- friktionelle 239
- Kapitalmangel- 248 f.
- keynesianische 241 f.
- klassische 239, 243
- konjunkturelle, 239, 241 f.
- lohnkosteninduzierte 239, 242 f.
- natürliche 212, 243
- offene 202, 240, 249
- saisonale 239
- strukturelle 240, 243 ff.
- Such- 239
- und Inflation 361 ff.
- unfreiwillige 168, 188
- verdeckte 202, 240, 249 f.
Arbeitsmarkt 21, 23, 165 ff., 241 ff.
Arbeitsnachfrage 23, 167
Arbeitsproduktivität 169, 180, 197, 246
Assignment-Problem 275 ff.
Attentismus, siehe Zinsattentismus
Aufschwungphase 403, 440 ff.
Auslandsposition 85f.
Außenbeitrag 5, 12, 22, 24, 60, 82, 86, 145 f., 290 ff.

Bargeld 15 f.
- -angebot 87
- -nachfrage 83 ff.

- -umlauf 87, 92, 106
Barro-Ricardo-Schuldenneutralitäts-
  Hypothese 254
Beschäftigungseffekte
- angebotsseitiger Veränderungen 191 ff.
- nachfrageseitiger Veränderungen 188 ff.
- der Fiskalpolitik 206 ff.
- der Geldpolitk 208 ff.
Beschäftigungspolitik
- angebotsorientierte 217, 222 f., 237, 277 ff.
- nachfrageorientierte 217, 221 f., 237, 250 ff.
Boomphase 403, 442 ff.
Bruttoinlandsprodukt 3 ff., 400 f.
Bruttoinvestitionen 5 f.
Bruttosozialprodukt 3 ff.
Budgetdefizite des Staates 10, 55 ff., 398
- konjunkturelle 260 f.
- strukturelle 260 f.
Budgetgleichung
- der privaten Haushalte 25 f., 83 f.
- der privaten Unternehmungen 84 f.
- des finanziellen Sektors 86 f.
- des Staates 44 f.
Built-in-Flexibilität
- des Sozial- und Steuersystems 411 f.

Ceteris-paribus-Klausel 20
Crowding-out-Effekt 50, 206, 253 ff., 261 f., 439
- erwartungsinduzierter 259
- lohnkosteninduzierter 259
- preisinduzierter 258
- risikoinduzierter 257
- vermögensinduzierter 256
- zinsinduzierter 206, 255

Deficit-Spending 251 ff.
Depression 403
Devisenbilanz 12 f., 305
Devisenmarkt
- Interventionen am 310 ff.
Direktinvestitionen 305
Diskontpolitik 115 f.
Diskontsatz 115
Duale Entscheidungshypothese 230

Sachverzeichnis

Einkommen
- aus unselbständiger Tätigkeit 6 f., 286 f.
- aus Unternehmertätigkeit und Vermögen 6 f., 287 f.
- verfügbares 7 ff., 25 f.

Einkommenseffekte
- angebotsseitiger Veränderungen 160 ff., 191 ff., 222 ff.
- außenwirtschaftlicher Einflüsse 66 ff.
- der Fiskalpolitik 50 ff., 133 ff., 206 ff., 221 f., 314 f., 318 ff.
- der Geldpolitik 137 ff., 159 f., 208 ff., 221 f., 317 f, 320 ff., 337 f.
- der Investitionen 35 f., 419 ff.
- eines ausgeglichenen Budgets 57 ff.
- nachfrageseitiger Veränderungen 35 f., 50 f., 133 ff., 156 ff., 200 ff., 221 f., 299 ff., 335 ff.
- von Wechselkursänderungen 295 ff., 303 ff.

Einkommenshypothese
- absolute 26, 407 f., 410 f.
- permanente 408 ff.
- relative 408 f., 410 f.

Einkommensmultiplikator 35 ff., 50 ff., 66 ff., 134, 296
- bei internationalen Rückwirkungen 299

Einlagenpolitik 119 f.

Ersparnisse
- geplante 30, 48, 64
- nationale 65 f., 82
- private 9, 25 ff.
- ungeplante 32 f.

Erwartungen
- adaptive 354 ff., 387 ff., 392 ff.
- extrapolative 354 ff.
- rationale 214, 266 f., 354 ff., 373 ff., 390 f., 395 ff.

Europäisches Währungssystem 310
Exporte 3 ff., 12 ff., 22, 59 ff.
Exportfunktion 290

False trading 229
Festkurssystem 310 ff., 324 ff.
Finanzierungssaldo
- des Auslands 14, 21 f., 24
- des Finanzsektors 15
- des Staates 10 ff., 14, 21 f., 45
- privater 9 f., 14, 21 f.
Finanztransaktionen 12 f., 305

Fiskalpoliktik 44, 250 ff., 314 ff., 318 ff., 326 ff., 335 ff., 391 ff.
- diskretionäre 251 f.
- regelgebundene 252

Geldangebot 23, 88 f., 106 ff., 122 ff., 312
Geldangebotsfunktion 124 ff.
Geldfunktionen 90 f.
Geldillusion 166
Geldmarkt 83 ff.
- -gleichgewicht 124 ff.
Geldmenge 16, 23, 90 f., 107 ff., 146 f.
- Definitionen der 16, 92 f.
Geldnachfrage 23, 84 ff., 93 ff., 102, 124 f., 268 ff.
Geldnachfragefunktion 102 ff., 126
Geldpolitik 44, 114 ff., 127 ff., 228 f., 264 ff., 317 f., 320 ff., 351 ff., 359 f., 386 ff.
- diskretionäre 264
- regelgebundene 265
Geldschöpfung 107 ff., 265
Geldschöpfungsfinanzierung 252, 259 f.
Geldschöpfungsmultiplikator 108 ff., 120
Geldvermögen 10, 14 ff., 83 ff.
Geschäftsbankengeld 93
Gewinne
- unverteilte 8
Gleichgewicht
- auf dem Geldmarkt 87 ff., 124 ff.
- auf dem Wertpapiermarkt 87 ff.
- bei Unterbeschäftigung 229, 235 f.
- externes 315 f.
- internes 315 f.
Gleichgewichtseinkommen 29 ff., 47 ff., 62 ff., 78 ff., 130 f.
- und Stabilität 31 ff.
Gleichgewichtswachstum 403 f.
Grenzleistungsfähigkeit der Investitionen 71, 74
Grenzproduktivität der Arbeit 180, 182
Güterangebot
- aggregiertes 151 ff., 184 ff, 197 ff., 246 ff., 333 ff., 382 f.
Gütermarkt 12 ff.
- vollkommener 151, 195 ff.
- unvollkommener 151 ff.
Güternachfrage
- aggregierte 147 ff., 272, 331 ff., 384 ff.

Harrod-Paradoxon 42
Haavelmo-Theorem 58, 252
Hicks-Modell 419 ff.
Hochkonjunktur 403
Hysteresis-Phänomen 177 f., 204 f., 251, 282, 382

Importe 3 ff., 12 ff., 22, 59 ff.
Importfunktion 61, 290
Inflation
– angebotsseitige 342 ff.
– Gewinndruck- 343 f.
– hausgemachte 342
– importierte 342, 396
– Kostendruck- 343
– monetäre Alimentierung der 346 ff.
– nachfrageseitige 342 ff.
– und Beschäftigung 361 ff.
– Ursachen der 342 ff.
– zurückgestaute 231, 235
Inflationserwartungen, siehe Erwartungen
inflatorische Lücke 342
Insider-Outsider-Phänomen 178, 282
Investitionen 3 ff., 27 ff.
– Einkommenseffekt der 23 f., 179, 419
– geplante 30, 48, 64
– Kapazitätseffekt der 23 f., 179, 419
– ungeplante 32 f.
Investitionsfunktion 28, 72 ff.
– neoklassische 415 ff.
Investitionsnachfrage 27 ff.
IS-Kurve 80 ff., 130 ff., 147 f., 331 ff., 358, 384

J-Kurven-Effekt 293 ff.

Kapazitätsauslastung 198
Kapitalintensität 180, 246
Kapitalkoeffizient 246, 412 f.
Kapitalverkehr, internationaler 305 ff.
Kapitalverkehrsbilanz 12 f., 305
Kaufkraftargument 285 ff.
Kaufkraftparitätentheorem 146
Keynes-Effekt 149 f.
keynesianische Theorie 26, 104, 151 ff., 188, 208, 210, 211 ff., 237, 362 f., 374 f., 404 f., 427
Konjunktur
– -schwankungen 28, 399 ff.

– -störungen 404 ff.
– -übertragung, internationale 324 ff.
– -zyklus 402 f., 434 ff.
Konjunkturpolitik
– antizyklische 412, 427, 439
– prozyklische 427, 437, 443
Konsumhypothesen, siehe Einkommenshypothesen
Konsumnachfrage 3 ff., 25 ff., 231 ff., 407 ff.
Konsumfunktion 26, 407 ff.
– kurzfristige 407
– langfristige 407
Kostenargument 285 ff.
Kreditangebot 83 ff., 121 ff.
Kreditmarkt, siehe Wertpapiermarkt
Kreditnachfrage 84 ff., 122 ff.
Kreditplafondierung 119
Kreditschöpfung, siehe Geldschöpfung

Laffer-Kurve 56 f.
Lagerhaltungszyklus 424 ff.
Lagerinvestitionen 5 f., 424 f., 436 f.
Lebenszyklushypothese 408, 410
Leistungsbilanz 12 ff., 24, 297
Leistungstransaktionen 12 f., 305
Liquiditätsfalle 129, 132, 139 f., 150, 152, 216, 221, 265, 270
LM-Kurve 125 ff., 129 ff., 147 f., 314, 331 ff., 359 ff., 384
Lohnbildung 167 f.
Lohnfunktion 170 f., 363
Lohnpolitik 168 ff., 183 ff., 430 ff.
– arbeitsmarktorientierte 171
– produktivitätsorientierte 171, 397 f.
– reallohnorientierte 171
– verteilungsorientierte 171
Lohnquote 169
Lohnstarrheit, siehe Nominallohnfixierung
Lohnstückkosten 197
Lombardpolitik 115 f.
Lombardsatz 115
Lucas-Angebotsfunktion 227 ff., 382 f., 390 f.

Makroökonomik
– neue keynesianische 229 ff.
– neue klassische 227 ff.
Mark-up-Hypothese 196 ff., 334, 363 f.
Mindestreserven 106 f.

Sachverzeichnis

Mindestreservepolitik 120
monetäre Basis 106 ff., 114
Multiplikator 35 ff.
- und Akzelerator 419 ff.

neoklassische Theorie 26, 103, 151 ff., 165 ff., 188, 208, 210 ff., 362 f., 373 f., 404 f., 409, 427
Nettoinvestitionen 5 f., 413
Nettosozialprodukt 7
Neutralisierungspolitik
- der Zentralbank 312, 315 f.
Neuverschuldung des Staates 10., 45, 261 ff.
Nominallohnfixierung 173, 176 f., 184 f., 204 f.

Offenmarktpolitik 117 ff.
Okunsches Gesetz 402

Paradoxon der Sparsamkeit 41 ff.
Phillips-Kurve
- keynesianische 366, 371 f., 374 f.
- kurzfristige 365, 367 f.
- langfristige 365 ff.
- neoklassische 366, 369 ff., 373 f., 380
- Stabilität der 379 ff.
- Theorie der 361 ff.
Pigou-Effekt 143, 149 f., 216 f.
Policy-Mix 271 ff.
Portfolio-Theorie 99 ff.
Portfolioinvestitionen 305
Preisbereinigung
- des Bruttosozialprodukts 16 ff.
Preisbildung am Gütermarkt 151 ff.
Preiseffekte
- angebotsseitiger Veränderungen 160 ff.
- der Fiskalpolitik 206 ff., 335 f.
- der Geldpolitik 208 ff., 337 f.
- nachfrageseitiger Veränderungen 156 ff., 200 ff., 335 f.
Preiselastizität
- der Güternachfrage 149 f., 160 ff.
- des Güterangebots 152 f., 184 ff.
Preisindex
- nach Laspeyres 17 f.
- nach Paasche 17 f.
Preisstabilität, Politik der 275 f., 397 ff.
Preisstarrheit 155 f., 210, 215, 229 ff., 405, 436

Preiszusammenhang, internationaler 334
Produktionsfunktion
- Cobb-Douglas 415
- limitationale 181, 246 ff.
- substitutionale 179 ff.
Produktionspotential 23, 198, 352, 400 ff.

Quantitätsgleichung 346 f.
Quantitätstheorie 219, 266, 348 ff.

Realignment 313
Realkasseneffekt 142 f., 216
Reallohnfixierung 173, 183 f., 202 f.
Rediskontkredit 115
Refinanzierungspolitik 115 ff.
Reinvestitionen 5
Rezession 402 f., 436 ff.
Rückwirkungen, internationale 62, 297 ff., 322 ff.

Saysches Theorem 223
Sichteinlagen 15 f., 83 ff., 92
Spareinlagen 15 f., 83 ff., 93
Sparfunktion 27
Spekulationskasse 96 ff.
Spill-over-Effekte 229 ff.
Staatsbudget 10 ff.
Staatskonsum 3 ff., 45, 53
Staatsverschuldung 8, 10 ff., 45, 55 ff., 85, 260 ff.
Stagflation 341, 347, 376 ff., 389, 394
Sterilisierungspolitik, siehe Neutralisierungspolitik
Steuern, siehe Abgaben
Subventionen 6, 8

Termineinlagen 15 f., 83 ff., 92
Transaktionskasse 94 f.
Transferzahlungen des Staates 8

Überschußreserven 106 f.
Übertragungen des Staates 9, 12, 45, 53 f., 143 f.
Ungleichgewicht
- auf dem Gütermarkt 31 ff., 154 f.
Ungleichgewichtstheorie 229 ff.
Unterbeschäftigung
- keynesianische 231, 234, 241 f.
- klassische 231, 234 f., 243

Vermögenseffekt, realer 142 f.
Verteilungskampf 376 ff.
Volkseinkommen 7 ff.
Volkswirtschaftliche Gesamtrechnungen 3 ff.
Vollbeschäftigung 165 ff.
Vorsichtskasse 95

Währungspolitik 397
Währungsreserven 115
Walras
- Auktionatormodell von 154, 168
- Gesetz von 89, 229
- Gleichgewichtsmodell von 229 ff.
Wechselkurs
- bandfixierter 310 ff.
- fester 310 ff.
- flexibler 310 ff., 318 ff.
- nomineller 60, 290 ff.
- realer 60 f., 145 f., 290 ff.
- überschießender 339 f.
Wechselkursänderung
- Wirkungen einer 290 ff., 303 ff.
Wendepunkt der Konjunktur
- oberer 403, 444 ff.
- unterer 403, 437 ff.
Wertpapiermarkt 83 ff.
Wertpapierpensionsgeschäfte 117
Wirkungsverzögerungen
- der Geldpolitik 266
- der Konjunkturpolitik 427 ff.

Zahlungsbilanz 12 ff.
Zahlungsbilanzgleichgewicht 308 f.
Zentralbankgeld 93, 106
Zielkonflikte, wirtschaftspolitische 271 ff.
Zinsabhängigkeit
- der Geldnachfrage 95, 97, 103 f.
- der heimischen Absorption 82
- der Investitionen 72 ff.
- der privaten Ersparnisse 76 f.
- des Geldangebots 121 ff.
Zinsattentismus 75, 265 f.
Zinsdifferenz, internationale 306 f.
Zinseffekte
- der Fiskalpolitik 133 ff., 206 ff., 314 ff.
- der Geldpolitik 137 ff., 208 ff., 317 f., 359 f.
Zinselastizität
- der Geldnachfrage 97, 104, 127, 218, 255
- der heimischen Absorption 82
- der Investitionen 72 ff.
- der Kreditnachfrage 116
Zinsendienst des Staates 11
Zinsparität 307
Zinssatz
- effektiver 96
- interner 70 ff.
- nomineller 96
- realer 357 f., 416, 438
Zinsstruktur 267 ff.
- inverse 269, 271
Zwei-Länder-Modell 297 ff.

J.v. Hagen, A. Börsch-Supan, P.J.J. Welfens (Hrsg.)
Springers Handbuch der Volkswirtschaftslehre

Springers VWL-Handbuch stellt die wichtigsten Gebiete der Volkswirtschaftslehre vor und bietet damit Studenten, Praktikern und Wissenschaftlern umfassendes, prüfungs- und praxisrelevantes Wissen. Das Handbuch bringt dem Leser volkswirtschaftliche Fragen, Methoden und Ergebnisse sowie die Möglichkeiten und Grenzen ökonomischer Analyse nahe und zeigt zugleich, wie interessant das Fach Volkswirtschaft ist.

1 Grundlagen
1996. X, 392 S. 10 Abb., 1 Tab. Brosch. **DM 49,80**; öS 363,60; sFr 44,50 ISBN 3-540-61263-7

2 Wirtschaftspolitik und Weltwirtschaft
1996. XII, 449 S. 26 Abb., 28 Tab. Brosch. **DM 49,80**; öS 363,60; sFr 44,50 ISBN 3-540-61262-9

H. Grupp
Messung und Erklärung des Technischen Wandels
Grundzüge einer empirischen Innovationsökonomik

1997. XII, 497 S. 40 Abb., 26 Tab. Brosch. **DM 59,-**; öS 430,70; sFr 54,- ISBN 3-540-63155-0

Dieses Buch bietet dem Studenten eine fundierte Einführung in die Messung und Erklärung des technischen Fortschritts, es enthält darüber hinaus Anregungen für den Wissenschaftler, der sich mit Innovationsökonomik beschäftigt.

P. Winker
Empirische Wirtschaftsforschung

1997. X, 269 S. 78 Abb., 12 Tab. Brosch. **DM 38,-**; öS 277,40; sFr 35,- ISBN 3-540-62979-3

Dieses Lehrbuch vermittelt die Grundzüge der wichtigsten Instrumente der angewandten Wirtschaftsforschung. Dazu gehören Datenbasis, Datenaufbereitung, Wirtschaftsindikatoren und Input-Output-Analyse ebenso wie quantitative ökonometrische Verfahren, in die an konkreten, aktuellen Beispielen eingeführt wird.

S. Wied-Nebbeling
Markt- und Preistheorie

3., verb. u. erw. Aufl. 1997. X, 301 S. 73 Abb. Brosch. **DM 39,80**; öS 290,60; sFr 37,- ISBN 3-540-63626-9

Dieses Lehrbuch wendet sich an Studierende der Wirtschaftswissenschaften im Hauptstudium. Im Mittelpunkt stehen Modelle der Preisbildung bei Monopol, Monopson, bilateralem Monopol, monopolitischer Konkurrenz und bei Oligopolen.

M. Gärtner
Makroökonomik flexibler und fester Wechselkurse

2. überarb. Aufl. 1997. XIV, 253 S. 93 Abb., 4 Tab. Brosch. **DM 39,80**; öS 290,60; sFr 37,- ISBN 3-540-63551-3

Neben flexiblen Wechselkursen werden auch feste Wechselkurse, durch Devisenmarktinterventionen beeinflusste und durch Zielzonen eingeschränkte Wechselkurse diskutiert. Das Buch wendet sich an Studierende und Praktiker.

T. Bauer, K.F. Zimmermann
Arbeitsbuch Makroökonomie

1997. XI, 151 S. 70 Abb., 2 Tab. Brosch. **DM 26,-**; öS 189,80; sFr 24,- ISBN 3-540-63570-X

Das Arbeitsbuch bietet eine eigenständige Einführung in die Probleme der Makroökonomie. Um den Studenten eine gute Lernkontrolle zu bieten, wurden die Musterlösungen sehr ausführlich gehalten und mit zahlreichen Abbildungen versehen.

Preisänderungen vorbehalten.

W. Lachmann
Volkswirtschaftslehre 1
Grundlagen
Unter Mitarbeit von **E.J. Jahn**
3., überarb. u. erw. Aufl. 1997. XII, 313 S. 87 Abb., 11 Tab. Brosch. **DM 36,-**; öS 262,80; sFr 32,50 ISBN 3-540-61972-0

Dieses einführende Lehrbuch zur Volkswirtschaftslehre stellt die theoretischen Grundlagen dar und geht auf die wirtschaftspolitischen Konsequenzen zur Lösung wirtschaftlicher Probleme ein. Neuere Entwicklungen, wie die der Wirtschaftsethik, finden ebenfalls Berücksichtigung. Besonders wird im vorliegenden Buch auf den Werdegang wirtschaftswissenschaftlicher Überlegungen, Theoreme und Probleme eingegangen. Bei der Behandlung wirtschaftspolitischer Fragestellungen bietet das Buch auch umfassende analytische und theoretische Grundlagen sowohl im mikroökonomischen als auch im makroökonomischen Bereich.

Volkswirtschaftslehre 2
Anwendungen
1995. XVII, 413 S. 33 Abb. Brosch. **DM 39,80**; öS 290,60; sFr 35,50 ISBN 3-540-58823-X

A. Heertje, H.-D. Wenzel
Grundlagen der Volkswirtschaftslehre
5., überarb. u. erw. Aufl. 1997. XVIII, 682 S. 120 Abb. 36 Tab. Brosch. **DM 45,-**; öS 328,50; sFr 40,50 ISBN 3-540-62952-1

Dieses einführende Lehrbuch bietet eine systematische Darstellung aller relevanten Gebiete der Volkswirtschaftslehre.

Die vorliegende fünfte Auflage ist vollständig überarbeitet und um drei Kapitel erweitert: In einem neuen einführenden Kapitel wird eine komprimierte Gesamtschau über den Gegenstand, die Probleme und die Methoden der Volkswirtschaftslehre gegeben, und ein neues zweites Kapitel resümiert die volkswirtschaftliche Ideengeschichte. Entsprechend seiner Bedeutung wurde der Teil „ Internationale Wirtschaft" um ein Kapitel erweitert. Besonderes Gewicht legen die Autoren auf die Darstellung der Staatstätigkeit in marktwirtschaftlichen Ökonomien.

L. Goerke, M.J. Holler
Arbeitsmarktmodelle
1997. XII, 312 S. 48 Abb., 3 Tab. Brosch. **DM 49,90**; öS 364,30; sFr 44,50 ISBN 3-540-62693-X

Dieses Buch führt in die Grundmodelle der Arbeitsmarkttheorie ein. Im Mittelpunkt dieses gut verständlichen Einführungslehrbuches zur Arbeitsmarkttheorie steht die Analyse der optimalen Unternehmensform, von Arbeitnehmerunternehmen, ökonomischen Gewerkschaftsmodellen und Effizienzlöhnen.

H. Tomann
Stabilitätspolitik
Theorie, Strategie und europäische Perspektive
1997. XII, 317 S. 9 Abb., 7 Tab. Brosch. **DM 49,80**; öS 363,60; sFr 44,50 ISBN 3-540-62957-2

Dieses Lehrbuch untersucht die Implikationen einer Dominanz der Geldwertstabilisierung für alle Bereiche der Stabilitätspolitik. In die Untersuchung werden auch die stabilitätspolitischen Strategien einer künftigen Europäischen Währungsunion einbezogen.

G. Illing
Theorie der Geldpolitik
Eine spieltheoretische Einführung
1997. XV, 383 S. 73 Abb., 8 Tab. Brosch. **DM 39,90**; öS 291,30; sFr 36,- ISBN 3-540-62716-2

Welche Anreize für inflationäre Prozesse gehen von Stabilisierungspolitik und Staatsverschuldung aus? Welche Bedeutung kommt der Unabhängigkeit von Zentralbanken zu? Das Buch vermittelt die theoretischen Modelle in intuitiver Weise und vertieft sie anhand von aktuellen Beispielen.

Preisänderungen vorbehalten.

Springer-Verlag, Postfach 31 13 40, D-10643 Berlin, Fax 0 30 / 827 87 - 3 01/4 48 e-mail: orders@springer.de